Nagtegaal

Grundlagen des Marketing

Dr. Heinz Nagtegaal

Grundlagen des Marketing

Ein Handbuch für Marketingfachleute
mit zahlreichen Aufgaben und Fallstudien

Betriebswirtschaftlicher Verlag Dr. Th. Gabler, Wiesbaden

ISBN 3 409 36372 6

Vorwort

Das vorliegende Buch ist das Ergebnis einer mehr als zehnjährigen Erfahrung in der Marketingarbeit als Marketing-Direktor für einen amerikanischen Chemiekonzern in Deutschland und in ganz Europa sowie einer fast ebenso langjährigen Lehrtätigkeit des Marketing für im Berufsleben stehende an fernstudierende Praktiker. Die beruflichen Erfolge einerseits, vor allem aber die Diskussionen mit den Praktikern und deren berufliche Erfolge nach Abschluß ihres Studiums andererseits, überzeugten mich über die Richtigkeit des gewählten Ansatzpunktes zum Verständnis des Marketing.

Überwiegend ist Marketing in den meisten Unternehmen noch immer ein inhaltleeres Schlagwort geblieben. Die Ursache ist das fehlende Verständnis für Marketing. Marketing ist keine Technik. Marketing ist ein unternehmerisches Konzept. Marketing ist die Führung eines Unternehmens von den Bedingungen des Absatzmarktes her.

Ein Stehenbleiben bei organisatorischen Maßnahmen führt ebensowenig zu einem erfolgreichen Marketing wie die besondere Aufmerksamkeit für bestimmte Aspekte des Marketing-Mix. Eine marketinggerechte Ausrichtung der Organisation, die Aufstellung von und das tägliche Arbeiten mit Marketingplänen, die kontinuierliche Anpassung von Marketingpolitik und Marketingstrategie an die sich ändernden Marktgegebenheiten bilden ein einheitliches Ganzes.

Marketing kann nur Erfolg haben, wenn es als Konzeption das gesamte Unternehmen durchdringt. Hoffentlich kann das vorliegende Buch diesem Marketingverständnis bei Praktikern und Studierenden zum weiteren, endgültigen Durchbruch verhelfen, damit auch in dem vergrößerten Wirtschaftsraum der EWG und im Weltmarkt die deutschen Unternehmen ihre führende Marktstellung festigen und weiter ausbauen können.

Heinz Nagtegaal
Brüssel, im Februar 1973

Inhaltsverzeichnis

1. Die Grundlagen der Marketing-Konzeption

1.0 Die Begriffsbestimmung des Marketing

Im Verlauf der letzten drei Jahrzehnte hat sich nicht nur in Deutschland, sondern in ganz Europa eine teilweise sehr tiefgreifende wirtschaftliche, politische und soziologische Strukturwandlung vollzogen. Sie hatte erhebliche Umschichtungen und Lebensänderungen zur Folge. Von den ökonomischen Grundlagen der Zeiten jeweils vor den beiden Weltkriegen blieb relativ wenig übrig. Die seelische Haltung der Bevölkerung gegenüber wichtigen Problemen hat sich ebenso gewandelt wie viele Konsumgewohnheiten der Bevölkerung. Daraus ergaben sich viele neuartige und verwickelte Problemstellungen für die Produktion, die Menschenführung, den Absatz und die Finanzierung. Nach der Währungsreform im Jahr 1948, die die gelenkte Wirtschaftsform ablöste, begann in Deutschland der wirtschaftliche Aufschwung, der in den ersten Jahren durch einen enormen Nachfrageüberhang geprägt war. Die dominierenden unternehmerischen Probleme in diesem Verkäufermarkt lagen auf dem Produktions-, Investitions- und Finanzierungssektor.

Ganz allmählich, zuerst bei den Gütern zur Befriedigung der Konsumentennachfrage, wurden aus den Verkäufermärkten dann Käufermärkte. Nach Jahrhunderten zum ersten Mal wurden die deutschen Unternehmer, wie die amerikanischen Unternehmer schon kurz

> **1. Aufgabe:** *Erklären Sie den Unterschied zwischen einem Verkäufer- und einem Käufermarkt.*

nach dem 1. Weltkrieg, mit der Aufgabe konfrontiert, für das als Folge der zunehmenden Spezialisierung und des technischen Fortschrittes schneller als die Nachfrage wachsende Angebot Märkte zu finden, die den Ausstoß der wachsenden Kapazitäten zu angemessenen Preisen so schnell aufnehmen konnten, daß zwischen Produktion und Absatz an den Endverbraucher keine zu große Lücke entstand.

Der Engpaß des wirtschaftlichen Wachstums der Unternehmen hat sich von der Produktion zum Absatz verlagert. Soll dieser Engpaß überwunden werden, dann muß der Absatz genauso dynamisch wachsen wie das Angebot. Voraussetzung für ein dynamisches Wachstum des Absatzes ist ein entsprechendes Wachstum der Nachfrage. Dieses dynamische Wachstum der Nachfrage ist zunächst eine Funktion der Einkommensbildung und Einkommensverteilung, auf die der einzelne Unternehmer keinen Einfluß ausüben kann, also eine Funktion des Ausmaßes der Umwandlung von offener in kaufkräftige Nachfrage. Dieses dynamische Wachstum der Nachfrage ist aber auch eine Funktion der

> **2. Aufgabe:** *Erklären Sie den Unterschied zwischen latenter, offener und kaufkräftiger Nachfrage.*

Schaffung von latenter und offener Nachfrage, auf die die Unternehmer erheblichen Einfluß haben. Die Schaffung latenter Nachfrage erfolgt über die Bildung von Konsumleitbildern, die Schaffung offener Nachfrage erfolgt über das Angebot von Gütern, für die latente Nachfrage besteht. Für beides ist eine genaue Kenntnis der Bedürfnishierarchien der Endabnehmer erforderlich.

Für dieses unternehmerische Denken, das sich an den Bedürfnishierarchien der Endabnehmer ausrichtet, hat sich der Begriff „Marketing" eingebürgert, den es in den USA schon seit dem vorigen Jahrhundert gab. Allerdings hat sich der Inhalt des Begriffs im Zeitablauf gewandelt. Es ist für die Praxis wenig sinnvoll, die vielfältigen Begriffswandlungen und entsprechenden Marketingdefinitionen aufzuzählen. Nach der heute vorherrschenden Auffassung ist es sicherlich falsch, Marketing mit Absatzpolitik gleichzusetzen.

Marketing ist eine unternehmerische Konzeption, die sämtliche Unternehmensfunktionen auf den Absatzmarkt ausrichtet, nicht nur die Absatzpolitik. Marketing beginnt mit der Festlegung der Ziele für das Unternehmen. Marketing erfordert dann die Aufstellung eines marktorientierten Unternehmensplanes, aus dem alle Teilpläne, also auch der eigentliche Marketingplan, abgeleitet werden. Marketing setzt sich fort mit der Entscheidung über die Marketingstrategie. Der Marketingkreislauf schließt sich mit der Kontrolle, die feststellt, ob die gesteckten Marketingziele erreicht wurden. Marketing ist somit zu definieren als: die Führung des Unternehmens vom Absatzmarkt her. Marketing fixiert somit die unternehmerische Aufgabe als: Erforschung, Sichtbarmachung und Befriedigung der Verbraucherbedürfnisse zu optimalen Unternehmensgewinnen.

3. Aufgabe: *Wie würden Sie den Stand des Marketing in deutschen Unternehmen einschätzen?*

1.1 Die Marketing-Verantwortung der Unternehmensleitung

Marketing ist eindeutig eine Führungsaufgabe. Marketing erfordert die uneingeschränkte Unterstützung durch die Unternehmensleitung. Damit stellt sich die Aufgabe einer Abgrenzung der Marketing-Verantwortung der Unternehmensleitung.

1.1.0 Der Umfang der Marketing-Verantwortung der Unternehmensleitung

Es ist außerordentlich selten, daß der ganze Verdienst für einen Marketing-Erfolg einer einzigen Person zuerkannt werden kann. Marketing-Erfolge erfordern normalerweise das glückliche Zusammentreffen einer Vielzahl von Faktoren und die Zusammenarbeit vieler hervorragender Spezialisten der Produktion, der Produktentwicklung und besonders des

Marketing. Aber von allen Gruppen im Unternehmen kann die Unternehmensleitung am wenigsten einen besonderen Anteil an einem Marketing-Erfolg für sich in Anspruch nehmen, denn sie muß sich am stärksten auf die Unterstützung durch die Untergebenen verlassen. Es ist selten, besonders in der heutigen Zeit mit ihren sehr großen Unternehmenseinheiten, daß eine Unternehmensleitung ohne jede Hilfe jene Marketing-Pläne formulieren und Strategien ausführen kann, die für einen Marketing-Erfolg notwendig sind.

Während die Unternehmensleitung einerseits das Verdienst für einen Marketing-Erfolg weder ganz noch teilweise für sich in Anspruch nehmen kann, muß sie andererseits die volle Verantwortung für einen Marketing-Mißerfolg tragen. Denn die Abteilungsleiter, die ihren Teil zum Marketing-Mißerfolg beigetragen haben, sind die Abteilungsleiter dieser Unternehmensleitung. Ihre Handlungen sind die der Unternehmensleitung. Ihre Fehler sind die der Unternehmensleitung. Die Unternehmensleitung hat sie ernannt, sie überwacht sie, sie genehmigt deren wichtigere Entscheidungen. Die Unternehmensleitung ist mit ihren Mitarbeitern auf Gedeih und Verderb verbunden.

Die Unternehmensleitung kann ihre umfassende Verantwortung für eine zufriedenstellende Ausübung der Marketing-Arbeit nicht dadurch absichern, daß sie die Marketing-Arbeit selbst übernimmt oder weitgehend in die Marketing-Arbeit der damit beauftragten Mitarbeiter eingreift, sondern indem sie eine wirksame Kontrolle errichtet.

1.1.1 Die Marketing-Kontrolle durch die Unternehmensleitung

1.1.1.0 Die Bestimmung der Unternehmensziele

Die Bestimmung der Unternehmensziele ist eine der wichtigsten Aufgaben der Unternehmensleitung. Dafür muß die Unternehmensleitung zunächst eine langfristige Unternehmensplanung erstellen. Auf der Basis einer detaillierten Darstellung der gegenwärtigen Unternehmensaktivitäten sollte dieser Unternehmensplan die Auffassung der Unternehmensleitung hinsichtlich der langfristigen Produktstrategie klarlegen. Ob überhaupt eine Ausweitung der Angebotspalette angestrebt wird und in welche Richtung. Er sollte die Unternehmenspolitik im Hinblick auf neue Produkte darlegen und die mögliche Herausnahme oder Zurückstufung gegenwärtiger Produkte andeuten. Er sollte die Marketing-Leitung ferner darüber informieren, ob die Produktstrategie durch Erwerb anderer Unternehmen oder durch eigene Produktentwicklung realisiert werden soll.

4. Aufgabe: *Welche weiteren Fragen der Marketing-Leitung sollte der Unternehmensplan beantworten?*

Die kurzen Ausführungen deuten auf die Schwierigkeiten bei der Bestimmung der Unternehmensziele hin. Es scheint daher zweckmäßig, sich zunächst auf das generelle Unternehmensziel „Wachstum“ zu konzentrieren. Denn niemand, weder Mensch noch Unternehmen, wünscht den Stillstand oder gar den Rückschritt. Das Bestreben zu wachsen, eine größere Statur und schöneren Erfolg zu erzielen, ist nur natürlich.

So berichten die Unternehmen über ihre Umsätze und Gewinne immer in Form von Vergleichen zum Vorjahr. Wachstumsüberlegungen werden fast allen anderen Überlegungen untergeordnet[1]. Dabei wird häufig übersehen, daß Größe und Wachstum für sich genommen noch keineswegs die finanzielle Sicherheit des Unternehmens gewährleisten. Die Gewinnerzielung und nicht das Erreichen einer bestimmten Unternehmensgröße sollte eigentliches Unternehmensziel in einer Marktwirtschaft sein. Dieser Gewinn sollte auch nicht in absoluten Beträgen, sondern hinsichtlich seiner Angemessenheit auf das investierte Kapital bewertet werden.

Ein Gesichtspunkt, der oft übersehen wird, ist die Art und Weise wie das Unternehmenswachstum erreicht wird, was von größerer Bedeutung ist als das eigentliche Unternehmenswachstum selbst. Der sicherste Weg und der mit den langfristig günstigsten Resultaten ist die Konzipierung, Entwicklung und Einführung eines neuen Produktes, das bisher nicht angeboten wird und für das eine latente Nachfrage existiert. Fast ebenso vorteilhaft ist eine größere Produktverbesserung, die zu einem Wettbewerbsvorteil führt, welcher fast in Monopolstellung einmündet. Es ist beinahe überflüssig, auf die Schwierigkeiten dieser beiden Wege hinzuweisen.

5. Aufgabe: *Suchen Sie Beispiele für völlig neue Produkte.*

Eine weitere, allerdings sehr aktuelle und wettbewerbsintensive Methode zur Erzielung von Unternehmenswachstum ist die Entwicklung eines brillanten Marketingplanes und die Durchsetzung einer schlagkräftigen Marketing-Strategie. Aber dies ist in der heutigen Zeit einer kontinuierlichen Anhebung der Qualität in der Marketing-Arbeit immer schwieriger zu realisieren. Kein Unternehmen in einer wettbewerbsintensiven Branche, vor allem in den Bereichen, in denen marketing-orientierte Großunternehmen um die Vorherrschaft kämpfen, kann alle führenden Marketing-Spezialisten für sich gewinnen.

Da augenscheinlich die bisher aufgezählten Methoden zur Erzielung von Unternehmenswachstum, selbst wenn alle gleichzeitig Anwendung finden, nicht ausreichen, ist es nicht überraschend, daß die Geschäftsleitungen das Wachstum ihres Unternehmens zunehmend auf der Expansion in fremde Produktbereiche und den Erwerb anderer Unternehmen aufnehmen. Wenn hier von Unternehmenswachstum gesprochen wird, dann sind Wachs-

[1] Seit einiger Zeit ist die überragende Stellung, die dem Unternehmensziel Wachstum eingeräumt wird, zunehmend in das Zielfeuer öffentlicher Kritik geraten. Von einigen Seiten wird den Unternehmen geraten, sie sollten sich weniger um Wachstum und mehr um die Umwelt kümmern.
Diesen Auffassungen ist an dieser Stelle entgegenzuhalten, daß die Reinerhaltung der Umwelt eine Zielsetzung politischer Körperschaften bleiben muß, die Gewinnerzielung und Wachstum in Marktwirtschaften Aufgabe der Unternehmen bleiben muß. Die Unternehmen müssen schon aus wohlbewußtem Eigeninteresse darauf achten, daß sie sich ohne Reibungen in ihre soziale Umwelt einordnen. Verstöße gegen die Umwelt in jeder Form führen zu einem *negativen Unternehmensimage*. Dieses wiederum führt zu Schwierigkeiten bei der Arbeitskräftebeschaffung, der Lösung von Finanzierungsfragen, durch häufige Kontrollen der Öffentlichkeit, harte Prüfungen durch das Finanzamt, Unterbrechungen der Produktion usw. Aus der Marketing-Sicht eröffnet das erhöhte Umweltbewußtsein der Öffentlichkeit neue Märkte. Die Unternehmen sollten also die Bemühungen zur Reinerhaltung unserer Umwelt unterstützen und die neuen Absatzchancen nutzen. Ihnen aber die ausschließliche Verantwortung für die Gesunderhaltung unserer Umwelt aufzubürden, wäre falsch. Die amerikanischen Großunternehmen der Nahrungsmittelindustrie, die dem Aufruf von Präsident Nixon folgten, den Hunger in der Welt durch die Produktion billiger Nahrungsmittel in den Entwicklungsländern zu lindern, sind trotz größter Anstrengungen gescheitert; einmal an dem Mißtrauen der Regierungen in den Entwicklungsländern, hauptsächlich aber an der unbeschreiblichen Armut der Bevölkerung, denen selbst das Geld für die Papiertüte fehlt, in denen die billigen Nahrungsmittel zu verpacken wären.

tumsraten gemeint, die über den Bevölkerungszuwachs und das steigende Pro-Kopf-Einkommen hinausgehen. Produkte, die nur parallel mit diesen beiden Faktoren expandieren, etwa 5% pro Jahr, stagnieren eigentlich. Real gesehen sind sie sogar rückläufig, wenn die jährliche Inflationsrate von 1—3% mit berücksichtigt wird. Soll ein Produkt oder ein Unternehmen wachsen, dann muß die jährliche Wachstumsrate zumindest über 6% hinausgehen. Dabei muß beachtet werden, daß ein Unternehmenswachstum, welches durch Erwerb anderer Unternehmen zustandekommt, eigentlich mehr auf Illusionen beruht.

Die Behauptung, daß alle Marketing-Probleme auf Unternehmenswachstum zurückzuführen sind, ist sicherlich unrichtig, denn kleine und statische Unternehmen haben ihre Probleme ebenso wie große und dynamische. Eher führt ein Zuwachs an Unternehmensgröße bis zum Punkt sinkender Grenzerlöse zur Lösung von Problemen als daß er neue schafft. Bis zu dem Punkt, an dem das Unternehmenswachstum zusätzliche Produktions- oder Marketing-Einheiten erfordert, können die zusätzlichen Umsätze zur Reduzierung der fixen Kosten von Produktion und Verwaltung beitragen. Unternehmenswachstum kann zu einer besseren Ausnützung einer größeren und stärkeren Verkaufsorganisation führen. Ein größeres Unternehmen kann sich mehr und qualifiziertere Marketing-Spezialisten leisten. Und ein Unternehmen mit einem Marketing-Budget von mehreren Millionen kann z. B. viel höhere Rabatte von den Werbeträgern fordern als ein kleineres Unternehmen. Diese Vorteile, die zweifellos eine Funktion der Unternehmensgröße sind, lassen sich nicht von der Hand weisen. Sie beeinflussen nicht nur das weitere Umsatzwachstum, sondern auch das Wachstum des Gewinnes positiv.

Es gibt also nicht nur verschiedene Wege zur Erzielung von Unternehmenswachstum, sondern es gibt auch verschiedene Begründungen für das Anstreben von Unternehmenswachstum. Eine Begründung ist rein defensiv: Unternehmenswachstum wird angestrebt, um zu überleben. Eine andere Begründung mag auf nichts weiter als auf Prestigestreben zurückzuführen sein, die wahrscheinlich recht wenig mit den Interessen der Unternehmenseigentümer harmonieren wird. Aber die wesentlichste Begründung, d. h. die einzige, die den Interessen der Unternehmenseigentümer entspricht, ist das Bestreben, ihnen eine angemessene Verzinsung ihrer kontinuierlich wachsenden Kapitalinvestitionen zu gewährleisten. Denn die Unternehmenseigentümer sind die unfreiwilligen Geber der Mittel, die das Unternehmenswachstum kontinuierlich erfordert. Dies wird aus den häufigen Kapitalerhöhungen der IG-Farben Nachfolger besonders deutlich. Diese Feststellung gilt generell, auch in den Fällen, in denen das Unternehmenswachstum durch Ausweitung der bestehenden Produktpalette, durch Diversifikation oder durch Akquisition erzielt wird. Es ist außerordentlich selten, daß eine Unternehmensleitung den Unternehmenseigentümern mehr als 60% der erzielten Gewinne in Dividenden oder einer anderen Form zukommen läßt. Der Rest wird den Rücklagen zugeführt, um das wachsende Vorratsvermögen und die höheren Buchforderungen eines wachsenden Unternehmens zu finanzieren und um Zahlungsmittel für Akquisitionen anzuhäufen.

Deshalb sind die Unternehmenseigentümer, die Aktionäre der Kapitalgesellschaften zum Beispiel, die „unfreiwilligen“ Geber der Kapitalmittel, die ein Unternehmenswachstum bedingt. Da die Unternehmenseigentümer, ob sie es wollen oder nicht, dem Teil der Investitionen ihre Zustimmung geben müssen, die über nicht ausgeschüttete Gewinne finanziert werden, sollten sie wenigstens von der Unternehmensleitung verlangen können, daß ihr Geld gewinnbringend angelegt wird. Es sollte nicht ausreichen, daß die Gewinne des

Unternehmens, entweder absolut oder pro Kapitalanteil, Jahr für Jahr steigen. Denn die Investitionen der Unternehmenseigentümer steigen Jahr für Jahr auch im Ausmaß der nicht ausgeschütteten Gewinne, deshalb ist ihr ursprünglicher Kapital-Eigentumsanteil kein Maßstab für laufende Investitionen.

Natürlich kann keine Unternehmensleitung garantieren, daß der Ausflug in neue Branchen oder neue Produkte im Verhältnis zu den erforderlichen Investitionen angemessene Gewinne bringt. Es ist sogar im nachhinein meist sehr schwierig zu bestimmen, welchen Gewinnanteil das neue Produkt im Verhältnis zu den Investitionen in die Entwicklung, Fertigstellung und Einführung tatsächlich erzielte. Trotzdem sollten alle möglichen Schritte zur Bestimmung dieses Verhältnisses unternommen werden, damit die Unternehmenseigentümer sich nicht mit solchen Verallgemeinerungen bescheiden müssen, wie: der Umsatz des laufenden Geschäftsjahres stammt zu 49% von Produkten, welche das Unternehmen vor 10 Jahren noch nicht verkaufte oder 28% der erzielten Gewinne kommen von neuen Produkten.

6. Aufgabe: *Welche weiteren Fragen in bezug auf die Investitionen in neue Produkte sollte jede Unternehmensleitung beantworten können?*

Es ist erforderlich, daß die Unternehmensleitung auf diese Fragen ausreichend Antwort erteilen kann, es ist aber unbedingt notwendig, daß diese Informationen an die Unternehmenseigentümer weitergeleitet werden, damit sie besser als in der Vergangenheit beurteilen können, ob aufsehenerregende Wachstumsraten durch die Einführung neuer Produkte tatsächlich ihre ungeteilte Zustimmung finden können.

Unternehmenswachstum läßt sich in ein horizontales und vertikales Wachstum einteilen. Vertikales Wachstum läßt sich definieren als Wachstum aus der bestehenden Angebotspalette. Horizontales Wachstum kommt dann aus der Einführung von für das Unternehmen neuen Produkten entweder durch eigene Entwicklung oder durch Akquisition. Vertikales Wachstum bedingt normalerweise keine schwierigen Probleme. Ausgenommen jene glücklichen Situationen, in denen der Absatz der Kapazität bestehender Produktionsanlagen davonläuft, wobei sich der Kapitalbedarf für zusätzliche Produktionskapazitäten auf den Ersatz veralteter Anlagen meistens beschränken kann. Es wird keine neue Produktionsorganisation erforderlich sein und in aller Regel entsteht auch keine Notwendigkeit einer wesentlichen Erweiterung der bestehenden Produktionsorganisation.

Was noch wichtiger ist, ist die Tatsache, daß es sehr unwahrscheinlich ist, daß die Struktur der Marketing-Organisation verändert werden muß oder daß sie wesentlich vergrößert werden muß.

Vertikales Wachstum ist die stabilste Form von Unternehmenswachstum. Es erhöht den Bruttogewinn bei minimaler Kapitalerhöhung und relativ geringfügigen Erhöhungen, wenn überhaupt, der Ausgaben für die Produktions- oder Marketing-Organisation. Dies gilt in geringerem Umfang für echtes horizontales Wachstum, das auf der Einführung neuer Produkte beruht, die der bisherigen Angebotspalette verwandt sind. Auch die

Produktion und Markteinführung derartiger Produkte mag nur geringere Investitionen in die Produktionsanlagen erfordern und ebenfalls nur kleinere Änderungen in der Produktions- und der Marketing-Organisation bedingen.

Wenn das horizontale Unternehmenswachstum aber aus Produktion herrührt, die entweder vom Produktions- oder Marketingstand wesentlich von der bisherigen Angebotspalette abweichen, entsteht eine völlig neue Situation. Erhebliche Kapitalausgaben mögen erforderlich werden, ebenso wie grundlegende Veränderungen in der Produktionsorganisation. Ganz sicher führt die Addition solcher Produkte zu einer sorgfältigen Analyse über die Angemessenheit der vorhandenen Marketing-Organisation und damit in der Regel zu einer völlig veränderten Struktur der Marketing-Organisation.

Die obigen Ausführungen sollen keineswegs dem Zweck dienen, die Einführung völlig neuer Produkte zu erschweren oder gar zu verhindern. Sie sollen lediglich auf die Tatsache aufmerksam machen, daß zusätzlicher Umsatz aus neuen Produkten nicht automatisch zu zusätzlichen Gewinnen führt und daß eine ganze Reihe zusätzlicher Probleme vor allem auf dem Gebiet der Organisation entstehen. Neue Produkte sind eine unabdingbare Notwendigkeit für die meisten Unternehmen, die Wachstum anstreben. Denn die Lebenszyklen der Produkte bedingen, daß die Umsätze einiger Produkte der gegebenen Angebotspalette des Unternehmens stagnieren oder rückläufig sind. Andere verlieren ihren ursprünglichen Wettbewerbsvorteil. Alle diese alternden Produkte müssen ersetzt oder ergänzt werden und nur neue Produkte entsprechen den Erfordernissen der Situation.

Die bisherigen Ausführungen sollen lediglich dem Zweck dienen zu verdeutlichen, welche Informationen die Unternehmensleitung der Marketing-Leitung über den Unternehmensplan im Hinblick auf die langfristigen Unternehmensziele zukommen lassen muß. Ähnliche Informationen sollten den Leitungen der anderen Unternehmensbereiche über ihre jeweiligen speziellen Verantwortungsbereiche zugeleitet werden. Leider ist es noch relativ selten, daß Unternehmensleitungen, selbst die besten unter ihnen, sich der Mühe einer Ausarbeitung eines derart umfassenden Unternehmensgesamtplanes unterziehen. Natürlich kann und soll ein solcher Plan veränderten Umständen angepaßt werden. Aber es ist logisch und wünschenswert, daß ein solcher umfassender Unternehmensgesamtplan der Marketing-Leitung über die Festlegung der Unternehmensziele Richtlinien für die Bestimmung der Marketing-Ziele aufzeigt.

1.1.1.1 Die Festlegung der Gewinnziele

Ihre umfassende Verantwortung für eine zufriedenstellende Ausübung der Marketing-Arbeit kann die Unternehmensleitung in einer zweiten Kontrollmaßnahme dadurch absichern, daß sie der Marketing-Leitung oder im Falle einer dezentralisierten Unternehmensstruktur den Geschäftsführern der einzelnen Tochterunternehmen ihre Vorstellungen über die zu erzielenden Gewinne für das kommende Geschäftsjahr mitteilt. Dies ist unbedingt erforderlich, da die Realisierung der Marketing-Ziele häufig von der Finanzkraft des Unternehmens und den dadurch gegebenen Notwendigkeiten einer bestimmten Gewinnerzielung abhängt. Der Marketing-Plan für ein bestimmtes Produkt oder eine bestimmte Abteilung mag in Relation zu den Zielen und Möglichkeiten für das betreffende Produkt oder das betreffende Tochterunternehmen durchaus realistisch sein, er muß manchmal aber dennoch aufgegeben oder wesentlich abgeändert werden, um dem Unternehmen die Erzielung eines minimalen Gewinnes zu ermöglichen.

1.1.1.2 Die Genehmigung des Marketing-Planes

Ein besonders wirksames Kontrollinstrument der Unternehmensleitung über die Marketing-Arbeit ergibt sich über die genaue Analyse mit der daran anschließenden Zustimmung oder Ablehnung des Marketing-Planes. Dieser Marketing-Plan zeigt der Unternehmensleitung im einzelnen welche Aktivitäten die Marketing-Leitung vorschlägt. Er weist deutlich auf die Probleme hin. Er dokumentiert die Marketing-Ziele. Er führt die beabsichtigte Marketing-Strategie aus. Er gibt Auskunft über die Umsatz- und Gewinnschätzung. Er enthält das Marketing-Budget.

In kleineren Unternehmen sollte die Unternehmensleitung über den Marketing-Plan für jedes größere Produkt einzeln entscheiden. Für Großunternehmen, die über halb autonome Einzelfirmen operieren, sollte die Unternehmensleitung über die Firmenpläne einzeln entscheiden.

1.1.1.2.0 Der Marketing-Plan als Funktion der Marketing-Konzeption

Ein Marketing-Erfolg beruht auf drei notwendigen Voraussetzungen: Ein verbrauchergerechtes Produkt, eine schlagkräftige Marketing-Organisation und einen Marketing-Plan. Sicherlich wurden einige Marketing-Erfolge ohne einen oder gar mehrere dieser drei notwendigen Voraussetzungen erzielt, aber dies waren Ausnahmen von der Regel. Es ist weder möglich noch notwendig, die Bedeutung dieser drei Voraussetzungen zu bestimmen. Eines läßt sich mit ziemlicher Sicherheit feststellen: Keine der beiden anderen Voraussetzungen ist wichtiger als der Marketing-Plan.

Der Marketing-Plan als Management-Instrument ist relativ neu. Sein Vordringen ist direkt verbunden mit dem Vordringen des Marketing als Konzeption für das Unternehmen. Vor der Entwicklung des Marketing-Konzeptes als Konzeption für das Unternehmen, als die verschiedenen Unternehmensfunktionen wie Produktion, Einkauf, Verkauf usw. isoliert nebeneinander standen und selbst im Absatzbereich die Absatzfunktion wie z. B. die Werbung, die Verkaufsförderung unabhängig voneinander ausgeübt wurden, war es üblich, daß selbst für die einzelnen Marketing-Funktionen gesonderte Pläne entwickelt wurden.

7. Aufgabe: *Welches sind die Marketing-Funktionen?*

In diesem Zusammenhang war es z. B. üblich, daß der Werbeplan von der Werbeagentur entwickelt wurde. Tatsächlich konnte von einem Werbeplan kaum die Rede sein. Der Plan bestand im wesentlichen aus einem Werbetext und einer Begründung für den Werbetext und einem Media-Plan, der im Höchstfalle durch einige statistische Unterlagen untermauert war.

Mit dem Marketing-Konzept wurden dann zum ersten Mal die Interdependenzen zwischen den Marketing-Funktionen aufgedeckt. Als dann mehr und mehr Unternehmen und Agenturen dieses Konzept aufgriffen, wurde es bald offensichtlich, daß ein isolierter Werbeplan, der nur eine einzige Marketing-Funktion zum Inhalt hatte, nicht länger den Gegebenheiten entsprach. Eine andere Art von Plan wurde notwendig — ein Plan, der die Marketing-Funktion zu einem einheitlichen harmonischen Ganzen zusammenfügt.

1.1.1.2.1 Die Zwecke des Marketing-Plans

Der Hauptzweck des Marketing-Plans dieser ersten Entwicklungsphase war die Zusammenstellung aller relevanten Fakten. Aus diesen Fakten sollte dann ein klares Bild der Schwierigkeiten, die zu meistern waren, und der Chancen, die wahrzunehmen waren, entstehen. Auf der Basis dieser Schwierigkeiten und Möglichkeiten sollten anschließend realisierbare Ziele fixiert werden. Auf der Basis dieser gesetzten Ziele wurden dann die Aktivitäten festgelegt, die aller Voraussicht nach erforderlich waren, um die gesetzten Ziele zu erreichen. Die Aktivitäten umfaßten dabei alle verschiedenen Marketing-Funktionen. Dieser Plan der ersten Entwicklungsphase diente folgenden sehr nützlichen Zwecken:

1. Die einfache Tatsache, daß ein Plan zu Papier gebracht wurde, erforderte eine bessere Kenntnis der Fakten. Die Wahrscheinlichkeit, daß wichtige Aspekte übersehen wurden, verringerte sich. Die Überlegungen mußten schärfer und genauer werden.

2. Ein sorgfältig durchgeführter Plan analysierte die Alternativlösung für bestimmte Marketing-Probleme und präsentierte die Vor- und Nachteile der einzelnen Methoden.

3. Am wichtigsten war aber die Entwicklung eines einheitlichen Programmes. Waren Produktänderungen erforderlich, enthielt der Plan entsprechende Empfehlungen. Waren die Preise zu hoch, die Verpackungen unhandlich, im Plan wurden die Tatsachen offengelegt. Lag der Lösungsansatz in der Verbesserung der Distribution oder den Merchendising-Methoden, die Behebung dieser Schwächen wurde im Plan analysiert. Konnte die Werbung eine Verbesserung herbeiführen, im Plan wurde ihr diese Aufgabe zugeteilt. Der Plan zeigte die potentiellen Käufer auf, wo sie wohnten und welche Ansprache den größtmöglichen Erfolg haben würde.

4. Der Plan enthielt ferner spezielle Empfehlungen hinsichtlich des zu erwartenden Bruttogewinns auf der Basis der geschätzten Umsätze, hinsichtlich der Gesamtausgaben für die Marketing-Aktivitäten, sowie Empfehlungen hinsichtlich der Aufteilung des Gesamtbudgets auf die einzelnen Marketing-Funktionen.

5. Wenn die verfügbaren Informationen über die Verbrauchereinstellung zu einem bestimmten Produkt — möglicherweise im Vergleich zu Konkurrenzprodukten — nicht ausreichten, empfahl der Plan entsprechende Marktforschungsprogramme.

Es kann mit Sicherheit festgestellt werden, daß der Marketing-Plan einen sehr wesentlichen Beitrag zur Durchsetzung des Marketing-Konzeptes als Unternehmenskonzeption geliefert hat.

1.1.1.2.2 Der Marketing-Plan als Management-Instrument zur Lösung der Diversifikationsprobleme

In der heutigen Entwicklungsphase des Marketing-Konzeptes hat der Marketing-Plan, ohne seine Bedeutung für die oben angeführten Zwecke zu verlieren, eine neue und erheblich wichtigere Verantwortung übernommen. Eines der schwierigsten Probleme aller Unternehmensleitungen ist die Delegation von Verantwortung, d. h. in diesem Falle die Delegation der Marketing-Verantwortung. Wachstum ist das angestrebte Ziel aller Unternehmensleitungen. Wachstum führt aber zwangsläufig zu irgendeinem Zeitpunkt zu einer Situation, wo Dezentralisierung unumgänglich wird. Dies bedeutet aber Delegation von Verantwortung und Autorität.

Entweder weil die Nachfrage nach mittlerem oder unterem Marketing-Personal schneller als das Angebot gewachsen oder aus anderen Gründen, ist ein genereller Mangel an Vertrauen in die Reife und das Urteilsvermögen der Produkt-Manager und anderer Marketing-Mitarbeiter, denen Autorität delegiert werden sollte, festzustellen. Das Problem ist schwierig zu lösen: Wie sollte delegiert werden, ohne einerseits die Kontrolle zu verlieren und andererseits das Risiko unvernünftiger Marketing-Entscheidungen und -Aktionen in vernünftigen Grenzen zu halten. Dieser Problemkreis war den Unternehmensleitungen, die das Marketing-Konzept vor etwa 30 Jahren entwickelten, fremd. Glücklicherweise aber ist der Marketing-Plan dennoch in der Lage, zur Lösung einer Vielzahl dieser Probleme beizutragen. Er kann das Problem selbst nicht lösen, aber er ermöglicht es, mit diesem Problem auszukommen. Er erleichtert dem Management die Delegation von Verantwortung, indem er ein Kontrollinstrument darstellt und dem mittleren Management eine viel größere Übernahme von Verantwortung und Autorität, indem er den Aufgabenbereich definiert.

8. Aufgabe: *Welche Begründungen lassen sich für eine derartige Behauptung anführen?*

1.1.1.2.3 Die Gliederung des Marketing-Plans

Es gibt keine bestimmte Methode für die Erstellung des Marketing-Planes. Jedes Unternehmen und jede Agentur hat sicherlich eigene Auffassung über eine optimale Bewältigung dieser Aufgabe. Wichtig ist nur, daß der Marketing-Plan alle wesentlichen Aspekte des Marketing enthält.

9. Aufgabe: *Welches sind die wichtigsten Aspekte des Marketing-Planes? In welcher Reihenfolge sollten sie zweckmäßigerweise behandelt werden?*

1.1.1.2.3.0 Die Feststellung der Fakten

Die Feststellung der Fakten ist in vielerlei Hinsicht der wichtigste Bestandteil des Planes, da alle weiteren Überlegungen auf der Richtigkeit dieser Fakten basieren. Es wäre unmöglich, alle Fakten aufzuzählen, die der Plan enthalten sollte. Generell sollten alle die Fakten angeführt sein, die in irgendeiner Relation zu bestimmten Marketing-Problemen stehen:

1. Eine objektive Beurteilung des Produktes selbst, seiner Wettbewerbsvorteile und -schwächen, die Verbrauchereinstellung zum Produkt, eine Beurteilung der Verpackung sowohl hinsichtlich ihrer Zweckmäßigkeit als auch hinsichtlich ihrer werblichen Vorzüge.
2. Die Umsatzentwicklung des Produktes in der Vergangenheit, die Entwicklung des vergangenen und gegenwärtigen Marktanteils, der Stand und die Entwicklung der Distribution, nicht nur national, sondern auch in wichtigen Regionalmärkten auch nach Geschäftstypen.
3. Die Wettbewerbssituation, vor allem die wesentlichsten Wettbewerbsprodukte, welche Stellung das Produkt hinsichtlich Marktanteil, Distribution usw. einnimmt im Vergleich zum führenden Wettbewerbsprodukt, die Rangfolge der Marktanteile der Wettbewerbsprodukte, die Verbrauchereinstellung zu den Wettbewerbsprodukten und mögliche Ansatzpunkte zur Schaffung eines Wettbewerbsvorteiles für das Produkt.
4. Eine Analyse der Preissituation, eine Aussage über die Bedeutung des Preises, der Kundengruppen, die das Produkt kaufen und eine Analyse des Einflusses der Preise auf den Umsatz und die verschiedenen Marketing-Aktivitäten, und schließlich eine Übersicht über die Gewinnsituation des Produktes.
5. Eine Übersicht über die Ausgaben, gegliedert nach den Marketing-Funktionen in den letzten Jahren. Vergleich mit den Ausgaben der führenden Mitbewerber. Mögliche Hinweise auf Korrelationen zwischen der Höhe der Werbeausgaben und den Umsätzen.
6. Eine Darstellung der Werbestrategie, die in der Vergangenheit verfolgt wurde. Eine Wertung der einzelnen Werbethemen hinsichtlich ihres Umsatzerfolges. Eine Beurteilung der Werbeeignung des Produktes außer über Art und Umfang der Verkaufsförderung. Eine Beschreibung der Ziele hinsichtlich der Verkaufsförderung.
7. Eine Bestimmung der Käufergruppen für das Produkt. Zu welchen Einkommensschichten sie gehören. Wo sie leben, welcher Sozialgruppe sie angehören, welchen Anteil sie an der Gesamtbevölkerung ausmachen. Durch welche Medien sie am besten angesprochen werden können. Ob sie eher durch informierende oder erzählende Werbung zum Kauf veranlaßt werden können.
8. Welche Verbraucherwünsche das Produkt befriedigen soll. Welche speziellen Produkteigenschaften dieser Befriedigung der Verbraucherwünsche dienen. Wie leicht oder wie schwierig diese Produkteigenschaften von den Verbrauchern erkannt werden können.
9. Informationen über die Beziehungen zum Handel. Inwieweit der Handel das Produkt unterstützt hinsichtlich einer ausreichenden Bevorratung, einer Warendarbietung

außerhalb der Regale, günstigen Regalplätzen usw. Welches die Gründe für mangelnde Unterstützung sind. Ein Vergleich der Handelsmargin mit denen der Konkurrenzprodukte. Inwieweit die Werbung des Handels unterstützt wird. Welches die Hauptabnehmergruppen sind.

Es gibt wahrscheinlich wenige Produkte, deren Marketing-Plan auf alle oben gestellte Fragen eine Antwort erfordert. Der Umfang des Fragenkatalogs zeigt aber deutlich, welche umfassenden Vorarbeiten für die Erstellung erforderlich sind. Die Analyse dieser Fakten ermöglicht ein besseres Verständnis der Marketing-Erfordernisse für das Produkt.

1.1.1.2.3.1 Probleme und Möglichkeiten

Auf die Feststellung der Fakten erfolgt die Ermittlung der Probleme einerseits und der Möglichkeiten andererseits. Tatsächlich bilden Probleme und Möglichkeiten nichts weiter als die entgegengesetzten Seiten ein und derselben Münze: Wo es Probleme gibt, gibt es auch Möglichkeiten und sei es nur eine negative Möglichkeit, die Möglichkeit ein Hindernis aus dem Weg zu räumen. Jedes Problem, das durch die Fakten aufgedeckt worden ist, sei es lösbar oder unlösbar, sollte in die Aufzählung der Probleme aufgenommen werden. Das gleiche gilt für die Aufzählung der Möglichkeiten. Ob und was getan werden kann, um einerseits ein bestehendes Problem zu lösen und andererseits eine bestimmte Möglichkeit wahrzunehmen, sollte Gegenstand eines späteren Abschnittes des Marketing-Planes sein.

10. Aufgabe: ***Welche Probleme ließen sich anführen?***

Wie gesagt, einige Probleme lassen sich möglicherweise nicht korrigieren oder beheben, aber ihre Offenlegung in dem Marketing-Plan unterwirft sie auf jeden Fall einer sorgfältigen Analyse. Andererseits wird es für die meisten Probleme bestimmte Lösungen geben und damit werden Probleme in Möglichkeiten verwandelt. Schließlich gibt es noch Probleme einer völlig anderen Art. Vielleicht kennen zu wenig Verbraucher das Produkt. Wieder andere mögen die Vorzüge des Produktes oder Änderungen, die gemacht wurden, um Verbraucherwünschen zu entsprechen, nicht kennen. Vielleicht hat die Werbung Produkteigenschaften in den Vordergrund gestellt, welche die Verbraucher wenig oder gar nicht interessierten. Diese Beispiele zeigen deutlich, daß das Erkennen eines Problems der erste Schritt in Richtung auf die Schaffung einer Möglichkeit ist. Aus dieser Wechselwirkung von Problemen und Möglichkeiten ergibt sich der nächste Abschnitt des Marketing-Planes.

1.1.1.2.3.2 Die Festlegung der Marketing-Ziele

Die Festlegung der Marketing-Ziele bildet den Kernpunkt des Marketing-Planes. Der folgende Rest des Marketing-Planes besteht aus dem Porgramm zur Erreichung dieser Ziele. An diesem Punkt wird die logische Folge der einzelnen Schritte im Marketing-Plan sichtbar: Die Analyse der Fakten enthüllt die Probleme und Möglichkeiten, die

Marketing-Ziele stellen lediglich die gewünschten Problemlösungen und die Ausnützung der Möglichkeiten dar.

In welcher Form sollten die Marketing-Ziele nun aufgestellt werden. Zunächst sollten sie so detailliert wie möglich sein, damit der Erfolg des Programmes faktisch durch die Größe der Annäherung an die gestellten Ziele gemessen werden kann.

11. Aufgabe: *Welche Marketing-Zielformulierungen sind häufig anzutreffen und warum sind sie unzweckmäßig?*

Darüber hinaus sollten die Marketing-Ziele in Form von Endergebnissen und nicht in Form von Zwischenergebnissen formuliert werden. So ist z. B. der Zuwachs an Lesern oder Hörern einer Werbebotschaft ein anstrebenswertes Zwischenziel. Das Endziel aber ist die Zahl der Verbraucher, die die Werbebotschaft empfangen haben und dadurch informiert oder überzeugt werden konnten. Der Zuwachs dieser letzteren Zahl sollte als Marketing-Ziel im Plan verankert sein.

Ferner sollte eine klare Unterscheidung zwischen Marketing-Zielen und -Budgetvorausschätzungen gegeben sein. Die Ziele sollten zwar realistisch und erreichbar sein, die Erreichung sollte aber äußerste Anstrengungen verlangen und sie sollten möglicherweise sogar bis zu einem gewissen Grad über das Erreichbare hinausgehen. Im Gegensatz zu den eher optimistischen Marketing-Zielen sollten die Budgetvorausschätzungen eher konservativ und sogar im Fall unvorhersehbarer Ereignisse noch erreichbar sein. Dieses ist vor allem deshalb notwendig, weil aus den Budgetvorausschätzungen der Bruttogewinn, der Nettogewinn und das Marketing-Budget abgeleitet werden.

1.1.1.2.3.3 Die Marketing-Strategie

Es ist an dieser Stelle unmöglich, die Marketing-Strategie im einzelnen darzulegen. Im allgemeinen besteht die Marketing-Strategie aus den einzelnen Marketing-Aktivitäten, die erforderlich sind, um die Probleme zu lösen und die Möglichkeiten wahrzunehmen und so die Marketing-Ziele zu erreichen. Wenn die Fakten Schwächen des Produktes aufdecken oder wenn nach Meinung der Verbraucher Konkurrenzprodukte in bestimmten Aspekten besser sind, dann sollte der Marketing-Plan aufzeigen, welche Schritte zur Verbesserung unternommen werden müssen. Wenn die Distribution nicht ausreicht, sollte der Plan die erforderlichen Maßnahmen anführen. Auf der Basis der Probleme und Möglichkeiten sollte ein Versuch unternommen werden, welche Aufgabe im Hinblick auf den Verbraucher durch die Werbung und welche durch die Verkaufsförderung übernommen werden können.

Der Plan sollte alternative Marketing-Strategien beinhalten und über eine sorgfältige Analyse die Marketing-Strategie ermitteln, die die größten Aussichten auf Erfolg verspricht. Zum Nutzen der Unternehmensleitung, die den Marketing-Plan genehmigen muß, sollten diese Alternativen übersichtlich und vor allem objektiv hinsichtlich der Vor- und Nachteile dargestellt sein. Nur so kann die Unternehmensleitung den Marketing-Plan genehmigen, ohne noch zusätzliche Informationen verlangen zu müssen.

1.1.1.2.3.4 Das Marketing-Budget

Im Anschluß an die Marketing-Strategie sollte der Marketing-Plan die Kosten für die Durchführung der Marketing-Strategie aufzeigen, und zwar einmal die Gesamtsumme, die für die Durchführung der Marketing-Strategie erforderlich ist und zum anderen, wie diese Gesamtsumme sich auf die verschiedenen Marketing-Strategien aufteilt. Darüber hinaus sollte eine ausführliche Begründung über die Höhe und Aufteilung des Marketing-Budgets angefügt werden, die Aufschluß darüber vermittelt, warum die vorgeschlagenen Beträge im Hinblick auf das spezielle Produkt richtig und notwendig sind, warum gerade die vorgeschlagenen Aktivitäten den größtmöglichen Erfolg versprechen und welcher Bruttogewinn in Zusammenhang mit den geschätzten Umsätzen zu erwarten sein wird.

1.1.1.2.3.5 Die Umsatz- und Gewinnschätzung

Wie bereits unter dem Marketing-Budget angedeutet, sollte der Marketing-Plan eine Gewinn- und Verlustschätzung auf der Basis konservativ geschätzter Umsätze enthalten. Diese Gewinn- und Verlustschätzung muß auf der Annahme eines bestimmten Bruttogewinns basieren. Der Bruttogewinn wiederum ist eine Funktion der erhofften Preise und geschätzten Produktionskosten. Von dem Bruttogewinn müssen neben den Produktionskosten die anderen gewinnschmälernden Faktoren abgezogen werden, um zum unversteuerten Gewinn zu gelangen.

12. Aufgabe: *Welche gewinnschmälernden Faktoren könnten hauptsächlich gemeint sein?*

Spätestens zu diesem Zeitpunkt sollte deutlich werden, daß der Marketing-Plan aussagekräftig genug ist, um die vertretene Auffassung zu stützen, daß der Marketing-Plan und seine Genehmigung durch die Unternehmensleitung oder die Geschäftsleitung einer Tochterfirma mehr zur Lösung des Problemes optimaler Delegation von Verantwortung beitragen kann als irgendein anderes Management-Instrument. Denn der Marketing-Plan gibt der genehmigenden Geschäftsleitung ein klares und übersichtliches Bild der Situation des Unternehmens, seiner Probleme und seiner Möglichkeiten. Er stellt die Situation in einer Weise dar, die ein Minimum an Zeit der Unternehmensleitung erfordert und ein Optimum an Klarheit hinsichtlich der gesetzten Marketing-Ziele gewährleistet. Er gibt der Unternehmensleitung die Möglichkeit, die Stärke der Marketing-Strategie zu beurteilen und sie sogar in Einzelaspekten zu verändern. Er informiert die Unternehmensleitung über die Umsätze, die Ausgaben, den Gewinn und er gewährleistet eine objektive Beurteilung des Programmes, nicht nur im Hinblick auf die Marketing-Ziele, sondern auch auf die einzusetzenden Mittel und Methoden. Er gibt der Unternehmensleitung schließlich die Gewähr, daß die Durchführung des Planes durch die Untergebenen mit einem minimalen Risiko und einem optimalen Erfolg erfolgen kann.

1.1.1.2.4 Die Erstellung des Marketing-Planes

Es gibt erhebliche Unterschiede in der Auffassung, wie der Marketing-Plan erstellt werden sollte. Obgleich die Marketing-Abteilungen und viele Werbeagenturen der Auffassung sind, daß der Marketing-Plan durch die eigene Organisation erstellt werden sollte, gibt es dennoch eine ganze Zahl anderer, die ebenso überzeugt davon sind, daß die Erstellung des Marketing-Planes Aufgabe der Werbeagentur ist. Für beide Auffassungen lassen sich gute Gründe anführen.

Die Anhänger der ersten Auffassung tendieren dahin, der Werbeagentur eine sehr eng begrenzte Funktion zuzuteilen. Sie soll sich im wesentlichen auf die Erstellung und Verbreitung der Werbung konzentrieren. Da sie glauben, daß die Agentur in die Festlegung oder auch nur die Empfehlung der Marketing-Strategie nicht verwickelt werden sollte, ist ihre fehlende Bereitschaft, die fachliche Qualifikation der Werbeagentur bei der Erstellung des Marketing-Planes nicht zu nutzen, durchaus konsequent.

Aus Gründen, die später im Zusammenhang mit der Darstellung der Marketing-Funktion „Werbung" noch aufgezählt werden, erscheint diese Beschränkung des Aufgabenbereiches der Werbeagentur als ein Schritt in die falsche Richtung. Aus folgenden Gründen sollte die Werbeagentur zumindest den ersten Entwurf des Marketing-Planes erstellen.

Sie kann zunächst die Marketing-Organisation von einer sehr zeitraubenden Aufgabe befreien. Wenn die Agentur den Plan nicht vorbereitet, muß es jemand in der eigenen Marketing-Organisation, in der Regel der Produkt-Manager, tun. Eine sorgfältige Vorbereitung für den Marketing-Plan erfordert einen erheblichen Zeitaufwand. Diese Zeit muß der Produkt-Manager im Zusammenhang mit der Durchführung seiner anderen Aufgaben einsparen. Vielleicht liegt hier auch der Grund für die häufig sehr große Zahl von Produkt-Managern in den Unternehmen, die dann wieder zu Zwischenstufen zwischen den Produkt-Managern und der Marketing-Leitung, z. B. dem Marketing-Direktor, führen.

Wenn die Einstellung und die Qualität der Agentur den normalen Anforderungen entspricht, dann kann die Agentur einen besser durchdachten Marketing-Plan entwerfen als der Produkt-Manager. Dies hat zunächst nichts mit der Qualität der Produkt-Manager zu tun.

Denn, wie bereits erwähnt, kann die Agentur wesentlich mehr Zeit bei der Erstellung des Marketing-Planes bereitstellen. Die simple Erfassung und Analyse der für das Produkt relevanten Fakten, der Marketing-Geschichte, der Wettbewerbssituation, der Verbrauchereinstellungen usw. fordern einen enormen Zeitaufwand. Sie bedingen die Zusammenarbeit einer Vielzahl von Spezialisten, vor allem der Marktforschung unter der Verantwortlichkeit des Kontakters. Selbst wenn die Produkt-Manager wesentlich erfahrener und kompetenter wären als die meisten von ihnen tatsächlich sind, könnten sie dennoch nicht das umfassende Marketing-Wissen einer qualifizierten Werbeagentur in sich vereinigen.

Ferner kann von den Produkt-Managern nicht dieselbe objektiv kritische Einstellung gegenüber dem Entwurf des Marketing-Planes erwartet werden, wenn er ihn selbst erstellt hat. In diesem Fall wird er seine eigenen Auffassungen in den Marketing-Plan einschließen lassen, und es ist höchst unwahrscheinlich, daß er objektiv und unvoreingenommen die alternativen Marketing-Strategien abwägt. Wenn andererseits der Marketing-Plan von der Agentur erarbeitet, dem Produkt-Manager zur Beurteilung und anschließend der Marketing-Leitung zur Genehmigung vorgelegt wird, dann kann der Produkt-Manager sich dieser Aufgabe in einer neutralen Haltung zuwenden. Sein Urteil über den Entwurf des Marketing-Planes wird sicherlich abgewogener ausfallen. Die Ausnutzung beider Hilfsquellen, sowohl der der Agentur als auch der des Produkt-Managers, der Agentur bei der Entwerfung des Marketing-Planes, des Produkt-Managers bei der Durchsicht, Beurteilung und Weiterleitung an die Marketing-Leitung, versehen mit seinen Empfehlungen, bietet die Gelegenheit für die Entwicklung und Bewertung alternativer Marketing-Strategien und -Ideen. Die maximale Ausnutzung der Fähigkeiten der Werbeagentur in der Erstellung des Marketing-Planes kann allerdings nur erreicht werden, wenn ihr bei der Vorbereitung des Planes absolut freie Hand gelassen wird und es ihr gestattet wird, den bestmöglichen Plan zu entwerfen und nicht einen Plan, der persönliche Auffassungen bestimmter Mitarbeiter des Unternehmens berücksichtigt. Denn die endgültige Beurteilung, das Recht den Plan zu genehmigen, zu verändern oder abzulehnen, bleibt ohnehin dem Kunden, d. h. der Marketing- und Unternehmensleitung. Deshalb bedeutet es für die Marketing- und Unternehmensleitung überhaupt kein Risiko, wenn sie die Agentur dazu ermuntert, unkonventionelle Vorschläge zu präsentieren. Schließlich gibt es für die Verwendung der Werbeagentur bei der Erstellung des Marketing-Planes noch ein weiteres wichtiges Argument: Das Unternehmen muß ohnehin für die durch die Agentur angebotenen Dienstleistungen bezahlen, also sollte das Unternehmen sie auch soweit wie möglich nutzen.

Die Gegenargumentation zu der letzten Auffassung könnte etwa wie folgt aussehen: Obgleich es vom Standpunkt des Unternehmens aus zweckmäßig wäre, die Agentur zur Erstellung eines Marketing-Planes aufzufordern, würde dies die ohnehin schon hohen Rechnungen der Werbeagentur an das Unternehmen noch vergrößern. Andernfalls müßte die Werbeagentur ganz bestimmte Dienstleistungen verringern, und das könnte sich vor allem negativ auf die Qualität der Werbekampagne auswirken. Diese Argumentation mag für einige Werbeagenturen sicherlich zutreffen. Sie gilt aber nicht für die meisten und schon gar nicht für die besten von ihnen.

Denn gerade die besten Agenturen begrüßen immer die Gelegenheit, an der Lösung der Probleme des Kunden mitzuarbeiten und so zu echten Partnern zu werden. Ferner läßt sich durch diese Mitarbeit wesentlich eine Vereinbarkeit von Marketing-Strategie und Werbe-Strategie sicherstellen. Was die Ausgaben anbetrifft, so wird ein fairer Kostenvergleich ergeben, daß der Entwurf eines Marketing-Planes durch die Agentur in der Regel billiger wird. Die Agentur ist für derartige Aufgaben organisiert, nicht dagegen das Unternehmen. Die Agentur kann die einzelnen Abteilungen hinzuziehen, selten dagegen der Produkt-Manager. Darüber hinaus ergeben sich oft auch Ersparnisse an Zeit und damit Geld bei der Agentur selbst, denn wie oben angeführt läßt sich wahrscheinlich die Zahl der Produkt-Manager und Assistenten bei den Unternehmen verringern. Damit werden weniger Besprechungen erforderlich, die gegenseitige Information wird verbessert, die Zahl der Entscheidungsebenen wird verringert. Die hohen Kosten für die Dienstleistungen der Werbeagenturen, über die sowohl Unternehmen als auch die Agenturen selbst sich beklagen, sind nicht das Ergebnis besserer und umfangreicherer Dienstleistungen durch die Werbeagenturen, sondern das Ergebnis von falscher und Überorganisation auf der Seite der Unternehmen. Viele zusätzliche und kostbare Stunden der Werbeagenturen könnten produktiv zum Nutzen der Kunden gewonnen werden, wenn die unnötigen und fruchtlosen Besprechungen mit Marketing-Mitarbeitern der Unternehmen, die meistens doch keine Entscheidungsbefugnis haben, deren Qualifikation häufig zu wünschen übrigläßt, vermieden werden könnten. Allerdings muß fairerweise auch angeführt werden, daß die Qualifikation der Mitarbeiter von Werbeagenturen auch nicht immer den berechtigten Wünschen der Unternehmen entspricht.

1.1.1.2.5 Die Beurteilung des Marketing-Planes

Die Beurteilung eines Marketing-Planes kann erst in der Praxis selbst erfolgen. Wenn ein Marketing-Plan funktioniert, wenn die gesetzten Marketing-Ziele richtig waren, wenn zufriedenstellende Fortschritte hinsichtlich der Erreichung dieser Ziele gemacht werden konnten, dann war es sicherlich ein guter Plan. Aber es gibt im Wirtschaftsleben keine Statik. Ein außerordentlich guter Plan für ein bestimmtes Jahr kann sich für das darauf folgende Jahr als völlig unzureichend herausstellen. Unglücklicherweise müssen die Vorarbeiten für den Marketing-Plan des kommenden Jahres zu einem Zeitpunkt in Angriff genommen werden, an dem die Ergebnisse des laufenden Jahres noch keineswegs festliegen.

Aber es gibt bestimmte Kriterien, die schon recht frühzeitig auf bestimmte Tendenzen hinweisen. Selbst in der Mitte eines laufenden Geschäftsjahres gibt es eine Reihe von Anzeichen, die Aufschluß darüber geben, ob der Marketing-Plan des laufenden Geschäftsjahres den Gegebenheiten entspricht oder nicht. Jeder Fortschritt im Hinblick auf die Annäherung an die gesetzten Marketing-Ziele kann als ermutigendes Zeichen angesehen werden. Jeder Mangel an beweisbaren Fortschritten muß zumindest als ernstzunehmendes Warnsignal aufgefaßt werden.

Daher ist ein 6-Monats-Status weniger ein Anlaß zur Abänderung des laufenden Marketing-Planes als ein Hilfsmittel bei der Vorbereitung des Planes für das kommende Geschäftsjahr. Vor allem die Umsatzentwicklung ist ein wichtiges Kriterium für die Effizienz des laufenden Marketing-Planes. Auch Ergebnisse über Änderungen des Bekanntheitsgrades und der Verbrauchereinstellungen gegenüber einem bestimmten Produkt lassen Rückschlüsse auf die Qualität der Werbung und die Produktbeurteilung zu. Wie bereits gesagt, ein 6-Monats-Status ist ein außerordentlich wichtiges Hilfsmittel zur Vorbereitung des Marketing-Planes für das kommende Geschäftsjahr. Damit wird die Vorbereitung, die Überprüfung, die Genehmigung und die Durchführung des Marketing-Planes, gefolgt von einer Kontrolle des Marketing-Planes für das laufende Geschäftsjahr und der Vorbereitung eines neuen Marketing-Planes für das kommende Geschäftsjahr, eine Aufgabe, die sich über den gesamten Zeitraum eines Jahres hinzieht. Trotz der Skepsis einer Reihe von Unternehmern, die nichts von Planung halten, läßt sich feststellen, daß keinem Management-Instrument ein größerer Beitrag zum Marketing-Erfolg zuerkannt werden kann als der fortwährenden Arbeit am und mit dem Marketing-Plan.

1.1.1.2.6 Die Bestimmung des Marketing-Budgets

Ein sehr wichtiger Bestandteil des Marketing-Planes ist das Marketing-Budget. Es empfiehlt sich daher, die Bestimmung des Marketing-Budgets ausführlicher zu behandeln. Es muß wohl leider unterstellt werden, daß in der Mehrzahl der Unternehmen das Marketing-Budget sowohl von der Unternehmensleitung als auch von der Marketing-Leitung weit weniger Aufmerksamkeit erhält, als es verdient. Die Folge ist, daß die Bestimmung des Marketing-Budgets mehr auf Schätzung und Instinkt als auf der Anwendung wissenschaftlicher Methoden oder nur sorgfältiger Analyse beruht. Dabei gibt es keine unternehmerischen Entscheidungen, die die Stabilität, das Wachstum und die Profitabilität der Unternehmen stärker beeinflussen als die Entscheidungen über das Marketing-Budget. In vielen Unternehmen, deren Erfolg von einer schlagkräftigen Marketing-Strategie abhängt, bilden die Marketing-Kosten den größten Ausgabenfaktor, d. h. in einigen Unternehmen sind die Marketing-Kosten sogar höher als die gesamten Produktionskosten.

Im Markenartikelbereich liegen die Marketing-Kosten selten unter 10%, häufig betragen sie sogar ein Drittel der Nettoerlöse. Das bedeutet, daß die Marketing-Kosten in fast allen Fällen höher als der Gewinn nach Steuern ist. So steigen die Marketing-Kosten häufig bis auf die Hälfte des Bruttogewinnes. Aus der restlichen Hälfte des Bruttogewinnes müssen die Gemeinkosten inklusive Forschung und Entwicklung, die Steuern und der Gewinn getragen werden.

1.1.1.2.6.0 Die Analyse der Marketing-Erfordernisse

Besonders wichtig ist natürlich die Höhe des Budgets, d. h. wieviel Geld einerseits erforderlich ist und andererseits bereitgestellt werden kann, um die vereinbarten Marketing-Ziele zu erreichen.

13. Aufgabe: *Welche weiteren Fragen entstehen im Zusammenhang mit der Analyse der Marketing-Erfordernisse?*

Die Unternehmensleitungen konzentrieren sich hauptsächlich, vielleicht sogar ausschließlich, auf die Bestimmung der Höhe des Marketing-Budgets. Die Lösung der anderen Fragen wird meist den Marketing-Leitungen in der falschen Auffassung überlassen, daß es sich hier um bloße Detailprobleme handelt. Es muß allerdings bereits an dieser Stelle zugestanden werden, daß es keine fehlerfreie Methode zur Bestimmung des Marketing-Budgets gibt, vor allem wenn die kurzfristigen Erfordernisse der Umsatz- und Gewinnerzielung und die langfristige Unternehmensstabilität berücksichtigt werden. Vielleicht ist es sogar unmöglich, eine derartige Methode zu entwickeln. In diesem Fall wäre die heute so verbreitete fatalistische Einstellung gegenüber diesem Problemkreis nachträglich gerechtfertigt. Diese Niederlage sollte aber erst eingestanden werden, nachdem ein erheblich größerer wissenschaftlicher Aufwand als bisher keine Resultate zeitigt.

1.1.1.2.6.1 Einige Methoden, die zur Bestimmung des Marketing-Budgets nicht mehr Verwendung finden sollten

Gegenwärtig finden im wesentlichen zwei Methoden, allerdings in vielen Varianten, bei der Bestimmung der Höhe des Marketing-Budgets Anwendung. Welche dieser beiden Methoden jeweils vorherrscht, hängt im wesentlichen von dem relativen Einfluß entweder der Marketing- oder der Finanzleitung auf die Unternehmensleitung ab.

Die Umsatz–Kosten–Gewinn-Formel

Wenn die Finanzleitung das Vertrauen der Unternehmensleitung besitzt, wird die Bestimmung der Höhe des Marketing-Budgets etwa wie folgt vor sich gehen:

1. Das Unternehmen muß im kommenden Geschäftsjahr einen absoluten Gewinn von X nach Steuern erzielen, um ein kontinuierliches Wachstum der Gewinne aufzeigen und die Unternehmenseigentümer zufriedenstellen zu können.
2. Der geschätzte Umsatz, nicht von der Marketing-Abteilung, sondern als Projektion des gegenwärtigen Umsatztrends geschätzt, ist Y.
3. Der Bruttogewinn aus diesem Umsatz, basierend auf den Preisvorstellungen und den Kostenschätzungen der Finanzleitung, wird Z sein.
4. Andere, nicht durch das Marketing verursachte Kosten wie Verwaltung, Forschung und Entwicklung, Zinsen für Fremdkapital und Steuern belaufen sich auf W.
5. Der Rest stellt den maximalen Betrag für das Marketing-Budget dar.

Für viele Unternehmensleitungen wird diese Methode sehr überzeugend klingen. Darüber hinaus handelt es sich bei den Finanzleitungen meist um sehr hartgesottene Mitarbeiter, die keineswegs dem oft übertriebenen Optimismus der Marketing-Mitarbeiter verfallen. Sie lassen sich weniger von vagen Hoffnungen und Erwartungen als von Projektionen leiten. Sie basieren ihre Methode auf Fakten, nicht auf Erwartungen.

14. Aufgabe: *Welche Erwartungen könnten z. B. für die Marketing-Leitung bestimmend sein?*

Die Finanzleitung betrachtet die Marketing-Ausgaben, vor allem die Ausgaben für Werbung, als Kosten. Sie wird nicht anerkennen wollen, daß zwischen den Ausgaben für Werbung und den Umsätzen eine Korrelation bestehen mag, obwohl zur Ehrenrettung der Finanzleitung gesagt werden muß, daß es zu wenig Beweise für eine Korrelation zwischen Ausgabenhöhe und Qualität der Werbung und dem Umsatz gibt.

Trotzdem, bei aller berechtigten Skepsis über den Erfolg der Werbung, muß doch festgehalten werden, daß die oben umrissene Methode der Bestimmung des Marketing-Budgets nicht die beste ist. Sie ist zu starr, zu mechanisch, zuwenig aufgeschlossen gegenüber den wägbaren und unwägbaren Faktoren, die verhindern, daß die „Kunst" des Marketing zu einer exakten und vorhersehbaren Wissenschaft wird. Andererseits ist die Methode sehr einfach, sie erfordert geringe Kenntnisse der Mathematik und stellt keine Anforderungen an das Denken.

Die Marketing-Formel

Wenn die Unternehmensleitung ihr Vertrauen der Marketing-Leitung schenkt, dann muß sie sich mit erheblich weniger Fakten begnügen. Nach vorherrschenden Auffassungen in den Marketing-Leitungen erfordert die Bestimmung des Marketing-Budgets hauptsächlich Erfahrung in der Schätzung. Die Marketing-Ausgaben und Umsätze des laufenden

Geschäftsjahres sind bekannt, aber keineswegs die Korrelationen zwischen beiden. Üblicherweise wird die Bestimmung des Marketing-Budgets durch die Marketing-Leitung folgendermaßen vorgenommen:

1. Im laufenden Geschäftsjahr betragen die Marketing-Ausgaben X bei einem Umsatz von Y.
2. Der Bruttogewinn im laufenden Geschäftsjahr wird Z sein. Also belaufen sich die Marketing-Ausgaben auf $\frac{X}{Y}$ % vom Umsatz und $\frac{X}{Z}$ % vom Bruttogewinn.
3. Der Umsatz im kommenden Geschäftsjahr soll um 10% steigen, ebenso der Bruttogewinn. Um dieselben Relationen beibehalten zu könnnen, müssen die Marketing-Ausgaben ebenfalls um 10% steigen.
4. Der Mitbewerber A hat aber bei gleichem Umsatz ein höheres Marketing-Budget, vor allem höhere Werbeausgaben. Das ist untragbar, daher müssen die Marketing-Ausgaben um zusätzlich 10%, also um insgesamt 20% angehoben werden.
5. Da unterstellt werden kann, daß tatsächlich eine Korrelation zwischen Werbeausgaben und Umsatz besteht, kann unterstellt werden, daß der projektierte Umsatzzuwachs von 10% erreicht wird. Sollte das Marketing-Budget nicht um insgesamt 20% erhöht werden, ist das fraglich.

Natürlich sind beide Methoden etwas übertrieben dargestellt, aber sie beleuchten doch die völlig unterschiedlichen Auffassungen, die eine ist ausschließlich auf die Erzielung eines vorherbestimmten Gewinnes ausgerichtet, die andere auf die notwendigen Voraussetzungen zur Erreichung bestimmter Marketing-Ziele abgestellt. Beide Methoden sind falsch. Die eine, weil sie den Marketing-Aktivitäten keinerlei Wirkungen zumißt und die Korrelation zwischen Marketing-Ausgaben und Umsatz nicht anerkennt. Die andere, weil sie ohne ausreichende Beweise eine genau quantifizierbare Korrelation zwischen den beiden Größen unterstellt.
Marketing-orientierte Unternehmensleitungen verwenden wahrscheinlich weder die eine noch die andere Methode ausschließlich. Meist suchen sie nach einem optimalen Kompromiß zwischen den Gewinnzielen der Finanzleitung und der Überzeugung der Marketing-Leitung, daß ein angemessenes Marketing-Budget für die einzelnen Produkte bereitgestellt werden muß, wenn das Unternehmen gesund bleiben, wachsen und Gewinne erzielen soll nicht nur im kommenden Geschäftsjahr, sondern für die vorhersehbare Zukunft.

1.1.1.2.6.2 Das Zurechnungsproblem der Marketing-Aktivitäten

Es muß aber bessere als die bisher aufgezeigten Lösungen geben. Das Hauptproblem liegt in der Zurechnung des Umsatzerfolges auf die Werbung oder die Verkaufsförderung oder die Verkaufsanstrengungen selbst. Dies gilt leider sowohl für kurzfristige als auch für langfristige Betrachtungen. Wenn es möglich wäre, mit einiger Sicherheit den Punkt zu bestimmen, bei dem eine weitere Erhöhung der Marketing-Ausgaben in unterproportionale Umsatzzuwachsraten umschlägt, dann wäre die Bestimmung des Marketing-Budgets kein Problem mehr. Es wäre schon viel gewonnen, wenn sich eine ex-post Feststellung treffen ließe. Sie wäre eine äußerst wertvolle Richtschnur für die Zukunft. Es wäre ebenfalls sehr nützlich, wenn sich quantifizieren ließe, welcher Anteil am Umsatzerfolg der Werbung, der Verkaufsförderung und den Verkaufsbemühungen selbst zuzumessen ist. Selbst wenn bloß der kombinierte Effekt dieser Marketing-Aktivitäten gesondert von den anderen wie Produktqualität, Produktverbesserungen, Preisänderungen usw. bestimmt werden könnte, wäre schon ein erheblicher Schritt getan.

Die Schwierigkeiten des Zurechnungsproblemes können recht anschaulich an einem Beispiel aus der Praxis demonstriert werden. Zu einem bestimmten Zeitpunkt zeigte sich in der Umsatzentwicklung der Puddingmarke A eine negative Tendenz. Sowohl die Marke B als auch eine ganze Reihe von Handelsmarken konnten ihren Marktanteil auf Kosten der Marke A ausdehnen. Dafür gab es mehrere plausible Begründungen. Ein Grund für die negative Entwicklung von A war der unangenehme Geruch, den die Hausfrauen bei der Puddingzubereitung bemerkten. Die Marke B entwickelte keinen nachteiligen Geruch bei der Puddingzubereitung. Ferner benötigte die Marke A für die Puddingzubereitung kochendes Wasser, während für die Marke B kaltes Leitungswasser ausreichte. Der Grund für das Vordringen der Handelsmarken lag in einem Preisvorteil von 25—30%. Schließlich bot die Werbekampagne der Marke A keine besonderen Anreize für den Verbraucher. Angesichts dieser Situation mußte für die Marke A intensiv nach Lösungen gesucht werden. Es wurden schließlich folgende Marketing-Aktivitäten in Angriff genommen: Die negative Geruchsbildung bei der Puddingzubereitung wurde ebenso beseitigt wie die Notwendigkeit einer Verwendung von heißem Wasser. Die Packungsgröße wurde so verringert, daß der Verbraucherpreis für die Marke A auf der gleichen Ebene der Handelsmarken liegen konnte. Die Kreativität der Werbekampagne wurde drastisch verbessert.

Der Erfolg war bemerkenswert. Nach wenigen Wochen zeigte der Verkaufstrend steil aufwärts. Der Marktanteil wuchs beständig, bis die Marke A auf dem Markt völlig dominierte. Der Anteil der Marke B sank entsprechend, und die Aufwärtsentwicklung der Handelsmarken wurde nicht nur gestoppt, sondern es konnte sogar eine Rückentwicklung erzielt werden. Welche Faktoren verursachten diesen Erfolg? Keiner läßt sich mit Sicherheit herauspicken. Insgesamt muß etwas Richtiges für die Marke A getan worden sein. Wahrscheinlich war die Entwicklungsabteilung überzeugt, daß die Produktverbesserungen im wesentlichen den Erfolg verursachten. Die Finanzabteilung wird sicherlich die Preissenkung dafür heranziehen, und die Marketing-Abteilung, speziell der Werbeleiter, wird der kreativen Werbekampagne alles zuschreiben. Alle diese Verbesserungen haben mit Sicherheit einen gewissen Anteil am Erfolg, aber welchen? Eine genaue Quantifizierung ist unmöglich. Wenn schon in einem so günstigen Fall wie dem oben dargestellten, bei dem eine neue, kreative Werbekampagne auch noch durch ein verbessertes Produkt und sogar noch einen, wenn auch nur optisch reduzierten Preis unterstützt wurde, der Erfolg z. B. der Werbekampagne nicht eindeutig quantifiziert werden kann, wie schwierig wird diese Zurechnung erst, wenn z. B. die Aufgaben und Ziele der Werbekampagne weniger abgesichert und klar umrissen sind.

1.1.1.2.6.3 Eine Annäherung an eine mehr wissenschaftliche Bestimmung des Marketing-Budgets

Wie bereits gesagt, es gibt bisher noch keine zufriedenstellende Lösung, aber es sollte möglich sein, eine Reihe von Fragen zu beantworten, die den Umfang der bis heute noch erforderlichen Schätzungen etwas herabsetzen:

1. Was sind die Marketing-Ziele des Unternehmens für die einzelnen Produkte? Auf welche Weise und in welchem Ausmaß sind die Marketing-Aktivitäten darauf ausgerichtet, diese Ziele zu erreichen?

2. Welche Werbung, Verkaufsförderung und Verkaufsanstrengungen sind notwendig, um das geschätzte Verkaufsvolumen und andere Marketing-Ziele zu erreichen? Welche Gründe sprechen dafür, daß die im Marketing-Budget geforderten Geldmittel den notwendigen entsprechen? Welcher Umsatzzuwachs kann durch eine bestimmte Erhöhung des Marketing-Budgets erreicht werden? Welcher Umsatzrückgang bei einer entsprechenden Reduzierung? Welche Begründungen lassen sich anführen?

3. Welche Bedeutung kommt dem geldmäßigen Werbeaufwand im Vergleich zur Qualität, zur Durchschlagskraft der Werbung zu? Welche Gründe sprechen dafür, daß die einzigartige Verkaufsidee, auf der die Werbekampagne basiert, beim Verbraucher ankommt, und daß die Art und Weise der Präsentation Interesse findet und Kaufaktivitäten auslöst?

4. Wodurch ist bewiesen, daß der im Budget vorgesehene Umfang verkäuferischer Aktivitäten ausreicht hinsichtlich der Breite und Tiefe der Distribution, regional und nach Geschäftstypen? Daß er weder zu klein noch zu groß ist? Würde eine tiefere Distribution, verbunden mit einer Erhöhung der Besuchsfrequenz nicht den Gewinn absolut erhöhen, obwohl die Verkaufskosten ansteigen? Gibt es eine Korrelation zwischen Distribution und Umsatz?

5. Wie wurde die Aufteilung der Geldmittel zwischen Werbung und Verkaufsförderung errechnet? Welcher Anteil dient der kurzfristigen Umsatz- und Gewinnerzielung, welcher zielt auf die längerfristige Absicherung der Unternehmensposition ab?

6. Welcher Teil der Werbeausgaben dient der Überredung der Verbraucher hinsichtlich der Vorzüge der Produkte? Welcher Teil dient der Information über neue Produkte, Produktverbesserungen, Preisänderungen usw.? Welcher Teil dient schließlich der Erinnerungswerbung? Ist der Anteil für Erinnerungswerbung vielleicht überhöht oder dient er vielleicht auch zum Teil der überredenden oder informierenden Werbung?

7. Steht der Gesamtbetrag für das Marketing-Budget in vernünftiger Relation zum Bruttogewinn? Entspricht er den Liquiditätserfordernissen des Unternehmens?

Die Mehrzahl dieser Fragen wird schwierig zu beantworten sein. Vielleicht sind wiederum einige darunter, die sich mit Fakten nicht belegen lassen. Aber die einfache Tatsache, daß diese Fragen gestellt wurden und daß ernsthafte Versuche unternommen werden, sie zu beantworten, wird einige Garantie dafür bieten, daß alle Aspekte des Problems beleuchtet werden und daß die Anforderungen für das Marketing-Budget nicht auf zu großer Daumenpeilung beruhen.

1.1.1.2.6.4. Die Bestimmung des Produkt-Budgets

Selbst nachdem der Gesamtbetrag für das Marketing-Budget fixiert worden ist, stellen sich noch Fragen. Wieviel sollte für ein einzelnes Produkt ausgegeben werden und wie sollte dort die Verteilung auf Werbung, Verkaufsförderung und Verkauf vorgenommen werden? Dies läßt sich sicherlich nicht dadurch erreichen, daß der Betrag entsprechend dem Anteil am Gesamtumsatz errechnet wird.

Die Bestimmung des Produkt-Budgets nach der Gewinnsituation

Die Produkte eines Unternehmens unterscheiden sich gewiß hinsichtlich der erzielten Gewinne. Im allgemeinen wird das Produkt mit der günstigeren Gewinnsituation auch stärkere Werbeunterstützung und Verkaufsförderung beanspruchen. Und ganz gewiß kann das Produkt mit der kleineren Gewinnmarge, da der Gewinn schließlich die einzige Quelle der Geldmittel für das Marketing-Budget ist, am wenigsten ein großzügiges Produkt-Budget für sich in Anspruch nehmen.

15. Aufgabe: *Was ist ein Produkt-Budget?*

In einigen Fällen beträgt das Produkt-Budget bis zu 25% und mehr des Nettoerlöses. Es ist ausgeschlossen, daß für ein Produkt mit einem Bruttogewinn von 15% ein Produkt-Budget von 25% vom Nettoerlös aufgestellt wird. Dies zeigt, daß unabhängig von allen anderen Überlegungen, einer angemessenen Relation von Produkt-Budget und Bruttogewinn für jedes Produkt einzeln Rechnung getragen werden muß.

16. Aufgabe: *Definieren Sie den Bruttogewinn.*

Die Bestimmung des Produkt-Budgets nach der Eignung für bestimmte Marketing-Aktivitäten

Die Produkte eines Unternehmens unterscheiden sich zweitens auch hinsichtlich ihrer Eignung für den Einsatz von Werbung, Verkaufsförderung oder Verkaufsaktivitäten selbst, d. h. die Produkte sprechen auf die jeweils dominierende Art von Marketing-Aktivitäten unterschiedlich an. Ein relativ neues Produkt, das sein Umsatzpotential noch keineswegs ausgeschöpft hat, erfordert und verdient mehr Unterstützung als ein etabliertes Produkt, das bestenfalls sein gegenwärtiges Umsatzniveau halten kann.

Die Bestimmung des Produkt-Budgets nach dem Lebenszyklus

Die Produkte eines Unternehmens unterscheiden sich drittens auch hinsichtlich der jeweiligen Phase des Lebenszyklus. Produkte in der Schrumpfungsphase erfordern Marketing-Aktivitäten, die den Abschwung verlangsamen und ein größtmögliches „Melken" der noch zu erzielenden Gewinne gewährleisten. Für ein neues Produkt besteht dagegen oft die Gefahr einer Überschätzung des Potentials, manchmal allerdings auch Unterschätzung. Hier empfiehlt sich ein regionaler Testmarkt mit entsprechend geringen Kosten.

Die Bestimmung des Produkt-Budgets nach dem Stand der Produktionsdifferenzierung

Generell spricht ein Produkt mit einem ausgeprägten Wettbewerbsvorteil stärker auf informierende oder überredende Werbung an.

17. Aufgabe: *Welche Wettbewerbsvorteile ließen sich anführen?*

Unter der ceteris paribus-Annahme sollte der Umsatz eine Funktion von Quantität und Qualität der Werbung sein. Für solche Produkte sollte das Schwergewicht auf der Werbung und nicht bei der Verkaufsförderung liegen, weil die Werbung hier eine echte Aussage machen kann und diese Aussage einer größeren Anzahl potentieller Verbraucher zuleiten kann.

Das andere Extrem bilden Produkte, die sich von einem Dutzend oder mehr Konkurrenzprodukten, soweit es den Verbraucher betrifft, nicht unterscheiden. Es stimmt, daß die Werbung hier ein angenehmes und vorteilhaftes Image für das Produkt oder das anbietende Unternehmen aufbauen kann. Im allgemeinen aber hat die Werbung keine Ansatzpunkte, um den Namen des Produktes im Bewußtsein der Verbraucher zu verankern. In dieser Situation hängt alles vom Erfolg der Verkaufsförderung ab. Preisanreize, Zugaben, Wettbewerbe müssen die Verbraucher anlocken, zum Kauf anreizen. In der Regel haben alle diese Verkaufsförderungsmaßnahmen keine direkte Beziehung zum Produkt. Die Notwendigkeit solcher Maßnahmen rückt die ernsthafte Frage nach den längerfristigen Umsatzchancen für das Produkt in den Vordergrund.

Die obigen Ausführungen sollen nicht die Verkaufsförderungsaktivitäten herabstufen, sondern lediglich ihre Funktion im Zusammenhang mit der Aufstellung des Marketing-Budgets klarstellen.

18. Aufgabe: *Welchen Überlegungen im Zusammenhang mit den Verkaufsförderungen sollte ernsthaft nachgegangen werden?*

Es sollten also alle Aspekte sorgfältig beleuchtet werden, bevor eine konkrete Aufteilung des Marketing- und Produkt-Budgets entscheiden wird über: die kurzfristige umsatzproduzierenden Verkaufsförderungen, die längerfristige Umsatzstabilität, versprechende Musterverteilungen, die Verbraucher-good-will aufbauende Werbung.

1.1.1.2.6.5 Begründungen für Budgetänderungen

Budgets sind ein unabdingbares Instrument für Unternehmens-, Geschäfts- und Marketing-Leitungen. Die Budgets stellen eigentlich die Gewinnpläne für die betreffenden Geschäftsperioden dar. Die Umsatzschätzungen sollten dabei so natürlich wie nur irgend möglich sein, eher zu konservativ als zu optimistisch. Die Produktionskosten können meist mit mathematischer Genauigkeit vorhergesagt werden. Auch die Marketing-Ausgaben können genau bestimmt werden. Zwei Faktoren, die den Gewinn entscheidend beeinflussen, sind also eindeutig bestimmbar. Der einzige unbestimmbare Faktor ist der Umsatz.

Es ist selbstverständlich, daß das Marketing-Budget, nachdem es durch die Unternehmensleitung genehmigt worden ist, für die Marketing-Leitung Fakten setzt. Änderungen müssen durch die Unternehmensleitung gebilligt werden. Dies beinhaltet keineswegs, daß das Marketing-Budget während der Geschäftsperiode nicht geändert werden kann und sollte. Unvorhersehbare Entwicklungen können eine Reduzierung erforderlich machen. Dies passiert recht häufig. Weniger häufig wird dagegen eine durch die Ereignisse gerechtfertigte Erhöhung durch die Unternehmensleitungen genehmigt.

Der häufigste Fall einer Reduzierung des Marketing-Budgets erfolgt in Verbindung mit einer sich aus wettbewerbs-ökonomischen oder anderen Gründen abzeichnenden Unterschreitung des Umsatzzieles, gleichgültig welche Summen für Werbung, Verkaufsförderung und eigentlich Verkaufsaktivitäten ausgegeben werden. Ein Festhalten an dem ursprünglichen Budgetansatz würde ein Nichterreichen der Gewinnziele zur Folge haben. Es ist unsinnig, Geld für sehr wahrscheinlich unproduktive Zwecke auszugeben, nur weil die entsprechenden Beträge budgetiert und genehmigt sind.

Wie soll sich die Unternehmensleitung in der umgekehrten Situation verhalten? Das Produkt zeigt unerwartete Umsätze als Folge der Werbung. Es kann erwartet werden, daß eine Erhöhung der Werbeausgaben zu einer proportionalen weiteren Steigerung des Umsatzes und noch bedeutsamer der Gewinne führt. In so einem Fall sollte das Budget erhöht und so viel zusätzliche Mittel bereitgestellt werden, wie produktiv eingesetzt werden können. Das Budget sollte Knecht, nicht Herr der Unternehmensleitung sein. Natürlich ist dazu die Zustimmung der Unternehmensleitung erforderlich, aber die Marketing-Leitung sollte nicht zögern, wenn sie der Überzeugung ist, daß zusätzliche Marketing-Mittel zu erhöhten Umsätzen und Gewinnen führen, die Unternehmensleitung darum zu bitten.

1.1.1.2.6.6 Die zeitliche Verteilung der Marketing-Ausgaben auf die Geschäftsperiode

Die Verteilung der Marketing-Ausgaben auf die Budgetperiode ist ebenfalls besonders wichtig. Es ist selbstverständlich, daß für einen ausgesprochenen Sommersaisonartikel im Winter viel weniger stark geworben wird. Aber einige andere, mindestens ebenso wichtige Faktoren sind nicht so offensichtlich. Es passiert z. B. recht häufig, daß einem Umsatzrückgang mit einer Intensivierung der Werbung begegnet wird, oder die Werbung für ein außerordentlich erfolgreiches Produkt gekürzt wird, weil sie augenscheinlich nicht mehr erforderlich ist.

Beide Praktiken sind wahrscheinlich unzweckmäßig. Aber wenn entscheidende Faktoren wie die konjunkturelle Lage, das Wetter, eine entscheidende Produktverbesserung durch die Konkurrenz usw. eine ungünstige Tendenz aufweisen, dann ist es höchst unwahrscheinlich, daß die Situation durch erhöhte Werbeausgaben entscheidend verbessert werden kann. Wenn die Verbraucher, die die Werbung bereits erreicht hat, nicht kaufen, dann ist es auch sehr unwahrscheinlich, daß die bisher nicht durch die Werbung Angesprochenen plötzlich zu Käufern werden. Das Geld für Werbung sollte in einer für die Werbung günstigen Zeit ausgegeben werden. Werbung kann ungünstige Umstände nicht zum Positiven verändern.

1.1.1.2.6.7 Weitere Faktoren, die die Bestimmung des Marketing-Budgets beeinflussen

So ist es wichtig, daß Korrelation, Preis und Höhe der Werbeausgaben erkannt werden. Werbung kann einen ungünstigen Preis nur geringfügig überspielen. Meistens ist es viel zweckmäßiger, den Preis zu senken, als die Werbeausgaben zu erhöhen. Die Höhe der Werbeausgaben muß mit einer ganzen Reihe von independenten Faktoren ausbalanciert werden.

19. Aufgabe: *Welche Faktoren könnten das sein?*

Manchmal ist eine Produkt- oder Verpackungsverbesserung oder eine Preisänderung der produktivste Weg „Werbegeld“ auszugeben.

1.1.1.2.6.8 Die Bestimmung des Marketing-Budgets durch Tests

Schließlich, nachdem alles gesagt und getan worden ist, muß eine Entscheidung über das Marketing-Budget durch Menschen getroffen werden, deren Erkenntnishorizont begrenzt ist. Weder Fakten allein noch Computer können fehlerfrei Entscheidungen treffen. Aber von den Fakten, die verfügbar sind, sollte größtmöglicher Gebrauch gemacht werden, um wenigstens die Wahrscheinlichkeit fehlerhafter Entscheidungen zu reduzieren.

Es gibt aber noch ein Hilfsmittel, das bisher zu wenig benutzt wurde: das Testen — das Erfühlen des Marktes. Die Fülle und Flexibilität der Medien ermöglicht heute ein Testen unterschiedlicher Ausgabehöhen auf regionaler Basis. Allerdings sollten die Regionen groß und isoliert genug sein, um wirklich signifikante Ergebnisse liefern zu können. Das eine Gebiet sollte normal beworben, das zweite überproportional und das dritte sollte unterproportional, möglicherweise sogar gar nicht beworben werden.

Um Auskunft über die Korrelation zwischen der Höhe der Werbeausgaben und der Erreichung ganz bestimmter Marketing-Ziele zu erhalten, muß für die übrigen Variablen die ceteris paribus-Klausel gelten. Die Substanz und die Form der Werbung muß einheitlich sein. Die Distributionsstufe und die Besuchsfrequenz müssen übereinstimmen. Auch die weiteren Marketing-Aktivitäten müssen in den Testgebieten gleich sein. Schließlich muß der Test genügend lange durchgeführt werden, um nicht nur kurzfristige, sondern auch gesicherte langfristige Ergebnisse zu erhalten. Für kleinere Unternehmen ist diese Methode allerdings nur beschränkt anwendbar, weil das Budget zu klein ist, um noch weiter aufgeteilt zu werden.

Angenommen, die Ergebnisse sind nur für die gegenwärtige Situation relevant, dann geben sie zumindest Aufschluß über die optimale Höhe des Budgets, die bei Überschreitung zu unterproportionalen Zuwächsen an Umsatz und Gewinn führt. Aus dieser speziellen Erkenntnis lassen sich wiederum allgemeinere Schlußfolgerungen ziehen. Es ist sehr zweifelhaft, daß Marketing-Leitungen, die heute über die Bestimmung ihres Marketing-Budgets und über die Angemessenheit in Relation zu vorgegebenen Marketing-Zielen befragt würden, zufriedenstellende Antworten geben könnten. Die Durchführung der Tests kostet Geld. Doch selbst die Ergebnisse, die sich aus ihnen ableiten lassen, werden es nicht gestatten, auf den Rat von Experten zu verzichten. Aber es wird unendlich viel teurer sein, sowohl in Geldbeträgen als auch in verpaßten Marktchancen, wenn die oben angeschnittenen Problemkreise nicht stärker eingegrenzt werden können.

1.1.1.3 Die monatlichen Fortschrittsberichte

Die vierte Methode der Marketing-Kontrolle durch die Unternehmensleitung sind die monatlichen Fortschrittsberichte, die unter anderem auch durch die Marketing-Leitung an die Unternehmensleitung zu senden sind. Im allgemeinen ist ein Monatsrhythmus für diese Berichte am zweckmäßigsten, um die Unternehmensleitung über die wichtigsten Entwicklungen auf dem laufenden zu halten.

20. Aufgabe: *Welche Fakten sollte der Fortschrittsbericht enthalten?*

21. Aufgabe: *Wie sollte der monatliche Fortschrittsbericht der Marketing-Leitung gegliedert sein?*

1.1.1.4 Die regelmäßigen Besprechungen

Die fünfte Methode der Marketing-Kontrolle durch die Unternehmensleitung sind regelmäßig stattfindende Besprechungen zwischen Unternehmens- und Marketing-Leitung. Durch diese Besprechungen kann eine gegenseitige umfassende Information sichergestellt werden. Am wichtigsten ist aber die durch diese Besprechungen verbesserte Möglichkeit der Koordinierung aller Aktivitäten der verschiedenen Unternehmensbereiche durch die Unternehmensleitung.

1.1.1.5 Die Verantwortung für die Organisation

Das neben der Genehmigung des Marketing-Planes wichtigste Kontrollinstrument der Unternehmensleitung über die Marketing-Arbeit ist die Verantwortung über die Organisation. Die Gestaltungsmöglichkeiten und der Umfang der Verantwortung für die errichtete Organisation der Unternehmensleitung werden daher im folgenden Kapitel gesondert behandelt.

Lösungen der Aufgaben
1 bis 21

Lösung der 1. Aufgabe

Auf einem Verkäufermarkt übersteigt die mengenmäßige Nachfrage das Angebot. Auf einem Käufermarkt übersteigt das mengenmäßige Angebot die Nachfrage.

Lösung der 2. Aufgabe

Latente Nachfrage ist ein vorhandenes, unbewußtes Bedürfnis. Offene Nachfrage ist ein bewußtes, nicht mit Zahlungsmitteln ausgestattetes Bedürfnis. Kaufkräftige Nachfrage ist ein mit Zahlungsmitteln ausgestattetes Bedürfnis.

Lösung der 3. Aufgabe

Bei einer durchgeführten Repräsentationsbefragung traten folgende Ergebnisse zutage:

1. Die theoretische Definition des Marketing stimmt nicht mit der praktischen Handhabung überein.
2. Die Einsicht einer notwendigen Institutionalisierung des Marketing korrespondiert nicht mit der Stellung des Marketing-Leiters im Unternehmen.
3. Die offiziellen Stellenbezeichnungen für den Marketing-Leiter bringen nicht immer eine Verbundenheit zum Marketing zum Ausdruck.
4. Marketing ist vorwiegend Unternehmensleitungsfunktion. Die Marketing-Abteilung wird als eine Stabsstelle verstanden.
5. Der Marketing-Leiter ist dem Verkaufsleiter in ca. 40% aller Fälle übergeordnet.
6. Die Weisungsbefugnis des Marketing-Leiters ist nicht einheitlich und klar geregelt.
7. Die meisten Marketing-Leiter sind an allen unternehmerischen Entscheidungen, die den Markt betreffen, in irgendeiner Weise beteiligt.
8. Der Marketing-Leiter ist überwiegend voll verantwortlich für die Absatzplanung.
9. Der Marketing-Leiter wirkt außerhalb seines engeren Funktionsbereiches an Entscheidungen der Unternehmensleitung oder anderer Stellen des Unternehmens beratend mit.
10. Das Produkt-Management spielt in der Markenartikelindustrie noch eine relativ unbedeutende Rolle.

Zusammenfassend läßt sich feststellen, daß die Praxis das Marketing als einen vom Markt ausgehenden Zwang noch nicht voll erkannt hat.

Lösung der 4. Aufgabe

1. Welches sind die langfristigen Unternehmensziele im Hinblick auf das Wachstum von Umsatz und Gewinn?
2. Welcher Maßstab findet bei der Bewertung der Gewinne Anwendung — die absoluten Beträge, die Prozentsätze bezogen auf den Umsatz oder die Prozentsätze bezogen auf das investierte Kapital?
3. Welche pay-out-Zeit hinsichtlich der Investitionen für neue Produkte wird von der Unternehmensleitung festgelegt?
4. Welche Return-on-Investment-Richtlinien setzt die Unternehmensleitung?

Lösung der 5. Aufgabe

Die Polaroid-Kamera, das Xerox-Kopierverfahren.

Lösung der 6. Aufgabe

1. Wie hoch war die Nettozuwachsrate des Gewinnes aus neuen Produkten, nachdem alle Entwicklungs-, Fertigungs- und Markteinführungskosten sowohl für die erfolgreichen als auch vor allem für die erfolglosen Produkte abgeschrieben wurden?

2. Welcher Anteil der erzielten Gewinne, der sonst den Unternehmenseigentümern zugeflossen wäre, wurde für die Entwicklung, Fertigung und Markteinführung all dieser Produkte verwendet?
3. Welchen Gewinn erzielten die neuen Produkte hinsichtlich der unter 2. angeführten Investitionen der Unternehmenseigentümer?

Lösung der 7. Aufgabe

Marktforschung, Produktplanung, Preisbildung, Werbung und Vertrieb.

Lösung der 8. Aufgabe

1. Der Marketing-Plan wird zunächst auf einer unteren Management-Ebene erstellt. Dadurch wird den höheren Management-Ebenen die zeitraubende Tätigkeit der Erfassung und Analyse der Fakten, der Aufstellung von Marketing-Zielen und der Entwicklung der Marketing-Strategie erspart.
2. Andererseits kann die Unternehmens- oder Marketing-Leitung, dadurch daß sie den Marketing-Plan genehmigen, abändern oder zurückweisen kann, eine vollständige Kontrolle über das Marketing-Programm ausüben.
3. Ein sorgfältig vorbereiteter Marketing-Plan ist eine außerordentlich umfassende Dokumentation. Sie enthält alle Informationen, die die Unternehmensleitung benötigt, um sich ein Urteil über die Qualität des vorgeschlagenen Marketing-Planes zu bilden.
4. Er gibt ihr die Möglichkeit, die von den Untergebenen vorgeschlagenen Marketing-Ziele entweder zu genehmigen oder abzulehnen. Das gleiche gilt für die vorgeschlagene Marketing-Strategie und das Marketing-Budget.
5. Damit stellt die Genehmigung des Marketing-Planes für die unteren Management-Ebenen, in der Regel dem Produkt-Manager, sowohl eine Ausdehnung als auch eine Eingrenzung seines Kompetenzbereiches dar. Die Ausdehnung seines Verantwortungsbereiches liegt in der Delegation der gesamten Verantwortung für die Durchführung des Marketing-Planes, ohne um tägliche Entscheidungen für einzelne Aktivitäten nachzusuchen. Die Begrenzung liegt in der eindeutigen Fixierung der Aktivitäten.
6. Damit ist die Marketing- oder Geschäftsleitung verantwortlich für den Plan und der Produkt-Manager verantwortlich für die Durchführung. Die Kontrolle bleibt in den Händen der Unternehmensleitung, aber sie wird von der undurchführbaren Aufgabe einer Überwachung aller Details entlastet.
7. Dadurch wird das Ziel einer Dezentralisierung und Delegation erreicht, ohne auf ausreichende Kontrolle durch die Unternehmensleitung zu verzichten und ohne das Risiko falscher Entscheidungen zu sehr zu vergrößern.
8. Die Produkt-Manager, die, mit diesen Richtlinien und mit dieser Kontrolle versehen, das Marketing-Programm nicht entsprechend den Erfordernissen durchführen können, entsprechen nicht den Anforderungen, die an derartige Positionen gestellt werden, und sollten daher durch qualifiziertere Mitarbeiter ersetzt werden.

Lösung der 9. Aufgabe

Der Marketing-Plan sollte wie folgt gegliedert werden:
1. Die Feststellung der Fakten

2. Die Aufzählung der Probleme und Möglichkeiten
3. Die Festlegung der Marketing-Ziele
4. Die Bestimmung der Marketing-Strategie
5. Die Bestimmung des Marketing-Budgets
6. Die Umsatz- und Gewinnschätzung

Lösung der 10. Aufgabe

Probleme könnten z. B. das Produkt selbst, sein Preis oder seine Verpackung sein. Es könnte ferner eine unzureichende Distribution oder eine ungenügende Verkaufsförderung sein. Ferner wäre eine Unzufriedenheit des Handels hinsichtlich der Werbung, der Marge oder der Produktqualität anzuführen.

Lösung der 11. Aufgabe

Folgende Marketing-Zielformulierungen sind ohne Aussagekraft: den Umsatz zu erhöhen, den Marktanteil zu verbessern, die Distribution auszubauen, die Verkaufsförderung zu stärken, den Bekanntheitsgrad zu verbessern, die Wirkung der Werbung zu stärken.

Lösung der 12. Aufgabe

Die wichtigsten erlösmindernden Faktoren sind neben den Produktionskosten die Marketing-Ausgaben und die Aufwendung für die Gemeinkosten der Verwaltung.

Lösung der 13. Aufgabe

1. Wo liegt der optimale Kompromiß zwischen Notwendigkeit und Möglichkeit, ohne entweder die Marketing- oder Gewinnziele aufzugeben?
2. Wie sollte das Marketing-Budget auf die einzelnen Marketing-Funktionen, Marktforschung, Produktentwicklung, Werbung und Verkauf aufgeteilt werden?
3. Wie sollte das Budget auf die einzelnen Produkte aufgeteilt werden?
4. Wie sollte es geographisch aufgeteilt werden?

Lösung der 14. Aufgabe

Für die Marketing-Leitung sind oft Erwartungen, wie ein entscheidender Durchbruch im Markt, eine Preissenkung, eine erfolgversprechende Marketing-Idee oder eine kreative Werbekampagne, ausschlaggebend.

Lösung der 15. Aufgabe

Ein Produkt-Budget wird als Marketing-Budget für ein einzelnes Produkt definiert.

Lösung der 16. Aufgabe

Der Bruttogewinn ergibt sich als Differenz von Nettoumsatz abzüglich aller Herstellungskosten.

Lösung der 17. Aufgabe

Gebrauchsnutzen, Form, billiger, einfacher in der Handhabung, Zweitnutzen, Vereinfachung der Arbeit, Farbe, Prestige usw.

Lösung der 18. Aufgabe

Was wird die Verkaufsförderung kosten? Welchen zusätzlichen Umsatz wird sie bewirken? Welchen zusätzlichen Bruttogewinn wird der zusätzliche Umsatz bringen? Welcher Anteil des kurzfristigen zusätzlichen Umsatzes wird langfristig bleiben? Welche Begründungen lassen sich dafür anführen? Gibt es Anzeichen, daß ein Teil der Ausgaben, von Verkaufsförderung verwendet für Werbung, langfristig zu einer stabileren Marktposition des Produktes führt?

Lösung der 19. Aufgabe

Die Art und Größe der Probleme, die bewältigt werden müssen; das geistige Klima, in das die Werbung gestellt wird; die jeweilige Stärke des Produktes; die Preisstruktur.

Lösung der 20. Aufgabe

Der erreichte Status im Hinblick auf die gesetzten Marketing-Ziele; die Einführung neuer und/oder verbesserter Konkurrenzprodukte; Preisänderungen; Veränderungen auf dem Werbesektor; alle sonstigen Ereignisse, die zu einer Revision des Marketing-Planes führen könnten.

Lösung der 21. Aufgabe

1. Schilderung der persönlichen Aktivitäten in der zeitlichen Reihenfolge der Arbeitstage des laufenden Monats.
2. Planung der persönlichen Aktivitäten für den kommenden Monat.
3. Bericht über den erreichten Stand der einzelnen Projekte, Veränderungen der Prioritäten, Aufzählung neuer Projekte.
4. Bericht über den Status hinsichtlich der gesetzten Marketing-Ziele.
5. Bericht über Veränderungen im Markt nach den einzelnen Marketing-Funktionen.
6. Personalsituation
7. Verschiedenes

2. Die Marketing-Organisation

2.0 Die Marketing-Organisation als Funktion der Unternehmensgegebenheiten

Eine weitere sehr wesentliche Voraussetzung für erfolgreiches Marketing ist eine Marketing-Organisation, die auf die Besonderheiten und Erfordernisse des betreffenden Unternehmens speziell zugeschnitten ist. Da es eine enorme Anzahl von Unternehmen gibt, jedes mit seinen Besonderheiten und speziellen Erfordernissen, gibt es offensichtlich keine bestimmte Form einer Marketing-Organisation, die für alle Unternehmen Verwendung finden könnte. Es gibt also keine bestimmte beste Form einer Marketing-Organisation.

So lassen sich die Unternehmen grob in Güter zur Befriedigung der Konsumentennachfrage und Güter zur Befriedigung der Produzentennachfrage einteilen. Die Güter zur Befriedigung der Konsumentennachfrage lassen sich wiederum in Ge- und Verbrauchsgüter zergliedern. Es gibt Güter, deren Umsatz sehr stark vom Werbeaufwand abhängt, wieder andere fordern starke Verkaufsbemühungen. Einige Produkte werden dem Endverbraucher direkt angeboten, andere finden ihren Weg zum Endverbraucher über eine mehr oder weniger große Zahl von Zwischenstufen des Handels. Selbst zwischen den Gebrauchsgütern einer bestimmten Branche gibt es enorme Unterschiede zwischen den Unternehmen. Das eine mag sehr klein sein und nur wenige Produkte anbieten. Das nächste mag sehr groß sein, aber ebenfalls nur eine geringe Anzahl von Produkten im Verkaufsprogramm haben. Das dritte mag noch größer und eine fast unübersehbare Anzahl von Produkten anbieten. Es ist offensichtlich, daß die Marketing-Organisation dieser drei Unternehmen unterschiedlich gestaltet sein muß. Dennoch gibt es trotz dieser Unterschiede zwischen den Produkten, den Unternehmen und den Branchen gewisse Gemeinsamkeiten, die im folgenden aufgezeigt werden sollen.

2.1 Die Marketing-Organisation als Funktion der Marketing-Konzeption

Eine sehr bedeutsame Gemeinsamkeit ergibt sich über die Marketing-Konzeption. Sie bezieht sich nicht auf ein bestimmtes Produkt oder ein Unternehmen bestimmter Größe, sondern sie gilt generell für alle Unternehmen, deren Führung nach den Prinzipien der Marketing-Konzeption ausgerichtet ist.

Diese Marketing-Konzeption basiert auf dem Prinzip, daß die latenten oder offenen Bedürfnisse der Abnehmer und nicht der Wunsch der Unternehmens- oder der Marketing-Leitung das Produkt zu verkaufen, für alle Unternehmensentscheidungen bestimmend sein sollten. Und zweitens besagt diese Marketing-Konzeption, daß Marketing nicht mit

Verkaufen oder Werben gleichzusetzen ist, sondern ein simultanes interdependentes Funktionssystem darstellt, das die Funktion Werben und Verkaufen neben den anderen Funktionen einschließt. Nach dieser Konzeption, die sich mehr und mehr durchsetzt, ist Marketing ein Oberbegriff, der eine Vielzahl verwandter Aktivitäten zusammenfaßt, die vorher getrennt und independent gesehen wurden. Die Marketing-Konzeption ist also der gemeinsame Nenner für alle unternehmerischen Aktivitäten im Absatzbereich.

Die Form und Größe der Marketing-Organisation ändert sich entsprechend der Abhängigkeit des Unternehmens von werblichen oder verkäuferischen Aktivitäten. Aber es gibt zwei Grundprinzipien, die für alle Unternehmen Gültigkeit haben: Ansatzpunkt aller unternehmerischen Aktivitäten ist die Feststellung und anschließende Befriedigung der Bedürfnisse der Abnehmer; die verschiedenen Marketing-Funktionen müssen auf gemeinsame Marketing-Ziele zusammengefaßt und koordiniert werden.

Um diese notwendige Koordination zu erreichen und um sicherzustellen, daß die unterschiedlichen Marketing-Aktivitäten tatsächlich in Richtung auf gemeinsame Marketing-Ziele koordiniert werden, ist es notwendig, daß die gesamte Marketing-Verantwortung einer bestimmten einzelnen Person auferlegt werden. Es ist völlig unwichtig, welcher Titel dieser Einzelperson zuerteilt wird. In einigen Unternehmen wird der Unternehmensleiter selbst die Gesamtverantwortung für das Marketing übernehmen, dadurch eine allgemeine Koordination und Kontrolle des Marketing erreichen. In anderen Unternehmen wird diese Aufgabe dem Marketing-Leiter, dem Verkaufsleiter oder sogar den Werbeleitern zufallen.

Entscheidend ist lediglich, daß die Marketing-Konzeption als ein Ganzheitsprinzip erkannt wird. Die Marketing-Verantwortung ist unteilbar. Sie kann nicht auf eine Anzahl auf gleicher Ebene stehender Mitarbeiter aufgeteilt werden, wenn nicht auf irgendeiner Ebene der Organisation die verschiedenen speziellen Verantwortlichkeiten, wie Verkauf, Werbung, Verkaufsförderung usw. zusammenlaufen. Wird diese Gesamtverantwortung für das Marketing durch die Organisation nicht sichergestellt, kann die Marketing-Konzeption keine optimalen Ergebnisse für das Unternehmen erzielen.

Da sich die Marketing-Konzeption in den erfolgreichen Unternehmen der Welt durchgesetzt hat, diese Feststellung läßt sich leider nur in begrenztem Umfang für Deutschland machen, ist es wenig zweckmäßig, die verschiedenen Entwicklungsphasen der Marketing-Organisation aufzuzeigen, die den Entwicklungsphasen der Marketing-Konzeption meist mit einem gewissen Abstand folgten. Es genügt festzustellen, daß sich die Entwicklung der Marketing-Organisation in drei Phasen vollzog. In der ersten Phase wurde das Marketing als systematische Einwirkung auf den Markt unter Einsatz aller vorhandenen Marketing-Funktionen aufgefaßt. Sämtliche Marketing-Aktivitäten sind jedoch auf die eigentliche Verkaufsaktivität abgestellt. Das Marketing ist also Sache des Verkaufs. In der zweiten Phase wird Marketing als eine der Produktion vorgelagerte Tätigkeit der Nachfrageschaffung am Markt betrachtet. Für die latenten und offenen Bedürfnisse der Endabnehmer werden Problemlösungen gefunden und angeboten. In dieser Phase ist das Marketing häufig als Stabsstelle der Unternehmensleitung organisiert. In der vorläufigen Endphase der Entwicklung ist das Marketing eine Unternehmens-Konzeption. Das gesamte Unternehmen wird auf die Erfordernisse des Marktes ausgerichtet, es wird vom Markt her geführt.

Eine derartige Unternehmens-Konzeption kann nur von der Unternehmensleitung selbst erstellt und durchgesetzt werden. Marketing ist also eine Aufgabe der Unternehmensleitung und läßt sich nicht delegieren. Aus der Stabsfunktion wird eine Linienfunktion. Der Marketing-Bereich steht gleichberechtigt neben den herkömmlichen Funktionsbereichen Einkauf, Produktion, Finanzen und Verwaltung. In der Anfangsphase wirkt sich die Durchsetzung der Marketing-Konzeption als Unternehmens-Konzeption wie folgt organisatorisch aus:

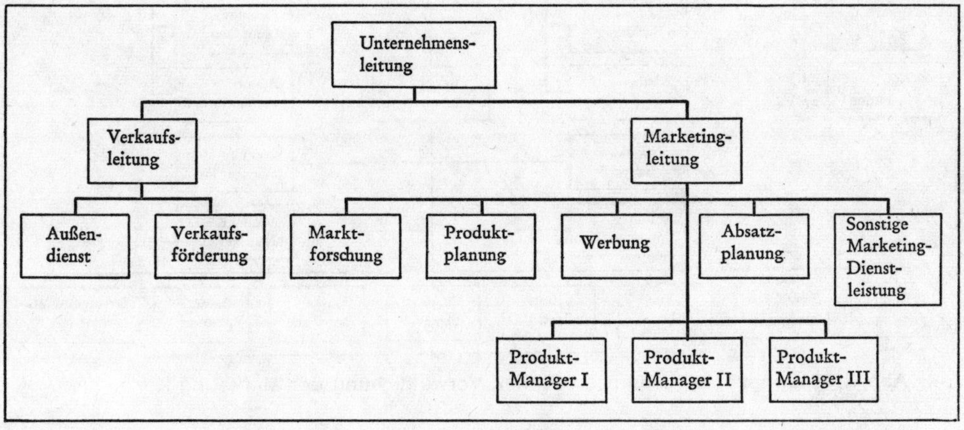

Abb. 1: Marketing-Organisation in der Anfangsphase eines Marketing-Konzepts

Das Marketing kann dem Verkauf nur über die Unternehmensleitung Anweisungen erteilen. Der Verkaufsleiter einerseits und der Marketing-Leiter andererseits stehen auf einer Ebene unter der Unternehmensleitung. Diese Zweiteilung der Marketing-Verantwortung hat trotz der sich daraus ergebenden Schwierigkeiten ihre Berechtigung. Man will und kann den Verkaufsleiter wegen seiner in der Regel langen Zugehörigkeit zum Unternehmen und seiner meist großen Verdienste um die Marktstellung des Unternehmens nicht dem relativ neuen Marketing-Leiter unterstellen. Andererseits ist der Verkaufsleiter vielfach auf Grund seiner persönlichen und fachlichen Erfahrungen den Aufgaben des Marketing nicht gewachsen.

Das immer stärkere Vordringen in dieser Organisationsform in Deutschland zeigt, daß die Unternehmensleitungen die Zweckmäßigkeit der Marketing-Konzeption als Unternehmens-Konzeption erkannt haben und auf ihre Verwirklichung hinarbeiten.

In der Endphase der organisatorischen Verwirklichung der Marketing-Konzeption als Unternehmens-Konzeption rückt das Marketing in die Ebene der Unternehmensleitung auf. Eines der Mitglieder der Unternehmensleitung, in der Regel das für den Absatzbereich verantwortliche, übernimmt die Gesamtverantwortung für das Marketing. Seine Aufgabe wird es, als primus inter pares die Unternehmenspolitik zu koordinieren, also das Unternehmen von den Gegebenheiten des Marktes her zu lenken. Damit wird sichergestellt, daß das marktorientierte Denken auch die anderen Unternehmensbereiche durchsetzt.

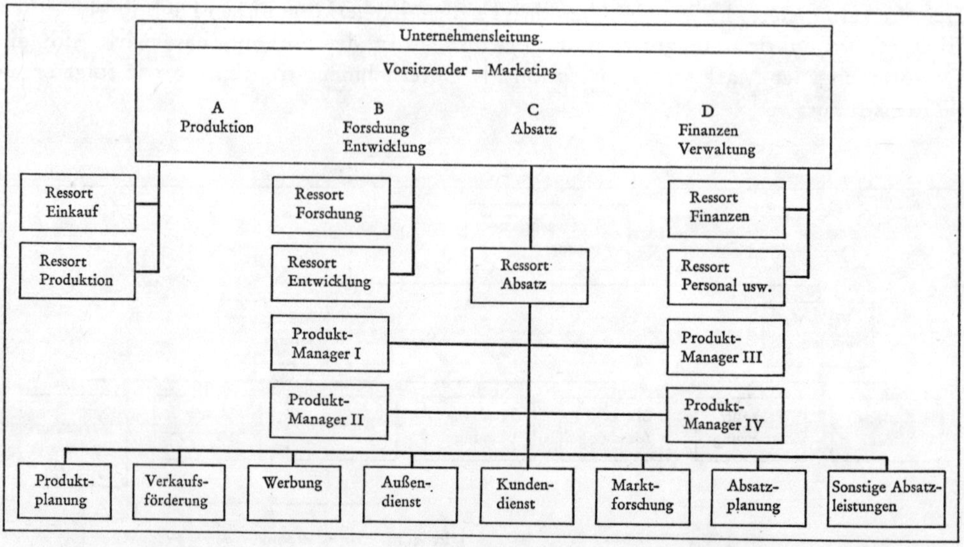

Abb. 2: Endphase der organisatorischen Verwirklichung der Marketing-Konzeption

Daß die Organisationsform, wie sie in Abbildung 2 dargestellt ist, nicht mehr bloß reine Theorie ist, beweisen in Deutschland einige Markenartikelhersteller. In den USA hat sich diese Organisationsform auch schon bei den traditionsverbundenen und den am längsten produktions-denkend verhafteten Unternehmen der Investitionsgüter und Rohstoffindustrie durchgesetzt.

Es ist nun auch denkbar, daß ein weiteres Mitglied der Unternehmensleitung angehört, das speziell für den Absatzbereich verantwortlich zeichnet. Dies wird dann der Fall, wenn der Marketing-Verantwortliche Vorsitzender der Unternehmensleitung ist. In den Abbildungen 1 und 2 sind natürlich nur grundsätzliche Tendenzen angedeutet, die sich für ein Unternehmen organisatorisch aus der Durchsetzung der Marketing-Konzeption im Unternehmen ergeben. Diese organisatorischen Tendenzen müssen selbstverständlich den speziellen Gegebenheiten des einzelnen Unternehmens angepaßt werden. So ist es z. B. unumgänglich, daß in den Unternehmen, in denen der für den Absatzbereich Verantwortliche seiner Herkunft nach Verkaufsleiter ist, daß der Marketing-Leiter ihm unterstellt wird. Wenn der Umsatzerfolg überwiegend von der Werbung bestimmt wird, dann ist es logisch, daß der Werbeleiter die Koordination des Marketing übernehmen sollte und daß alle Marketing-Funktionen ihm unterstellt werden. Aus der Abbildung 2 allerdings ist ersichtlich, daß in diesen Ausnahmesituationen der Werbeleiter oder der Verkaufsleiter als Marketing-Leiter kooperieren. Um Verwirrung und Mißverständnisse zu vermeiden, ist es daher auch zweckmäßiger, ihn mit dem Titel des Marketing-Leiters auszustatten. Aber welchen Titel er auch immer trägt, das wichtigste ist, daß er in der ganzen Organisation als der für das gesamte Marketing-Programm Verantwortliche erkannt wird. Dazu kann eine Organisation gemäß der Abbildung sehr wesentlich beitragen.

2.2 Die Konsequenzen für das mittlere Management

Die Entwicklung der Organisation von einer Form, bei der der Verkaufsleiter oder Werbeleiter über relativ unabhängige Abteilungen verantwortlich waren, zu einer Organisationsform, in der sie sich der interdependenten Marketing-Konzeption einzuordnen und vor allem unterzuordnen haben, erfolgte nicht ohne Schwierigkeiten. Der Verkaufsleiter, daran gewöhnt, seine eigenen Entscheidungen zu treffen und nur der Unternehmensleitung verantwortlich, der die Aktivitäten seiner Abteilung nicht mit den anderen Abteilungen abzustimmen brauchte, wird plötzlich mit einer Situation konfrontiert, in der zwischen ihm und seinem früheren Vorgesetzten eine weitere Entscheidungsebene zwischengeschaltet wird: der Marketing-Leiter. Dies gilt in noch stärkerem Umfang für den Werbeleiter, da in seinem Fall neben dem Marketing-Leiter noch Produkt-Manager auftauchten, mit denen er ebenfalls seine Entscheidungen abzustimmen hatte.

Daher fühlten sowohl Verkaufsleiter als auch Werbeleiter, daß ihre Verantwortung und damit ihr Aufgabenbereich verkleinert worden war. Ihr relativ unabhängiger Status wurde ihnen genommen und durch die Tatsache selbst, daß zwischen ihnen und der Unternehmensleitung die Marketing-Leitung eingeschoben wurde, rutschten sie auf eine niedrigere Ebene in der Organisation.

Vor allem die letzte Tatsache läßt sich nicht bestreiten. Es ist dagegen unrichtig, daß die Bedeutung ihrer Position und ihr Verantwortungsbereich verringert wurden. Die Verkaufsfunktion und die Werbefunktion haben an Bedeutung nichts eingebüßt. Es wurde eigentlich lediglich der Erkenntnis der umfassenden Interdependenzen aller Marketing-Funktionen organisatorisch Rechnung getragen. Die Mehrzahl der Verkaufs- und Werbeleiter hat die Logik dieser Veränderungen akzeptiert. Sie erkannten, daß die Koordinierung der verschiedenen Marketing-Aktivitäten zu einer besseren Erreichung der Marketing-Ziele führte und daß dadurch ihre eigene Arbeit wesentlich effizienter wurde. Sie erkannten, daß wenn sie die erforderlichen Voraussetzungen erfüllten, die Eingliederung ihrer Abteilung in die Marketing-Organisation eine bessere Möglichkeit geben würde, ihren Erfahrungshorizont auszudehnen und aus ihrem speziellen Verkaufs- oder Werbebereich in den wesentlich breiteren Marketing-Bereich hineinzuwachsen. Schließlich und endlich erkannten sie auch, daß ein Marketing-Leiter mit seinen Kenntnissen in allen Bereichen des Marketing wesentlich günstigere Chancen für einen noch weiteren Aufstieg in der Organisation hatte als ein Verkaufs- oder Werbeleiter mit seinen doch recht speziellen Kenntnissen.

2.3 Die verschiedenen Typen von Marketing-Organisationen

2.3.0 Die zentralisierte, direkte Unternehmensführung

Die einfachste Organisationsform, die die wenigsten Organisationsprobleme aufwirft, ist typisch für ein Unternehmen, das unabhängig von der Größe nur eine geringe Anzahl von relativ homogenen Produkten anbietet. In solch einem Fall ist es häufig möglich, daß der Verkaufsleiter oder der Werbeleiter sowie die Leiter der anderen Abteilungen direkt der Geschäftsleitung berichten. Es ist in diesen Fällen auch möglich, daß der Werbeleiter, wenn die Werbung das vorherrschende Marketing-Instrument ist, oder der Verkaufsleiter, wenn eben der Verkauf vorherrscht, die andere Funktion mit übernimmt.

Auf jeden Fall ist in allen Unternehmen dieser Art der Unternehmensleiter gleichzeitig der Marketing-Leiter. Er bestimmt die Marketing-Ziele, er legt den Umfang des Marketing-Budgets fest, er dirigiert und koordiniert die Aktivitäten des Verkaufsleiters, des Werbeleiters und des Leiters der Verkaufsförderung. Darüber hinaus ist es sehr wahrscheinlich, daß er in seiner Rolle als tatsächlicher Marketing-Leiter auch die Erstellung und Durchführung der Marketing-Strategie bestimmt.

Der Unternehmensleiter, der sich in einer solchen Lage befindet, kann sich glücklich schätzen. Er steht nicht vor der sehr schwierigen Entscheidung, wie und in welchem Umfang er die Verantwortung für das Marketing delegieren soll. Er macht alle wichtigen endgültigen Entscheidungen selbst, deshalb braucht er auch keine endgültige Verantwortung für wichtige Entscheidungen delegieren. Er muß sich nicht mit der sehr schwierigen Frage von Stabs- und Linienfunktion auseinandersetzen, weil es keine Stabsfunktionen gibt.

Das vieldiskutierte Problem der Entscheidung über Kreativität existiert für ihn nicht. Wie in komplizierteren Organisationen gibt es für ihn keine Brüche in der Entscheidungsbefugnis, nur er allein darf entscheiden. Es gibt keine Zwischenstufen zu ihm, auf der vorläufige Entscheidungen getroffen werden müssen, und er hat natürlich keine Produkt-Manager, d. h. er braucht nicht entscheiden, ob die Produkt-Manager für die Werbung verantwortlich gemacht werden sollen oder nicht. Er kann sich völlig aus der ideologisch gefärbten Diskussion heraushalten, ob das Produkt-Manager-System gewisse Vorteile mit sich bringt oder nicht.

2.3.1 Die zentralisierte, indirekte Unternehmensführung

2.3.1.0 Die Notwendigkeiten für eine indirekte Unternehmensführung

Unglücklicherweise führt der Erfolg selbst, den er beständig als Unternehmensleiter anstrebt, früher oder später zu einer Situation, die einschneidende Änderungen erfordert. Wenn das Unternehmen wächst, vor allem bei horizontalem Wachstum durch Diversifikation oder Akquisition, wird diese kompakte und relativ angenehme Unternehmensführung unzweckmäßig. Der Unternehmensleiter kann nicht mehr persönlich alle Marketing-Entscheidungen über eine Vielzahl von Produkten treffen, mit denen er nur recht oberflächlich vertraut ist. Wenn er es dennoch versucht, führt das häufig zu zwei negativen Situationen. Er wird entweder selbst zu einem Engpaß für das Unternehmen, indem er Entscheidungen hinauszögert, die gemacht werden sollten, oder er trifft seine Entscheidungen nicht sorgfältig genug und erhöht damit die Wahrscheinlichkeit falscher Entscheidungen.

2.3.1.1 Das Problem der Delegation

Er muß erkennen, daß er die Arbeit nicht länger allein bewältigen kann. Auch dann nicht, wenn er sich mit hochqualifizierten Assistenten umgibt, solange er die Entscheidungsbefugnis in der Hand behält. Er wird zögernd die Notwendigkeit der Delegation von Verantwortung und Entscheidungsbefugnis erkennen.

Die wichtigste Entscheidung, die er nun treffen muß, ist die Auswahl eines Marketing-Leiters, dem er die Marketing-Arbeit übertragen kann. Zweitens muß er entscheiden, wieviel Verantwortung er delegieren will. Die dritte Entscheidung hängt wesentlich von der Qualifikation des Marketing-Leiters ab; um den Engpaß zu beseitigen, muß der Unternehmensleiter so viel Verantwortung delegieren, wie er, ohne dabei die Kontrolle aus der Hand zu geben, kann. Denn die letzte Verantwortung auch für alle Marketing-Aktivitäten trägt der Unternehmensleiter. Diese drei Entscheidungen erscheinen gleichzeitig einfach und äußerst schwierig. Sie sind es in der Tat auch, daher werden sie im kommenden Kapitel noch ausführlicher behandelt.

Die Antwort auf den Umfang der Delegation von Verantwortung wird unterschiedlich ausfallen müssen. Dabei spielt die Erfahrung des Unternehmensleiters im Marketing eine, wenn auch untergeordnete, Rolle. Die Erfahrung und die Urteilsreife des Marketing-Leiters ist ein wesentlich wichtigerer Faktor in diesem Zusammenhang.

Ein weiterer Faktor ist die Bestimmung des Optimums hinsichtlich der Frage, wieviel Verantwortung delegiert werden sollte und wieviel einigermaßen risikolos delegiert werden kann.

22. Aufgabe: *Welches Management-Instrument kann hier wesentliche Unterstützung liefern?*

Die Ernennung eines Marketing-Leiters und die Delegation von Verantwortung auf ihn läßt dennoch viele Fragen hinsichtlich der Organisation unbeantwortet.

23. Aufgabe: *Welche Fragen könnten das im einzelnen wohl sein?*

Auch diese Fragen werden in zwei späteren Kapiteln ausführlich behandelt werden. Zu diesem Zeitpunkt genügt die Feststellung, daß alle diese Fragen in Übereinstimmung mit der speziellen Unternehmenssituation hinsichtlich der optimalen Marketing-Organisation beantwortet werden müssen. Auch die in diesem Abschnitt behandelten organisatorischen Fragen sind noch relativ einfach zu beantworten. Handelt es sich doch im wesentlichen um eine zentralisierte Unternehmensführung, in der lediglich das Problem der Delegation von Verantwortung auf den Marketing-Leiter auftaucht. Diese Probleme, so schwierig sie im Einzelfall auch sein mögen, geben sich in unvergleichlich viel größerem Ausmaß in einem Unternehmen, das eine dezentralisierte Unternehmensführung erfordert. Auch in diesem Fall kann wiederum nur der Unternehmensleiter selbst entscheiden, wann dieses Stadium erreicht ist. Er allein muß entscheiden, welche Organisationsform nun seinem Unternehmen angemessen ist.

2.3.2 Die dezentralisierte Unternehmensführung

2.3.2.0 Die Gründe für eine dezentralisierte Unternehmensführung

Kontinuierliches Wachstum der eigenen Produkte und durch Diversifikation führen meist in eine Situation, in der eine dezentralisierte Unternehmensführung nicht nur durch die Zahl, sondern auch durch die Art der Produkte erforderlich wird. Früher waren die durch ein Unternehmen angebotenen Produkte in sich recht homogen. Dies ist bei vielen Unternehmen heute nicht mehr der Fall. Der Wunsch nach Diversifikation hat viele Unternehmen in Produktfelder geführt, die von dem ursprünglich angebotenen Produkt doch sehr abweichen.

Das führte im Ergebnis nicht nur zu einer größeren Anzahl von Produkten als sie von einer einzelnen Marketing-Organisation gehandhabt werden konnten, sondern meistens auch zu völlig neuen Anforderungen hinsichtlich der Marketing-Erfahrungen. Eine erfolgreiche Marketing-Organisation für Waschmittel bringt nicht notwendigerweise die erforderlichen Qualitäten für einen Marketing-Erfolg im Bereich von Nahrungsmitteln, wie Kaffee oder Tiefkühlkost, es sei denn, sie wird so organisiert, daß sie die gleiche qualitativ hochstehende Marketing-Arbeit hervorbringen kann wie im ursprünglichen Produktfeld.

Die Lösung für dieses Problem lag für viele Unternehmen in der Dezentralisierung, in der Bildung von autonom operierenden Tochtergesellschaften, denen die gesamte Verantwortung für den Marketing-Bereich und vielfach auch für die anderen Unternehmensbereiche übertragen wurde.

Natürlich ist die Diversifikation in unbekannte Produktfelder nicht der einzige Grund, der sich für die Dezentralisierung anführen ließe. Viele Unternehmen befinden sich in einer Situation, in der gleichartige Produkte ihres eigenen Unternehmens miteinander konkurrieren. Ein typisches Beispiel ist General Motors. Hier hat der Wettbewerb zwischen den einzelnen Tochterunternehmen sicherlich die Gesamtstärke des Unternehmens sehr wesentlich gefördert.

Die Entscheidung, in welcher Form und in welchem Umfang dezentralisiert werden soll, ist eine der schwierigsten, die Unternehmensleitungen zu bewältigen haben. Am schwierigsten ist dabei die Entscheidung über den Umfang der Dezentralisierung. Einige sehr große Unternehmen mit der längsten Erfahrung auf diesem Gebiet, wie General Motors oder Dupont, sind in dieser Hinsicht am weitesten vorgedrungen. Andere Unternehmen, die offensichtlich fürchten, die Kontrolle über die Tochterunternehmen zu verlieren, sind wesentlich vorsichtiger und zögernder an dieses Problem herangegangen. Sie tendieren häufig dazu, ihre Tochterunternehmen nicht als unabhängige Einheiten, sondern als Abteilungen eines zentralgelenkten Unternehmens zu sehen.

2.3.2.1 Die Formen der dezentralisierten Unternehmensführung

Im allgemeinen herrscht aber die Bildung relativ unabhängiger Tochterunternehmen vor. Diese Tochterunternehmen können z. B. nur aus der Marketing-Abteilung bestehen, während alle anderen Funktionsbereiche wie Produktion, Einkauf, Verwaltung usw. zentral organisiert sind. Anderen Tochterunternehmen kann die Verantwortung über alle

Funktionsbereiche zuerkannt werden mit Ausnahme solcher Dinge wie der Personalpolitik, der Festlegung einer allgemeinen Werbepolitik, eines zentralen Einkaufes von Einschaltzeiten im Fernsehen und in anderen Werbemedien, manchmal des Einsatzes einer Verkaufsorganisation und für die Produkte zweier oder mehrerer Tochterunternehmen.

Wie in so vielen anderen Fragen hängt auch hier wiederum die Entscheidung von den speziellen Gegebenheiten des Unternehmens ab. In vielen Großunternehmen mit einer erheblichen Anzahl von Produkten erfolgt die Produktion in Fabriken, die die Produkte mehrerer Tochterunternehmen herstellen. In diesem Fall wäre es unzweckmäßig, die Verantwortung für die Produktion dem Geschäftsführer einer speziellen Tochterunternehmung unterzuordnen. Hier beschränkt sich die Notwendigkeit der Dezentralisierung eben nur auf den Marketing-Bereich.

Aber unabhängig davon, ob die Dezentralisierung sich nur auf den Marketing-Bereich beschränkt oder das Tochterunternehmen als unabhängige Einheit in allen Unternehmensbereichen fungiert, sind die Probleme für die Marketing-Organisation ähnlich, wenn nicht sogar identisch. Für den Marketing-Bereich macht es kaum einen Unterschied, ob der Geschäftsführer des Tochterunternehmens nur verantwortlich ist für den Marketing-Bereich oder auch noch für eine Reihe anderer Unternehmensbereiche. In beiden Fällen sollte der Geschäftsführer die Verantwortung und die Entscheidungsbefugnis über die kurz- und langfristigen Marketing-Ziele, über die Marketing-Strategie und über die zu erzielenden Gewinne haben.

Es erhebt sich hier wieder die Frage, wieviel endgültige Entscheidungsbefugnis an den Geschäftsführer delegiert werden sollte und wieviel Eingriffs- und Einspruchsmöglichkeiten bei der Unternehmensleitung verbleiben sollten. An dieser Stelle gewinnt das Verhältnis von Linien- und Stabsfunktion besondere Bedeutung.

Die Erfahrung zeigt, daß nur sehr wenige Unternehmen die Vorzüge der Dezentralisierung voll genutzt haben. Die Organisationsform der meisten Unternehmen zeigt eine gleichzeitige zentralisierte und dezentralisierte Unternehmensführung. Dadurch, daß dem Geschäftsführer nicht die volle Entscheidungsbefugnis übertragen wird, wohl aber in den meisten Fällen die volle Verantwortung, ergeben sich häufig mehr neue Probleme als alte gelöst werden. Eine der verhängnisvollsten Konsequenzen ist die Bildung überladener und wenig effizienter Marketing-Abteilungen in den Tochterunternehmungen.

Von einigen Befürwortern der Dezentralisierung wurde allerdings auch vorgeschlagen, dem Geschäftsführer völlig freie Hand zu lassen und ihn noch nicht mal hinsichtlich der zu erzielenden Gewinne der Verantwortung gegenüber der Unternehmensleitung zu unterstellen. Dies würde das Unternehmen auf die Stufe einer Holding stellen und wäre hinsichtlich der Konsequenzen für den Geschäftserfolg des Unternehmens unzweckmäßig.

Wenn sich die Gewinnerzielung der kommenden Jahre mit großer Genauigkeit vorherbestimmen ließe, dann könnten die Gewinne ein geeignetes Beurteilungskriterium für die geleistete Arbeit der Geschäftsleitung abgeben. Das ist aber leider nicht der Fall. Die Verwendung der kurzfristigen Gewinne als Anhaltspunkt und als Kontrolle kann sich als sehr verhängnisvoll erweisen. Wenn ein Geschäftsführer nach dem im laufenden Geschäftsjahr erzielten Gewinn beurteilt wird, dann ist es sehr wahrscheinlich, daß er Vorschlägen seine Zustimmung erteilen wird, die eine kurzfristige Gewinnerzielung garantieren. Dabei wird er wahrscheinlich Entscheidungen zurückstellen oder gar unterlassen, die erst für die Sicherheit des Unternehmens in der Zukunft von Bedeutung sein werden.

Andererseits gibt es in den Tochterunternehmen selbst starke Tendenzen, sich nicht als unabhängige Einheit, sondern als Abteilung des Mutterunternehmens zu fühlen. Die Unternehmensleitung beschränkt sich nicht nur auf die Formulierung der Unternehmenspolitik und ihre Kontrollfunktion, sondern sie versucht auch die Geschäftsführung der Tochterunternehmungen wahrzunehmen. Dies erfordert eine sehr komplizierte Organisationsstruktur, in der häufig eine oder sogar mehrere Entscheidungsebenen zwischen die Geschäftsführung der Tochterunternehmungen unter der Unternehmensleitung eingeschoben werden müssen. In solchen Fällen versucht die Unternehmensleitung tatsächlich zwei unvereinbare Dinge gleichzeitig zu tun: Nämlich die Vorteile der dezentralisierten Geschäftsführung wahrzunehmen und gleichzeitig die Entscheidungsbefugnis zu behalten, deren Delegation der einzige Grund für die Dezentralisierung war.

2.3.3 Der Umfang der Delegation von Verantwortung

Es gibt einen vernünftigen Mittelweg zwischen diesen beiden Extremen. So wie der Aufsichtsrat einer Aktiengesellschaft die Verantwortung für die Geschäftsführung dem Vorstand, den er ausgewählt hat, überläßt, ebenso sollte der Vorstand dieser Aktiengesellschaft die Verantwortung für die Geschäftsführung der Tochterunternehmen dem Geschäftsführer überlassen. Es ist in keinem der beiden Fälle notwendig, völlig auf die Kontrolle zu verzichten.

So nimmt der Aufsichtsrat seine Kontrollfunktion zunächst dadurch wahr, daß er den Vorstandsvorsitzenden und die weiteren Mitglieder des Vorstands ernennt. Auf ähnliche Weise kann der Vorstandsvorsitzende die Kontrolle über die Tochterunternehmungen wahrnehmen, indem er den Geschäftsführer und die weiteren Mitglieder der Geschäftsleitung ernennt. Der Aufsichtsrat, zumindest in amerikanischen Unternehmen, behält sich auch das Recht vor, die Unternehmenspolitik festzulegen. Ähnlich kann die Unternehmensleitung mit der Geschäftsleitung verfahren.

Die Zustimmung des Aufsichtsrates für die wichtigsten Planungen und außerordentlichen Kapitaltransaktionen ist normalerweise erforderlich. Dies gilt ganz besonders für langfristige Planungen und solche, die eine wesentliche Abweichung von bisher vertrauten Praktiken und Strategien darstellen. Aber innerhalb der Grenzen solcher Politiken und Richtlinien kann die Unternehmensleitung ihre Entscheidungen treffen, ohne vorher den Aufsichtsrat zu befragen.

Die Unternehmensleitung ihrerseits kann und sollte die Planungen der Geschäftsleitungen genehmigen. Nicht nur den Gewinnplan, sondern einen detailliert ausgeführten Marketing-Plan. Dadurch kann die Unternehmensleitung in dem erforderlichen Ausmaß ihre Kontrollfunktion wahrnehmen, aber andererseits die vollständige Verantwortung für die Durchführung des Marketing-Planes delegieren. Darüber hinaus bleibt die Geschäftsleitung durch die monatlichen Fortschrittsberichte und die Besprechungen mit den Geschäftsleitungen über den Stand der geschäftlichen Entwicklungen in den Tochterunternehmungen informiert. Sie kann daher rechtzeitig im Falle unvorhersehbarer Ereignisse und Entwicklungen Planänderungen fordern und genehmigen.

2.3.4 Die Auswirkungen der Dezentralisierung auf die Marketing-Organisation

2.3.4.0 Die Beziehungen der zentralen Marketing-Abteilungen zu denen in den Tochterunternehmen

Es ist an dieser Stelle unumgänglich die Beziehungen zwischen der zentralen Marketing-Abteilung und der Geschäftsleitung und die Beziehungen zwischen der zentralen Marketing-Abteilung und der der Tochterunternehmungen zu beleuchten. Oft sind diese Beziehungen nicht eindeutig festgelegt mit der Konsequenz, daß ein unnötiges Maß an Mißverständnissen und manchmal sogar Feindseligkeiten entstehen.

Selbst in einem Unternehmen, das den Tochterunternehmen ein hohes Ausmaß an Eigenständigkeit gewährt, ist die Notwendigkeit einer zentralen Marketing-Abteilung unbestreitbar. So muß z. B. die Marketing-Politik, die das Gesamtunternehmen zu verfolgen beabsichtigt, zentral formuliert werden. Das gilt auch in Bereichen wie den Handelsbeziehungen, den Beziehungen zur Öffentlichkeit und dem Verhältnis zu den Gewerkschaften und den staatlichen Stellen.

Aber es gibt noch weitere Gründe, die für eine zentrale Marketing-Abteilung sprechen. So lassen sich z. B. durch den zentralen Einkauf von Fernsehterminen nicht nur erheblich günstigere Termine quantitativ und qualitativ einkaufen, sondern es sind auch noch erhebliche Mengenrabatte über einen zentralen Einkauf zu erzielen. Dies gilt natürlich nicht nur für das Fernsehen, sondern auch für die anderen Werbemedien. Es ist daher nicht verwunderlich, daß gerade diese Aufgabe immer der zentralen Marketing-Abteilung zuerkannt wird. Allerdings darf dieser zentrale Einkauf nicht dazu führen, daß die zentrale Marketing-Abteilung den Marketing-Abteilungen der Tochterunternehmen die Mediaplanung aus der Hand nimmt und ihnen ihre Vorstellungen aufdrängt. Weitere Vorteile ergeben sich hinsichtlich der Marktforschung. Auch hier wäre es unzweckmäßig, wenn jedes Tochterunternehmen seine eigene Marktforschungs-Abteilung aufbauen würde. Diese Dienstleistung kann wesentlich besser und vor allen Dingen billiger durch eine zentrale Marketing-Abteilung wahrgenommen werden, in der die Informationen aus dem gesamten Unternehmensbereich zentral zusammenlaufen. Es muß wiederum darauf hingewiesen werden, daß die zentrale Marketing-Abteilung hier eine Dienstleistungsfunktion wahrnimmt und keinerlei Entscheidungsbefugnisse über die Marketing-Abteilung der Tochterunternehmungen erhalten sollte.

Schließlich ist es häufig so, daß eine einzige Verkaufsorganisation die Produkte mehrerer Tochterunternehmungen übernehmen kann. In solchen Fällen wäre es natürlich unvernünftig, wenn jedes Tochterunternehmen, nur aus Gründen der Eigenständigkeit, eine eigene Verkaufsorganisation aufbauen würde. Es ist andererseits aber klar, daß diese Verkaufsorganisation dann nicht den verschiedenen Tochterunternehmungen unterstehen kann. Die Koordination muß dann durch einen Verkaufsleiter wahrgenommen werden, der keiner Geschäftsführung von Tochterunternehmungen unterstellt ist. Allerdings entscheiden wiederum die Marketing-Abteilungen der Tochterunternehmungen über ihre Ziele, über die Breite und Tiefe der Distribution und über den Besuchsrhythmus, den sie anstreben, vorausgesetzt, daß diese Anforderungen nicht mit denen der anderen Tochterunternehmen, die die gleiche Verkaufsorganisation benutzen, konkurrieren. Tatsächlich kaufen in diesen Fällen die Tochterunternehmen die Dienstleistungen einer Verkaufsorganisation ebenso als wenn sie sich an Organisationen außerhalb des Unternehmensbereiches wenden würden.

Es ist noch einmal wichtig, darauf hinzuweisen, daß die zentrale Marketing-Abteilung lediglich Dienstleistungen übernimmt und Empfehlungen geben kann. Es handelt sich also eindeutig um eine Stabsfunktion. Damit sind alle Konfliktsituationen, die sich aus der Delegation von Verantwortung und Entscheidungsbefugnis an die Tochterunternehmen im Moment ergeben, ausgeschaltet.

2.3.4.1 Die Stabsfunktion der zentralen Marketing-Abteilung

Dies führt zu der Frage, welche Verantwortlichkeit der zentralen Marketing-Abteilung im Hinblick auf die Erstellung und Durchführung der Marketing-Pläne von den Tochterunternehmen zuerkannt werden sollte.

24. Aufgabe: *Welche Antwort würden Sie auf diese Frage geben?*

Obgleich sich die Marketing-Abteilungen der Tochterunternehmen von ihnen Dienstleistungen, die durch die zentrale Marketing-Abteilung besser und billiger geliefert werden können, sollten die Entscheidungen über das Marketing-Programm ausschließlich Entscheidungen der Geschäftsleitungen der Tochterunternehmen sein. Andernfalls könnten die Geschäftsleitungen fairerweise auch nicht die Verantwortung für die Ergebnisse übernehmen und schließlich gäbe es auch keine vernünftige Methode, den Erfolg der Geschäftsleitungen der Tochterunternehmen zu bewerten.

Die hier vertretene Auffassung wird von vielen, darunter manchen sehr erfolgreichen Unternehmen, nicht geteilt. Es wird die Auffassung vertreten, daß auch die Linienorganisation den Rat von hochqualifizierten Werbe- und Marktforschungsfachleuten benötigt. Daß aber diese hochqualifizierten Fachleute nicht für alle Tochterunternehmungen bereitgestellt werden können und daß deshalb eine zentrale Marketing-Abteilung erforderlich ist.

Dagegen lassen sich kaum stichhaltige Einwendungen machen. Es ist nicht zu bestreiten, daß zur Sicherstellung des Erfolges der Tochterunternehmen die bestmögliche Unterstützung in allen Marketing-Funktionen gegeben werden muß. Aber es wird hier die Auffassung vertreten, daß diese hochqualifizierte Arbeit in allen Marketing-Funktionen auch auf der Ebene der Marketing-Abteilungen in den Tochterunternehmungen erzielt werden kann, und daß, wenn die Theorie und das Konzept der Dezentralisierung von Verantwortung richtig ist, diese hochqualifizierte Arbeit auch auf der Ebene der Tochterunternehmungen erzielt werden muß.

Der Geschäftsführer der Tochterunternehmung sollte umfassende Verantwortung für alle Aktivitäten seines Unternehmens tragen und nur der oben ausgeführten Kontrolle unterworfen sein. Ihm unterstellt ist der Marketing-Leiter, der wiederum mit Ausnahme der angeführten Kontrolle durch den Geschäftsführer die vollkommene Entscheidungsbefugnis und Verantwortung für das Marketing-Programm tragen sollte. Wenn es die Größe und Schwierigkeit der Aufgabe in dem Tochterunternehmen erforderlich macht, daß der Marketing-Leiter seinen Verantwortungsbereich auf eine Reihe von Untergebenen aufteilt, ob sie nun Produkt-Manager oder ähnlich genannt werden, dann sollte es ihm überlassen bleiben, dies zu tun. Wenn erforderlich, sollte er auch einen Werbeleiter ernennen, der für ihn und die Produkt-Manager qualifizierte Ratschläge erteilen kann. Dieser Werbeleiter, der im Gegensatz zu den Produkt-Managern an allen Produkten arbeitet, sollte eine Stabsfunktion erhalten. Damit ist auch die Marketing-Abteilung der Tochterunternehmung nach dem Stablinienprinzip organisiert. Um es noch einmal ganz deutlich zu machen, die Stabsfunktion ist Teil der Marketing-Organisation und des Tochterunternehmens und nicht Teil einer zentralen Marketing-Abteilung.

2.3.4.2 Die Linienfunktion des Werbeleiters

Es läßt sich die Behauptung aufstellen, daß der Werbeleiter der zentralen Marketing-Abteilung ein besserer Werbemann ist und Werbekampagnen besser beurteilen kann als der Werbeleiter des Tochterunternehmens. So wie die Dinge heute liegen, ist die Position in der zentralen Werbeabteilung besser bezahlt und höher bewertet als die Position des Werbeleiters im Tochterunternehmen. Aber dies muß nicht so sein und vor allem sollte nicht so sein. Die Positionen sind vollkommen verschieden in ihren Anforderungen. Die bedeutsamen Entscheidungen und die notwendigen Aktivitäten werden im Tochterunternehmen entfaltet. Deshalb sollten dort die besten Leute sitzen.

Darüber hinaus muß festgestellt werden, daß die zentrale Marketing-Abteilung qualifizierte Unterstützung in Tochterunternehmungen gar nicht geben kann. Denn viele große Unternehmungen haben fünf, acht oder mehr Tochterunternehmen. Darüber hinaus können sie 100 und mehr Produkte haben. Unabhängig davon, wie kompetent und qualifiziert der Werbeleiter in der zentralen Marketing-Abteilung auch sein mag, in solchen Fällen kann er nur sehr oberflächlich Rat erteilen. Er kann unmöglich alle Marketing-Pläne lesen, noch viel weniger sie objektiv beurteilen. Er ist mit den Problemen und Zielen der verschiedenen Produkte nicht genügend vertraut, um die Marketing-Strategie oder die Kreativität der Werbung hinreichend beurteilen zu können. Aber gerade diese Beurteilung wird von der Marketing-Abteilung der Tochterunternehmung gefordert. Leider muß diese Aufgabe von der Marketing-Abteilung der Tochterunternehmung selbst wahrgenommen werden.

Schließlich wird noch angeführt, daß derartig hochqualifizierte Werbeleiter mit einer Position im Tochterunternehmen nicht zufrieden wären, sondern die höher eingestufte Position in der zentralen Marketing-Abteilung vorziehen. Auch das muß nicht so sein. Es ist relativ einfach, beiden Positionen einen gleichen Status und vor allem eine gleiche Zahlung zuzuerkennen.

Darüber hinaus kann man mit Sicherheit sagen, daß viele der hervorragenden Werbeleute lieber die persönliche Anteilnahme in den Marketing-Aktivitäten der Tochterunternehmen gegenüber den relativ fruchtlosen Positionen in den zentralen Marketing-Abteilungen vorziehen, denn einerseits ist der Werbeleiter aktives Mitglied eines Marketing-Teams, das mit der Verantwortung für die Formulierung und Durchführung des Marketing-Planes betraut ist. In dieser Situation hat der Werbeleiter der Tochterunternehmung als betont aktives Mitglied eines Teams an der Front zu sein. Andererseits bleibt dem Werbeleiter in der zentralen Marketing-Abteilung diese Genugtuung weitgehend versagt. Unabhängig von seinem persönlichen und beruflichen Ansehen wird er keinen Anteil am Erfolg in den Marketing-Operationen für sich in Anspruch nehmen können.

2.4 Die Ernennung des Geschäftsleiters

Die Auswahl des Geschäftsleiters und seiner Mitarbeiter der Geschäftsleitung ist bei weitem die wichtigste Aufgabe der Unternehmensleitung eines Unternehmens, das über eine Anzahl Tochterunternehmen verfügt. Der Geschäftsleiter muß in allen Unternehmensbereichen kompetent sein, aber da wir uns hier mit Marketing befassen, wollen wir seine Kompetenz in diesem Unternehmensbereich genauer betrachten. Ganz allgemein sollte der Geschäftsleiter ein derartiges Format, eine Erfahrung, eine Kompetenz und Urteilskraft besitzen, daß er in der Lage wäre, die Tochterfirma auch dann zu leiten, wenn sie völlig auf sich selbst gestellt wäre und nicht einem Unternehmen eingegliedert wäre.

Da Geschäftsführung heute im wesentlichen eine Führungsaufgabe nach der Marketing-Konzeption darstellt, sollte der Geschäftsführer mit der Marketing-Arbeit vertraut sein. Das bedeutet nicht, daß er ein Marketing-Spezialist sein muß oder daß er Marketing-Erfahrung besitzen muß, sondern er sollte die Grundzüge des Marketings kennen. Er sollte in der Lage sein, Marketing-Empfehlungen im Hinblick auf die Ziele der von ihm geleiteten Tochterfirma zu beurteilen. Er sollte in der Lage sein, einen Marketing-Leiter auszuwählen, der die speziellen Marketing-Erfahrungen besitzt, die er selbst nicht hat. Er sollte in der Lage sein, alle Aktivitäten der von ihm geleiteten Tochterfirma zu koordinieren. Er sollte in der Lage sein, seinem Marketing-Leiter die Verantwortung zu delegieren, die dieser braucht, um seine Abteilung mit maximaler Effizienz führen zu können.

Da die Prinzipien des Marketing und nicht die Prinzipien der Geschäftsleitung Gegenstand der vorliegenden Untersuchung sind, sollen diese kurzen Ausführungen, die bei der Ernennung des Geschäftsleiters zu beachten sind, Marketing-Aspekten genügen.

2.5 Die Ernennung des Marketing-Leiters

2.5.0 Der Verantwortungsbereich des Marketing-Leiters

Für den Marketing-Erfolg wesentlich wichtiger ist die Ernennung des Marketing-Leiters als die Ernennung des Geschäftsleiters. Dabei darf aber nicht übersehen werden, daß ein Marketing-Erfolg auf den zusammenwirkenden und interdependenten Beiträgen einer ganzen Reihe von Personen im Marketing-Bereich abhängt: dem Marketing-Leiter, dem Werbeleiter, dem Leiter der Verkaufsförderung, dem Leiter der Marktforschung und dem Unternehmen mit einer Vielzahl von Produkten, vor allem von den Produkt-Managern. Es sollte nie übersehen werden, daß ein Marketing-Erfolg immer nur von den daran Beteiligten erzielt worden ist.

Die Funktion des Marketing-Leiters ergibt sich aus der fast vollständigen Übernahme der Verantwortung für die Marketing-Arbeit. Dadurch entlastet der Marketing-Leiter die Unternehmens- oder Geschäftsleitung von der undurchführbaren Aufgabe, gleichzeitig die Planung und Kontrolle der Marketing-Aktivitäten wahrzunehmen, die Koordination aller Unternehmensbereiche durchzuführen und die langfristige Unternehmens- oder Geschäftspolitik mit ihren Zielsetzungen für das Unternehmen bzw. die Tochterfirma zu formulieren und durchzusetzen.

Aber auch die Kontrolle des Marketing-Leiters über die Aktivitäten seiner Marketing-Abteilung ist weder vollkommen noch absolut. Die Produkte, die er verkauft, müssen innerhalb des bisherigen Erfahrungsbereiches des Unternehmens hinsichtlich Forschung und Produktion liegen. Die Preise, zu denen er seine Produkte anbietet, müssen in einem angemessenen Verhältnis zu den Kosten stehen, die er aber nicht kontrolliert. Die Höhe des Marketing-Budgets, über das er verfügen darf, wird begrenzt durch die Gewinnziele und die Liquiditätserfordernisse des Unternehmens. Seine Marketing-Ziele müssen mit den höherstehenden Unternehmenszielen übereinstimmen und seine ethischen Auffassungen und seine unternehmens-politischen Ansichten müssen mit denen der Unternehmensleitung bzw. Geschäftsleitung übereinstimmen.

Trotz all diesen Einschränkungen bleibt dem Marketing-Leiter eine ungeheuere Verantwortung. Er allein ist verantwortlich für die Formulierung der Marketing-Ziele, die nicht nur mit den Unternehmenszielen übereinstimmen müssen, sondern auch einen wesentlichen Beitrag zur Realisierung derselben bringen müssen. Er ist verantwortlich für den Aufbau und eine gut funktionierende Arbeitsweise der Marketing-Abteilung. Er muß die Marketing-Strategie, die der Erreichung der Ziele dient, genehmigen und manchmal sogar formulieren. Er ist verantwortlich dafür, daß die ihm anvertrauten Produkte nicht nur verkauft werden, sondern daß sie mit Gewinn verkauft werden. Er muß die Preise so festsetzen, daß sie eine angemessene Verzinsung des investierten Kapitels gewährleisten und er muß das Marketing-Budget so einsetzen, daß es eine optimale Kombination von kurzfristigen Gewinnen und langfristigen Zuwachsraten in der Größe und Gewinnträchtigkeit des Unternehmens hervorbringt.

2.5.1 Die Stellung des Marketing-Leiters bedarf des Vertrauens der Unternehmens- oder Geschäftsleitung

Die wohl wichtigste Voraussetzung für seinen Erfolg ist das Vertrauen, das die Unternehmens- oder Geschäftsleitung ihm entgegenbringt. Das heißt, es ist völlig gleichgültig, ob er der Marketing-Leiter des ganzen Unternehmens oder nur einer Tochterfirma ist. Seine Funktion ist die gleiche, ebenso seine Verantwortung. Der einzige Unterschied besteht darin, daß er im ersteren Falle für alle Produkte des Unternehmens Verantwortung tragen muß, während im letzteren Falle er nur für die Produkte des Tochterunternehmens verantwortlich ist.

Die Gründe, warum er das absolute Vertrauen seiner Vorgesetzten benötigt, sind augenscheinlich. Ohne dieses Vertrauen könnte ihm nicht ein derartiges Ausmaß an Verantwortung übertragen werden, das erforderlich ist, um die endgültigen Entscheidungen treffen zu können, die notwendig sind, damit seine Marketing-Abteilung mit maximaler

Effizienz bei einem Minimum an Zeitaufwand für die Unternehmens- bzw. Geschäftsleitung arbeitet. Wie schon in anderen Abschnitten ausgeführt, erfordert das Wachstum und die zunehmende Diversifikation eine Dezentralisierung der Organisation und das wiederum bedeutet die Delegation von Verantwortung, um Entscheidungen treffen zu können. Die Bildung einer zusätzlichen Funktion, die keine Entscheidungsbefugnis beinhaltet, sondern sich auf das Geben von Empfehlungen beschränken muß, ist keines der Probleme, die die Dezentralisierung zu einer Notwendigkeit werden ließ.

Dies beinhaltet keineswegs, daß die Unternehmens- oder Geschäftsleitung die endgültige Verantwortung für die Marketing-Aktivitäten aufgeben sollte oder kann, sondern dies bedeutet, daß diese Kontrolle in wesentlich wirksamerer Form aufrechterhalten werden kann durch die Delegation von Verantwortung auf den Marketing-Leiter, der innerhalb der wohl definierten Grenzen seiner Entscheidungsbefugnis die für den normalen Geschäftsablauf notwendigen Entscheidungen treffen kann.

2.5.2 Die Aufgaben des Marketing-Leiters im Personalbereich

Eine zweite wesentliche Voraussetzung des Marketing-Leiters sind seine Management-Qualitäten. Obwohl sich seine unmittelbare Verantwortung auf die Marketing-Funktion beschränkt, ist es dennoch unerläßlich, daß er diese in Übereinstimmung mit der Unternehmenspolitik und den Unternehmenszielen wahrnimmt. Er sollte sich nicht zu sehr auf die Wahrnehmung der Interessen der Marketing-Abteilung beschränken. In allen seinen Entscheidungen sollte er sich nur von den Notwendigkeiten leiten lassen und dort, wo die Interessen der Marketing-Abteilung mit denen des Gesamtunternehmens kollidieren, den Unternehmensinteressen den Vorrang geben. Das wird sicherlich nicht immer leicht sein, denn manchmal ist die Trennung zwischen den Erfordernissen des Unternehmens und denen der Marketing-Abteilung sehr schwierig und häufig sind die Notwendigkeiten des Marketing so offensichtlich und so dringend, daß es ein ungewöhnliches Ausmaß an Objektivität und Loyalität gegenüber dem Unternehmen erfordert, um selbst für einen sehr verantwortungsvollen Marketing-Leiter, den Erfordernissen des Unternehmens den Vorrang zu geben. Und dennoch, es gibt für ihn keine andere Entscheidung.

Aber es gibt noch weitere Bereiche, in denen er seine Management-Qualität unter Beweis stellen muß.

Eine seiner wichtigsten Aufgaben ist die Auswahl und Überwachung seiner Untergebenen: den Werbeleiter, den Produkt-Manager, den Verkaufsleiter, den Leiter der Verkaufsförderung, den Leiter der Marktforschung und sogar den der Werbeagentur. Dabei genügt es nicht, daß er die Aktivitäten dieser Mitarbeiter einzeln überwacht und ihre Empfehlungen genehmigt, sondern es ist mindestens ebenso wichtig, daß er sie zu einer gut funktionierenden Einheit zusammenschweißt, bei der jeder neben seiner Verantwortung für den eigenen Bereich auch die Verantwortung für das Gesamte teilt und somit die Erreichung der gesetzten Marketing-Ziele gewährleistet.

Des weiteren muß er ständig die Arbeit seiner Untergebenen beurteilen und bewerten und diese Ergebnisse mit dem Untergebenen einzeln besprechen. Er sollte denen Lob spenden, die es verdienen und Fehler seiner Untergebenen offen kritisieren, wobei er allerdings seine Kritik so genau und vor allen Dingen so konstruktiv wie möglich formulieren sollte, um dadurch eine Verbesserung der Arbeit zu erzielen.

Wahrscheinlich ist keine der Aufgaben des Marketing-Leiters schwieriger als die Festlegung der Gehälter seiner Untergebenen.

25. Aufgabe: *Welche Grundsätze sollten seine Gehaltspolitik bestimmen?*

2.5.3 Die „Marketing-Qualifikation" des Marketing-Leiters

Eine dritte und scheinbar selbstverständliche Qualifikation des Marketing-Leiters ist seine Kenntnis und Erfahrung im Marketing selbst. Das bedeutet nicht, daß er ein Werbespezialist sein muß, vor allen Dingen dann nicht, wenn er durch einen qualifizierten Werbeleiter und/oder eine gute und verläßliche Werbeagentur unterstützt wird. Aber dennoch, wenn der Erfolg des Unternehmens sehr wesentlich durch die Werbung beeinflußt wird, dann ist es sehr wohl erforderlich, daß der Marketing-Leiter die Werbung auch richtig versteht, weiß wie sie funktioniert, ihre Möglichkeit und Grenzen genauer kennt, in der Lage ist, den Inhalt der Werbebotschaft zu beurteilen und auch hinsichtlich der Form der Werbebotschaft qualifizierte Anregung geben kann.

Er muß auch keine Erfahrungen als Verkäufer oder Verkaufsleiter aufweisen können, da in der Regel unterstellt werden kann, daß für die Leitung der Verkaufsorganisation ein erfahrener Spezialist zur Verfügung steht. Aber auch hier gilt das oben Gesagte. Wenn das Unternehmen sehr wesentlich vom Erfolg der verkäuferischen Arbeit abhängt, dann sollte er für diese verkäuferische Arbeit das notwendige Verständnis aufbringen können, er sollte wissen, welche Motive den Kaufentschluß seiner Kunden bestimmen, er sollte wissen, wie man diese Motive verkäuferisch ansprechen kann, wie man qualifizierte Verkäufer findet und wie trainiert, wie man gute Beziehungen zum Handel aufbaut und erhält und in welcher Art und Weise sich persönlicher Verkauf und Werbung unterstützt. Natürlich muß er auch kein Verkaufsförderungs- oder Marktforschungsspezialist sein.

Im Gegensatz zu einer häufig vertretenen Auffassung muß er auch keine speziellen langjährigen Erfahrungen mit den Produkten, die er auf den Mark bringt, haben. Natürlich ist solche Vertrautheit nicht unerwünscht, aber sie sollte nicht über seine Erfahrungen und Kenntnisse in den Grundzügen des Marketing dominieren. Bei einer entsprechenden guten Einführung kann er die Information, die er über seine Produkte benötigt, über den Wettbewerb, den Markt und die Marketing-Chancen sehr schnell sich aneignen. Es ist aber unmöglich, sich Kenntnisse der Marketing-Strategie und überhaupt der Grundzüge des Marketing schnell anzueignen.

Die Beherrschung der Grundzüge des Marketing, die Vertrautheit mit diesem interdependenten simultanen Funktionssystem ist aber unumgänglich. Im Hinblick auf die Bedeutung des Marketing für den Erfolg eines Unternehmens und damit der Stellung, die

26. Aufgabe: *Was ist ein simultanes Funktionssystem?*

der Marketing-Leiter innerhalb der Organisation des Unternehmens einnimmt, sollte dieser das Potential für die Stellung eines Unternehmens- oder Geschäftsleiters aufweisen. Das bedeutet, daß er das Marketing und schon gar nicht innerhalb des Marketing z. B. die Werbung als Endzweck auffaßt, sondern als Mittel zum Zweck sieht: als Instrument zum Aufbau und zur Erhaltung eines gewinnbringenden Unternehmens. Ebenso wie er innerhalb seines eigenen Verantwortungsbereiches die Interdependenz der verschiedenen Marketing-Funktionen erkennt, so sollte er auch auf der höheren Ebene des Unternehmens die Interdependenz der einzelnen Unternehmensbereiche sehen.

27. Aufgabe: *Welche Unternehmensbereiche gibt es?*

Als wichtiges Mitglied im Stab des Unternehmens- oder des Geschäftsleiters ist er in den Unternehmen, die auf der Basis der modernen Marketing-Konzeption operieren, Mitglied der Unternehmens- oder Geschäftsleitung.

Selbst in seiner speziellen Position als Marketing-Leiter muß er die Grundzüge der Volkswirtschaft und Betriebslehre beherrschen. Er muß wissen, wie er sein Marketing-Budget in angemessener Relation zum Bruttogewinn hält und damit die Sicherstellung des Endzieles all seiner Bemühungen, nämlich der Erzielung eines Geschäftsgewinnes, in Übereinstimmung mit den Unternehmenszielen gewährleistet.

Er muß ein Analytiker und ein Planer sein. Er muß nicht nur für das kommende Geschäftsjahr, sondern auch für mehrere Jahre in die Zukunft hinein planen können. Er muß die Probleme des Unternehmens erkennen und Wege zu deren Lösung aufzeigen können. Seine wichtigste Aufgabe aber ist die Analyse und die Genehmigung des Marketing-Planes. Auf der Basis seiner persönlichen Erfahrungen muß er in der Lage sein, Fehler und schwache Stellen in diesem Plan zu erkennen. Er muß Unterlassungen aufdecken, wie z. B. Alternativplanungen und Aktivitäten, die bei der Erstellung des Planes unterlassen wurden.

Welcher berufliche Werdegang kann auf eine derart schwierige Aufgabe vorbereiten? Auf diese Frage läßt sich keine einfache Antwort finden. Es ist nur natürlich, daß viele der erfolgreichen Marketing-Leiter ihren gesamten Berufsweg im Marketing zurückgelegt haben. Eine erhebliche Anzahl sind aber auch aus der Produktentwicklung oder der Produktion und einige wenige sogar aus dem Finanzbereich in diese Position vorgestoßen.

Natürlich verlagert sich das Schwergewicht der Anforderungen an den Marketing-Leiter auch entsprechend der Art des jeweiligen Unternehmens. Hängt, wie gesagt, der Erfolg des Unternehmens sehr wesentlich von der Werbung ab, so ist es zweckmäßig, daß der Marketing-Leiter entsprechende berufliche Erfahrung im Werbebereich gesammelt hat. Ist der persönliche Einsatz im Verkauf der ausschlaggebende Faktor, dann sollte der Marketing-Leiter als Verkäufer und Verkaufsleiter seine Sporen verdient haben. Handelt es sich um Markenartikel, wie Waschmittel, Nahrungsmittel oder Zigaretten, dann sind bestimmte Produkterfahrungen und entsprechende berufliche Werdegänge nicht erforderlich. Handelt es sich andererseits um hoch spezialisierte technische Artikel, wie

Computer, elektronische Schaltinstrumente usw., dann sind entsprechende technische Kenntnisse unumgänglich.

Dennoch, wie bereits angedeutet, im Falle eines Unternehmens, das sehr wesentlich durch den Erfolg seiner Werbung beeinflußt wird, sind spezielle Kenntnisse des Marketing-Leiters im Werbebereich zwar wünschenswert, aber nicht unbedingt notwendig, da dieser durch einen spezialisierten Werbeleiter entsprechende Unterstützung finden kann. In anderen Worten, da von dem Marketing-Leiter keine persönliche Erfahrung in allen Marketing-Bereichen verlangt werden kann, muß die eigentliche Stärke des Marketing-Leiters in der Zusammenfassung der einzelnen spezialisierten Erfahrungen seiner Untergebenen liegen.

Im allgemeinen wird der Marketing-Leiter einen Werbeleiter, einen Verkaufsleiter, einen Leiter der Verkaufsförderung, einen Leiter der Marktforschung und eine entsprechend der Unternehmenssituation variierende Anzahl von Produkt-Managern als Untergebene haben. In kleineren Unternehmen können einige dieser Funktionen in einer Person zusammengefaßt werden. Andererseits kann auch eine gute Werbeagentur eine Reihe dieser Funktionen übernehmen.

2.5.4 Die Delegation von Verantwortung auf den Marketing-Leiter

2.5.4.0 Die Delegation von Verantwortung mit Hilfe des Marketing-Plans

Der Umfang der Delegation von Verantwortung durch die Unternehmens- oder Geschäftsleitung auf den Marketing-Leiter ist ein sehr schwierig zu lösendes Problem. In Verbindung mit diesem Problem stellt sich anschließend die Frage, wie weit seine Entscheidungsbefugnis ausgedehnt werden sollte. Sind diese beiden Problemkreise gelöst, dann erhebt sich die weitere Frage, welche Entscheidungsbefugnis und Verantwortung der Marketing-Leiter seinerseits auf seine Untergegebenen delegieren sollte. Welche Verantwortung und Entscheidungsbefugnis sollte er sich vorbehalten und auf welche seiner Untergebenen sollte er den verbleibenden Rest aufteilen.

Zunächst ist also die Frage der Delegation von Verantwortung durch die Unternehmensleitung auf den Marketing-Leiter zu klären, da dieser natürlich nicht mehr Verantwortung auf seine Untergebenen delegieren kann, als ihm selbst zugeteilt wurde.

Wie bereits vorher erwähnt, ist es relativ einfach, diese Frage im allgemeinen zu beantworten, aber es ist fast unmöglich, sie im speziellen zu lösen. Die Unternehmensleitung sollte so viel Verantwortung auf den Marketing-Leiter delegieren, als er benötigt, um erstens ein effizientes Marketing für das Unternehmen zu gewährleisten und zweitens die Unternehmensleitung von einer gleichzeitigen Überwachung von Marketing- und anderen Unternehmensbereichen zu entlasten. Dies gilt immer unter der Voraussetzung, daß die Geschäftsleitung die endgültige Verantwortung für das Marketing hat: für die Ziele, die Strategie und den Einfluß auf die Gewinnerzielung des Unternehmens.

Was bedeuten diese allgemeinen Ausführungen im einzelnen? Die Linie zwischen zuviel und zuwenig Delegation ist zwar schwierig, aber dennoch zu ziehen.

28. Aufgabe: *Wie kann die Geschäftsleitung auf der einen Seite Entscheidungsbefugnis im weitesten Umfang delegieren und andererseits ihre uneingeschränkte Kontrolle über das Marketing aufrechterhalten?*

Der Marketing-Plan gibt der Unternehmensleitung einen zusammengefaßten Überblick über alle Faktoren, die die Situation des Unternehmens beeeinflussen, über die Probleme und die Möglichkeiten. Er gibt ihr die Interpretation und Analyse dieser Faktoren durch den Marketing-Leiter, seine Empfehlungen nicht nur im Hinblick auf die Marketing-Ziele, sondern auch im Hinblick auf die Marketing-Aktivitäten, die notwendig und erforderlich sind, um diese Ziele zu erreichen.

29. Aufgabe: *Auf welche Fragen gibt der Marketing-Plan die Anworten des Marketing-Leiter?*

Der Marketing-Plan wird die kurz- und langfristigen Ziele im einzelnen darlegen, wird das Marketing-Budget spezifizieren und den Geschäftsumsatz und Bruttogewinn darlegen.

Der Marketing-Plan muß in seiner Gesamtheit der Unternehmensleitung nur dann vorgelegt werden, wenn sie es wünscht. In der Regel wird eine Zusammenfassung des Planes ausreichen, da die Geschäftsleitung immer detailliertere Informationen anfordern kann, wenn ihr einige Teile unverständlich erscheinen. Aber in welcher Form der Marketing-Plan der Unternehmensleitung auch immer vorgelegt wird, durch ihre Zustimmung, Änderung oder Zurückweisung kann sie in dem Ausmaß ihre Kontrollfunktion wahrnehmen, in dem es erforderlich ist. Durch ihre Zustimmung gibt sie dem Marketing-Leiter nicht nur grünes Licht für die Durchführung des Planes, sondern sie setzt damit auch die genauen Grenzen des Verantwortungsbereiches für den Marketing-Leiter fest. Von diesem Punkt an kann dem Marketing-Leiter die volle Entscheidungsbefugnis über die Durchführung des Marketing-Planes zugeteilt werden, vorausgesetzt, daß er den Anforderungen entspricht.

2.5.4.1 Der Umfang seiner Entscheidungsbefugnisse

Während auf diese Art und Weise die Geschäftsleitung ihre endgültige Kontrolle über die Richtung und Ziele des Marketing aufrechterhalten kann, wird dadurch die Bedeutung der Position des Marketing-Leiters in keinerlei Weise herabgesetzt. Denn die Durchführung des Marketing-Planes erfolgt nicht von allein. Die Zustimmung durch die Geschäftsleitung überläßt dem Marketing-Leiter eine große Verantwortung und Entscheidungsbefugnis. Es ist die Verantwortung von ihm und die seiner Mitarbeiter, daß die Werbung die Produkteigenschaften und Verbrauchervorzüge, wie sie im Plan entwickelt wurden, auch widerspiegelt. Mit Sicherheit muß der Marketing-Leiter ohne die Hilfe oder

Empfehlung der Geschäftsleitung entscheiden, ob die Art und Weise der Werbebotschaft der gegebenen Situation am besten entspricht.

Auf der Basis seiner Kenntnisse der Probleme und der Möglichkeiten der Werbung muß er die speziellen Ziele der Werbung festlegen. Er muß bestimmen, welchen Anteil die Verkaufsförderung im gesamten Marketing-Programm erhält und welchen Teil des Marketing-Budgets er dafür bereitstellen will. Er muß entscheiden, wo die Marktforschung zusätzliche Information über die Verbraucherkenntnisse und die Verbrauchereinstellung zum Produkt erarbeiten muß und wieviel Geld gegebenenfalls dafür erforderlich sein wird. Auch Marktforschungsvorhaben zur Feststellung der Effizienz der Werbung muß er genehmigen.

Während die Geschäftsleitung bzw. die Unternehmensleitung sich im allgemeinen darauf beschränkt festzulegen, wieviel Geld insgesamt für das Marketing bereitgestellt wird, muß der Marketing-Leiter die Verwendung dieser Mittel hinsichtlich der zeitlichen Reihenfolge, der geographischen Aufteilung und der Verteilung auf die einzelnen Marketing-Aktivitäten, wie Werbung, Verkauf, Verkaufsförderung, Marktforschung bestimmen.

2.5.4.2 Die Verantwortung für den Gewinn

In vielen Firmen gibt es sogenannte Gewinnzentren. Einige, z. B. Sales-Manager, sind verantwortlich für den Gewinn. Dies kann natürlich nur eine sehr begrenzte Verantwortung sein, denn nicht einmal der Marketing-Leiter oder Marketing-Direktor, wie er meistens genannnt wird, kann diese Verantwortung übernehmen. Denn ebenso wie es eine ganze Reihe von anderen Faktoren gibt neben der Werbung, die für den Umsatzerfolg verantwortlich sind, so gibt es auch eine ganze Reihe von Faktoren neben dem Marketing, die für den Gewinn Verantwortung tragen.

Die Marketing-Abteilung kann die Produktionsqualität und die Produktionskosten nur beeinflussen, nicht aber bestimmen. Sie muß die Situation so nehmen, wie sie sie vorfindet. Aber der Marketing-Leiter hat eine gewisse Verantwortung für den Gewinn. Er ist verantwortlich für die Erstellung des Marketing-Planes, der auf der Basis der geschätzten Produktionskosten und seiner eigenen Umsatzschätzung einen angemessenen Gewinn gewährleisten soll. Außerdem ist er dafür verantwortlich, daß bei Änderungen des Gewinns durch höhere Kosten, notwendigen Preissenkungen, geringeren Umsätzen usw. die notwendigen Änderungen des Marketing-Planes vorgenommen werden und die Geschäftsleitung zumindest über die veränderten Bedingungen informiert wird.

Um es noch einmal zu wiederholen: Der Marketing-Plan ermöglicht der Unternehmensleitung die Aufrechterhaltung einer vollständigen Kontrolle über das Marketing des Unternehmens, ohne gleichzeitig diese Aufgabe selbst wahrnehmen zu müssen.

Damit ist der Umfang der Delegation von Verantwortung durch die Unternehmensleitung auf den Marketing-Leiter genügend umrissen worden. Wie steht es aber mit der Delegation der Verantwortung des Marketing-Leiters auf seine Untergebenen?

2.5.5 Die Delegation von Verantwortung durch den Marketing-Leiter

Die Antwort auf diese Frage wird im wesentlichen von der Organisation des Unternehmens abhängen: ob es sich um eine zentralisierte oder dezentralisierte Organisations-

30. Aufgabe: *Welche Frage stellt sich zunächst in diesem Zusammenhang?*

form handelt, ob sie auf der Basis direkter Linienfunktionen oder dem Linienstabssystem funktioniert. Aber welche Organisationsform in dem jeweiligen Unternehmen auch immer vorherrscht, der Marketing-Leiter muß in irgendeiner Weise einen Teil seiner Verantwortung auf einige seiner Untergebenen delegieren. Es sei denn, die Anzahl der Produkte ist so klein und sie sind so gleichartig, daß er die gesamte Marketing-Arbeit allein wahrnehmen kann.

In einigen Fällen hat der Werbeleiter Linienfunktion und Mitentscheidungsbefugnis über die üblichen Werbeprobleme, ohne sie vorher dem Marketing-Leiter zur Entscheidung vorlegen zu müssen. In anderen Unternehmen, teilweise mit Tochterfirmen, teilweise ohne, dominiert das Produkt-Manager-System. In diesen Fällen, die noch ausführlich behandelt werden, sollte die Entscheidungsbefugnis über die Werbung auf die Produkt-Manager delegiert werden.

Auch hier kommt wieder der Marketing-Plan zum Zuge. Aus naheliegenden Gründen sollte der Marketing-Leiter nicht in demselben Umfang Verantwortung auf seine Untergebenen delegieren, wie sie durch die Unternehmensleitung auf ihn delegiert wurde. Aber auch der Marketing-Leiter muß ebenso wie der Geschäftsleiter seine Verantwortung aufteilen, und der einzige Weg, dies zu tun, ist durch Delegation.

Wie bereits früher ausgeführt, sollte sich die Geschäftsleitung nur mit den wesentlichen Elementen des Marketing-Planes befassen: den Zielen, der Marketing-Strategie und den finanziellen Aspekten des Planes — dem Marketing-Budget und den Gewinn- und Verlustschätzungen. Sie sollte sich nicht mit den einzelnen Aktivitäten des Planes befassen, die der Erreichung der gesetzten Ziele dienen, sollte sie in die normalen Entscheidungen verwickelt sein, die der Durchführung des Planes dienen.

Dies gilt natürlich nicht für den Marketing-Leiter. Er muß sich nicht nur mit den Zielen der Strategie und den vorher geschätzten Ergebnissen, sondern auch mit der detaillierten Arbeit zur Durchführung des Planes befassen. Ebenso wie die Unternehmensleitung die Marketing-Strategie zu genehmigen wünscht, wird der Marketing-Leiter sich die Genehmigung der anzuwendenden Marketing-Techniken vorbehalten. Er wird nicht jede einzelne Anzeige genehmigen wollen, aber er wird sicherlich als Teil des Marketing-Planes die Farbanzeigen und die Fernsehspots, die wesentliche Bestandteile der Werbestrategie sind, genehmigen wollen. Durch die Genehmigung dieser Kernpunkte der Werbestrategie übt er seine Verantwortlichkeit aus und ist somit in der Lage, seinen Untergebenen Richtlinien an die Hand zu geben, die es ihnen ermöglichen, ihrerseits Entscheidungen im Sinne dieser Werbestrategie, die auch dieselben Techniken und die gleiche Werbeidee beinhalten, zu treffen.

2.5.6 Die Entscheidungen des Marketing-Leiters im Werbebereich

2.5.6.0 Seine Entscheidungen über die Media-Planung

Im Media-Bereich gilt eine ähnliche Aussage. Die Unternehmensleitung wird sich sicherlich nicht mit allen Fragen der Media-Planung befassen, weder den verschiedenen Media-

Arten noch einem einzelnen speziellen Medium. Denn hier handelt es sich wirklich um Entscheidungen, die in den Arbeitsbereich der Marketing-Abteilung fallen. Andererseits sollten diese Entscheidungen aber auch nicht von dem Marketing-Leiter voll auf seine Untergebenen delegiert werden. Er wird sicherlich die Media-Politik genehmigen wollen, obgleich wahrscheinlich nicht einen bestimmten Media-Plan für ein Produkt. So wird er mit Sicherheit aber andererseits entscheiden wollen, ob z. B. das Fernsehen verwendet werden soll oder nicht.

Nachdem aber diese Entscheidungen gefällt sind, und zwar zur Zeit der Genehmigung des Marketing-Plans und vor dem Start der Werbekampagne für das kommende Geschäftsjahr, kann und sollte er die Unzahl von alltäglichen Entscheidungen und die Durchführung des Werbeprogramms dem Werbeleiter oder den Produkt-Managern überlassen.

2.5.6.1 Seine Entscheidungen über die Kreativität der Werbung

Ein weiterer sehr schwieriger Bereich im Marketing ist die Entscheidung über die Kreativität. Dies ist ein Problemkreis, der immer wieder angesprochen wird, wenn es um die Frage der Beziehungen zwischen Marketing- und Werbeleuten geht.

Es ist eher die Regel denn die Ausnahme, daß die endgültige Genehmigung der Werbung und nicht nur der Werbestrategie und der Werbetechnik im allgemeinen, sondern auch einzelne Anzeigen nur durch den Marketing-Leiter und in einigen Fällen sogar durch den Geschäfts- oder Unternehmensleiter erfolgen kann. Als Folge davon wird eine Werbekampagne durch eine Anzahl von sogenanten Spezialisten beurteilt, die zwar nicht befugt sind, eine Genehmigung zu erteilen, aber andererseits sich berechtigt glauben, eine Kampagne abzulehnen. Dieser Prozeß beginnt in der Regel mit der Vorlage einer Kampagne an den Werbeleiter oder Produkt-Manager und manchmal sogar an den Assistenten des Produkt-Managers, dann wird die Kampagne weitergereicht an den Marketing-Leiter und schließlich an den Unternehmensleiter. Jeder dieser Mitarbeiter fühlt sich aufgerufen, seine Meinung zu äußern, und da negative Auffassungen in der Regel weniger risikoreich sind als Zustimmungen, wird die Kampagne, wenn sie den Geschäfts- oder Unternehmensleiter oder im günstigsten Fall den Marketing-Leiter erreicht hat, durch die Vielzahl der Abänderungen derart verändert sein, daß das ursprüngliche Konzept kaum wiederzuerkennen ist.

Dies bedeutet zunächst einen enormen Zeitverlust. Sinn und Zweck der Delegation wird dadurch zunichte gemacht. Für die Werbeagentur ist es nicht nur sehr zeitaufwendig, sondern ebenfalls entmutigend. Sie wird gezwungen, in völlig überflüssigem Schritt eine Vorlage der Werbekampagne an den Werbeleiter oder Produkt-Manager vorzunehmen, wobei sie weiß, daß diese keine Zustimmung geben können. Dann, wenn die Kampagne tatsächlich in die höheren Organisationsstufen gelangt, dann wird es ihr oft nicht gestattet, die eigene Kampagne zu präsentieren und auf bestimmte Einwände Rede und Antwort zu stehen.

Noch weit schlimmer als dieser unnütze Zeitaufwand ist die Auswertung, die dieser Prozeß auf die Qualität und Effizienz der Werbung hat. Die beste Werbung, ansprechend unorthodox, überzeugend, wird auf diesem beschwerlichen Weg ruiniert. Nur die mittelmäßige und sichere Kampagne wird unangetastet überleben.

Der Begriff der Kreativität hat in den letzten Jahren erhebliche Aufmerksamkeit auf sich gezogen. Es herrscht allgemeine Übereinstimmung darüber, daß die immer schwierigere Aufgabe, die der Werbung gestellt ist, mehr Kreativität erfordert. Aber es muß an dieser Stelle festgehalten werden, daß ein größerer Beitrag zu größerer Kreativität geleistet werden kann, als diesen mehrstufigen Genehmigungsprozeß abzubauen und die Entscheidungsbefugnis über die Werbekampagne einem einzigen zuzuerkennen. Allerdings wird dabei unterstellt, daß die Werbestrategie und die grundlegende Idee für die Werbekampagne durch den Marketing-Leiter und/oder die Geschäftsleitung vorher generell genehmigt worden sind.

Dabei ist es nicht so wichtig, wem diese Aufgabe zufällt, dem Werbeleiter, dem Produkt-Manager oder dem Marketing-Leiter selbst. Es ist allerdings von großer Bedeutung, daß dieser Verantwortliche kompetent in der Beurteilung von Werbekampagnen ist. Es ist auch zweckmäßig, daß im Falle eines Produkt-Managers dieser die Unterstützung eines erfahrenen Werbeleiters erhält und diese dann auch nützt.

Darüber hinaus ist es ebenfalls notwendig, nicht nur aus Gründen der Fairneß, sondern auch im Interesse guter Werbung, daß die Agentur ihre Arbeit selbst präsentiert und gegebenenfalls verteidigen kann.

In den Fällen, in denen die Entscheidungsbefugnis über eine Werbekampagne unterhalb der Ebene des Marketing-Leiters festgelegt worden ist, sollte die Agentur die Möglichkeit haben, Entscheidungen, mit denen sie nicht übereinstimmt, mit dem Marketing-Leiter diskutieren zu können, vorausgesetzt, es handelt sich um sehr wichtige Entscheidungen. Und dieses Recht sollte so deutlich klargelegt sein, daß die Wahrnehmung dieses Rechts nicht zu negativen Reaktionen des Marketing-Mitarbeiters führt, dessen Entscheidung angezweifelt wird. Dies läßt sich z. B. dadurch erreichen, daß ein gemeinsames Erscheinen im Falle einer Nichtübereinstimmung vor dem Marketing-Leiter festgelegt wird.

2.6 Das Produkt-Manager-System

2.6.0 Die Entwicklung zum Produkt-Manager-System

Die Anforderungen des heutigen Wirtschaftslebens hinsichtlich Dezentralisierung und Delegation von Verantwortung lassen das Produkt-Manager-System für große, aber auch für mittelgroße Unternehmen zu einer Notwendigkeit werden. Angesichts dieser Tatsache sollte keine Zeit in fruchtlosen Diskussionen um die Unzulänglichkeiten des Produkt-Manager-Systems verschwendet werden. Vielmehr sollten alle Anstrengungen unternommen werden, um diese Unzulänglichkeiten zu beseitigen. Allerdings ist dies nicht so einfach wie ein Beschränken auf bloße Kritik.

Fast alle großen Unternehmen sind zunächst nach Funktionen gegliedert. Die Aufgabe der Unternehmensleitung als ganze wurde in einzelne Aufgaben zergliedert, dann wiederum in Richtung auf ein Gesamtziel für das Unternehmen koordiniert. Diese Funktionen umfassen Marketing-Produktion, Produktentwicklung, Finanzen, Personal und Einkauf. Auf der Basis dieser Struktur tendieren allerdings große Unternehmen dazu, das Gesamtunternehmen in Tochterunternehmen aufzuteilen und bestimmte Entscheidungsbefugnisse zu dezentralisieren, die dem Markt sehr nahe sind. Damit wird allerdings die funktionale Gliederung fortgeführt. Dabei werden oft einzelne Funktionen, wie zum Beispiel der Einkauf, weiterhin zentral gehandhabt, während andere, wie zum Beispiel die Produktion, völlig dezentralisiert sein können.

Ein Unternehmen, das vielfältige und komplexe Marketing-Aktivitäten aufweist, stellt der Marketing-Leitung sehr schwierige Aufgaben hinsichtlich der optimalen Organisation. Innerhalb der Stufen der Entwicklung vom Gesamtunternehmen über die funktionale Gliederung zu den Tochterunternehmen ergeben sich viele Variationen einer optimalen Organisation des Marketing.

Im folgenden sollen die drei wesentlichen Entwicklungslinien aufgezeigt werden. Jede Organisationsform repräsentiert eine unterschiedliche Methode zur Erreichung der Marketing-Ziele. Um diese Unterschiede besonders deutlich werden zu lassen, werden die drei wesentlichsten Organisationsformen im einzelnen beleuchtet.

Das folgende Organisationsschema zeigt die funktionale Gliederung des Marketing.

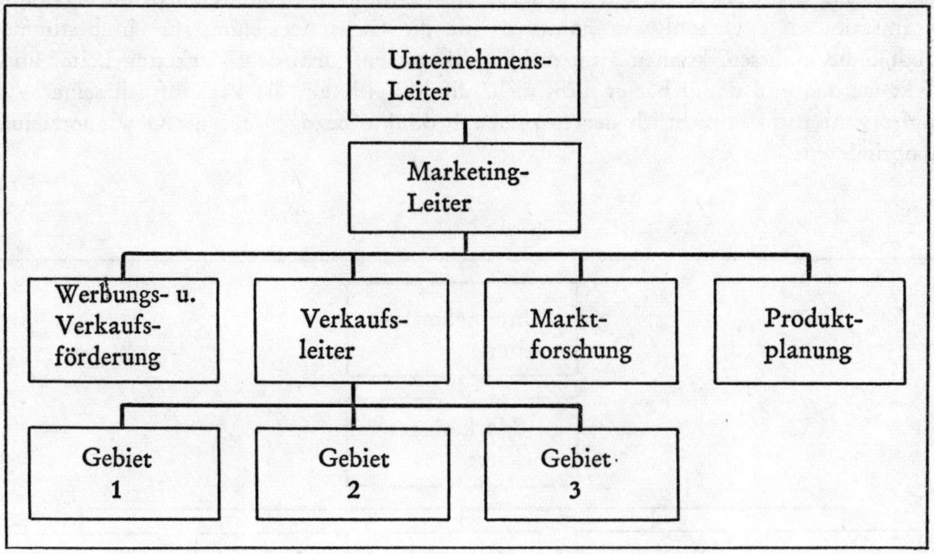

Abb. 3: Marketing-Organisation nach Aktivitäten

Diese funktionale Gliederung innerhalb des Marketing bezieht sich in der Aufteilung der Aktivitäten auf z. B. Verkauf oder Werbung usw. Der Werbeleiter ist verantwortlich für die Erzielung optimaler Werbeerfolge auf der Basis seines Werbebudgets. Der Verkaufsleiter ist verantwortlich für die Auswahl, die Ausbildung und den optimalen Verkaufserfolg auf der Basis eines vorgegebenen Verkaufsbudgets. Der Marketing-Leiter muß die einzelnen Budgets so aufteilen und verwalten, daß ein optimaler Marketing-Erfolg entsteht. Er ist verantwortlich für die Rentabilität dieses Marketing-Erfolges. Seine Mitarbeiter können wichtige Beiträge zur Marketing-Rentabilität für ein gegebenes Produkt oder für die ganze Abteilung liefern, sie können aber keinesfalls voll verantwortlich gemacht werden für die Marketing-Rentabilität der gesamten Abteilung. Der Marketing-Leiter muß also ihre Bemühungen koordinieren und entscheiden, wie er sein Gesamtbudget auf die einzelnen Aktivitäten optimal verteilt.

Viele größere Unternehmen übernehmen diese funktionale Gliederung innerhalb des Marketing, sobald sie über eine entsprechende Anzahl von Marketing-Spezialisten verfügen. Im allgemeinen arbeitet diese sehr einfache funktionale Gliederung so lange zufriedenstellend, wie der Marketing-Leiter die verschiedenen Marketing-Funktionen koordinieren und kontrollieren kann. Seine Fähigkeiten, die Anzahl der Produkte, die Anzahl der Märkte und die Geschwindigkeit, in der sich diese verschiedenen Faktoren ändern, bestimmen die Größe der Marketing-Organisation, die der Marketing-Leiter allein führen kann, ohne zusätzliche Organisationsstufen bilden zu müssen.

Mit zunehmendem Erfolg und anhaltendem Wachstum ergeben sich jedoch Engpässe. Der Marketing-Leiter muß organisatorische Zwischenstufen und Kontrollfunktionen einschalten. Damit wird mehr und mehr spezialisierte Arbeit durch Mitarbeiter ausgeführt, die nicht mehr in engem Kontakt zum Marketing-Leiter stehen. Oft ergeben sich erhebliche Kämpfe um die Verkaufsbemühungen für ein bestimmtes Produkt durch die Verkaufsorganisation. Die Unzahl von Faktoren, die die Gewinnerzielung für ein bestimmtes Produkt beeinflussen, können nicht mehr vollkommen durch den Marketing-Leiter überblickt werden und damit hat er nicht mehr die Möglichkeit, die Verkaufszeit seiner Verkaufsorganisation hinsichtlich der einzelnen Produkte bezogen auf die Gewinnerzielung zu optimieren.

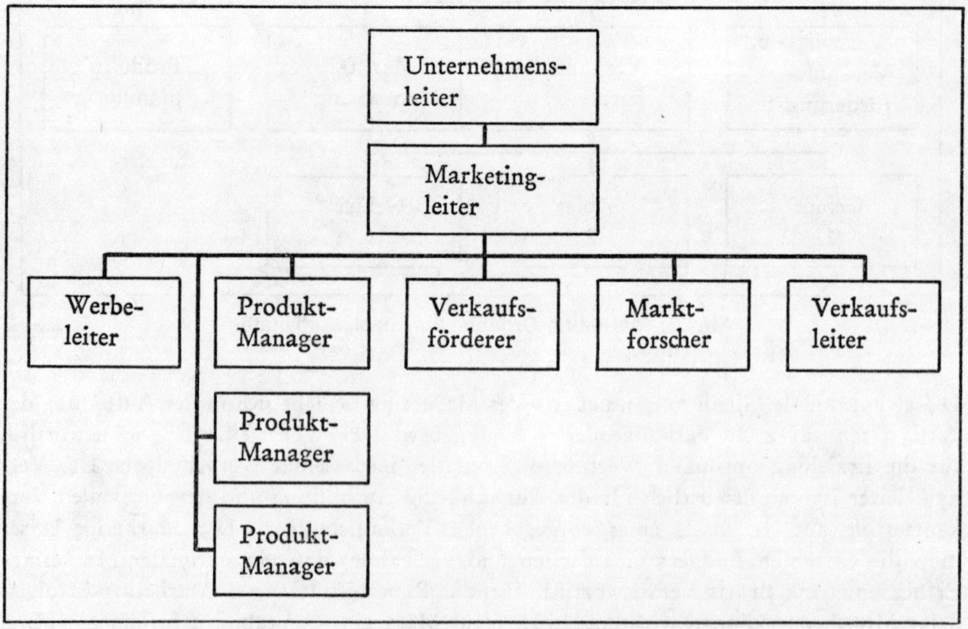

Abb. 4: Die Einordnung des Produkt-Managers in die funktionale Gliederung

Zwar bietet die funktionale Gliederung in diesem Stadium keine besonderen Schwierigkeiten, bei der Aufstellung von Marketing-Plänen ergeben sich jedoch Engpässe bei der Durchführung. Engpässe in der Person des Marketing-Leiters führen oft dazu, daß auch solche Entscheidungen, die von besonderem Einfluß auf die Gewinnerzielungg sind, auf niedrigere Organisationsebenen verlagert werden. Sie führen auch oft dazu, daß der Marketing-Leiter seine Verantwortung für die Marketing-Planung nicht mehr voll wahrnehmen kann, da Routineaufgaben seine Zeit zu sehr beanspruchen.

Darüber hinaus führt eine funktionale Organisationsform zwangsläufig dazu, die Bedeutung der einzelnen Funktionen zu Lasten der Koordination überzubewerten. Diese Überbewertung der einzelnen Funktion führt häufig dazu, daß der einzelne Spezialist die übergeordneten Zielsetzungen des Unternehmens nicht klar erkennt. Diese Einengung des persönlichen Erkenntnishorizontes der verschiedenen Marketing-Spezialisten, welche durch die funktionale Organisationsform weitgehend bedingt ist, führt ihrerseits wiederum dazu, daß der Erfahrungsbereich jener Mitarbeiter, die in höhere Positionen aufsteigen, nicht genug ausgebildet ist. Funktionale Organisationsform behindert die Ausbildung von Mitarbeitern, die über Kenntnisse aller Unternehmensfunktionen verfügen.

Das Produkt-Manager-System aber, das Mitarbeiter mit umfassenden Kenntnissen in allen Marketing-Funktionen und auch weitgehenden Kenntnissen in den anderen Unternehmensbereichen erfordert, wird charakterisiert durch eine Gesamtverantwortlichkeit aller Marketing-Funktionen für den Marketing-Erfolg.

Eine Zusammenfassung aller Marketing-Aktivitäten ist also unbedingt erforderlich, um den optimalen Erfolg aus dem Produkt-Manager-System zu gewährleisten. Der Produkt-Manager seinerseits ist verantwortlich dafür, daß diese Zusammenfassung aller Marketing-Aktivitäten durch ihn gelingt. Er wird dadurch auch verantwortlich für die Gewinnerzielung der ihm unterstellten Produkte.

Denn durch die Einführung des Produkt-Manager-Systems bilden sich für einzelne Produkte oder Produktgruppen Verantwortungszentren. Die Gefahr einer Produktschwäche, die im funktionalen System möglicherweise nicht erkannt wird, muß der Produkt-Manager erkennen, denn eine seiner Hauptaufgaben ist die Entwicklung von Plänen und die Gewinnung der Zustimmung zu den Plänen, die die Erzielung eines optimalen Gewinnes für die ihm unterstellten Produkte sicherstellt.

In einigen Firmen hat die Einführung des Produkt-Manager-Systems zu Verwirrungen und Konflikten hinsichtlich der Verantwortung und der Entscheidungsbefugnisse geführt. Dies war aber nur dann der Fall, wenn dem Produkt-Manager nicht eindeutig klargemacht worden war, daß er verantwortlich für die Planung, die Koordinierung und die Kontrolle des Gewinns der ihm unterstellten Produkte war, aber unabhängig von seinen Fähigkeiten zur Planung, Koordinierung und Kontrolle wird der Produkt-Manager Mißerfolg haben, wenn er nicht in der Lage ist, andere von seinen Ansichten zu überzeugen und sie zu Aktionen zu bewegen. Es muß ihm also eindeutig klargemacht werden, daß seine Aufgabe im wesentlichen darin besteht, seine Ideen anderen darzulegen und sie von den Vorteilen zu überzeugen.

Die Entwicklung von Verantwortungszentren für den Gewinn hat in der letzten Phase zur Bildung von Tochterunternehmungen geführt. Jede dieser Tochterunternehmungen verfügt in der Regel über eine eigene Marketing-Abteilung.

Neben der Marketing-Abteilung kann, wie gesagt, das Tochterunternehmen noch andere Unternehmensbereiche aufweisen, wie Produktplanung, Produktion usw. In diesem Falle stellt jede Tochterfirma ein eigenes unabhängiges Unternehmen dar. Der Geschäftsleiter

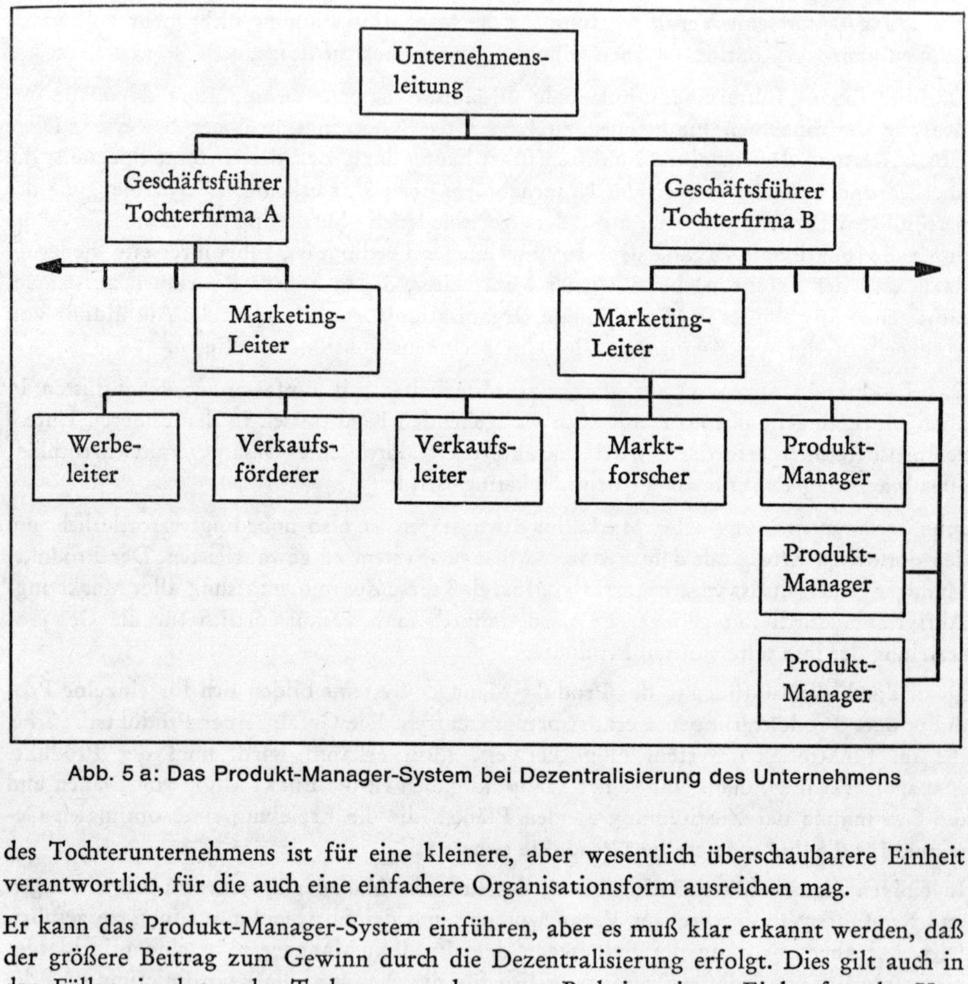

Abb. 5 a: Das Produkt-Manager-System bei Dezentralisierung des Unternehmens

des Tochterunternehmens ist für eine kleinere, aber wesentlich überschaubarere Einheit verantwortlich, für die auch eine einfachere Organisationsform ausreichen mag.

Er kann das Produkt-Manager-System einführen, aber es muß klar erkannt werden, daß der größere Beitrag zum Gewinn durch die Dezentralisierung erfolgt. Dies gilt auch in den Fällen, in denen der Tochterunternehmung z. B. keine eigene Einkaufs- oder Verkaufsorganisation zuerkannt wird.

2.6.1 Die Voraussetzungen für das Produkt-Manager-System

Es ist nur zweckmäßig zu delegieren, wenn eine ganze Reihe von Voraussetzungen erkannt und gewährleistet sind.

1. Die Position des Produkt-Managers ist wichtig und erfordert einen gut ausgebildeten Mitarbeiter mit umfassenden Management-Kenntnissen.

2. Vor allem bei sehr werbeintensiven Produkten muß der Produkt-Manager die Grundlagen der Werbung, wie sie arbeitet, was sie erreichen kann, und die Fähigkeit, guter von schlechter Werbung zu unterscheiden, besitzen.
3. Da der Produkt-Manager alle Marketing-Funktionen koordinieren und kontrollieren muß einschließlich Werbung, Verkauf, Marktforschung, und da von niemandem erwartet werden kann, daß er in allen diesen Gebieten hervorragende Kenntnisse besitzt, ist es notwendig, daß der Produkt-Manager durch Spezialisten unterstützt wird.
4. Dies gilt besonders für die Werbung, denn sie bildet häufig den größten einzelnen Ausgabeposten, manchmal sogar größer als die Produktionsposten. Es ist daher notwendig, daß der Produkt-Manager Rat von einem erfahrenen Werbeleiter erhält.
5. Die Beziehungen zwischen dem Produkt-Manager und dem Werbeleiter sollten klar als Linienstabsbeziehungen definiert werden.
6. Damit ergibt sich eindeutig, daß die Entscheidungsbefugnis bei der Linienfunktion, also dem Produkt-Manager, liegt. Andererseits ist es aber ebenso deutlich, daß die Beratungsfunktion, auf die der Produkt-Manager angewiesen ist und die er voll akzeptieren sollte, bei dem Werbeleiter liegt.
7. Da die Beziehungen zwischen Linien- und Stabsfunktionen zwangsläufig sehr schwierig sind, sollte eine klare Prozedur bei auftretenden Unstimmigkeiten vorgegeben sein.
8. Das Produkt-Manager-System sollte auf dem Marketing-Plan basieren.
9. Die Werbeagentur sollte bei der Formulierung und Durchführung des Marketing-Planes und vor allem der Marketing-Strategie hinzugezogen werden.
10. Die Genehmigung des Marketing-Planes muß der Marketing-Leitung vorbehalten sein. Die Verantwortung für die Durchführung des Planes sollte voll auf die Produkt-Manager übertragen werden.

Vorausgesetzt, daß diese Bedingungen erfüllt sind, kann erwartet werden, daß das Produkt-Manager-System einen optimalen Beitrag zum Unternehmenserfolg leistet. Unglücklicherweise sind in vielen Fällen sehr wesentliche, oft sogar alle Voraussetzungen nicht erfüllt. Dies führt zu unterschiedlichen Auffassungen über das Produkt-Manager-System und damit zu meist unberechtigter Kritik.

2.6.2 Die Bewertung des Produkt-Manager-Systems

2.6.2.0 Die Vorzüge des Produkt-Manager-Systems

Obgleich sich das Produkt-Manager-System erst jetzt langsam durchsetzt und damit seine Bewährungsprobe in der Praxis zu bestehen hat, lassen sich doch schon gewisse Aussagen über die Vorteile und Nachteile machen.

Im wesentlichen lassen sich folgende Vorteile anführen:

1. Die Unternehmensleitung kann die Situation jedes einzelnen Produktes besser kontrollieren. Damit wird die Gewinnerzielung nicht nur jedes einzelnen Produktes, sondern des gesamten Unternehmens verbessert.
2. In dem Produkt-Manager steht der Unternehmensleitung jederzeit ein Informant zur Verfügung, der auftauchende Fragen gezielt und vor allem entsprechend dem neuesten Stand beantworten kann.

3. Die Detailplanung für das einzelne Produkt wird gründlicher und genauer.
4. Die Koordinierung der verschiedenen Marketing-Aktivitäten wird verbessert.
5. Da der Produkt-Manager fast täglich über die tatsächliche Situation seiner Produkte im Hinblick auf den Produktplan, d. h. den Marketing-Plan für das einzelne Produkt, informiert ist, kann er unmittelbar die erforderlichen Maßnahmen und Aktivitäten in Angriff nehmen.
6. Die Position des Produkt-Managers ist eine hervorragende Vorbereitung für höhere Aufgaben im Unternehmen.

2.6.2.1 Die Unzulänglichkeiten des Produkt-Manager-Systems

2.6.2.1.0 Mangelndes Verständnis für seine Position

Der erste allgemeine Fehler gegenüber dem Produkt-Manager-System ist mangelndes Verständnis für die Position des Produkt-Managers; daraus folgt wiederum zwangsläufig, daß die Anforderungen, die an den Inhaber dieser Position gestellt werden, nicht hoch genug sind. Die Position wird oft Mitarbeitern übertragen, die zwar das Potential haben mögen, denen aber auf jeden Fall die Erfahrung, die Reife und die Urteilsfähigkeit abgeht, um diese Position auszufüllen. Häufig mangelt es aber nicht nur an Erfahrung, sondern leider auch am Potential.

Wenn der Produkt-Manager seine Position ausfüllen soll, dann muß er das Potential für einen Marketing-Leiter besitzen, muß in der Lage sein, Marketing-Pläne zu erstellen und durchzuführen, denn abgesehen von der Tatsache, daß sich sein Aufgabenbereich nur auf eine relativ kleine Zahl von Produkten beschränkt, ist seine Arbeit mit der des Marketing-Leiters weitgehend identisch. Das bedeutet, daß es sich nicht um einen Anfänger handeln kann, sondern um einen erfahrenen Mitarbeiter, der die Grundlagen des Marketing beherrscht.

Wie der Marketing-Leiter aber, sollte er nicht nur die Grundlagen des Marketing beherrschen, sondern auch die Stellung des Marketing im Rahmen des Gesamtunternehmens erkennen können. Er sollte die Fähigkeiten sorgfältiger Analyse und grundlegender Planung beherrschen. Da er die Produktpläne erstellt, sollte er auch in der Lage sein, seine Gedanken klar und übersichtlich schriftlich zu fixieren. Er sollte die Grundlagen der Volks- und Betriebswirtschaft beherrschen und die Beziehung zwischen Bruttogewinn und Marketing-Budget kennen. Er muß kein Marktforschungsspezialist sein, aber er sollte in der Lage sein zu bestimmen, welche Informationen er noch benötigt, und er sollte ferner Marktforschungsergebnisse interpretieren und sie mit seinem Marketing-Programm in Verbindung bringen können.

Er muß auch seine speziellen Kenntnisse in der Verkaufsförderung besitzen, aber er sollte in der Lage sein, solche Situationen da zu erkennen, in denen Werbung und Verkaufsanstrengungen allein zur Erreichung der Marketing-Ziele nicht ausreichen und in denen die Unterstützung durch die Verkaufsförderung erforderlich ist. Er muß auch nicht, wie schon ausgeführt, Erfahrung als Verkaufsleiter oder Verkäufer besitzen, aber er muß die Relationen zwischen dem Verkauf und dem gesamten Marketing-Programm erkennen. Er sollte Kenntnisse über die Handelsstruktur besitzen und wissen, welche Gedanken den Handel weiten.

Sind seine Produkte besonders werbeintensiv, dann sollte er natürlich mehr als nur die Grundlagen der Werbung beherrschen. Das bedeutet, daß er vor allen Dingen den Werbefragen genügend Zeit widmet. Es wäre in diesen Fällen aber empfehlenswert, wenn er Erfahrungen als Werbeleiter hätte. Das muß aber nicht bedeuten, daß er die Werbung selber macht. Viele erstklassige Werbeleiter z. B. sind dazu gar nicht in der Lage. Als Produkt-Manager in Linienfunktion mit Entscheidungsbefugnis sollte er aber in der Lage sein, kreative Arbeit richtig beurteilen zu können, welche Produktvorzüge in der Werbung besonders herausgestellt werden sollten und was von der Werbung für den Produkterfolg erwartet werden kann. Er sollte nicht nur realisierbare Ziele hinsichtlich des gesamten Marketing-Programms für das Produkt, sondern auch speziell hinsichtlich der Werbung setzen können. Insgesamt gesehen, muß er in der Lage sein, Initiativen zu ergreifen, Verantwortung zu übernehmen und eine verläßliche Durchführung des Marketing-Programms zu gewährleisten.

Hier ergibt sich ein weiterer Ansatzpunkt für die Kritiker des Produkt-Manager-Systems, indem sie behaupten, daß es nicht genügend Mitarbeiter mit diesen Qualifikationen gibt und daß deshalb die Verantwortung und Entscheidungsbefugnis auf Produkt-Manager niedrigerer Qualifikationen zugeschnitten werden muß. Sicherlich gibt es nicht genügend Produkt-Manager von diesem Niveau, und es wird niemals genug geben, bis die Anforderungen der Position klarer erkannt und die entsprechenden Maßnahmen in die Wege geleitet werden, um ein höheres Niveau heranzubilden.

2.6.2.1.1 Organisatorische Fehler

Dieser weitverbreitete Fehler, die Anforderungen der Position eines Produkt-Managers klar zu erkennen, und somit nur entsprechend vorgebildete Mitarbeiter mit dieser Aufgabe zu vertrauen, hat zu einer Reihe von unglücklichen Konsequenzen geführt. Zunächst hat dies zur Ernennung von unzureichend qualifizierten Personen für die Position von Produkt-Managern geführt, und zwar unqualifiziert, vor allem im Hinblick auf die notwendige Erfahrung und damit Urteilsfähigkeit. Dies hat wiederum dazu geführt, daß der Marketing-Leiter nicht im angestrebten Umfang Verantwortung und Entscheidungsbefugnis delegieren konnte, mit dem Ergebnis, daß er weiterhin die Aufgaben und Entscheidungen wahrnehmen mußte, die eigentlich der Produkt-Manager übernehmen sollte. Damit ist das Produkt-Manager-System seinem eigentlichen Zweck nicht gerecht geworden. Dies hat zweitens dazu geführt, daß in vielen Unternehmen diese Schwäche des Produkt-Manager-Systems durch die Bildung von Zwischenstufen ausgeglichen werden sollte. Zwischen den Produkt-Managern und dem Marketing-Leiter wurden Marketing-Manager in der Hoffnung eingeschaltet, daß diese die Unzulänglichkeiten der Produkt-Manager kompensieren, und somit den Marketing-Leiter dennoch entlasten. Es gibt Unternehmen, in denen inzwischen bis zu fünf Zwischenstufen zwischen dem Produkt-Manager und dem Marketing-Leiter entstanden sind. Dies erscheint unglaublich, ist aber dennoch leider wahr.

In anderen Fällen war der Ausweg die Ernennung einer größeren Anzahl von Produkt-Managern. Man war also der Meinung, den Mangel an Qualität durch die Quantität aufheben zu können. Dies hat dazu geführt, daß heute viele Marketing-Leiter behaupten, daß sie besser mit einem Drittel der jetzigen Anzahl zurecht kämen, wenn dieses Drittel doppelt so gut wäre. Vor noch nicht allzu langer Zeit konnte ein Produkt-Manager entsprechend der Qualifikation vier, fünf oder sogar mehr Produkte übernehmen. Heute scheint es üblich zu sein, daß für jedes Produkt ein Produkt-Manager vorhanden sein muß, und häufig hat dieser dann auch noch einen Assistenten.

Die Kosten der Marketing-Organisation steigen damit umgekehrt proportional zu ihrem Erfolg für das Unternehmen. Es wäre wirklich besser, jedem Produkt-Manager das doppelte Gehalt zu zahlen und somit ein den tatsächlichen Anforderungen entsprechendes Niveau zu erhalten.

2.6.2.1.2 Reibungen in den Beziehungen zu den Stabsspezialisten

Ein weiterer verbreiteter Fehler in der Anwendung des Produkt-Manager-Systems ist die ungenügende Versorgung einerseits und unzureichende Ausnutzung andererseits von qualifiziertem Rat durch Spezialisten. Unabhängig von seiner Erfahrung in der Werbung, braucht der Produkt-Manager Rat und Hilfe, denn seine Position zwingt ihn zu einer mehr als gemeinen Einstellung gegenüber den einzelnen Marketing-Aktivitäten. Selbst wenn er in allen Marketing-Funktionen hervorragend ausgebildet wäre, könnte er nicht die erforderliche Zeit aufbringen, um alle diese Funktionen entsprechend ihren Anforderungen zu übernehmen. Daher braucht er die Hilfe und das Urteil von Spezialisten, die sich auf ihren speziellen Bereich beschränken können und die darüberhinaus in der Regel über eine größere Erfahrung verfügen.

Da es sich z. B. bei der Werbung nicht um eine exakte Wissenschaft handelt und Werbefragen nicht quantifizierbar sind, ist es sicherlich besser, wenn Produkt-Manager und Werbeleiter zusammen diese Fragen zu lösen versuchen.

Trotz dieser offensichtlichen Notwendigkeit für die Unterstützung durch Spezialisten, wird diese nur in den seltensten Fällen gewährt. Dort wo sie gewährt wird, wird sie häufig durch den Produkt-Manager nicht genügend genutzt. Der Grund hierfür liegt in dem Versagen der Marketing-Leitung, welche die verschiedenen Aufgaben von Werbeleiter z. B. und Produkt-Manager nicht genügend deutlich definiert und keine Richtlinien setzt, innerhalb denen beide zu arbeiten haben und somit eine konstruktive Zusammenarbeit sicherstellt.

Rivalitäten und Eifersucht zwischen Produkt-Manager und Marketing-Spezialist sind überflüssig. Beide sind außerordentlich wichtig und beide müssen zusammenarbeiten. Es ist nicht zu entschuldigen, wenn der Produkt-Manager auf die angebotene Unterstützung durch Spezialisten verzichtet. Es ist aber häufig so, daß die Zahl der Produkt-Manager zwar zu hoch, die der Marketing-Spezialisten aber zu klein ist. Ebenso wie die Zahl der Produkt-Manager auf der Basis der Anzahl von Produkten, die ein Produkt-Manager übernehmen kann, bestimmt werden sollte, so sollte auch die Anzahl der Marketing-Spezialisten ermittelt werden.

2.6.2.1.3 Die Nichtanwendung von Marketing-Instrumenten

Ein ebenfalls weitverbreiteter Fehler ist die Nichtanwendung des Marketing-Planes. Um seiner Aufgabe gerecht zu werden, muß der Produkt-Manager Entscheidungsbefugnis haben, aber diese Entscheidungsbefugnis sollte durch seinen Vorgesetzten, den Marketing-

Leiter, kontrolliert werden. Nur der Marketing-Plan kann eine ausreichende Delegation von Verantwortung und Entscheidungsbefugnis auf den Produkt-Manager gewährleisten und so den Marketing-Leiter entlasten.

Wenn der Marketing-Leiter den Marketing-Plan als ein Instrument zur Festlegung und Erreichung von Marketing-Zielen verwendet und damit den Bereich festlegt, innerhalb dem der Produkt-Manager Entscheidungen treffen darf und die Entscheidungsbefugnis des Produkt-Managers durch die Unterstützung durch Marketing-Spezialisten absichert, dann hat er die wesentlichsten Voraussetzungen für eine erfolgreiche Verwendung des Produkt-Manager-Systems geschaffen. Sich selbst entlastet er von Routineentscheidungen, er gewinnt dadurch Zeit, nicht nur für sich, sondern wiederum auch für den Produkt-Manager und die Agentur und ist damit in der Lage, eine gut funktionierende Marketing-Organisation aufzubauen und zu erhalten.

Auch die Werbeagentur wird oft nicht voll genutzt. Unabhängig von den unterschiedlichen Auffassungen über die Größe des Aufgabenbereiches einer Werbeagentur, gibt es dennoch eine Fülle von Problemkreisen, bei denen die Werbeagentur wesentliche Unterstützung leisten kann. So sollten z. B. der Produkt-Manager, der Werbeleiter und die Agentur ein Team bilden, das wichtige Werbe-, aber auch allgemeine Marketing-Fragen bespricht und einer Entscheidung näherführt. Alle drei sollten mit dem Marketing-Plan vertraut sein. Sie sollten wissen, was sie ohne Zustimmung des Marketing-Leiters entscheiden können. Es darf mit Sicherheit angenommen werden, daß ein solches Team innerhalb der Grenzen des Marketing-Planes wesentlich bessere Resultate erzielen kann, als wenn die Entscheidungen allein durch den Produkt-Manager getroffen werden, ohne vorher die Probleme mit dem Werbeleiter und der Werbeagentur zu besprechen.

2.6.3 Die Aufgaben des Produkt-Managers

2.6.3.0 Allgemeine Aufgaben

Für den Produkt-Manager gibt es folgende Standardaufgaben:

1. Er vertritt die Marketing-Politik
2. Er erstellt den Marketing-Plan für seine Produkte
3. Er erstellt das Produktbudget
4. Er koordiniert alle Marketing-Aktivitäten
5. Er unterstützt und berät die Verkaufsorganisation
6. Er leitet das Marktforschungsprogramm

2.6.3.1 Spezielle Aufgaben für Produkt-Manager im Konsumgüterbereich

Die Produkt-Manager im Konsumgüterbereich haben oft zusätzliche Aufgaben, die im folgenden aufgeführt sind:

1. Sie sind verantwortlich für die Erstellung und Durchführung der Werbung
2. Sie sind verantwortlich für die Entwicklung und Durchführung spezieller Verkaufsförderungsmaßnahmen

3. Sie sind verantwortlich für die Entwicklung und Genehmigung von Verpackungs- und Designänderungen
4. Sie sind verantwortlich für die Kontrolle und Anpassung der Bestände

31. Aufgabe: *Was versteht man darunter, wenn es heißt: Der Produkt-Manager vertritt die Marketing-Politik?*

32. Aufgabe: *Was beinhaltet die Marketing-Planung des Produkt-Managers?*

33. Aufgabe: *Was ist unter der Ausarbeitung des Produktbudgets zu verstehen?*

34. Aufgabe: *Wie ist die Koordination der Marketing-Aktivitäten des Produkt-Managers zu umschreiben?*

35. Aufgabe: *Worin besteht die Funktion der Unterstützung und Beratung der Verkaufsorganisation seitens des Produkt-Managers?*

36. Aufgabe: *Wie kann die Leitung des Marktforschungsprogramms umschrieben werden?*

37. Aufgabe: *Worin besteht die Aufgabe des Produkt-Managers aus dem Konsumgüterbereich im Rahmen der Werbung?*

38. Aufgabe: *Wie ist die Verantwortung des Produkt-Mangers aus dem Konsumgüterbereich für die Förderung von Verkaufsmaßnahmen zu umreißen?*

39. Aufgabe: *Welche Aufgaben erwachsen dem Produkt-Manager im Rahmen der Verpackungs- und Designänderungen?*

40. Aufgabe: *Inwiefern sind die Produkt-Manager verantwortlich für Kontrolle und Anpassung der Bestände?*

2.6.3.2 Spezielle Aufgaben für Produkt-Manager im Investitionsgüterbereich

Die speziellen Aufgaben für Produkt-Manager im Konsumgüterbereich stehen im scharfen Gegensatz zu den folgenden Aufgaben für Produkt-Manager im Investitionsgüterbereich.

1. Er leistet der Verkaufsorganisation technische Hilfe und Unterstützung
2. Er analysiert die Kosten, die Schätzungen und Preisentscheidungen bei Wettbewerbsangeboten
3. Er unterstützt die Verkaufsorganisation bei Besuchen von wichtigen Kunden
4. Er entwickelt Kontakte zum Handel

Neben den allgemeinen und speziellen Aufgaben gibt es noch einige andere sehr wichtige. So wird von ihm ein Beitrag zu Ideen für neue Produkte, Empfehlungen über Investitionen, Kostenkontrollen, Hilfe bei der Auswahl und Ausbildung von Verkäufern und Kontakte zu allen öffentlichen und privaten Stellen, soweit sie im Zusammenhang mit seinem Produkt stehen, erwartet.

41. Aufgabe: *Inwiefern leistet der Produkt-Manager im Investitionsgüterbereich technische Hilfe und Unterstützung?*

42. Aufgabe: *Auf Grund welcher Erkenntnisse und Vorstellungen kann der Produkt-Manager Kosten analysieren, Schätzungen und Preisentscheidungen bei Wettbewerbsangeboten vornehmen?*

43. Aufgabe: *Inwiefern unterstützt der Produkt-Manager die Verkaufsorganisation bei Besuchen wichtiger Kunden?*

44. Aufgabe: *Wie sehen die Kontaktbemühungen des Produkt-Managers zum Handel im einzelnen aus?*

2.6.3.3 Die Unterschiede zwischen Produkt-Manager im Konsum- und Investitionsgüterbereich

Obwohl die Aufgaben und Verantwortungen der Produkt-Manager im Investitionsgüter- und Konsumgüterbereich im wesentlichen übereinstimmen, gibt es doch wesentliche Unterschiede in der Bedeutung.

Aufgaben	Konsumgüter	Investitionsgüter
1. Planung	Hauptaufgabe	Hauptaufgabe
2. Werbung	Erstellung des Werbeplanes	geringe Bedeutung
3. Verkaufsförderung	Empfehlung, teilw. Durchführung	Entwicklung techn. Unterlagen
4. Merchandising	Erstellung u. Planung	Geringe Bedeutung
5. Verpackung Markenbildung	Empfehlungen	Geringe Bedeutung
6. Preisbildung	Analyse und Empfehlungen	Preisschätzungen Preisbestimmungen
7. Produktentwicklung neue Produkte	Analysen u. Empfehlungen	Laborentwicklungen Entscheidung von Änderungen
8. Planung des Angebotsprogrammes	Empfehlung von Änderungen	Empfehlung und Entscheidung von Änderungen
9. Marktforschung	Anforderung von Untersuchungen	Eigene Untersuchungen
10. Produktionsplanung	Absatzschätzungen	Entscheidungen
11. Bevorratung	Vorratsschätzungen	Vorratsschätzungen
12. Verkauf	Empfehlung von Distributionswegen	Technische Hilfestellung

Abb. 5 b: Vergleich der Aufgaben von Produkt-Managern im Konsum- und Investitionsgüterbereich

Obgleich die Planung als Hauptaufgabe für beide gilt, beansprucht sie nicht die volle Zeit. Obgleich es sich um die bedeutendste Aufgabe handelt, werden die Produkt-Manager sicherlich ebensoviel Zeit, wenn nicht mehr, für die Zusammenarbeit mit der Verkaufsorganisation aufwenden, indem sie dieser mit technischem oder Verkaufsförderungsmaterial Unterstützung geben, Verkaufsbesprechungen auf Gebietsebene besuchen, Trainingsunterlagen herausgeben usw. Auch die Durchführung der Verkaufskorrespondenz und die Beantwortung von Kundenanfragen wird erhebliche Zeit beanspruchen. Schließlich erfordert auch die Mittlerrolle zwischen Verkaufsorganisation und Innenorganisation einige Zeit.

In vielen Investitionsgüterunternehmen wird diese Verkaufsarbeit sogar als die wichtigste Aufgabe angesehen. Dabei wird von dem Produkt-Manager sogar die Erstellung der Verkaufspolitik, die Entwicklung von Produktinformationen, die Vorbereitung von Umsatzschätzungen, die Empfehlung von Produktänderungen und Änderungen des Angebotsprogrammes, die Information der Verkäufer über die neuesten Änderungen und Entwicklungen erwartet. Produkt-Manager in Konsumgüterfirmen betrachten die Marktforschung, die Werbung, die Verkaufsförderung als ihre wichtigste Aufgabe und messen administrativen Aufgaben die geringste Bedeutung zu. Sie vertreten die Auffassung, daß der Produkt-Manager den größten Teil seiner Zeit Marketing-Problemen und der Koordination von Marketing-Plänen widmen sollte.

Produkt-Manager im Investitionsgüterbereich haben auch wesentlichen Anteil am eigentlichen Verkauf. Sie müssen die Technologie ihrer Produkte beherrschen und spezielle technische Gestaltungs- und Entwicklungsprobleme mit den Kunden besprechen können. Der Produkt-Manager im Konsumgüterbereich andererseits, hat so gut wie keinen Anteil am Verkauf. Er tritt sehr selten dem Kunden direkt gegenüber und erwartet, daß seine Produkte durch die Werbung und durch die Verkaufsförderung verkauft werden.

Hinsichtlich der persönlichen Eigenschaften lassen sich folgende Unterschiede feststellen: Der Produkt-Manager im Konsumgüterbereich ist in der Regel unter 35 Jahren; hat eine Universitätsausbildung oder Fachschulausbildung in Betriebswirtschaft oder Volkswirtschaft; er hat vorher in einigen anderen Unternehmen in verschiedenen Positionen der Werbung, des Verkaufes und der Verkaufsförderung gearbeitet; er sucht Kontakt zu den Mitarbeitern an der Werbeagentur und seinen Marketing-Kollegen im Unternehmen; er ist leicht zu einem Wechsel seiner Position zu bewegen und für Beförderungen sehr geeignet, vorausgesetzt, er ist erfolgreich. Der Produkt-Manager im Investitionsgüterbereich ist in der Regel 5 Jahre älter; er hat eine Fachschulausbildung in technischen Disziplinen; er hat wahrscheinlich seinen beruflichen Werdegang innerhalb seines jetzigen Unternehmens zurückgelegt; sucht die Gesellschaft seiner Kollegen in den Laboratorien oder den Entwicklungsabteilungen; ist nur sehr schwer zu einem Stellungswechsel zu bewegen; seine berufliche Entwicklung ist langsam, aber stetig.

2.6.3.4 Die Stellung des Produkt-Managers in der Hierarchie des Unternehmens

Der Produkt-Manager ist in der Regel direkt dem Marketing-Leiter unterstellt. In einer entsprechend großen Organisation hat er einen oder mehrere Assistenten, die ihm verantwortlich sind. In solchen Fällen übernehmen die Assistenten auch Aufgaben wie Verkaufsförderung, Werbung oder Verkaufstraining. Die folgende Übersicht zeigt die relativ hohe Stellung des Produkt-Managers und die Breite seiner Arbeitsbeziehungen in den Unternehmen.

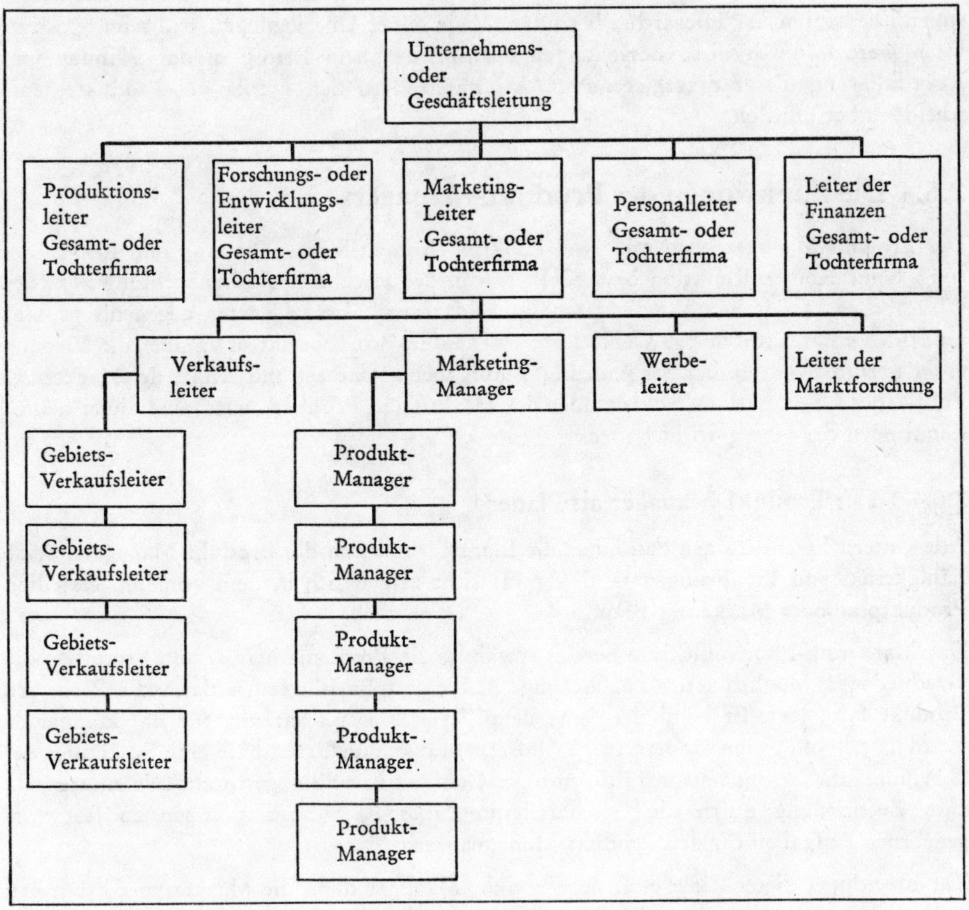

Abb. 6: Die Stellung des Produkt-Managers in der Hierarchie des Unternehmens

Da diese Übersicht sowohl für zentralisierte als auch für dezentralisierte Unternehmen zutrifft, wurden teilweise doppelte Positionsbezeichnungen eingeführt. Es ist augenscheinlich, daß der Produkt-Manager in so viele Arbeitsbereiche auf so unterschiedlichen Ebenen verstrickt wird, daß es sehr schwierig ist, seine Entscheidungsbefugnis und damit seinen Verantwortungsbereich eindeutig festzulegen. Gerade diese Unschärfe der Arbeitsbeziehungen hat zu den größten Schwierigkeiten und der schärfsten Kritik gegenüber dem Produkt-Manager-System geführt.

Wie die Übersicht zeigt, ist der Marketing-Leiter die zentrale Figur. Ihm unterstellt sind der Verkaufsleiter, der Leiter der Marktforschung, der Leiter der Verkaufsförderung und der Werbeleiter. Da in dem hier angenommenen Falle mehrere Produkt-

Manager vorhanden sind, empfiehlt es sich, die Position eines Gruppen-Produkt-Managers oder Marketing-Managers zu schaffen. Die einzelnen Produkt-Manager sind direkt dem Gruppen-Produkt-Manager unterstellt. Daneben haben die Produkt-Manager aber noch eine Vielzahl weiterer Arbeitsbeziehungen, die in alle Richtungen gehen und viele unterschiedliche Stufen der Hierarchie betreffen. Viele seiner Überlegungen und seiner Aktivitäten werden durch diese Beziehungen beansprucht. Sein Erfolg in der Planung und Koordinierung dieser divergierenden Aktivitäten wird den Erfolg des Produktes entscheidend beeinflussen.

2.6.4 Die Funktionen des Produkt-Managers

Der Produkt-Manager wird mit zwei Funktionen identifiziert: Planung und Koordinierung. Seine Kontrollfunktion beschränkt sich in der Regel auf die Beobachtung z. B. der tatsächlichen Umsätze gegen die geschätzten, der tatsächlichen Kosten gegen die geplanten; die Verkaufskosten pro Gebiet, pro Verkäufer, pro Produkt usw., aber die Planung und Koordinierung werden als seine Hauptaufgaben betrachtet und je nach der Marketing-Politik der Organisationsstruktur oder der Märkte und Produkte wird eine dieser beiden Funktionen das Übergewicht haben.

2.6.4.0 Der Produkt-Manager als Planer

Alle Unternehmen betonen besonders die Planungsfunktion des Produkt-Managers. Seine Fähigkeiten und Erfahrungen in dieser Hinsicht zeigen sich in dem von ihm erstellten Produktplan oder Marketing-Plan.

Der Marketing-Plan stellt, wie bereits erwähnt, die Probleme heraus und diskutiert die verschiedenen Möglichkeiten zur Lösung. Auf dieser Basis werden dann die Ziele pro Produkt festgelegt. Er beinhaltet eine detaillierte Umsatzschätzung für das kommende Geschäftsjahr und eine längerfristige Umsatzvorausschau. Er enthält eine Schätzung der Gewinnne, die besonders sorgfältig mit der Geschäftsleitung abgestimmt sein müssen, da nach Zustimmung durch die Geschäftsleitung diese Gewinnschätzungen zu fest vorgegebenen Aufgaben für den Produkt-Manager werden.

Zur Erreichung dieser Ziele muß der Produkt-Manager dann die Marketing-Aktivitäten optimal koordinieren. Wenn der Plan für das einzelne Produkt erstellt worden ist, wird er der Unternehmens- bzw. der Geschäftsleitung zur Genehmigung vorgelegt. Da es sich um eine Planung der Marketing-Ziele und Aktivitäten handelt, ist es selbstverständlich, daß zuvor der Marketing-Leiter konsultiert worden ist und seine Zustimmung erteilt hat. Der eigentliche Wert dieser schrittweisen Genehmigung des Marketing-Planes auf den einzelnen Organisationsebenen liegt in der anschließenden vorbehaltlosen Unterstützung durch den Marketing-Leiter und die Unternehmensleitung, wenn der Plan in Marketing-Aktivitäten umgesetzt wird.

Ein zweites Element der Planungsfunktion des Produkt-Managers ist die Produktbeobachtung. Diese Aufgabe kann sehr eng mit dem Produktplan verbunden sein, ja sogar Bestandteil des Produktplanes sein. Während der Produktplan zukunftsorientiert ist, konzentriert sich die Produktbeobachtung auf die Gegenwart und Entwicklung des Produktes in der Vergangenheit. Der Produktplan versucht, die Entwicklung des Produktes vorherzubestimmen; aber diese Vorhersage muß auf den Entwicklungen der Vergangenheit und den gegenwärtigen Geschehnissen basieren. Die Produktbeobachtung konzentriert sich im wesentlichen auf die Entwicklung des Gewinns, des Umsatzes und der Rentabilität, hier vor allem auf den Return on Investment.

45. Aufgabe: *Was bedeutet Return on Investment?*

Durch die Produktbeobachtung nimmt der Produkt-Manager seine Kontrollfunktion wahr. Aus dieser Beobachtung leiten sich dann seine Empfehlungen ab. Wenn z. B. die Beobachtung für ein bestimmtes Produkt einen anhaltenden Trend von Verlusterzielung aufweist, dann wird er sicherlich die Aufgabe dieses Produktes empfehlen. In einigen Unternehmen beschränkt sich die Produktbeobachtung allerdings nicht nur auf bereits eingeführte Produkte, sondern als zusätzlichen Aufgabenbereich enthält sie auch die Empfehlung für neue Produktideen.

2.6.4.1 Der Produkt-Manager als Koordinator

Sobald der Produktplan durch die Unternehmensleitung genehmigt worden ist, wird er zu einem Arbeitsdokument für alle, die mit der Produktion, Finanzierung und dem Absatz des Produktes verbunden sind. Obgleich der Produktplan oft detaillierte Ausführungsbestimmungen enthält, ist damit noch keineswegs die Gewähr gegeben, daß die Aktivitäten der einzelnen Marketing-Funktionen optimal koordiniert sind oder gar der Plan wie von selbst erfüllt wird. Diese optimale Koordination der einzelnen Aktivitäten ist Aufgabe des Produkt-Managers.

Dieser Aufgabenbereich ist besonders schwierig, da oft das Versagen einer einzigen Funktion den gesamten Marktproduktplan in Frage stellen kann. Der Produkt-Manager muß also nicht nur mit den verschiedenen Abteilungen des Unternehmens harmonisch zusammenarbeiten, sondern er muß auch dafür sorgen, daß sie ihre Aufgaben in qualitativer und quantitativer Hinsicht fristgerecht erfüllen. Dabei kann er sich nicht mit bloßen Versprechungen zufriedengeben, sondern er muß auch sicher sein, daß die Aufgaben realisierbar sind und sogar unvorhergesehene Ereignisse die Planungen nicht über den Haufen werden.

Der Produkt-Manager ist der Motor im Hinblick auf die erforderlichen Aktivitäten für sein Produkt. Er hält die Entwicklung in Schwung. Er muß energisch und zugleich enthusiastisch sein. Er muß die Aktivitäten aller auf das gemeinsame Ziel koordinieren. Er sieht alles, er weiß alles. Sollte das nicht der Fall sein, wird er sich bald einer sehr ärgerlichen Menge gegenübersehen; das werden nicht seine Kollegen sein, sondern seine Unternehmensleitung.

2.6.4.2 Der Produkt-Manager als Manager

Nur sehr große Unternehmen legen besonderen Wert auf die Manager-Funktion, denn selbst wenn er durch Werbe- und Verkaufsförderungsspezialisten unterstützt wird, wird er kaum zu diesen in einem Linienverhältnis stehen. Seine Linienfunktion beschränkt sich in der Regel auf die Verwaltung des Verkaufsförderungsbudgets und der Auftragserteilung und Verteilung von Verkaufsförderungsmaterial. In einigen Unternehmen entscheidet er noch über die Aufgaben für die Werbeagentur und die Marktforschungsinstitute.

Während seine offizielle Manager-Funktion begrenzt ist, ist seine inoffizielle Stellung als Manager um so bedeutender. Es gibt keine Einschränkungen hinsichtlich des Umfanges seiner Einflußnahme in Zusammenhang mit der Erreichung der ihm gesetzten Ziele. Diese Einflußnahme läßt sich aber nicht genau definieren, sie ist abhängig von sehr schwierig zu beschreibenden Qualitäten, wie seine Charakterstärke, seine Fähigkeiten und Erfahrungen, seine Produkt- und Marktkenntnisse, sein Ruf im Unternehmen, seine Persönlichkeit, sein Führungsstil und seine Arbeitsweise. Wenige werden schon mit diesen außerordentlichen Qualifikationen geboren, einige erarbeiten sie sich. Für die meisten aber ist es ein langangestrebtes und oft unerreichbares Ziel.

2.6.4.3 Wieviele Produkte sollte ein Produkt-Manager verantwortlich betreuen?

Auf diese Frage läßt sich wegen der Unzahl von Beeinflussungsfaktoren keine Antwort geben. Zwangsläufig wird ein kleines Unternehmen mit einer begrenzten Anzahl von Produkten nicht die gleiche Notwendigkeit zur Einführung des Produkt-Manager-Systems aufweisen wie ein großes dezentralisiertes Unternehmen mit einer Vielzahl von unterschiedlichen Produkten. In einem kleineren Unternehmen ist die Koordinierung der unterschiedlichen Marketing-Aktivitäten und die Erfolgskontrolle nicht so entscheidend wie in einem Großunternehmen. Aber selbst ein kleines Unternehmen oder ein Unternehmen mit einer sehr begrenzten Anzahl von Produkten sollte genauestens prüfen, ob nicht die verschiedenen Qualitäten, Modelle und Formen die Einführung eines Produkt-Manager-Systems geraten erscheinen lassen. Das entscheidende Kriterium ist die Gewinnerzielung.

46. Aufgabe: *Welche Fragen sind in diesem Zusammenhang zu beantworten?*

Werden sie positiv beantwortet, dann müssen Fragen wie Saisontrends, Marktsegmentierungen, Werbeintensität und so weiter analysiert werden. Diese Analyse gibt weiteren Aufschluß darüber, ob das Produkt-Manager-System selbst für ein Ein-Produkt-Unternehmen zweckmäßig ist. Auf keinen Fall sollte ein Unternehmen mit einer begrenzten Anzahl von Produkten das Produkt-Manager-System deshalb nicht übernehmen, weil es einige organisatorische Probleme aufwirft; denn das Produkt-Manager-System weist noch eine ganze Reihe von Vorzügen außerhalb der Planungs- und Koordinierungsfunktion auf. So kann z. B. die langfristige Planung durch den Produkt-Manager dem Unternehmen erhebliche Ersparnisse an Rohstoffen, Maschinenzeit und Arbeitskräften durch eine einfache Änderung des Produktes bringen und diese Änderungen können sogar einen rückläufigen Umsatz in einen steigenden verwandeln. Bei der Beurteilung des Produkt-Manager-Systems sollten alle diese Funktionen sorgfältig gegenüber denen der bestehenden Organisation abgewogen werden. Es sollten die Aktivitäten aufgezählt werden, aber auch jene, die bisher nicht durchgeführt worden sind. Dabei muß natürlich auch erarbeitet werden, ob der Produkt-Manager diese übernehmen kann.

Auch die Frage, wieviele Produkte ein Produkt-Manager übernehmen kann, hängt von einer großen Zahl unterschiedlicher Faktoren ab, wie z. B. die Art des Produktes, die Art der Märkte, Saisontrends usw. Werden einem Produkt-Manager zu viele Produkte übertragen, dann kann er seine Aufgabe für jedes einzelne nicht sorgfältig genug erfüllen. Werden ihm zu wenig gegeben, dann sind seine Fähigkeiten und Erfahrungen für das Unternehmen nicht optimal genutzt.

Es ist also auch eine wirtschaftliche Frage. Es wäre z. B. unzweckmäßig, für jedes kleinere Produkt einen Produkt-Manager einzusetzen. Deshalb tendieren die Unternehmen dazu, Produkte zu Gruppen zusammenzufassen. Einem Produkt-Manager wird dann eine Gruppe von Produkten übergeben, die entweder zum gleichen Markt gehören, oder die gleichen Produktionscharakteristika aufweisen. Nur wenn ein einzelnes Produkt von seinem Umsatz oder Gewinnbeitrag besonders bedeutend ist, erscheint die Einsetzung eines Produkt-Managers nur für dieses einzelne Produkt gerechtfertigt.

Der Produkt-Manager ist, wie erwähnt, meistens ein Stabsmann, da viele Unternehmensleitungen dazu neigen, den Stab möglichst klein zu halten, ist das Produkt-Management oft unterbesetzt. Es ist also völlig unzweckmäßig, diesen Problemkreis von einer bestimmten Anzahl von Produkt-Managern anzugehen, sondern die Lösung muß von der Bestimmung des optimalen Gewinnbeitrages für das Unternehmen durch Einführung des Produkt-Manager-Systems erfolgen.

2.6.4.4 Seine Beziehung zu neuen Produkten

Eine weitere wichtige Aufgabe ist die Empfehlung zur Einführung neuer und zur Aufgabe alter Produkte. Die Einführung neuer Produkte ist wohl die schwierigste Aufgabe im Marketing.

Die Geschichte eines neuen Produktes kann wie folgt aussehen: In der Forschungsabteilung eines großen Unternehmens kann einem in der Grundlagenforschung tätigen Mitarbeiter eine neue Kenntnis gelingen. Wenn er von dem potentiellen Wert seiner Entdeckung überzeugt ist, wird er diese an das Labor für angewandte Forschung weiterleiten. Hier wird dann entschieden, ob diese Erkenntnis der Grundlagenforschung Anwendungsmöglichkeiten für die Praxis besitzt. Sollte das der Fall sein, werden die weiteren Überlegungen in einer speziell geformten Produktentwicklungsgruppe fortgesetzt. Die Mitglieder dieser Gruppe, die in der Regel eher Ingenieure als Wissenschaftler sind, befassen sich mit der wirtschaftlichen Auswertbarkeit dieser Erkenntnis der Grundlagenforschung, die an dieser Stelle schon Produktidee genannt werden sollte.

47. Aufgabe: *Welche Fragen sind an dieser Stelle zu beantworten?*

Lassen sich diese wichtigsten Fragen, zu denen noch eine Vielzahl anderer hinzukommen muß, günstig beantworten, dann erfolgt der letzte Schritt mit der Delegation von Verantwortung für die Produkteinführung auf einen Produkt-Manager. Hier ergeben sich nun Unterschiede zwischen den Unternehmen hinsichtlich der Art des Produkt-Managers für diese Aufgabe. In einigen Unternehmen wird der Produkt-Manager nicht nur mit den Entwicklungsaufgaben betraut, sondern er bleibt verantwortlich für das Produkt auch nach seiner nationalen Einführung. Andere Unternehmen teilen diesen gesamten Aufgabenbereich. Ein besonders erfahrener Produkt-Manager wird eingesetzt, um das Produkt bis zur erfolgreichen Beendigung des Testmarktes zu betreuen. Danach wird es an einen normalen Produkt-Manager übergeben.

Beide Systeme haben bestimmte Vor- und Nachteile. Die besondere Bedeutung von neuen Produkten für das Wachstum des Unternehmens erfordern es, zu einem späteren Zeitpunkt noch mehr auf diesen Fragenbereich einzugehen.

2.6.5 Die Arbeitsbeziehungen des Produkt-Managers

Ein Produkt-Manager mag ein brillanter Marketing-Mann, ein hervorragender Verkäufer, ein Werbegenie, ein erstklassiger Planer, ein Experte in allen Marketing-Funktionen sein, seine hoch spezialisierten Fähigkeiten werden jedoch vergeudet, wenn er sie nicht im Hinblick auf eine optimale Gewinnerzielung für die ihm unterstellten Produkte koordinieren kann. Mehr als alles andere wird seine Fähigkeit mit den anderen Mitarbeitern des Unternehmens harmonisch zusammenarbeiten zu können, den Erfolg seines Produktes und damit seinen eigenen Erfolg beeinflussen.

2.6.5.0 Sein Arbeitsverhältnis zum Verkauf

Um die Verkaufsorganisation zu einer optimalen Leistung für seine Produkte zu bewegen, kann der Produkt-Manager verschiedene Wege einschlagen. Zunächst muß er sicherstellen, daß für seine Produkte genügend Verkaufszeit bereitgestellt wird. In vielen gut geführten Unternehmen werden die verschiedenen Verkaufs-Aktivitäten im voraus geplant. Für diese Planungsbesprechungen muß der Produkt-Manager, wenn er mehr Zeit für seine Produkte wünscht, die entsprechenden Informationen zusammentragen, um seine Wünsche zu rechtfertigen. Wenn natürlich alle Produkt-Manager eines Unternehmens ebenso sorgfältig vorgehen, dann mag das im Ergebnis dazu führen, daß die Unternehmensleitung die Verkaufsorganisation vergrößern muß, um zusätzliche Gewinnmöglichkeiten ausschöpfen zu können. Im Einzelfall kann es sogar zu der Aufstellung einer völlig neuen Verkaufsorganisation kommen.

Obgleich mehr und mehr Unternehmen dazu übergehen, die Gewinnerzielung auf Verkaufsbezirksebene zu planen und zu kontrollieren, führt eine maximale Gewinnerzielung in einem bestimmten Verkaufsdistrikt nicht automatisch zu einer Gewinnmaximierung für ein bestimmtes Produkt. Der Produkt-Manager, der über die Gewinnsituation seines Produktes genauestens informiert ist, gerät dadurch zwangsläufig in Gegensatz zu dem Gebietsverkaufsleiter.

Andererseits muß er mit dem Gebietsverkaufsleiter gut zusammenarbeiten. Er muß seinen Rat und seine Hilfestellung suchen, denn der Gebietsverkaufsleiter und seine Verkäufer sind es, die die Verkaufsplanung in echte Verkäufe umsetzen. Sie müssen also harmonisch zusammenarbeiten. Sollte das jedoch in Einzelfällen nicht möglich sein, dann muß der Marketing-Leiter für beide die jeweilig optimale Entscheidung treffen.

Um auch hinsichtlich der Verkaufsorganisation die Gewinnverantwortlichkeit des Produkt-Managers durchzusetzen, geben viele Unternehmen dem Produkt-Manager die Möglichkeit, die Verkaufskosten zu analysieren und entsprechende Empfehlungen zu machen. Wenngleich sich die Notwendigkeit dieser Entscheidung nicht bezweifeln läßt, so ist die Art und Weise, wie er von diesem Recht Gebrauch macht, doch von erheblichem Einfluß auf die jeweilige Zusammenarbeit. Mit Befehlen wird er auch in dieser Situation relativ wenig erreichen. Sein Erfolg wird mit Sicherheit wesentlich größer sein, wenn er durch Überzeugung die Verkaufsorganisation ebenso gewinnorientiert machen kann wie er selber es sein sollte. Die beste Gelegenheit dazu hat er auf den Verkaufsbesprechungen. Seine Fähigkeit, mit den Verkäufern gut zusammenzuarbeiten, wird für ihn von größter Bedeutung sein, wenn es um die Zuteilung von Verkaufszeit für seine Produkte geht. In einem Unternehmen mit einer Vielzahl von Produkten wird das Ringen um die Verkaufszeit für die einzelnen Produkte sehr hart betrieben. Die Beurteilung des Produkt-Managers durch die Unternehmensleitung wird oft auf der Basis seiner Fähigkeit bemessen, seine Produkte an die eigene Verkaufsorganisation zu verkaufen, und so eine maximale Verkaufszeit für diese sicherzustellen.

Da der Produkt-Manager nur geringfügige offizielle Entscheidungsbefugnis besitzt, hängt sein Erfolg weitgehendst von seinem persönlichen Takt, seiner Diplomatie und seiner Überzeugungskraft für seine Produkte ab. Er wird oft mit zusätzlichen internen Schwierigkeiten zu kämpfen haben. So mag z. B. eine höhere Erfolgsbeteiligung der Unternehmensleitung an anderen Produkten eine Benachteiligung seiner eigenen zur Folge haben. In einer solchen Situation bleibt ihm nichts anderes übrig, als seine Vorgesetzten davon zu überzeugen, daß zusätzliche Anstrengungen für seine Produkte für das Unternehmen zu zusätzlichen Gewinnen führen.

Die Verkaufsorganisation erwartet andererseits von dem Produkt-Manager einen kontinuierlichen Fluß an Informationen über das Produkt, wie z. B. Rundschreiben über Preisänderungen und Produktänderungen, besondere Verkaufsförderungsmaßnahmen, Verkaufsförderungsmaterial; kurz alles was die Wettbewerbssituation des Produktes positiv beeinflussen kann. Die Verkaufsorganisation erwartet nicht nur diese Art von Verkaufsunterstützung, sondern sie wünscht auch die Umsetzung dieser Aktivitäten in Verkaufsunterlagen, wie Broschüren, Kataloge usw. Aus diesen Gründen rekrutieren viele Unternehmen ihre Produkt-Manager aus der Verkaufsorganisation, in der Annahme, daß sie eine erstklassige Kenntnis nicht nur des Produktes, sondern auch des Marktes und der Kundeneinstellungen besitzen, die glauben, daß der Verkäufer die spezialisierten Marketingkenntnisse durch Erfahrung und Training erhalten kann.

Die Verhandlungen mit der Verkaufsorganisation erfolgen normalerweise in Besprechungen, an denen auch die Unternehmensleitung teilnimmt. Dort werden die einzelnen Verkaufsrunden geplant, um Überschneidungen und Konflikte zu vermeiden. Diese Besprechungen bilden natürlich keine Garantie für eine unbeschwerte Zukunft, aber sie sind besonders nützlich, um bestehende Schwierigkeiten aufzudecken und zu lösen.

Sehr oft wird der Produkt-Manager durch den Verkäufer kritisiert, der in ihm eher eine Behinderung als eine Unterstützung sieht. Die Befürworter des Produkt-Manager-Systems tendieren häufig dazu, diese Kritik dadurch herabzusetzen, daß sie die positiven Seiten des Produkt-Manager-Systems überbewerten. Sie weisen darauf hin, daß der Produkt-Manager in idealer Weise die Verkaufsbemühungen durch Bereitstellung von speziellen Informationen über die Produkte die Verkaufsrepräsentation unterstützt. Dies ist zweifellos richtig für die Investitionsgüterindustrie; in der Konsumgüterindustrie aber überwiegt die passive Rolle des Produkt-Managers in seinem Verhältnis zur Verkaufsorganisation. Er ist überwiegend Beobachter, er hört den Kommentaren, Empfehlungen und Beschwerden von Verkäufern und Kunden zu und versucht dann am Schreibtisch daraus bestimmte Empfehlungen abzuleiten.

Die Vielzahl der Berichte, die die Verkäufer zu erstellen haben, ist eine weitere Quelle von Spannungen zwischen den Produkt-Managern und der Verkaufsorganisation. Der Produkt-Manager muß ständig die Notwendigkeiten eines kontinuierlichen Flusses an Informationen gegen die zögernde Haltung der Verkäufer, hierfür Zeit aufzuwenden, abwägen. Wenn er ihnen zuviel Informationen abverlangt, wird er feststellen, daß die Berichte ohne Sorgfalt zusammengestellt oder sogar völlig ignoriert werden.

2.6.5.1 Sein Arbeitsverhältnis zur Werbung

Obgleich der heutige Produkt-Manager einen erheblich umfangreicheren Verantwortungsbereich hat als der Brand-Manager früherer Jahre, ist dennoch eine besonders enge Beziehung zur Werbung gegeben. Sehr häufig ist er befugt, direkt mit der Werbeagentur zusammenzuarbeiten und gemeinsam mit ihr die Werbestrategie für seine Produkte zu entwickeln. Allerdings werden die Werbepläne in der Mehrzahl der Fälle direkt durch den Marketing-Leiter genehmigt.

Wie umfangreich auch immer sein Entscheidungsbereich in diesem Zusammenhang sein mag, dem Produkt-Manager verbleibt immer die Aufgabe, die Gestaltungs-, Copy- und Media-Experten von seinen Ansichten zu überzeugen. Sollten die Ansichten des Produkt-Managers mit den Wünschen der Konsumenten übereinstimmen, so ist die Schlacht schon halb gewonnen. Wenn er allerdings diese Wünsche falsch beurteilt und diese falschen Einschätzungen im Produkt, in der Verpackung und in der Gestaltung und Copy zum Ausdruck bringt, dann werden selbst extreme Anstrengungen hinsichtlich des Verkaufs und des Media-Einsatzes nur mäßigen Erfolg zeitigen.

Um diesen Einseitigkeiten vorzubeugen, wird eine Werbekampagne normalerweise auch von der Zustimmung des Marketing-Leiters abhängen. Die Genehmigung der Werbeplanung für das gesamte Geschäftsjahr wird meistens sogar durch die Unternehmensleitung selbst vorgenommen. Wenn das Werbebudget aber einmal genehmigt worden ist, dann verbleibt die Verantwortung für die Durchführung aber bei dem Produkt-Manager, höchstens bei dem Marketing-Leiter. Damit ergibt sich oft die Situation, daß der Produkt-Manager zwar einen Werbevorschlag für seine Produkt ablehnen kann, andererseits aber oft nicht berechtigt ist seine Zustimmung zu geben.

Um diese Schwierigkeiten zu vermeiden, gibt es in vielen Unternehmen gewisse Standards, die schriftlich fixiert sind, um dadurch eine einheitliche Werbepolitik sowohl des Unternehmens als auch der Agentur zu gewährleisten:

1. Die Werbung muß die Produktqualität und das kontinuierliche Bemühen um Produktverbesserungen widerspiegeln.

2. In der Werbung darf keine einzige Behauptung aufgestellt werden, welche die Firma nicht vorbehaltlos durch entsprechende Garantieleistungen unterstützen wird. Dabei ist es nicht unbedingt erforderlich, daß dieses Garantieangebot ausdrücklich in der Werbung erscheint.
3. Sie muß das ständige Bemühen um Anpassung an wandelnde Verbraucherwünsche und Verbrauchereinstellungen widerspiegeln.
4. Sie sollte Neuerungen entweder in Form eines neuen Produktes oder in Form von erheblichen Produktverbesserungen eindeutig zum Ausdruck bringen.
5. In der Erkenntnis, daß sich Verbrauchereinstellungen nur langsam ändern, und daß der Bekanntheitsgrad eines Produktes ein außerordentlich starkes Verkaufsargument ist, sollte die Werbung ein Maximum an Kontinuität aufweisen.
6. In der Durchführung sollte die Werbung ein Maximum an Vertrauen durch Festhalten an folgende Regeln ausstrahlen:
   a. alle Behauptungen sollten bewiesen werden
   b. der gute Geschmack sollte nicht verletzt werden
   c. religiöse, rassische oder politische Gefühle sollten nicht verletzt werden
   d. der Ruf und die Behauptungen der Konkurrenten sollten nicht unfair angegriffen werden.

Die Lösung von Problemen in diesem Zusammenhang ist normalerweise eine Frage von Verhandlungen im Rahmen der vorgegebenen Unternehmenspolitik. In vielen Fällen läßt sie sich sogar durch die Vorgabe bestimmter Regeln erreichen. Ein derartiges System ist vor allem bei der Kontrolle der Werbeausgaben von besonders großer Wichtigkeit:

Grundlage dieses Systems ist ein sogenanntes Werbung-Umsatz-Verhältnis. Dieses Verhältnis existiert für jedes Produkt. Es legt fest, welcher prozentuale Anteil am Umsatz für Werbung ausgegeben werden darf. Wenn also der Umsatz rückläufig ist, führt das automatisch zu einer Reduzierung der Werbung. Wenn das Produkt Erfolg hat, erhöht sich ebenfalls automatisch der Werbeaufwand. Die Grundidee hierbei ist, daß erfolgreiche Produkte besonders unterstützt werden und daß Geld nicht für rückläufige Produkte vergeudet wird. Die Produkt-Manager beobachten kontinuierlich dieses Werbe-Umsatz-Verhältnis und verändern die Werbebudgets entsprechend. Dadurch müssen die Produkt-Manager nicht dauernd um die Größe ihrer Werbebudgets kämpfen. Allerdings existiert das Problem der optimalen Fixierung dieses Werbe-Umsatz-Verhältnisses. Hier ist es die Aufgabe des verantwortlichen Produkt-Managers, Empfehlungen an die Unternehmensleitung zu geben, um ein günstigeres Verhältnis zu erreichen.

Die Anwendung dieses Verhältnisses bedeutet nicht eine vollkommene Starrheit in dieser Frage; wie gesagt, es besteht die Auffassung, Geld nicht für erfolglose Produkte auszugeben, den in der Praxis läßt sich immer wieder feststellen, daß die Verantwortlichen auf rückläufige Umsätze zunächst mit steigenden Werbeausgaben reagieren, ohne die Gründe für die rückläufige Tendenz äußerst sorgfältig zu analysieren.

Das prozentuale Werbung-Umsatz-Verhältnis ist im wesentlichen als Begrenzung nach unten gedacht, vor allem im Hinblick auf die Gewinnerzielung, d. h. einer Verbesserung dieses Verhältnisses, also erhöhten Werbeausgaben, wird bei ausreichender Begründung im allgemeinen zugestimmt. Das kann in Einzelfällen dazu führen, daß das ursprüngliche

Werbebudget um mehr als 50% erhöht wird. Aber wenn ein Produkt rückläufig ist und es dennoch einen Beitrag zur Gewinnerzielung zu machen hat, dann muß dieser Beitrag auch aus der Reduzierung des Werbebudgets kommen.

Angesichts der Schwierigkeiten, den Werbeerfolg zu messen, — bis heute ist noch keine allgemein gültige Methode entwickelt worden, — bleibt dem Management nichts anderes übrig, als sich mit derartig groben Methoden zu behelfen. Das führt zwangsläufig dazu, daß auch entgegengesetzte Auffassungen mit ähnlichem Nachdruck vertreten werden. Allerdings scheint die hier beschriebene Methode gegenüber den anderen, die hier nicht näher beschrieben werden sollen, doch von Vorteil.

Die Werbung kann in unterschiedlichem Ausmaß im Hinblick auf die Unternehmensziele kontrolliert werden. Die umfassendste Kontrolle besteht, wenn die Werbeabteilung des Unternehmens und die von ihr beauftragten Werbeagenturen direkt dem Produkt-Manager oder noch besser dem Marketing-Leiter unterstellt sind. Die besondere Bedeutung der Werbung für Markenartikel hat dazu geführt, daß in diesen Unternehmen die Produkt-Manager statt aus dem Verkauf nun aus dem Werbebereich rekrutiert werden. Um seine geringe Erfahrung im Verkaufsbereich auszugleichen, wird ihm häufig ein Assistent mit besonderer Erfahrung gerade in diesem Bereich zur Seite gestellt.

Eine etwas weniger strenge Kontrolle ergibt sich, wenn die Werbeleute, obwohl sie dem Produkt-Manager oder dem Marketing-Leiter nicht direkt unterstellt sind, doch um sein Urteil in allen wichtigen Werbefragen nachsuchen müssen. Der Produkt-Manager kann hier den Inhalt und die Darbietung der Copy entscheidend beeinflussen und auch in Fragen der Gestaltung und der Media-Planung seine Meinung deutlich zu Gehör bringen. Dennoch gibt es Unternehmen, in denen die Produkt-Manager noch geringere Entscheidungsbefugnis haben. Dies gilt vor allem für Investitionsgüterunternehmen, in denen der Produkt-Manager lediglich das Recht hat, die Copy abzulehnen. Er ist berechtigt, die Werbeleute und die Verkaufsförderungsleute darum zu ersuchen, ganz bestimmte Produktvorteile in der Copy und in der Gestaltung hervorzuheben. Er kann auch bestimmte Werbemedien empfehlen, aber er kann nicht erwarten, daß man seinen Empfehlungen unbedingt folgt. Der Grund für diese geringe Einflußnahme des Produkt-Managers im Investitionsgüterunternehmen liegt in seiner Herkunft begründet. Er ist überwiegend Techniker und seine Erfahrungen hat er entweder in der Entwicklung oder in der Produktion gesammelt. Unter diesen Umständen halten es die meisten Marketing-Leiter für besser, sich auf die Erfahrungen spezialisierter Werbefachleute innerhalb oder außerhalb des Unternehmens zu verlassen.

2.6.5.2 Sein Arbeitsverhältnis zur Administration

Üblicherweise sind Produkt-Manager verantwortlich für Bestrebungen zur Reduzierung der Verwaltungskosten; sie analysieren die anderen Kostenfaktoren; sie versuchen die Auswirkungen von Preisänderungen abzuschätzen und sie entwickeln Gewinnpläne für einzelne Produkte oder Produktgruppen. In einer normalen Marketing-Organisation kann es vorkommen, daß niemand für diese Aufgaben speziell verantwortlich gemacht worden ist. Das führt dann dazu, daß der Preis eines Produktes entweder zu hoch oder zu niedrig, daß das Marktpotential nur unzureichend ausgeschöpft ist, einfach weil keine Zeit übrig war, die Erlös- und Gewinnmöglichkeiten in Zusammenhang mit den Kostenstrukturen und dem Return on Investment zu untersuchen.

Heute besitzen die Produkt-Manager Grundlagenkenntnisse im Finanzbereich und können Kostenschätzungen mit den Buchhaltungs- und Finanzexperten vernünftig diskutieren und so die Gewinnmöglichkeiten des Produktes selbst und der Firma insgesamt kontinuierlich verbessern. Das bedeutet jedoch nicht, daß der Produkt-Manager ein Buchhalter sein muß. Selbst in einem kleinen Unternehmen wird dem Produkt-Manager ein Finanzexperte zur Seite stehen, was für Großunternehmen selbstverständlich ist.

In einem herkömmlich organisierten Unternehmen entwickelt die Finanzabteilung die Gewinnpläne, soweit es überhaupt welche gibt. Vielen Finanzexperten fehlen jedoch die Marketing-Erfahrung und die Kenntnisse der Produkt-Manager. In vielen Unternehmen liegt die Gewinnverantwortung für die Produkte bei den Marketing-Leitern und nicht bei den Produkt-Managern selbst. In den Fällen, in denen die Gewinnverantwortung ihnen zuerkannt worden ist, müssen sie sehr eng mit den Buchhaltungs- und Finanzexperten bei der Erstellung der Gewinnpläne für ihre Produkte zusammenarbeiten. Diese Gewinnpläne bilden eine sehr wesentliche Beurteilungsbasis für den Erfolg der Produkt-Manager am Jahresende. Wenn er bei der Erstellung verantwortlich mitgearbeitet hat, muß er konsequenterweise auch die Verantwortung für Abweichungen tragen und hierfür zufriedenstellende Erklärungen geben können. Die alltäglichen Arbeitsbeziehungen des Produkt-Managers zu den Finanzexperten beschränken sich im wesentlichen auf die Durchführung von Verkaufsförderungsmaßnahmen, Preisänderungen, Sonderangeboten und gelegentlichen Sofortmaßnahmen, die durch die Marktverhältnisse oder durch Maßnahmen der Wettbewerber erzwungen werden.

2.6.5.3 Sein Arbeitsverhältnis zur Produktion

Sein Arbeitsverhältnis zur Produktion wird im wesentlichen durch die Produktart bestimmt, wenn das Produkt relativ leicht zu produzieren ist und nur einen geringen Kapitalaufwand erfordert, wird sein Arbeitsverhältnis zur Produktion sehr locker sein. Wenn das Produkt jedoch erhebliche Investitionen in Rohstoffen, teuren Maschinen und Arbeitskräften erfordert, wird der Produkt-Manager einen erheblichen Teil seiner Zeit zur Analyse von Kosten, Produktionsplänen und Qualitätskontrollen aufwenden müssen. Allerdings wird es nur wenige Produkt-Manager geben, die genügend Erfahrung in der Produktion besitzen, um erkennen zu können, wann die Produktionskosten nicht in Ordnung sind. Er wird also in den wenigsten Fällen erkennen können, daß seinen Produkten zu hohe Produktionskosten zugerechnet werden. Die Lösung kann hier nur durch die Einsetzung eines Kostenrechnungsexperten erfolgen.

Die Probleme der Produktionsplanung, der Vorratskontrolle und der Qualitätskontrolle sind dagegen von untergeordneter Bedeutung, allerdings ist es auch hier wieder abhängig von der Produktart. Wenn die Produkte sehr voluminös und teuer zu produzieren sind, nimmt zwangsläufig die Bedeutung dieser Aufgabe zu; wenn der Produktionsprozeß sehr langwierig ist, und bedingt durch starke Saisonschwankungen die Vorratshaltung sehr aufwendig ist, ergibt sich auch hier für den Produkt-Manager die Aufgabe der Bestimmung des Kostenminimums.

In vielen Unternehmen muß der Produkt-Manager der Produktion die benötigten Produktionsmengen für das kommende Jahr, aufgeteilt nach einzelnen Monaten, mitteilen. Seine Planung ist für die Produktion bindend. Daraus ergibt sich auch häufig seine Mitverantwortung für Produktionserweiterungen. Da der Produktplanabsatz Vorausschätzungen enthält, ergibt sich hier zwangsläufig die Verbindung zur Produktionskapazität. Die Produktion ist naturgemäß an den Absatzvorausschätzungen des Produkt-Managers interessiert. Er ist der Marktspezialist, und wenn seinem Urteil vertraut wird, muß die Produktion ihre Kapazitäten mit seinen Ansichten in Einklang bringen. Dies gilt besonders bei der Einführung neuer Produkte, wo eine bestimmte Routine in der Produktion noch fehlt. Andererseits muß der Produkt-Manager in solchen Situationen unbedingt darauf achten, daß er durch den Einsatz von Marketing-Aktivitäten nicht eine Nachfrage hervorruft, die von der Produktionsseite aus nicht befriedigt werden kann.
Die Entscheidungen, ob ein neues Produkt selber produziert oder von anderen Herstellern gekauft werden soll, ist eine weitere sehr schwierige Aufgabe des Produkt-Managers in seinem Arbeitsverhältnis zur Produktion. Als Verantwortlicher für den Produktgewinn mag er feststellen, daß es leichter und billiger ist, von anderen Unternehmen zu kaufen als selber herzustellen. Eine derartige Entscheidung wird mit Sicherheit zu Konflikten mit der Produktion führen.

Die Koordinierung der Interessen von Marketing und Produktion mit den Unternehmenszielen, ist eine der wichtigen Aufgaben der Unternehmensleitung. Es ist eine äußerst schwierige Entscheidung, ob man sein Unternehmen von einem Zulieferer abhängig machen sollte, selbst bei erheblichen Vorteilen im Augenblick.

Schließlich muß der Produkt-Manager auch kontinuierlich die Qualität seiner Produkte überwachen. Traditionsgemäß ist die Qualitätskontrolle auch heute noch in den meisten Unternehmen im Verantwortungsbereich der Produktion. Der Produkt-Manager aber muß die Verbraucherreaktion hinsichtlich der Qualität sehr sorgfältig beobachten. Reklamationen muß er äußerst sorgfältig nachgehen und auf ihre Ursache und Bedeutung hin untersuchen, um daran anschließend die notwendigen Korrekturen sicherzustellen.

2.6.5.4 Sein Arbeitsverhältnis zu Forschung und Entwicklung

Ähnlich wie hinsichtlich der Produktion, wird die Arbeitsbeziehung des Produkt-Managers zu Forschung und Entwicklung im wesentlichen eine Funktion der Produktart sein. Wenn Produktverbesserungen möglich sind, oder das Produkt einen hohen Serviceaufwand bedingt, dann wird der Produkt-Manager einen sehr engen Kontakt zu Forschung und Entwicklung haben. In den meisten Unternehmen ist die Forschung und Entwicklungsgruppe eine separate Einheit und hat wenig Kontakt zum Marketing und dem Produkt-Manager.

Vor allem bei der Entwicklung neuer Produkte ergeben sich enge Beziehungen des Produkt-Managers zu Forschung und Entwicklung. Seine Kenntnis der Verbraucherwünsche und der Markterfordernisse ist oft von besonderer Bedeutung für diese Entwicklungsphase des Produktes. Wenn er die Mitarbeiter in der Forschung und Entwicklung davon überzeugen kann, diese Erwartungen und Erfordernisse in das Produkt einzubauen, dann hat er seinem Unternehmen einen sehr guten Dienst erwiesen.

2.6.6 Die Autorität des Produkt-Managers

Üblicherweise wird der Produkt-Manager für einen weiten Bereich von Analysen und Marketing-Plänen der ihm übertragenen Produkte verantwortlich gemacht. Teilweise kann er auch über Verkaufsförderungsmaterial und die Werbe-Copy entscheiden. In einigen Fällen darf er sogar die Preise festsetzen. Schließlich hat er fast unbegrenzte Möglichkeit, mit den Mitarbeitern in den anderen Abteilungen des Unternehmens, die entwickeln, verkaufen, planen, produzieren, kontrollieren oder für seine Produkte die Rechnung stellen, in Verbindung zu treten. In der Regel kann er aber diese Mitarbeiter kaum dazu auffordern, sondern muß sie überzeugen, daß sie so handeln wie der Produkt-Manager es im Hinblick auf den Umsatz und den Gewinn für seine Produkte für richtig hält.

2.6.6.0 Seine Gewinnverantwortung

Oft wird der Produkt-Manager als „Wachhund" für die Gewinne angesehen. Es ist sicherlich richtig, daß der Produkt-Manager die Gewinnsituation seiner Produkte konstant beobachten sollte. Es ergibt sich aber die Frage, welche Entscheidungsbefugnis er über die Konditionen hat, welche die Gewinne hervorrufen oder reduzieren.

Der Produkt-Manager ist ein Planer und Koordinator für ein bestimmtes Produkt. Seine Meinung ist in einigen Punkten ausschlaggebend wie die Art des Produktes selbst, seine Absatzkanäle, seine werbliche und verkaufsfördernde Unterstützung und teilweise sein Preis. Er bestimmt ferner im wesentlichen die Umsatz- und Gewinnvorausschätzung. Er hat das Recht und die Pflicht, rechtzeitig auf Schwierigkeiten aufmerksam zu machen; er hat jedoch keine direkte Entscheidungsbefugnis über Forschung und Entwicklung, die Produktion oder die Verkaufsorganisation. Damit ist es falsch, den Produkt-Manager direkt für den Gewinn verantwortlich zu machen. Er ist verantwortlich für die Gewinnplanung, für einige Aspekte der Gewinnerzielung und für die Koordination. Ob sich daraus ein Gewinn erzielen läßt, hängt von einer Vielzahl weiterer Faktoren ab, die er nicht kontrollieren kann. Das muß aber nicht bedeuten, daß z. B. sein Gehalt nicht von der Gewinnerzielung abhängig gemacht werden sollte. Selbst wenn er für den Gewinn nicht verantworlich ist, kann es für das Produkt und das Unternehmen sehr vorteilhaft sein, wenn einige Bestandteile seines Einkommens eine Funktion des erzielten Gewinnes sind.

Im Gegensatz zum Produkt-Manager hat der Geschäftsleiter eines Tochterunternehmens erheblich größere Entscheidungsbefugnis über mehr Faktoren, die den Gewinn beeinflussen. Er sollte in vollem Umfang die Verantwortung für die Gewinnerzielung tragen, die fälschlicherweise oft auf die Produkt-Manager delegiert wird. Er hat eine sehr tiefgehende Entscheidungsbefugnis über Forschung und Entwicklung, Produktion, das Marketing und über die Mehrzahl der unterstützenden Dienstleistungen.

48. Aufgabe: *Was ist mit unterstützenden Dienstleistungen gemeint?*

Zwar deckt sich der Umfang seiner Entscheidungsbefugnis nicht ganz mit dem des Unternehmensleiters, doch er kommt ihm sehr nahe.

Der Umfang der Autorität ist also der entscheidende Unterschied zwischen dem Produkt-Manager und dem Geschäftsleiter. Der Produkt-Manager kann nicht im gleichen Umfang die Verantwortung für den Gewinn tragen wie der Geschäftsleiter. Andererseits kann der Produkt-Manager aber einen erheblichen Einfluß auf die Gewinnerzielung durch seine speziellen Kenntnisse, seine Planungen, seinen persönlichen Einsatz und seine Überzeugungskraft ausüben.

2.6.6.1 Der Umfang an Entscheidungsbefugnis

Der Produkt-Manager kann also die Umsatz- und Gewinnerzielung der ihm überantworteten Produkte erheblich beeinflussen. Diese Beeinflussungsmöglichkeit kann aber durch ein oder zwei Mitarbeiter in anderen Funktionen, z. B. durch den Verkaufsleiter, den Werbeleiter oder den Produktionsleiter erheblich eingeschränkt, oder sogar aufgehoben werden. In dieser Hinsicht befindet er sich in einer ähnlichen Position wie der Personalleiter. Wenn der Produkt-Manager einen optimalen Beitrag zum Erfolg seiner Produkte liefern will, muß er in der Lage sein, anderen Mitarbeitern seine Vorstellungen zu erläutern und sie von ihrer Zweckmäßigkeit überzeugen. Es wäre unzweckmäßig, ihm offizielle Entscheidungsbefugnis über alle Mitarbeiter zu geben, mit denen er in Zusammenhang mit der Arbeit an seinen Produkten in Verbindung tritt. Der Umfang seiner Entscheidungsbefugnis muß sich auf der Basis der Qualität seiner Ideen und Vorschläge entwickeln.

Naturgemäß streben die Produkt-Manager die offizielle Entscheidungsbefugnis über die Funktionen, die den Erfolg ihrer Produkte mit beeinflussen, an. Hierfür gibt es zwei Möglichkeiten: Die erste Möglichkeit wäre, daß man diesen Funktionen, wie z. B. der Produktion, so viele Vorgesetzte gibt, wie es Produkt-Manager im Unternehmen gibt. Es ist klar, daß dies zu einer völligen Unordnung, unkontrollierbaren Kostenentwicklungen und zu einer erheblichen Verschlechterung der Zusammenarbeit führt.

Die zweite Möglichkeit ist die Bildung von Untergruppen, unter der Leitung des Produkt-Managers. Diese Lösung scheint etwas praktikabler. Wenn sie hinsichtlich aller Funktionen konsequent durchgeführt wird, führt sie letztlich zur Bildung von Tochterunternehmen unter der Leitung eines Chefleiters.

Für dieses Konzept gibt es aber in der Praxis eine ganze Reihe von Zwischenlösungen. In vielen Unternehmen hat der Produkt-Manager direkte Entscheidungsbefugnis über ein oder zwei Funktionen, die hauptsächlich den Erfolg seines Produktes bestimmen. Die Grenzen dieses Konzeptes liegen in der Doppelgleisigkeit, in der Schwierigkeit einer Koordination dieser Untergruppen und ihrer Ausbildung sowie in dem Ausgleich ihrer jeweiligen Arbeitsbelastung. Wo diese Faktoren besonderes Gewicht haben, wie z. B. in der Produktion, wird eine direkte Entscheidungsbefugnis des Produkt-Managers selten anzutreffen sein. Das andere Extrem ist die Werbung, wo die Entscheidungsbefugnis des Produkt-Managers kontinuierlich an Umfang gewonnen hat.

Es hat aber den Anschein, daß die Delegation direkter Entscheidungsbefugnis über einzelne Funktionen auf den Produkt-Manager mehr Probleme aufwirft als löst. Optimale Resultate erzielt der Produkt-Manager für das Unternehmen durch Erläuterung und Überzeugung. Das bedeutet aber nicht, daß seine Vorgesetzten ihn bei der Erfüllung seiner Aufgaben nicht wesentlich unterstützen können. Wenn sie ihm schon keine offizielle Entscheidungsbefugnis über andere Funktionen übertragen wollen, so sollten sie zumindest Hindernisse für ihn aus dem Weg räumen, indem sie allen Mitarbeitern des Unternehmens eindeutig klar machen, daß der Produkt-Manager ihre volle Unterstützung hat und dem sie gewisse Arbeitsprozeduren festlegen, die von allen eingehalten werden müssen.

2.6.6.2 Die Prozedur für die Lösung von Problemen

In jeder Organisation wird der Mitarbeiter seinen Vorgesetzten um Rat fragen, wenn er seine Arbeit durch einen anderen Mitarbeiter, der für den Erfolg seiner Arbeit von entscheidendem Einfluß ist, kontinuierlich und ernstlich beeinträchtigt sieht. Der Vorgesetzte sucht dann durch Verhandlungen auf seiner Ebene hier eine Lösung herbeizuführen. Sollte ihm das nicht gelingen, wird er wiederum seinen Vorgesetzten zu Rate ziehen. Das Ergebnis dieser Anzahl von Verhandlungen, die sich über eine längere Periode hinziehen, wird informell den Umfang oder aber auch den Mangel an Entscheidungsbefugnis des Produkt-Managers festlegen. Es entwickelt sich eine Art Gewohnheitsrecht, wenn z. B. der Produkt-Manager häufiger mit dem Werbespezialisten hinsichtlich einiger Aspekte der Werbe-Copy nicht übereinstimmt, und das Urteil des Marketing-Leiters in der Regel zugunsten des Produkt-Managers ausfällt, dann wird sich der Werbespezialist allmählich bereitwilliger den Auffassungen des Produkt-Managers anschließen. Der Umfang an informeller Entscheidungsbefugnis des Produkt-Managers hat also zugenommen. Gehen die Entscheidungen des Marketing-Leiters häufiger zugunsten des Werbespezialisten aus, verliert der Produkt-Manager an informeller Entscheidungsbefugnis. Die Summe dieser Entscheidungen in allen Marketing-Aktivitäten formt die Bedeutung der Position des Produkt-Managers im Unternehmen und beeinflußt die Bereitwilligkeit der anderen Mitarbeiter seinen Wünschen zu entsprechen.

Auf diese Weise zeigt sich die Einstellung der Unternehmensleitung zum Produkt-Manager und bestimmt somit das Verhalten der anderen Mitarbeiter zu ihm. Je stärker die Unternehmensleitung mehr durch Taten als durch Worte die Bedeutung der Position des Produkt-Managers unterstreicht, desto bereitwilliger werden die anderen Mitarbeiter den Produkt-Manager unterstützen. Diese Einstellung der Unternehmensleitung zum Produkt-Manager zeigt sich auch in der Qualität der für diese Position ausgewählten Personen. Wenn sie nur ein kleines Gehalt zu zahlen bereit ist, muß sie sich auch mit geringer qualifizierten Persönlichkeiten zufrieden geben. Bedingt durch seine Unerfahrenheit wird dieser Produkt-Manager sicherlich mehr Fehler machen, seine Vorschläge werden von den anderen Abteilungen nicht so bereitwillig befolgt und einige seiner Empfehlungen werden unzweckmäßig sein. Das Ergebnis wird auf eine sehr niedrige informelle Autorität des Produkt-Managers hinauslaufen. Es genügt also nicht, wenn die Unternehmensleitung dem Produkt-Manager alle Unterstützung gibt, sondern sie muß vor allem auch bereit sein, erfahrene Produkt-Manager einzusetzen.

Aber selbst wenn die Unternehmensleitung diese Grundvoraussetzungen erfüllt, wird es Spannungen und Mißverständnisse geben. Zur Lösung dieser Probleme gibt es eine Reihe von Methoden.

49. Aufgabe: *Welche könnten das im einzelnen sein?*

Neben diesen Methoden kommt es entscheidend auf das Arbeitsklima für den Produkt-Manager an, das durch die Unternehmensleitung errichtet worden ist. Wenn das Produkt-Manager-System in ein Unternehmen neu eingeführt wird, dann sollten vorher allen Mitarbeitern in den anderen Funktionen die Probleme aber vor allem auch die Möglichkeiten des Produkt-Manager-Systems eingehend erläutert werden. In dieser ersten Phase ist es oft sehr zweckmäßig, wenn Marketing-, Produktions- und andere Abteilungsleiter den Produkt-Managern helfen, direkte Kommunikationen zwischen ihnen und den Mitarbeitern in den anderen Abteilungen herzustellen.

Dies läßt sich z. B. durch in bestimmten Zeitabständen stattfindende Besprechungen zwischen den Produkt-Managern und den Mitarbeitern im Verkauf, in der Werbung und in den anderen Abteilungen, die ihre Zeit und Arbeitskraft für den Produkt-Manager zur Verfügung stellen müssen, erreichen. Da, wie bereits erwähnt, oft mehrere Produkt-Manager um die Zeit einer einzigen Verkaufsorganisation kämpfen, ist es zweckmäßig, in derartigen Besprechungen durch Festlegung von Prioritäten hier eine feste Planung zu erstellen. Diese Planung sollte natürlich auch in ähnlicher Weise für die Produktion, die Werbung usw. erarbeitet werden.

Da die Arbeit des Produkt-Managers zwangsläufig in viele andere Arbeitsbereiche hineinreicht, ist es sehr zweckmäßig, wenn die Unternehmensleitung für dieses Überschreiten von Organisationsbereichen fest vorgegebene Prozeduren erarbeitet, um z. B. die Entscheidungen über Veränderungen in der Verkaufsförderung, in der Verpackung, in den Preisen usw. ausschließlich auf der Basis von Fakten und unbeeinflußt durch Emotionen zu erzielen. Derartige Prozeduren sollten den Aufgabenbereich der einzelnen Beteiligten klar umreißen. Sie sollten auch die Lösungswege bei unterschiedlichen Auffassungen vorgeben und den Zeitaufwand festlegen.

2.6.7 Der Einfluß des Produkt-Manager-Systems auf die Marketing-Organisation

Das Produkt-Manager-System ist keine magische Lösung für alle Marketing-Probleme. Es ist eine unter vielen Möglichkeiten zur Verbesserung der Organisationsstruktur und die Organisation ist wiederum eine unter vielen Möglichkeiten zur Erzielung besserer Marketing-Ergebnisse. Es gibt aber Anzeichen dafür, daß die Marketing-Bemühungen in den Unternehmen nicht optimale Resultate bringen und die darauf hindeuten, daß Verbesserungen durch organisatorische Maßnahmen zu erzielen sind, denn selbst die erfolgreichste Marketing-Abteilung eines sehr schnell wachsenden Unternehmens kann von bestimmten Änderungen einfach deshalb profitieren, weil sie aus ihrer gegenwärtigen Marketing-Struktur herausgewachsen ist.

Die Unternehmensleitung, der Organisationsfachmann oder der Berater müssen in diesen Fällen nicht unbedingt mit der üblichen Suche nach Doppelgleisigkeit Entscheidungslinien usw. beginnen, es ist manchmal zweckmäßig, am entgegengesetzten Ende mit einer Untersuchung zu beginnen, um herauszufinden ob bestimmte Aufgaben, die für das Produkt durchgeführt werden müssen, auch tatsächlich durchgeführt werden.

2.6.7.0 Die Ausrichtung der Organisation nach der Produktart

Der Spezialisierungsgrad vor allem im Hinblick auf die Produkte ist ein besonderes Problem. Das Produkt-Manager-System ist, wie gesagt, nur eine unter vielen Möglichkeiten, den einzelnen Produkten die erforderliche Aufmerksamkeit zukommen zu lassen, andere Aufgabenspezialisierungen können entweder zusätzlich hinzutreten oder alternativ eingesetzt werden.

Viele Unternehmen haben zwei oder mehr Produktgruppen mit verschiedenen Kundengruppen, wie Endverbraucher und Industriekunden, Einzelhändler und Großhändler, Hauseigentümer und Gemeinschaftseinrichtungen, Produktionsunternehmen und Banken. Diese Unterschiede erfordern vom Verkäufer zu große Breite an Kenntnissen der Produkte und der Kunden. Dies hat in einigen größeren Unternehmen zur Errichtung von mehreren Verkaufsorganisationen geführt, die für einzelne Produktgruppen verantwortlich sind. Sie haben also für einzelne Produktgruppen bestimmte Verkaufszeiten zur Verfügung gestellt und darauf geachtet, daß der einzelne Verkäufer nicht mehr Produkte zu bearbeiten hat als er im einzelnen gründlich kennenlernen kann. Sie haben dafür gesorgt, daß jedem Produkt auf der Verkaufsebene die notwendige Aufmerksamkeit geschenkt wird. Die Einsetzung von zwei oder mehr Verkaufsorganisationen erbringt für die einzelnen Produkte einen erhöhten Verkaufsdruck. Einzelne Unternehmen richten dabei ihre Verkaufsorganisation mehr nach der Art des Kunden als nach der Art der Produkte aus. Die Anwendbarkeit mehrerer Verkaufsorganisationen werden einerseits durch die Kosten und andererseits durch die Probleme, die entstehen, begrenzt, wenn ein Kunde mehrere Produkte eines Unternehmens kauft und dabei von mehreren Verkäufern besucht werden muß. Um die Errichtung einer gesonderten Verkaufsorganisation zu rechtfertigen, muß zumindest ein genügend großes Verkaufsvolumen vorhanden sein, um die Verkäufer auch ausreichend zu beschäftigen, oder wenn eine bestehende Verkaufsorganisation nach Produkten geteilt wird, dann muß der Zuwachs an Effizienz zumindestens die zusätzlichen Kosten übersteigen.

Es gibt hier keine Ideallösungen für die einzelnen Unternehmen. Man kann dem Beispiel einer großen Bäckerfirma folgen, welche zwei Arten von Verkaufsfahrern einsetzt, die die gleichen Kunden besuchen, nämlich einen Verkaufsfahrer, der jeden Tag die Kunden aufsucht und einen anderen, der mit Gebäck die gleichen Kunden nur zweimal in der Woche besucht. Andererseits mußten viele Firmen, die durch Fusionen gewachsen sind, in die entgegengesetzte Richtung gehen und die vielen verschiedenen Verkaufsorganisationen reduzieren und zusammenfassen. Es gibt auch Unternehmen, die alle Möglichkeiten ausprobiert haben; die also zu einem bestimmten Zeitpunkt alle Verkaufsorganisationen in eine einzige große Einheit zusammengefaßt hatten und diese dann später wieder aufgeteilt haben.

Die Spezialisierung nach Produkten ist auch häufig in der Werbung und hier vor allem bei Markenartikelunternehmen anzutreffen; wo es verschiedene Werbeleute in der

Marketing-Abteilung gibt, können die Vorteile dieser Spezialisierung nach Produkten gegen die Vorteile einer Spezialisierung nach Werbemedien oder ähnlichen Gesichtspunkten abgewogen werden. In sehr großen Werbeabteilungen gibt es daher oft neben den Media-Spezialisten und anderen noch Werbeleute, die auf bestimmte Produkte spezialisiert sind. Große Werbeabteilungen bedingen natürlich auch in der Regel beachtliche Werbebudgets. Diese großen Werbebudgets sind dort anzutreffen, wo es unbedingt erforderlich ist den potentiellen Käufer in den Laden zu bringen und ihn zu veranlassen, dort nach einer speziellen Marke zu fragen. In diesen Fällen ist die Werbung und Verkaufsförderung der entscheidende Faktor zur Umsatzerzielung. Ob nun die Spezialisierung nach Produkten oder nach anderen Gesichtspunkten vorteilhafter ist, hängt ausschließlich von den speziellen Erfordernissen hinsichtlich der Werbung und Verkaufsförderung ab. Wenn z. B. wie angenommen werden muß, die Werbestrategie für menschliche Nahrungsmittel von der für tierische Nahrung abweicht, dann sprechen viele Gründe für die Spezialisierung nach Produkten. Der auf das Produkt spezialisierte Werbemann kann durch die Kontinuität der Werbestrategie den Erfolg des Produktes sichern und durch die ihm übertragene Verantwortung für das Produkt die erforderliche Zeit für die Planung und Durchführung der Werbung und Verkaufsförderung bereitstellen. Diese Erkenntnisse führten also im wesentlichen zur Spezialisierung nach Produkten in der Werbung für Markenartikel.

In der Investitionsgüterindustrie überwiegt dagegen eine funktionelle Organisationsform. Ein Werbeleiter ist verantwortlich für die Planung und Durchführung der Werbung für alle Produkte der jeweiligen organisatorischen Einheit. Dieser Werbeleiter untersteht meist direkt dem Marketing-Leiter. Nach welchen Gesichtspunkten sollte sich nun die Unternehmensleitung für die eine oder die andere Lösung entscheiden.

Diese Entscheidung ist zunächst eine Funktion des Vorhandenseins klarer Alternativen. Im Markenartikelbereich ist der Produkt-Manager auch der Werbespezialist für seine Produkte, andererseits übt der Werbespezialist oder der Verkaufsförderungsspezialist de facto oft die Funktion eines Produkt-Managers aus. Dem auf das Produkt spezialisierten Werbemann können natürlich weitere Aufgaben und Funktionen übertragen werden. Ausgewählt wird er jedoch hauptsächlich aufgrund seiner speziellen Erfahrungen in der Werbung oder der Verkaufsförderung. Aufgrund dieses Erfahrungshorizontes wird er sich zwangsläufig mehr auf seine Werbeaufgaben konzentrieren als auf die Motivierung der Verkäufer, die Bearbeitung von Kundenreklamationen, die Herstellung von Produktinformationen für die Kunden oder die Kontrolle der Produktionsplanung.

Die Marktforschung wird in der Regel durch einen Experten wahrgenommen, der für alle Produkte zuständig ist. Wenn eine feinere Gliederung der Marktforschung erforderlich ist, wird das im allgemeinen auf folgende Weise erreicht: entweder werden dem Produkt-Manager zusätzliche Marktforschungsaufgaben übertragen oder es wird die Hilfe eines speziellen Marktforschungsunternehmens in Anspruch genommen.

2.6.7.1 Die Eingliederung von Spezialisten

In den Fällen, in denen Investitionsgüter durch eine einzige Verkaufsorganisation vertrieben werden, kann dadurch einzelnen Produkten besondere Unterstützung zuteil werden, so daß die Arbeit der Verkäufer durch Produktanwendungsspezialisten unterstützt wird. Der Einsatz dieser Verkaufstechniker oder Kundendienstfachleute dient mehreren Zwecken. Sie gewähren den Kunden technische Hilfestellung bei der Anwendung der Produkte, sie dienen als Verbindungsleute zur Entwicklungsabteilung und sie übernehmen auch verkäuferische und werbliche Aufgaben, indem sie den Kunden die Qualität der Produkte optimal demonstrieren. Ihr Aufgabenbereich konzentriert sich in der Regel mehr auf technische als auf kommerzielle Belange. Die Wahl zwischen Produkt-Managern und Verkaufstechnikern ist im wesentlichen abhängig von der Größe des Unternehmens. In kleineren und mittleren Unternehmen wird der Verkaufstechniker, der zunächst nur zur Erläuterung der Anwendungsbreite des Produktes zur Hilfe gerufen wird, allmählich auch Kundendienstaufgaben, Aufgaben der Verkaufsförderung und schließlich sogar Aufgaben der Kostenanalyse, Erlösschätzung und Preisfixierung übernehmen. Wenn das Unternehmen dann weiterwächst, wird er möglicherweise offiziell den Status eines Produkt-Managers erhalten mit Spezialisten, die dann ihm unterstellt sind. Natürlich ist dies nicht der einzige Weg für Produkt-Manager im Investitionsgüterbereich. Viele von ihnen kommen auch direkt aus der Verkaufsorganisation. Die Entscheidung zwischen einem Produkt-Manager und einem Verkaufstechniker basiert auf der Überlegung, ob das Produkt kontinuierlicher Verkaufsförderungs- und Koordinierungsanstrengungen bedarf oder ob im wesentlichen die speziellen Produktanwendungskenntnisse des Verkaufstechnikers ausreichen.

2.6.7.2 Die Ausrichtung der Organisation nach der Entwicklungsstufe der Produkte

In einigen größeren Unternehmen tauchen in den Marketing-Organisationen in der jüngsten Zeit Produkt-Manager auf, die ausschließlich für die Einführung neuer Produkte verantwortlich sind. Die Einstellung solcher Spezialisten, die innerhalb des Produkt-Managements die höchst qualifizierten Spezialisten darstellen, bringt dem Unternehmen ein Optimum an Flexibilität. Der Verantwortungsbereich dieser Produkt-Manager für neue Produkte variiert. In einigen Fällen führen sie die Entwicklung nur bis zur Beendigung des Testmarktes durch und übergeben dann das Produkt an einen normalen Produkt-Manager. In anderen Fällen wird ihnen das Produkt auch zur nationalen Einführung und anschließenden Betreuung überlassen. Wieder andere Unternehmen, die keine ausgebaute Marketing-Organisation besitzen, übertragen die Verantwortung für national eingeführte Produkte entweder der Verkaufsorganisation, während ein Produkt-Manager hier ausschließlich wiederum die Aufgabe der Entwicklung und testweisen Einführung neuer Produkte übernimmt. Auf diesem Problemkreis wird noch im einzelnen in Zusammenhang mit den Ausführungen über die Produktplanung eingegangen.

2.6.7.3 Der Produkt-Manager als Optimallösung

Im Gegensatz zu den anderen Spezialisierungsmöglichkeiten überwacht der Produkt-Manager alle Schritte, die notwendig sind, um ein Produkt auf den Markt zu bringen. Ein Verkaufsleiter wird dagegen zwar hervorragende Kenntnisse seines Marktes setzen können, er wird aber seine Arbeitskraft derart auf Verkaufsaktivitäten konzentrieren, daß ihm zu wenig Zeit für die Bearbeitung der Werbeprobleme, der Marktforschungsaufgaben und der Entwicklung von Marketing-Plänen bleibt. Der Werbefachmann wird sich dagegen auf die Probleme der Werbung konzentrieren, dafür um so weniger Verständnis für die Koordinierung der Produktion und die Planung der verkäuferischen Aktivitäten aufbringen. Die anderen Spezialisten werden ebenfalls ihre spezielle Aufmerksamkeit jeweils nur einer, im Höchstfalle zwei Marketing-Funktionen widmen. Durch das Produkt-Manager-System wird gewährleistet, daß allen Marketing-Aktivitäten gleichwertige Aufmerksamkeit geschenkt wird und daß diese Anstrengungen im Hinblick auf die Erzielung eines optimalen Erfolges koordiniert werden.

Das Produkt-Manager-System wird auch manchmal ein System zur Maximierung des Produkt-Gewinnes genannt. In einer funktional gegliederten Marketing-Organisation ohne Produkt-Manager liegt dagegen die Verantwortung für die Gewinnerzielung beim Marketing-Leiter. Er muß für den Ausgleich und die Koordinierung sorgen. Die Werbeabteilung, selbst wenn sie nach einzelnen Produkten organisiert ist, wird möglicherweise dann nach einem maximalen Werbeerfolg streben, ohne dabei auf Kosten Rücksicht zu nehmen. Die Forschungs- und Entwicklungsabteilung mag bestrebt sein, in den Produkten den neuesten Stand der Technik einzubauen, ohne dabei auf die Wünsche der Abnehmer genügend Rücksicht zu nehmen. Die Produktion wird ihrerseits eine Minimierung der Kosten anstreben, wiederum wahrscheinlich ohne den Verbraucherwünschen volle Beachtung zu schenken. Da in dieser Organisation jede Funktion nur die Maximierung ihres Aufgabenbereiches im Auge hat, wird die Maximierung des Gesamterfolges für das Produkt wahrscheinlich nicht erreicht. Darüberhinaus ist der Marketing-Leiter auch zu weit von der eigentlichen Arbeit entfernt. Schon aus diesem Grund kann er eine optimale Koordinierung nicht erreichen.

Das Produkt-Manager-System dagegen versucht systematisch die einzelnen Schritte in der Einführung eines Produktes zu planen, zu koordinieren und im Hinblick auf ein optimales Ergebnis auszugleichen. Diese Aufgabe ist besonders wichtig in Unternehmen mit sehr umsatzstarken Produkten, die in ihren Anforderungen erheblich voneinander variieren. Das sind vor allem aber auch Produkte in sehr schnell sich ändernden wettbewerbsintensiven Märkten.

Wenn eine Unternehmensleitung vor der Alternative steht, entweder das Produkt-Manager-System einzuführen oder aber eine Spezialisierung der Verkaufsorganisation nach Produkten vorzunehmen, dann sollte die Entscheidung zugunsten des Produkt-Manager-Systems ausgehen. Das setzt allerdings voraus, daß die Produkte nicht zu unterschiedlich sind und nicht zu zahlreich, um sicherzustellen, daß die Verkaufsorganisation für jedes einzelne Produkt über genügend Kenntnisse verfügt und genügend Verkaufszeit bereitstellen kann. Das bedeutet, daß das Produkt-Manager-System nicht nur für Großunternehmen zweckmäßig, sondern seine Vorteile auch für kleinere Unternehmen durchaus von Bedeutung sind.

50. Aufgabe: *Wann liefert das Produkt-Manager-System einen optimalen Beitrag zum Unternehmenserfolg?*

2.6.8 Die Einführung des Produkt-Manager-Systems in ein Unternehmen

Ein Unternehmen, das sich entschlossen hat das Produkt-Manager-System einzuführen, muß sich die Frage stellen, auf welche Weise diese Einführung am besten erfolgen kann.

51. Aufgabe: *Welche Entscheidungen müssen dabei zunächst im wesentlichen getroffen werden?*

Der Aufgabenbereich des Produkt-Managers ist sehr umfassend. Wichtige Hinweise auf die Schwergewichte in der Arbeit der Produkt-Manager gibt die Beantwortung der folgenden Fragen: Was ist das größte Problem? Gibt es wichtige Planungen, für deren Erstellung und Durchführung keine Zeit vorhanden ist? Gibt es wichtige Aktivitäten, die nicht durchgeführt werden können? Diese Fragen deuten darauf hin, daß die Einführung des Produkt-Manager-Systems für jedes Unternehmen individuell vorgenommen werden muß.
Zweitens muß entschieden werden, wie schnell das System in das Unternehmen eingeführt werden soll. In der Praxis gibt es sowohl Beispiele für eine sukzessive Einführung als auch für die Übernahme des Systems auf einmal. Ein Unternehmen mit vier Abteilungen entschied sich dafür, zunächst das Produkt-Manager-System nur in einer einzigen Abteilung einzuführen, und zwar in der Abteilung, die die wenigsten Probleme aufwarf. Die Begründung dafür war, daß der Produkt-Manager sich auf diese Weise langsam mit seiner Aufgabe vertraut machen konnte, ohne durch eine zu große Anzahl von Problemen überwältigt zu werden. Das Unternehmen andererseits gewann dadurch ebenfalls die Möglichkeit, die Einführung des Systems zu beobachten. Nach einer gewissen Zeit wurden dann die Aufgaben dieses Produkt-Managers auf die zweite Abteilung ausgedehnt und er erhielt die Unterstützung eines Assistenten für die erste Abteilung. Nach einer gewissen Zeit übernahm dieser Assistent dann die Aufgabe des Produkt-Managers in der ersten Abteilung und der erste Produkt-Manager übernahm volle Verantwortung für den zweiten Bereich und teilweise Aufgaben für den dritten Bereich. Nach diesem Plan wurde das Produkt-Manager-System sukzessive in das Unternehmen eingeführt und der erste Produkt-Manager wurde schließlich Marketing-Leiter.

Andere Unternehmen haben das Produkt-Manager-System ähnlich eingeführt, nur starteten sie nicht in der relativ leichtesten Abteilung, sondern bei den neuen Produkten in sehr schnell sich ändernden Märkten. Sie glaubten, daß die Einführung neuer Produkte nicht die erforderliche Aufmerksamkeit durch die Verkaufsorganisation und die Werbeabteilung erhielt. Sie setzten daher einen Produkt-Manager ein, der für die Planung und Koordinierung aller Aktivitäten verantwortlich war, die in Verbindung mit der Einführung eines neuen Produktes standen. Wieder andere Unternehmen führten das Produkt-Manager-System über die Einsetzung von Anwendungsspezialisten für bestimmte Produkte ein. In den meisten Fällen führte immer das Vorhandensein einer bestimmten Notwendigkeit zur Einführung des Produkt-Manager-Systems. Diese Notwendigkeit, ganz bestimmte Aufgaben unmittelbar erfüllen zu müssen, wurde allerdings in den wenigsten Fällen mit der Einsetzung vollverantwortlicher Produkt-Manager begegnet, sondern diesen Mitarbeitern wurden ganz bestimmte Aufgaben zugeteilt und sie erhielten in den meisten Fällen recht neutrale Titel, wie Anwendungsspezialist oder Manager für Produkt X. Diese sozusagen testweise Einführung des Produkt-Manager-Systems erlaubte es den Unternehmen, dieses System sofort wieder aufzugeben, wenn sich zu große Probleme bei der Einführung ergaben. Waren allerdings die Ergebnisse positiv, dann folgte recht bald die formale Ernennung von Produkt-Managern.

Einige Unternehmen haben jedoch das System mit einem Schlag eingeführt. Ob diese Einführung dabei wesentliche Änderungen in der Einstellung der Mitarbeiter bedingt, ist von zwei Faktoren abhängig: Von der Ähnlichkeit zur vorherigen Organisationsstruktur und von der Aufklärungsarbeit, die vor der Einführung unternommen worden ist. Auf jeden Fall ist es Aufgabe der Unternehmensleitung, in diesen Fällen Unruhe und Verwirrung auf ein Minimum zu beschränken. Dabei ist es unbedingt erforderlich, daß denjenigen Mitarbeitern, von denen die Einführung des Produkt-Manager-Systems die größten Änderungen ihrer bisherigen Arbeitsweise verlangt, besonders intensiv die Vorteile des Systems erläutert werden.

In beiden Fällen bringt jedoch die Einführung des Produkt-Manager-Systems bestimmte Risiken mit sich. Wird nur ein einziger Produkt-Manager eingesetzt, dann werden sich im Unternehmen Widerstände bemerkbar machen, wenn der Produkt-Manager Fehler macht. Diese Widerstände werden sich auch zeigen, wenn der Verantwortungsbereich des Produkt-Managers nur schrittweise ausgedehnt wird, denn dann werden die anderen Mitarbeiter seine schrittweise Zunahme an Entscheidungsbefugnis, die zwangsläufig die Entscheidungsbefugnis anderer Mitarbeiter verringern muß, als persönlichen Angriff auffassen.

2.6.9 Die Qualifikationen und Zukunftsaussichten des Produkt-Managers

2.6.9.0 Die Auswahl des Produkt-Managers

Der wesentliche Vorteil einer Einführung des Produkt-Manager-Systems in großen Unternehmen liegt darin, daß er die Aggressivität kleinerer Unternehmen wieder in das Großunternehmen zurückbringen kann. Großunternehmen sind einfach in der Lage, die Initiative des Management auf mittlerer und unterer Ebene voll zu nutzen oder optimal herauszubilden. Dieser Nachteil kann durch die Einsetzung aggressiver Produkt-Manager beseitigt werden.

Dies setzt aber auch ganz bestimmte Persönlichkeiten voraus. Der Produkt-Manager muß unabhängig denken und handeln können. Sein Interesse muß sich auf Umsatz und Gewinne konzentrieren und nicht auf Prestige und die Anzahl von Personen, die ihm unterstellt sind. Er muß sehr hartnäckig sein; er muß die Qualität seiner Arbeit stets gegenüber den Verbrauchern und der Verkaufsorganisation überprüfen; er muß risikofreudig sein.

Daneben muß der Produkt-Manager noch andere Qualifikationen aufweisen. Hervorzuheben wäre zunächst seine Fähigkeit, analytisch zu denken. Er muß aus gleichartigen

Situationen bei anderen Produkten Kunden oder Wettbewerbslagen, Schlüsse für seinen Verantwortungsbereich ziehen können; er muß kreativ sein; er muß ein hervorragender Planer sein, dabei aber nicht in Routine steckenbleiben, er muß auch bereit sein, eine Planung veränderten Gegebenheiten anzupassen. Gute Produkt-Manager beobachten kontinuierlich die Märkte, Produkte und Marketing-Methoden hinsichtlich erforderlicher Änderungen. Sie erkennen neue Möglichkeiten und sind in der Lage, neue Marketing-Strategien zu empfehlen und durchzuführen.

In den meisten Fällen kommen die Produkt-Manager aus dem Unternehmen selbst, und hierbei am häufigsten aus der Marketing-Abteilung. Auch wenn das Unternehmen nach Produkten hinsichtlich der Werbung der Verkaufsorganisation, der Marktforschung usw. aufgegliedert ist, werden die zukünftigen Produkt-Manager zunächst in diesen Abteilungen gesucht. Dabei hängt es natürlich von der Art des Unternehmens ab, welchen dieser Abteilungen der Vorzug gegeben wird.

Produkt-Manager im Markenartikelbereich werden daher oft aufgrund ihrer Erfahrungen in der Werbung oder Verkaufsförderung ausgewählt. Produkt-Manager im Investitionsgüterbereich haben meistens besondere Erfahrungen in der Produktanwendung, in der Produktentwicklung oder in der Produktion.

Alle Unternehmen, die das Produkt-Manager-System eingeführt haben, weisen auf die Tatsache hin, daß der Produkt-Manager kein Spezialist, sondern mehr ein Generalist sein sollte. Das bedeutet natürlich nicht, daß er nicht in einem ganz speziellen Sektor ausgebildet worden ist, er sollte aber Kenntnisse in allen Marketing-Aktivitäten aufweisen und vor allem für alles gleichwertiges Interesse aufbringen.

Wo sich diese qualifizierten Mitarbeiter nicht im eigenen Unternehmen finden lassen, müssen sie von außerhalb geholt werden. Hier beginnt die Suche in den meisten Fällen bei der Werbeagentur. Die Suche konzentriert sich dabei aber in der Regel auf erfahrene Kandidaten, die ein ausgewogenes Maß an Erfahrung in den verschiedenen Marketing-Aktivitäten aufweisen können. Nur sehr selten wird die Position eines Produkt-Managers einem Universitätsabsolventen anvertraut. Viele große Unternehmen stellen diese Universitätsabsolventen als Assistenten ein und versuchen, ihnen die erforderliche Erfahrung durch Training im Unternehmen zu vermitteln. Da bei der Auswahl von Kandidaten auf die Erfahrung besonderer Wert gelegt wird, zeigen gerade die Produkt-Manager eine außerordentliche Vielfalt unterschiedlicher Berufsausbildungen. Wie gesagt, suchen die meisten großen Unternehmen Universitätsabsolventen, sie beschränken sich dabei aber keineswegs auf Volkswirte oder Betriebswirte. Die wichtigsten Kriterien bei der Auswahl sind hier hohe Intelligenz und eine gewisse persönliche Aggressivität oder besser gesagt, eine hohe persönliche Dynamik.

2.6.9.1 Die Grundausbildung des Produkt-Managers

In vielen Unternehmen scheint auf eine gewisse Verkaufserfahrung besonderer Wert gelegt zu werden. Wenn also der Universitätsabsolvent als Assistent eingestellt wird, muß er zunächst für 6 Monate oder ein Jahr Verkaufserfahrung sammeln. Dann wird er zurück in die Zentrale versetzt und übernimmt dort die Funktion eines Assistenten bei einem Produkt-Manager. Nach einer bestimmten Zeit, die von seiner persönlichen Befähigung und von den im Unternehmen vorherrschenden Auffassungen abhängt, wird er zum Produkt-Manager ernannt. Von diesem Zeitpunkt ab kann er nur auf die Unterstützung rechnen, die der ohnehin überlastete Marketing-Leiter für ihn noch übrig hat.

Andere Unternehmen scheinen erfolgreiche Verkäufer zu bevorzugen, die als Verkäufer, dann als Verkaufsinspektoren oder möglicherweise sogar als Gebietsverkaufsleiter bestimmte Verkaufserfolge aufweisen können. Auf diese Verkaufserfolge ist man in der Zentrale aufmerksam geworden, und wenn dort ein Produkt-Manager gesucht wird, wird ihm diese Chance gegeben.

Es läßt sich nichts dagegen einwenden, daß der Kandidat für die Position eines Produkt-Managers bestimmte Verkaufserfahrungen sammelt. Es ist auch nicht unzweckmäßig, einem erfolgreichen Verkäufer die Position eines Produkt-Managers anzuvertrauen. Der Fehler dieser beiden Methoden liegt im Training selbst. Die Erfahrung, die der junge Universitätsabsolvent in seiner Verkaufszeit sammelt, ist in der Mehrzahl keine echte Verkaufserfahrung

Seine Arbeit wird sich überwiegend auf Merchandising-Aufgaben beschränken, wie den Einsatz von Point of Sale, Material, das Ordnen der Ware im Regal, das Feststellen von Bevorratungen usw. Das echte Verkaufen nämlich, wird durch den Gebietsverkaufsleiter in den Handelszentralen wahrgenommen.

Darüber hinaus besteht ein wesentlicher Unterschied zwischen Verkaufen an den Handel und Verkaufen an den Endverbraucher. Die Kaufentscheidungen des Handels sind von denen des Endverbrauchers sehr unterschiedlich. Ein noch so erfolgreicher Verkäufer wird in den seltensten Fällen direkten Kontakt mit dem Endverbraucher gehabt haben. Die Motive, die den Endverbraucher zum Kauf veranlassen, werden ihm wahrscheinlich fremd sein.

Was auf jeden Fall der Zeit in der Verkaufsorganisation vorzuziehen ist, wäre eine gleich lange Erfahrung im Direktverkauf, d. h. im Verkauf an der Haustür, wo der Kandidat dem Endverbraucher direkt gegenübersteht und so aus erster Hand die Motivation des Kunden kennenlernt. Darum kann z. B. ein Marktforscher, der über gewisse Erfahrungen in Interviews verfügt, einen sehr guten Produkt-Manager abgeben. Ähnlich wertvolle Erfahrungen könnte der Kandidat als Verkäufer in einem Einzelhandelsgeschäft sammeln.

Auch ein erfolgreicher Verkäufer muß nicht zwangsläufig ein guter Produkt-Manager sein. Der Verkäufer konzentriert sich auf die Errichtung guter Kontakte zum Handel und auf die Erreichung der ihm vorgegebenen Umsatzquoten. Er kann ein guter Analytiker und Planer sein, — das muß aber nicht der Fall sein. Normalerweise tendiert der Verkäufer mehr zur Durchführung als zur Planung. Er muß nicht unbedingt die Motivation der Endverbraucher kennen. Auf jeden Fall muß er auch nicht über Erfahrungen in der Werbung verfügen. Ein guter Produkt-Manager muß dagegen ein Analytiker und Planer sein, er muß sowohl denken als auch durchführen können; er muß ein Gefühl für die Bedürfnisse der Verbraucher haben und er muß über bestimmte Erfahrungen in der Werbung verfügen.

Die Universitäten haben bisher jedenfalls keinen Beitrag zur Ausbildung dieser qualifizierten Mitarbeiter geliefert. Es scheint ihnen an Verständnis für die Position des Produkt-Managers zu mangeln. Das Schwergewicht liegt mehr auf dem Gebiet der Administration als auf dem eigentlichen Management, von den eigentlichen Marketing-Aktivitäten ganz zu schweigen.

Daher sind die Unternehmen gezwungen, sich die Kandidaten für das Produkt-Management selber auszusuchen und diese auch nach eigenen Methoden auszubilden. Dabei bringen die Volkswirte und Betriebswirte zwar gute Voraussetzung mit, doch die erheblich höheren Anforderungen der Produkt-Manager-Position zwingt die Unternehmen zu weiteren Ausbildungsmaßnahmen.

2.6.9.2 Die Weiterbildung des Produkt-Managers in der Praxis

Anstelle einer 6-monatigen Verkaufszeit sollte der zukünftige Produkt-Manager eine entsprechend lange Zeit in der Werbeagentur verbringen, um dort zumindestens die Grundlagen der Werbung kennenzulernen. Er sollte die Organisation und Arbeitsweise betrachten und noch viel wichtiger, er sollte mit dem Kontakter zusammenarbeiten und so lernen, wie ein Marketing-Plan entwickelt wird, wie eine Marketing- und Werbestrategie festgelegt wird, und welche Mühen die Agentur unternimmt, um dem Unternehmen bestimmte Empfehlungen hinsichtlich der Werbung und Verkaufsförderung unterbreiten zu können.

Er sollte an Besprechungen teilnehmen, in denen die Werbe- und Marketing-Probleme seines Unternehmens diskutiert werden.

Nach dieser Zeit in der Werbeagentur gibt es immer noch Gelegenheit für eine gewisse Zeit in der Verkaufsorganisation. Andererseits ist aber sein Verständnis für die Bedürfnisse der Verbraucher von entscheidender Bedeutung für den Erfolg der ihm später anzuvertrauenden Produkte. Hier wäre es zweckmäßig, wenn er neben seiner Ausbildung in der Werbeagentur auch eine bestimmte Zeitlang in der Marktforschung tätig sein würde, und zwar nicht in der Zentrale, sondern im Feld zusammen mit den Interviewern. Alles was seine Kenntnisse über den Verbraucher, seine Haltung, seine Interessen, seine Denkweise vertieft, wird ihm seine Arbeit als Produkt-Manager erleichtern.

Nach dieser Erfahrung in der Werbung, der Marktforschung und schließlich auch in der Verkaufsorganisation, sollte er als Assistent einem erfahrenen Produkt-Manager zugeteilt werden. Dieser Produkt-Manager sollte entsprechend qualifiziert sein, d. h. er sollte die Bedeutung seiner Aufgabe als Trainer erkennen. Er sollte ein guter Lehrer sein, der in der Lage ist, den Assistenten allmählich immer größere Aufgaben und Verantwortungen zu übertragen.

Wie lange sollte diese Ausbildung nun dauern? Die Antwort hängt von vielen Dingen ab: Von der Befähigung des Kandidaten, von seinem Eifer, von der Qualität des Trainings in der Agentur, in dem Marktforschungsinstitut, in der Verkaufsorganisation und durch den Produkt-Manager, aber selbst unter sehr günstigen Bedingungen wird er frühestens nach vier oder fünf Jahren die volle Verantwortung eines Produkt-Managers übernehmen können. Gegen diese lange Ausbildungszeit werden sich sicherlich Einwände, einmal von seiten der Kandidaten selbst und zum anderen von den Unternehmen ergeben, aber dennoch ist die Nachfrage nach wirklich qualifizierten Produkt-Managern so dringend, daß der Aufwand an Zeit und Geld für die Ausbildung von Produkt-Managern zu den besten Investitionen gehört, die ein Unternehmen machen kann.

2.6.9.3 Die Beurteilung der Leistungen des Produkt-Managers

Da der Verantwortungsbereich des Produkt-Managers für seine Produkte nicht klar umrissen ist, ist die Beurteilung seiner Leistungen sehr schwer zu treffen. Der Produkt-Manager hat eine bestimmte Verantwortung über die Umsätze, die Kosten und die Gewinne. Wenn er in dieser Hinsicht laufend Empfehlungen macht, die wertvoll und richtig sind, dann ist seine Leistung natürlich besser als wenn seine Empfehlungen sich immer als falsch herausstellen. Es empfiehlt sich also, für den Vorgesetzten zunächst einmal die Zielsetzungen und Empfehlungen, die der Produkt-Manager gemacht hat, nach Ablauf einer Periode mit den Ergebnissen zu vergleichen. Wenn er also einen ganz bestimmten Umsatz für eines seiner Produkte vorhersagt und dieser Umsatz auch tatsächlich erzielt wird, dann ist das ein Pluspunkt für den Manager. Wenn er diesen Umsatz nicht erreicht, ist es ein Minuspunkt.

Wenn ein derart vergleichendes Urteil getroffen wird, dann müssen natürlich die Umstände konstant geblieben sein. Das wird aber in der Praxis sehr selten der Fall sein. Die Qualität der Arbeit, der Verkaufsorganisation spielt bei diesen Überlegungen eine sehr wesentliche Rolle. Wenn zum Beispiel die Verkaufsorganisation aus unverständlichen Gründen sehr schlecht mit dem Produkt-Manager zusammenarbeitet und der Vorgesetzte weiß dies, dann ist eine entsprechend schlechte Beurteilung des Produkt-Managers nicht gerechtfertigt. Sicherlich muß der Vorgesetzte fragen, ob die schlechte Zusammenarbeit des Produkt-Managers mit der Verkaufsorganisation nicht auf einen Mangel an Aktivität seitens des Produkt-Managers zurückzuführen ist. Wenn die Arbeitsbeziehungen aus irgendwelchen Gründen schlecht sind, die ein guter Produkt-Manager leicht beseitigen könnte, dann sollte er den Produkt-Manager schlechter beurteilen. Die Fähigkeit, gute Verkaufsresultate durch die Verkaufsorganisation erzielen zu können, ist ein weiterer wichtiger Faktor in der Beurteilung der Qualität des Produkt-Managers.

Selbst in den Fällen, wo dem Produkt-Manager die Verantwortung für den Gewinn übertragen wurde, hängt der Erfolg von der Zusammenarbeit vieler Mitarbeiter ab. Auch hier müssen die besonderen Schwierigkeiten, die bestehen, bei der Beurteilung des Produkt-Managers berücksichtigt werden. Eine Bewertung ausschließlich nach dem erzielten Gewinn ohne die besonderen Umstände in Betracht zu ziehen, kann zu Fehlschlüssen führen. Es kann dazu führen, daß ein sehr guter Produkt-Manager mit wenig Glück keine Gehaltserhöhung erhält, während ein schlechter, der besonders glücklich war, eine starke Gehaltszulage erhält. Diese Fehlentscheidung kann sich dann in der nächsten Periode herausstellen: Der weniger gute Produkt-Manager, nun unter unglücklicheren Umständen, wird mit den Schwierigkeiten nicht fertig und der gute Produkt-Manager zeigt seine Qualitäten in den Entscheidungen, die die positiven Umstände voll ausnutzen.

Eine oberflächliche Beurteilung nach kurzfristigen Gewinnerzielungen oder anderen kurzfristigen Faktoren ist gefährlich. Wenn der Vorgesetzte die Belohnungen zu sehr an kurzfristige Erfolge bindet, dann kann es dazu führen, daß die langfristigen Faktoren, wie die Erhaltung eines guten Kundendienstes, die Produktqualität, die Ehrlichkeit der Werbung, die die Umsätze und Gewinne langfristig wachsen läßt, vernachlässigt werden. Ein Nachteil entsteht sicherlich auch, wenn die Anreize für besonders risikoreiche Entscheidungen verringert werden. Die Risikofreudigkeit des Produkt-Managers wird sicherlich drastisch verringert, wenn ihm gelegentliche Fehler häufiger vorgehalten werden als Belobigungen über erzielte Erfolge. Er wird sich dann darauf konzentrieren, die Gewinnerzielung kurzfristig zu maximieren, indem er seine Bemühungen auf die entsprechenden Produkte mit dem geringeren Risiko konzentriert. Er wird sich dabei wahrscheinlich auf die alten Produkte stützen und die Einführung neuer Produkte scheuen.

52. Aufgabe: *Welche speziellen Aspekte sollten bei der Beurteilung eines Produkt-Managers berücksichtigt werden?*

2.6.9.4 Die Berufsaussichten des Produkt-Managers

Es ist kennzeichnend für die Position des Produkt-Managers, daß sie ein außerordentlich gutes Training für Positionen in der Unternehmensleitung darstellt. Der Produkt-Manager ist in erster Linie ein Generalist. Seine Position erfordert es, daß er nicht nur einen Aspekt des Unternehmens kennt, sondern viele. Es gibt kaum einen Unternehmensbereich, mit dem er keine Arbeitsbeziehungen hat. Er wird zwar neben seiner umfassenden Kenntnisse im Marketing nicht als Experte in diesen Bereichen auftreten können, aber durch die tägliche Konfrontation mit den Problemen dieser anderen Bereiche wächst die Kenntnis über diese Funktionen. Er weiß also erheblich mehr über die Arbeitsweise des Unternehmens als Mitarbeiter auf vergleichbarer organisatorischer Ebene, die auf ihren Arbeitsbereich beschränkt sind. Dies ist natürlich eine wesentliche Voraussetzung für das Aufrücken in höhere Positionen.

Wenn die Unternehmensleitung nach Ersatz für Mitarbeiter in ihren eigenen Reihen sucht, bemüht sie sich natürlich Mitarbeiter zu finden, die über mehr als einen Unternehmensbereich Bescheid wissen.

Der Spezialist, der seine Berufserfahrungen nur in einem eng umgrenzten Bereich sammeln kann, wird zwangsläufig etwas einseitige Ansichten bekommen, seine Denkweise wird überwiegend von den Gegebenheiten und Notwendigkeiten seines bisherigen Arbeitsbereiches geprägt sein. Mit zunehmendem Alter wird es für diesen Mitarbeiter immer schwieriger werden, diese festgefügten Ansichten und Auffassungen abzulegen und die umfassenderen Einstellungen der Mitarbeiter von Unternehmensleitungen zu Problemen anzunehmen. Die Beförderung eines Mitarbeiters mit Erfahrungen in überwiegend nur einer Funktion in die Unternehmensleitung, wird häufig zu einem Aufblühen gerade dieser Funktion führen. Andere Unternehmensbereiche werden darunter zwangsläufig leiden. Positionen in der Unternehmensleitung bedingen eine enorme Breite von persönlichen Einstellungen und die Fähigkeit, verschiedene Interessen gegeneinander auszugleichen, die am besten durch langjährige praktische Erfahrung gewonnen werden. Der Produkt-Manager ist in jungen Jahren schon in der Lage, zu einem erheblichen Teil diese praktische Erfahrung sammeln zu können. Er muß zwischen dreißig und vierzig lernen, verschiedene Interessen gegeneinander auszugleichen. Deshalb ist er bei Beförderungen in Positionen der Unternehmensleitung weniger vor völlig neue Aufgaben gestellt. Aufgaben, die er mit Sicherheit meistern kann, als andere Mitarbeiter.

Der Wechsel von der besonderen Aufmerksamkeit hinsichtlich der Gewinnerzielung für ein Produkt zur Gewinnerzielung für alle Produkte und damit das Gesamtunternehmen, ist ebenfalls sehr groß. Für andere Mitarbeiter, denen die Gewinnerzielung bisher weniger am Herzen gelegen hat, mag dies einen enormen Wechsel bedeuten. Der Leiter der Produktion ist kostenorientiert und der Leiter der Verkaufsorganisation ist umsatzorientiert. Keiner von beiden ist in seinen Aufgaben bisher speziell gewinnorientiert gewesen. Diese Gewinnorientierung gehört aber zu den Aufgaben des Produkt-Managers und mit seinem Wechsel in die Unternehmensleitung wird lediglich der Umfang ausgedehnt. Diese Auffassungen scheinen sich in der Praxis zu bestätigen. Die Position des Produkt-Managers ist allerdings noch nicht sehr alt, aus diesem Grunde kann es noch nicht viele ehemalige Produkt-Manager in Positionen der Unternehmensleitungen geben. Viele Unternehmen haben Produkt-Manager erst seit zwei, drei oder fünf Jahren. Die Anzahl von Unternehmen mit Produkt-Manager-Position seit 10 und mehr Jahren ist leider sehr klein. Diese Unternehmen sind allerdings in der Vergangenheit sehr erfolgreich gewesen und haben heute ehemalige Produkt-Manager als Unternehmensleiter.

53. Aufgabe: *Nennen Sie mindestens zwei Unternehmen dieser Art.*

Die Kräfte, die zur Entwicklung der Position des Produkt-Managers geführt haben, scheinen an Stärke noch zuzunehmen. Die Unternehmen wachsen weiter, die Anzahl der Produkte wird größer und die Veränderungen der Produkte nehmen noch zu. Damit wird die Notwendigkeit für die Produkte, die notwendige Planung und Koordinierung sicherzustellen, zunehmend größer. Es erhebt sich die Frage, wie dieser Notwendigkeit Rechnung getragen wird.

Das Produkt-Manager-System ist ein Kompromiß zwischen der alten funktionalen Marketing-Organisation und der Aufgliederung eines Unternehmens in Tochterunternehmen mit je einem Produkt. Dieser Kompromiß verändert die Bildung einer überhöhten Anzahl von Tochterunternehmen. Ein in Tochterunternehmen aufgegliedertes Unternehmen wird das Produkt-Management nach zwar verschiedenen, aber dennoch verwandten Produkten gruppieren.

Ein Merkmal des Produkt-Manager-Systems ist die horizontale Entscheidungsbefugnis oder eher Empfehlungsgebung. Das bedeutet für die Mitarbeiter in den anderen Funktionsbereichen eine zweifache Ausrichtung. Er muß erstens den Befehlen seines Vorgesetzten in der Linie folgen, andererseits steht er unter dem Zwang, mit mehreren Produkt-Managern zusammenarbeiten zu müssen. Das kann dazu führen, daß dieser Mitarbeiter zwischen seinem Vorgesetzten und den Produkt-Managern hin und her gezogen wird. Hier können sich oft ernsthafte Konflikte ergeben, die durch Rivalitäten zwischen den Produkt-Managern noch verstärkt werden können. Es ist aber außerordentlich schwierig, mehr als einem Herrn zu dienen.

Es ist oft darauf hingewiesen worden, daß organisatorische Probleme an Bedeutung verlieren, wenn es sich um ausgereifte intelligente Menschen handelt. Diese Behauptung wird durch das Produkt-Manager-System bestätigt, welches als Gegenpol von starren Organisationsformen dargestellt wird. Eine andere Auffassung weist darauf hin, daß durch die erfolgreiche Anwendung des Produkt-Manager-Systems die Koordinierung einer der wichtigsten Aufgaben des Management endlich die Aufmerksamkeit erhält, die ihr schon längst hätte geschenkt werden müssen. Es kann nicht deutlich genug darauf hingewiesen werden, daß die Produkt-Manager bei der Durchführung dieser so wichtigen Aufgabe besonders taktvoll und flexibel vorgehen müssen.

Hinsichtlich der noch bestehenden organisatorischen Probleme wird die Entwicklung sicherlich Lösung für das Produkt-Manager-System bringen. Es zeigen sich dabei zwei mögliche Entwicklungslinien: Die eine Entwicklungslinie kann den Produkt-Manager auf seine beratende und planende Aufgabe zurückstufen, die andere Entwicklungslinie kann ihn mehr und mehr in die Rolle eines Geschäftsleiters bringen. Langfristig können Spannungen zwischen den anderen Mitarbeitern, die er ständig zu Aktivitäten auffordern muß, den Produkt-Manager auf seine Position als Planer und Berater für das Produkt zurückstufen. Er mag dabei weiterhin der Aufpasser für die Gewinnerzielung bleiben, er wird aber weniger formal und persönlich für die Gewinne verantwortlich gemacht. Er mag auch weiterhin das Informationszentrum bleiben, der Mann, der alle Daten zusammenfaßt und analysiert, und der den ersten Produktplan aufstellt. Aber jede Entscheidungsbefugnis mag ihm genommen werden, mit anderen Worten, der Produkt-Manager wird zu einem echten Stabsmann.

In anderen Unternehmen mag man dem Produkt-Manager mehr und mehr Entscheidungsbefugnis auch über die anderen Funktionen zuerkennen. In diesem Fall wird er Teil einer Evolution in Richtung auf extrem dezentralisierte Unternehmenseinheiten sein. Ein wesentlicher Hinderungsgrund für seine Rückstufung auf die Rolle eines Planers und eines Informationszentrums liegt in der Auswahl von sehr dynamischen uad aggressiven Persönlichkeiten für die Position des Produkt-Managers. Die gegenwärtig überwiegend ausgewählten Persönlichkeiten werden sich nur unter größten Schwierigkeiten Entscheidungsbefugnisse wegnehmen lassen. Die heutigen Produkt-Manager befürworten dagegen eine zunehmende Ausdehnung ihres Einflußbereiches. Sie werden sicherlich in Richtung auf die Erzielung formeller Entscheidungsbefugnisse weiterhin Druck ausüben.

Es besteht der Eindruck, daß in großen Unternehmen Auseinandersetzungen um die Organisationsform, also zwischen dem Produkt-Manager-System auf der einen Seite und dem System von Tochterunternehmen auf der anderen Seite, unvermeidbar sein werden. Bei sehr großen und komplexen Unternehmen scheint der Vorteil im System von Tochterunternehmen zu liegen. Die Zuerkennung von Entscheidungsbefugnis und Verantwortung ist in diesem System wesentlich klarer und übersichtlicher als im Produkt-Manager-System. Der Geschäftsleiter eines Tochterunternehmens hat wenigstens theoretisch volle Kontrolle über seine Ausgaben und Erlöse. Er leitet ein echtes Gewinnzentrum und kontrolliert die wichtigsten, den Gewinn beeinflussenden Faktoren. Seine Entscheidungsbefugnis ist im Gegensatz zum Produkt-Manager uneingeschränkt. Er braucht nicht überzeugen und beraten, er ist nicht mit Entscheidungsbefugnissen anderer konfrontiert.

In der Praxis ist diese klare Zuerkennung von Gewinnverantwortung allerdings wesentlich schwieriger zu erreichen. In den meisten Fällen muß der Geschäftsleiter eines Tochterunternehmens sich häufig so ähnlich wie ein Produkt-Manager verhalten. Oft hat er keine eigene Verkaufsorganisation, sondern teilt diese mit anderen Tochterunternehmen. Auch die Produktionskapazitäten muß er oft mit anderen teilen. In derartigen Situationen gleicht seine Position der des Produkt-Managers, allerdings kann der Geschäftsleiter im wahrsten Sinne des Wortes diese Dienstleistungen „kaufen". Dies versetzt ihn in eine etwas günstigere Ausgangslage als den Produkt-Manager, der in den wenigsten Fällen die Befugnis hat, Dienstleistungen innerhalb oder außerhalb des Unternehmens zu kaufen. Es ist aber, wie gesagt, zu erwarten, daß die Entwicklung die noch bestehenden organisatorischen Probleme beider Systeme einer Lösung näherbringen wird.

2.7. Wiederholung

Zur weiteren Vertiefung soll der wesentliche Stoff des ersten und zweiten Abschnittes hier wiederholt werden. Diese Wiederholung erfolgt über

1. eine Arbeitsplatzbeschreibung für den Marketing-Leiter
2. eine Arbeitsplatzbeschreibung für den Produkt-Manager
3. einen Produkt-Gewinn-Plan
4. einen Satz Formblätter für die Erstellung eines Produkt-Planes.

Es darf nicht übersehen werden, daß es sich hier um allgemeine Darstellungen handelt, die Einzelfällen jeweils entsprechend angepaßt werden müssen.

2.7.0 Arbeitsplatzbeschreibung für den Marketing-Leiter

Der Marketing-Leiter untersteht direkt der Unternehmens- oder Geschäftsleitung.
Dem Marketing-Leiter unterstehen direkt: die einzelnen Produkt-Manager und die Leiter der verschiedenen Funktionsbereiche wie Marktforschung, Werbung, Verkaufsförderung und Verkauf.

Seine Hauptaufgaben sind: die Leistung der Aktivitäten seiner Produkt-Manager im Hinblick auf die gesetzten Unternehmensziele in Übereinstimmung mit der festgelegten Unternehmenspolitik und die Koordinierung der Funktionsbereiche im Hinblick auf die Aktivitäten seiner Produkt-Manager.

Seine wichtigsten Verantwortungsbereiche sind:

1. die Marketing-Planung
2. die Organisation der Marketing-Abteilung, die Ausbildung seiner Mitarbeiter und die Bestimmung ihrer Einkommen
3. die Erstellung von Vorausschätzungen, von Budgets und Kontrollen
4. die Festsetzung der Preise
5. die Genehmigung von Werbe- und Verkaufsforderungsmaßnahmen
6. die Koordinierung der Marketing-Abteilung mit anderen Abteilungen
7. die Marktforschung
8. die Produktentwicklung.

Seine zusätzlichen Verantwortungsbereiche sind: Mitglied der Gruppe für neue Produkte, Mitglied der Gruppe für Verpackungen.

2.7.0.0. Die Aufgaben der Marketing-Planung

Der Marketing-Leiter erfüllt diesen Verantwortungsbereich, wenn der jährliche Marketing-Plan in Übereinstimmung mit der Unternehmenspolitik erstellt worden ist, und in klarer und übersichtlicher Form den Untergebenen präsentiert wurde. Der Marketing-Plan muß ferner ohne allzu große Schwierigkeiten in Produkt-Pläne aufgegliedert werden können. Seine wichtigsten Aufgaben in diesem Zusammenhang sind:

1. Teilnahme an den Diskussionen und Planungen der Unternehmensleitung über die generellen Marketing-Aktivitäten.
2. Information der Unternehmensleitung und seiner direkten Untergebenen über besondere positive oder negative Wettbewerbsbedingungen, über Notwendigkeiten und Möglichkeiten von Änderungen und Verbesserungen in den Unternehmenszielen, -plänen und -methoden.
3. Koordinierung mit der Unternehmensleitung, die langfristigen Marketing-Aktivitäten der Marketing-Abteilung im Hinblick auf die Erreichung der Marketing-Ziele und den Ausgleich der Verkaufs-, Werbe- und Verkaufsförderungsmaßnahmen für gegenwärtige und zukünftige Produkte und Märkte.
4. Leitung der Entwicklung von kurzfristigen Produkt-Plänen zur Erreichung der kurzfristigen Unternehmensziele.
5. Information der Mitarbeiter über Pläne und Programme; Erläuterung der Unternehmenspolitik für die Produkt-Manager.
6. Teilnahme an Verkaufsbesprechungen, um volles Verständnis für die Aufnahme der Produkte bei Handel und Verbraucher zu entwickeln.

2.7.0.1 Die Aufgaben hinsichtlich der Marketing-Organisation, der Ausbildung und der Einkommensbestimmung

Der Marketing-Leiter erfüllt diesen Verantwortungsbereich, wenn die Marketing-Organisation so ausgerichtet ist, daß sie die Marketing-Ziele zu erreichen in der Lage ist, und wenn ihre Organisationsstruktur kontinuierlich verbessert wird. Der Umfang an Entscheidungsbefugnis und Verantwortung muß allen Mitarbeitern klar erkennbar sein, und sie müssen die ihnen übertragenen Aufgaben zufriedenstellend erfüllen. Die Einkommen müssen mit der Unternehmenspolitik und den gezeigten Leistungen übereinstimmen.

Seine wichtigsten Aufgaben in diesem Zusammenhang sind:

1. Bestimmung der Organisationsstruktur und der erforderlichen Anzahl von Mitarbeitern, um die gesetzten Marketing-Ziele zu erreichen. Abstimmung mit der Unternehmensleitung und den Mitarbeitern der Marketing-Abteilung über organisatorische Veränderungen.
2. Motivierung seiner direkten Untergebenen und Unterstützung zu ihrer Leistungsverbesserung, Hilfestellung, damit diese ihrerseits ihre Untergebenen motivieren und zu Leistungsverbesserungen anregen.
3. Beurteilung und Empfehlung gegenüber der Unternehmensleitung von allen Personaleinstellungen in der Marketing-Abteilung.

4. Analysierung von Organisationsstrukturen, Personaleinstellungen, Ausbildungsmethoden und Einkommensbestimmungen bei anderen Unternehmen, um sicherzustellen, daß die eigenen Bemühungen auch ausreichen, qualifizierte Mitarbeiter zu finden und zu halten.

2.7.0.2 Die Aufgaben der Erstellung von Vorausschätzungen, von Budgets und Kontrollen

Der Marketing-Leiter erfüllt diesen Verantwortungsbereich, wenn die Unternehmensleitung und die Mitarbeiter in der Marketing-Abteilung mit realistischen Vorausschätzungen und Budgets versorgt werden, und darüber hinaus die erforderlichen Arbeitsmethoden und Kontrollmaßnahmen erarbeitet worden sind.

Seine wichtigsten Aufgaben in diesem Zusammenhang sind:

1. Zusammenarbeit mit dem Leiter der Marktforschung bei der Erstellung von Vorausschätzungen von Umsätzen und Gewinn.
2. Beurteilung der von den Produkt-Managern erstellten Produkt-Budgets und Konsolidierung zu einem Marketing-Budget mit anschließender Weiterleitung an die Unternehmensleitung, versehen mit seinen Empfehlungen.
3. Zusammenarbeit mit der Administration in der Errichtung wirksamer Kontrollen und der Festlegung des Erscheinens der Erlös- und Ausgabenberichte.
4. Sicherstellung der Information aller Linienfunktionen (Verkauf und Produktion) über Änderungen und Trends in Umsätzen und Marketing-Plänen, welche die Verkaufsplanung, die Produktionsplanung, die Vorratspolitik und die Einkaufsentscheidungen beeinflussen können.

2.7.0.3 Die Aufgaben der Preisfestsetzung

Der Marketing-Leiter erfüllt diesen Verantwortungsbereich, wenn die festgesetzten Preise, die gewährten Handelsspannen und Rabatte für die Produkte die Erreichung der für die Produkte gesetzten Umsatz- und Gewinnziele gewährleisten.

Seine wichtigsten Aufgaben in diesem Zusammenhang sind:

1. Analyse der bestehenden Preisstrukturen zusammen mit den Produkt-Managern, um sicherzustellen, daß Preise, Spannen und Rabatte mit den für das Unternehmen gesetzten Umsatz- und Gewinnzielen übereinstimmen. Analyse von Preisstrukturen für neue Produkte und Weiterleitung von Empfehlungen dieser Preisstrukturen für neue Produkte an die Unternehmensleitung.
2. Analyse der Preise, Spannen und Rabatte von Wettbewerbern, um zu gewährleisten, daß die eigene Preisstrategie optimale Wettbewerbsfähigkeit gewährleistet.
3. Abstimmung mit den Produkt-Managern über die Zweckmäßigkeit von Preismaßnahmen für spezielle Verkaufsanstrengungen und den Absatz von weniger erfolgreichen Produkten.
4. Koordinierung mit dem Management der Verkaufsorganisation zur Gewährleistung der vorgegebenen Preisstrategie.
5. Abstimmung mit der Rechtsabteilung, um sicherzustellen, daß die Preisstrategie den Rechtsbestimmungen und der Unternehmenspolitik entspricht.

6. Abstimmung mit dem Management der Produktion, um zu gewährleisten, daß die Preisstrategie nicht nur den Wünschen der Verbraucher und den Vorstellungen des Handels entspricht, sondern auch in Übereinstimmung mit dem Produktionsvolumen und den Gewinnzielsetzungen unter besonderer Berücksichtigung der Produktionskosten steht.

2.7.0.4 Die Aufgaben der Genehmigung von Werbe- und Verkaufsförderungsmaßnahmen

Der Marketing-Leiter erfüllt diesen Verantwortungsbereich, wenn zusammen mit dem Werbeleiter bzw. der Agentur und dem Leiter der Verkaufsförderung erfolgreiche Werbe- und Verkaufsförderungskampagnen entwickelt und durchgeführt werden, die der Erfüllung der gesetzten Marketing-Ziele dienen, und mit dem Budget und der Unternehmenspolitik in Übereinstimmung stehen.

Seine wichtigsten Aufgaben in diesem Zusammenhang sind:

1. Überprüfung der von den Produkt-Managern vorgeschlagenen Werbe- und Verkaufsförderungsaktivitäten zusammen mit dem Werbeleiter bzw. der Agentur. Unterstützung der Produkt-Manager bei der Erstellung von Empfehlungen in diesem Zusammenhang, die der Unternehmensleitung zur Genehmigung vorgelegt werden.
2. Gemeinsam mit dem Werbeleiter die Erstellung von Werbe- und Verkaufsförderungsplänen, die den Marketing-Erfordernissen entsprechen und die Gewinnmöglichkeiten ausschöpfen helfen.
3. Sicherstellung einer vollen Ausnützung der durch die Werbeabteilung bzw. die Agentur gewährten Unterstützung.
4. Gewährleistung, daß Produktinformationen, Preislisten, Kataloge usw. koordiniert und rechtzeitig und ordnungsgemäß der Verkaufsorganisation zugeleitet werden.

2.7.0.5 Die Aufgaben der Koordinierung der Marketing-Abteilung mit anderen Abteilungen

Der Marketing-Leiter erfüllt diesen Verantwortungsbereich, wenn alle anderen Stabs- und Linienabteilungen des Unternehmens die Marketing-Pläne und Strategien kennen und damit übereinstimmen.

Seine wichtigsten Aufgaben in diesem Zusammenhang sind:

1. Weiterleitung der Marketing-Pläne an alle Leiter von Linien- und Stabsabteilungen und Sicherstellung, daß sie verstanden und akzeptiert werden.
2. Unterstützung des Management in der Linie bei der Erstellung und Durchführung ihrer Planungen, die sich aus dem Marketing-Plan ergeben.
3. Unterstützung des Management in der Produktion bei der Erstellung und Durchführung von Produktionsplänen, um den Einkauf und die Erweiterung von Kapazitäten zu erleichtern.
4. Unterstützung des Management in der Administration bei der Vorbereitung von Verkaufsberichten, Produktanalysen usw.

2.7.0.6 Die Aufgaben der Marktforschung

Der Marketing-Leiter erfüllt diesen Verantwortungsbereich, wenn der Unternehmensleitung Informationen zugeleitet werden, die zu Änderungen und Verbesserungen in der Marketing-Organisation, in dem Einsatz von Arbeitskraft und der Verteilung der Produkte an den Endverbraucher führen.

Seine wichtigsten Aufgaben in diesem Zusammenhang sind:

1. Durchführung von Marktforschungsprogrammen und die Empfehlung von speziellen Verbesserungen an die Unternehmensleitung.
2. Kontinuierliche Weiterbildung in neuen Management- und Marketing-Methoden durch Literatur und den Besuch von Vorträgen und Seminaren.

2.7.0.7 Die Aufgaben der Produktentwicklung

Der Marketing-Leiter erfüllt diesen Verantwortungsbereich, wenn die Probleme und Möglichkeiten der Produkte und Märkte erkannt, untersucht und analysiert werden, wenn die erforderlichen Maßnahmen zur Entwicklung neuer Produkte eingeleitet werden, und wenn neue Ideen weiterentwickelt und in verbesserte Werbe-, Verkaufsförderungs- und Verkaufsmethoden umgemünzt werden.

Seine wichtigsten Aufgaben in diesem Zusammenhang sind:

1. Zusammenarbeit mit dem Leiter der Marktforschung bei der Entwicklung der empfohlenen Programme für die Informationssammlung über die Probleme und Möglichkeiten der Produkte und Märkte.
2. Analyse und Diskussion der Marktforschungsergebnisse mit dem Leiter der Marktforschung und den Produkt-Managern. Sicherstellung der Zustimmung der Unternehmensleitung für Änderungen von etablierten Produkt-Strategien.
3. Zusammenarbeit mit dem Leiter der Forschung und Entwicklung in der Arbeit an der Entwicklung neuer und der Verbesserung bestehender Produkte.
4. Anleitung der Produkt-Manager in ihrer Zusammenarbeit mit der Forschung und Entwicklung und der Marktforschung zur Sicherstellung von gegenseitiger, voller Information.

2.7.1 Arbeitsplatzbeschreibung für den Produkt-Manager

Um den Mitarbeitern den vollen Umfang ihres Aufgaben- und Verantwortungsbereiches klar erkennbar zu machen, ist es zweckmäßig, daß sie ihre Arbeitsplatzbeschreibung zunächst selbst anfertigen. Dieser Entwurf wird anschließend mit dem Marketing-Leiter besprochen. Ein erfahrener Produkt-Manager wird folgenden Entwurf anfertigen, der kaum korrigiert werden muß.

2.7.1.0 Zweck der Position

Unter der Aufsicht des Marketing-Leiters sollen für die Produkte Marketing-Ziele festgelegt werden. Auf der Basis dieser Marketing-Ziele sollen dann die zur Erreichung erforderlichen Marketing-Aktivitäten initiiert, geplant und durchgeführt werden.

2.7.1.1 Zusammenarbeit mit anderen Mitarbeitern

	Mitarbeiter		Seine Untergebenen	
Abteilung	Name	Position	Anzahl	Position
Werbung				
Verkauf				
Produktion und Versand				
Preisbildung				
Budget und Schätzung				
Forschung und Entwicklung				
Allgemeines				

2.7.1.2 Aufgaben

Alle Aufgaben werden, gegliedert nach den unter 2.7.1.1 aufgezählten Gruppen und innerhalb dieser nach der Rangfolge ihrer Bedeutung, im folgenden aufgeführt.

2.7.1.2.0 Werbung

1. Anleitung der Werbeagentur bei der Entwicklung eines generellen Werbeplanes und Weiterleitung dieses, von Produkt-Manager und Werbeagentur gemeinsam empfohlenen Planes, zur Genehmigung durch den Marketing-Leiter.
2. Planung und Durchführung von Verkaufsförderungsmaßnahmen nach Genehmigung durch den Marketing-Leiter.
3. Anleitung der Werbeagentur bei der Entwicklung von Werbekampagnen und Genehmigung von Mediaplänen, Gestaltung und Copy, sofern sie im Rahmen des Werbebudgets liegen, und der Unternehmenspolitik entsprechen.
4. Beurteilung der Wirksamkeit von Verpackungstechnik und -gestaltung sowie Empfehlung von Änderungen, falls erforderlich, an den Marketing-Leiter.
5. Beobachtung und Analyse von Werbe- und Verkaufsförderungsmaßnahmen der Konkurrenz sowie die Auswertung zur Verbesserung der eigenen Maßnahmen.
6. Periodische Zusammenkünfte mit anderen Produkt-Managern der eigenen und/oder von fremden Unternehmen zur Planung gemeinsamer Verkaufsförderungsmaßnahmen.
7. Anleitung der Werbeagentur bei der Durchführung von Werbemaßnahmen.
8. Entwicklung von Copygrundlagen und Information der Agentur, um die Erarbeitung seiner verkaufsstarken Copy innerhalb der gesetzlichen, technischen und ethischen Grenzen zu gewährleisten.
9. Treffen von wichtigen, kurzfristigen Entscheidungen nach Besprechung mit dem Marketing-Leiter, um die Effizienz der Werbekampagne auch unter veränderten Marktbedingungen aufrechtzuerhalten.
10. Periodische Analyse des Verhältnisses von Werbekosten zu Veränderungen des Umsatzes und Empfehlungen an den Marketing-Leiter für Verbesserungen, um das Verhältnis den gewünschten Standards und dem Unternehmensdurchschnitt anzupassen.

11. Anleitung des Leiters der Verkaufsförderung für eine kostengünstige Erstellung von verkaufsstarkem Material für spezielle Verkaufsförderungskampagnen.
12. Anregung für Untersuchungen zur Messung von Verbrauchereinstellungen gegenüber dem Produkt im Vergleich zur Konkurrenz.
13. Anregungen für Informationssammlungen über Verpackungsgrößen, Verpackungsgestaltung, Reaktion auf Verkaufsförderungs- und Werbekampagnen und über Marktentwicklungen. Durchführung dieser Informationssammlung durch spezielle Marktforschungsprogramme nach Genehmigung durch den Marketing-Leiter und Präsentation der Ergebnisse.

2.7.1.2.1 Verkauf

14. Analyse der durch die Verkaufsorganisation für die überantworteten Produkte aufgewandten Verkaufszeit.
15. Nach Genehmigung durch den Marketing-Leiter Planung, Entwicklung und Präsentation an die Verkaufsorganisation von zeitlich entsprechend abgestimmten Werbe- und Verkaufsförderungskampagnen zur optimalen Ausnutzung dieser Verkaufszeit.
16. Nach Genehmigung durch den Marketing-Leiter Durchführung von regionalen Verkaufsförderungskampagnen.
17. Nach Abstimmung mit dem Marketing-Leiter Treffen von wichtigen kurzfristigen Entscheidungen zur Aufrechterhaltung der Effizienz der Verkaufsorganisation auch unter veränderten Marktbedingungen.
18. Regelmäßige Information des Verkaufsmanagements in der Zentrale und in den Verkaufsbezirken über die Vorratslage, Preisstruktur, Werbe- und Verkaufsförderungspläne, Verpackungsänderungen, Wettbewerbsbedingungen und andere Faktoren, die den Erfolg der Produkte beeinflussen.
19. Periodische Analyse der Verkaufskosten, der Distribution, der Umsätze nach Bezirken und/oder Kundengruppen zur Messung der Effizienz der Verkaufsorganisation. Nach Zustimmung durch den Marketing-Leiter Empfehlung von Korrekturmaßnahmen.
20. Periodische Analyse von Marktentwicklungen, die Verkaufsprobleme aufwerfen. Empfehlung von verkäuferischen, werblichen und verkaufsfördernden Maßnahmen an das Verkaufsmanagement zur Lösung dieser Probleme.
21. Periodische Handelskontakte zur Feststellung von Verbraucherreaktionen, Aktionen der Konkurrenz, Produktentwicklung der Konkurrenz und allgemeinen Entwicklungen des Handels und des Marktes aus erster Hand. Dies beinhaltet auch die Arbeit mit den Verkäufern und die detaillierte Beobachtung von: Marktentwicklungen einschließlich der Distribution und der Preise, neuen Produkten, Einstellungen des Handels und Probleme, Verwendung von PoS-Material, Wirksamkeit der Werbung, Effizienz des Verkaufs, Maßnahmen der Konkurrenz.
22. Unter Verwendung von Marktforschungsdaten, Untersuchungen, Handelsinformationen, Verkaufsberichten und anderen Quellen, Beurteilung der Wettbewerbssituation und Ableitung von Verbesserungsmaßnahmen.

23. Unter Aufsicht des Marketing-Leiters und nach Abstimmung mit der Rechtsabteilung, der Werbeabteilung und anderen, interessierten Gruppen Durchführung von Wettbewerben.

2.7.1.2.2 Produktion und Versand

24. Nach Zustimmung des Marketing-Leiters Festlegung von Produktionsplanungen zusammen mit dem Produktionsmanagement zur Gewährleistung einer optimalen Auslastung der Produktionskapazitäten und kontinuierlichen Versorgung der Verbraucher. Durchführung dieser Planungen durch schriftliche Produktionsanforderungen.
25. Nach Zustimmung durch den Marketing-Leiter Abstimmung der Verkaufsplanung auf die Produktionsplanung auf der Basis der Marketing-Aktivitäten des Marketing-Planes.
26. Kontinuierlicher Kontakt zur Produktion zur Feststellung von Planabweichungen und Kostenentwicklungen. Nach Abstimmung mit dem Marketing-Leiter Empfehlung von notwendigen Änderungen.
27. Information der Verkaufsorganisation über den Verkauf beeinflussende Änderungen in der Vorratslage.
28. Nach Zustimmung durch den Marketing-Leiter und Abstimmung mit der Verkaufsorganisation Entwicklung von Versandplänen für jedes Produkt zur Sicherstellung einer kontinuierlichen Versorgung der Verbraucher bei gleichzeitiger Minimierung der Lager- und Transportkosten.

2.7.1.2.3 Preisbildung

29. Preisempfehlungen an den Marketing-Leiter, welche einen maximalen Gewinn versprechen, die unter Beachtung nationaler und regionaler Konkurrenten wettbewerbsfähig sind und eine gute Basis für weiteres Wachstum bilden.
30. Analyse und Information über Konkurrenzpreise, um kontinuierlich über Stärken und Schwächen der Konkurrenz informiert zu sein.

2.7.1.2.4 Budget und Schätzung

31. Erstellung von Entwürfen für 3-Monats-Budgets, Jahresbudgets und Verlust- und Gewinnschätzungen, die dem Marketing-Leiter zur Genehmigung vorgelegt werden. Unterstützung des Marketing-Leiters und der Unternehmensleitung bei der Zusammenstellung von Fakten, Zahlen und Übersichten für Budgetbesprechungen mit dem Verkaufsmanagement, das für die tatsächliche Erzielung verantwortlich ist.
32. Erstellung von monatlichen und vierteljährlichen Werbebudgets und Schätzungen für das Jahresbudget zur Vorlage an den Marketing-Leiter. Nach der Genehmigung Kontrolle, daß die Ausgaben innerhalb der Budgetgrenzen bleiben.
33. Untersuchung der Werbeausgaben nach möglichen Einsparungen.

34. Erklärungen für den Marketing-Leiter bei Budget- und Schätzungsabweichungen. Erstellung von Gewinn- und Verlustrechnungen auf der Basis dieser Abweichungen.

2.7.1.2.5 Forschung und Entwicklung

35. Unterstützung des Marketing-Leiters bei der Festlegung und Entwicklung von Qualitätsstandards zusammen mit der Forschungs- und Entwicklungsabteilung.
36. Teilnahme an Labortests und Analyse von Berichten, um sicherzustellen, daß die Interessen der Produkte, wie sie in den Marketing-Plänen niedergelegt sind, gewährt bleiben.
37. Erstellung und Empfehlung an den Marketing-Leiter für systematische Analyse von Konkurrenzprodukten, um Produktvorteile oder -nachteile feststellen zu können. Dies kann entweder durch Laboruntersuchungen, Verbrauchertests, Testpanels oder ähnlich repräsentative Untersuchungen erfolgen.
38. Unterstützung des Marketing-Leiters für Empfehlungen von technischen Verpackungsverbesserungen, Senkungen der Verpackungskosten oder die Entwicklung völlig neuer Verpackungssysteme.
39. Sicherstellung der Zustimmung des Verpackungskomitees, bevor Verpackungsänderungen an die Produktion weitergeleitet werden.
40. Anordnungen zur Optimierung der Leistungen des Kundendienstes

2.7.1.2.6 Allgemeines

41. Überwachung und Bearbeitung aller Reklamationen von der ersten Analyse der Fakten bis zur endgültigen Beseitigung der Ursachen.
42. Monatliche Übersicht der Reklamationen.
43. Erarbeitung von Marketing-Zielen pro Produkt für den Marketing-Leiter einmal im Jahr und monatliche Fortschrittsberichte gegenüber den festgelegten Zielen.
44. Zusammenarbeit mit der Administration bei der Analyse der wichtigsten, gewinnbeeinflussenden Kostenfaktoren mit anschließend entsprechenden Empfehlungen an den Marketing-Leiter.
45. Herstellung und Aufrechterhaltung wichtiger Kontakte bei Handels- und Industrieversammlungen zum Vorteil für Unternehmen und Produkte.
46. Verfolgung aller produktverwandten neuesten Entwicklungen in Handel und Industrie.
47. Empfehlung und Durchführung von für Unternehmen und Produkt vorteilhaften Messen, Ausstellungen und Veranstaltungen.
48. Nach den Anweisungen des Marketing-Leiters Planung, Durchführung und Kontrolle in Zusammenarbeit mit anderen Abteilungen der Entwicklung neuer Produkte. Entwicklung, Durchführung und Kontrolle von Marketing-Plänen für diese Produkte. Prüfung und Beurteilung der Ergebnisse. Empfehlung von neuen Projekten.

2.7.1.3 Erfahrungsübersicht

Die Durchführung der unter 2.7.1.2 genannten Aufgaben erfordert spezielle Kenntnisse und Erfahrungen des Produkt-Managers in folgenden Gebieten. Es wird dabei unterschieden zwischen speziellen Kenntnissen, weitreichenden Erfahrungen und allgemeiner Vertrautheit, also gewissen Abstufungen in den Anforderungen.

	Umfang der Anforderungen		
	spezielle	weitreichende	allgemeine
Aufgaben	Kenntnisse	Erfahrungen	Vertrautheit
Buchhaltung			10, 19, 26, 29–34, 44
Einkauf			11
Forschung u. Entwicklung		35, 36, 40, 48	
Managementaufgaben			1, 14
Marktforschung		10, 13, 22	
Naturwissenschaften			35, 36, 48
Produktion		24, 26, 48	
Public Relations		7, 45, 47	
Rechtswissenschaft			1–3, 8, 9, 17, 23, 29–30
Verbraucher	1–3, 12, 13, 21		
Verkaufsförderung	14–23, 29, 30, 48		
Verkaufsmanagement		14–23	
Versand		28	
Werbung	1–13		
Wirtschaftswissenschaften		5, 10, 18	

2.7.1.4 Aufgabenanalyse

1. Nachstehend sind alle Aufgaben angeführt, die besonders komplex und schwierig sind: 1, 2, 3, 14, 15, 24, 25, 29, 31, 48.
2. Nachstehend sind alle Aufgaben angeführt, die besondere Anforderungen an die Initiative, Vorausschau, Kreativität und Planung stellen: 1, 2, 3, 7, 14, 15, 21, 24, 26, 31, 32, 48.
3. Nachstehend sind alle Aufgaben angeführt, die entweder die Entwicklung oder die Genehmigung spezieller Planungen für bestimmte Marketing-Aktivitäten bedingen:
   a. Entwicklung und Präsention von Planungen für die Werbe-, Preis-, Verkaufsförderungs- und Verkaufsmaßnahmen für die überantworteten Produkte.
   b. Zusammenfassung der unter a. aufgeführten Marketing-Aktivitäten im Marketing-Plan.
   c. Umsetzung des Marketing-Planes in eine starke Wettbewerbsposition und die festgelegten Umsatz- und Gewinnziele.
4. Nachstehend sollten im einzelnen diejenigen Praktiken, Gewohnheitsregeln und organisatorischen Maßnahmen angeführt werden, auf die sich der Produkt-Manager bei der Durchführung seiner Aufgaben stützen kann. (Es handelt sich hier um unternehmensindividuelle Regeln, die sich einer zusammengefaßten Darstellungsform entziehen.)

5. Nachstehend sind die verschiedenen möglichen Ebenen an Kontrolle angeführt:

   — Sehr allgemein. Mitarbeiter dieser Kontrollebene diskutieren niemals spezielle Probleme mit ihrem Vorgesetzten. Planungen werden nur unter besonderen Bedingungen besprochen. Bei ihren Entscheidungen lassen sie sich im wesentlichen nur von allgemeinen Unternehmensgrundsätzen leiten.

   — Allgemein. Mitarbeiter dieser Kontrollebene diskutieren ebenfalls sehr selten spezielle Probleme mit ihrem Vorgesetzten, lassen aber im allgemeinen ihre Planungen durch den Vorgesetzten genehmigen.

   X

   — Speziell. Mitarbeiter dieser Kontrollebene erhalten durch ihren Vorgesetzten die Genehmigung für Entscheidungen im Rahmen festgelegter Zielsetzungen, werden dabei aber oft über die erzielten Fortschritte befragt und gelegentlich überprüft.

   — Sehr speziell. Mitarbeiter dieser Kontrollebene müssen sich strikt an die Anweisungen ihres Vorgesetzten halten, der sie über ihre Aufgaben informiert, sie festlegt und kontinuierlich überwacht.

2.7.1.5 Verantwortungsanalyse

Nachstehend sind alle Aufgaben angeführt, die in folgender Hinsicht besondere Verantwortung gegenüber dem Unternehmen bedingen:

1. Für die Mitarbeiter hinsichtlich der Durchführung, Planung, Organisation, Beziehung und Koordinierung
   Aufgaben: 1, 2, 3, 14, 15, 24, 26, 27
2. Für die Märkte und Produkte hinsichtlich Initiative, Verkauf, Planung, Werbung, Preisbildung, Verhandlungen, Kundendienst und Korrespondenz
   Aufgaben: 1, 2, 3, 15, 16, 19, 20, 35, 48
3. Für das Kapital hinsichtlich Einsatz, Ausdehnung und Kontrolle. Für das Vermögen hinsichtlich der Auswahl, Einsatz, Ausdehnung, Planung, Versand, Überprüfung und Verwendung
   Aufgaben: 3, 11, 24, 29, 30, 32, 33, 34, 35, 48
4. Für die Empfehlungen hinsichtlich Erstellung, Erklärung, Sicherstellung, Genehmigung und Analyse
   Aufgaben: 10, 13, 19, 22, 30, 33, 34, 44
5. Für die Methoden hinsichtlich Empfehlung, Erstellung, Auswahl, Verbesserung, Koordinierung, Anwendung, Aufrechterhaltung
   Aufgaben: 1, 2, 7, 14, 15, 34, 36, 38
6. Für Beziehungen außerhalb des Unternehmens hinsichtlich Information, Beeinflussung, Überzeugung und Erklärung
   Aufgaben: 1, 2, 7, 21, 45, 46, 47

2.7.1.6 Bemerkungen

1. Hier sollten wichtige Faktoren angeführt werden, die noch nicht aufgezeigt worden sind. (Es wird sich wiederum überwiegend um unternehmensindividuelle Faktoren handeln.)
2. Hier sollte der Marketing-Leiter zusätzliche Informationen anfügen.

2.7.2 Produktgewinn — Plan für ein Produkt

2.7.2.0 Allgemeines

Der Produkt-Gewinn-Plan zeigt die Marketing-Aktivitäten auf, deren Anwendung einerseits zu Gewinnen, aber andererseits auch zu Aufwendungen für das Unternehmen, bezogen auf ein bestimmtes Produkt, führen.

Dieses schriftliche Dokument:

1. untersucht die entscheidenden Faktoren der gegebenen Marketing-Situation für das Produkt
2. determiniert die Probleme einerseits und die Möglichkeiten andererseits dieser Situation
3. entwickelt eine langfristige Marketing-Strategie zur Lösung der Probleme und Ausnutzung der Möglichkeiten
4. zeigt die kurzfristigen Produkt-, Preis-, Werbe- und Verkaufsstrategien auf, deren Einsatz der Erreichung der langfristigen Marketing-Strategie dient
5. deutet auf die Verbesserung der Gewinnsituation durch den Einsatz dieser Strategien hin

2.7.2.1 Die Analyse der gegebenen Marketing-Situation

Entsprechend den vorhandenen und zu erlangenden Informationen werden sich Unterschiede in Quantität und Qualität der Produkt-Gewinn-Pläne ergeben.

1. Die Entwicklung von Umsatz und Gewinn
   Die Entwicklung der vergangenen Absätze, Umsätze und Gewinne sollten, wenn möglich, über einen Zeitraum von mindestens 5 Jahren aufgezeigt werden. Die Veränderungen sollten jeweils eingehend erläutert werden.
2. Das Marktpotential
   Das Marktpotential sollte nach Möglichkeit basierend auf ausreichenden Fakten bestimmt werden.
3. Die Marktposition
   Die gegenwärtige Marktposition sollte offen im Hinblick auf den Marktanteil, das Produkt-Image, den Preis, die Einstellung des Handels usw. dargelegt werden.
4. Der Produktvergleich
   Die einzelnen Aspekte des Produktes sollten im Hinblick auf die Konkurrenzprodukte analysiert und eingestuft werden. Auf erforderliche Verbesserungen sollte nachdrücklich hingewiesen werden.

5. Die Verbrauchereinstellung
Zunächst sollten die eigentlichen Verbrauchergruppen aufgezeigt werden. Ihre Einstellungen zum Produkt und in der Zukunft möglicherweise zu erwartenden Veränderungen in den Verbrauchergruppen und ihren Einstellungen sollten angeführt werden.
6. Der Werbe- und Verkaufsförderungsvergleich
Die Werbe- und Verkaufsförderungsanstrengungen der letzten 5 Jahre sollten dargelegt werden. Erfolge und Mißerfolge sollten dabei besonders hervorgehoben werden.
7. Der Verkaufsvergleich
Hier sollten die Verkaufsbemühungen mit denen der Konkurrenz in den letzten 5 Jahren verglichen werden. Damit ist nicht eine Einzelbeurteilung der Verkäufer genannt, sondern die Stärke der Verkaufsorganisation die Marketing-Strategie in Umsätze umzumünzen.
8. Schlußfolgerungen
Dieses ist der wichtigste Abschnitt der Analyse der gegebenen Marketing-Situation. Jedes Zusammentragen von Fakten ist wertlos, wenn die anschließende Analyse nicht zu Schlußfolgerungen führt. Es genügt in der Regel, auf ein bis zwei Seiten anhand der wichtigsten Fakten einige sehr präzise Schlußfolgerungen über die vergangene Entwicklung des Produktes zu machen. Gerade an dieser Stelle sollten Verallgemeinerungen besonders sorgfältig vermieden werden.

2.7.2.2 Probleme und Möglichkeiten

Aus den auf Fakten basierenden präzisen Schlußfolgerungen lassen sich unmittelbar die Probleme des Produktes ableiten. Die Kehrseite eines jeden Problems ist aber eine bestimmte Möglichkeit und diese werden im Anschluß an die Probleme aufgezählt.

2.7.2.3 Die langfristige Marketing-Strategie

Die langfristige Marketing-Strategie zeigt auf, was unternommen werden muß, um einerseits die Probleme zu lösen und andererseits die aufgezeigten Möglichkeiten zu nutzen. Auch hier sollten die Ausführungen kurz und präzise sein. Die vorgeschlagenen Methoden und die Zielsetzungen sollten deutlich zum Ausdruck kommen.

Häufig sind folgende Ausführungen in diesem Zusammenhang anzutreffen: Es wird ein maximaler Gewinn bei minimalen Investitionen angestrebt. Die Werbung und Verkaufsförderung sollen die Produkteigenschaft optimal darstellen und somit einen maximalen Erfolg garantieren. Die Verkaufsbemühungen werden sich auf die Gebiete konzentrieren, die eine optimale Ausschöpfung des vorhandenen Potentials versprechen. Es werden alle Anstrengungen unternommen werden, um die sich bietenden Chancen der Gewinnerzielung und -verbesserung zu nutzen.

Diese Feststellungen können praktisch für jeden Produkt-Gewinnplan getroffen werden. Sie sind viel zu allgemein und somit völlig überflüssig. Es sollte z. B. detailliert erläutert werden, warum ein bestimmtes Gebiet besonders gute Umsatzchancen verspricht und wieviele Verkäufer zusätzlich eingesetzt werden, um diese Reserven überproportional zu nutzen. Die langfristige Marketing-Strategie ist eine Art Kurzfassung des Marketing-Planes. Sie bildet die Grundlage für die kurzfristigen Einzelstrategien.

Es ist ziemlich unwahrscheinlich, daß eine gute Marketing-Strategie ohne erheblichen Aufwand an Zeit für Diskussionen und Nachdenken erstellt werden kann. Es ist durchaus normal, mehrere Entwürfe anzufertigen und erst allmählich die grundlegende Konzeption herauszuarbeiten. Die langfristige Marketing-Strategie sollte sich zumindest auf die kommenden drei Geschäftsjahre erstrecken. Dabei ist es selbstverständlich, daß die Planungen für das kommende Geschäftsjahr am ausführlichsten dargelegt werden.
Auf jeden Fall sollte die langfristige Marketing-Strategie die angestrebten Absätze, Umsätze und Gewinne für die kommenden drei Jahre aufzeigen. Sie sollte ferner eindeutig festlegen, wer für die Erreichung dieser Ziele verantwortlich gemacht wird und welcher Umfang an Entscheidungsbefugnis und Verantwortung delegiert wird.

2.7.2.4 Die kurzfristigen Einzelstrategien

Diese kurzfristigen Einzelstrategien sollten die einzelnen Aktivitäten erläutern und die Kosten anführen, die im kommenden Geschäftsjahr unternommen werden, um die in der langfristigen Marketing-Strategie festgelegten Ziele zu erreichen.

1. Produktstrategie
   Hier wären z. B. Qualitäts- oder Verpackungsänderungen zu nennen.
2. Preisstrategie
   Hier wären z. B. Preis- oder Spannenveränderungen anzuführen.
3. Werbe- und Verkaufsförderungsstrategie
   Hier wären z. B. Verbesserungen in der Mediaplanung und im PoS-Material zu erläutern.
4. Verkaufsstrategie
   Hier wäre z. B. eine Veränderung in der Größe der Verkaufsorganisation zu begründen.

2.7.2.5 Die Gewinnsituation

Der Einsatz der kurzfristigen Einzelstrategien wird einerseits die Absatz-, Umsatz- und Gewinnsituation beeinflussen, andererseits bringt dieser Einsatz Kosten mit sich. Aus dieser Gegenüberstellung läßt sich eine detaillierte Gewinnschätzung für das kommende Geschäftsjahr ableiten, die mit den tatsächlichen Ergebnissen des vergangenen und den vorläufigen Ergebnissen des laufenden Geschäftsjahres verglichen werden sollte. Anschließen sollte sich eine Gewinnschätzung der dann kommenden beiden Geschäftsjahre, die zwangsläufig etwas grober sein muß.

2.7.3 Produktplan

Der Produktgewinn ist letztlich das Ergebnis eines erfolgreichen Produktplanes. Die Ausführung und der Grad an Detailliertheit eines Produktplanes variieren mit der Art des Produktes, für die er erstellt werden mußte. Einen gewissen Anhaltspunkt für die Aufstellung eines Produktplanes gibt die formularhafte Übersicht, die wegen der Bedeutung dieses technischen Hilfsmittels gesondert an das Ende des Buches gestellt wurde (siehe Anhang).

Lösungen der Aufgaben
22 bis 53

Lösung der 22. Aufgabe

Der Marketing-Plan.

Lösung der 23. Aufgabe

Erfordert die Situation einen Werbeleiter oder kann der Marketing-Leiter zusätzlich zu seinen anderen Verantwortungen auch die Funktion des Werbeleiters übernehmen? Erfordert die Anzahl und die Verschiedenartigkeit der Produkte ein Produkt-Manager-System? Wenn ja, wieviel Produkt-Manager sollten eingestellt werden? Sollte der Werbeleiter Linien- oder Stabsfunktionen erhalten? Mit welchem Prinzip sollten die Produkt-Manager operieren? Wie breit sollte ihr Verantwortungsbereich und vor allem ihre Entscheidungsbefugnis ausgelegt werden? Welche Verantwortung sollten sie über die Werbung haben? Welchen Einfluß sollte der Produkt-Manager auf Entscheidungen hinsichtlich der Werbung nehmen? Soll er den Empfehlungen des Werbeleiters folgen?

Welche Aufgabe wird der Werbeagentur zuerteilt? Soll sie in alle Marketing-Bereiche eingeschlossen werden oder soll sie sich nur auf die Schaffung und Durchführung der Werbung konzentrieren? In welchem Umfang sollte die Werbeagentur Empfehlungen zur Marketing-Strategie geben? Welche Stellung sollte die Werbeagentur bei der Vorbereitung des Marketing-Planes einnehmen? Mit wem sollte die Werbeagentur normalerweise Kontakt halten und unter welchen Bedingungen? Wenn überhaupt, sollte die Werbeagentur berechtigt sein, mit höheren Ebenen des Managements Kontakt aufzunehmen?

Lösung der 24. Aufgabe

Keine (siehe fortlaufenden Text auf Seite 66 f.).

Lösung der 25. Aufgabe

Das Gehalt sollte sich nicht an den Durchschnitt einer Gruppe anlehnen, sondern auf der Basis des wirklichen Erfolges bestimmt werden. Dabei ist die Beurteilung der persönlichen Leistung und die anschließende Besprechung mit dem Mitarbeiter außerordentlich wichtig. Sie tragen dazu bei, daß jene, deren Leistung zufriedenstellend war, entsprechend bezahlt werden, daß außerordentliche Leistungen auch außerordentlich honoriert werden. Andererseits bieten sie auch eine, wenn auch nicht immer akzeptierte Begründung für das Ausbleiben einer Gehaltserhöhung.

Lösung der 26. Aufgabe

Simultanes Funktionssystem hier im Marketing bedeutet das gleichzeitige interdependente Zusammenwirken der einzelnen Marketing-Funktionen, wie Produktplanung,

Preisbildung, Werbung und Vertrieb. Simultan beinhaltet dabei, daß Veränderungen, die bei einer Funktion vorgenommen werden, gleichzeitig alle anderen Funktionen betreffen und nicht, wie z. B. in der Mathematik, kausal ein Schritt nach dem anderen erfolgen kann.

Lösung der 27. Aufgabe

Folgende Unternehmensbereiche lassen sich anführen: Marketing, Forschung und Entwicklung, Produktion, Einkauf, Finanzen, Rechtsabteilung und Personalabteilung.

Lösung der 28. Aufgabe

Durch den Marketing-Plan.

Lösung der 29. Aufgabe

Wo stehen wir jetzt? In welche Richtung wollen wir gehen? Welche Möglichkeiten haben wir, dort hinzugelangen und welche Hindernisse gilt es zu überwinden? Wieviel wird das kosten? Wie lange wird das dauern und wieviel Gewinn können wir dabei erzielen?

Lösung der 30. Aufgabe

Die erste Frage, die zu beantworten ist, lautet: Auf welche Mitarbeiter sollte der Marketing-Leiter Verantwortung delegieren?

Lösung der 31. Aufgabe

Er interpretiert die Unternehmenspolitik soweit sie sein Produkt vertritt. Er informiert alle Bereiche des Unternehmens und Stellen außerhalb des Unternehmens über diese Unternehmenspolitik und interpretiert sie speziell im Hinblick auf die Werbung, Verkaufsförderung, Produktion, Verpackung, Preisbildung und Distribution. Er empfiehlt Änderungen dieser Politik, wenn die Wettbewerbssituation solche erfordert.

Lösung der 32. Aufgabe

Er erstellt den ersten Entwurf des Produktplanes, der den Gewinnplan enthält und bespricht diesen Plan mit seinem Vorgesetzten. Er empfiehlt die kurz- und langfristigen Ziele, die Marketing-Strategie. Er legt diese Planung seinem Vorgesetzten zur Genehmigung vor.

Lösung der 33. Aufgabe

Er koordiniert die Erstellung detaillierter Kosten, Schätzungen für jede sein Produkt betreffende Aktivität, inklusive Produktion, Verkauf, Werbung Marktforschung, Finanzierung und Distribution. Er erstellt die Umsatzschätzungen und empfiehlt Kontrollmaßnahmen zur Beurteilung der effektiven gegenüber der geplanten Situation.

Lösung der 34. Aufgabe

Er integriert alle Aktivitäten von der Produktentwicklung bis zum endgültigen Verkauf. Er arbeitet kontinuierlich an Produktverbesserungen und empfiehlt die Aufgabe rückläufiger Produkte. Er handelt als Ratgeber vom frühesten Stadium der Entwicklung des Produktes über das Testmarktstadium bis hin zur nationalen Einführung. Er koordiniert Aktivitäten, wie Verkauf, Werbung, Marktforschung, Produktion und Finanzierung.

Lösung der 35. Aufgabe

Er versorgt die Verkäufer mit Informationen, Point of Sale-Material mit speziellen Rabatten und wenn notwendig, unterstützt er die Verkäufer bei Abschlüssen mit größeren Kunden.

Lösung der 36. Aufgabe

Er übernimmt die direkte Kontrolle und agiert als Bindeglied zwischen der Marktforschung und der Produktentwicklungsabteilung. Er empfiehlt neue Produktideen, Produktänderungen, Preisänderungen und die Aufgabe von Produkten.

Lösung der 37. Aufgabe

Er entscheidet über die Werbung für sein Produkt und arbeitet eng mit der Werbeagentur zusammen. Er entwickelt die Werbebotschaft zusammen mit der Agentur und gewährleistet die Ausstrahlung der Werbung.

Lösung der 38. Aufgabe

Er entwickelt spezielle Anzeigenkampagnen in Verbindung mit speziell ausgerichtetem Point of Sale, Werbematerial, Sonderangeboten für den Handel; führt Verkaufswettbewerbe für Verbraucher und eigene Verkaufsorganisationen durch; initiiert spezielle Kampagnen für Saisonartikel oder für neue Kundengruppen und neue Märkte.

Lösung der 39. Aufgabe

Führt Änderungen in der Größe, Form, Farbe usw. durch, allerdings in enger Beziehung zum bestehenden oder gewünschten Image des Produktes.

Lösung der 40. Aufgabe

Er empfiehlt entsprechende Vorratsmengen und die Verteilung des Vorrats auf regionale Lager; er verändert diese Bestände regional bei bestimmten erhöhten Anforderungen; er entwickelt spezielle Verkaufsförderungsmaßnahmen für Produkte, die sehr langsam verkauft werden und für Ausverkäufe von Produkten, die aufgegeben werden; er schafft entsprechend hohen Vorrat für bestimmte saisonale Höhepunkte und gibt der Produktion frühzeitig entsprechende Anweisungen.

Lösung der 41. Aufgabe

Er versorgt die Verkäufer mit Katalogen, Produktspezifikationen; informiert sie über Produktänderungen und geänderte technische Zeichnungen und Ersatzteillisten; er versendet Verkaufsinformationen und informiert über neue Anwendungsgebiete.

Lösung der 42. Aufgabe

Er nutzt seine Produktkenntnis und Markterfahrung zur Erstellung von Wettbewerbsangeboten unter besonderer Beachtung der Gewinnerzielung und der Wettbewerbsfähigkeit der Preise; er stimmt kurz- und langfristige Ziele aufeinander ab; er entscheidet über niedrige Erstauftragspreise in der Hoffnung auf die Gewinnerzielung durch Anschlußaufträge; er empfiehlt Kostensenkungen, die Preisreduzierungen ermöglichen ohne Reduzierung des Gewinns.

Lösung der 43. Aufgabe

Er unterstützt die Verkäufer bei Präsentationen für bedeutende Kunden, seine bessere Produktkenntnis und umfassendere Erfahrung kann die Entscheidung des Kunden dabei sehr wesentlich beeinflussen.

Lösung der 44. Aufgabe

Er besucht Messen und Zusammenkünfte des Handels; er liest die entsprechenden Fachzeitschriften und entwickelt freundschaftliche Beziehungen zu Kollegen in anderen Unternehmen, zu Verkäufern und Lieferfirmen; er bemüht sich seine Produktkenntnisse ständig auf dem laufenden zu halten, ebenso wie seine Kenntnisse der Märkte und der neuesten Entwicklungen in Verpackung, Verkaufsförderung und Distribution; er bemüht sich aktiv um Handelskontakte und ist häufig in der Lage, Wettbewerbsaktivitäten vorauszuahnen und entsprechende Aktionen einzuleiten.

Lösung der 45. Aufgabe

Return on Investment ist ein Beurteilungsmaßstab für den Erfolg von Investitionen und drückt den Gewinn aus in Prozenten, den die Investition in einer gegebenen Zeitperiode erzielt.

Lösung der 46. Aufgabe

Ist das Produkt gewinnträchtig genug, um die Aufmerksamkeit und Kosten eines Produkt-Managers zu verdienen? Wird sich die zusätzliche Arbeit bezahlt machen?

Lösung der 47. Aufgabe

Kann das Produkt zu wirtschaftlichen Kosten hergestellt werden? Ist der Markt groß genug? Besteht ein Patent, oder läßt sich ein Patent herstellen?

Lösung der 48. Aufgabe

Im wesentlichen Marktforschung durch Marktforschungsinstitute und die Werbung, die durch Werbeagenturen wahrgenommen wird. Hinzukommen kann noch die Entwicklung von Point of Sale, Werbematerial durch spezielle Unternehmen und sogar die Entwicklung neuer Produkte oder von Produktideen.

Lösung der 49. Aufgabe

In bestimmten Zeitabständen stattfindende Planungsbesprechungen um einerseits die Zeitaufwände für die einzelnen Produkte festzulegen und andererseits die Verantwortungsbereiche zu definieren.

Soweit erforderlich Besprechungen zwischen dem Produkt-Management und den Mitarbeitern in anderen Funktionen, um unvorhergesehene Probleme zu lösen.

Schriftlich fixierte Anweisungen um die Beziehungen zwischen den Produkt-Managern und den Spezialisten in anderen Funktionen klarzulegen.

Die Ernennung von Kontaktpersonen in den anderen Funktionen für den Produkt-Manager, um seine Anstrengungen zu unterstützen und den Zeitaufwand zur Durchführung zu reduzieren.

Die Entscheidung über Empfehlungen einzelner Produkt-Manager sollten im Team vorgenommen werden, um einzelne Produkt-Manager nicht zu bevorzugen.

Lösung der 50. Aufgabe

Wenn es ausreichende aber noch nicht wahrgenommene Gewinnmöglichkeiten bei einem bestimmten Produkt oder einer Produktgruppe gibt, um die volle Aufmerksamkeit eines Produkt-Managers zu rechtfertigen.

Wenn die gegenwärtige Organisationsstruktur nicht gewährleistet, daß ausreichende Anstrengungen unternommen werden, um die Gewinnerzielung für jedes einzelne Produkt zu optimieren.

Wenn die Ausrichtung der Organisation nach Funktionen zu einer überhöhten Anzahl von Spezialisten geführt hat und die Koordinierung ihrer Bemühungen im Hinblick auf den Erfolg des einzelnen Produktes zu wünschen übrig läßt.

Wenn Umsatz und grundlegende Faktoren einzelner Produkte eine eigene Produktion, Verkaufsorganisation, Einkauf, Forschung und Entwicklung und Finanzabteilung nicht rechtfertigen.

Lösung der 51. Aufgabe

Der Verantwortungsbereich der Positionen muß klar definiert werden.

Der Zeitraum für die Einführung muß festgelegt werden.

Es muß eine richtige Personalauswahl für die einzelnen Positionen getroffen werden.

Das neue organisatorische System muß allen Mitarbeitern eingehend erläutert werden.

Lösung der 52. Aufgabe

1. Die Wirksamkeit, Effizienz und Sparsamkeit seiner Aktivitäten sollten hinsichtlich der Ist-Zahlen gegenüber den Soll-Zahlen des Budgets verglichen werden.

2. Der Umfang seiner Entscheidungsbefugnis, die er errungen hat, sollte im Hinblick auf die Kooperation und das Vertrauen, das er von anderen Mitarbeitern erhält, beurteilt werden.

3. Die Qualität seiner Planung für die Produkte sollte im Hinblick auf die Aufnahmebereitschaft der Verbraucher für neue oder geänderte Produkte gemessen werden.

4. Die Wirksamkeit seiner Dienstleistungen für seine Produkte sollte im Hinblick auf die Reaktion der Verbraucher, mit denen er Probleme und Beschwerden zu lösen hat, beurteilt werden.

5. Die Weitsicht und Sorgfalt, die er bei der Festlegung von Vorausschätzungen, Zielsetzungen oder Programmen zeigt, sollte berücksichtigt werden.

6. Die Wirksamkeit seiner Mitteilungen im Hinblick auf die Beseitigung von Schwächen oder die Verbesserung von Marketing-Ergebnissen sollte genauestens analysiert werden.

7. Die Art wie er die Interessen seiner Produkte und seines Unternehmens innerhalb oder außerhalb des Unternehmens vertritt, sollte ebenfalls berücksichtigt werden.

Lösung der 53. Aufgabe

Hier wären vor allem zu nennen Procter & Gamble, Unilever und General Foods.

3. Die Marketing-Funktionen: Instrumente der Marketing-Strategie

3. Die Bestimmung der Hauptfunktionen

Die Bestimmung der Hauptfunktionen des Marketing muß auf einer marketing-orientierten Organisation des Unternehmens basieren; sie erfordert dann die Aufstellung eines marktorientierten Unternehmensplanes, aus dem alle Teilpläne, also auch der eigentliche Marketing-Plan abgeleitet werden. Marketing setzt sich fort mit der Entscheidung über die Marketing-Strategie zur Erreichung der Marketing-Ziele. Wenn Marketing als die Führung des Unternehmens vom Absatzmarkt her definiert wird, dann sind alle diejenigen Teilaufgaben als Marketing-Funktionen anzusehen, die unmittelbar dieser Aufgabe dienen.

Die Fixierung der unternehmerischen Aufgabe durch das Marketing als: Erforschung, Sichtbarmachung und Befriedigung der Verbraucherbedürfnisse zu optimalen Unternehmensgewinnen, bedingt zunächst die Sichtbarmachung der Verbraucherbedürfnisse. Die quantitative und qualitative Marktforschung ist somit die erste Hauptfunktion.

Die Marktforschung ist aber nicht Selbstzweck, sondern soll es dem Unternehmen ermöglichen, neue Produkte zu entwickeln oder die alten eingeführten Produkte durch Verbesserungen im jeweiligen Entwicklungsstand des Marktes anzupassen. Die Anregungen dazu kommen aus der Marktforschung oder werden zumindest durch die Marktforschung überprüft. Die Produktentwicklung, die diese Ergebnisse der Marktforschung aufgreift und zur Produktionsreife bringt, ist die zweite Hauptfunktion.

Soll das Produkt anderen Abnehmern angeboten werden, dann ist in der Marktwirtschaft eine Entscheidung über den Preis erforderlich. Diese Entscheidung könnte als Unterfunktion des Verkaufs oder vielleicht sogar der Produktentwicklung angesehen werden. Die Bedeutung der Preisfestlegung für die Erzielung von optimalen Unternehmensgewinnen und der erhebliche Gedankenaufwand, der erforderlich ist, lassen es als sehr zweckmäßig erscheinen, die Preisfestlegung als dritte Hauptfunktion anzuerkennen.

Auf das nun marktreife Produkt müssen die potentiellen Abnehmer aufmerksam gemacht werden. Diesem Zweck dient der Einsatz der Werbung. Sie kann eine direkte Verbindung zu den potentiellen Abnehmern herstellen und diese auf die neue oder verbesserte Möglichkeit der Bedürfnisbefriedigung hinweisen. Die Werbung, die neuen Produkten den Weg zu den Abnehmern ebnet, ist somit die vierte Hauptfunktion.

Das letzte und fünfte Instrument der Marketing-Strategie ist der Verkauf, der gewährleistet, daß der Abnehmer die Produkte, die ihm durch die Werbung neu bekannt gemacht wurden, oder an die er wieder erinnert wurde, auch dort vorfindet, wo er üblicherweise seine Einkäufe tätigt. Zur Aufgabe des Verkaufs gehört nicht nur die Bestimmung der Vertriebskanäle, sondern auch die Merchandising-Arbeit.

Die Durchführung der Marketing-Strategie in der Praxis erfolgt jedoch nicht in der logischen Reihenfolge der hier aufgezählten Hauptfunktionen, sondern sie ist vielfach verzahnt. So dienen die Ergebnisse der Marktforschung nicht nur der Produktentwicklung, sondern sie bestimmen auch die Aussage der Werbung. Die Entscheidung für einen bestimmten Absatzweg beeinflußt die Preisfestlegung. Die Preisfestlegung wirkt sich wiederum auf die Produktqualität aus. Die Entscheidung über die Produktqualität ist von Bedeutung für die Werbung. Es handelt sich hier also um ein interdependentes simultanes Funktionssystem, das für den Nichtfachmann außerordentlich schwierig zu verstehen ist. Es ist daher zweckmäßig, zunächst die Hauptfunktionen im einzelnen zu erläutern, bevor mittels der Netzplantechnik die Interdependenzen des simultanen Funktionssystems für neue und alte Produkte aufgezeigt werden.

3.1. Die Marktforschung

3.1.0 Definition der Marktforschung

Es ist zunächst erforderlich, den Umfang der Marktforschung zu definieren. Die Marktforschung hat, wie der Name sagt, die Erforschung des Marktes zur Aufgabe. Der Markt ist dabei der gedachte Ort, wo Angebot und Nachfrage zusammentreffen. Damit sind einmal das Angebot, und zwar sowohl das eigene wie das Konkurrenzangebot, wie die Nachfrage Forschungsobjekt der Marktforschung.

Hinzu kommen noch die Ergebnisse aus Angebot und Nachfrage, nämlich einmal rein quantitativ die Umsätze und zum anderen qualitativ die Images.

54. Aufgabe: *Was ist ein Image?*

Umsatz wie Image können erst nach der Produkteinführung ermittelt werden.

Die Erforschung der Nachfrage erstreckt sich zunächst auf die kaufkräftigen Bedürfnisse, den Bedarf. Daneben muß sie aber auch die nicht kaufkräftigen Bedürfnisse, die für die mittel- und langfristige Produktplanung von Bedeutung sein können, erfassen. Sowohl der Bedarf wie die nicht kaufkräftigen Bedürfnisse sind offene Bedürfnisse, d. h. sie sind den Verbrauchern ebenso wie die zu ihrer Deckung vorhandenen Güter bekannt. Neben diesen offenen Bedürfnissen gibt es noch die latenten Bedürfnisse. Das sind subjektive Mangelgefühle, die dem Konsumenten so lange nicht bewußt sind, wie er nicht durch das Angebot entsprechender Güter auf diese und die Möglichkeit ihrer Befriedigung hingewiesen wird.

55. Aufgabe: *Nennen Sie Beispiele für latente Bedürfnisse.*

Die Erforschung der Nachfrage zergliedert sich also in die Analyse von drei unterschiedlichen Bedürfnisarten. Die Erforschung des Angebotes teilt sich in die Analyse des Konkurrenzangebotes und im Vergleich dazu, die Analyse des eigenen Angebotes auf. Die Analyse des eigenen Angebotes aber bedingt, daß das Produkt den Abnehmern vorgestellt wird. Diese Vorstellung erfolgt vor der Einführung des Produktes mit dem Ziel, bestimmte Reaktionen der Verbraucher kennenzulernen, um sie bei den weiteren Arbeiten an der Produktenwicklung berücksichtigen zu können. Die einzelnen Elemente eines Produktes, die Produktgestaltung, Verpackung, der Preis, die Werbung und auch die einzelnen Verkaufsprobleme, können nur vor der Einführung getestet werden, da nachher ein Integrationsprozeß zwischen diesen, der Erfahrung mit dem Produkt, den dynamischen Änderungen aufgrund der Verbraucherbedürfnisse und der Konkurrenzprodukte und ihrer Werbung stattfindet, sich also ein Image bildet.

Es findet hier zwar eine Art von Marktberührung des Produktes statt, sie unterscheidet sich aber wesentlich von der späteren Markteinführung dadurch, daß von dem Verbraucher kein Kaufakt verlangt wird und zweitens ihm nur eine sehr kurze Erfahrungszeit mit dem Produkt ermöglicht wird. Es kann sich also bei diesen Produkttests nur ein Teilimage bilden.

56. Aufgabe: *Welche Produkttests gibt es?*

Nach der Markteinführung sind dann Umsätze und die Images Gegenstand der Marktforschung. Dabei wird in der Regel das Produkt zunächst nur auf Testmärkten eingeführt, um das Risiko zu verringern. Damit stellt sich der Marktforschung eine weitere Aufgabe: die Analyse der Testmärkte. Für die hoffentlich anschließende nationale Einführung müssen der Unternehmensleitung aber auch die volkswirtschaftlichen Rahmenbedingungen, die Wachstumsraten des Sozialproduktes, Einkommensverteilung, Bevölkerungswachstum und Konjunkturzyklen bekannt sein. Die Ermittlung dieser Daten stellt sich als zusätzliche Aufgabe neben der Marktbeobachtung des nun national eingeführten Produktes. Für diesen ganzen Aufgabenkatalog gibt es eine ganze Reihe unterschiedlicher Bezeichnungen. Es soll hier jedoch der Terminus Marktforschung verwendet werden, da er der älteste ist und in der Praxis vorherrscht.

3.1.1 Die Arten der Marktforschung

Es gibt verschiedene Wege, um den vielschichtigen Komplex der Anwendungsbereiche der Marktforschung zu gliedern. Da die Darstellung der Hauptfunktionen dem besseren Verständnis der Interdependenzen des simultanen Funktionssystems dienen soll, scheint es zweckmäßig, die Marktforschung so zu gliedern, daß sie das Verständnis erleichtert und dem tatsächlichen Ablauf der Marketing-Arbeit entspricht.

Es ist also am günstigsten, die chronologisch bei der Entwicklung eines neuen Produktes anfallenden Marktforschungsaufgaben als Gliederungskriterien heranzuziehen. Dies hat den Vorteil, daß es der praktischen Marketing-Arbeit entspricht. Wenn also in einem Unternehmen die Absicht besteht ein neues Produkt einzuführen, so werden vor der Marktberührung des neuen Produktes zunächst die Bedürfnisse erforscht, die es zu befriedigen gilt. Dabei machen rein quantitative Untersuchungen den Anfang.

57. Aufgabe: *Welche Daten werden dabei im wesentlichen ermittelt?*

Lassen diese ersten Untersuchungen den Markt interessant erscheinen, so werden qualitative Untersuchungen folgen. Dabei werden über die kaufkräftigen Bedürfnisse hinaus auch die nicht-kaufkräftigen und latenten Bedürfnisse ermittelt. Dabei wird zu ermitteln versucht, ob und wie diese aktiviert werden können, welche komplementären oder substitutiven Güter auf dem Markt sind, welche Einstellungen die Verbraucher zu der neuen Produktart haben und welche Ver- oder Gebrauchsgewohnheiten auf welche Motive zurückzuführen sind.

Die Bedürfnisuntersuchungen werden durch die Konkurrenzforschung für ähnliche bereits am Markt befindliche Produkte ergänzt. Ein genauer Einblick in das Image der Verbraucher von den Konkurrenzprodukten, in deren Verpackung, Produkteigenschaften, Preise, Werbung und Vertriebsmethoden verschafft die Markttransparenz, die notwendig ist, um die Entwicklung des eigenen Produktes in Angriff nehmen zu können.

Noch vor der Einführung wird nun im Wege der Marktberührung das neu entwickelte Produkt unter den verschiedensten Aspekten daraufhin untersucht, ob es so wie es entwickelt wurde zur Befriedigung der analysierten Bedürfnisse geeignet ist. Dafür werden von der Marktforschung die verschiedensten Produkttests durchgeführt, aufgrund deren Ergebnisse dann oft noch zahlreiche Veränderungen vorgenommen werden müssen, bevor es für produktions- und marktreif erklärt werden kann.

Ist das Produkt dann in jeder Hinsicht produktions- und marktreif, erfolgt die Einführung in Testmärkten. Für die Marktforschung ergibt sich dann die regelmäßige Aufgabe des Verfolgens von Umsätzen und Marktanteilen. Dazu kommen die Analysen über Produktmarken oder Firmenimages, über die Feststellung von Bekanntheitsgraden, von Marken oder Unternehmen usw. Diese Marktbeobachtung für Testmärkte weicht von der erforderlichen Marktbeobachtung nach einer nationalen Einführung nur unwesentlich ab.

Diese verschiedenen Arten von Marktforschung finden Anwendung nicht nur bei der Einführung von neuen Produkten, sondern in gleichem Umfang bei der Arbeit an Verbesserungen für alte bereits eingeführte Produkte. Oft geben erst eingehende Bedürfnisuntersuchungen Aufschluß über Umsatzschwankungen, andererseits können Erklärungen für diese Umsatzschwankungen auch aus einer Konkurrenzanalyse erfolgen.

3.1.2 Der Ablauf der Marktforschung

Die Entstehung neuer und/oder verbesserter Produkte kann auf verschiedene Ursprünge zurückzuführen sein. Es wird meistens ein bereits in anderen Ländern oder von der Konkurrenz erprobtes Produkt auf seine Eignung für einen bestimmten Markt geprüft und selten ein völlig neues Produkt entwickelt.

Der Antrieb für das ständige Bemühen um die Produktentwicklung liegt in dem härter werdenden Konkurrenzkampf begründet. Im folgenden wird eine Forschungsmethodik beschrieben, die die Wettbewerbsfähigkeit des Unternehmens hinsichtlich der Einführung neuer und die Verbesserung alter Produkte gewährleistet. Sie gliedert sich in drei Stufen:

Stufe A — Grundlagenmarktforschung

Sie befaßt sich mit der Erkundung der Bedürfnisse, des Verhaltens und der

Gewohnheiten der Verbraucher, um Marktlücken ausfindig zu machen bzw. Hypothesen auf ihre Richtigkeit zu prüfen.

Stufe B — Produktentwicklungsmarktforschung
Sie ist für die Entwicklung geeigneter Produkte oder Marken gedacht; gleichzeitig befaßt sie sich mit der Gestaltung der Werbung.

Stufe C — Marktbeobachtung
Sie stellt Kontrollen dar, die die Richtigkeit der in den Stufen A und B durchgeführten Maßnahmen untersuchen soll.

Für die Stufe A wird im Laufe der Zeit bei den Unternehmen ein Fundus von Markt- und Verbrauchererkenntnissen angelegt. Es ist daher nicht in jedem Fall notwendig, die gesamten Möglichkeiten der Grundlagenmarktforschung anzuwenden. Zunächst sollte geprüft werden, ob die vorhandenen Unterlagen über Verbraucher-Bedürfnisse, -Wünsche und -Gewohnheiten zur Beantwortung der Fragen ausreichend und auch die Marktunterlagen lückenlos und up to date sind.

Die Überlegungen sind in jedem Fall anzustellen, ungeachtet dessen, ob es sich um die Schaffung eines völlig neuen, die Verbesserung eines vorhandenen oder die Einführung eines bekannten Produktes handelt, z. B. mit einem internationalen Markennamen (dash).

Das folgende Schema gibt eine Übersicht über den Ablauf der Marktforschung:

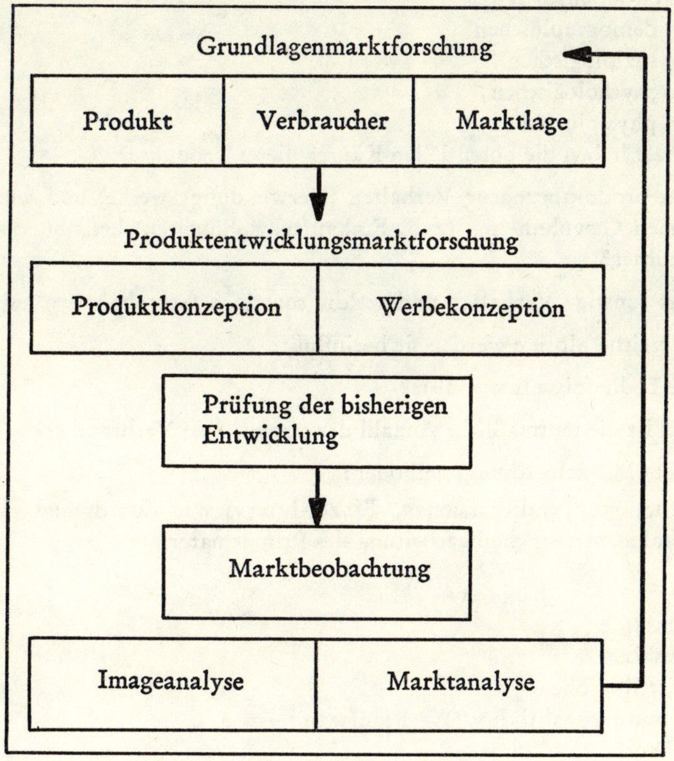

Abb. 7: Ablauf der Marktforschung

3.1.2.0 Die Grundlagenmarktforschung

Bevor Sie nun jeweils weiterlesen überlegen Sie vorher, welche Fragestellungen zu den einzelnen Gliederungspunkten gestellt werden können.

I. Produkt

Welche Bedürfnisse und Wünsche werden im Augenblick von den auf dem Markt befindlichen Produkten noch nicht erfüllt?

Welche Bedürfnisse können befriedigt werden durch:

a) Verbesserung vorhandener Produkte, und zwar
   1. des Produktes selbst?
   2. des Preises?
   3. des Namens?
   4. der Verpackung?
   5. der Wertberichtigung?

b) Neuentwicklung, d. h. welche Marktlücken existieren?

Angewandte Marktforschungsmethoden:
Fragebogen, Gruppendiskussionen, Einzel-Interviews, Fachliteratur.

II. Verbraucher

a) Welche ökonomischen
demographischen
soziologischen
psychologischen
physiologischen
Merkmale haben die potentiellen Käufer dieser Produkte?

b) Welches produktbezogene Verhalten (Verwendungszwecke) und welche produktbezogenen Gewohnheiten (z. B. Einkaufsgewohnheiten) besitzen die potentiellen Verbraucher?

c) Welches sonstige Verhalten und welche sonstigen Gewohnheiten haben sie?

d) Durch welche Motive werden sie beeinflußt?

e) Welche Bedürfnisse besitzen sie?

f) Welches ist die mutmaßliche Anzahl der potentiellen Verbraucher?

Angewandte Marktforschungsmethoden:

Fragebogen, Gruppendiskussionen, Einzel-Interviews, Zuordnungsverfahren, Einstellungsskalen, statistische Bearbeitung des Primärmaterials.

III. Markt

Welche Umsätze
Absätze
Distributionen
Konkurrenzaktivität (Werbeaufwand usw.)
Historie
sind allgemein und speziell auf dem entsprechenden Produktfeld vorhanden?

Angewandte Marktforschungsmethoden:

Nielsen Shop-Audit, Nielsen Back-Data (zurückliegende Unterlagen), Nielsen Quick-Look (nur die wichtigsten Unterlagen), Attwood Consumer Panel, Dr. Kapferer, Dr. Schmidt.

Die Summe der angeführten Fragen läßt sich in den beiden folgenden Fragen zusammenfassen, die die ungefähre Gestalt des Marktmodells erkennen lassen:

Welche Stellung im Gesamtfeld der jeweiligen Produktgruppe soll das Produkt einnehmen?

Wie groß ist rein quantitativ der potentielle Markt nach Art und
Zahl der Verwender,
nach Absätzen und Umsätzen
jetzt und mutmaßlich in der Zunkunft?

3.1.2.1 Die Produktentwicklungsmarktforschung

I. Produktkonzeption

a) Welche Kombination (Rangfolge) der durch die Grundlagenmarktforschung gefundenen Produkteigenschaften findet bei welcher Formulierung den größten Zustimmungsgrad beim Verbraucher?

Angewandte Marktforschungsmethoden:
Product-Concept-Test

b) Welche der zur Herstellung des Produktes notwendigen Rohstoffe ergeben bei welcher Variation der Zusammensetzung den größten Zustimmungsgrad beim Verbraucher?

Angewandte Marktforschungsmethoden:
Product Development-Test, Zuordnungsverfahren, Skalen, indirekte Experimente bei zwei verschiedenen Anlagen: Paarvergleichstest, Factorial Design-Test.

II. Werbekonzeption

a) Welche Formulierung schriftlicher oder bildlicher Art der Werbekonzeption ergeben die optimale Information und Erwartungshaltung (Image) zur Übermittlung der geplanten Produktkonzeption unter Berücksichtigung des geplanten Marktmodells?

b) Entsprechen die einzelnen Elemente der Werbemittel der Werbekonzeption?

c) Entspricht das gestaltete Werbemittel nach Inhalt und Form der Werbekonzeption?

Angewandte Marktforschungsmethoden:
Creative Development-Test, freies Interview, Zuordnungsverfahren, Skalen, Projektion, Split-run Test.

III. Prüfung der bisherigen Entwicklung.
Ergeben Produkt, Preis, Name⁺, Verpackung⁺, Werbung, Media zusammen die gewünschte Erwartungshaltung (Image), und entspricht diese der Marketing-Konzeption?

Angewandte Marktforschungsmethoden:
Brand Pre-Test, Erwartungstest, indirekte Verfahren, Projektionsverfahren, Zuordnung, Scaling.

a) Der Markenname⁺
Entspricht der ausgewählte Markenname hinsichtlich des Orientierungswertes (Aufmerksamkeitswert, Lesbarkeit) den gestellten Anforderungen?

Was hat die Prüfung hinsichtlich der Eignung eines gegebenen (eigenen, internationalen) Namens auf Verkaufsappeal (Interesse, Produkterwartung, Sympathiewert, Aussprache) und Berücksichtigung der Verbrauchermerkmale ergeben?

Angewandte Marktforschungsmethoden
Pre-Test (Erwartungs-Test)

b) Die Entwicklung und Bewertung der Verpackung⁺
Entspricht unter besonderer Berücksichtigung von Selbstbedienung und Fernsehen die entwickelte Verpackung dem erforderlichen Orientierungswert:
Attraction Value (Shelf Appeal), Produktionseigenschaften, Markteigenschaften, Televisionseignung,
dem erforderlichen Verkaufsappeal:
Kaufanreiz, Interesse, Erwartungshaltung gegenüber den Produkteigenschaften, Öffnungs- und Schließvorrichtung, Qualität, Sympathie, Televisionseignung, Format, der optimalen Handhabung,
den notwendigen technischen Daten:
Schutz der Ware, Transport- und Lagerfähigkeit des Produktes.
Angewandte Marktforschungsmethoden:
Pre-Test (Erwartungs-Test), Verhaltensstudie, praktische Erprobung.
Entspricht die individuelle Außenverpackung der erforderlichen Transportfähigkeit, Lagerfähigkeit (auch in bezug auf Größe und Form), der vorhandenen Verpackungsanlage (Kostenaspekt) und dem gewünschten Werbewert?
Angewandte Marktforschungsmethoden:
Praktische Erprobung, Urteil der Psychologen.

c) Der Preis
Welchen Preis ist der Verbraucher bereit, für das Produkt zu zahlen?
Angewandte Marktforschungsmethoden:
Aussagefähige Methoden sind bisher noch nicht entwickelt worden.

3.1.2.2 Die Marktbeobachtung

I. Imageanalyse
Ist es gelungen, die Marke (Image) auf den beabsichtigten Platz im Markenfeld zu placieren oder nicht?
Angewandte Marktforschungsmethoden:
Brand Post-Test (Image), Zuordnungsverfahren, Skalen, projektive Tests, statistische Bearbeitung des Erhebungsmaterials.

II. Marktanalyse
   a) Sind die in der Marketing-Konzeption angestrebten Umsätze bei den vermutlichen Verbrauchern erzielt worden?
   b) Ergeben sich aus der Überprüfung neue Hinweise für weitere Marketing-Schritte?
   Angewandte Marktforschungsmethoden:
   Primär- und Sekundärerhebungen, Panel-Untersuchungen.

3.1.3 Die Methoden der Marktforschung

3.1.3.0 Die Quellen der Marktforschung

Es ist eine allgemeine Erfahrungstatsache für den praktischen Marktforscher, daß die zur Verfügung stehenden Erkenntnisquellen zur Durchleuchtung des Marktes von zahlreichen Unternehmungen vielfach nur unzureichend genutzt werden. Es zeigt sich immer wieder, daß wenig bekannt ist, wie man sich diese Quellen erschließt.

Um einen Überblick zu verschaffen, wird das Quellenmaterial in Sekundär- und Primärmaterial unterteilt.

Beim Sekundärmaterial handelt es sich um — zumeist statistisches — Material, das nicht ursprünglich für die Zwecke einer bestimmten Marktuntersuchung oder überhaupt die Marktforschung erstellt wurde.

Wenn man z. B. wissen will, in welchem Verhältnis die Absatzquoten der einzelnen Verkaufsbezirke eines Unternehmens zum Gesamtabsatz stehen, wird zweckmäßigerweise auf die Unterlagen der Betriebsstatistik zurückgegriffen und diese nur für den speziellen Untersuchungsfall aufbereitet, nicht aber erst im Bedarfsfall eine statistische Erhebung des Absatzes eingeleitet.

Will man sich etwa über die Verteilung der Bevölkerung der Bundesrepublik auf die verschiedenen Gemeindegrößen informieren, so gibt das Statistische Jahrbuch des Statistischen Bundesamtes ausreichende Aufklärung, ohne daß man gezwungen ist, eine „Volksbefragung" durchzuführen.

Die beiden Beispiele zeigen einen weiteren Unterschied des Quellenmaterials, nämlich seine Herkunft. Es stammt entweder aus dem eigenen Unternehmen oder von außerhalb des Unternehmens. Dies ist wichtig, vor allem hinsichtlich des Einflusses, den der Marktforscher u. U. auf die Anlage statistischer Erhebungen und deren Aufbereitung sowie Auswertung und Darstellung nehmen kann.

Beim Primärmaterial handelt es sich um solche Informationsquellen, die speziell für eine Marktuntersuchung durch eigene Erhebungen erschlossen werden.

3.1.3.0.0 Sekundärmaterial

3.1.3.0.0.0 Sekundärmaterial im eigenen Unternehmen

Soll eine Marktuntersuchung durchgeführt werden, wird man sich zunächst vergewissern, welche Quellen im eigenen Unternehmen zur Verfügung stehen bzw. erschlossen werden können. Soweit diese nicht zentral verwaltet und ausgewertet werden, wird sich der

Marktforscher mit allen in Frage kommenden Stellen und Abteilungen in Verbindung setzen, um ein möglichst lückenloses Material zu erhalten.

Dazu gehört oft mehr Fingerspitzengefühl als man glaubt, weil vielfach statistische Unterlagen — sei es aus Prestigegründen, sei es aus anderen Gründen — nicht aus der eigenen Abteilung „herausgelassen“ werden.

58. Aufgabe: *Welchen Katalog innerbetrieblicher Quellen könnte der Marktforscher zusammenstellen?*

Neben diesen zahlenmäßig erfaßbaren Daten lassen sich weitere Quellen erschließen, die zwar gewissen subjektiven Einflüssen ausgesetzt sind, jedoch in gleicher Weise zur Erhellung der Marktsituation beitragen können.

59. Aufgabe: *Welche Quellen wären im einzelnen zu nennen?*

Der Quellenkatalog wird von Betrieb zu Betrieb verschieden sein. Immer jedoch wird es darauf ankommen, dieses Material in geeigneter Art und Weise zu sammeln, zu sichten, zu ordnen und aufzubereiten, damit es für die speziellen Aufgaben der Marktforschung verwertbar ist.

Der Marktforscher sollte daher im Betrieb auf die Erhebungs- und Sammlungsmethoden Einfluß zu nehmen versuchen und nicht darauf warten, daß ihm das Informationsmaterial fallweise zur Verfügung gestellt wird.

Hier könnte der Marktforscher sogar einen zweifachen Dienst leisten: dem Unternehmen durch eine Neueinteilung zu einem Rationalisierungseffekt verhelfen und die Vertriebsanalysen erleichtern.

Im übrigen sollte er sich immer wieder fragen,

welches Material tatsächlich vorhanden ist,
welches vermutlich vorhanden ist,
welches bestimmt nicht vorhanden ist,
welches im speziellen Falle unbedingt beschafft werden muß.

3.1.3.0.0.1 Sekundärmaterial von außerhalb der Unternehmung

Ebenso wie innerhalb des eigenen Unternehmens gibt es auch außerhalb eine große Zahl von Informationsquellen, die der Erschließung harren. Sie reichen von den Statistiken des Statistischen Bundesamtes bis zu Kurzmeldungen in der Tagespresse, von Verlautbarungen der Fachverbände bis zu Branchenlisten der Adressenverlage, von Monographien bestimmter Wirtschaftszweige bis zu den Listen der Postwurfsendungen der Bundespost.

Auch hier ist es wieder zweckmäßig, sich anhand eines Kataloges einen Überblick zu verschaffen.

60. Aufgabe: *Welche Quellen wären im einzelnen zu nennen?*

Bei der Auswertung aller dieser Quellen wird es immer wieder darauf ankommen, sich über den Aussagewert von vornherein im klaren zu sein, da zahlreiche Mißverständnisse und Fehler bei einer ungeprüften Auswertung möglich sind.

Die Angaben z. B. über den Pro-Kopf-Verbrauch von Bier für ein bestimmtes Jahr differieren von 94,7 bis 119,9 Liter im Jahr. Alle Zahlen sind exakt, aber es gibt verschiedene Bezugsgrößen. Statistiken über den Verbrauch von Bier können sich auf drei verschiedene Erhebungszeiträume beziehen: auf das Normaljahr (1. 1. bis 31. 12.) und auf das Rechnungsjahr (1. 4. bis 31. 3.) und auf das Brauwirtschaftsjahr (1. 10. bis 30. 9.). Es ist klar, daß für diese unterschiedlichen Zeitspannen auch unterschiedliche Verbrauchsangaben anfallen müssen. Dazu kommt, daß einmal der Pro-Kopf-Verbrauch an der gesamten Bevölkerung von den Säuglingen bis zu den Greisen gemessen wird, zum anderen nur bezogen auf die potentiellen Verbraucher (Bevölkerung über 15 Jahre alt). So ergaben sich für 1960 z. B. folgende Verbrauchsziffern:

Erhebungszeitraum (Bezugsgröße)		Jährlicher Pro-Kopf-Verbrauch in Litern
Normaljahr	1960	94,7
Rechnungsjahr	1960/61	95,3
Brauwirtschaftsjahr	1960/61	96,6
Normaljahr (aber nur potentielle Verbraucher)	1960	119,9

Dies bedeutet, daß der Marktforscher immer neben der genauen Quellenangabe auch die Bezugsgrößen aufführen muß, um Mißverständnisse zu vermeiden.

3.1.3.0.1 Primärmaterial

Oft werden aber Informationen verlangt, die speziell auf eine bestimmte Unternehmensaufgabe zugeschnitten sind, und für die ausreichendes Sekundärmaterial nicht zur Verfügung steht. Diese Ermittlungen für diese speziellen Informationen würde man als Primärerhebungen bezeichnen, die dabei gewonnenen Informationen als Primärmaterial.
Primärmaterial sind Informationen, die eigens für den Zweck gesammelt wurden, für den sie ausgewertet werden, und unmittelbar von den Stellen stammen, über die eine Aussage gemacht werden soll.

Werden nur Autofahrer aus Bayern oder aus den Großstädten ausgewählt, so kann nicht angenommen werden, daß diese stellvertretend für alle Autofahrer des Bundesgebietes

aussagen können. Diese Voraussetzungen müssen erst durch geeignete Auswahlmethoden geschaffen werden.
Man spricht dann davon, daß die Teilgruppen repräsentativ für die jeweilige Gesamtheit sein sollen.

61. Aufgabe: *Was bedeutet repräsentativ?*

Die Teilgruppe bezeichnet man in diesem Falle als Stichprobe oder Sample.
Aber es handelt sich bei einer Stichprobe nicht nur darum, mit einer Verläßlichkeit auf das Ganze zu schließen, sondern mehr noch, sich über die Verläßlichkeit Rechenschaft abzugeben. Dies kommt besonders gut in dem folgenden Beispiel zum Ausdruck.

Erhält ein Händler eine Sendung von 1000 Apfelsinen, so kontrolliert er vielleicht nur 40 Stück genau. Sind diese einwandfrei, so wird er wahrscheinlich annehmen, daß (fast) alle 1000 Apfelsinen von guter Qualität sind. Er überträgt das Ergebnis der Teiluntersuchung auf die übergeordnete Gesamtheit. Ein echtes statistisches Problem entsteht aber erst im Zusammenhang mit folgenden drei Fragen:

a) Wie umfangreich soll die Stichprobe sein?
b) Wie soll die Auswahl der in die Stichprobe einzubeziehenden Einzelteile erfolgen?
c) Inwieweit kann man sich auf Ergebnisse der Stichproben verlassen, d. h. inwieweit geben sie den wahren Sachverhalt wieder?

Man müßte also in diesem Falle fragen:
Bekommt man zwei zuverlässige Stichproben, wenn man aus 1000 Apfelsinen 40 oder aber aus 2000 Stück 80 untersucht?

Ist es besser, aus jeder Kiste zwei Apfelsinen oder aus jeder zweiten Kiste je vier zu entnehmen, wenn die 1000 Apfelsinen auf 20 Kisten verteilt sind?

Wird unter den 40 geprüften Stücken nur ein schlechtes gefunden (= 2,5%), kann man dann mit fast absoluter Gewißheit behaupten, daß sich in der Gesamtheit aller 1000 Apfelsinen z. B. nur höchstens 5% schlechte befinden.
Sekundärmaterial dagegen besteht aus Informationen, die ursprünglich für andere Zwecke gesammelt wurden als die, denen sie jetzt dienen, und aus denen durch Weiterbearbeitung neue — ursprünglich weder beabsichtigte noch gegebene — Aussagen gewonnen wurden.

3.1.3.0.1.0 Vollerhebungen

Nun läßt sich dieses Material dadurch gewinnen, daß z. B. alle Süßwarengeschäfte, alle Besitzer von Personenkraftwagen befragt oder alle Frauen im Alter zwischen 20 und 50 Jahren aufgesucht werden, um bestimmte Dinge zu erfahren. In diesem Falle spricht man von einer Vollerhebung oder Totalerhebung.

Solche Vollerhebungen werden insbesondere von der amtlichen Statistik — z. B. bei der Volks- oder Arbeitsstättenzählung — durchgeführt. Voraussetzung für eine derartig große und umfangreiche Erfassung eines Tatbestandes ist ein ebenso umfangreicher wie kostspieliger Apparat mit Hunderttausenden von Helfern, die sich im allgemeinen nur der Staat leisten kann. Ist die Gesamtheit einer bestimmten Gruppe, d. h. die Gesamtzahl der zu einer Gruppe zählenden Personen, Institutionen, Firmen usw. klein, so kann auch die Privatwirtschaft solche Vollerhebungen durchführen. Es dürfte also durchaus möglich sein, z. B. an alle Besitzer von Privatflugzeugen in Deutschland heranzutreten, da ihre Zahl noch unter 10 000 liegen dürfte.

Im allgemeinen wird man sich jedoch, nicht nur wegen der Kosten, darauf beschränken müssen, lediglich einen Teil der Gesamtheit in die Ermittlungen einzubeziehen und von diesem Teil auf das Ganze zu schließen. Deshalb spricht man in diesem Falle auch von Teilerhebungen.

3.1.3.0.1.1. Teilerhebungen, repräsentative Stichproben

Wenn man sich entschließt, nur einen Teil der Angehörigen einer bestimmten Gruppe — etwa der Raucher oder der Lebensmittelgeschäfte — in die marktforscherischen Untersuchungen einzubeziehen, indem man z. B. nur jeden zehnten, hundertsten oder tausendsten Angehörigen herausgreift, so wird es einleuchten, daß man nicht in jedem Falle von dieser Teilgruppe auf das Ganze schließen kann.

Repräsentative Stichproben sind also nach wissenschaftlichen Regeln aus einer Gesamtheit herausgenommene Teilmengen, die stellvertretend für das Ganze stehen.

Will man eine Stichprobe ziehen, so muß die Gesamtheit — z. B. eine Sendung — genau abgegrenzt werden. Es handelt sich also nicht um beliebige Apfelsinen, sondern um eine bestimmte Sendung.

Entsprechend diesem Beispiel genügt es nicht, lediglich zu sagen „Erwachsene". Es müßte bei entsprechender Auswahl lauten: „Männer und Frauen des Bundesgebietes im Alter von 18 Jahren und älter."

In der Marktforschung wird die Beschaffung von Informationen zum überwiegenden Teil mit Hilfe von Stichproben, d. h. von Teilerhebungen bewerkstelligt.

Dies geschieht jedoch nicht nur aus Kostengründen, sondern auch, um Zeit zu gewinnen. Stichproben können nun einmal schneller bearbeitet werden als Gesamtheiten.

Zwei- oder dreitausend Haushalte lassen sich leichter aufsuchen als 18 Millionen, die Ermittlungen lassen sich weit schneller abschließen, und die Untersuchungsberichte können in einem Bruchteil der Zeit vorgelegt werden, die man für eine Totalerhebung benötigt. Während die Ergebnisse von Volkszählungen häufig erst nach Jahren voll ausgewertet vorliegen, stehen die Ergebnisse einer Marktuntersuchung aufgrund einer repräsentativen Stichprobe bereits nach einigen Monaten, vielfach auch noch früher zur Verfügung. Da die unternehmerischen Entscheidungen aber möglichst aktuelles Material verlangen, ist die Stichproben-Untersuchung hierfür besonders geeignet.

Es zeigt sich, daß entgegen allgemeiner Ansicht die Zuverlässigkeit von Aussagen bei methodisch richtig angelegten Stichproben in der Regel nicht geringer ist als bei Totalerhebungen, bei denen bei der Auswahl kein Fehler auftreten kann, wie er bei der Stichprobe möglich ist, da jeder Teil der Gesamtheit erfaßt wird. Der große Umfang der Arbeit bedingt, daß ausreichend qualifizierte Mitarbeiter zur Verfügung stehen, sich während der Erhebung die Bedingungen nicht verändern, die für das Ergebnis von Wichtigkeit sind, und daß auch wirklich alle Glieder der Gesamtheit angetroffen werden. So dürfte es sich z. B. nicht empfehlen, während der sommerlichen Reisezeit eine Volksbefragung zu unternehmen, da ein großer Teil der Haushalte überhaupt nicht erreichbar wäre. Aber auch zu anderen Zeiten wird es nicht möglich sein, alle Einzelglieder einer Gesamtheit tatsächlich anzutreffen.

3.1.3.1 Die Methoden der quantitativen Marktforschung

3.1.3.1.0 Die Umfrage als Erhebungsmethode

Angenommen, man will wissen, wie sich die Hausfrauen beim Gebrauch eines bestimmten Waschmittels verhalten, wie sie seine Wirkungsweise, seine Waschqualitäten, seinen Preis, seine Farbe und Zusammensetzung, seine Ergiebigkeit usw. beurteilen. Was liegt dann näher, als die Frauen beim Waschen zu beobachten und sie über ihre Einstellung zu dem betreffenden Waschmittel zu befragen.

Häufig geht also der Befragung eine Beobachtung voraus, die allerdings eine Reihe von Problemen aufwirft.

Der Beobachter kann häufig nicht verhindern, daß sich der Beobachtete beobachtet fühlt und sich dann anders verhält, als wenn er unbeobachtet wäre. Zum anderen vermag die Beobachtung zwar Tatsachen zu erkennen und das Verhalten der Menschen festzustellen, aber die Gründe, die zu einem bestimmten Verhalten und Handeln führen, bleiben ihr weitgehend unbekannt und verschlossen. Will man darüber etwas erfahren, muß man die Leute befragen.

Die Befragung ist also eine ganz wesentliche Methode, sich Kenntnisse über den Markt und seine Produkte, über Verbrauchergewohnheiten und -handlungen, über die Ursachen der Bevorzugung bestimmter Produkte und Marken und über die Gründe, die zum Kauf oder Nichtkauf führen, zu verschaffen.

Nun kann man eine Befragung nach verschiedenen Methoden vornehmen, indem man z. B. gerade diejenigen Personen aufsucht, die am leichtesten erreichbar sind. Das können sein z. B. Hausfrauen, die gerade zu Hause anwesend sind, Leute, die in dem gleichen Hause wohnen, Insassen eines Altersheims, gute Freunde und Bekannte, Verwandte und Berufskollegen oder Angehörige einer bestimmten Partei.

Doch ist nicht nur die Auswahl der Personen von Bedeutung, sondern auch die Art und Weise, wie man die Befragung vornimmt.

Wenn man mit einem Menschen Verbindung aufnehmen will, gibt es dazu verschiedene Möglichkeiten. Man kann ein persönliches Treffen vereinbaren oder mit ihm telefonieren, ihm einen Brief schreiben, oder sich ihm durch einen gemeinsamen Bekannten vorstellen lassen bzw. sich von einem gemeinsamen Bekannten ein Einführungs- oder Empfehlungsschreiben an ihn mitgeben lassen. Der mitmenschliche Kontakt hängt also von den Kontaktmitteln ab, die zur Verfügung stehen. Nicht anders ist es auch bei der Befragung in der Marktforschung.

3.1.3.1.0.0 Die schriftliche Umfrage

Umfragen sind also methodisch angelegte und systematisch durchgeführte Befragungen in der Marktforschung.

Die schriftliche Befragung hat einige unbestreitbare Vorzüge. Sie ist kostengünstiger als jede andere Befragung durchzuführen, denn die Post nimmt uns gegen eine geringe Gebühr den Weg zum Befragten ab. Man benötigt keine Interviewer, da der Befragte selbst seine Antwort fixiert und diese wieder zuleitet. Der technische Apparat für Befragungen kann also klein gehalten werden.

62. Aufgabe: *Was ist ein Interviewer?*

Wenn trotzdem heute nur noch selten und nur in Ausnahmefällen eine Befragung auf schriftlichem Wege vorgenommen wird, so liegt das an schwerwiegenden Nachteilen, die mit dieser Befragungsart ursächlich verbunden sind, sich also kaum korrigieren lassen.

63. Aufgabe: *Welche Nachteile lassen sich aufzählen?*

Die in der Lösung der 2. Aufgabe erwähnte Selbstselektion der Befragten wird immer ein schwieriges Problem aufwerfen. Bis zu einem gewissen Grade kann man es durch Erinnerungs-(„Nachfaß-")Briefe, Geschenke, Belohnungen usw. überwinden. Die übrigen Einwände gegen die schriftliche Befragung schränken jedoch den Kreis der Probleme lediglich wesentlich ein, die auf diesem Wege lösbar sind. Bei gewissen Erhebungen (insbesondere Tatsachenermittlungen, z. B. Feststellungen über das Vorhandensein bestimmter Einrichtungen oder Gegenstände usw.) werden sie praktisch gegenstandslos. In einigen Fällen kann sich die schriftliche Umfrage aus Kostengründen geradezu empfehlen, ohne daß grundsätzliche Bedenken dagegen zu erheben wären. Man darf nur nicht alle Probleme auf diesem Wege lösen wollen. Die gestellten Fragen müssen diesen Bedingungen angepaßt sein, sie sollten kurz und knapp gehalten sein, möglichst bereits mit vorgegebenen Antworten, bei denen man nur die zutreffende anzukreuzen braucht. Der Bogen sollte kurzgehalten und graphisch gut gestaltet sein.

3.1.3.1.0.1 Die telefonische Umfrage

Die Befragung durch das Telefon ist eine (in den USA vielfach) geübte Möglichkeit, mit den zu befragenden Personen einen Kontakt aufzunehmen, bei der die Ausfälle an Befragten wesentlich geringer sind als bei der schriftlichen Umfrage. Wer einmal am Telefon ist, wird sich in der Regel die vorgebrachten Fragen anhören und sie meistens auch beantworten. Auch bei der telefonischen Befragung muß man sich im allgemeinen auf wenige Fragen beschränken, da der Zeitfaktor bei den Telefongebühren eine große Rolle spielt und die Kosten sehr schnell hochtreibt. Schwerwiegender ist jedoch die Tatsache, daß man in Deutschland eine repräsentative Stichprobe aller Haushalte heute noch nicht telefonisch erreichen kann, es sei denn, die Grundgesamtheit sollten nur die Haushalte mit Telefonanschluß sein.

Wenn man dagegen etwa eine Grundgesamtheit von Fachgeschäften, Industrieunternehmen, Großhändlern einer bestimmten Branche zu befragen hat, erscheint der Weg der telefonischen Umfrage gangbar und zur Feststellung bestimmter einfacher Tatsachen sogar wegen seiner geringen Kosten und vor allem seiner Schnelligkeit manchmal empfehlenswert.

3.1.3.1.0.2 Die mündliche Umfrage durch persönliches Aufsuchen der Befragten

Die Nachteile, die mit einer schriftlichen oder telefonischen Befragung verbunden sind, entsprechen gleichzeitig den Vorzügen, die die Marktforschung veranlassen, sich in den meisten Fällen der mündlichen Befragung durch persönliches Aufsuchen der zu Befragenden zu bedienen.

Nun gibt es allerdings für die mündliche Befragung durch persönliches Aufsuchen eine wichtige Bedingung: Man benötigt einen qualifizierten Interviewer, denn die mündliche Befragung durch persönliches Aufsuchen des zu Befragenden wird durch eine zweite Person, den Interviewer, abgewickelt.

Eine solche Befragung ist zwar eine Gesprächssituation, aber sie unterscheidet sich von einem normalen Gespräch in ganz besonderer Weise.

Bei der Marktforschungs-Befragung müssen Befrager (Interviewer) und Befragter auswechselbar sein, ohne daß sich der Sinngehalt von Worten und Begriffen entscheidend verändert. Nur so ist es nämlich möglich, die Aussagen aller Befragten vergleichbar zu machen und in Antwortklassen nach einheitlichen Gesichtspunkten zusammenzufassen. Der Interviewer muß sich neutral verhalten, um die Befragung möglichst von persönlichen Beeinflussungen freizuhalten.

64. Aufgabe: *Welche Arten mündlicher Befragung lassen sich unterscheiden?*

Die Anwendung der verschiedenen Befragungsarten ergibt sich aus den besonderen Anforderungen, die an sie seitens der Marktforschung gestellt werden.

3.1.3.1.0.2.0 Das freie Gespräch

Ursprünglich gab es bei der Erkundung des Marktes nur freie Gespräche. Sie bilden gewissermaßen das vorwissenschaftliche Instrumentarium der Markterkundung. Der Reisende im Gespräch mit seinen Kollegen, der Händler, der sich mit seinen Kunden unterhält, der Unternehmer während der Jahrestagung seines Fachverbandes, der Parlamentsabgeordnete mit den Wählern seines Wahlkreises, sie alle und wir alle pflegen täglich ein freies Gespräch.

Nun ist das freie Gespräch in der Marktforschung allerdings von ungleich komplizierterer Form, denn es muß ja zugleich geführt und registriert werden und es soll schließlich auswertbar sein, d. h. es muß im Rahmen der Marktforschungsaufgabe Ergebnisse bringen.

Das Gespräch ist deshalb als freies Gespräch zu bezeichnen, weil der Befragte die Freiheit hat, sich zu dem entsprechenden Thema so zu äußern, wie es ihm gerade in den Sinn kommt und er es für angebracht hält. Die Gesprächsführung liegt also nicht beim Befrager, der nur dafür sorgt, daß das Gespräch in Gang kommt und weitergeht. Da sich Menschen mit Hilfe eines derartigen Gespräches besonders gut „aufschließen" lassen, wird es insbesondere bei psychologischen Explorationen und Motivuntersuchungen angewandt, wo es gerade darauf ankommt, „hinter die äußeren Dinge" zu schauen.

65. Aufgabe: *Was sind psychologische Explorationen und Motivuntersuchungen?*

3.1.3.1.0.2.1 Umfragen an Hand eines Gesprächsleitfadens

Der Gesprächsleitfaden gibt dem Interviewer keine festen Frageformulierungen an die Hand, sondern einen Themenkatalog, an den er sich im Laufe der Befragung zu halten hat. Je nach Qualifikation der Interviewer ist es möglich, die Befragung mehr oder weniger intensiv vorzunehmen, also ein Intensiv-Interview, das häufig fälschlicherweise Tiefen-Interview genannt wird, zu veranstalten.

66. Aufgabe: *Was sind Intensiv-Interviews?*

In der Einleitung sagt er dem Befrager zunächst etwas zur Methode der Befragung:

Die Hauptsache dabei ist, den Befragten zum ungehemmten, fließenden und gefühlsmäßig motivierten Sprechen zu bringen und ihn gleichzeitig und fast unmerklich so zu dirigieren, aber nicht zu beeinflussen, daß er die gewünschten Gebiete mit einbezieht.

Es ist unmittelbar einleuchtend, daß nicht nur die Interviewer für diese Art der Befragung besonders qualifiziert sein müssen, sondern daß auch die Auswertung der verzeichneten Antworten nicht ganz einfach ist. Beim freien Gespräch wie beim Gesprächsleitfaden gibt es eine große Menge möglicher Antworten und Aussagen. Diese nach Klassen zu ordnen und gegeneinander abzuwägen bereitet immer gewisse Schwierigkeiten. Ferner kommt es bei der Auswertung der Antworten auch stets darauf an, in welchem Zusammenhang die analysierten Äußerungen gefallen sind. Man muß also jedes einzelne Interview als Ganzheit betrachten und behandeln. Daher wird in diesen Fällen die Zahl der zu Befragenden immer auf wenige hundert Personen beschränkt bleiben müssen.

Bei repräsentativen Bevölkerungsumfragen benötigt man aber aus Gründen der Repräsentanz weit mehr Befragungen. Soll die Gruppe, die zu befragen ist, stellvertretend für eine Gesamtheit (etwa die rund 40 Millionen Erwachsenen des Bundesgebietes oder die Einwohner einer Großstadt) zu Aussagen herangezogen werden, so muß eine solche Stichprobe in der Regel mindestens 2000 bis 3000 Personen umfassen.

Diese lassen sich im allgemeinen jedoch nur mit Hilfe eines Fragebogens mit verbindlicher Fragestellung und -formulierung befragen, da sonst die Antworten unvergleichbar und die Antwortgruppen und -möglichkeiten unübersehbar würden.

3.1.3.1.0.2.2 Umfragen an Hand eines Fragebogens

Schreibt man dem Interviewer genau vor, wie er die einzelnen Fragen zu stellen hat, auf welche Wörter er evtl. die Betonung zu legen hat und welche Reihenfolge der Fragen einzuhalten ist, so erhält man einen Fragebogen mit verbindlicher Fragestellung und -formulierung und weitgehend vorgegebenen Antwortmöglichkeiten bzw. begrenzten Antwortmöglichkeiten bei offenen Fragen.

Dieser Fragebogen soll es dem Marktforscher ermöglichen, eine Vielzahl sehr unterschiedlich veranlagter und gebildeter Menschen durch eine Vielzahl von qualifizierten (aber eben auch unterschiedlichen) Interviewern befragen zu lassen und trotzdem auf die einzelnen Fragen vergleichbare Antworten zu erzielen.

Nach Abschluß der Befragung muß der Marktforscher in der Lage sein, die einzelnen Antworten nach Gruppen zusammenzufassen, zu sammeln und auszuwerten. Ferner muß die Befragung an Hand eines solchen Fragebogens beliebig wiederholbar sein und unter gleichen Voraussetzungen auch zu gleichen Ergebnissen führen. Dies ist insbesondere bei Untersuchungen von Entwicklungen im Zeitverlauf notwendig, da es sonst nicht möglich wäre, Veränderungen der Ergebnisse auf die Veränderung des Tatbestandes zurückzuführen.

Der Interviewer hat aber nicht nur die Reihenfolge und Formulierung der Fragen einzuhalten, er muß auch die Antworten möglichst vollständig und wortgetreu aufschreiben. Der Marktforscher, der eine Umfrage durchführen läßt, wird immer darauf bestehen, daß der Untersuchungsbericht möglichst zahlreiche Zitate wörtlicher Antworten enthält.

3.1.3.1.1 Die Durchführung einer Umfrage

Eine Umfrage in der Marktforschung muß zunächst gründlich geplant und vorbereitet werden. Erst wenn die Planung abgeschlossen ist und der Plan in allen Einzelheiten vorliegt, kann man die Verwirklichung praktisch beginnen und zügig zu Ende bringen.

Genauso lassen sich Umfragen auch nicht „mit der linken Hand“ vorbereiten und durchführen, denn Entscheidungen des Unternehmens aufgrund fehlerhafter Ergebnisse einer oberflächlich angelegten und überstürzt abgewickelten Umfrage können häufig nur schwer — wenn überhaupt — berichtigt werden.

3.1.3.1.1.0 Vorbereitung einer Umfrage

Wenn gleich zu Anfang die Probleme zwischen der Unternehmensleitung und dem Marktforscher durchgesprochen und formuliert bzw. fixiert werden, kann man sich auch auf das Wesentliche konzentrieren und alles Unnötige ausschalten.

Dabei ist es wichtig, die Untersuchungsziele genauestens festzulegen.
Mit dieser Fixierung der Probleme ist der erste Schritt getan, um marktforscherische Maßnahmen einleiten zu können.

Der zweite Schritt zur Vorbereitung einer Umfrage würde darin bestehen, möglichst viel Material sekundärer Natur heranzuziehen, um einen ersten Überblick über den Markt zu erhalten.

Die Ausbeute an Sekundärmaterial ist naturgemäß von Branche zu Branche, ja von Artikel zu Artikel sehr verschieden. Von dem Umfang des erreichbaren Sekundärmaterials hängt es auch ab, in welchem Ausmaß bereits Probleme ohne Umfrage geklärt werden können.

In nahezu allen Fällen wird bei einer Marktuntersuchung das Sekundärmaterial nicht ausreichen, um alle Probleme lösen zu können, und es wird dann notwendig, sich an Hand von Umfragen das erforderliche Primärmaterial zu beschaffen. Zuerst empfiehlt es sich jedoch, eine Voruntersuchung einzuleiten.

67. Aufgabe: *Welches Vorgehen empfiehlt sich bei Voruntersuchungen?*

Bei der Gruppendiskussion handelt es sich um eine Zusammenkunft mehrerer Personen, die unter behutsamer Führung eines Diskussionsleiters miteinander ihre Ansichten, Meinungen, Erfahrungen und Erkenntnisse besprechen. Innerhalb verhältnismäßig kurzer Zeit lassen sich dabei mehr Gesichtspunkte als beim Einzelinterview sammeln. Äußerungen und Gegenäußerungen fordern vielfach extremere Stellungnahmen zutage, als dies beim Einzelgespräch möglich wäre. Allerdings kommt es auch vor, daß die Diskussion von einer besonders wortgewandten Person beherrscht wird und sich die übrigen Teilnehmer nur noch wenig zu sagen getrauen. Auch ein Hang zum Abschweifen vom Thema ist oft recht störend und eine Betonung von Ansichten, die normalerweise weniger zum Tragen kommen würden. Dann ist es Aufgabe des Diskussionsleiters, das Gespräch immer wieder in die richtigen Bahnen zu lenken und schüchterne Teilnehmer zum Reden zu bringen.

Trotz aller Einschränkungen eignet sich die Gruppendiskussion, die gelegentlich auch „round-table-Gespräch“ genannt wird, als vorbereitende Untersuchungsstufe und zur Aufstellung von Hypothesen besonders gut.

68. Aufgabe: *Was bedeuten Hypothesen in diesem Zusammenhang?*

69. Aufgabe: *Welche Auswahlverfahren für die zu befragenden Personen gibt es?*

Bei der typischen Auswahl werden nur wenige Personen befragt. Sie ist darum nicht frei von erheblichen subjektiven Einflüssen. Die Aussagen dieser wenigen Personen lassen sich nicht verallgemeinern, d. h. der Marktforscher kann z. B. nicht erwarten, daß alle Waschmaschinenbesitzer in gleicher Weise urteilen, wie die wenigen Personen, mit denen er sich unterhalten hat. Aus den Ergebnissen einer solchen Befragung kann er also nicht auf das Ganze schließen.

Trotzdem — die typische Auswahl hat gewisse Vorteile. Sie liegen einmal darin, daß man sich intensiv mit dem Einzelfall beschäftigen kann, zum anderen, daß eine solche Untersuchung mit verhältnismäßig geringen Mitteln und in kurzer Zeit durchzuführen ist.

Die typische Auswahl eignet sich darum gut für Vorstudien aller Art, bei denen es darauf ankommt, sich ein erstes Bild von einer Sache zu machen.

Die Auswahl aufs Geratewohl wurde in der Frühzeit der Marktforschung als Auswahlmethode nahezu ausschließlich angewendet, jedoch ist man später mehr und mehr davon abgekommen. Sie unterliegt nämlich in der Praxis unüberschaubaren äußeren Einflüssen — z. B. der unbekannten Gliederung der Passanten, dem Einfluß des Verkehrs und des Wetters, der Willkür der Befragtenwahl — und ist dadurch unter wissenschaftlichen Gesichtspunkten in ihren Verwendungsmöglichkeiten stark eingeschränkt. Diese Nachteile lassen sich auch nicht durch eine noch so große Anzahl der Befragten ausgleichen.

Die Auswahl aufgrund eines statistischen Modells der Gesamtheit bezeichnet man als Quotenauswahl oder Quota-Methode. Es handelt sich dabei um eine bewußte Auswahl entsprechend einem Modell der Wirklichkeit.

Diese Auswahlmethode hat ganz spezielle Vorteile und Nachteile, die man kennen muß, um eine Umfrage an Hand dieser Auswahlmethode richtig beurteilen zu können.

70. Aufgabe: *Welche Vorteile der Quotenauswahl lassen sich anführen?*

71. Aufgabe: *Welche Nachteile der Quotenauswahl lassen sich anführen?*

Es wäre jedoch verfehlt, das Quotenverfahren in Bausch und Bogen abzulehnen. Wenn man darauf achtet, daß es sorgfältig und sachgerecht angewendet wird, brauchen die Ergebnisse nicht schlechter oder fehlerhafter zu sein als bei dem nächsten Verfahren, das allerdings in der Marktforschung in zunehmendem Maße verwendet wird.

Bei der „Random-Stichprobe" geht es im Prinzip darum, daß jeder Teil der Gesamtheit die gleiche oder wenigstens eine bekannte Chance hat, in die Auswahl zu kommen, und daß diese Auswahl zufallsgesteuert ist.

Wichtigste Voraussetzung für eine Zufallsauswahl sind genaue Unterlagen über die Gesamtheit. Dazu zählen vollständige und auf den neuesten Stand gebrachte Ortsverzeichnisse, Einwohnerkarteien, Adressen von Einzelhandelsgeschäften, von Industriebetrieben usw.

Da sich diese Art der Auswahl nach den Gesetzen der Wahrscheinlichkeit vollzieht, läßt es sich abschätzen, in welchen Grenzen sich der Auswahlfehler bei einer Stichprobe bewegt. Man kann also sagen, bis zu welchem Ausmaß normalerweise eine Abweichung der Zusammensetzung der Stichprobe von der Zusammensetzung der Gesamtheit erwartet werden kann.

Im Normalfall arbeitet man in der Marktforschung bei der Zufallauswahl mit einem Sicherheitskoeffizienten von 0,95. Das bedeutet, daß in 95 von 100 Fällen der Stichprobenwert nicht weiter als angegeben vom wahren Wert entfernt liegt. Diese Schätzwerte werden als ausreichend sicher und verläßlich für die Bewertung von Untersuchungsbefunden angesehen.

Die Abweichung des Stichprobenwertes ist nun abhängig von der Größe der Stichprobe — von der Zahl der Befragten — und dem Anteil eines bestimmten Merkmales in der Stichprobe. Sie ist dagegen nicht abhängig von der Größe der Gesamtheit, aus der die Stichprobe gezogen wird, vorausgesetzt, daß das „Gesetz der großen Zahl" wirksam wird.

Allerdings ergibt sich, daß die Ergebnisse von Umfragen niemals als „vollständig der Wirklichkeit entsprechend" angesehen werden können. Sie sind immer mehr oder weniger genaue Schätzwerte, die bestenfalls der Wirklichkeit sehr nahe kommen und zweckmäßigerweise als Ausdruck für bestimmte Tendenzen anzusehen sind.

Zwar lassen sich die Auswahlfehler bei der Zufallstichprobe berechnen (bei der Quotenauswahl ist das nicht möglich), aber es bleiben weitere Fehlermöglichkeiten, deren Ausmaß oft nur aufgrund langer Erfahrungen einigermaßen übersehen werden kann.

Man muß sich der Grenzen der Umfragemethode bewußt werden und sie als das nehmen, was sie ist: ein Untersuchungsinstrument, mit dessen Hilfe man sich in bestimmten Grenzen Aufschluß über zahlreiche Marktvorgänge verschaffen kann.

Die Zahl 2000 ist in der Marktforschung im Laufe der Zeit so etwas wie eine magische Zahl geworden, wenn man den notwendigen Umfang einer Stichprobe meint. Tatsächlich gehört eine Befragung von 2000 Personen im allgemeinen zu den üblichen Stichprobengrößen, weil sie die Möglichkeit bietet, die Personengruppen nach verschiedenen Gesichtspunkten zu unterteilen.

Gesetzt den Fall, man will eine Bevölkerungsumfrage im Bundesgebiet veranstalten und möchte die Befragten in der Auswertung nach Männern und Frauen, nach deren Wohnorten und Einkommensverhältnissen, nach Berufen und Altersschichten unterteilen. Bei 2000 Befragten wird auch in den Untergruppen immer noch eine genügend große Zahl von Personen zur Verfügung stehen, deren Aussagen — in Grenzen natürlich — als gesichert angesehen werden können.

72. Aufgabe: *Welche Erklärung gibt es für dieses Prinzip?*

Obwohl es bisher noch keine verbindliche Theorie der Fragenformulierung und Fragebogengestaltung gibt, kann man sich an einige Regeln halten:

1. Die Fragen sollen so kurz und zutreffend wie möglich sein.

2. Die Wörter und Sätze müssen einfach und in einer gewöhnlichen, allgemein bekannten Tagessprache verfaßt sein.
3. Die Fragen dürfen keine Wörter einschließen, die einen stark emotionalen (gefühlsbetonten) Inhalt haben.
4. Die Fragen sollen alle wichtigen Alternativen einschließen, die ein gegebenes Thema aufwirft.
5. Die Fragen müssen jede mögliche Beeinflussung oder eine Andeutung für oder gegen einen besonderen Gesichtspunkt vermeiden.
6. Wo zwischen verschiedenen Alternativen gewählt werden soll, hat diese Wahl so früh wie möglich in der Frage zu stehen.
7. In Fällen, wo die Alternativen zu lang oder zu zahlreich sind, ist es vorzuziehen, sie auf einer Karte aufgezeichnet dem Befragten vorzulegen. —

Der Aufbau des Fragebogens zeigt drei Gruppen von Fragen:

a) Einleitungsfragen
b) Sachfragen
c) Fragen zur Person

a) Wie bereits der Name sagt, sollen die Einleitungsfragen den Befragten überhaupt für die Befragung interessieren. Sie sollen ihm die natürliche Befangenheit nehmen und dem Interviewer einen guten Kontakt ermöglichen. Auch im sonstigen Leben wird man zweckmäßigerweise nicht „mit der Tür ins Haus fallen". Das muß auch bei einer Befragung vermieden werden, um das Frage-Antwort-Klima aufzulockern und günstig zu gestalten.

b) Wenn der Befragte die Bereitschaft zum „Mittun" zeigt, können die Sachfragen einsetzen, d. h. die Fragen, die aufgrund ihrer Beantwortung zur Lösung des Untersuchungsproblems beitragen.

   Hierbei sollte man immer bedenken, daß sachlich zusammengehörende Fragen im Fragebogen möglichst räumlich getrennt werden, wenn sie sich gegenseitig stören.

   Eine besonders große Rolle spielt bei der Fragestellung die Suggestion, die von einer Frage ausgehen kann, und die den Befragten dann dazu verleitet, eine Antwort zu geben, die seinem Wesen, seiner Auffassung, Kenntnis und Einstellung nicht entspricht. Hierbei gilt es, die Frage möglichst neutral und allgemein zu halten, um unerwünschte Nebenwirkungen zu vermeiden.

73. Aufgabe: *Was sind Suggestivfragen?*

Neben der Suggestion spielt das Prestigebedürfnis der Menschen auch bei Befragungen eine große Rolle.

Eine wichtige Aufgabe haben Filterfragen. Dabei handelt es sich um Fragen, durch welche die Befragten von folgenden Fragen ausgeschlossen werden sollen, sofern sie bestimmte Bedingungen nicht erfüllen. (Es hat ja schließlich keinen Zweck, Nichtraucher nach ihren Rauchgewohnheiten und nicht berufstätige Hausfrauen nach ihrer Berufstätigkeit zu fragen.)

c) Jeder Fragebogen muß auch Angaben enthalten, die es ermöglichen, die befragte Person in ausreichendem Maße beschreiben zu können. Man muß also z. B. wissen, ob es sich beim Befragten um einen Mann oder eine Frau gehandelt hat, wie alt die Person war, welchen Beruf sie hat, über welches Einkommen sie bzw. der zugehörige Haushalt verfügt, in welchem Bundesland und Wohnort sie lebt usw.

   Je umfangreicher der Katalog der beschreibenden persönlichen Merkmale ist, desto zahlreichere Gruppierungen lassen sich später mit allen Befragten vornehmen. Die Erfahrung solcher persönlichen Merkmale findet jedoch ihre natürliche Grenze an der Auskunftsbereitschaft der Befragten. So ist es häufig schwierig, das genaue Alter der Frauen zu erfahren. Auch die Angaben zum Einkommen werden vielfach verweigert bzw. unrichtig erteilt.

   Es ist allgemein üblich, die persönlichen Merkmale erst am Ende des Fragebogens zu erheben. Erfahrungsgemäß ist dann die Gesprächssituation so aufgelockert, daß man persönliche Angaben leichter bekommen kann. Gelegentlich erweist es sich als nützlich, einige weniger wichtige persönliche Fragen als Einleitungsfragen zu verwenden, um so gleich zu Anfang der Befragung eine vertrauensvolle Stimmung hervorzurufen.

Liegt der Fragebogen vor, so sollte auf jeden Fall eine Vorbefragung durchgeführt werden, und zwar bei solchen Personengruppen, die auch später in der Hauptbefragung aufgesucht werden. Diese 20 oder 30 Probe-Interviews sind notwendig, damit man sich ein Bild davon machen kann, ob der Fragebogen mit seinen zahlreichen Fragen auch funktioniert. Auch bei noch so großer Erfahrung wird es immer wieder vorkommen, daß einzelne Fragen unzureichend formuliert sind, daß sich Fragen gegenseitig stören, daß von bestimmten Fragen unerwünschte Beeinflussungen ausgehen, usw.

Verwendet man beim Probe-Interview erfahrene Interviewer und wertet man die Befragungsergebnisse sorgfältig aus, so wird man nach Ausmerzung aller erkannten Fehler und Unzulänglichkeiten schließlich einen gut funktionierenden Bogen zur Verfügung haben.

Leider wird bei Umfragen im allgemeinen auf die Vorbefragung zu wenig Gewicht gelegt. Die Schuld an dieser Unterlassung trifft jedoch in den meisten Fällen nicht die die Umfrage durchführenden Institutionen, sondern die Auftraggeber, die entweder aus Unkenntnis der Wichtigkeit die benötigten finanziellen Mittel nicht bereitstellen oder übertriebene Terminforderungen stellen.

3.1.3.1.1.1 Die praktische Durchführung der Befragung

Nachdem die Probe-Interviews durchgeführt worden sind und die notwendigen Korrekturen des Fragebogens vorgenommen wurden, kann dieser — zusammen mit den erforderlichen Unterlagen — an die Interviewer abgeschickt werden. Die Interviewer erhalten ihre Anweisungen, auf welche Weise sie die Auswahl der zu befragenden Personen vorzunehmen haben, wann die Befragung zu beginnen hat, an welchen Tagen sie durchgeführt werden muß und wann sie spätestens zu beenden ist. Damit kommen die Interviewer zum Einsatz.

Die Befragung selbst spielt sich nach einem genauen Plan ab. Die Interviewer erhalten bestimmte Einsatzgebiete zugewiesen und werden in der Regel durch Einsatzleiter überwacht.

Es läßt sich nicht generell sagen, welches die günstigsten Befragungszeiten sind, vielfach werden aber die Befragungen in den späten Nachmittags- und frühen Abendstunden vorgenommen, weil dann auch diejenigen zu Hause angetroffen werden, die tagsüber aus beruflichen Gründen abwesend sind.

Interviews auf der Straße sind einerseits leichter als in der Wohnung durchzuführen, da man sich nicht erst Eingang zu verschaffen braucht, andererseits werden sie aber teilweise durch Verkehr und Wetter behindert. Bei der Zufallauswahl kommen sie ohnehin nicht in Frage.

Bei der Quotenauswahl sind sie möglich, werden aber nicht gern gemacht, es sei denn, die Befragung auf der Straße gehört zum Prinzip einer speziellen Umfrage.

Haben die Interviewer die Befragung durchgeführt und die ausgefüllten Fragebogen zurückgeschickt, so müssen diese zuerst auf eine richtige und sorgfältige Arbeit hin überprüft werden.

Die Überprüfung der Fragebogen hat sich in zwei Richtungen zu vollziehen.

1. Es ist zu kontrollieren, ob die Fragebogen vollständig ausgefüllt und die Anworten sachgemäß wiedergegeben worden sind. Wurden Flüchtigkeitsfehler gemacht, Fragen verwechselt oder Antworten falsch eingeordnet? In diesem Falle sind nachträgliche Korrekturen notwendig. Dabei ist aber Vorsicht am Platze, denn nicht alle Fehler und Widersprüche kommen auf das Konto der Interviewer.

Die Widersprüche in den Aussagen der Befragten, die man auch als mangelnde Konsistenz bezeichnet, beruhen darauf, daß den Menschen gewisse Zusammenhänge nicht bekannt sind. Es kann aber auch sein, daß die Widersprüche nur scheinbar existieren und sich bei näherem Hinschauen auflösen.

Widersprüche in den Fragebogen weisen also keinesfalls immer auf Interviewerfehler hin. Vielmehr hat die Erfahrung gelehrt, daß gerade bei den allzu glatten Fragebogen Vorsicht am Platze ist. Damit kommen wir zum zweiten Gesichtspunkt.

2. Die Verlockung, einen Fragebogen selbst auszufüllen und für einen echten auszugeben, ist für einen nicht ganz charakterfesten Menschen groß. Es erscheint ja zunächst auch viel einfacher, sich zu Hause hinzusetzen und die Antworten zu den Fragen eines Fragebogens zu „erfinden“, als sich der oft mühevollen Tätigkeit des Interviewens zu unterziehen. Trotzdem sollte man sich keine übertriebenen Vorstellungen von den Fälschungsmöglichkeiten machen.

Nach der Kontrolle der Fragebogen und nachdem ihre Vollständigkeit festgestellt worden ist, müssen sie für die Auswertung aufbereitet werden.

Jeder Fragebogen erhält eine laufende Nummer, damit er immer wieder leicht aufgefunden werden kann. Dann muß er zur Auszählung zurechtgemacht werden.

Ist die Zahl der Fragebogen umfangreich, wird man zum Auszählen der Antworten Zähl- und Sortiermaschinen heranziehen. Nur bei einer geringen Zahl von Fragebogen kann man sogenannte Strichlisten verwenden, da diese von Hand angelegt werden müssen und Handarbeit zeitraubend und teuer ist.

Bei größeren Untersuchungen wird jedoch ein mechanisches Zählverfahren — das Lochkartensystem — angewendet. Sind für alle Fragebogen Lochkarten hergestellt worden, so hat man einen Kartensatz der jeweiligen Umfrage. Jetzt kommt es darauf an, im Hinblick auf das Untersuchungsmaterial sinnvolle Sortierungen bzw. Auszählungen vorzunehmen.

Liegt die Auswertung aller Fragen in Prozentangaben vor, so läßt sich das Tabellenwerk erstellen.

Während der Fragebogen nach erhebungstechnischen Gesichtspunkten geordnet wurde, ist das Tabellenwerk nach sachlichen Prinzipien einzurichten. Die Antwortergebnisse sachlich zusammengehörender Fragen sind so zu bringen, daß ihr Zusammenhang sofort erkennbar ist.

Es wäre deshalb verfehlt, die Reihenfolge der Fragen auch im Tabellenwerk beizubehalten; es muß vielmehr eine klare und sachbezogene Gliederung erkennbar sein.

Jede Tabelle enthält in ihrem Kopf einen Titel, der das Problem der Frage kurz bezeichnet und die Wiedergabe der Fragestellung. Die Antwortklassen und die zugehörigen Prozentwerte müssen in übersichtlicher Form dargeboten werden. Es ist darauf zu achten, daß möglichst auch eine Basis der absoluten Zahlen mit aufgeführt wird. Sie erleichtert die Beurteilung des Gewichtes der Antworten. Mit der Erstellung des Tabellenwerkes sind die Grundlagen für die Berichterstattung geschaffen.

3.1.3.1.2 Die Berichterstattung

Jede Umfrage und Marktuntersuchung wird durch die Berichterstattung für den Auftraggeber abgeschlossen. Diese Berichterstattung kann nur in Ausnahmefällen mündlich geschehen, wenn es z. B. an Zeit mangelt, einen schriftlichen Bericht herzustellen. Die große Zahl der Untersuchungsbefunde, die bei einer Marktuntersuchung meist anfallen, machen es im allgemeinen notwendig, einen schriftlichen Bericht vorzulegen, der bei Bedarf auch mündlich kommentiert werden kann. Dieser schriftliche Bericht beruht im wesentlichen auf einer Analyse der erzielten Zahlenwerte und stützt sich demzufolge auf das Tabellenwerk.

Die Analyse des Tabellenwerkes ist mit einer kritischen Aussonderung der Zahlenwerte verbunden. Material, das im Sinne der Untersuchungsziele keinen Aussagewert besitzt, wird ausgeschieden.

Die restlichen Tabellen werden nun nicht etwa noch einmal verbal beschrieben, aus ihnen müssen analytische Folgerungen gezogen werden.

Erst aus solchen Analysen kann der Auftraggeber einen Vorgang am Markt richtig verstehen und Ansatzpunkte für sein wirtschaftliches Verhalten gewinnen.

Die Ergebnisse einer Umfrage sollten niemals isoliert gesehen werden, da man sonst unter Umständen zu sehr einseitigen Schlüssen kommen kann. Deshalb ist es zweckmäßig, auch die Ergebnisse vorhergehender Untersuchungen und das vorhandene Sekundärmaterial heranzuziehen. Erst dadurch ergibt sich ein abgerundetes Bild.

Empfehlungen für den Auftraggeber

Es kommt häufig vor, daß die Auftraggeber von Marktuntersuchungen und Umfragen an den Marktforscher die konkrete Frage stellen, welche betriebspolitischen Maßnahmen sie aufgrund der Untersuchungen ergreifen sollen. In diesem Falle kommt der Marktforscher in eine schwierige Lage, denn es ist für ihn grundsätzlich nicht möglich, Unternehmensentscheidungen zu treffen. Sonst wäre er nämlich selbst Unternehmer mit allen Rechten und Pflichten, mit dem Unternehmergewinn und dem -risiko. Der Marktforscher kann auch keine Versprechungen hinsichtlich der zu erzielenden Absatz- und Marktgrößen abgeben. Seine Aufgabe ist es vielmehr, eine Marktsituation zu untersuchen, zu analysieren und zu kommentieren.

Ob er darüber hinaus gewisse Empfehlungen für das zukünftige wirtschaftliche Verhalten abgeben soll, bedarf einer eigenen Klärung. Einige Marktforschungsinstitute lehnen Empfehlungen prinzipiell ab und begnügen sich mit einer Bestandsaufnahme.

74. Aufgabe: *Welche Gründe könnten die Institute für ihr Verhalten haben?*

Ganz anders verhält es sich allerdings mit dem betrieblichen Marktforscher. Dieser hat geradezu die Pflicht, die von ihm in Zusammenarbeit mit anderen Institutionen erarbeiteten Unterlagen und Marktdaten nicht nur zu analysieren und zu kommentieren, er muß auch aus seiner intimen Kenntnis der Betriebsbelange Empfehlungen für seine Unternehmensleitung in voller Verantwortlichekit ausarbeiten.

Dazu ist er durch seine Stellung und Ausbildung legitimiert, und hier liegt seine eigentliche Beratungsfunktion.

3.1.3.1.3 Die Prüfung eines Angebotes zur Durchführung einer Umfrage

Erhält man das Angebot eines Marktforschungsinstituts zur Durchführung einer Umfrage zur Überprüfung, dann sollte man immer darauf achten, daß es bestimmte Dinge enthält, die einen in die Lage versetzen, sich ein genaues Bild darüber zu machen, wie das Institut vorgeht. In einem Angebot sollten aufgeführt sein:

1. eine genaue Fixierung des Untersuchungsproblems,
2. ein detaillierter Terminplan,
3. eine Begründung für die Wahl des Auswahlverfahrens,
4. eine Begründung für die in Aussicht genommene Größe der Stichprobe und
5. eine übersichtliche Kostenkalkulation.

Der Auftraggeber muß zur Beurteilung der Leistungsfähigkeit des Marktforschungs-Unternehmens wie auch der in Aussicht genommenen Untersuchung schließlich wissen, ob das Untersuchungsproblem richtig erkannt wurde und die vorgeschlagene Lösung dem

Untersuchungsgegenstand angemessen ist. Es muß sich vom zeitlichen Ablauf der Untersuchung ein Bild machen können und eine terminliche Übereinstimmung mit den Bedürfnissen seines Unternehmens herstellen.

Das in Aussicht genommene Auswahlverfahren hat entscheidende Bedeutung für die Erhebung. Auch hierbei zeigt sich, ob das Institut die Problematik der Umfrage erkannt hat. Die Stichprobengröße ist abhängig von der erwarteten Genauigkeit der Ergebnisse und den Erfordernissen ihrer Unterteilung in Untergruppen. Außerdem ist sie eine Kostenfrage. Ein verantwortungsbewußtes Institut wird sie im Interesse des Auftraggebers so groß wie nötig und so klein wie möglich halten. Die Kalkulation der Kosten muß erkennen lassen, daß soweit wie möglich nichts dem Zufall überlassen bleibt.

Der zeitliche Ablauf einer Umfrage muß — soll er gesichert sein — in allen Einzelheiten terminiert sein. Zumeist geht man bei der Zeitkalkulation davon aus, daß mit der endgültigen Verabschiedung des Fragebogens die Durchführung der Befragung beginnt. Dies bezeichnet man auch als Stichtag.

Die Kosten einer Umfrage sind naturgemäß von verschiedenen Faktoren abhängig und demzufolge recht unterschiedlich. Hier gilt es für den Marktforscher, das Notwendige vom Überflüssigen zu trennen und ein günstiges Verhältnis von Aufwand und Ertrag herzustellen.

Die meisten Menschen, die zum ersten Male von einer Kostenaufstellung für eine Marktuntersuchung bzw. Umfrage Kenntnis nehmen, sind gewöhnlich über deren Höhe verwundert. Ein Betrag von 35 000,— oder 40 000,— DM für die Befragung im Bundesgebiet erscheint vielfach als außerordentlich hoch, und zwar nicht nur in den Augen von Laien, sondern auch bei Wirtschaftspraktikern.

Nun ist es nicht so, daß die Kosten sich proportional zur Zahl der Interviews erhöhen, im Gegenteil, die Kosten je Interview sinken mit steigender Befragtenzahl, da mancher Arbeitsaufwand gleich groß ist, ob nun 500 oder 5000 Befragungen durchzuführen sind. Dazu zählen insbesondere Voruntersuchungen, Fragebogenentwicklung und -gestaltung sowie die Berichterstattung.

Ein weiterer wichtiger Faktor für die Kostenkalkulation ist die Auswahlmethode, mit der die Stichprobe aus der Gesamtheit ermittelt wird, d. h. mit der festgelegt wird, welche Personen zu befragen sind.

Die bewußte Auswahl der Quota-Methode ist in jedem Falle kostengünstiger, da bei ihr im allgemeinen die zu befragenden Zielpersonen nur einmal aufgesucht werden. Sie schreibt ja keine bestimmten Einzelpersonen vor, sondern es genügt, wenn innerhalb der vorgegebenen Quoten bzw. Merkmale eine beliebige Person ausgewählt wird.

Bei der Zufall-Auswahl wird jedoch zum Unterschied dazu eine bestimmte Zielperson „vorgeschrieben“, die unbedingt zu erreichen ist. Es läßt sich dabei of nicht vermeiden, daß der Interviewer die ihm vorgeschriebenen Zielpersonen mehrfach aufsuchen muß, wenn er sie beim ersten oder zweiten Besuch nicht antrifft. Mehr als 3 bis 4 Besuche werden jedoch in der Regel aus Kostengründen nicht gemacht, und man nimmt es dann in Kauf, daß die Stichprobe nicht ganz ausgeschöpft werden kann. Das bedeutet dann in der Praxis, daß von den vorgesehenen Interviews vielleicht 10 oder 15 Prozent nicht ausgeführt werden können.

Außerdem sind für die Zufall-Auswahl wesentlich mehr Vorbereitungen notwendig, wie z. B. die Auswertung von Personenstands-Registern und Einwohnerkarteien, so daß man unter Umständen gegenüber der Quota-Methode mit einem Kostensatz rechnen kann, der 20 bis 30 Prozent höher liegt.

Weitere Auswirkungen ergeben sich aus dem Umfang des Fragebogens und der Thematik der Untersuchung.

Will ich in einer Umfrage 20 Fragen klären, so kann diese Befragung unter Umständen mit einer anderen, ähnlich gearteten Untersuchung gekoppelt werden und zur Verminderung der Kosten beitragen. Oft kann man bereits mit noch weniger Fragen ein Problem genügend abklären. In diesem Falle besteht die Möglichkeit, sich mit den eigenen Fragen an eine sogenannte Omnibusumfrage der verschiedenen Marktforschungs-Institute anzuschließen. Dabei liegen die Kosten für eine Frage im Schnitt bei etwa 800,— bis 1000,— DM. Mit einigen tausend DM läßt sich also bereits eine kleine Untersuchung durchführen, die nur dem Auftraggeber zur Verfügung steht.

75. Aufgabe: *Was ist eine Omnibusumfrage?*

Darüber hinaus veranstalten die Marktforschungs-Institute laufend sogenannte Standard-Untersuchungen, deren Ergebnisse jedermann gegen ein verhältnismäßig günstiges Honorar zur Verfügung gestellt werden.

76. Aufgabe: *Was sind Standard-Untersuchungen?*

Nun kommt es natürlich vielfach vor, daß sich Auftraggeber von Marktforschungs-Untersuchungen Kostenvoranschläge durch verschiedene Institute machen lassen. Dabei geschieht es nicht selten, daß das Institut mit den niedrigsten Forderungen den Auftrag erhält. Aber nichts kann gefährlicher und verkehrter sein als diese Entscheidung. Die Leistungen einer Untersuchung liegen nun einmal nicht offen zutage, sie lassen sich von außen nur schwer abschätzen. Da die Kosten für eine Umfrage und die Aufwendungen der Institute im allgemeinen nicht sehr variieren, bedeuten ins Gewicht fallende Unterschiede in den Honorarforderungen auch stets Leistungsunterschiede.

Der Marktforscher bzw. das auftraggebende Unternehmen sollten sich immer darüber im klaren sein, daß die Aufwendungen für eine Umfrage in einem angemessenen Verhältnis zu den Untersuchungszielen stehen müssen. Ist es z. B. aus methodischen Gründen notwendig, die Random-Stichprobe gegenüber der Quota-Auswahl zu verwenden, so wäre es verfehlt, das billigere Auswahlverfahren nur aus Kostengründen vorzuziehen.

3.1.3.2 Die Methoden der qualitativen Marktforschung

3.1.3.2.0 Warum Motivforschung?

Die Marktforschung stellte sich bisher als eine möglichst exakte, objektive Erfassung und Darstellung der Verhältnisse und Entwicklungen auf einem gegebenen Markt, als eine

Untersuchung und Beschreibung des Verhaltens der Marktpartner (Verbraucher, Händler, Betriebe usw.) und der äußeren Umstände, unter denen bestimmte Verhaltensweisen auftreten, dar.

Es liegt nahe, zwischen dem Verhalten der Menschen und den Umständen, unter denen es beobachtet wird, einen Zusammenhang zu suchen. Diesen Zusammenhang kann man auch in vielen Fällen nachweisen. Nur selten läßt sich indessen mit Sicherheit erkennen, ob der Umstand, dessen Zusammenhang mit einem bestimmten Verhalten beobachtet wurde, ursächlich dieses Verhalten hervorgerufen hat oder ob er lediglich eine Begleiterscheinung ist, die ihrerseits wiederum im Zusammenhang mit der eigentlichen Ursache des beobachteten Verhaltens steht.

Wenn man z. B. untersuchen würde, welche Personen etwa einen Mercedes 600 oder einen amerikanischen Straßenkreuzer besitzen, so würde man wahrscheinlich feststellen, daß sie in der Regel über ein entsprechend hohes Einkommen verfügen, um sich einen solchen Wagen leisten zu können. Aber das Einkommen ist hier nur ein Begleitumstand, der es diesen Personen erlaubt, einen Wagen dieser Klasse zu erwerben und zu unterhalten. Andere Personen derselben Einkommensgruppe besitzen andere Kraftfahrzeuge oder — vielleicht auch gar keins. Das Einkommen kann zum mindesten nicht die einzige Ursache für den Erwerb eines solchen Wagens sein.

Andererseits ist der Mangel an einem entsprechenden Einkommen für die Masse der Autofahrer sicherlich ein entscheidendes Hindernis, sich einen so kostspieligen Wagen anzuschaffen. Die Höhe des Einkommens grenzt also den Kreis der potentiellen Käufer bestimmter (teurer) Kraftfahrzeuge zwar ein, ist aber nicht als der eigentliche Beweggrund für eine solche Entscheidung anzusehen.

Man müßte in diesem Zusammenhang weiterforschen nach den Gesichtspunkten, die diese Automarken für den Käufer besonders anziehend machen — etwa nach dem gebotenen Komfort, den Fahreigenschaften des Wagens, dem Aufsehen, das man damit zu erregen hofft usw.

Bei vielen Dingen des täglichen Lebens, z. B. Zigaretten, Waschmitteln, Strümpfen usw., gibt es noch viel weniger Anhaltspunkte. Was veranlaßt die Menschen, sich für die Marke X zu entscheiden, während andere die Marke Y vorziehen?

Früher nahm man an, daß diese Entscheidungen allein durch verstandesmäßige Überlegungen und die Kaufentschlüsse durch wirtschaftliche Erwägungen bestimmt würden. Man sprach in diesem Zusammenhang vom „homo oeconomicus", dem rechnenden, berechnenden Verstandesmenschen. Handelte der Konsument wirklich allein aus diesen Beweggründen, so könnte man sein Verhalten aus einer gegebenen Bedarfslage und den ihm bekannten Angeboten leicht vorausbestimmen. Das preiswerteste Angebot würde sich gewissermaßen von selbst durchsetzen; die Werbung würde nur dafür zu sorgen haben, dieses Angebot möglichst vielen Konsumenten bekanntzumachen.

Aber — so einfach liegen die Dinge nicht. Die Verstandesüberlegungen der Menschen werden durchbrochen von Impulsen, die der Gefühls- und Triebwelt der Menschen entspringen und die oft die stärkeren Antriebe sind. Sie werden geformt und ausgerichtet durch die in der Umwelt herrschenden Regeln und Konventionen, beeinflußt durch

Erziehung und Erfahrung, und können schließlich nur in bestimmten äußeren Situationen verwirklicht werden.

Es genügt deshalb nicht, nur die äußerlich zutage tretende Marktsituation zu analysieren und ihre Entwicklung zu verfolgen, um daraus Schlüsse zu ziehen. Es müssen darüber hinaus speziell die Beweggründe erforscht werden, die diese Entwicklung verursachen, und die Umstände, von denen sie begleitet wird. Es ist notwendig, diese Beweggründe und Umstände selbst zu analysieren und herauszufinden versuchen, wie sie zugunsten des eigenen Produkts, der eigenen Dienstleistung usw. mobilisiert werden können. Es muß schließlich untersucht werden, welche Hemmnisse dem gewünschten Verhalten der Verbraucher entgegenstehen und wie sie zu überwinden sind.

Die Antriebe oder Beweggründe, die das Verhalten der Menschen bestimmen, nennt man Motive. Darum heißt die Forschung, die sich um die Erkenntnis solcher Motive bemüht, „Motivforschung". Da die Motive aber fast nie allein, sondern fast immer in den vielfältigsten Kombinationen auftreten und ihr Zusammenhang, ihr Zusammen- und Gegeneinanderwirken ein weiteres, zusätzliches, wesentliches Studiengebiet dieser Forschung darstellt, ziehen viele Forscher den umfassenderen Begriff „Motivationsforschung" vor. Er schließt sowohl das Studium der einzelnen Motive als auch die Untersuchung ihres Zusammen- und Gegeneinanderwirkens und der diese Vorgänge begleitenden Umstände ein.

Die Motivforschung bemüht sich um die Erkenntnis der Beweggründe menschlichen Handelns. Sie ist notwendig, weil auch Kauf oder Ablehnung von Produkten oder Marken Handlungen sind, und weil man diese Handlungen nur dann beeinflussen kann, wenn man ihre Ursachen kennt. Da der Mensch nicht nur ein Verstandes-, sondern auch ein Gefühls- und Triebwesen ist, muß die Motivforschung den Einfluß aller drei Bereiche analysierend berücksichtigen.

3.1.3.2.1 Die Grenzen der traditionellen Marktforschung

Ermittlungen über die offenkundigen tatsächlichen Verhältnisse des Marktes stellen den Kern der traditionellen Marktforschung dar. Die in diesem Zusammenhang verwendeten Techniken der Befragtenauswahl, der Fragestellung, des Interviewens und der Analyse werden als bekannt vorausgesetzt. Diese Techniken können, soweit es den rational überschaubaren Bereich menschlichen Verhaltens angeht, heute als ausreichend zuverlässig angesehen werden. Natürlich werden im Laufe der Zeit noch manche Verbesserungen, manche Erweiterungen und Kombinationen gefunden, geprüft und praktiziert werden.

Das Bild jedoch, das die traditionelle Marktforschung wiedergibt, ist in seinem Kern statisch, d. h. es zeigt die in ihrem Bewegungsablauf erstarrte Entwicklung als eine zu einem bestimmten Zeitpunkt erfaßte Situation. Das Risiko der Entscheidung, das die Marktforschung herabmindern soll, wird durch die Erkenntnis der Situation nur zum Teil reduziert. Erst die Erforschung des dynamischen Hintergrundes dieser Situation, d. h. der Kräfte, die sie herbeigeführt haben und die in ihr und aus ihr weiterwirken in die Zukunft hinein, die Ermittlung ihrer Richtung und Stärke in ihrer Verflechtung und gegenseitigen Abhängigkeit — kurz: die Motivationsforschung — kann das Risiko des Unternehmers weiter vermindern. Denn erst diese Erkenntnisse erlauben eine Beurteilung und Bewertung der ermittelten Situation.

Der Bereich des Emotionellen, der Gefühle und Triebe, des Halb-, des Unter- und des Unbewußten entzieht sich weitgehend dem Zugriff der direkten, notwendigerweise an den Verstand appellierenden Ermittlungstechniken der traditionellen Marktforschung. Um in diesen Bereich vorzustoßen, muß die Motivationsforschung sich anderer Verfahrensweisen bedienen.

Die Motivationsforschung erstreckt sich mithin nicht nur auf ein besonderes, ihr eigenes Gebiet. Sie bedarf auch besonderer Ermittlungsverfahren, entsprechender, spezieller Auswertungstechniken und vor allem einer fachgerechten Interpretation. Dieser Gedanke tritt bei einigen Vertretern dieser Forschungsrichtung so stark in den Vordergrund, daß sie die Motivationsforschung geradezu als „Anwendung psychologischer Methoden auf Marktprobleme“ definieren.

Die Motivationsforschung soll im folgenden als ein besonderes Forschungsgebiet betrachtet werden, das es mit speziellen Forschungstechniken zu erschließen gilt. Gerade diese speziellen Forschungstechniken aber sind für die Anwendung in großen Repräsentativ-Erhebungen wenig geeignet.

77. Aufgabe: *Weshalb sind sie wenig geeignet?*

Die traditionelle, quantitative Marktforschung erfaßt und untersucht Massenerscheinungen, die zählbar und meßbar sind. Die psychologischen Hintergründe dieser Erscheinungen und Sachverhalte kann sie aber in den meisten Fällen nicht aufdecken. Sie hat statischen Charakter. Ihre Ermittlungen sind vordergründig.

Gegenstand der Motivforschung sind dagegen die psychologischen Hintergründe, die seelischen Kräfte, die hinter den Erscheinungen stehen und sie verursachen. Die Motivforschung betrachtet den Menschen als mehrschichtiges Wesen (Verstand, Trieb, Gefühl) und versucht den Einfluß aller Bereiche auf das menschliche Verhalten zu bestimmen.

Dementsprechend ist ihre Betrachtungs- und Untersuchungsweise ganzheitlich. Ihrem wissenschaftlichen Charakter entsprechend, zieht aber auch sie erst aus einer größeren Anzahl gleichartiger Befunde allgemeine Schlüsse.

78. Aufgabe: *Wo liegen die Grenzen der quantitativen Marktforschung?*

3.1.3.2.2 Die einfache „Warum“-Frage

Es liegt nahe — und dieser Weg ist in der traditionellen Marktforschung zunächst auch beschritten worden —, die Gründe eines bestimmten Verhaltens schlicht mit der Frage: „Warum haben Sie . . .?“ zu erfassen zu versuchen. Dies geschieht vielfach heute noch.

Wenn man z. B. in einer Umfrage nach der vom Befragten verwendeten Zahnpasta fragt, schließt man oft die Frage an, warum diese Zahnpasta verwendet wird. Dazu erhält man u. a. etwa folgende Antworten:

„Wurde vom Verkäufer (Friseur, Drogisten usw.) empfohlen."
„Gut gegen Zahnfäule."
„Schmeckt angenehm."
„Wegen der Fernsehreklame."
„Hilft gegen Mundgeruch."
„Stärkt das Zahnfleisch."
„Enthält Vitamine."
„Ich habe Zahnfleischbluten."
„Die Zahnpasta besorgt meine Frau. Ich nehme, was gerade da ist."

Diese Aussagen sind keineswegs einheitlich. Es werden verschiedene Gesichtspunkte angeschnitten, die miteinander nichts gemein haben und sich keineswegs gegenseitig ausschließen.

Man findet hier:

1. Informationsquellen
   a) Empfehlungen des Händlers
   b) Werbung
2. Eigenschaften der Zahnpasta
   a) Zahnfäule hemmend
   b) angenehmer Geschmack
   c) Beseitigung des Mundgeruchs
   d) Vitaminzusatz
3. Eigenschaften des Befragten
   a) Zahnfleischbluten
4. Häusliche Umstände
   a) Befragter hat keinen Einfluß auf die Wahl der Zahnpasta.

Die Antworten sind nicht nur den unterschiedlichen Kategorien zuzuordnen. Manche von ihnen sind mehrdeutig. Zum Beispiel kann das Argument, die Zahnpasta helfe gegen Zahnfäule und Mundgeruch, bedeuten, daß gegen diese Erscheinungen vorgebeugt werden soll. Es kann aber ebensogut heißen, daß Zahnfäule und/oder Mundgeruch bereits eingetreten sind und die Zahnpasta als Gegenmittel verwendet wird, also heilen soll. Die Aussage enthält aber keinen Anhaltspunkt darüber, woher der Befragte überhaupt weiß, daß die Zahnpasta diese Wirkung haben soll. Ebenso enthält die Aussage über Empfehlungen, Fernsehreklame usw. keinen Hinweis darüber, welche Argumente nun den Befragten veranlaßt haben, gerade dieses Produkt zu kaufen.

79. Aufgabe: *Welche Schwächen hat die einfache Warum-Frage?*

Nun ist es allerdings so, daß den Menschen nicht alle Gründe für ihr Verhalten immer in gleicher Weise gegenwärtig sind. Sie liegen oft in verschiedenen Ebenen des Bewußtseins. Manche Gründe liegen offen zutage. Sie haben darüber nachgedacht, was sie tun wollen, und können ihr Verhalten logisch begründen. Manchmal behalten sie ihre wohlüberlegten Gründe — wiederum aus Überlegung — für sich. Manchmal verbrämen sie ihre Handlungen mit Begründungen, die zwar plausibel klingen, von denen sie aber genau wissen, daß sie nicht ihre echten eigentlichen Gründe waren. Manchmal reden sie sich selbst solche unechten, scheinbaren Gründe so lange und mit solcher Intensität ein, daß sie sie schließlich selber für ihre wahren Gründe halten. Und manchmal können sie sich ihr Verhalten nachher selbst nicht mehr erklären. Dies gilt nicht nur für die Begründung ihres Verhaltens insgesamt, sondern auch für einzelne Motive. So sind die oben aufgezeigten Lücken in der Beantwortung der Warum-Frage nicht nur zufälliger Natur, sondern hängen vielmehr oft mit der besonderen Struktur der Persönlichkeit und der speziellen Art der Motive des Verhaltens zusammen.

3.1.3.2.3 Die Geschichte eines Hutkaufes

Was die Motivforschung an Einzelheiten über die Gründe eines bestimmten Verhaltens aufdecken kann und muß, soll am Beispiel eines Hutkaufs dargestellt werden. Auf die einfache Frage, warum eine Dame einen bestimmten Hut gekauft hat, gibt sie die Antwort: „Ich habe eben einen Hut gebraucht, und dieser hat mir gefallen." Bei intensiverer Fragestellung jedoch läßt sich die Geschichte dieses Hutkaufs etwa wie folgt rekonstruieren:

Am Tage vor dem Hutkauf war das Ehepaar zu einer Gesellschaft eingeladen. Auf dem Heimweg bemerkte der Mann so nebenbei, daß Frau XY doch einen schicken Hut gehabt habe. Seine Frau faßte das als eine Kritik an ihrem eigenen Hut auf.

Also entschloß sich die Frau, einen neuen Hut zu kaufen. Die Geldmittel waren beschränkt. Die Frau sah daher die Anzeigen in der Morgenzeitung durch, um sich über günstige Gelegenheitsangebote zu unterrichten. Hierbei fiel ihr die Anzeige eines bestimmten Geschäftes auf, das sie dann auch aufsuchte.

Sie probierte viele, viele Hüte, und die Verkäuferin bemühte sich redlich, auf alle ihre Wünsche einzugehen. Schließlich fühlte sie sich der unermüdlichen Verkäuferin so verpflichtet, daß sie das Geschäft nicht mehr verlassen mochte, ohne einen Hut zu kaufen — selbst wenn er nicht vollkommen ihren Vorstellungen entsprach. Sie wollte ja auch einen Hut kaufen, und die Auswahl des Geschäftes war so reichhaltig, daß sie es kaum für möglich hielt, in einem anderen Geschäft noch einen passenderen Hut zu finden. Außerdem war die Zeit durch das viele Probieren schon sehr weit vorgeschritten, und sie mußte wieder nach Hause.

So wählte sie einen roten Filzhut, der zwar ihren Vorstellungen nicht ganz entsprach, aber unter den probierten Hüten ihren Wünschen noch am nächsten kam.

Der Preis des Hutes überschritt ein wenig den Betrag, der ihr für diesen Zweck zur Verfügung stand. Aber schließlich, meinte sie, müsse ihr Mann auch etwas dazu beitragen, wenn er seine Frau schick angezogen sehen wolle. Schließlich würde sie ja noch keinen neuen Hut gekauft haben, wenn ihr Mann den Hut der Frau XY nicht so schick gefunden hätte ...

Das Beispiel zeigt deutlich, daß die Antwort auf die einfache Warum-Frage zwar nicht eigentlich falsch, aber doch völlig unzureichend ist, um die Hintergründe dieses Hutkaufs aufzudecken.

Die schlichte Warum-Frage hätte — wie soeben geschildert — zwei Beweggründe eingebracht:

1. ein Bedürfnis (— sie habe eben einen Hut gebraucht),
2. ein Objekt, das dieses Bedürfnis in angemessener Weise stillt (— und dieser habe ihr gefallen).

Der eingehenden Schilderung der Sachlage vor dem Kauf, während des Kaufes und nach dem Kauf können wir entnehmen, daß eine ganze Reihe von inneren und äußeren Anstößen zusammengekommen sind, die den Hutkauf auslösten und in seinem Ablauf bestimmten.

80. Aufgabe: *Lesen Sie die Schilderung des Hutkaufs noch einmal durch, und stellen Sie eine Liste zusammen, in der die einzelnen Beweggründe aufgeführt sind, die den Hutkauf bestimmten! — Zu ihrer Kontrolle: die Liste sollte mindestens 11 Punkte umfassen.*

Eine solche ausführliche Schilderung jedes individuellen Falles läßt sich unmöglich in einer einheitlich vorgeschriebenen Fragenfolge einfangen. Vom Interviewer muß hier ein besonderes Einfühlungsvermögen verlangt werden. Er muß die Freiheit und die Fähigkeit besitzen, aus der Situation des Gesprächs heraus diejenigen Fragen zu stellen, die für eine vollständige Klärung des Sachverhalts erforderlich sind. Gerade das aber muß — aus Gründen der statistischen Erfassung und Verarbeitung des Materials — in einer repräsentativen Erhebung vermieden werden.

Es ist zu vermuten, daß diese hinter dem Hutkauf stehenden Motive nicht zufälliger Natur sind, daß sie nicht nur bei diesem einen Kauf zum Tragen kommen. Sie werden vielmehr schon manches andere Verhalten der Frau beeinflußt haben und auch in Zukunft weiterhin beeinflussen. Jede Handlung wird in einer der betreffenden Person eigenen Art und Weise vollzogen und damit Ausdruck der Persönlichkeit.

Menschen verhalten sich immer so, wie es ihrer Persönlichkeit oder ihrem Charakter entspricht. Der Eigenart jedes Menschen entspricht auch eine besondere, in den verschiedensten Situationen zu beobachtende Art des Verhaltens. Hierauf beruht die Möglichkeit, Voraussagen über künftiges Verhalten zu machen.

Alles Verhalten ist Stellungnahme (Reaktion) auf etwas, das als Gegenstand oder Situation (Reiz) gegenübersteht. Das gilt auch für den auf einem Markt handelnden Menschen. Die einzelnen Bereiche des Charakters werden mehr oder weniger heftig beteiligt — je nachdem, ob man sich z. B. einen Bleistift oder einen Pkw kauft. Jedesmal deckt man einen Bedarf und/oder erfüllt sich ein Bedürfnis.

Die menschlichen Bedürfnisse sind im Einzelfall sehr gut zu schildern. Sie jedoch insgesamt aufzuzählen und in eine logische Ordnung zu bringen ist fast unmöglich. Allein die Instinkte werden entweder auf einen einzigen zurückgeführt oder mit mehreren hundert angegeben. Es soll von einem Katalog solcher menschlichen Beweggründe abgesehen werden und alles, was den Menschen zu irgendwelchen Stellungnahmen, zu Handlungen oder Unterlassungen treibt, Strebungen genannt werden, Antriebe oder Motive, wobei der letztere Ausdruck vorwiegend für Kaufmotive reserviert werden soll.

Die Strebungen können verschiedenen Quellen entspringen:

Hunger, Durst, Betätigungsdrang und Ruhebdürfnis entspringen biologischen Antrieben, Sitte, Brauchtum und Moralerziehung verschaffen soziale Antriebe. Außerdem gibt es Antriebe, die der Selbstverwirklichung dienen: Wünsche, Lebensziele, Ideale persönlicher Art, die weder in biologischer noch in sozialer Hinsicht festgelegt sind, die personellen Antriebe.

Es braucht nicht besonders betont zu werden, daß die Übergänge fließend sind. So ist z. B. das Geschlechtsverhalten des Menschen zwar durch biologische Antriebe bedingt, wird aber in sozialen Einrichtungen und Verhaltensvorschriften eingefangen, dosiert und gerichtet, darüber hinaus noch in den Dienst der Selbstverwirklichung gestellt und als personeller Antrieb von völliger Enthaltsamkeit bis zum Don-Juanismus variiert. Ähnliches gilt für jede menschliche Strebung. Es ist sogar ein besonderes Kennzeichen des Menschlichen, daß in ihm biologische Antriebe durch soziale und personelle Bedingungen abgeändert werden.

Die Motivforschung schließt aus den Äußerungen und Schilderungen auf die Motive, die das Verhalten verursacht haben. Diese Motive brauchen nicht bewußt zu sein. Erst die psychologische Analyse entwirft ein Bild des Antriebsgeschehens, bei dem die Art der Antriebe genau so deutlich wird wie ihre Stärke und ihr Mit- und Gegeneinander.
Dann kommt es darauf an, eine Ware oder Dienstleistung auf bestmögliche Weise den bestehenden Antrieben anzupassen. Das Angebot muß so gestaltet werden, daß es hohen Anforderungscharakter hat (daß also seine Wahrnehmung den richtigen Antrieb so stark wie möglich anspricht); andererseits muß dieser Antrieb bei Benutzung des Angebots ausreichend befriedigt werden.

Man treibt also Motivforschung, um zu erkennen, welche Antriebe vorhanden sind und in dem gewünschten Sinne aktiviert werden können und unter welchen Umständen eine gewünschte Handlung (z. B. der Kauf eines bestimmten Produkts) realisiert wird. Erst dann kann man das Produkt und das Angebot so gestalten, daß sie sich diesen Bedingungen auf die bestmögliche Art anpassen.

An dem Beispiel des Hutkaufs erkennt man deutlich, welche verwickelte Rolle ein solcher Damenhut spielen kann. Bei anderen Produkten können ähnlich komplizierte Vorgänge stattfinden, selbst bei so alltäglichen Dingen wie Zucker und Salz.

Frau XY hat mit ihrem Hut Eindruck auf den Gatten der berichtenden Käuferin gemacht. Der neue Hut wird (in ihrer Wirkwelt) das Mittel, die Aufmerksamkeit des Gatten (in seiner Merkwelt) wieder wachrufen, daß er sich (in seiner Wirkwelt) seiner Frau wieder zuwendet. Dabei spielt es keine Rolle, ob es sich in Wirklichkeit so verhält. Entscheidend ist nur, wie die Käuferin die Vorgänge aufnimmt und verarbeitet.

Sogleich wird jedoch das Streben nach dem neuen Hut gedämpft durch die beschränkten Geldmittel. Dem positiven Antrieb, dem Hinstreben zum Hut, steht ein negativer Antrieb entgegen — die Notwendigkeit, die Ausgaben in gewissen Grenzen zu halten. Eigentlich hat sie noch nicht gefunden, was sie suchte, eigentlich möchte sie noch weiterprobieren. Aber diesem Antrieb (negativ im Sinne des Kaufentschlusses) stellen sich das Ende der vorrätigen Kollektion, verbunden mit dem moralischen Druck der Verkäuferin und dem Ablauf der verfügbaren Zeit, als positive Antriebe entgegen.

Schließlich kostet der gekaufte Hut doch mehr, als sie ursprünglich anlegen wollte. Es kann deshalb unterstellt werden, daß der Konflikt zwischen den Ansprüchen der Käuferin und den finanziellen Möglichkeiten ihrer Erfüllung bislang die Anschaffung eines neuen Hutes verhindert und die Kaufabsicht jetzt erst das Übergewicht erhalten hat, als sie sich von ihrem Mann auf versteckte Weise getadelt fand.

Man wird niemals im menschlichen Verhalten reines Hinstreben und reines Vermeidungsstreben finden. Wenigstens würde eine solche Stellungnahme kaum als Verhalten, sondern eher als eine automatische Notwendigkeit erscheinen. Erst durch das Ineinandergreifen und Gegeneinander-Abwägen von Streben und Widerstreben wird eine Entscheidung erreicht, auch ein Kaufentschluß. Dieses Gegenspiel von Hinstreben und Fortstreben bildet die Motivation, die Gegenstand der Motivationsstudien ist. Ohne Konflikt gibt es kein psychologisches Marktproblem!

Die Motivationsforschung befaßt sich also mit konflikthaltigen Motivkonstellationen. Aber diese Konstellationen müssen typisch sein, für eine Marke, ein Produkt, eine soziale Schicht usw., d. h. sie müssen immer wieder bei der Marke oder dem Produkt oder der betreffenden Schicht auftreten, und bei anderen Marken, Produkten usw. müssen andere Konstellationen erscheinen. Die privaten, mit der einzelnen Persönlichkeit verbundenen Motive müssen dabei als störende, untypische Erscheinungen ausgeschieden werden.

Die Dame, zum Hutkauf fest entschlossen, zögert den endgültigen Kaufentschluß so weit hinaus, bis sie sich zum Kauf verpflichtet fühlt, nicht etwa, weil sie sich für einen Hut entschieden hat, an dem sie Freude hat — nicht etwa, daß sie nun etwas kauft, was ihren Mann mit Sicherheit erfreuen wird —, nein, sie kauft, damit sie die Verkäuferin, eine eigentlich zufällig anwesende unbekannte Person, nicht enttäuscht. Wäre die Verkäuferin nicht gewesen, hätte sie sich gewissermaßen selbst bedienen müssen, hätte sie wahrscheinlich den Hut, der ihr ja doch nicht vollkommen gefiel, nicht gekauft.

Dieses Verhalten wird gewiß nicht einmalig sein, doch wird es für die Marktforschung erst dann von Bedeutung, wenn es für irgendeines der Elemente im untersuchten Zusammenhang typisch ist: für den Kauf des Produktes, für den Kauf in diesem Geschäft, bei dieser Verkäuferin oder etwa für Frauen aus Haushaltungen mit DM 1000,— bis DM 1500,— Monatseinkommen, Frauen zwischen 40 und 50 Jahren usw.

Es sind keineswegs immer Appetenzen (Hinstrebungen) und Aversionen (Fortstrebungen), die miteinander im Konflikt stehen. Es gibt auch konkurrierende Paarungen solcher Appetenzen bzw. Paarungen von Aversionen. Dies sind vor allem die Wahlsituationen. Auch die Hutkäuferin hat sie sicher in verschiedenen Formen erlebt, sei es, daß sie beim Ausscheiden der Modelle zwischen zwei Hüten zu wählen hatte, die ihr eigentlich beide gleich gut gefielen, oder daß sie sich am Ende zu dem Hut entschloß, an dem sie noch am wenigsten auszusetzen fand.

Aufgabe der Motivforschung ist — unter dem Gesichtspunkt des Konfliktverhaltens gesehen —, die Erkenntnis solcher Appetenzen und Aversionen, d. h. die Bestimmung der Antriebe nach ihrer Richtung und Stärke mit dem Ziel, Anhaltspunkte für den Abbau von Aversionen und die Steigerung der Appetenzen gegenüber dem zur Untersuchung anstehenden Objekt zu gewinnen.

3.1.3.2.4 Die Methoden im einzelnen

3.1.3.2.4.0 Ohne richtige Methode keine richtige Antwort

Von einem Motivforscher muß ganz allgemein eine gute Kenntnis menschlicher Verhaltensweisen erwartet werden, verbunden mit einem besonderen Einfühlungsvermögen und einer ausreichenden Kenntnis und Praxis in der Handhabung der erforderlichen Untersuchungstechniken. Er muß zudem systematisch und kritisch denken können. Er braucht nicht unbedingt ein Fachpsychologe zu sein, er kann auch Soziologe, Anthropologe oder Mediziner sein.

Der Motivforscher muß sich immer vor Augen halten, daß seine Untersuchungen nicht wissenschaftlicher Selbstzweck sind. Am Ende seiner Motivstudie sollen — wenn eben möglich — klare Empfehlungen stehen, die der Auftraggeber zu seinem Nutzen in die Praxis der Werbung und des Verkaufs umsetzen kann.

Vor der Durchführung von Untersuchungen muß er von bestimmten Vermutungen (Hypothesen) über das Verhalten der Menschen zum untersuchten Gegenstand, der Ware, der Dienstleistung usw. ausgehen. Diese möglichen Verhaltensweisen hat er dann — wiederum mit Hilfe von Hypothesen — auf bestimmte mögliche Antriebe zurückzuführen und festzulegen, durch welche Symptome sich diese Antriebe möglicherweise offenbaren. Dann muß er die zur Ermittlung dieser Symptome erforderlichen Techniken wählen und kann dann erst seinen Untersuchungsplan aufstellen.

Bei alledem darf der Motivforscher nicht aus dem Auge verlieren, daß er auch feststellen muß, welche Antriebe förderlich und welche hemmend wirken, und daß er ebenfalls zu untersuchen hat, auf welche Weise man am besten die hemmenden Einflüsse in ihrer Wirkung einschränken und die förderlichen Antriebe verstärken kann.

Im einzelnen bedient sich die Motivforschung zunächst einmal aller Methoden und Techniken der Umfragetechnik. Ferner macht sie sich die Verfahren der klinischen Psychologie zunutze, deren diagnostische Methoden das Verhalten der Menschen in bestimmten festgelegten Situationen (standardisierten Tests) prüfen. Eigentlich sollen sie dabei die seelische Struktur auf krankhafte Störungen ausloten. Zu diesem Zweck werden sie natürlich in der Marktforschung nicht eingesetzt. Aber die Hinweise, die sie geben, sind auch für Zwecke der Motivforschung brauchbar. Man hat inzwischen wohl mit fast allen bekannten Tests dieser Art Versuche angestellt und eine Reihe von ihnen für die Praxis der Marktforschung ausgeschieden. Die als brauchbar erkannten Tests dagegen gehören in mancherlei speziellen Abwandlungen heute zum Standard-Instrumentarium der Motivforscher. Daneben kommen noch einige sozialpsychologische Methoden in Frage. Unter diesen hat sich besonders die Gruppendiskussion durchgesetzt.

3.1.3.2.4.1 Das freie Gespräch

Eine der wichtigsten und am häufigsten angewandten Methoden der Motivforschung ist das freie Interview oder — wie es die Fachpsychologen bezeichnen — die Exploration. Es wird mit Hilfe eines Leitfadens durchgeführt; dem Interviewer ist freigestellt, wie er aus der Situation des Gesprächs heraus seine Fragen im einzelnen formuliert und in welcher Reihenfolge er sie stellt.

Er muß dabei jedoch auf eine Gefahr mit besonderer Sorgfalt achten: Er darf nicht durch zu früh gestellte Fragen die Beantwortung anderer Punkte seines Leitfadens blockieren. Er darf das Gespräch nicht in eine Sackgasse führen, aus der der Weg zu weiteren Fragen in seinem Schema verbaut ist.

81. Aufgabe: *Wann empfiehlt sich die Anwendung des freien Gesprächs?*

Man ist bei diesem Verfahren in starkem Maße von zwei Personen abhängig: dem Interviewer und dem Befragten. Je nach dem Geschick und Takt des einen und der Bereitwilligkeit und Ausdrucksfähigkeit des anderen wird eine solche Befragung fruchtbarer oder weniger fruchtbar sein. Es können sich leicht Unklarheiten und Lücken ergeben, die bei der Auswertung der Aussagen nachher nicht mehr geschlossen werden können.

Um sicherzugehen, wendet man daher noch eine Reihe weiterer Techniken an, die vor allem die Bereitwilligkeit und Ausdrucksfähigkeit des Befragten als Fehlerquelle ausscheiden sollen. Bei den Interviewern dagegen hilft im wesentlichen nur Training und immer wieder Training. Man bespricht ihre Fehler mit ihnen und weist sie immer wieder auf die Lücken hin, die sie in einem bestimmten Interview nicht geschlossen haben.

3.1.3.2.4.2 Der Assoziationstest

Das freie Gespräch ist an den Einsatz hochqualifizierter Interviewer gebunden. Es stellt für die Motivforschung praktisch die einzige Möglichkeit dar, sich in ein neues Feld von Problemen hineinzutasten und festzustellen, welche Verbrauchereinstellungen und -meinungen, welche Urteile und Vorurteile möglich sind.

Das freie Interview verlangt große Anpassungsfähigkeit an den Befragten, es ist aber auch kostspielig und zeitraubend. Es ist deshalb vor allem dann am Platz, wenn es um die Untersuchung grundsätzlicher Probleme und großer Zusammenhänge geht.

Bei der Untersuchung von Detailfragen wendet man dagegen häufig andere Methoden an, die den Vorzug haben, direkter auf das zu untersuchende Teilproblem zu zielen.

In diesen Fällen wird dem Interviewer genauer vorgeschrieben, welche Fragen er zu stellen hat. Die Antwort bleibt dem Befragten dagegen freigestellt. In dieser freien Antwortmöglichkeit liegt der wesentliche Unterschied zu den standardisierten Fragebogen der quantitativen Marktforschung.

Eine dieser Methoden ist der Assoziationstest.

Man unterscheidet die freie und die kontrollierte Assoziation. Bei der freien Assoziation werden bestimmte Reize (Wörter, Bilder, Symbole usw.) vorgegeben. Der Befragte muß angeben, was ihm bei der Wahrnehmung dieser Dinge einfällt. Die Antworten unterliegen keinerlei Beschränkung; jede beliebige Antwort gilt. Hierbei kann man sich entweder mit der ersten Antwort des Befragten zufriedengeben oder man läßt sich so viele Assoziationen nennen, wie dem Befragten innerhalb eines bestimmten Zeitraumes — z. B. innerhalb einer Minute — zu dem Reizbegriff einfallen.

Der Test durch die freie Assoziation leistet in der klinischen Psychologie sehr wertvolle Dienste. In der wirtschaftlichen Motivforschung wird er etwas seltener verwendet, z. B. wenn der Grundgedanke einer Werbung untersucht werden soll. Solche Werbeideen — der Fachmann spricht auch von Werbekonzeptionen — sind ab und zu freie Assoziationen des Werbegestalters selbst. Daher empfiehlt es sich zu prüfen, ob die gleichen Gedankenverbindungen auch bei anderen Personen — insbesondere bei den voraussichtlichen Käufern des Produkts — auftreten. Es können sich nämlich auch andere Einfälle einstellen, die möglicherweise sogar der gewünschten Wirkung abträglich sind.

Insbesondere ist hier zu berücksichtigen, daß sich solche Assoziationen zu sogenannten Assoziationsketten aneinanderreihen können. Anfangs- und Endglied dieser Kette können dabei sehr weit voneinander entfernt sein. Man wird deshalb — soweit wie möglich — nicht nur den ersten unmittelbaren Gedankenverbindungen Wichtigkeit beimessen, sondern auch den weiteren Einfällen, die durch einen Reizbegriff ausgelöst werden können.

Solche assoziativen Verknüpfungen entstehen dadurch, daß die betreffenden Begriffe oder Reize besonders häufig gleichzeitig oder in engem Zusammenhang erfaßt oder erlebt werden. Oft sind sie persönlicher Natur, z. B.

10. Mai	Geburtstag
(Reizwort)	(Reaktionswort)

Diese rein persönlichen Gedankenverbindungen sind für die Motivforschung und die Marktanalyse nur selten von Interesse. Anders ist es jedoch, wenn auf dem gleichen Weg der Vorstellungsverknüpfung Einstellungen und Antriebe mobilisiert werden, die nicht mehr einmalig und individuell, sondern ganzen Gruppen eigen sind.

Für die Getränkeindustrie wäre z. B. die Feststellung sicher interessant, daß bei den meisten Männern das Reizwort Wodka das Reaktionswort „Puschkin“ nach sich zieht.

Von einer kontrollierten Assoziation spricht man, wenn der Rahmen der möglichen Antworten begrenzt wird. Die Untersuchungsmethode wird nicht nur in der Motivforschung, sondern auch vielfach in der quantitativen Marktforschung zur Ermittlung der Markenkenntnis, der Einschätzung bestimmter Marken und der durch einen Markennamen geweckten Produktvorstellungen verwendet.

Begrenzen kann man die Aussagemöglichkeit der Befragten z. B. durch den Hinweis, es handele sich um ein Wirtschaftsprodukt. Alle Aussagen, die nicht wenigstens auf eine Produktart hinweisen, werden dann nicht gewertet. Hier ein Beispiel:

„Ich nenne Ihnen jetzt einige Markennamen. Sagen Sie mir bitte zunächst, ob Sie diese Marken kennen oder nicht." (Falls bekannt:) „Was wird unter dieser Marke verkauft?" (Falls unbekannt:) „Was könnte wohl Ihrer Meinung nach unter dieser Marke verkauft werden?"

Und nun folgen Markennamen wie z. B. KABA, ARWA, LUX, 8 mal 4, ECKSTEIN, VIREX, SANELLA, HB.

Mit VIREX ist ein Name eingefügt, den es bis jetzt noch nicht gibt. Dennoch ist zu erwarten, daß ein gewisser Anteil von Befragten angibt, diese Marke zu kennen. Die Produkte aber, die sie in diesem Zusammenhang nennen, können einen Hinweis darauf geben, mit welchen anderen Markennamen der neue Markenname verwechselt werden könnte.

Diejenigen aber, die sagen, sie kennen die Marke nicht, aber Artikel nennen, die unter dieser Marke verkauft werden könnten, geben Hinweise darauf, ob der Markenname für den geplanten Artikel (z. B. hochkeimfreie Verbandsstoffe) geeignet ist, oder ob sich mit ihm Vorstellungen verbinden, die von seiner Verwendung abraten lassen.

3.1.3.2.4.3 Zuordnungstests

Statt der freien Assoziation kann man für eine solche Aufgabe auch etwa folgende Fragestellung verwenden:

„Zu welchen der folgenden Artikel könnte der Markenname VIREX passen und zu welchen nicht? — Ich nenne Ihnen jetzt einige Artikel, und Sie sind so freundlich, mir zu sagen, ob der Name VIREX dazu paßt oder nicht.

Kakao — Strümpfe — Stärkungsmittel — Auto — Verbandstoff — elektrische Eisenbahn — Boxhandschuhe."

Offensichtlich haben beide Fragestellungen Vorteile und Nachteile. Man wird die Zuordnungsaufgabe vorzugsweise dann verwenden, wenn sich vermuten läßt, daß die freie oder die kontrollierte Assoziation unergiebig ist. Damit ist dann zu rechnen, wenn der vorgegebene Name wenig Ansatzpunkte zu Gedankenverbindungen bietet, ferner (unter Umständen), wenn der Artikel, für den dieser Name Verwendung finden soll, dem Befragten so fremd ist, daß er von sich aus — ohne irgendeine Hinlenkung — niemals darauf verfallen würde. Ganz abgesehen davon, kann der Befragte natürlich auch sagen, VIREX kenne er nicht, und es falle ihm auch nichts dazu ein.

Diesen offensichtlichen Nachteilen der Assoziation (in einer derartigen Verwendung) begegnet der Zuordnungstest damit, daß er für eine Reihe von Produkten, unter denen auch das gesuchte genannt wird, eine Antwort von dem Befragten erzwingt. Man muß allerdings dafür in Kauf nehmen, daß die monotonen Antworten „paßt" oder „paßt nicht" wenig zusätzliche Erkenntnisse ermöglichen und daß das Ergebnis den Kreis der vorgegebenen Produkte nicht überschreitet. Um die Vor- und Nachteile beider Verfahrensweisen gegeneinander aufzuwiegen, werden die Fragestellungen häufig kombiniert angewandt. Dabei muß jedoch die Assoziationsfrage als die „offenere" von beiden zuerst gestellt werden. Würde die Zuordnungsfrage mit ihren vorgegebenen Antworten zuerst gestellt, so erführe man bei Assoziationstests kaum noch etwas anderes, als was bereits im Interview gesagt worden ist. Die Vorstellung der Befragten kommt dann gewöhnlich von den bereits genannten Produkten nicht mehr los.

3.1.3.2.4.4 Satzergänzungen

Bei den freien und gelenkten Assoziationen konnte der Befragte mit einem Wort oder einem freiformulierten Gedanken seine persönlichen Einfälle zum Gegenstand der Befragung äußern.

Bei den Zuordnungstests konnte er nach seinen Vorstellungen unter vorgegebenen Wörtern oder Gedanken frei wählen.

Beim Satzergänzungstest, der nun behandelt werden soll, wird ein Teil eines Satzes vorformuliert der Versuchsperson dargeboten. Sie soll den Satz ergänzen, so daß er einen vollständigen Gedanken wiedergibt. Die Einleitung des Satzes wird vom Interviewer ausgesprochen, den Rest der Aussage soll der Befragte hinzufügen.

Der praktische Wert dieser Methode soll an einem — angenommenen — Beispiel demonstriert werden.

Es wäre durchaus denkbar, daß bei einer Motivstudie über Zahnpflege und Zahnbürsten folgender Satz ergänzt werden müßte: „In meiner Kindheit war das Zähneputzen . . ."

Es wäre ferner möglich, daß die Mehrzahl der Satzergänzungen etwa so lauten würde:

. . . „für mich ein Greuel."

. . . „keineswegs selbstverständlich."

. . . „eine Angelegenheit, auf die meine Eltern sehr genau achteten."

. . . „etwas, dessen Zweck ich nicht einsehen konnte; aber ich mußte es tun, sonst setzte es was."

. . . „keine reine Freude."

Diese Antworten haben — so unterschiedlich sie auch sind — doch einiges gemeinsam. Sie lassen nämlich erkennen, daß das Züheputzen keineswegs eine zwanglos-natürliche Angelegenheit ist:

Es handelt sich vielmehr um ein Verhalten, das durch elterliche Autorität und Aufsicht mehr oder weniger andressiert worden ist, was wiederum nicht ausschließt, daß das Zähneputzen bei den inzwischen erwachsen gewordenen Befragten sich zu einer täglich geübten Selbstverständlichkeit entwickelt haben kann.

Dennoch wäre z. B. unklug, etwa folgendermaßen zu werben: „Man hat sich jeden Morgen und jeden Abend die Zähne zu putzen, das gehört sich einfach!"

Hierdurch könnten nämlich unangenehme Kindheitserlebnisse im Zusammenhang mit dem Zähneputzen wieder lebendig werden. Für den Zahnbürstenhersteller wäre damit sicherlich kein großer Absatzerfolg verbunden — im Gegenteil.

Satzergänzungen können immer dann angewendet werden, wenn die Befragung ohne Zeitdruck für beide Partner durchgeführt wird, und eine gelockerte, fast spielerische Atmosphäre besteht. Sie sind immer dann am Platz, wenn man eine breitere Streuung von Aussagen erhalten möchte als bei einfachen Zuordnungsversuchen.

Die Methode ist zwar nicht völlig frei. Sie läßt dem Befragten aber doch einen breiten Spielraum bei seinen Aussagen.

82. Aufgabe: *Wann versagt der Satzergänzungstest?*

3.1.3.2.4.5 Das Polaritätsprofil

Die Abbildung zeigt die Skala eines weiteren Tests: des Polaritätsprofils.

	+3	+2	+1	0	—1	—2	—3	
wirtschaftlich		X						unwirtschaftlich
langsam						X		schnell
preiswert			X					teuer
gefährlich							X	sicher
wendig		X						schwerfällig
hoher Verbrauch			X					geringer Verbrauch
robuster Motor	X							empfindlicher Motor
unbequem						X		komfortabel
geräumig	X							eng
nachlässige Verarbeitung							X	solide Verarbeitung
gefällig			X					häßlich
lahm						X		spurtschnell

Abb. 8: Das Polaritätsprofil

83. Aufgabe: *Welchen Gegenstand stellt das Polaritätsprofil dar?*

Dieser Test ist ein Sonderfall der Zuordnungsversuche. Man kann eine Eigenschaft entweder mehr dem einen oder mehr dem anderen Gegenstand zuordnen (z. B. die Eigenschaft „leicht regulierbar" mehr der Kohle oder der Ölheizung).

Beim einfachen Zuordnungstest wird aber nicht deutlich, ob eine vorgegebene Eigenschaft dem Untersuchungsobjekt vorbehaltlos und in starkem Maße, mit einigen leichten Bedenken und Einschränkungen oder nur mit einem gequälten „na ja, das paßt gerade noch", zugeordnet wurde.

Es ist kein Gradmesser vorhanden, in welchem Maße diese Eigenschaft dem untersuchten Gegenstand zugeschrieben wird. Hier schafft das Polaritätsprofil Abhilfe.

Das Polaritätsprofil sieht als Weiterentwicklung der bereits geschilderten Alternativzuordnungen Abstufungen vor. Der Befragte muß nicht nur erklären, welche der beiden gegensätzlichen Eigenschaften dem Untersuchungsobjekt mehr zukommt. Er muß darüber hinaus aussagen, in welchem Maße das der Fall ist. Hierzu hat man sich das Punktsystem ausgedacht, bei dem eine stark zutreffende Eigenschaft mit 3 Punkten bewertet wird. Wird sie weniger stark zuerkannt, so werden nur 2 Punkte gegeben, bei noch schwächerer Zustimmung gibt es nur einen Punkt. Wenn weder die eine noch die andere Eigenschaft paßt oder wenn sich der Befragte zwischen den beiden Extremen nicht entscheiden kann, so erhält dieses Begriffspaar den Wert 0. Dieser 0-Wert kann bei der Auswertung der Skalen ein gewisses Problem sein. Was bedeutet es im Einzelfall, wenn der Befragte sein Kreuz in die Mittelposition setzt? Heißt das, daß er sich nicht entscheiden kann, ob er dem untersuchten Gegenstand die eine oder die andere Eigenschaft zuerkennen soll? Oder kommt darin zum Ausdruck, daß der Befragte weder die eine noch die andere Eigenschaft für passend hält?

Was kann man nun in der Praxis mit dem Polaritätsprofil anfangen?

Für den Hersteller eines preiswerten und marktbeherrschenden Großserienwagens vom Typ A könnte es z. B. interessant sein zu erfahren, wie die Fahrer dieses Typs ihr Fahrzeug sehen und beurteilen. Diese Informationen können ihn darüber aufklären, welche Verbesserungen notwendig sein werden, um im Zuge der allgemein steigenden Ansprüche diesem Fahrzeug seine Beliebtheit zu erhalten.

In diesem Zusammenhang könnte man die vorliegende Skala einer repräsentativen Stichprobe aus der Gesamtheit der Fahrer dieses Typs vorlegen und sie ausfüllen lassen. Dies würde selbstverständlich im Rahmen eines längeren Interviews geschehen.

Nach der Auswertung und der statistischen Berechnung der gewonnenen Zuordnungswerte könnte sich dann etwa folgendes Profil ergeben:

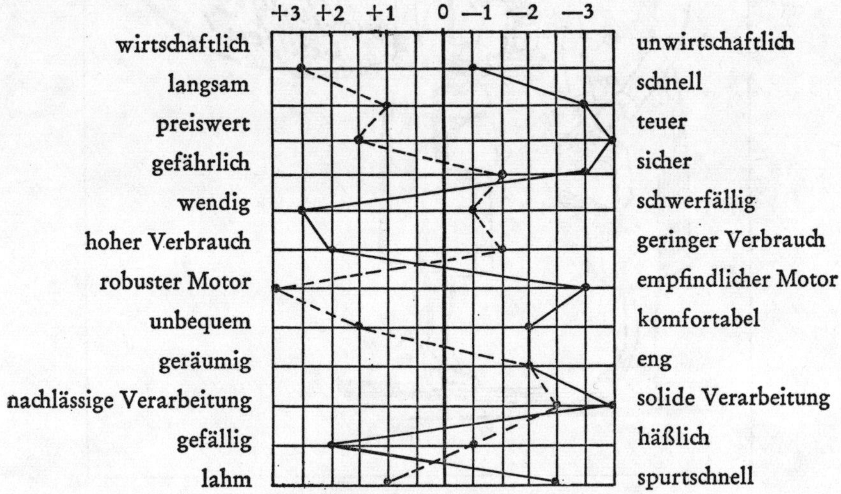

--- Auto-Typ A, preiswerter Großserienwagen der unteren Mittelklasse

— Auto-Typ B, renommierter Sportwagen der Preisklasse um 14 000—16 000 DM

Abb. 9: Auswertung des Testergebnisses

84. Aufgabe: *Welche Vorteile und welche Nachteile hat der Typ A?*

3.1.3.2.4.6 Der Rosenzweig-Test

Der Rosenzweig-Test wird in der Marktforschung nicht in seiner ursprünglichen Form angewendet. Er ist ein Persönlichkeitstest und ein Mittel zur Diagnose in der klinischen Psychologie. Es wäre viel zu umständlich, ihn mit seinen 24 Bildern in ein Interview einzubauen. Der Aufwand wäre zu hoch und im Rahmen der Marktforschung deshalb nicht zu rechtfertigen, weil man zwar manches über die Person des Befragten erfahren würde, aber wenig, was man über eine Gruppe von Versuchspersonen verallgemeinernd aussagen könnte.

Die Abbildung zeigt solch ein für Motivforschungszwecke abgewandeltes Bild nach dem Prinzip des Rosenzweig-Tests. Es könnte bei einer Untersuchung über die Widerstände gegen Kauf und Verbrauch von Fertiggerichten in Dosen Verwendung finden.

Abb. 10: Interview nach dem Prinzip des Rosenzweig-Tests

Der Rosenzweig-Test bietet als besondere Eigenheit dem Befragten die Möglichkeit, anderen Personen Dinge in den Mund zu legen, die er geradeheraus nicht sagen möchte.

Bei Fertiggerichten könnte solch ein Fall gegeben sein. Man weiß nämlich, daß sich die meisten Hausfrauen für die gute, selbstzubereitete Hausmannskost aussprechen. Auf der anderen Seite nimmt aber der Umsatz von Fertiggerichten aller Art ständig zu.

Es liegt daher der Verdacht nahe, daß sich die Frauen zwar gern die Vorteile dieser Produkte zunutze machen, auf der anderen Seite aber die Verwendung von Fertiggerichten vielleicht nicht zugeben möchten, weil sie nicht als bequeme und schlechte Hausfrauen gelten wollen.

Bei einer direkten Frage werden sie daher kaum die Vorteile der Fertiggerichte nennen oder ihre häufigere Benutzung eingestehen. Anders ist es vielleicht, wenn sie ihre eigene Meinung einem anderen in den Mund legen können. Diese Möglichkeit wird ihnen mit dem vorliegenden Bild geboten. Man kann den Befragten — genau wie beim freien oder beim kontrollierten Assoziationsversuch — verschiedene Möglichkeiten der projektierten Äußerung geben.

Entweder läßt man sie völlig frei auf die Frage „Was antwortet die abgebildete Person wohl?“ antworten oder man gibt wieder verschiedene Antwortmöglichkeiten, von denen die passendste ausgewählt werden muß.

85. Aufgabe: *Welche Vorgaben wären bei der Abbildung denkbar?*

3.1.3.2.4.7. Der thematische Apperzeptions-Test (T.A.T.)

Genau wie der Rosenzweig-Test ist auch der T.A.T. ursprünglich eine Serie von bildlichen Darstellungen, die von Murray, ebenfalls einem amerikanischen Psychiater, ausgewählt und geprüft worden sind. Auf den Bildtafeln, die etwa 28×24 cm groß sind, sind Menschen in verschiedenen Situationen dargestellt, einmal größer, einmal kleiner in der Gesamtdarstellung und zudem mit einer gewissen Unschärfe, die es dem Befragten erlaubt, jedes Bild in seiner eigenen Weise zu deuten.

Zu jeder dieser Abbildungen soll der Patient eine möglichst anschauliche Geschichte erzählen, der zu entnehmen ist, was auf dem jeweiligen Bild vor sich geht, wer dort abgebildet ist, was diese Personen gerade denken und fühlen, wie es zu dieser Situation kam, und wie es am Ende ausgehen wird. Es wird dabei keine große Erzählergabe verlangt, und sie wird auch nicht bewertet.

Entscheidend ist, wie die Bildtafeln gedeutet werden, was die abgebildeten Menschen in der Schilderung der Versuchspersonen denken und fühlen, wie sie ihre Entschlüsse fassen, durch welche Wünsche, Vorstellungen und Befürchtungen ihr Handeln bestimmt wird. Selbstverständlich bedarf es zu einer sachgerechten Analyse der Ergebnisse einer gründlichen klinisch-psychologischen Ausbildung, doch kann schon der Laie mit ein wenig kritischem Einfühlungsvermögen aus T.A.T.-Geschichten manches unmittelbar Einleuchtende über die Einstellung des Befragten zu anderen Menschen und über seine Grundeinstellung zur Welt entnehmen.

So wird man z. B. auffällig finden, wenn bei den Erzählungen einer Person die Geschichten immer freundlich und sonnig auslaufen — auch dort, wo die meisten Menschen eine nachdenkliche Erzählung von Trauer und Verzweiflung erfinden. Genau hier aber ist der Punkt, wo sich die klinische Psychologie und die Marktforschung scheiden: die klinische Psychologie sucht das Besondere, das Einmalige des betreffenden Falles aufzuspüren und zu ergründen. Sie sucht das, was von den normalen Befunden abweicht, als ein Symptom des Abartigen, Krankhaften, das geheilt werden soll.

Die Motivationsforschung in der Wirtschaft dagegen sucht gerade das herauszuarbeiten, was möglichst vielen Menschen gemeinsam ist, was möglichst viele Menschen zu einem bestimmten erwünschten Verhalten bringen könnte.

Ob ein Werbebild viel aussagt oder ob sich sein Inhalt mit wenigen Worten schildern läßt, hängt u. a. davon ab, ob eine breite und lange, oder aber eine kurze Werbeaussage als Ziel der Werbebemühungen angesehen wird. Auf jeden Fall sollte sich der Werbungtreibende aber vergewissern, ob seine Aussage vom breiten Publikum so aufgefaßt wird, wie er sie gemeint hat. Mißverständnisse sollten vermieden werden. Man muß auch immer mit der Möglichkeit rechnen, daß der eine Betrachter diese, der andere jene Dinge in den Vordergrund stellt, so daß keine einheitliche Aussage bei allen Beschauern zustande kommt.

Auch der T.A.T. wird in der ökonomischen Motivationsforschung praktisch nicht in seiner ursprünglichen Gestalt angewendet. Er wäre wiederum in seiner Durchführung zu lang und in seiner Hauptaussage zu begrenzt, um hier sinnvoll und zweckmäßig zu sein. Dagegen wird er gelegentlich in abgekürzter Form verwendet, so etwa mit drei Bildern aus der Serie zur Kennzeichnung und Charakterisierung der Verwender bestimmter Marken von Toilettenseife oder anderen Artikeln. Auch hier lohnt sich der Aufwand nur, wenn die verschiedenen Verwenderkreise auch wirklich charakterologische Unterschiede aufweisen.

Eine nur von der Technik — wenn auch nicht dem Sinne nach — ähnliche Verwendung von Bildmaterial findet sich häufiger bei Untersuchungen über Werbematerial. Wie oben bereits dargestellt, geht es hier darum, durch die Erzählungen der Befragten herauszufinden, ob die für eine Werbekampagne vorgesehenen bildlichen Darstellungen irgendwelche Züge enthalten, die den gewünschten Eindrücken Abbruch tun.

3.1.3.2.5 Die Anwendung der Motivationsforschung

Die Motivforschung wurde ursprünglich im Zusammenhang mit der Werbeforschung, insbesondere mit der Frage der Anzeigengestaltung, entwickelt. Sie hat in diesem Bereich auch heute noch eines ihrer wichtigsten Arbeitsgebiete. Sie soll schließlich aufzeigen, aus welchen Beweggründen die Menschen das eine und aus welchen Gründen sie das andere Produkt verwenden. Sie soll damit Anhaltspunkte geben, wie man besser und überzeugender für ein bestimmtes Erzeugnis werben kann.

Es steht allerdings nicht mehr in ihrer Macht, diese bessere, zugkräftigere Werbung auch zu konzipieren und zu gestalten. Dieser schöpferische Akt bleibt den Werbefachleuten vorbehalten. Die Aufgabe des Forschers endet mit der Erkenntnis der Situation, mit der Diagnose. Aufgrund seiner Erfahrung kann er allenfalls noch einige Hinweise zur erfolgreichen Therapie geben, aber die Therapie zu praktizieren — das ist nicht mehr sein Beruf.

Andererseits hat sich das Forschungsgebiet von der eigentlichen Werbung ausgeweitet auf die Produktforschung, die Verpackungsforschung und die Erforschung der übrigen verkaufsfördernden Maßnahmen. Überall, wo das Verhalten des Konsumenten beeinflußt werden soll, kann die Motivationsforschung nutzbringend verwendet werden.

Mit der Erklärung des Verbraucherverhaltens ebnet sie zugleich den Weg zur psychologischen Prognose, d. h. zur Voraussage des wahrscheinlichen Verbraucherverhaltens aufgrund bestimmter Gegebenheiten.

3.1.3.3 Die Konkurrenzforschung

Eine der wichtigsten Aufgaben der Marktforschung ist die Beobachtung der Konkurrenz, ihres Verhaltens im Markt und der Reaktion der Verbraucher.

Welche Produkte gibt es auf dem Markt, die den eigenen gleichen oder ihnen ähnlich sind? In welchen Qualitäten, Ausführungen, Abmessungen und zu welchen Preisen werden sie den Verbrauchern angeboten. Über welche Vertriebskanäle kommen die Konkurrenzprodukte an den Verbraucher heran? Wie verhalten sich die einzelnen Handelsstufen gegenüber den verschiedenen Produkten? Welche Einstellungen und Verhaltensweisen sind bei den Verbrauchern festzustellen?

Das sind einige Fragen, die sich der Produzent immer wieder vorlegen muß, und zwar nicht nur bei der Einführung des Produkts. Aber er muß diese Frage nicht nur stellen, er muß sie sich auch beantworten können oder wissen, wer sie ihm beantworten kann.

Die eigenen und die fremden Marktanteile, die Verfügbarkeit in den Geschäften, die Bevorratung und die Umschlaghäufigkeit lassen den Erfolg der Bemühungen um den Handel und die Verbraucher erkennen.

Nun kann man zwar durch eine einmalige Erhebung im Handel oder bei den Verbrauchern die Konkurrenzlage zu einem bestimmten Zeitpunkt feststellen, aber eine solche Untersuchung zeigt nicht zugleich die Entwicklung der Konkurrenzlage bis zu diesem Zeitpunkt. Diese einmalige Erhebung kann mit einer Momentaufnahme verglichen werden, sie ist statisch, aber der Markt weist — besonders heute — eine erhebliche Dynamik auf. Erst die Feststellung und Analyse von Trends ist Konkurrenzforschung. Und Ziel der Konkurrenzforschung ist das Erkennen der Marketingpolitik der Konkurrenz. Man könnte die einmalige Untersuchung oder Erhebung öfter — etwa jedes halbe Jahr — wiederholen, um zu einer kontinuierlichen Beobachtung des Marktes zu kommen. Das ist insofern richtig, als man bei gleichbleibender Erhebungsmethode durchaus feststellen kann, wie sich ein Markt, wie sich Produkte und Marken fortentwickelt haben. Die bekannten Marktforschungsinstitute veranstalten denn auch derartige, meist halbjährlich wiederkehrende Untersuchungen, von denen es inzwischen teilweise bereits 20 bis 25 Fortsetzungen gibt.

Man ist jedoch nicht in der Lage, mit Hilfe solcher Fortsetzungsuntersuchungen die Frage der Markentreue oder den Übergang von einer bestimmten Marke zu einer anderen zu klären, da niemals die gleichen Personen oder Geschäfte befragt werden. Zu der gleichbleibenden Erhebungsmethode muß also die gleichbleibende Befragtengruppe treten. Derartige Untersuchungen nennt man auch Panel-Untersuchungen und meint damit eine Stichprobe von gleichen, jeweils repräsentativen Erhebungseinheiten, die in gewissen periodischen Zeitabständen dem gleichen Ermittlungsprogramm unterworfen werden.

Bei den Panel-Erhebungen unterscheidet man verschiedene Erhebungsgegenstände und Erhebungsziele: beim Einzelhandelspanel wird regelmäßig der Einzelhandel verschiedener Branchen aufgesucht, beim Verbraucherpanel sind es die Endverbraucher, die Konsumenten, deren Verbraucherverhalten unter die Lupe genommen wird. Beide Untersuchungsrichtungen haben ihre ganz besonderen Charakteristika und Eigenarten.

3.1.3.3.0 Das Einzelhandels-Panel

Das bekannteste Marktforschungsunternehmen, das sich mit der regelmäßigen Analyse der Umsätze des Einzelhandels befaßt, ist zugleich die größte Marktforschungs-Institution der Welt, nämlich die A. C. Nielsen Company mit ihrem Sitz in Chicago und Tochtergesellschaften in aller Welt, darunter auch in Deutschland (Frankfurt am Main).

3.1.3.3.0.0 Die Neueinführung von Marken und deren Beobachtung

Gerade bei der Neueinführung von Produkten und Marken kommt es darauf an, von vornherein das Risiko, das immer mit derartigen wirtschaftlichen Entscheidungen verbunden ist, möglichst gering zu halten. Es kann vermindert werden, wenn die Entwicklung des Produkts von der Einführung an systematisch durch geeignete Methoden überwacht wird.

Zahllose neue Produkte haben seit dem Ende des Krieges zur Ausweitung der Märkte in höchstem Maße beigetragen. Eine über zehn Jahre laufende Nielsen-Untersuchung in zwei Warengruppen von Lebensmitteln ergab, daß bei einem Anwachsen der Bevölkerung um 17% in den USA die Warengruppe, in der keine neuen Produkte eingeführt wurden, nur einen Umsatzanstieg von 10% erzielte und damit hinter der Bevölkerungszunahme weit zurückblieb. Gleichzeitig ergab sich jedoch für die Gruppe, in der neue Produkte auf den Markt gebracht wurden, ein Umsatzanstieg von 78%.

Aber neue Produkte haben mit zwei Hauptschwierigkeiten zu kämpfen. Sie sind 1. relativ schnell dem Druck von Nachahmungen der Konkurrenz ausgesetzt — vor allem, wenn sie erfolgreich sind —, und 2. wird es bei zunehmendem Angebot von Waren immer schwieriger, sie beim Handel zu placieren, sie in den Geschäften unterzubringen. Die Regale der Geschäfte sind vollgestopft mit Produkten, die in der Regel nicht schlechter als die unsrigen, manchmal vielleicht auch besser sind.

3.1.3.3.0.1 Die Entwicklung von Marken und Produktion im Zeitablauf

Die von Nielsen seit 1934 beobachteten Marken waren alle im Jahre 1940 auf dem höchsten Punkt ihrer Entwicklung angelangt, waren nachgeahmt worden und standen im Kampf mit der Konkurrenz. Der jeweilige Marktanteil bewegte sich in dieser Zeit zwischen 27% und 73% für 5 verschiedene Marken. Obwohl sich die Marktanteile dreier dieser Marken bis 1959 laufend verringert hatten, waren doch noch alle fünf Vorkriegsmarken führend auf ihrem Gebiet.

Der mengenmäßige Absatz der fünf Vorkriegsmarken vervierfachte sich in der Zeit zwischen 1940 und 1959 von knapp 1,5 Mrd. auf 6 Mrd. Stück. Während der ganzen Zeit wurde für alle Marken entsprechend stark geworben. Das war mit ein Hauptgrund dafür, daß es gelang, die Marktposition trotz aller Angriffe durch neue Produkte wenigstens einigermaßen zu halten. Dabei entwickelte sich der mengenmäßige Umsatzanstieg im Vergleich zum Marktanteil wie folgt:

Entwicklung des Absatzes und der Marktanteile von 5 Marken zwischen 1940 und 1959

Marke	Absatz in Millionen Packungseinheiten		Marktanteil in Prozent	
	1940	1959	1940	1959
A	27	59	52	44
B	40	484	58	48
C	800	3202	51	30
D	529	2088	73	88
E	92	280	27	39

Vergleicht man beide Reihen miteinander, so wird die starke Ausdehnung des Gesamtmarktes sehr deutlich. So konnte z. B. die Marke B ihren Absatz (mengenmäßig) in der Berichtszeit um das Zwölffache steigern, mußte jedoch eine Verminderung ihres Marktanteils in der Warengruppe von 58% auf 48% hinnehmen.

86. Aufgabe: *Welche Marke war in ihrer Absatzentwicklung am erfolgreichsten?*

Welcher Markt hat sich am meisten ausgedehnt? Bei welcher Marke war das Verhältnis zwischen Eigenentwicklung der Marke und der Entwicklung des zugehörigen Marktes am günstigsten?

3.1.3.3.0.2 Das Verhalten von Werbung und Absatz

Betrachtet man noch einmal den Weg, den die Marken A bis E genommen haben, so zeigt sich, daß die Werbeaufwendungen für die Marken und deren Umsatzanstieg in einem gewissen Verhältnis zueinander stehen. Insbesondere gilt das für die Marke D, die zwischen 1940 und 1959 einen größeren Marktanteil gewinnen konnte. Die Entwicklung der Marke A dagegen verlief weniger stetig, wie in der folgenden Übersicht deutlich wird.

Marktanteil und Werbeaufwand der Marke A		
Jahr	Marktanteil der Marke A in %	Anteil der Marke A am Gesamtwerbeaufwand der Warengruppe in %
1940	51,8	72,5
1945	15,3	41,3
1950	33,4	88,1
1955	42,8	38,9
1959	44,1	36,7

Während des Krieges, als für diese Warengruppe eine Sonderkonjunktur bestand und viele neue Marken auf dem Markt erschienen, sank ihr Marktanteil ständig bis auf einen Tiefstand im Jahre 1945. In den folgenden Jahren wurde er unter starken werblichen und verkaufsfördernden Einsätzen wieder annähernd auf die gleiche Höhe gebracht, wobei die Werbeaufwendungen allmählich verringert werden konnten, da die Marke sich eines Goodwills unter der Bevölkerung erfreute und ihre Position sich verhältnismäßig schnell wieder stabilisierte. Das Produkt hatte sich seinen Markt ziemlich erfolgreich zurückerobert. Ganz anders vollzog sich dagegen die Entwicklung der Marke E. Im Jahre 1940 war ihr Marktanteil auf 27% gesunken. Nach 1945 verstärkte man die Werbung mit dem Erfolg, daß sich langsam wieder ein Marktanteil von ungefähr 50% ergab. Ab 1950 wurden die Werbeaufwendungen ähnlich wie bei der Marke A vermindert, aber entgegen den Erwartungen sanken auch die Marktanteile in den folgenden Jahren beträchtlich. Selbst ein erneuter starker Werbestoß im Jahre 1959 konnte die Stagnation und den Verfall des Marktanteils nicht aufhalten.

Marktanteil und Werbeaufwand der Marke E		
Jahr	Marktanteil der Marke E in %	Anteil der Marke E am Gesamtwerbeaufwand der Warengruppe in %
1940	27,0	45,1
1945	28,1	62,0
1950	46,2	53,4
1955	40,9	39,4
1959	38,8	68,1

Was war geschehen?

1. Der Hersteller der Marke E hatte neue Artikel in der gleichen Warengruppe herausgebracht und sich damit selbst Konkurrenz gemacht.
2. Der Gesamtmarkt dieser Warengruppe wies kein weiteres Wachstum auf, da ganz neue Anbietungsformen entwickelt und auf den Markt gebracht worden waren, die die Artikel der alten Darbietungsform — wozu auch Marke E gehörte — für die Verbraucher immer uninteressanter werden ließ. Mit anderen Worten: die Marke E stand zu diesem Zeitpunkt trotz eines scheinbar noch befriedigenden Absatzes auf dem Aussterbeetat und wurde ziemlich bald durch ein Produkt mit größeren Absatzchancen auf einer neuen Ebene ersetzt. Der Hersteller hatte den wunden Punkt des Produkts E

dank der fortlaufenden Einzelhandels-Analysen noch rechtzeitig erkennen können und daraus seine Konsequenzen gezogen.

Aber nicht nur einzelne Marken bzw. Produkte oder die verschiedenen Warengruppen lassen sich in ihrer Entwicklung mit Hilfe des Einzelhandelspanels verfolgen, sondern auch die Positionen der Absatzmittler und verschiedenen Geschäftsarten. So heißt es z. B. in der Berichterstattung für einen bestimmten Zeitraum auszugsweise:

Durchschnittlicher Warenabsatz der Warengruppe Y je Geschäft in Pakkungseinheiten bei

	Drogerien	Seifen-geschäften	Apotheken	Friseuren
Jan./Febr.	85	63	31	7
März/April	63	49	24	6
Mai/Juni	47	35	17	5
Juli/Aug.	37	27	13	4
Sept./Okt.	37	31	12	4
Nov./Dez.	73	59	26	7
Jan./Febr.	78	58	29	7
März/April	81	63	30	7

Durchschnittlicher Lagerbestand in Einheiten je Geschäft bei

	Drogerien	Seifen-geschäften	Apotheken	Friseuren
Jan./Febr.	266	193	116	43
März/April	222	160	101	41
Mai/Juni	200	151	96	42
Juli/Aug.	198	160	93	42
Sept./Okt.	354	222	111	44
Nov./Dez.	317	215	111	41
Jan./Febr.	254	199	98	42
März/April	203	184	86	42

Vorrat für ... Monate je Geschäft bei

	Drogerien	Seifen-Geschäften	Apotheken	Friseuren
Jan./Febr.	3,1	3,1	3,7	6,0
März/April	3,5	3,3	4,2	7,5
Mai/Juni	4,3	4,3	5,5	8,9
Juli/Aug.	5,3	5,9	6,9	12,2
Sept./Okt.	9,5	7,3	8,9	12,5
Nov./Dez.	4,3	3,6	4,3	6,2
Jan./Febr.	3,3	3,4	3,4	5,8
März/April	2,5	2,9	2,9	5,8

„In den Drogerien, Seifengeschäften und Friseurbetrieben nahm der Anteil und damit die Bedeutung der Warengruppen Gesichtscreme und Handpflegemittel gegenüber dem Vorjahr beträchtlich zu. Dagegen verloren die Feinwasch- und Geschirrspülmittel, Grobwaschmittel, Fußbodenpflegemittel und Scheuermittel in den vorliegenden Geschäftstypen anteilmäßig. Monatsabsatz, Lagerbestand und Umschlagsgeschwindigkeit entwikkelten sich je nach Geschäftstyp unterschiedlich."

87. Aufgabe: *Was fällt bei einem Vergleich der Entwicklung des Absatzes, des Lagerbestandes und der Bevorratung im Jahresverlauf bei den verschiedenen Geschäftstypen auf?*

3.1.3.3.0.3 Der Ort der Erhebung

Wie der Name bereits sagt, wird das benötigte Informationsmaterial beim Einzelhandel erhoben, und zwar unterteilt nach 2 Sparten.

„Im sogenannten ‚Kolonialwarenindex' wird der gesamte Lebensmittelhandel erfaßt, soweit die Unternehmen mit ihren Jahresumsätzen über der Steuergrenze liegen, und zwar alle selbständigen Einzelhändler, die sich einer Kette angeschlossen haben, die Filialbetriebe und Konsumgenossenschaften, die Gemischtwarenhandlungen und Milchgeschäfte. Das Ganze wird dann noch unterteilt nach Bedienungs- und Selbstbedienungsläden.

Im ‚Gesundheits- und Körperpflegemittel-Index' wird der einschlägige Fachhandel, also Apotheken, Drogerien, Parfümerien und Seifengeschäfte sowie Friseurgeschäfte, herangezogen, und zwar diejenigen, die außer ihrem Handwerkerumsatz über Handelsumsätze verfügen."

Selbstverständlich werden nicht alle Läden im Lebensmittelsektor aufgesucht, sondern nur etwa 15 000 Geschäfte. Da Einzelhandelsgeschäfte sehr unterschiedliche Größenordnungen aufweisen — im Lebensmittelhandel bestreiten etwa 18% der Geschäfte den gesamten Umsatz, und das größte Unternehmen hat einen Umsatz, der 1000mal größer ist als der des kleinsten Geschäftes —, ist die Stichprobenauswahl verhältnismäßig kompliziert. Die einzelnen Geschäftstypen müssen gewichtet werden.

Außerhalb des Bereichs, über den berichtet wird, bleibt z. B. jene Gruppe anderer Absatzmittler, die sich im wesentlichen aus Kaufhäusern, Versandgeschäften, Bäckereien, Fleischereien, Süßwaren-Fachgeschäften, Hotels, Restaurants, Cafés und dergleichen zusammensetzt.

Man muß sich also darüber im klaren sein, daß bei verschiedenen Produkten und Produktgruppen wesentliche Teile des Umsatzes nicht erfaßt werden.

Aus diesem Grunde steht diese Gruppe der anderen Absatzmittler unter laufender Beobachtung, um auf strukturelle Verschiebungen, die erhebliche Umleitungen der Warenströme zur Folge haben, sofort mit einer entsprechenden Anpassung reagieren zu können.

3.1.3.3.0.4 Die Art der Datenerhebung

Ein festangestellter Mitarbeiter der Nielsen-Company besucht in einem gleichbleibenden Turnus von 61 Tagen die ihm zugeteilten Einzelhandelsgeschäfte und führt dort nach einer genauen Anweisung folgende Arbeiten durch:

1. Er zählt die Lagerbestände der zu untersuchenden Produkte.
2. Er stellt an Hand von Rechnungen und Lieferscheinen die Bezüge des Geschäftes fest, die über den Großhandel oder direkt vom Hersteller gekommen sind.
3. Er notiert nach einem gegebenen Schema für bestimmte Produkte das Ausmaß von Schaufensterdekorationen, die Auslage oder den Aushang von Werbematerial, die Aufstellung von Verkaufshelfern sowie besondere Warenherausstellungen.

Folgendes Beispiel zeigt die Art der Berechnung:

2. Januar. Es erfolgt der erste Besuch des betreffenden Jahres.

Lagerbestand für das Produkt X (2. Jan.)	100 Stück.
2. März: Zweiter Besuch	
Einkauf über den Großhandel (2. Jan.—1. März)	50 Stück.
Einkauf direkt beim Hersteller (2. Jan.—1. März)	150 Stück.
Aufgrund der Einkäufe nach Rechnungen und Lieferscheinen in der Zeit vom 2. Jan. bis 1. März und des Anfangslagerbestandes standen also zum Verkauf	300 Stück.
Beim zweiten Besuch am 2. März betrug der Lagerbestand für das Produkt X:	100 Stück,
mithin wurden im Januar und Februar verkauft:	200 Stück.

Da für die kontrollierten Produkte auch die Endverbraucherpreise festgestellt werden, lassen sich deren effektive Umsätze mengen- wie wertmäßig angeben, und zwar beziehen sich diese Angaben nach dem Erhebungsturnus jeweils auf einen Zeitraum von zwei Monaten.

3.1.3.3.0.5 Die Aussagen des Nielsen-Einzelhandels-Panel

Neben dem mengen- und wertmäßigen Umfang des Gesamtmarktes der betreffenden Warengruppe sowie den wert- und mengenmäßigen Marktanteilen eines Produktes werden auch die Distributionswerte der Warengruppe und der einzelnen Konkurrenzprodukte ausgewiesen.

Jeder Hersteller vermag aus den graphischen Darstellungen und Tabellen, die in einem Zweimonatsbericht enthalten sind, abzulesen, wie groß die Zahl der Geschäfte ist, die sein Produkt überhaupt führen.

Diese Informationen enthält das Nielsen-Einzelhandelspanel nicht nur für das Bundesgebiet insgesamt, sondern auch unterteilt nach Ländergebieten, Ortsklassen und Geschäftstypen, so daß der Hersteller Stärken und Schwächen seines Produktes genau lokalisieren kann.

Neben der Gesamtzahl der Geschäfte, die das Produkt führen und auch vorrätig haben, werden die Läden festgestellt, die zum Zeitpunkt der Erhebung das betreffende Produkt zwar führen, aber keinen Lagerbestand aufweisen. Nicht selten verfügt das Produkt eines Herstellers zwar über eine recht weite Verbreitung, weist aber in der Bevorratung der Geschäfte starke Schwächen auf. Dann muß überlegt werden, welche Gründe für diesen schwerwiegenden Distributionsfehler vorliegen. Ist es etwa ein nicht ausreichender oder falsch gesteuerter Vertretereinsatz, sind die Versandeinheiten zu klein, ist die Lagerung schwierig, wird die Ware von einem zu schnellen Verderb bedroht? An Hand der normalen Durchschnittsverkäufe läßt sich relativ leicht nachweisen, welche möglichen Umsätze diesem Produzenten entgangen sind.

Eng verbunden mit der Aussage über die Anzahl der „führenden“ Geschäfte ist die der Zahl der einkaufenden Geschäfte sowie die Höhe der Einkäufe selbst.

Es ist ebenfalls abzulesen, wie hoch der durchschnittliche Lagerbestand und die Bevorratungsdauer (in Monaten ausgedrückt) sind.

Diese Vielzahl von Informationen über das eigene Produkt und die Produkte der Konkurrenz ermöglichen dem Produzenten eine schnelle Reaktion auf alle Veränderungen des Marktes und der Absatzmittler.

Der Einzelhandel ist das letzte Glied in der Verteilungskette. Hier erfolgt der Übergang der Ware an den Verbraucher, hier fällt letztlich die Entscheidung, welches Produkt der Konsument akzeptiert und welches er verwirft. Der Einzelhandel bemerkt in der Regel als erster die Wandlungen des Verbraucherverhaltens, er ist sicherlich der empfindlichste Seismograph unter den Handelsstufen. Und trotzdem wird es nicht genügen, sich lediglich des Einzelhandelspanels zu bedienen, um den Abfluß der Waren zu kontrollieren, denn dieses Verfahren sagt nichts aus über die Verbraucher einer bestimmten Ware oder Marke.

3.1.3.3.1 Das Verbraucherpanel

Das Verbraucherpanel, die kontinuierlich zu befragende Gruppe von Endverbrauchern, denen immer wieder das gleiche Ermittlungsprogramm vorgelegt wird, ermöglicht es, den Warenfluß über die Absatzmittler hinaus in die Haushalte zu verfolgen.

3.1.3.3.1.0 Die Verfahrensweisen und Erhebungsmethoden beim Haushaltspanel

Die Panelhaushalte — seien es nun 2000, 3000 oder noch mehr — werden im allgemeinen ebenso wie beim Einzelhandelspanel mit Hilfe einer Stichproben-Erhebung gewonnen. Die Auswahl unterscheidet sich also zunächst nicht von einer normalen einmaligen Umfrage in der Verbraucherschaft. Allerdings müssen an die Stichprobenauswahl beim Panel höhere Anforderungen der Genauigkeit gestellt werden, da hier ja exakte quantitative Verbrauchsmessungen erfolgen. So wirken sich in der Hochrechnung der Panelstichprobenergebnisse auf die Bundesbevölkerung bereits geringe Unstimmigkeiten zu starken Fehlern aus, da z. B. bei einem Panel von 2000 Haushalten jeder Stichproben-Haushalt für rund 8500 Haushalte des Bundesgebietes steht. Bei Prozentangaben der Häufigkeitsverteilung haben nicht allzu große Differenzen keine schwerwiegende Bedeutung, geht es aber um den Verbrauch oder Einkauf von Waren, gemessen in Pfennig- und Grammbeträgen je Haushalt, so gewinnt die kleinste Differenz bereits eine große Bedeutung. Ein zweites kommt hinzu. Wenn es auch das Bestreben der Veranstalter von Panel-Erhebungen ist, die Ausfälle an berichtenden Haushalten so gering wie möglich zu halten, wird es sich niemals ganz ausschalten lassen, daß nach einer gewissen Zeit der Mitarbeit eine gewisse „Panelmüdigkeit" um sich greift, sei es, daß sich Haushalte auflösen, sei es, daß die zur Mitarbeit gewonnenen Hausfrauen dieser zusätzlichen Arbeit der Berichterstattung überdrüssig werden, sei es, daß ihre Leistungen nicht zufriedenstellend ausfallen. Der Ersatz dieser ausscheidenden Haushalte ist insofern schwierig, als er die Repräsentanz der gesamten Panelstichprobe nicht verfälschen darf. Mit anderen Worten, die jeweilige Auffüllung des Panels und die Ersatzbeschaffung der Panel-Haushalte muß analog den Ausfällen vorgenommen werden, was insbesondere bei der Zufalls-Stichprobe (Random-Stichprobe) schwierig ist. Man verwendet deshalb oft eine Kombination von Random- und Quotamethode (Auswahl der Untersuchungsobjekte nach dem Prinzip der Zufallsauslese und bewußte Auswahl).

Die Erhebung der Daten geschieht zumeist auf einem Fragebogen, in den die Hausfrau ihre Einkäufe unter Eintragung von Produkt, Marke, Gewicht oder Menge und Preis einzutragen haben. Man ist dabei zweckmäßigerweise darauf bedacht, die Eintragungsintervalle so klein wie möglich zu halten, da bekanntermaßen die Erinnerung der Menschen mit zunehmendem Abstand von einem Ereignis — hier dem jeweiligen Einkauf — schnell abnimmt. Die Gesellschaft für Konsumforschung (GfK) ist bei ihrem Haushaltspanel vom üblichen Fragenbogen abgekommen. Ausgehend von dem Gedanken, daß die gesamten Erhebungsunterlagen weitgehend neutralisiert werden sollten, hat sie einen sogenannten „Haushaltskalender" entworfen, der aus 53 Wochenblättern besteht. Dieser Kalender soll in der Küche des Panelhaushalts aufgehängt werden. Die Hausfrau trägt täglich die Einkäufe ein, die festgehalten werden sollen, reißt am Wochenende das Kalenderblatt ab und sendet es über das Wochenende dem Institut ein. Das Kalenderblatt wurde nach eingehenden Probetests so gestaltet, daß es übersichtlich, allgemeinverständlich und gut zu handhaben ist.

3.1.3.3.1.1 Die Aussagefähigkeit des Haushaltspanels

Zu den wichtigsten Fragen, die mit Hilfe eines Haushaltspanels geklärt werden können, zählen folgende:

1. *Wieviel Haushalte sind in einem bestimmten Zeitraum als Käufer einer Warengruppe aufgetreten?*
2. *Wie gliedern sich die Gesamteinkäufe einer Warengruppe prozentual nach Herstellermarken, Handelsmarken und markenloser Ware?*
3. *Welche Marken einer Warengruppe wurden von den verschiedenen Verbrauchergruppen bevorzugt?*
4. *Wieviel Geld wurde pro Haushalt für eine bestimmte Warengruppe oder Marke ausgegeben?*
5. *Welche Mengen einer bestimmten Ware oder Marke werden in einem bestimmten Zeitraum im Durchschnitt pro Haushalt eingekauft, wo zeigen sich Unterschiede in der Einkaufsmenge?*
6. *Welche Unterschiede bestehen hinsichtlich der Bevorzugung bestimmter Marken oder Angebotsformen und hinsichtlich der Einkaufsgewohnheiten in regionalen Bereichen?*

7. *In welchen Preislagen liegen die größten Umsätze, und wie ist die Verteilung auf die verschiedenen Verbrauchergruppen?*

8. *Gibt es eine langfristige Veränderung hinsichtlich der durchschnittlich gezahlten Preise, d. h. ist eine Entwicklung von den teureren zu den billigeren Waren oder umgekehrt festzustellen?*

9. *Welche Abmessungen und Packungsgrößen werden von den verschiedenen Haushaltsgruppen vorgezogen, bei welchen Packungsgrößen liegt das Hauptgeschäft, wie sieht es damit bei der Konkurrenz aus?*

10. *Wie hoch sind Einkaufsmenge und Wert pro Einkauf im Durchschnitt aller Haushaltungen bei den verschiedenen Haushaltsgruppen?*

11. *Wie vollzieht sich der Einkaufrhythmus: kurz- oder langfristig? Ergeben sich z. B. mit der Umstellung auf andere Abmessungen, Gewichte und Packungsgrößen Wandlungen des Einkaufsturnus?*

12. *Wieviel Prozent des Umsatzes entfallen auf markentreue Käufer, wieviel auf gelegentliche Käufer und wieviel auf einmalige Probierkäufer?*

13. *Wie entwickelt sich der Anteil der treuen Käufer unter dem Einfluß bestimmter Absatz- und Werbemaßnahmen?*

14. *Wieviel Prozent der Käufer einer bestimmten Produkt- oder Warengruppe bevorzugen überhaupt keine bestimmte Marke, sondern wechseln ständig?*

15. *Wie reagieren die Käufer auf Preisänderungen nach oben oder unten? Führt eine Preisermäßigung zu einer Ausweitung des Marktes oder nur zu Umsatzverlagerungen?*

3.1.3.3.1.2 Die Grenzen des Panels

Die Grenzen der Aussagefähigkeit des Verbraucherpanels liegen naturgemäß zunächst dort, wo die Grenzen jeder Repräsentativ-Erhebung zu suchen sind: in der Verallgemeinerungsfähigkeit der Ergebnisse. Auswahl- und Feststellungsfehler wirken sich hier ganz besonders stark aus, weil die gewonnenen statistischen Daten hochgerechnet und quantifiziert werden. Durch entsprechende Erhebungsmethoden wird sichergestellt, daß die Auswahlfehler in überprüfbaren Grenzen bleiben.

Als nächstes ist die Problematik bei der Auswahl der Erhebungsgegenstände zu beachten. Es empfiehlt sich, nicht beliebig viele Warengruppen in die Berichterstattung aufzunehmen, da sonst die buchführenden und berichterstattenden Hausfrauen leicht überfordert werden.

Eine Hausfrau, die gezwungen ist, über ihre Einkäufe bei bestimmten Warengruppen Buch zu führen, wird früher oder später in ihrem Einkaufsverhalten auch durch den Zwang zur Buchführung bestimmt. Sie wird vielleicht Waren minderer Qualität oder niedriger Preisgruppen nicht mehr kaufen, weil sie für ihr Prestige fürchtet. Sie mag manchen Spontankauf unterlassen, weil durch die Buchführung das rationale Element in ihrer Haushaltsführung gestärkt wird. Hier hat die laufende Kontrolle der Einkäufe jedes einzelnen Haushaltes einzusetzen, auf der man in jedem Falle bestehen sollte und bei der solche Haushalte auszuscheiden sind, die im Laufe der Zeit ihren Einkaufscharakter geändert haben, die also atypisch geworden sind. Im übrigen steht und fällt das Panel überhaupt mit einer sorgfältigen Überprüfung aller Aufzeichnungen der Haushalte, deren Einkäufe immer in einer gewissen Relation zu ihren Kaufpotenzen und -möglichkeiten stehen müssen.

3.1.3.4 Die Produktentwicklungsmarktforschung

3.1.3.4.0 Der Test als Prüfungsmethode

Die Umfrage dient der Ermittlung von Daten aller Art auf dem Wege einer Primär-Erhebung. In der Regel liegt ihr ein repräsentatives Modell oder eine Zufallsstichprobe der Gesamtbevölkerung oder der Teilgruppe dieser Bevölkerung zugrunde. Mit Hilfe der Umfrage soll eine Aussage über die Bevölkerung, ihre Kenntnisse, ihre Erfahrungen, ihre Meinungen, Verhaltensweisen usw. gemacht werden.

Demgegenüber hat der Test ganz andere Aufgaben. Er soll prüfen, ob ein Produkt fertigungsreif und ob es marktreif ist. Er soll es vergleichen mit anderen ähnlichen Produkten desselben Herstellers oder mit Konkurrenzprodukten. Er soll beweisen, wo die Stärken und Schwächen des Produktes liegen und damit Anhaltspunkte für die weitere Ausgestaltung des Produkts, die zweckmäßige werbliche Argumentation oder auch den voraussichtlichen Erfolg des Produktes liefern. Der Test bezieht sich in seiner Aussage nicht auf die Bevölkerung, sondern auf das Produkt — sei es nun die Ware selbst oder ihre Verpackung oder ein Produkt der Werbung, eine Anzeige, ein Werbefilm, ein Fernsehspot.

88. Aufgabe: *Was ist der Unterschied zwischen einem Verbrauchertest und einem Warentest?*

Der Verbrauchertest ist gewissermaßen die letzte Prüfung, die ein neu entwickeltes Produkt durchlaufen muß, ehe es auf den Markt kommt. Im modernen Marketing ist er die notwendige Ergänzung zu den naturwissenschaftlich-technischen Tests in den Entwicklungsabteilungen der Hersteller. Während das Produkt zunächst erst einmal technisch-materiell die Aufgaben erfüllen muß, für die es vorgesehen ist — einschließlich der mehr kaufmännischen Bedingungen einer rationellen Herstellung zu einem konkurrenzfähigen Preis (= Fertigungsreife) —, muß der Verbrauchertest nun zeigen, ob die Neuerungen, die dem Hersteller eingefallen sind, beim Verbraucher auch in der gewünschten Form „ankommen" und Beifall finden. Außerdem muß ermittelt werden, ob das Produkt weitere „neue Züge" aufweist, an die der Hersteller noch gar nicht gedacht hat, ob es noch verbesserungsfähig, vielleicht sogar verbesserungsbedürftig ist und ob es sich im Verbrauch (oder Gebrauch) bewährt.

Es kommt durchaus vor, daß ein Produkt, das alle bisherigen Prüfungen bestanden hat, bei dieser letzten Prüfung durchfällt. Es muß daraufhin entweder erneut an die Entwicklungsabteilung des Herstellers verwiesen oder gar der Gedanke, es auf den Markt zu bringen, aufgegeben werden.

Der Test folgt im Prinzip einem Grundgedanken, der von dem der Umfrage völlig verschieden ist. Er lehnt sich in seiner gedanklichen Konzeption an das naturwissenschaftliche Experiment an. Er stellt gewissermaßen Laboratoriumsverhältnisse her. Das Objekt der Untersuchung — das Produkt, die Packung, die werbliche Maßnahme wird hier lediglich nicht mit Hilfe technischer Geräte, physikalischer Meßinstrumente oder chemischer Lösungen untersucht, sondern die befragten Verbraucher selbst stellen das „Meßinstrument" dar. Ihre Reaktionen sollen anzeigen, welche Eigenschaften dem Produkt in den Augen der Verbraucher zuerkannt werden, in welchem Maße das Produkt diese Eigenschaften besitzt und welche Bedeutung diese Eigenschaften für den Verbraucher haben.

Gerade der Verbrauchertest verwirklicht die Erkenntnis des modernen Marketing, der der Warentest allein niemals genügen kann: Der Absatz eines Produktes darf sich niemals auf seine objektiv-materiellen Eigenschaften allein stützen, sondern es sind außerdem menschliche und gesellschaftliche Einflüsse zu berücksichtigen, die nur an den Reaktionen der Menschen selbst erkennbar werden. Diese Reaktionen zu erfassen und in die technisch-organisatorische Planung des Absatzes einzubeziehen, ist die zentrale Aufgabe des Verbrauchertests.

Der Gedanke des wie in einem Laboratorium durchgeführten Experiments gibt dem Test seinen besonderen Charakter: Es müssen nämlich exakt vergleichbare Versuchsbedingungen geschaffen werden, so daß die ermittelten Verbraucherreaktionen ausschließlich auf den Einfluß des zu untersuchenden Objekts bzw. der bei diesem zu untersuchenden Eigenschaften zurückzuführen sind.

Außerdem muß ein „geeichter Maßstab" verwendet werden, ohne den vergleichbare Messungen der Verbraucherreaktionen nicht möglich wären. Diesen Maßstab bildet in der Regel ein Vergleichsprodukt.

Man kann zwei verschiedene Formen, Farben, Geschmacks- oder Duftrichtungen usw. des vorgesehenen neuen Produkts testen. Der Hersteller kann das geplante neue Produkt mit dem bisherigen eigenen oder einem Produkt der Konkurrenz vergleichen. Bei einem völlig neuartigen Produkt, für das es keine vergleichbaren Produkte gibt, muß man zum Vergleich die bisherigen Möglichkeiten zur Befriedigung der Bedürfnisse heranziehen, die das neue Produkt nunmehr besser befriedigen soll.

Das Ergebnis des Vergleichs ist die Auswahl. Aus verschiedenen Möglichkeiten, ein Produkt zu gestalten, wird diejenige ausgewählt, die beim Verbraucher am besten aufgenommen wird. Schneidet das Testprodukt bei dem Vergleich mit dem Konkurrenzprodukt besser ab, kann es ohne Bedenken auf den Markt gebracht werden. Schneidet es besser ab als das bisherige eigene Produkt, so kann es als eine echte Verbesserung angesehen und gegebenenfalls an Stelle des bisherigen Produkts auf den Markt gebracht werden. Schneidet es jedoch in diesen beiden Fällen schlechter ab, so sind weitere Überlegungen erforderlich. Der Test hat sich in zahlreichen Fällen als besonders geeignet, ja geradezu als unerläßlich erwiesen, um dem Einfluß der sogenannten „Betriebsblindheit" in der Herstellerfirma entgegenzuwirken.

Der Hersteller kennt die Eigenschaften und besonderen Vorzüge seines Produkts genau. Er hat sich ja intensiv damit beschäftigt und das Produkt aus diesen Gedankengängen heraus entwickelt. Er versteht es auch, mit dem Produkt so umzugehen, daß diese Vorzüge besonders gut zur Geltung kommen. Und er ist vielleicht in die Ideen, die er in das

Produkt hineingepackt hat, etwas „vernarrt". Er fühlt sich — sicherlich nicht ohne Berechtigung — dem Verbraucher gegenüber als Fachmann, dem Laien in seinem Urteil überlegen.

Dennoch wäre es ein schwerer Fehler, das Produkt nur aus dieser Blickrichtung zu betrachten und darauf alle absatzpolitischen Maßnahmen aufzubauen. Der Verbraucher als Nichtfachmann läßt sich oft von ganz anderen Gesichtspunkten leiten, wenn er das neue Produkt mit anderen vergleicht. Es sind Gesichtspunkte, die subjektiv, unsachlich, ja sogar abwegig sein mögen, die aber dennoch marktentscheidend sind, weil letztlich der Verbraucher — und nicht der Hersteller — bestimmt, welches Produkt gekauft wird.

3.1.3.4.1 Die Anlage eines Tests

Der Verbraucher sieht sich auf dem Markt einer Vielzahl von Produkten gegenüber, er muß sie mitunter vergleichen und sich für eines davon entscheiden. Diese Situation versucht nun der Test als vergleichendes Experiment zu konstruieren. Zum Beispiel bekommt der Verbraucher die Testprodukte geschenkt, er braucht sie nicht zu bezahlen und reagiert manchmal generell positiver als später in der Alltagssituation. Es kommt deshalb darauf an, den Test so neutral anzulegen, daß der Verbraucher nicht erkennen kann, um welches Produkt es dem Auftraggeber eigentlich geht. Dann wirkt sich seine „Dankbarkeit" auf alle verglichenen Produkte gleichermaßen aus, und das von ihm bevorzugte Produkt wird sich — wenn auch auf einer allgemein positiveren Urteilsebene — dennoch von den Vergleichsprodukten abheben.

Sehr oft kommt es vor, daß das Urteil der Befragten dadurch beeinflußt wird, in welcher Reihenfolge ihnen die Produkte vorgelegt werden bzw. in welcher Reihenfolge sie die Produkte probieren. — So wird es sich ohne Zweifel auf das Urteil der Verbraucher auswirken, ob sie z. B. beim Probieren von zwei Schokoladen verschiedener Geschmacksrichtung zuerst die bittere und dann die süßere Sorte probieren oder umgekehrt. Um diesen Einfluß zu neutralisieren, muß streng darauf geachtet werden, daß die beiden Teilgruppen, die die Testprodukte in unterschiedlicher Reihenfolge probieren, einander in ihrer Struktur nach diesen und weiteren in diesem Zusammenhang möglicherweise bedeutsamen Merkmalen genau gleichen. Sonst könnte man nachher nicht mit Sicherheit sagen, ob die Bevorzugung des einen oder anderen Produktes nun auf dessen Qualitäten oder auf die Unterschiede in der Struktur der Teilgruppen zurückzuführen ist.

Die einfachste Form des Vergleichs besteht darin, daß man zwei Dinge einander gegenüberstellt. Hierbei lassen sich einzelne Eigenschaften der Produkte gesondert betrachten und der Vergleich bei jeder dieser Eigenschaften gesondert durchführen. Es kommt oft vor, daß die Verbraucher sich dann bei den einzelnen Teilgesichtspunkten unterschiedlich entscheiden, d. h. einmal für das eine, einmal für das andere Produkt. Deshalb ist es unerläßlich, in jedem Falle ein Gesamturteil zu fordern. Die Teilbeurteilung kann dann zur Erklärung dieses Gesamturteils herangezogen werden und liefert oft noch Gesichtspunkte für die Verbesserung des Testprodukts oder auch die werbliche Argumentation.

In jedem Falle aber sind beide Produkte aufeinander bezogen. Es ergibt sich daher kein absolutes, sondern nur ein relatives Urteil. Bildlich gesprochen: Man hat kein geeichtes Thermometer vor sich, auf dem man die Grade ablesen könnte, sondern lediglich zwei

Waagschalen, von denen die eine sich nach unten neigt, die andere nach oben steigt; es gibt keine Gewichte, um exakt die Gewichtsdifferenz zwischen den beiden Schalen zu messen. Man kann nur feststellen, daß das eine Produkt in der Meinung der Verbraucher „schwerer wiegt als das andere", weiß jedoch weder etwas von der genauen „Gewichtsdifferenz" noch von dem „Eigengewicht" der verglichenen Produkte.

Im Grunde ist es auch nicht einmal so wichtig. Vielmehr geht es um die Frage, wieviele Verbraucher sich schließlich für das eine und wieviele sich für das andere Produkt entscheiden. Je schärfer die Konkurrenz auf dem Markt ist, desto geringer werden im allgemeinen die Qualitätsunterschiede zwischen den einzelnen Produkten sein, bis sie schließlich vielleicht nur noch vom Fachmann, aber keineswegs mehr vom Verbraucher wahrgenommen werden können. Die Verbraucher entscheiden sich dann annähernd gleichmäßig ausgewogen für das eine wie für das andere Produkt.

Ein solches Ergebnis sollte den Hersteller, der ja gern sein Produkt überlegen gewinnen sehen möchte, nicht enttäuschen, denn das Ergebnis besagt ja immerhin, daß sein Produkt durchaus konkurrenzfähig ist. Wird er sich zufriedengeben? Nein — das Ergebnis zwingt ihn, sich auf andere Weise — etwa durch die Verpackung oder durch besondere werbliche Maßnahmen — einen Vorteil vor der Konkurrenz zu verschaffen. Andererseits lohnt es sich auch oft, darüber nachzudenken, ob sich nicht durch eine kleine Veränderung des Produkts doch noch ein entscheidender Vorsprung vor der Konkurrenz erzielen läßt. Der Erfolg einer solchen Veränderung muß dann allerdings erneut getestet werden. Dies führt unter Umständen zu einer ganzen Testserie.

Oft genügt es aber dem Hersteller nicht, lediglich zwei Produkte zu vergleichen. Er möchte vier, zehn, dreißig oder fünfzig Produkte miteinander „konkurrieren lassen".

Dafür gibt es nun zwei Methoden, die der Marktforscher anwenden kann:

den systematischen Paarvergleich, bei dem er jedes einzelne Produkt gleich oft jedem anderen gegenüberstellt, und

das Verfahren der Rangordnung, wo es darum geht, vorgelegte Proben „nach Gefallen" in eine bestimmte Reihenfolge zu bringen.

Beim systematischen Paarvergleich rechnet der Marktforscher aus den Ergebnissen der einzelnen Vergleiche dann eine Rangordnung aus, die sich danach richtet, welches Produkt am häufigsten, welches an zweiter Stelle, an dritter, vierter, fünfter ... Stelle als Sieger aus dem Vergleich mit allen anderen Produkten hervorging. Dieses Verfahren ist umständlich und kompliziert und nicht immer eindeutig, weil sich bei jeder Paarung der Proben bzw. Produkte die Vergleichsebene verschieben kann.

Bei einem solchen Paarvergleich kann man z. B. als Ergebnis erhalten: Von den drei verglichenen Tabakproben A, B und C wird A besser als B, B wiederum besser als C, C aber nicht logischerweise schlechter, sondern plötzlich besser als A beurteilt. Das kann unter anderem daran liegen, daß bei den drei Vergleichen einmal der Schnitt, das andere Mal die Farbe und beim dritten Mal das Aroma des Tabaks für das Urteil ausschlaggebend waren.

In der Praxis läßt sich der systematische Paarvergleich sowieso nur bei einer beschränkten Zahl von Produkten durchführen, weil sich die Zahl der erforderlichen Vergleiche — und damit auch der vergleichbaren Testgruppen — sehr schnell erhöht.

Man kann zwar von einem Befragten mehrere Vergleiche durchführen lassen, müßte dann aber diese Kombinationen von Fall zu Fall verändern. Dies wird organisatorisch dann schließlich so schwierig, daß man besser darauf verzichtet.

Statt dessen verwendet man in solchen Fällen gelegentlich das Verfahren der Rangordnung: Der Befragte muß die ihm vorgelegten Probleme nach bestimmten Gesichtspunkten ordnen, z. B. welche Vorlage ihm am besten gefällt, welche an zweiter Stelle kommt, an dritter usw. Auch dieses Verfahren findet sehr schnell seine Grenze darin, daß der Befragte, um seine Wahl zu treffen, die ganze ihm vorgelegte Kollektion gleichzeitig überblicken können muß. Bei Produkten, die man nacheinander probiert, geht es sowieso nicht, weil die Erinnerung an die zuerst genossenen Proben sehr schnell verblaßt. Um einen brauchbaren Test durchführen zu können, muß daher die Zahl der zu vergleichenden Produkte möglichst beschränkt sein. Nur in Ausnahmefällen sollten mehr als vier Produkte in dieser Weise getestet werden. Das ist zwar keine grundsätzliche, aber doch in der Praxis bewährte Regel.

Produkte testet man in der Regel anonym, d. h. in einer neutralisierten Verpackung, die für alle Testprodukte möglichst gleich ist — also ohne Markenzeichen und sonstige Aufdrucke, nur mit einem Kennbuchstaben oder mit Kennziffern versehen, damit das Urteil nicht durch die Kenntnis (Ansehen) der Herstellerfirma beeinflußt werden kann. Bei der Wahl von Buchstaben muß man vermeiden, Buchstaben zu benutzen, aus denen die Befragten irgendwelche Gedankenverbindungen zum Produkt, zu Produktionseigenschaften, Marken oder Herstellerfirmen ableiten könnten. Deswegen sind in der Regel Kennziffern zu bevorzugen. Ungünstig sind jedoch die Ziffern 1, 2, 3 usw. oder die Buchstaben A, B, C, X, Y, Z, weil sie in sich bereits bekannte Reihenfolgen darstellen, an denen sich die Verbraucher bei ihrem Urteil ganz unbewußt orientieren können.

Bei Produkt-Tests ist es oft unmöglich, daß der Verbraucher das Produkt sofort in Gegenwart des Interviewers ausprobiert und beurteilt. Die Verträglichkeit z. B. einer Hautcreme stellt sich erst nach längerer Zeit heraus. Zur Beurteilung der Dauerhaftigkeit z. B. einer Lackfarbe ist noch erheblich mehr Zeit erforderlich. Deshalb werden bei Tests meist mindestens zwei, gelegentlich auch drei Besuche gemacht.

Bei einer Reihe von Produkten kann es außerdem vorkommen, daß der erste flüchtige Eindruck nicht lange vorhält, und daß die Beurteilung nach einer Woche Probezeit anders ausfällt als nach einer Probezeit von acht oder zehn Wochen. Diese Erfahrung hat man z. B. oft bei Zigaretten und anderen Genußmitteln, bei häufig verwendeten Nahrungsmitteln, aber auch bei Gebrauchsgütern gemacht. Möglicherweise hängt dies mit dem Reiz der Neuheit zusammen. Dann kann man zwar von dem Ergebnis des Produkt-Tests den Anfangserfolg abschätzen, aber es kann sich anschließend für den Hersteller die sehr schwierige Situation entwickeln, daß die Verbraucher, die das Produkt kennengelernt haben, bald wieder zu ihren früheren Produkten oder zu neuen Marken abwandern, die auf dem Markt erscheinen. Wenn dann eines Tages das Reservoir der potentiellen Käufer erschöpft ist, geht der Absatz schlagartig zurück.

Bei der Planung von Produkt-Tests ist dem Testzeitraum besondere Aufmerksamkeit zu schenken. Gegebenenfalls sind zusätzliche Erhebungsmethoden einzusetzen, um folgenschweren Fehlern rechtzeitig zu begegnen.

3.1.3.4.2 Der Produkt-Test

Angenommen, ein Hersteller von Schuhpflegemitteln beabsichtigt, eine neuartige Schuhcreme (A) auf den Markt zu bringen, die sich dadurch von den bisherigen Produkten (B) unterscheidet, daß sie nicht den üblichen Terpentingeruch aufweist.

Eine frühere Marktuntersuchung hat nämlich u. a. ergeben, daß die Verbraucher recht häufig gerade diesen Geruch kritisiert und als unangenehm — auch in der Nachwirkung — bezeichnet haben.

Man entschließt sich deshalb zur Durchführung eines Produkt-Tests und stellt etwa 500 Hausfrauen die neue Schuhcreme in neutraler Aufmachung und Verpackung zur Verfügung. Die neutrale Aufmachung wird gewählt, damit die Versuchspersonen nicht von der äußeren Gestaltung und vom Preis her in ihrem Urteil beeinflußt werden.

Jede Hausfrau erhält zwei Packungen Schuhcreme zum Ausprobieren, eine Packung mit Schuhcreme alter Art (mit Terpentingeruch) und eine zweite mit der neuen Sorte. Die Packungen sind äußerlich gleich, nur durch die Kennziffer „27" und „32" gekennzeichnet. Es wird den Hausfrauen nicht gesagt, worin sich die beiden Produkte unterscheiden; die Hausfrauen werden lediglich gebeten, beide Cremes in den kommenden 14 Tagen zu probieren. Anschließend würde der Interviewer noch einmal wiederkommen und sich nach den gesammelten Erfahrungen und nach dem Urteil über die beiden Schuhcremes erkundigen.

Beim zweiten Besuch wird zunächst festgestellt, ob auch beide Proben versucht wurden und wieviel von jeder Probe verbraucht worden ist. Oft gibt das schon einen ersten Anhaltspunkt, welche der beiden Proben bevorzugt wird. Dann erkundigt sich der Interviewer nach den Erfahrungen, die die Befragte mit den Mustern gemacht hat und was ihr im einzelnen daran aufgefallen ist.

Möglicherweise wird schon jetzt ein größerer Teil der Befragten u. a. auf den unterschiedlichen Geruch beider Muster zu sprechen kommen.

Von allen Hausfrauen sagten	— bei Probe „A" mit neuem Geruch	— bei Probe „B" mit üblichem Geruch
gibt schönen Glanz	61%	45%
läßt sich gut auftragen	40%	42%
angenehmer Geruch	33%	8%
reinigt gut	27%	38%
verbraucht sich schnell	8%	7%
unangenehmer Geruch	2%	9%
Basis (Anzahl der Befragten)	488	488

Der Geruch spielt bei Schuhcremes offensichtlich eine wichtige Rolle. Tatsächlich wird die neue Geruchsqualität besser beurteilt als die bisherige. Allerdings ist das nicht einheitlich der Fall; ein Teil der Hausfrauen ist gegenteiliger Meinung.

Es fällt auf, daß zwei Antwortklassen bei den beiden Mustern unterschiedliches Gewicht haben, nämlich Glanz und Reinigung, obwohl sich die Muster in dieser Hinsicht überhaupt nicht unterscheiden.

Man kann zunächst nur die Hypothese aufstellen, daß diese vermeintlichen Unterschiede möglicherweise mit den verschiedenen Geruchsqualitäten zusammenhängen. Diese Annahme muß aber noch näher untersucht, begründet und schließlich bewiesen werden.

In den Tests war natürlich auch eine direkte Vergleichsfrage nach dem Geruch der beiden Muster eingefügt. Von allen befragten Frauen fanden

63% den Geruch des Musters „A" besser,

21% den Geruch des Musters „B" besser,

16% konnten sich hier für keines der beiden Muster entscheiden oder gaben keine Antwort.

Die Bevorzugung des neuen Musters „A" ist eindeutig, was den Geruch betrifft.

Gruppiert man nun die Befragten nach dieser Bevorzugung der beiden Muster und betrachtet in diesen beiden Gruppen getrennt das Urteil über die Glanzwirkung der beiden Schuhcremes (eine sogenannte Kreuzauswertung), so zeigt sich, daß diejenigen Befragten, die den Geruch des Musters „A" bevorzugten, dieser Schuhcreme auch die bessere Glanzwirkung zuschrieben. Andererseits betonten Hausfrauen, die das Muster „B" vom Geruch her bevorzugten, bei diesem Muster die bessere Glanzwirkung. Dagegen wurde dem Muster „B" in etwas stärkerem Maße als dem Muster „A" eine bessere Reinigungskraft zugeschrieben.

Es scheint mithin, daß generell der neue Geruch deutlich bevorzugt wird und sich damit durchaus auch ein positives Urteil über die Glanzwirkung verbindet. Die bessere Reinigungskraft wird jedoch nach wie vor — wenn auch in sehr abgeschwächtem Maße — dem Muster mit dem herkömmlichen Terpentingeruch zuerkannt.

89. Aufgabe: *Welche Folgerung kann das Unternehmen aus diesem Testergebnis ziehen?*

3.1.3.4.3 Der Verpackungstest

Die Verpackung eines Produkts hat bekanntlich zweierlei Aufgaben:

a) Sie soll als Behälter und Schutz des Produktes dienen, das sie beherbergt.
b) Sie hilft, durch ansprechende äußere Gestaltung das Produkt begehrenswert zu machen, das Auge des Verbrauchers auf sich zu ziehen und Gebrauchsanweisungen, Rezepte usw. an den Verbraucher (Benutzer) zu übermitteln.

Dementsprechend gibt es auch zwei Formen des Verpackungstests.

90. Aufgabe: *Wodurch unterscheiden sich die beiden Formen des Verpackungstests?*

Wichtig ist, daß man hier vermeidet, den Verbraucher zum Richter über den künstlerischen Wert der Aufmachung und die Zweckmäßigkeit der werblichen Gestaltung zu machen. Diese Rolle hat er ja auch nicht in Wirklichkeit. Wenn er zwischen Produkten wählen muß, die er nicht kennt, kann er sich nur an dem ihm vielleicht einmal aufgefallenen Markennamen oder an dem ihm u. U. bekannten Namen der Herstellerfirma oder an dem äußeren Eindruck der Verpackung orientieren.

So stellt man ihn bei einem Verpackungstest zunächst erst einmal vor die Wahl, welches Produkt er von zwei oder mehreren — in unterschiedlicher Verpackung vorliegenden — Mustern gegebenenfalls kaufen würde. Hierbei werden die beschriebenen Techniken des Vergleichs, des systematischen Paarvergleichs oder der Rangordnung angewendet.

Vielfach geht man noch einen Schritt weiter, weil der Verbraucher meist nicht sagen kann, warum er diese oder jene Verpackung bevorzugt. Die Gründe dafür sind ihm oft nicht bewußt oder es mangelt ihm an der Ausdrucksfähigkeit, das, was er mehr oder minder verschwommen empfindet, anderen mitzuteilen. Im übrigen ist er das auch nicht gewohnt oder er will diese Gründe nicht offen sagen, weil er fürchtet, sich zu blamieren oder an Ansehen einzubüßen. Darum wählt der Marktforscher einen Umweg, ein indirektes Verfahren.

In die verschiedenen Verpackungen wird dasselbe Producktt gefüllt. Die Packungen erhält der Befragte zum Ausprobieren. Beim zweiten Besuch am Ende der Erprobungszeit wird ihm die Frage vorgelegt, welches Produkt nun besser gefallen habe, was er damit für Erfahrungen machen konnte und aus welchen Gründen er es bevorzugte. Es wird also ein regelrechter Produkt-Test durchgeführt, der nur insofern nicht echt ist, als die beiden verglichenen Produkte identisch sind. Man könnte diese Art von Verpackungstest daher auch einen unechten Produkt-Test nennen.

Weil sich aber nun die Produkte in Wirklichkeit nicht unterscheiden, sondern der einzige Unterschied in ihrer Verpackung liegt, bestehen alle vom Verbraucher vermeintlich gefundenen Unterschiede der Produkte nur in seiner Einbildung und sind in Wirklichkeit auf das zurückzuführen, worin sich die Muster tatsächlich unterscheiden: ihre Verpackung. — In der Wertung der Ergebnisse muß das, was der Verbraucher über die Produkte sagt, dann allerdings auf die Verpackung umgedeutet werden.

Zugleich zeigt sich hier die methodische Besonderheit des Testverfahrens. Es darf immer nur das verändert werden, was untersucht werden soll: beim echten Produkttest ist es das Produkt — dann wird die Verpackung neutralisiert und vereinheitlicht. Beim unechten Produkttest soll die Verpackung untersucht werden. Sie wird abgewandelt, aber in allen Verpackungen befindet sich dasselbe Produkt.

91. Aufgabe: *Welche Methode könnte bei dem Namenstest und den verschiedenen Werbetests Anwendung finden?*

3.1.3.4.4 Der Preistest

Der Preis hat eine Reihe von Funktionen und Eigenschaften, die sich auf die Kaufbereitschaft und den Absatz in ganz verschiedener Hinsicht auswirken.

1. Der Preis wird in Bezug gesetzt zum Gewinn des Unternehmens. In der landläufigen Meinung der Verbraucher bedeutet im allgemeinen ein hoher Preis zugleich einen hohen, ja sogar einen zu hohen Gewinn der Unternehmer.

2. Der Preis schränkt die Nachfrage ein. Ein Automobil für 20 000,— DM, aber auch eine Zigarre mit einem Stückpreis von 80 Pfennig oder ein Anzug zum Preise von 320,— DM veranlassen einen mehr oder weniger großen Teil der Verbraucher zum Kaufverzicht.
3. Der Preis weckt Qualitätsvorstellungen. Ein hoher Preis kann den Eindruck der besseren Qualität, ein niedriger Preis den der minderen Qualität hervorrufen.

Diese Funktionen des Preises und deren Auswirkungen auf die Abnahmebereitschaft der Verbraucher lassen sich bis zu einem gewissen Grade im Preistest untersuchen.

Als erstes ist es wichtig, sich über das Preisbewußtsein des Verbrauches zu informieren.

Will man z. B. ein neues Waschmittel herausbringen, so wird es nützlich sein zu untersuchen, ob die Hausfrauen den Preis der von ihnen bisher verwendeten Waschmittel gut oder weniger gut kennen, d. h. ob der Preis beim Kauf eine ausschlaggebende Rolle spielt.

Sollte sich bei diesem Test herausstellen, daß einem größeren Teil der Hausfrauen die Waschmittelpreise nicht genau bekannt sind, so könnte dies bedeuten, daß man den Preis bei den absatzpolitischen Überlegungen zwar nicht vernachlässigen darf, ihm jedoch nicht den ersten Platz einzuräumen braucht.

Zweckmäßigerweise wird man sich jedoch mit diesem vorläufigen Ergebnis nicht zufriedengeben und die Preiskenntnisse der Hausfrauen noch weiter überprüfen. Es könnte nämlich sein, daß diese auch recht unterschiedliche Kenntnisse haben, je nachdem, welche Produkte sie verwenden.

Angenommen, daß bei den bekannten Waschmittelmarken das Preisbewußtsein schwächer entwickelt wäre als bei den weniger bekannten und verbreiteten Marken, so könnte dies darauf hindeuten, daß bei den „großen Marken" der Preis weitgehend in das Gesamtbild der Marke eingegangen ist und seine Bedeutung für die Produktwahl bereits bis zu einem gewissen Grad verloren hat.

Dies braucht jedoch keineswegs für ein einzuführendes Produkt zu gelten. Im Gegenteil, hier hätte der Preis als Absatzfaktor sehr wohl seine große Bedeutung, da sich die Hausfrauen ja erst orientieren müssen.

Als zweite Stufe der Preisuntersuchung könnte das neue Produkt einer Preisschätzung unterworfen werden. Bei dem „Waschmittelbeispiel", das in zwei Mustern in den Preistest einbezogen werden soll, wäre folgendes Ergebnis möglich:

Von allen Hausfrauen schätzen als Preis —	— beim Waschmittel Probe „A"	Probe „B"
–,80 DM	3%	7%
–,90 DM	15%	8%
1,– DM	20%	40%
1,10 DM	32%	35%
mehr als 1,10 DM	30%	10%
Basis	100% 327	100% 327

92. Aufgabe: *Welche Probe wird preislich höher eingeschätzt?*

Jedoch wird dabei noch nicht ausreichend klar, welches Muster die größeren Absatzchancen hat.

Um hierüber etwas zu erfahren, wird man feststellen, bei welcher Preishöhe jeweils mit den meisten Interessenten zu rechnen ist. Damit wird diejenige Preisschwelle festgestellt, bei der die optimale Gewinnspanne mit dem optimalen Absatz zusammentrifft.

Ein solcher Test — mit vorgegebenen Preisen und der Feststellung der bei den Preisstufen jeweils verbleibenden Interessenten — könnte etwa so aussehen:

Von allen Hausfrauen würden kaufen bei einem Preis von		Probe „A“	Probe „B“
	–,80 DM	92%	96%
	–,90 DM	85%	89%
	1,– DM	67%	58%
	1,10 DM	65%	60%
mehr als	1,10 bis 1,30 DM	37%	18%
Basis		327	327

Die kritische Preisschwelle des Musters „B“ liegt bei etwa 1,10 DM. Beim Muster „A“ könnte wahrscheinlich ohne größere Bedenken ein höherer Preis angesetzt werden.

Die unterschiedlichen Verbraucheranteile bei verschieden hohen Preisen lassen natürlich auch eine Schätzung der Gewinnchancen zu.

3.1.3.5 Die Marktbeobachtung

3.1.3.5.0 Der Unterschied von Produkttests und Verkaufstests

Nach Beendigung des Tests ist das Produkt produktions- und marktreif, d. h. reif zur Markteinführung.

Zwei Phasen der Einführung sind zu unterscheiden: zunächst die in kleinem Rahmen auf Testmärkten, um Erfahrungen vor allem mit dem Verkauf zu sammeln, und schließlich die endgültige Einführung auf dem gesamten Markt, für den das Produkt vorgesehen ist.

Der Unterschied zwischen den bisher durchgeführten Testst und der Einschaltung von Testmärkten ist folgender. Einmal ist der Kreis der in den Test einbezogenen Konsumenten ein anderer. Bei den Tests werden nach bestimmten methodischen Überlegungen ausgesuchte Personen mit den jeweils interessierenden Fragestellungen konfrontiert. Die

Konfrontierung geschieht durch die Marktforschung. Jetzt dagegen erhält der Verkauf die Aufgabe, in dem Testgebiet die für das Produkt angestrebte Distribution herbeizuführen. Während dort die Entwicklung laufend Hinweise für die Vereinbarkeit ihrer Ergebnisse mit den Bedürfnissen der Verbraucher bekommen soll, hilft der Testmarkt dem Verkauf, Erfahrungen darüber zu sammeln, ob sich die vorgesehenen Vertriebswege bewähren, wie der Handel das neue Produkt aufnimmt, wie die Käufer auf die Kombination von Werbung und Angebot im Laden reagieren, usw.

Während also bisher die Konfrontierung mit den Verbrauchern in gewisser Weise gezielt vorgenommen wurde, finden die Konsumenten das Produkt jetzt mitten unter dem gesamten Einzelhandelsangebot wieder. Und zwar handelt es sich jetzt um alle Verbraucher des Teilmarkts und nicht mehr nur um ausgesuchte Personen, die sich für Tests bereit erklärt haben.

93. Aufgabe: *Besteht ein wesentlicher Unterschied zwischen den Aufgaben der Marktbeobachtung auf Testmärkten und Gesamtmärkten?*

Das amerikanische Unternehmen Swift & Company hatte eine neue Baby-Nahrung auf Fleisch-Basis entwickelt. Die Ernährungsphysiologen hatten herausgefunden, daß — unter der Voraussetzung eines geringen Fett- und Salzgehalts — ein solches Erzeugnis eine wertvolle Ergänzung der bisher angebotenen Milch- und Vitaminpräparate sein würde. In sieben Variationen — Rind, Lamm, Kalb, Schwein, Huhn, Leber und Herz — wurde das neue Produkt eingehend getestet und zur Verbrauchsreife gebracht. Danach wurde die Entscheidung getroffen, es zunächst auf Testmärkten einzuführen. Auf diese Weise sollten die Zukunftschancen der neuen Kindernahrung realistisch abgeschätzt werden. Das Swift-Programm enthielt bisher keine Baby-Nahrung, so daß einige neue Vertriebswege beschritten werden mußten. Ärzte haben einen wesentlichen Einfluß auf die Ernährung von Säuglingen. So mußten auch hier diese durch den Außendienst angesprochen werden. Das war hier besonders wichtig, weil ein Verbraucher diese Produkte immer nur ein bis zwei Jahre kaufen wird, woraus sich eine ständige Umwälzung der Käuferschicht ergibt. Hier waren für den Verkauf die Ärzte der geeignete Ansatzpunkt, um ständig von neuem die fluktuierende Schicht junger Mütter immer wieder auf das Produkt hinzuweisen.

Drei Testmärkte mit einer Bevölkerung von je 100 000 Einwohnern wurden ausgewählt und etwa ein halbes Jahr vom Verkauf beliefert. Die dabei gesammelten Erfahrungen gaben die Grundlage, um das Produkt daraufhin auf nationaler Ebene einzuführen. Ebensogut können aber auch die auf den Testmärkten aufgetretenen Schwierigkeiten so groß sein, daß das Unternehmen in diesem Stadium beschließt, die Vertriebswege zu ändern oder im Ernstfall das Produkt aufzugeben. Der dritte denkbare Fall wäre der, daß das Produkt in die Entwicklung zurückgeht, um aufgetretene Mängel zu beseitigen. In einem solchen Fall erfüllt der Testmarkt — ebenso wie bei einer Aufgabe des Projekts — neben der Kontrolle der Vertriebswege noch die Funktion, die gesamte Produktentwicklung zu überprüfen. Die Kosten, die ein Testmarkt verursacht, sind dann immer noch geringer, als wenn solche Schwierigkeiten auf größerer Ebene auftreten.

3.1.3.5.1 Leitfaden für die Planung des Test-Marketing

Nun treten bei der Planung von Test-Marketing erhebliche Probleme auf, die die Aussagefähigkeit des Test-Marketing außerordentlich verfälschen können, wenn sie nicht beachtet werden. Es soll daher auf die Einzelheiten des Test-Marketing eingegangen werden, die deshalb von besonderer Bedeutung sind, weil sie auch bei der späteren nationalen Einführung zu beachten sind.

Die letzten Jahre haben eine bedeutende Verbesserung der Forschungstechnik sowie neue Methoden gebracht, um die zahlreichen Faktoren, die in den Entwicklungsstadien eines neuen Marketing-Projektes eine Rolle spielen, zu testen. Dabei hat sich der Nachdruck beim Test-Marketing von der Informationssuche auf die Informationsbestätigung verlagert. Wenn ein Projekt zum Test-Marketing gelangt, so sind die meisten Aspekte oft bereits eingehend geprüft und seine Erfolgsmöglichkeiten eingeschätzt worden. Da diese Tests gewöhnlich „Schreibtisch"-Charakter tragen, soll das Test-Marketing dazu dienen, die Richtigkeit der Beurteilung unter echten Marktbedingungen zu bestätigen. Vor allem kommt es darauf an, Lücken in der Forschungskette auszufüllen. Diese Kette läßt sich wie folgt zerlegen.

1. Verbrauchereinstellung zum Preis-Leistungs-Verhältnis.
2. Verbrauchereinstellung zur Verpackung unter praktischen Bedingungen.
3. Produkt- und Verpackungslagerung unter praktischen Bedingungen.
4. Die Akkumulationswirkung der Marketing-Aktion und die Fortschrittentwicklung.
5. Reaktion der Konkurrenz.
6. Die wirtschaftlichen Aspekte des Marketing-Plans.
7. Der relative Wert verschiedener Werbeträger, ihre Werbewirkung und Zusammensetzung.

Diese Ausführungen zeigen die Vorteile des Test-Marketing auf, doch sollten auch seine Nachteile nicht übersehen werden.

94. Aufgabe: *Welche Nachteile des Test-Marketing lassen sich aufzählen?*

Die meisten Test-Marketing-Aktionen können nach ihrer Zielsetzung klassifiziert werden. Weil jedoch die Verhältnisse, für die sie geplant werden müssen, stark voneinander abweichen, können allgemeingültige Regeln nicht festgelegt werden. Am ratsamsten ist es, die diesbezüglichen Probleme, wie z. B. Ort und Gebietsgröße, nacheinander in Angriff zu nehmen, die Umstände, die für jeden Schritt bestimmend sind, zu analysieren und ihre Beziehung zu den nachfolgenden Schritten zu ermessen.

Bei Anwendung dieser Methode kann die Planungsaktion in die folgenden Stufen unterteilt werden:

1. Definition der Zielsetzung.

2. Bestimmung des gewünschten Grades statistischer Genauigkeit.
3. Festlegung der Testgebietsgröße.
4. Festlegung der Testgebietslage.
5. Festlegung der erforderlichen Untersuchungs- und Kontrollmaßnahmen.
6. Festlegung des Zeitpunkts und der Dauer des Tests.

Die nachfolgenden Abschnitte enthalten Anleitungen für die Behandlung dieser Stufen und beschäftigen sich mit den Fragen der Werbeträger, Distribution und statistischen Auswertung.

Test-Marketing ist grundsätzlich ein Stichprobenverfahren und unterliegt den statistischen Stichprobenprinzipien. Dies sind:

a) Die Testgruppe muß unbedingt repräsentativ für die Gesamtheit sein.

b) Die Stichprobe muß groß genug sein, um Ergebnisse zu liefern, deren statistische Fehlergrenzen noch annehmbar für die Auswertung sind.

Neben diesen grundsätzlichen Erfordernissen sind die folgenden Untersuchungsbedingungen zu beachten:

c) Die für das Gesamtvorhaben, statistisch also die Gesamtheit (z. B. nationale Einflüsse), vorgesehenen Maßnahmen müssen in der Stichprobenaktion vertreten sein. Umgekehrt sind für den Test keine Maßnahmen vorzusehen, die nicht auch in der Gesamtheit durchgeführt werden können.

d) Der Test ist fortzusetzen, bis die Ergebnisse ein eindeutiges Bild der Marktverhältnisse widerspiegeln.

e) Es müssen ausreichende Kontrollmöglichkeiten vorhanden sein und im voraus eingeplant werden (einschließlich Vor- oder Null-Test).

In der Praxis sind die aufgeführten Bedingungen (a—c) erfahrungsgemäß um so schwieriger zu erfüllen, je kleiner das Testfeld ist. Andererseits bringt die Wahl eines umfangreicheren Gebietes, das größere statistische Zuverlässigkeit und engere Annäherung an Marktverhältnisse ermöglicht, oft hohe Kosten und Produktionsprobleme mit sich und kann im Falle eines Mißerfolges zu einer peinlichen Situation sowohl dem Handel als auch dem Verbraucher gegenüber führen.

Daher muß bei der Planung eines Markttests nicht nur die Zielsetzung, sondern auch der gewünschte Grad statistischer Zuverlässigkeit der Ergebnisse genau definiert werden. Unterbleibt dies, so kann man eventuell plötzlich vor die Frage gestellt werden, ob ein ertesteter Marktanteil von 5% in Wirklichkeit nur 3% oder aber 7% Marktanteil entspricht. Auf einem Markt von 100 000 t umgerechnet bedeutet das, daß unser Anteil irgendwo zwischen 3 000 und 7 000 t liegen könnte.

3.1.3.5.1.0 Die Definition der Zielsetzungen

Als erster Schritt muß — wie oben bereits angeführt — die Zielsetzung definiert werden. Die grundsätzlichen Ziele sind im folgenden zu erläutern:

I a) Der Genauigkeitsgrad einer Projekteinschätzung und eines auf Ergebnissen von Entwicklungsuntersuchungen beruhenden Plans ist zu ermitteln. In diesem Falle sind Konzept, Produkt, Verpackung, Markenname, Preis und Werbung bereits vorgetestet worden, und ein Marketing-Plan, der sich auf Schätzungen des Marktpotentials und der Rentabilität gründet, liegt schon vor.

Fehler in diesem Plan sind aufzudecken und Verbesserungsmöglichkeiten anzuzeigen.

I b) Bei völlig neuartigen Produkten, deren Marktpotential nicht auf andere Weise hinreichend eingeschätzt werden kann, empfiehlt es sich, zunächst einen kleineren Markttest als Vorläufer für eine Großaktion durchzuführen.

II. Gewisse Testvorhaben für neue Produkte oder Verbesserungen dienen vielleicht dem Zweck, festzustellen, welcher von zwei oder mehr verschiedenen Marketing-Plänen die bessere Wirksamkeit besitzt. Die Unterschiede können sich auf Preis, Packungsgröße, Werbewirkung oder Werbethema, Handels- und Verbraucherpromotion beziehen.

III. Ein weiteres Ziel, das niemals außer acht gelassen werden sollte, ist, die Behandlungsvorschriften und Lagereigenschaften von Produkt und Verpackung unter echten Marktbedingungen zu prüfen, bevor Einkauf, Produktion und Verkauf im großen beginnen. Tests als sogenannte „Laboratoriumsversuche" können die verschiedenartigen Bedingungen, die in der Praxis angetroffen werden, nicht alle wiedergeben, und Fehler oder Schwächen von Produkt oder Verpackung zeigen sich oft erst, wenn die Herstellung bereits im Gange und die Ware schon einige Zeit im Umlauf ist.

Fällt das Ziel unter I a), so ist noch weitere Ergänzung nötig, um den erforderlichen Grad statistischer Zuverlässigkeit zu bestimmen. Wenn die Untersuchungsmethoden, die jetzt zum Vortesten von Produkt, Verpackung, Packungsbild, Werbethema, Gestaltung und Markenname zur Verfügung stehen, voll ausgenutzt und die Ergebnisse sorgfältig ausgewertet worden sind, so muß eine ungefähre Beurteilung des Marktpotentials des Projekts vorliegen. Ein vollständiger Marketing-Plan auf nationaler Basis wird vorbereitet sein, und die Zielbeschreibung kann wie folgt ergänzt werden:

1. Marktangaben

   Nachprüfung des Plans in bezug auf:

   a) Marktanteil,
   b) Verbraucherkäufe (wer, wann, Menge, Wiederkäufe),
   c) Verkaufsvolumen,
   b) Distribution,
   e) Bestände,
   f) diesbezügliche Information über die Konkurrenz.

   Nähere Angaben über den potentiellen Absatzmarkt, d. h. über Sozial- und Altersgruppen sowie über regionale, ländliche, städtische und jahreszeitliche Unterschiede, sind ebenfalls zu beachten.

2. Erforschung des Brand-Image und Ermittlung seiner Entwicklungsrate.

3. Bemessung

   a) des Durchdringens der Werbebotschaft,

b) der Verständlichkeit und Glaubwürdigkeit der Werbebotschaft,

c) der Markenkenntnis und des Markenbewußtseins.

4. Feststellung der Fortschrittsrate.
5. Entdeckung von Fehlern oder Schwächen von Produkt und Verpackung.

Wie unter I b) erwähnt, kann das Ziel sein, das Marktpotential für ein bestimmtes Marketing-Projekt zu erkunden. Das kann insbesondere auf einen völlig neuen Markt zutreffen, wenn Produkt und Verpackung völlig neuartig sind und die Gewinnmöglichkeiten nur durch einen Marketing-Test ausreichend beurteilt werden können.

Generell handelt es sich um Entwicklungsprojekte in einem frühen Stadium, wo es auf Schnelligkeit ankommt und man auf einen hohen Grad statistischer Genauigkeit verzichten kann. Die Definition der Zielsetzung I b) kann wie folgt vervollständigt werden:

1. Die Verbraucherbereitschaft unter marktähnlichen Bedingungen zu ermessen.
2. Fehler an Produkt oder Verpackung zu entdecken und Verbesserungshinweise zu erhalten.
3. Verständlichkeit und Glaubwürdigkeit der Werbebotschaft zu beurteilen.
4. Das Brand-Image und die Entwicklung seines Aufbaus zu ermitteln.
5. Stärken und Schwächen im Hinblick auf verschiedene Verbrauchereinteilungen zu erkennen.

Die unter II gegebene Definition bedarf kaum weiterer Vervollständigung, es sei denn, daß die betreffenden Verbrauchereinteilungen anzuführen sind. Es darf nicht vergessen werden, daß immer nur eine Variable in einem Testgebiet geprüft werden darf.

Das Testen von Produkt und Verpackung, wie unter III. definiert, ist mit einem der anderen Ziele zu verbinden. Es wird erforderlich sein, besondere zu beobachtende Bedingungen, wie z. B. Klimaeinfluß, Art der Verkaufsstelle, Haushaltsgebrauch und Lagerung usw., anzuführen.

3.1.3.5.1.1 Die Bestimmung der statistischen Genauigkeit

Als zweiter Schritt muß der erforderliche und gewünschte Grad statistischer Zuverlässigkeit festgelegt werden. Dabei muß zwischen der statistischen Genauigkeit der Untersuchungsergebnisse in bezug auf das Untersuchungsfeld einerseits und der Zuverlässigkeit der Ergebnisse für Produktionszwecke andererseits unterschieden werden.

95. Aufgabe: *Worin liegt der Unterschied begründet?*

Der gewünschte Grad repräsentativer Zuverlässigkeit hängt von der Definition der Zielsetzung ab und kann, unter Voraussetzung der vier bereits beschriebenen Grundziele (I a, I b, II., III.), folgendermaßen ergänzt werden:

Ziel I a bezogen auf den gewünschten Grad statistischer Zuverlässigkeit.

Dies besteht, kurz gesagt darin, die Richtigkeit der Rentabilitätsschätzung für eine Groß-Marktaktion zu überprüfen und eventuell notwendige Veränderungen vorzunehmen.

Da der Entschluß, den Marketing-Plan auszuführen oder abzuändern, ein beachtliches Risiko in sich trägt, ist es klar, daß der Test kleinen Maßstabs Ergebnisse bringen muß, die mit einem hohen Grad von Zuverlässigkeit auf die Gesamtheit übertragen werden können. Jedes Element muß in der Stichprobe in ausreichender Zahl vorhanden sein, um eine angemessene Repräsentanz zu gewährleisten und zu ermöglichen, daß die Ergebnisse der Stichprobe für sämtliche Elemente des Gesamtmarktes repräsentativ sind.

Es ist gewöhnlich nicht schwer, ein kleines Testgebiet auszuwählen, in dem sämtliche Elemente der Gesamtheit vertreten sind, aber das Größenverhältnis der Elemente zueinander entspricht nur selten dem der Gesamtheit. Zum Beispiel gibt es Haushalte der A-, B-, C- und D-Klasse in beinahe allen Untergebieten, doch es werden sich keine zwei Untergebiete finden, in denen sie im gleichen Verhältnis vorhanden sind. In solchen Fällen könnten die Ergebnisse der Stichprobenaufgliederung theoretisch den ursprünglichen Verhältnissen durch Gewichtung angepaßt werden; dies ist jedoch nicht ratsam, da das Verhalten kleinerer demoskopischer Gruppen je nach Umgebung verschieden sein kann. Ziel I a) erfordert unbedingt ein großes, voll repräsentatives Testgebiet. Die zu untersuchenden Elemente werden in der Definition der Zielsetzung aufgeführt.

Ziel I b) bezogen auf den gewünschten Grad statistischer Zuverlässigkeit.

Bei dieser Kategorie ist kein sehr hoher Grad von statistischer Zuverlässigkeit erforderlich, da sie mehr den Zweck verfolgt, neue Möglichkeiten zu erforschen, als vorher festgelegte Ziele zu überprüfen. Der erste Marketing-Test wird gewöhnlich im frühen Stadium eines Entwicklungsprojekts unternommen, und ein Großtest, wie unter I a) beschrieben, folgt, wenn eine vollständige Marktbewertung und ein abgeschlossener Plan ausgearbeitet sind.

Wenn das Testgebiet aus einem bekannten spezifischen Marktabschnitt besteht, so muß ein größeres Maß von Zuverlässigkeit angestrebt werden als bei einer allgemeinen Erforschung, weil auf einem begrenzten Markt die Fehlertoleranzen sehr gering sein müssen.

Eine allgemeine Erforschung erfordert eine umfangreiche Stichprobe, deren Untergliederungen jedoch nicht so intensiv erforscht zu werden brauchen. Es genügt hierbei, die Stärken und Schwächen aufzuzeigen, da diese näher untersucht werden, wenn alle notwendigen Änderungen vorgenommen sind und der endgültige Plan ausgearbeitet worden ist. Zwei oder drei Städte verschiedener Größe liefern beispielsweise Ergebnisse, deren Zuverlässigkeit für den beabsichtigten Zweck genügt. (In den Vereinigten Staaten werden derartige Erkundungstests oft in zwei oder drei großen Selbstbedienungsläden durchgeführt.)

Ziel II bezogen auf den Grad statistischer Zuverlässigkeit.

Diese Kategorie verlangt Vergleiche zwischen alternativen Aktionen, um deren relativen Wert festzustellen. Während dabei die zu treffende Entscheidung von höchster Bedeutung ist, ist der Unterschied in den relativen Werten meistens gering; daher wird eine sehr empfindliche Meßmethode benötigt.

Erfahrungsgemäß entstehen mehr Fehler bei der Planung und Auswertung dieser Art von Test-Marketing als bei jeder anderen. Es muß daher allergrößte Zuverlässigkeit angestrebt werden.

Ziel III bezogen auf den Grad statistischer Zuverlässigkeit.

Es ist äußerst riskant, Beschwerden von Verkäufern und Verbrauchern abzuwarten oder anzunehmen, daß Produkt und Verpackung zufriedenstellend sind, wenn keine Beschwerden eingehen. Schriftliche Beschwerden können zwar auf Gefahrenpunkte hinweisen, können aber nicht repräsentativ sein oder eine richtige Einschätzung des Ausmaßes ermöglichen. Während der gesamten Testperiode muß eine systematische, fortlaufende Überprüfung, die sich über das ganze Gebiet erstreckt, stattfinden. Dies wird Schwerpunkte und fortschreitende Verschlechterung aufzeigen und eine hinreichende Einschätzung des Umfangs an Beschwerden gestatten. Ein hoher Grad von Genauigkeit ist nicht erforderlich.

3.1.3.5.1.2 Die Festlegung der Testgebietsgröße

Im dritten Schritt bestimmt man die Größe des Testgebietes. Nachdem die Ziele und der gewünschte Grad statistischer Genauigkeit der Angaben festgelegt sind, kann die Größe und gegebenenfalls die Anzahl der Testgebiete bestimmt werden. Obgleich hierbei Faktoren wie das Vorhandensein von Forschungs- und Kontrollgebieten sowie Einschränkungen bei Werbeträgern eine Rolle spielen können, muß das Hauptaugenmerk auf die Ziele und die Erfordernisse repräsentativer Zuverlässigkeit und statistischer Genauigkeit gerichtet sein. Wenn passende, diesen Forderungen entsprechende Testgebiete nicht zu finden sind, müssen die Maßstäbe geändert und diese Änderungen bei der Auswertung der Ergebnisse berücksichtigt werden.

Ziel I a) bezogen auf die Größe des Testgebietes.

Wie bereits ausgeführt, verlangt diese Aktion umfassende Ergebnisse, die voll repräsentativ und von höchster statistischer Genauigkeit sein müssen.

Zunächst muß eine Stichprobe zusammengestellt werden, die der vollen Repräsentanz so nahe kommt, wie die wirtschaftlichen und praktischen Grenzen der Aktion es erlauben (Produktions- oder Importmöglichkeiten, Verkaufsorganisation usw.). Die Stichprobe braucht im Verhältnis zur Gesamtheit nicht zu groß sein, muß aber meßbare Gruppen aller Elemente enthalten, die auf dem Gesamtmarkt vorhanden sind und einen Einfluß auf die Ergebnisse ausüben können. Solche Elemente stimmen nur selten mit der normalen demographischen Gliederung überein, weil ähnliche Gruppen sich gewöhnlich je nach Gebiet, Religion und anderen Faktoren in ihrem Verhalten unterscheiden.

In den meisten europäischen Ländern gibt es z. B. mehr oder weniger starke Unterschiede im Verhalten von Norden und Süden. Der Lebensstandard ländlicher Gemeinschaften wird erheblich von spezifischen geographischen und klimatischen Faktoren beeinflußt. Unterschiedliche Wasserhärten beeinflussen den Seifen- und Reinigungsmittelsektor. Um Variablen dieser Art Rechnung zu tragen, empfiehlt es sich, in den betreffenden Gebieten Duplikatproben zu machen. Jede Stichprobe könnte etwa aus einer großen Stadt mit ca. 200 000 Einwohnern, zwei mittelgroßen Städten mit 50 000 Einwohnern und vier Dorfgemeinden mit unter 3 000 Einwohnern bestehen. In einigen Ländern ist es üblich geworden, einen neuen Artikel als ersten Schritt zur nationalen Distribution in einem großen Gebiet einzuführen. Die Wahl des Gebietes wird weitgehend durch das Vorhandensein von Werbeträgern und durch Marktforschungsgesichtspunkte bestimmt, und die Testmarkt-Technik wird angewandt, um die Entwicklung im Vergleich mit einem vorgestreckten Ziel zu prüfen. Die Risiken, die eine Großaktion in sich birgt, sind beträchtlich. Es können sich Rechtsschwierigkeiten um das Warenzeichen, die Packung, Werbung und Promotion sowie Mängel an Waren und Verpackung ergeben.

Wenn das Gebiet eine homogene Bevölkerung mit passenden Werbeträgern und Marktforschungsmöglichkeiten besitzt, kann eine derartige Aktion vom Marketing-Standpunkt aus durchaus gerechtfertigt sein. Bei Anwendung der Ergebnisse auf den nationalen Gesamtmarkt muß jedoch Vorsicht geübt werden. Plan und Ziel für jede nachfolgende Gebietseinführung müssen auf die besonderen Verhältnisse des betreffenden Gebiets zugeschnitten und die ursprünglichen Testergebnisse auf diese Verhältnisse übertragen werden.

Wenn es das Ziel ist, die Richtigkeit eines nationalen Marketing-Plans zu überprüfen, wie unter I a) beschrieben, so liefert ein repräsentatives Stichprobenverfahren die verläßlichsten übertragungsfähigen Ergebnisse ohne die schweren Risiken, die einer Großaktion anhaften.

Ziel I b) bezogen auf die Größe des Testgebietes.

Diese Art des Test-Marketing, das ja der allgemeinen Exploration dient, kann nur auf eine umfangreiche Stichprobe, aber nicht auf einen hohen Grad von Genauigkeit abgestellt sein. Die Stichprobe sollte daher so ausgewählt werden, daß sie alle demographischen und regionalen Charakteristiken enthält, die den Markt wesentlich beeinflussen könnten, während die Unterstichproben ziemlich klein sein können. Zwei oder drei Städte verschiedener Größe bringen für diesen Zweck Ergebnisse von ausreichender Genauigkeit. Das Erhebungsgebiet könnte etwa aus einer großen Stadt mit über 200 000 Einwohnern, einer mittelgroßen mit 50 000 und, entsprechend der Natur des Marktes, mehreren Landgemeinden mit 3 000 bis 10 000 Einwohnern bestehen. Diese Auswahl wäre zu duplizieren, wenn bemerkenswerte regionale Variablen zu erwarten sind. Wenn das Ziel darauf beschränkt werden kann, die ersten Reaktionen auf eine neue Idee zu beobachten, so genügt eine große Stadt sowie eine Vergleichsstadt zur Nachprüfung.

Ziel II bezogen auf die Größe des Testgebietes.

Bei diesem Ziel kommt es mehr auf große statistische Zuverlässigkeit an. Man testet die Wirkung von Variablen auf zwei oder mehr Verbrauchergruppen gleicher Zusammensetzung. In diesem Fall hängt die statistische Zuverlässigkeit einerseits von der Größe der Untersuchungsgruppe, andererseits von der vollkommenen Gleichheit der Testgebiete ab. Die Größe des Testfeldes ist ohne wesentliche statistische Bedeutung, und regionale Variablen brauchen nur in Betracht gezogen zu werden, wenn anzunehmen ist, daß sie einen signifikanten Einfluß auf die Ergebnisse haben. Wenn das Ziel ist, die Wirkung verschiedener Werbeträger zu testen, kann die Größe der Stichproben durch die geographische Ausdehnung des betreffenden Werbeträgers — z. B. eines Fernsehnetzes, einer Tageszeitung oder eines Postzustellbezirkes — bestimmt werden. Dies ist eine Sache der Zweckdienlichkeit, die die statistische Genauigkeit nicht beeinträchtigt. Rücksicht auf die Kosten sollte nicht dazu verleiten, Stichproben zu wählen, die zu klein sind, um vollkommene, ausgewogene Vergleichsbedingungen zu bieten. Zum Beispiel geht es nicht an, eine Stadt in zwei Teile zu spalten, um zwei Promotionsarten oder Promotion gegen Nichtpromotion zu testen, weil es unmöglich ist, die beiden Hälften einer Stadt auf einen Nenner zu bringen. Andererseits ist es wohl möglich, in einer großen Stadt zwei Gegenden zu finden, in denen gewisse demographische Eigenarten, wie zum Beispiel D-Klasse, vorherrschen, aber selbst dann muß man sich unbedingt erst vergewissern, ob Distributions- oder Verbraucherverhältnisse auch identisch sind, bevor man den Test beginnt.

Ziel III, bezogen auf die Größe des Testgebietes,

wird gewöhnlich als Teil der Testmarktaktion erreicht und ist eher eine Frage des Kontrollsystems als der Wahl des Testgebietes. Wenn jedoch das Testgebiet in bezug auf Klima, Einkaufsfrequenz, Distributions- und Lagerverhältnisse nicht gänzlich repräsentativ für das gesamte Land ist, können die Ergebnisse nicht ohne weiteres als übertragbar angesehen werden.

3.1.3.5.1.3 Die Festlegung der Testgebietslage

Als vierte Entscheidung muß die Lage des Testgebietes bestimmt werden.

Dies ist in solchem Maße landesbedingt, daß Verallgemeinerungen wenig Sinn haben. Zum Teil ist diese Frage unter Gebietsgröße behandelt worden, wo nachdrücklich hervorgehoben wurde, daß Repräsentanz unbedingt erforderlich ist. Ein Sekundärfaktor bei der Gebietswahl sind gewöhnlich die Werbeträger.

Verschiedene Kriterien sollten jedoch bei der Wahl berücksichtigt werden, nämlich:

Das Durchschnittseinkommen liegt nahe beim Landesdurchschnitt oder dem Durchschnitt der potentiellen Verbraucher des Produkts.

Das Testgebiet ...

... wird nicht von einer Industrie beherrscht.

... ist nicht kürzlich — oder wird nicht bald — für Testzwecke eines anderen Firmenprodukts oder eines anderen Produkts in derselben Warenklasse benutzt.

... unterliegt nicht ungewöhnlich hoher Arbeitslosigkeit oder saisonbedingten Entlassungen von Arbeitskräften.

... ist nicht zu dünn besiedelt.

... grenzt nicht an ein anderes Gebiet, in dem ein Markttest des gleichen Produkts stattfindet.

... ist der Mitarbeit des Handels bei shop audits sicher.

... ist nicht „übertestet“ worden.

... unterliegt nicht ungewöhnlicher Konkurrenztätigkeit.

... hat keine ungewöhnliche historische Entwicklung in der betreffenden Produktgruppe gehabt.

Eine Profilskala, wie z. B. die nachstehende, ist ein nützliches Hilfsmittel für den Vergleich von statistischen Angaben für das Testgebiet mit nationalen Angaben. Die (gerade) senkrechte Linie stellt den nationalen Durchschnitt als Index 100 für jeden Faktor dar. Die Kurven geben die Variationen für jedes Testgebiet und jeden Faktor an. Kurven für mehrere Gebiete können (in Farbe) auf derselben Tafel eingetragen werden. Die Liste der Faktoren sollte so vollständig wie möglich sein.

Bei der Bestimmung der Lage des Testgebietes wird man außerdem mit dem schwierigen Problem der Auswahl von Werbeträgern konfrontiert.

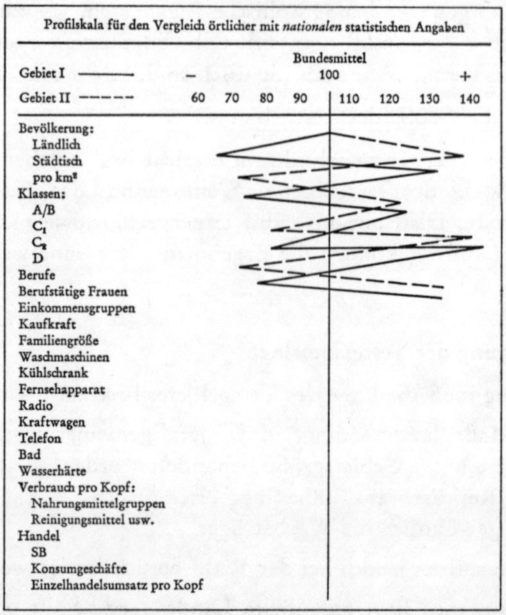

Da der Testmarkt unter I a) und I b) mehr oder weniger für das ganze Land repräsentativ sein soll, muß natürlich auch die Test-Marketing-Aktion für die nationale Aktion repräsentativ sein. In Ländern, wo nationale Werbeträger lokalisiert werden können, wie z. B. beim Fernsehen mit Ortsnetzen und nationale Tageszeitungen mit Ortsausgaben, bereitet dies kaum Schwierigkeiten. In vielen Ländern wird weitgehend Gebrauch gemacht von Werbeträgern mit nationaler Ausdeckung, wie z. B. Zeitschriften, wöchentlich und alle zwei Wochen erscheinenden Illustrierten, die sich wegen ihres Vierfarbendrucks wachsender Beliebtheit erfreuen. In einigen Ländern, wo es Fernsehen gibt, kann dieses nicht örtlich begrenzt werden oder nur auf große Gebiete. In solchen Fällen steht man vor dem schwierigen Problem, örtliche Werbeträger auszuwählen, die die beabsichtigte nationale Aktion repräsentieren, und ferner, den Wirkungsgrad einer Gruppe von Werbeträgern einzuschätzen, die erforderlich ist, um der Wirkung einer anderen Gruppe gleichzukommen. Einen weiteren Gesichtspunkt bilden die relativen Kommunikationswerte der beiden Werbeträgergruppen.

Da keine wissenschaftliche Standardmethode bekannt ist, dieses Problem anders als durch empirisches Experiment zu lösen, was in der Praxis nicht angängig ist, muß eine Lösung mit Hilfe analytischer Aufgliederung gesucht werden.

Die Faktoren, die gewöhnlich bei diesem Problem eine Rolle spielen, sind:

Impact,
Kosten,
Kommunikation,
Demonstration,
Illustration,
Farbe.

Analyse des vorgesehenen nationalen Plans:

Was	Wen	Wie	Impact	Kosten
Aktion	demoskopisch	Kommunikation	Frequenz	Kosten
Testziel	Ausdeckung	Demonstration	Größe/Dauer	
		Illustration	Überschneidung	
		Farbe	Zeit	

Nach Beschreibung der nationalen Aktion und Festlegung des Testziels sind zunächst die in den potentiellen Testgebieten verfügbaren Werbeträger im Hinblick auf die angestrebte nationale demoskopische Ausdeckung zu prüfen, d. h. es ist eine Liste derjenigen Werbeträger aufzustellen, die an die gewünschte Anzahl ausgewählter Verbraucher herankommen.

Der zweite Schritt bei der Auswahl besteht darin, besondere Kommunikationsmittel, wie z. B. Musterverteilung, Demonstration, Bewegung, Illustration, Farbe zu definieren, und aus der Liste diejenigen Werbeträger herauszusuchen, die diesen Anforderungen am ehesten entsprechen.

Diese lassen sich wie folgt zusammenfassen:

Kommunikation	Werbeträger
Bemusterung	durch die Post, von Haus zu Haus, über den Handel
Demonstration	physisch, Fernsehen, Kino
Bewegung	Fernsehen, Kino
Illustration	Halbton, Strich
	Tageszeitungen, Zeitschriftenbeilagen, postalische oder Haus-zu-Haus-Zustellung von Flugblättern
Farbe	Vierfarben: Zeitschriften, farbige Beilagen, postalische oder Haus-zu-Haus-Zustellung von Flugblättern, Kino, Plakate, point-of-purchase
	Halbton, Strich
	Teilfarben: Schlagzeilen, Verpackung, Tageszeitungen.

Die Ergebnisse dieser Auswahl sind in Form eines Vergleichs darzustellen. Beispiel:

	Nationale Werbeträger	Test-Werbeträger
Bemusterung	Post	Post
Demonstration	Fernsehen	Kino
Bewegung	Fernsehen	Kino
Illustration	Zeitschriften,	Beilagen zu Tageszeitungen
Farbe	Broschüre mit Musterprobe, Plakate point-of-purchase	Beilagen zu Tageszeitungen, Broschüre mit Musterprobe, Plakate, point-of-purchase

Der nächste und schwierigste Schritt ist die Einschätzung des Wirkungs-Impacts, der der nationalen Aktion entspricht. Bei dem Beispiel entsteht dieses Problem bei der Gegenüberstellung von Fernsehen und Kino sowie von Zeitschriften und Farbbeilagen zu Tageszeitungen. In beiden Fällen stellen sich offensichtlich die Kosten pro Kontakt im Testgebiet viel höher als auf nationaler Basis. Dies ist nicht zu ändern; es ist das Opfer, welches dafür gebracht werden muß, daß durch das Test-Marketing noch viel größere Risiken auf ein Mindestmaß reduziert werden. Auf jeden Fall sollte dem Grundsatz entsprechenden Impacts ein gewisser Vorrang über die Kostenfrage eingeräumt werden.

96. Aufgabe: *Welche Unterschiede sind zwischen Fernsehen und Kino zu beachten, damit der Wirkungs-Impact in beiden Fällen gleich ist?*

Wenn Farbbeilagen zu Tageszeitungen als Ersatz zu Vierfarbenreproduktionen in Zeitschriften benutzt werden, muß trotz übermäßig hoher Kosten die gleiche Frequenz angestrebt werden. Den relativen Kommunikationswert der beiden Werbeträger zu bestimmen ist nicht möglich, weil jeder seine eigenen Vor- und Nachteile hat. Höhere Ausdeckung bei Tageszeitungen kann z. B. durch Verlust von Beilagen infolge Herausfallens oder Wegwerfens kompensiert werden. Andererseits kann eine Beilage aufgrund ihrer fast vollkommenen Eigenständigkeit unter Umständen größere Beachtung finden als eine Farbanzeige in einer Zeitschrift mit hundert Seiten. Infolgedessen ist das Größenverhältnis von Anzeige und Beilage nicht von ausschlaggebender Bedeutung. Trotzdem ist es ratsam, sich nicht durch die Druckmöglichkeiten dazu verführen zu lassen, mehr in die Beilage zu setzen als in die Anzeige, da das Ziel, die gleichen Bedingungen wie bei der nationalen Aktion zu schaffen, dadurch vereitelt würde.

Wenn Tageszeitungen als Ersatz zu Schwarz-Weiß in Zeitschriften benutzt werden, ergeben sich Probleme in bezug auf Reproduktion, Größe und Frequenz. Die Wahl der Reproduktion wird durch die Druckqualität der Tageszeitung und durch den darzustellenden Gegenstand bestimmt. Wenn in der Tageszeitung eine angemessene Reproduktion nicht möglich ist, muß man zur Beilage greifen. Was die Größe betrifft, so haben örtliche Tageszeitungen gewöhnlich ein größeres Format, und sie enthalten weniger Werbung und weniger große Markenartikelanzeigen als Zeitschriften. In solchem Fall kann eine halbseitige oder sogar noch kleinere Anzeige sehr wohl einer ganzseitigen Anzeige in einer Zeitschrift gleichkommen. Andererseits muß die Tatsache, daß Zeitschriften wiederholt gelesen werden, durch höhere Frequenz bei Tageszeitungen ausgeglichen werden.
Neben der Auswahl von Werbeträgern ergibt sich als weiteres Teilproblem im Zusammenhang mit der Bestimmung der Lage des Testgebietes noch das Problem der Distribution. Für diesen Sektor gelten die allgemeinen Grundsätze des Test-Marketing. Sie können wie folgt ausgelegt werden:

1. Die Handelsstruktur muß der nationalen Struktur entsprechen.
2. Verkaufs- und Merchandising-Taktik muß der auf nationaler Ebene anzuwendenden Taktik angepaßt werden.

Es versteht sich von selbst, daß ein Testgebiet mit außergewöhnlich vielen hochentwickelten Verkaufsstätten, wie z. B. SB, Filialgeschäften und Supermärkten, kaum dem nationalen Durchschnitt entsprechen kann. Ebenso ergäbe ein Gebiet mit einer überwiegenden Anzahl von Konsumgenossenschaften oder anderen Verkaufsstätten, die keine Markenwaren führen, ein falsches Bild. Dieser Faktor muß im voraus überprüft werden. Als Informationsquellen können eigene Statistiken, Nielsen- und ad-hoc-Ladenuntersuchungen dienen.

Ideale Teststädte werden oft zuviel zu Testzwecken benutzt, so daß der Handel voreingenommen ist. Die jüngste „Geschichte" der in die letzte Wahl gezogenen Städte sollte daher sorgfältig überprüft und „übertestete" Städte ausgeschieden werden.

Der häufigste taktische Fehler ist, die Einführungsperiode unter Zeitdruck zusammenzupressen. Diese Untugend ist um so weiter verbreitet, da es gewöhnlich möglich ist, einige zusätzliche Reisende vorübergehend dem Testgebiet zuzuteilen.

Das hat regelmäßig eine Welle von Enthusiasmus, Tempo und Wettbewerbseifer im Gefolge, die bei normalen Runden nicht aufrechterhalten werden kann. Außerdem führt es zu einer anomalen Verkürzung des Zeitabschnitts zwischen dem Beginn der Einführung und der Werbung. Eine solche Situation wäre zwar vom Standpunkt der Einführung aus ideal, bei einer Großeinführung jedoch kaum durchsetzbar.

97. Aufgabe: *Welche Schwierigkeiten können sich hinsichtlich der Distribution ergeben, wenn die Belieferung über den Großhandel erfolgt?*

3.1.3.5.1.4 Die Festlegung der erforderlichen Untersuchungs- und Kontrollmaßnahmen

Während bei den bisherigen vier Entscheidungen vorwiegend technische Probleme zu klären waren, taucht im fünften Schritt mit der Festlegung der durchzuführenden Forschungs- und Kontrollmaßnahmen der eigentliche, durch das Test-Marketing zu lösenden Fragenkreis auf.

Die Genauigkeit der Untersuchungsergebnisse wird durch die Größe der Stichprobe und das Verhältnis zwischen Untersuchungsergebnissen und Stichprobe bestimmt. Die Größe der Stichprobe hängt nicht in erster Linie von dem Testfeld ab, obgleich aus Zweckmäßigkeitsgründen die Wahl des Testgebiets oft durch das Vorhandensein von Forschungseinrichtungen, wie z. B. Nielsen und Attwood, beeinflußt wird. So mag wohl eine Nielsen-Teststadt oder ein vollständiges Nielsen- bzw. Attwood-Gebiet gewählt werden, aber grundsätzlich sollte der Forschungsplan auf das ausgewählte Testgebiet zugeschnitten werden und nicht umgekehrt.

Was an eigentlichen Maßnahmen vorzusehen ist, hängt von der Zielsetzung ab. Sie lassen sich wie folgt zusammenfassen:

Ziel I a) (repräsentative Städte oder ein großes Gebiet wie z. B. ein Nielsen/Attwood/Sendebereich):

Benötigte Information	Geeignete Untersuchung
1. Verbraucher/Käufer a) Qualitativ Image-Profil	
Produktattribute Markenname Verpackung Packungsbild Werbung Preis	Post-(Image-)Test mit Verbraucheraufgliederung Anmerkung: Dieser Test kann gleichzeitig mit einem Pre-Test in einem Kontrollgebiet oder einer Kontrollstadt durchgeführt werden.
b) Quantitativ	
Markenkenntnis Verwandlung von Versuchern in Verwender	Periodische, repräsentative Interviews
Verwender Zwecke Gewohnheiten Käufer Kaufschema (Substitution) Kaufgewohnheiten (Frequenz, Packung, Menge) Konkurrenzlage und Trend	Kontroll-Voruntersuchung vor dem Test Attwood oder entsprechendes Verbraucher-Panel Erste Erhebung zwei Perioden vor dem Test
2. Handel Einzelhandel:	
Distribution und Ohne-Vorrat Lagerbestand Umsatz Käufe Verkäufe Merchandising Markenanteil Jahreszeitlich bedingte Trends Unterteilung: Packungsgröße Preisklassen Geschäftstyp	Nielsen oder entsprechender Shop Audit Erste Erhebung zwei Perioden vor dem Test

Großhandel:

Es sollte versucht werden, die Lagerbestände zu schätzen. Im allgemeinen kann man diese Unterlagen von wohlgesinnten Großhändlern und durch eine Stichprobe erhalten, die in bezug auf den Umsatz repräsentativ sein muß.

3. Beschaffenheit der Ware in Verkaufsstätten und Lagern.

   Es ist üblich, das Herstellungsdatum durch Chiffren oder auf die Verpackung aufgedruckte oder aufgestempelte Zahlen kenntlich zu machen. Ein Schema für regelmäßige Einkäufe durch Verkaufsinspektoren (nicht Reisende) oder neutrale Personen (z. B. Untersuchungs-Interviewer) sollte aufgestellt werden.

   Die Beschaffenheit der Ware in Lagern sollte auch in regelmäßigen Zeitabständen auf Herstellungsdaten hin überprüft werden.

   Die Ergebnisse können auf einer Landkarte eingetragen werden, um regionale Variationen, die auf Transport- und Klimaverhältnissen beruhen, aufzuzeigen.

Ziel I b) (zwei oder drei Städte):

Benötigte Information	Geeignete Untersuchung
Unterlagen zur Einschätzung der Verbraucherbereitschaft Verkaufsmenge Pro Kopf Marktanteil (auf bereits bestehendem Markt) Distribution Umschlag	Shop Audit (Nielsen) Verkaufsstätten-Untersuchung oder Nielsen-Unterlagen vor Wahl der Städte
Absatz pro Geschäftstyp Markenkenntnis Bekehrung von Versuchenden zu Verwendern Verwender Zwecke Gewohnheiten	Periodische, repräsentative Interviews, Kontroll-Voruntersuchung vor dem Test Verbraucheraufgliederung
Image-Profil Produkteigenschaften Markenname Verpackung Packungsbild Werbung Preis	Post-(Image-)Test mit Verbraucheraufgliederung Anmerkung: Dieser Test kann gleichzeitig mit einem Pre-Test in einer Kontrollstadt durchgeführt werden.

Ziel II (Vergleich verschiedener Marktaktionen in Parallel-Städten):

Benötigte Information	Geeignete Untersuchung
Hängt von der Art der Aktion ab	
Grundsätzlich: Verkaufsmenge pro Kopf in jeder Stadt (und Kontrollstadt) Markenanteil (auf bereits bestehendem Markt) Mögliche Aufgliederung: Packungsgröße — Preisklasse — Verkaufsstätten Promotionspackungen	Shop Audit
Werbewirkung Markenkenntnis Bekehrung von Versuchern zu Verwendern Verwender-Gewohnheiten	Periodische, repräsentative Interviews
Werbethema und Gestaltung	Post-(Image-)Test

Anmerkung:

Hierbei sind Verbraucher-Panels zur Beobachtung von Kaufgewohnheiten wegen der hohen Kosten und geringen Zuverlässigkeit nicht zu empfehlen.
Diese Ausführungen unterstreichen die Behauptung, daß die Aufgaben der Marktbeobachtung weitgehend identisch sind.

3.1.3.5.1.5 Die Festlegung des Zeitpunktes und der Dauer des Tests

Als sechste und letzte Entscheidung müssen die Dauer und der Zeitpunkt für den Test festgelegt werden.

Kein Test sollte abgeschlossen oder die Ergebnisse endgültig ausgewertet werden, bevor der zur Untersuchung stehende Trend nicht ein eindeutig zu deutendes Stadium erreicht hat. Bei Brand-Image-Untersuchungen muß genügend Zeit gelassen werden, damit sich das Image festigen kann. Die Einwirkung von Konkurrenztätigkeit muß ebenfalls berücksichtigt werden.

Im allgemeinen tritt die gewünschte Klarheit um so schneller ein, je höher die Kauffrequenz ist (z. B. Margarine) und umgekehrt, doch konnten die Stärke der Ersteinführungswirkung und das Ausmaß des Marktwiderstandes zu Abweichungen von dieser Regel führen. Erfahrungsgemäß beträgt für Ziel I a) und I b) die Mindestdauer 9 Monate, während für Waren mit niedriger Verkaufsfrequenz 12 bis 15 Monate nötig sein können. In Ländern, in denen Promotionen möglich sind und auch angewandt werden, dürften kürzere Zeiten genügen.

Bei dem Vergleich alternativer Marktaktionen (Ziel II) hängt die Zeitdauer von der Natur der Aktion ab. Die Auswirkungen alternativer Preise, Promotionen und Einführungen machen sich gewöhnlich schnell bemerkbar, während bei alternativen Themen der Aufbau des Image mehr Zeit beansprucht. Auch hier sollte die allgemeine Regel eingehalten werden, zu warten, bis der Trend erkennbar ist.

Bei der Festlegung des Zeitpunkts für den Test müssen eventuelle jahreszeitliche Einflüsse berücksichtigt werden. Es empfiehlt sich, sowohl gute als auch schlechte Jahreszeiten in die Untersuchung einzubeziehen.

Wenn anzunehmen ist, daß unterschiedliche Wetterverhältnisse den Verbrauch beeinflussen könnten, sollten Wetterstatistiken geführt und mit den amtlichen Durchschnittswerten verglichen werden. Unterschiede können örtlich begrenzt sein und die Testergebnisse nur im einzelnen beeinflussen, so daß sie für die Projektion nicht in Frage kommen.

Das Wetter kann auch die Erhältlichkeit von Substitutware, wie z. B. Butter und Frischgemüse, beeinflussen und den Zeitpunkt für traditionelle Vorhaben wie Frühjahrsreinemachen und Picknicks bestimmen. Durch öffentliche Feiertage verursachte Anomalitäten in Betätigung und Verbrauch, die auch vom Wetter abhängig sein können, wären ebenfalls zu berücksichtigen und nötigenfalls zu vermerken. Die Ferienmonate Juli und August werden für Testzwecke aus guten Gründen vermieden. Viele Verbraucher sind dann verreist, die Verkaufsorganisation ist nicht vollzählig, und der Handel zeigt wenig Interesse für neue Produkte. Viele Einkäufer sind auch auf Urlaub. Die Notwendigkeit, eine große Zahl von Promotionen und Tests in die bestehenden Runden zu pressen, könnte aber dazu zwingen, diese Periode doch in Betracht zu ziehen und hergebrachte Ansichten durch verläßliche statistische Angaben zu ersetzen.

3.1.4 Die Möglichkeiten und Grenzen der betrieblichen Marktforschung

Die Möglichkeiten und Grenzen der betrieblichen Marktforschung werden im wesentlichen durch organisatorische und methodische Gesichtspunkte bestimmt.

Es ist klar, daß nur Unternehmen von einer gewissen Größe in der Lage sind, eine eigene Marktforschungsabteilung zu unterhalten. Aber auch mittlere und kleine Unternehmen können durchaus Marktforschung treiben, sei es, daß sie eine entsprechend ausgebildete Person mit der nebenamtlichen Wahrnehmung von Marktforschungsaufgaben betrauen, sei es, daß sie einen freiberuflichen Marktforschungsberater fallweise mit der Durchführung solcher Aufgaben beauftragen. Es können sich auch mehrere Unternehmen einer Branche oder verschiedener Branchen zu einem Marktforschungsverband zusammenschließen und gemeinsam eine Marktforschungsabteilung einrichten. Dabei ergeben sich durch die Einbringung zahlreicher Unterlagen und Erfahrungen aus verschiedenen Unternehmen zusätzliche Erkenntnismöglichkeiten.

Eine eigentliche Grenze nach unten gibt es für die Marktforschungsarbeiten in einem Unternehmen nicht, nur werden die Organisationsformen immer dem jeweiligen Unternehmen angepaßt sein müssen.

Die Grenzen der Marktforschung liegen im wesentlichen in ihren Methoden begründet. Diese sind zwar im Laufe der Zeit immer mehr verfeinert und erweitert worden, aber Sie werden selbst immer wieder festgestellt haben, daß man zwar von der Marktforschung eine große Zahl von Aufschlüssen und Erkenntnissen bekommen kann, daß dem Unternehmen aber durch die Ergebnisse von Marktuntersuchungen die Unternehmensentscheidungen niemals abgenommen werden können.

Die Marktforschung registriert Tatbestände, analysiert Verbrauchereinstellungen und -verhaltensweisen und zieht ihre Schlüsse daraus. Der Marktforscher kann dem Unternehmer — in gewissen Grenzen — betriebspolitische Maßnahmen nahelegen oder davon abraten, aber die Entscheidung muß der Unternehmer selbst treffen.

Die von der Marktforschung ermittelten Werte (Marktanteile, Produkt- und Warenkenntnisse, Kaufwünsche, unbewußte Reaktionen oder anderes) mögen noch so präzise ermittelt sein, so lassen sie sich doch manchmal in verschiedener Weise auslegen und als Grundlage für verschiedenartiges Handeln ausnutzen.

Den Verwendern von Marktforschungsuntersuchungen geht es immer wieder wie den beiden Schuhhändlern, die nach Afrika reisten und feststellten, daß nur wenige Eingeborene Schuhe trugen.

Der eine telegrafierte nach Hause: „Haltet Schuhsendung zurück, hier braucht niemand Schuhe."

Der andere schickte auch ein Telegramm, aber das lautete: „Schickt Schuhe, Schuhe, Schuhe, hier besteht ein Riesenbedarf an Schuhen!"

In diesen Fällen kommt es darauf an, das Risiko der Alternativlösung zu untersuchen und die voraussichtlichen Auswirkungen aller möglichen Entscheidungen gegeneinander abzugrenzen.

Marktforschung ist ein Hilfsmittel der Unternehmen, aber sie ist kein Ersatz für die Unternehmensführung.

3.2. Die Produktentwicklung

Die erreichte Höhe des Sozialproduktes und der damit verbundene Lebensstandard charakterisieren den hohen Entwicklungsstand der deutschen Volkswirtschaft. Die Bedürfnisse der Nachfrage sind stark differenziert und zwischen den Anbietern besteht ein starker und weiter zunehmender Wettbewerb. Der hohe Lebensstandard verstärkt und beschleunigt den Wechsel von sozialen Bedürfnissen. Der technische Fortschritt ermöglicht die Umwandlung latenter in offene Bedürfnisse. In dieser entwickelten Volkswirtschaft kann ein Unternehmen auf die Dauer nur bestehen, wenn es seine Produkte ständig den veränderten Bedürfnissen anpaßt und dabei gleichzeitig die Vorteile neuer Technologien verwertet.

Der Wettbewerb ist nicht nur Substitutions- und Qualitätswettbewerb, sondern immer auch ein Preiswettbewerb. Die Produktentwicklung reicht somit von der Grundlagenforschung über die Erarbeitung von Verfahren für die möglichst billige Herstellung von neuen Produkten bis zu der Entwicklung fabrikationsreifer Erzeugnisse und der Erforschung neuer Anwendungsmöglichkeiten für diese neuen Erzeugnisse. Da der Begriff neu sich stets auf das Unternehmen selbst bezieht, gehört auch das Verfolgen und Ausweiten der Forschungs- und Entwicklungsergebnisse anderer Unternehmen unter die Produktentwicklung.

3.2.0 Die Bedeutung der Produktentwicklung

3.2.0.0 Für das Unternehmenswachstum

Zwischen den Volkswirtschaften findet ein Wettbewerb der Wachstumsraten statt. Die Wachstumsrate einer Volkswirtschaft ist dabei die Summe der Wachstumsraten ihrer Unternehmungen. Wenn die Wachstumsrate eines Unternehmens nur der Wachstumsrate der Volkswirtschaft entspricht, stagniert das Unternehmen. Die Wachstumsrate eines Unternehmens wiederum setzt sich aus den Wachstumsraten seiner Produkte zusammen.

Der rasche technische Fortschritt und die ständige Substitution alter durch neue Produkte führt zwangsläufig zu einer Verkürzung der Lebensdauer der Produkte auf dem Markt. Diese Lebensdauer ist dabei um so kürzer, je mehr sich die Produkte dem Konsumgüterbereich nähern. Soll die Wachtumsrate eines Unternehmens, die der Volkswirtschaft übertreffen, so müssen die im Zeitablauf ausscheidenden alten Produkte nicht nur durch gleichwertige neue Produkte ersetzt werden, sondern diese neuen Produkte müssen entweder erheblich umsatzstärker sein, oder es müssen zusätzliche neue Produkte eingeführt werden. Die Produktentwicklung stellt somit den Schlüssel zum Wachstum einer Volkswirtschaft dar.

Die Entscheidungen zur Produktentwicklung werden heute durch Lebenszyklusanlagen wesentlich erleichtert. Man hat erkannt, daß die Produkte in ihrer Entwicklung gewisse Gesetzmäßigkeiten erkennen lassen. Im allgemeinen wird zwischen vier oder fünf Entwicklungsphasen der Produkte unterschieden. Der Lebenszyklus eines Produkts umfaßt die Zeit von der Einführung bis zur Eliminierung aus dem Programm. Zur Verfolgung des Lebenszyklus eines Produktes werden mehrere Werte herangezogen.

98. Aufgabe: *Welche Werte sind das im einzelnen?*

Diese Werte werden graphisch über den Zeitverlauf aufgetragen und zeigen dann den Gegenzyklus eines Produktes. Die Position eines Produktes im Zyklus ergibt sich dort wo Ist- und Planwerte ineinandergreifen.

Über den Verlauf typischer Lebenszyklen von Produkten gibt die folgende Grafik Aufschluß:

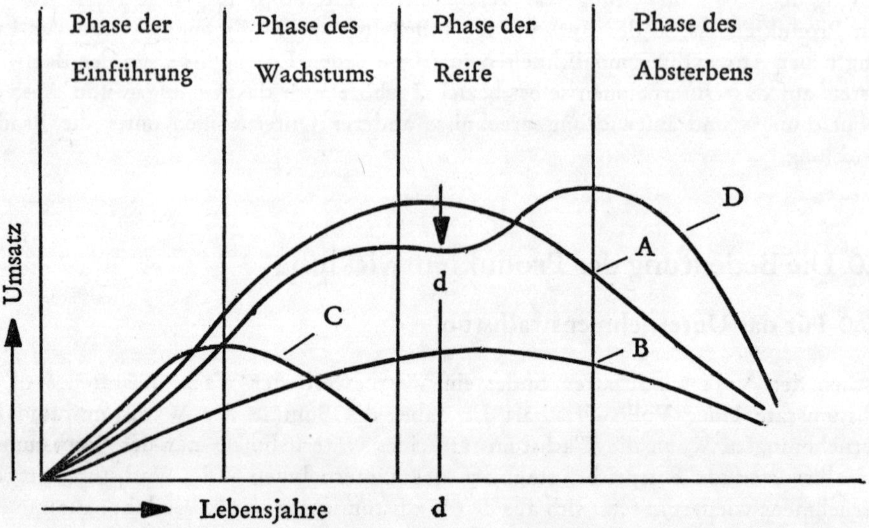

Verlauf typischer Lebenszyklen von Produkten

A Normalzyklus
B Wachstumsschwaches Erzeugnis
C Gescheiterte Neueinführung
D Zyklus bei Verbesserung im Zeitpunkt d

Abb. 11: Verlauf typischer Lebenszyklen von Produkten

99. Aufgabe: *Welche Werte sollten zusätzlich herangezogen werden?*

Liegen diese Werte über mehrere Perioden des Lebenszyklus (Jahre, Halbjahre, Saisons, Monate) vor, erfolgt die Analyse der jeweiligen Veränderungen. Die Wachstums- und Schrumpfungsraten lassen die Entwicklungstrends erkennen. Als Vergleichsmaßstab für die Trendentwicklung eines Produktes sollten die entsprechenden Raten der Volkswirtschaft oder der jeweiligen Branche herangezogen werden.

Diese Analysen dienen vor allem einer Abschätzung der Zukunftsentwicklung. Der erwartete Verlauf der Umsatzkurve ergibt sich aus einer sorgfältigen Analyse des zukünftigen Gesamtmarktes und des zu erwartenden Marktanteils des Produktes der Konkurrenzverhältnisse und des Preistrends einschließlich der Preiselastizität.

Für das Unternehmen von grundlegender Bedeutung sind nicht Entscheidungen über das einzelne Produkt auf der Basis von Lebenszyklusanalysen, sondern die grundlegenden Entscheidungen zum Produktprogramm. Eine vergleichende Analyse der Lebenszyklen aller Produkte gibt Aufschluß über die Alterszusammensetzung des Produktprogramms. Aus dieser vergleichenden Analyse lassen sich die grundlegenden Entscheidungen ableiten, welche Produkte verbessert, neu eingeführt oder eliminiert werden sollen. Sie erleichtern ferner das wichtige „Timing" bei der Durchführung dieser Entscheidungen, denn die Lebenslinie eines Produktes weist bereits so frühzeitig auf eine notwendige Verbesserung hin, daß die Vorbereitungen in der Entwicklung in der Produktion und im Vertrieb rechtzeitig erfolgen könnten. In diesem Zusammenhang ist die Tatsache wichtig, daß Wachstumsindustrien sehr stark auf die Einführung neuer Produkte ausgerichtet sind. Die Industrien und Unternehmen, die am meisten für die Forschung und Entwicklung neuer Produkte aufwenden, zeigen im allgemeinen auch die stärksten Wachstumsraten auf.

3.2.0.1 Für den Unternehmensgewinn

Nicht nur die Umsatzkurve, sondern auch die Gewinnkurve läßt gewisse Gesetzmäßigkeiten erkennen. Wie die folgende Darstellung zeigt, haben beide Kurven zwar dieselbe Form, aber ihre Phasen stimmen nicht überein.

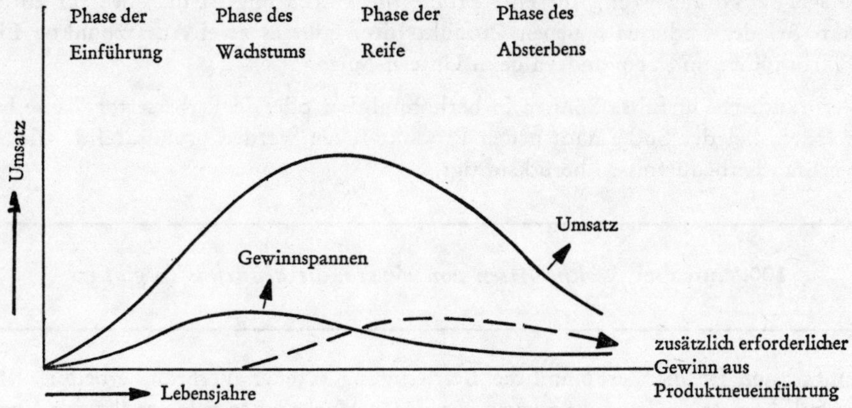

Abb. 12: Einfluß der Produktneueinführung auf die Gewinnentwicklung

Angesichts der Bedeutung des Gewinns für den Bestand des Unternehmens, erscheint es zweckmäßiger, die Entscheidungen zur Produktentwicklung mehr nach der Gewinnkurve als nach der Umsatzkurve auszurichten. Der Verlauf und das Verhältnis von Umsatz- und Gewinnkurve sind eine Funktion der Produktart und der Wettbewerbsverhältnisse. Einerseits bestimmt der Standort eines Unternehmens innerhalb der Skala von Grundstoffen bis zu Konsumgütern den Forschungs- und Entwicklungsaufwand für die neuen Produkte, andererseits empfiehlt es sich, den Preiswettbewerb durch rechtzeitige Produktdifferenzierung und Produkteinführung auszuweichen und somit die Gewinnerzielung abzusichern. Der Gesamtgewinn eines Unternehmens läßt sich langfristig nur durch eine kontinuierliche Produktneueinführung sicherstellen.

3.2.0.2 Für die Unternehmensplanung

Unternehmensplanung und Produktplanung bedingen sich gegenseitig. Die Unternehmensleitung konzentriert sich auf die Planung von Umsatz, Wachstum und Gewinnwachstum für das Unternehmen. Die Einführung neuer Produkte ist dabei Voraussetzung für das Wachstum. Jede Produktneueinführung bedingt aber eine sehr intensive Vorausplanung der zu erwartenden Umsätze, Kosten, des Kapitalaufwandes, der Produktionseinrichtung und des Personalbedarfs.

Hierbei ergeben sich für das Unternehmen drei verschiedene Fragenkomplexe:

1. Welche neuen Produkte sollen entwickelt und auf den Markt gebracht werden, d. h. welche Produkt-Strategie soll das Unternehmen verfolgen?

2. Wo kommen die Ideen für neue Produkte her?

3. Wie werden diese Ideen aufgegriffen und realisiert?

3.2.1 Die Produkt-Strategie

3.2.1.0 Die sechs Ansatzpunkte für Produkt-Ideen

Grundlegende Voraussetzung für eine Produktneueinführung ist die Idee für ein neues Produkt. Bei der Suche nach neuen Produkt-Ideen gibt es zwei Ansatzpunkte. Einmal beim Verbraucher und zum andern beim Unternehmen.

Die Verbraucherbedürfnisse können in herkömmlicher oder in verbesserter Weise befriedigt werden. Bei der Suche nach neuen Produkt-Ideen werden grundsätzlich alle Arten von Verbraucherbedürfnissen berücksichtigt.

100. Aufgabe: *Welche Arten von Verbraucherbedürfnissen gibt es?*

Am einfachsten ist die herkömmliche Befriedigung offener Verbraucherbedürfnisse. In diesem Fall kommt ein Produkt zwar neu auf den Markt, aber es bietet für den Verbraucher keinen neuen Ge- oder Verbrauchsnutzen. Soweit eine Produktdifferenzierung stattfindet, beschränkt sie sich auf werbliche Elemente. Das Produkt tritt neben andere bereits am Markt befindliche und führt somit zu einer Verschärfung des Wettbewerbs, im wesentlichen zu einer Verschärfung des Preiswettbewerbs.

Eine nächste Stufe stellt das Bemühen um eine verbesserte Befriedigung offener Verbraucherbedürfnisse dar. Dies geschieht durch eine Erhöhung des Ge- oder Verbrauchsnutzen des Produktes, z. B. durch die Hinzufügung von Dienstleistungen oder durch eine Vereinfachung in der Handhabung. Die Verlagerung der Wettbewerbsbemühungen der Unternehmen auf die verbesserte Befriedigung offener Bedürfnisse, hat zu einer Verdrängung des Preiswettbewerbs durch einen Wettbewerb in der Qualität geführt. Es ist einleuchtend, daß die verbesserte Befriedigung offener Verbraucherbedürfnisse den Gewinnstandard eines Unternehmens erheblich positiver beeinflußt als ein Preiswettbewerb, der eine sehr große Preiselastizität voraussetzt, wenn der Gewinn nicht beeinträchtigt werden soll. Darüberhinaus lassen sich Qualitätsmaßnahmen nicht so schnell nachahmen wie eine Preissenkung.

Je stärker sich die verbesserte Befriedigung von der herkömmlichen Befriedigung von Verbraucherbedürfnissen entfernt, desto eher kann von einer Befriedigung latenter Bedürfnisse gesprochen werden. Die Verwendung einer revolutionierend neuen Technologie für die Entwicklung eines völlig neuen Prouktes stellt dabei den extremsten Fall einer Befriedigung latenter Verbraucherbedürfnisse dar.

Alle Überlegungen für neue Produkte, die von den Verbraucherbedürfnissen ausgehen, müssen früher oder später zu den Möglichkeiten der eigenen Fertigung und den verschiedenen Alternativen zur eigenen Fertigung in Beziehung gesetzt werden. Es wird dabei von dem Programm des Unternehmens ausgegangen und nach Marktlücken gesucht, die in mehr oder weniger enger Beziehung zu dem herkömmlichen Produktionsprogramm stehen. Unter dem Produktionsprogramm wird dabei die Summe der von einem Unternehmen vertriebenen Produkte verstanden. Wird ein Produkt in verschiedenen Größen, Farben, Qualitäten usw. produziert, so spricht man von verschiedenen Sorten eines Produktes. Eine Gruppe eng verwandter Produkte wird auch als Warenart bezeichnet. Aus der Sicht des Unternehmens ergeben sich grundsätzlich drei Ansatzpunkte für neue Produkt-Ideen.

Der einfachste Ansatzpunkt ist die Programmerneuerung, die ohne Erhöhung der Produkt- oder Sortenzahl einer Anpassung des Programms an die Veränderungen des Marktes beinhaltet. Die Programmerneuerung ist also die Aktualisierung des bestehenden Programmes in Relation zur fortschreitenden Technologie und zu den Produktverbesserungen der Konkurrenz. Die Programmerneuerung geht also vom bestehenden Programm aus und überprüft wie weit dieses noch mit den Bedürfnissen der Verbraucher übereinstimmt. Sie versucht den ständigen Änderungen des Geschmacks und der Gewohnheiten und der technischen Entwicklungen zu entsprechen. Dieses Bemühen beinhaltet unter Umständen auch die Eliminierung umsatzschwacher Produkte.

Die Programmerweiterung als nächster Schritt einer Produktstrategie aus der Sicht des Unternehmens ist entweder die Erhöhung der Produktzahl innerhalb von Warenarten oder die Erhöhung der Sorten innerhalb der Produkte. Die Maßnahmen der Programmerweiterung sind im wesentlichen eine Folge des steigenden Lebensstandards, der den Wunsch nach Abwechslung im Ge- und Verbrauch und das Bestreben, sich vom Nachbarn abzuheben oder ihn zu übertreffen, verstärkt.

Wird bei der Suche nach neuen Produkt-Ideen von den traditionellen Warenarten weg der Weg zu völlig neuen Produkten beschritten, dann liegt eine Programmverbreiterung vor. Die Programmverbreiterung beinhaltet für die Unternehmen das größte Risiko, denn in der Regel müssen nicht nur neue Techniken angewandt und neue Produktionsanlagen errichtet werden, sondern häufig ist auch der Aufbau einer neuen Verkaufsorganisation erforderlich. Andererseits bedeutet aber die Produktionsstrategie für das Unternehmen nicht nur zusätzlichen Umsatz und Gewinn, sondern auch zusätzliche Sicherheit für den Bestand des Unternehmens.

101. Aufgabe: *Warum bedeutet die Programmverbreiterung, auch Diversifikation bezeichnet, eine zusätzliche Sicherheit für den Bestand des Unternehmens?*

Es ist offensichtlich, daß beide Ansätze für neue Produkt-Ideen, vom Verbraucher und vom Unternehmen ausgehend, sich überschneiden. Produkt-Ideen, die vom bestehenden Programm ausgehen, müssen hinsichtlich ihrer Marktchancen eingestuft werden, ob sie die Verbraucherbedürfnisse in herkömmlicher oder in verbesserter Weise befriedigen. Produkt-Ideen, die von den Verbraucherbedürfnissen ausgehen, müssen zu dem bestehenden Produktionsprogramm in Beziehung gesetzt werden. Damit ergeben sich folgende sechs Produktstrategien:

1. Eine Programmerneuerung bei herkömmlicher Befriedigung der Bedürfnisse.
2. Eine Programmvertiefung bei herkömmlicher Befriedigung der Bedürfnisse.
3. Eine Programmverbreiterung bei herkömmlicher Befriedigung der Bedürfnisse.
4. Eine Programmerneuerung bei verbesserter Befriedigung der Bedürfnisse.
5. Eine Programmvertiefung bei verbesserter Befriedigung der Bedürfnisse.
6. Eine Programmverbreiterung bei verbesserter Befriedigung der Bedürfnisse.

102. Aufgabe: *Für jede der sechs Produktstrategien sollten zwei bekannte Beispiele aus dem deutschen Konsumgüterbereich angeführt werden.*

3.2.1.1 Alternativen zur eigenen Forschung und Entwicklung

Eine Produktneueinführung muß nicht unbedingt auf eigenen Forschungs- und Entwicklungsarbeiten beruhen. Es gibt eine Reihe von Möglichkeiten, um außerhalb des Unternehmens erzielte Forschungs- und Entwicklungsergebnisse für das eigene Unternehmen nutzbar zu machen.

Die schwächste Form einer solchen Aufgliederung der eigenen Forschung und Entwicklung ist die Übernahme von Patenten oder von Lizenzen. Wird ein Patent gekauft, dann geht das Schutzrecht mit allen seinen Rechten und Pflichten gegen die Zahlung eines einmaligen Betrages auf den Käufer über. Häufiger ist allerdings der Abschluß von Lizenzverträgen, bei denen vom Patentinhaber nur das erworbene Alleinbenutzungsrecht abgegeben oder eingeschränkt wird, ohne daß er auch die Verfügungsgewalt verliert. Für dieses Mitbenutzungsrecht hat der Käufer eine laufende Gebühr zu zahlen. Der Erwerb von Patenten oder der Abschluß von Lizenzverträgen stellt vor allem für kleinere Unternehmen eine Möglichkeit dar, die hohen Aufwendungen für Forschung und Entwicklung zu vermeiden. Die Bedeutung dieser Möglichkeiten sollte aber nicht überschätzt werden. In der Regel stellen sie nur eine Ergänzung zu der eigenen Forschung und Entwicklung dar.

Es besteht weiter die Möglichkeit, ein fertig produziertes Produkt in Form von Handelsware zu übernehmen. Dies bedeutet keine Einschränkung der eigenen Marketing-Möglichkeiten, denn die Marktforschung, möglicherweise die Verpackungsgestaltung, die Preispolitik, die Werbung und der Vertrieb bleiben Aufgabe des Unternehmens. Die Übernahme von Handelsware ist eine häufig geübte Praxis, vor allem bei ausländischen Erzeugnissen.

Vielfach führt eine neue Produkt-Idee auch zu einer Beteiligung an einem Unternehmen, das ein dieser Produkt-Idee entsprechendes Produkt bereits produziert. Die Formen solcher Beteiligungen sind dabei sehr vielfältig und reichen von Minderheitsbeteiligungen bis zur völligen Übernahme des Unternehmens.

103. Aufgabe: *Welche bekannten Beispiele für Beteiligungen lassen sich anführen?*

Die Beteiligung an anderen Unternehmen ist eine der schwierigsten Aufgaben und erfordert neben großer Erfahrung auch sehr viel Fingerspitzengefühl. In einer Voruntersuchung werden zunächst die in Frage kommenden Unternehmen ermittelt. Daran schließt sich das Sammeln möglichst umfassender Informationen über die Unternehmen an. Bei der ersten direkten Kontaktaufnahme zu den Unternehmensleitungen der betroffenen Unternehmen wird ein Angebot unterbreitet und das Ausmaß des beiderseitigen Interesses an einer Verbindung ermittelt. Bei positivem Ausgang folgt eine detaillierte Unternehmensanalyse und nach intensiven Verhandlungen der Abschluß durch einen juristischen Vertrag. Danach folgt ein weiteres sehr schwieriges Stadium, nämlich die Integration des übernommenen Unternehmens in das eigene in organisatorischer und technischer Hinsicht. Gerade diese Phase erstreckt sich über einen längeren Zeitraum und wirft viele Probleme und Schwierigkeiten auf.

Besteht in einem Unternehmen die grundsätzliche Bereitschaft zu Beteiligungen als Maßnahmen der Produktstrategie, dann sollte die Unternehmensleitung nicht zögern, sondern aggressiv und mit Zielstrebigkeit diese Strategie verfolgen. Auf der Basis der eigenen Produktpolitik sollten die geeigneten Unternehmen ausgesucht und genauestens bewertet werden. Auch das eigene Unternehmen sollte objektiv im Hinblick auf die Attraktivität für das zu übernehmende Unternehmen begutachtet werden, denn es besteht ein Verkäufermarkt. Sorgfältige Planung, Untersuchung, Auslese und Analysen sollten in jedem Falle einer Entscheidung zwischen eigener Forschung und Entwicklung von neuen Produkten oder den genannten Alternativen vorausgehen.

3.2.2 Die organisatorischen Voraussetzungen

Die Schaffung neuer Produkte muß organisiert werden, der Nachschub darf also nicht dem Zufall oder der genialen Eingebung überlassen bleiben. Es müssen vielmehr organisatorische Vorkehrungen getroffen werden, damit von der Idee bis zur Einführung alles Nützliche erfaßt wird, alles Unwesentliche vermieden wird und der Entwicklungsprozeß so wirtschaftlich wie möglich verläuft. Es ist also nicht so sehr entscheidend wo die Ideen für neue Produkte herkommen, grundsätzlich sollte jeder Mitarbeiter des Unternehmens dazu beitragen, sondern wie diese Ideen aufgegriffen und realisiert werden. Neue Produkte müssen planvoll geschaffen werden. Es muß ein System da sein, das den regelmäßigen Nachschub an neuen Produkten möglich macht.

Es wäre andererseits aber vermessen zu behaupten, daß organisierte Produktentwicklung alle Sorgen um neue erfolgreiche Produkte automatisch löst. Viele Einzelheiten die notwendig sind, um ein derartiges System arbeitsfähig zu machen, können nur gestreift werden. So neigen z. B. Gruppen, die sich überwiegend mit der Entwicklung neuer Produkte beschäftigen, dazu, in die normalen Beziehungen zwischen Vorgesetzten und ihren Mitarbeitern über Gebühr einzugreifen. Viel Fingerspitzengefühl ist deshalb notwendig, um eine derartige Gruppe so zu leiten, daß sie keine Reibungen verursacht und dennoch ihre Aufgabe erfüllt.

Wenn die Organisation und Planung den üblichen Stufen der Produktentwicklung angepaßt sind, werden diese Schwierigkeiten am ehesten vermieden. Die folgenden Grundsätze bei der Produktentwicklung haben sich ebenfalls in der Praxis bewährt. Diese Grundsätze und die dazugehörigen Techniken wurden von zahlreichen Unternehmen mit gutem Erfolg angewandt. Der Wettbewerb, das Tempo der Marktveränderungen und der beschleunigte technische Fortschritt, werden immer mehr Unternehmen dazu zwingen, sich das Hauptprinzip der Produktentwicklung zu eigen zu machen: Die Entwicklung neuer Produkte muß organisiert werden.

3.2.2.0 Die Kontrolle durch die Unternehmensleitung

Die Unternehmensleitung trägt nicht nur die Gesamtverantwortung für die Produktentwicklung, sondern sie sollte auch die folgenden wichtigen Entscheidungen selbst treffen:

1. Sie sollte die allgemeinen Unternehmensziele im Hinblick auf die Auswahl der Produkte detailliert ausführen.
2. Sie sollte für die ausgewählten Produktideen Prioritäten hinsichtlich der Bearbeitung setzen.
3. Sie sollte entscheiden, ob ein technisch reifes Produkt marktmäßig getestet werden soll und in welchem Umfang dieser Test durchgeführt werden soll.
4. Sie sollte entscheiden, ob ein so getestetes Produkt marktreif ist und wie stark die Einführungskampagne sein soll.
5. Sie sollte ebenfalls wesentliche Änderungen in der Produktions- und Marketing-Planung für bereits eingeführte Produkte bestimmen. Damit die Unternehmensleitung diese Entscheidungen in entsprechender Form wahrnehmen kann, muß sie anhand von Zeitplänen für jedes einzelne Projekt über den jeweiligen Entwicklungsstand informiert sein.

3.2.2.1 Die Produktentwicklung als Teamarbeit

Die Entscheidung neuer Produkte von der ersten Produkt-Idee bis zur Markteinführung muß in Teamarbeit erfolgen. Üblicherweise werden die Entscheidungen während des Entwicklungsprozesses durch drei Instanzen getroffen:

Durch die Unternehmensleitung, durch die Marketing-Abteilung und durch die Forschungs- und Entwicklungsabteilung.

Um den Ablauf dieses Entwicklungsprozesses reibungslos und optimal zu gestalten, muß er gut organisiert und geplant sein.

Jede einzelne Tätigkeit muß genau beschrieben, der Verantwortungsbereich exakt abgegrenzt, die Zuständigkeit eindeutig definiert und genügend Entscheidungsbefugnisse delegiert werden, um die Zusammenarbeit aller zu gewährleisten und das Projekt zu einem erfolgreichen Abschluß zu bringen.

Es sind deshalb besondere Koordinierungsmaßnahmen für die Entwicklung neuer Produkte erforderlich, weil die Unternehmen grundsätzlich bereits auf die Anforderungen existierender Produkte eingerichtet sind, doch nicht auf solche unbekannter neuer Produkte mit speziellen, noch unbekannten Eigenschaften.

3.2.2.2 Die speziellen Koordinierungsmaßnahmen

In der Praxis haben sich verschiedene Organisationsschemata in Zusammenhang mit der Arbeit an der Entwicklung neuer Produkte herausgebildet.

Am wenigsten erfolgreich und relativ am seltensten ist das Komitee für neue Erzeugnisse. Ein Komitee ist in der Regel kein Ersatz für die Initiative und das Verantwortungsbewußtsein der einzelnen Mitarbeiter und besitzt daher für die Lösung von Problemen, die mit der Entwicklung neuer Produkte verbunden sind, zu wenig Durchschlagskraft. Das Komitee muß sich auf jeden Fall bei seinen Entscheidungen über die Probleme neuer Produkte auf die Vorarbeiten der zuständigen Stabsstellen stützen. Sind in diesem Sinne die entsprechenden Unterlagen vorhanden, so kann das Komitee recht nützliche Arbeit leisten.

Wesentlich erfolgreicher bei der Entwicklung neuer Produkte waren die sogenannten Produkt-Teams. Solche Teams können z. B. bei kleineren Unternehmen aus dem Verkaufsleiter und dem Entwicklungsingenieur bestehen oder bei größeren Unternehmen aus Gruppen bis zu fünf Mitarbeitern, aus den Abteilungen Marketing, Forschung und Entwicklung, Finanzen, Anwendungstechnik und Produktion. Diese Teams werden meistens in der Phase der Marktanalyse der Produkt-Idee gebildet und gewährleisten so, daß alle betroffenen Abteilungen noch Einfluß auf die sie betreffenden Aufgaben Stellung nehmen können. Mit fortschreitender Entwicklung kann sich dann der Schwerpunkt von der einen auf die andere Abteilung verlagern. Die Kontinuität der Entwicklungsarbeit wird dabei durch die kontinuierliche Zusammenarbeit des Teams sichergestellt.

Am besten aber haben sich in der Praxis sogenannte Abteilungen für neue Produkte bewährt. Diese Abteilungen sind meistens direkt der Unternehmensleitung unterstellt. Die typischen Aufgaben der Abteilung für neue Produkte sind:

1. Die Empfehlung von Zielsetzung und Ablauf der Entwicklungsarbeit.
2. Die Planung der Forschungsarbeiten.

3. Die Entstehung über die Produkt-Ideen.
4. Die Festlegung von Prioritäten.
5. Die Koordinierung der Erprobung im Labor sowie alle anderen Maßnahmen vor der endgültigen Markteinführung.
6. Die Terminverfolgung und Kontrolle der in Angriff genommenen Arbeiten.
7. Die Koordinierung und Leitung der aus den verschiedensten Abteilungen zusammengestellten Arbeitsgruppen während der einzelnen Entwicklungsphasen.

Die meisten Abteilungen für neue Produkte sind relativ klein und bestehen in der Regel aus bis zu fünf besonders qualifizierten Produkt-Managern. Die überdurchschnittlichen Anforderungen hinsichtlich der Erfahrungen und dem Urteilsvermögen ergeben sich aus den besonderen Anforderungen dieser Aufgabe. Die einzelnen Produkt-Manager für neue Produkte bearbeiten meistens bis zu fünf verschiedene Projekte. Diese Projekte befinden sich meistens in verschiedenen Entwicklungsstadien von dem ersten Aussieben einer neuen Produkt-Idee bis zum fortgeschrittenen Stadium eines Testmarktes.

Die volle Verantwortlichkeit für die Produktentwicklung endet meistens mit dem erfolgreichen Abschluß des Testmarktes. Das Produkt wird dann mit entsprechenden Empfehlungen an das normale Produkt-Management übergeben. In einigen Fällen begleitet der Produkt-Manager sein Produkt aber auch über das Testmarktstadium hinaus und wechselt damit in das normale Produkt-Management über.

Die besonderen Anforderungen der Position eines Produkt-Managers für neue Produkte lassen sich aus dem folgenden Aufgabenkatalog ableiten:

— Bearbeitung der Produktideebewertung
— Archiv für Produktinformation
— Analyse der Marktforschungergebnisse
— Projektplanung für die Forschungsabteilung und die Entwicklungsabteilung
— Kontakte zur Beschaffung
— Planung der Produktion
— Koordinierung der Werbung und Verkaufsförderung
— Patentfragen
— Markenrechtsfragen
— Abstimmung mit der Verkaufsorganisation
— Terminverfolgung
— Koordinierung und Zusammenstellung der Produktgruppen

Dieser keineswegs ausführliche und umfassende Aufgaben- und Verantwortungskatalog überträgt auf den Produkt-Manager, für neue Produkte für alle Stadien der Produktentwicklung in den verschiedenen Produktgruppen, die Rolle des Vorsitzenden, die Rolle eines Inspirators und Koordinators.

Zunächst ist die Abteilung neue Produkte verantwortlich für die Ausarbeitung von Produktvorschlägen, d. h. die Umwandlung der Produkt-Idee in konkrete Angabe über das zu entwickelnde Produkt. Ihr obliegt es ferner, das Produkt durch das Stadium der technischen Entwicklung zu schleusen

Es werden dabei spezielle Gruppen gebildet, wenn die Produkt-Idee die erste Siebung überstanden hat. Die Zusammensetzung der Gruppen richtet sich nach der Eigenart des Produktes. Im allgemeinen gehören einer solchen Gruppe je ein Mitarbeiter der Marketing-Abteilung, der Forschung und Entwicklung und der Abteilung neue Produkte an. Fällt das Produkt z. B. fertigungstechnisch aus dem Rahmen, kann ein Mitarbeiter der Produktionsabteilung hinzugezogen werden. Diese Produktgruppe ist bemüht, ihr Produkt termingerecht den Spezifikationen entsprechend und so rationell wie möglich durch die Entwicklungsstufen zu leiten. Ist das Produkt technisch fertig, ändert sich die Zusammensetzung der Produktgruppe entsprechend den geänderten Aufgaben. Die Produktgruppe hat nun die Aufgabe, das Produkt zu testen und einzuführen. Das Testen umfaßt die Planung, Ausführung und Auswertung von Testmärkten, Produkttest und Probeproduktionen. Daran schließt sich die Aufnahme der Produktion und die Testmarkteinführung des Produktes an.

Die Produktgruppe besteht nun aus einer größeren Anzahl von Mitarbeitern: dem Produkt-Manager für neue Produkte, einem Mitarbeiter der Marktforschung, dem Sachbearbeiter technische Fragen aus der Abteilung neue Produkte, einem Entwicklungsingenieur, einem Kontakter der Werbeagentur, einem Produktionsmitarbeiter und einem Einkäufer. Die Produktgruppe koordiniert und beaufsichtigt die Testeinführung des Produktes so lange, bis Vertrieb und Produktion einwandfrei laufen. Nach erfolgreichem Abschluß des Testmarktes wird die Gesamtverantwortung für das Produkt endgültig dem zuständigen Produkt-Manager der Linie übertragen.

3.2.3 Die Stufen der Produktentwicklung

3.2.3.0 Die Verbesserung von Erfolgsfaktor und Erfolgsquote

Wenn es zutrifft, daß der Erfolgsfaktor bei der Entwicklung neuer Produkte bei nur 21% liegt und die Erfolgsquote bei der Einführung neuer Produkte nur 49% beträgt, dann ist die Aufgabenrichtung für das Marketing festgelegt: Erfolgsfaktor und Erfolgsquote müssen verbessert werden, denn das Unternehmenswachstum hängt direkt von der erfolgreichen Einführung neuer Produkte ab.

104. Aufgabe: *Wie wird der Erfolgsfaktor definiert?*

105. Aufgabe: *Wie wird die Erfolgsquote definiert?*

Nun besteht zwischen der Erfolgsquote und dem Erfolgsfaktor eine negative Korrelation: Die Erfolgsquote läßt sich anheben auf Kosten einer Verschlechterung des Erfolgsfaktors, also überwiegend durch Erhöhung der Marktforschungskosten. Anzustreben ist jedoch die gleichzeitige Verbesserung von Erfolgsfaktor und Erfolgsquoten.

Dieses Bestreben ist durch die nachstehende Ausfallkurve von Produkt-Ideen im Verlauf der Produktentwicklung gekennzeichnet.

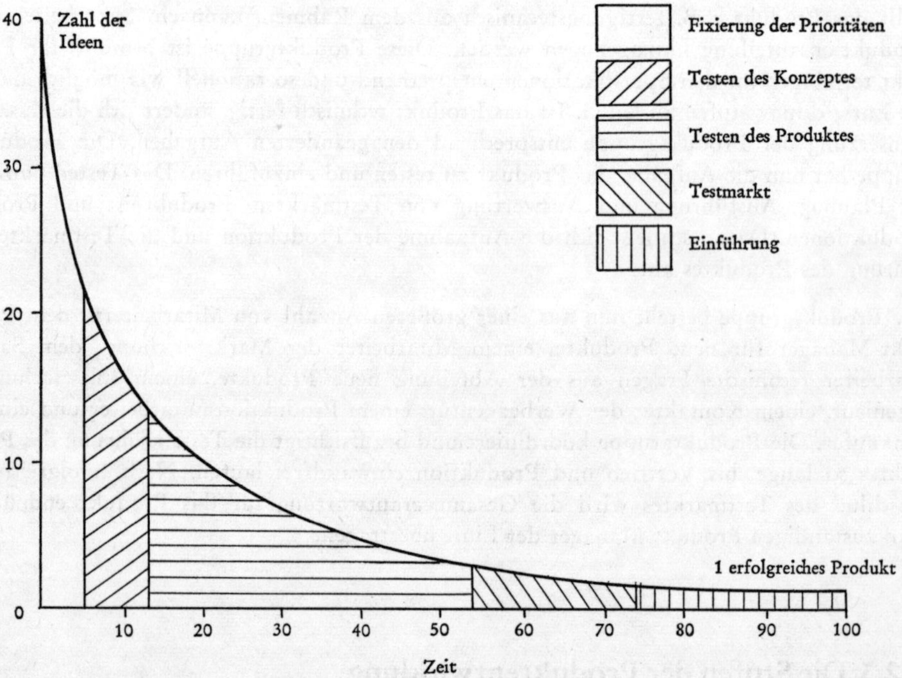

Abb. 13: Ausfallkurve für neue Produktideen nach den Stufen der Produktentwicklung

Die Entwicklung neuer Produkte ist durch eine Reihe von Entscheidungen der Unternehmensleitung geprägt. An jedem dieser Entscheidungspunkte fallen etwa die Hälfte der Produkt-Ideen heraus. Der Verlauf der Kurve variiert natürlich nach Branchen und Unternehmungen. Im allgemeinen jedoch werden etwa 40 neue Ideen benötigt, um ein erfolgreiches Produkt national einzuführen.

Während die Zahl der Produkt-Ideen im Zeitablauf abnimmt, steigen analog die Kosten an, die der Verlauf der nachstehenden Kurve demonstriert.

Der entscheidende Ansatzpunkt für die Verbesserung von Erfolgsfaktor und Erfolgsquote liegt bei der Auswahl der Produktideen. Produktideen sollten nach zwei Gesichtspunkten beurteilt werden: nach dem Risiko und nach der Rentabilität. Es gibt mehr Produkte mit hohem Risiko als mit geringem Risiko, und mehr mit geringer Rentabilität als mit hoher Rentabilität. Die Abteilung für neue Produkte sollte ihre Aktivitäten auf diejenigen neuen Produkt-Ideen konzentrieren, die eine hohe Rentabilität bei niedrigem Risiko versprechen. Wie sich dieses Ziel in der Praxis erreichen läßt, wird im folgenden in 6 einzelnen Schritten dargestellt.

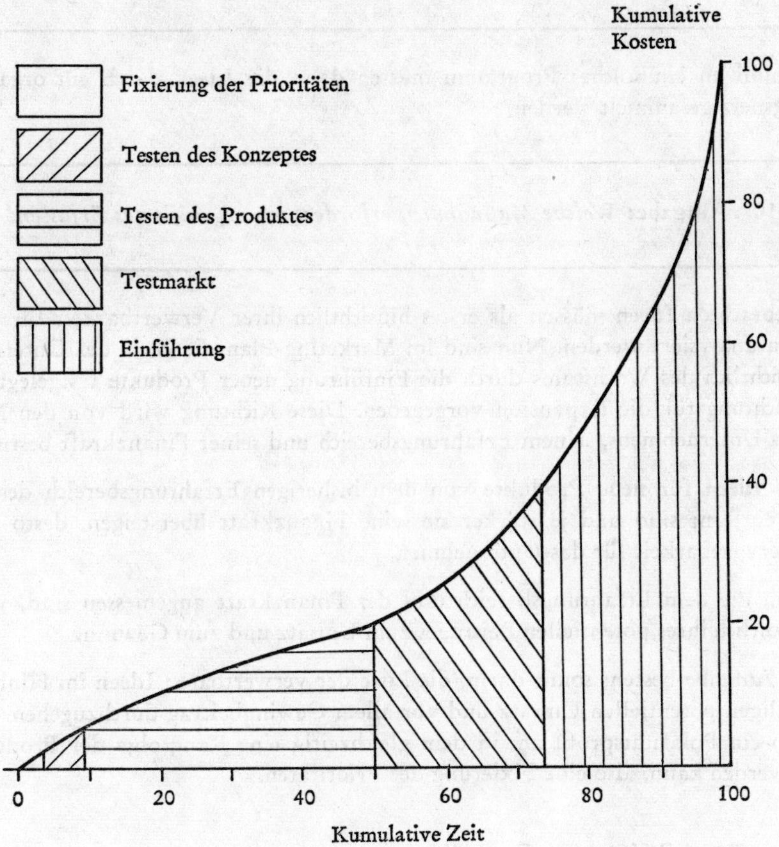

Abb. 14: Kumulierte Entwicklungskosten für Verbrauchsgüter

3.2.3.1 Die Fixierung der Prioritäten

Voraussetzung für ein erfolgreiches Programm zur Einführung neuer Produkte ist ein kontinuierlicher Fluß von Ideen für neue Produkte. Das Schaffen einer kreativen Atmosphäre in dieser Hinsicht ist Aufgabe der Unternehmensleitung. Sie muß entscheiden, welche Produktbereiche für das Unternehmen hauptsächlich von Interesse sind. Dabei müssen zunächst die wichtigsten Problembereiche des Unternehmens herausgearbeitet und analysiert werden. Anschließend muß eine Abschätzung der Möglichkeiten des Unternehmens erfolgen und schließlich müssen die Wachstumsmöglichkeiten identifiziert werden. Zur Schaffung einer kreativen Atmosphäre gehört auch die Erstellung eines Programmes zur systematischen Erzeugung von Produkt-Ideen.

106. Aufgabe: *Welche Maßnahmen muß ein solches Programm enthalten?*

Im Anschluß an ein solches Programm müssen dann die Ideen durch ein organisiertes Erfassungsnetz gesammelt werden.

107. Aufgabe: *Welche Maßnahmen erfordert ein organisiertes Erfassen?*

Die eingebrachten Ideen müssen als erstes hinsichtlich ihrer Verwertbarkeit für das Unternehmen analysiert werden. Nun sind im Marketing-Plan die Ziele des Unternehmens auch hinsichtlich des Wachstums durch die Einführung neuer Produkte festgelegt. Damit ist die Richtung für die Expansion vorgegeben. Diese Richtung wird von den Möglichkeiten des Unternehmens, seinem Erfahrungsbereich und seiner Finanzkraft bestimmt.

Je weiter Ideen für neue Produkte von dem bisherigen Erfahrungsbereich des Unternehmens entfernt sind und je stärker sie seine Finanzkraft übersteigen, desto geringer ist ihre Verwertbarkeit für das Unternehmen.

Die Ideen, die dem Erfahrungsbereich und der Finanzkraft angemessen sind, variieren nun hinsichtlich ihres potentiellen Beitrages zum Umsatz und zum Gewinn.

Die erste Aufgabe besteht somit darin, die Liste der verwertbaren Ideen im Hinblick auf den jeweiligen potentiellen Umsatz und vor allem Gewinnbeitrag durchzugehen. Hierfür bietet sich ein Polaritätsprofil an, in dem gleichzeitig eine Rangfolge der Produktideen gebildet werden kann, also eine Fixierung der Prioritäten.

Polaritätsprofil zum Prüfen neuer Produktideen

A. Finanzierungsfunktion: Gewichtsfaktor 10		
1. Geschätzter Jahresumsatz (DM)	8: über 5 Mio. 2: unter 200 000	6: von 1 bis 5 Mio 4: von 200 000 bis 1 Mio
2. Zeitbedarf zur Erreichung von A/1	8: weniger als 2 Jahre 2: mehr als 5 Jahre	6: 2 bis 3 Jahre 4: 3 bis 5 Jahre
3. Return on investment (vor Steuern)	8: mehr als 30% 2: weniger als 20%	6: 25 bis 30% 4: 20 bis 25%
4. Pay-out-Zeit	8: weniger als 1 Jahr 2: mehr als 5 Jahre	6: 1 bis 3 Jahre 4: 3 bis 5 Jahre
Summe A. 1 bis 4 mal Gewichtsfaktor 10		

B. Absatzfunktion: Gewichtsfaktor 7

1. Beziehung zum gegenwärtigen Produktprogramm	8: Verstärkung 2: Unvereinbar	6: Ergänzung 4: Neutral
2. Beziehung zum Umsatz des gegenwärtigen Produktprogrammes	8: starke Umsatzerhöhung 2: Umsatzsubstituierung	6: gering 4: keine
3. Wettbewerbssituation des Produktes	8: keine gleichartigen 2: mehrere völlig gleichartige	6: wenig ähnliche 4: einige weitgehend ähnliche
4. Produktvorzüge	8: Preis- und Qualitätsvorteile 2: höherer Preis gleiche Qualität	6: gleicher Preis bessere Qualität 4: Preis und Qualität gleich
5. Kundendienst-erfordernisse	8: keine 2: erhebliche	6: geringe 4: spürbare
6. Länge des Produkt-zyklus	8: mehr als 10 Jahre 2: 1 bis 3 Jahre	6: 5 bis 10 Jahre 4: 3 bis 5 Jahre
7. Nachfragesituation	8: stabil 2: saison- und konjunkturabhängig	6: konjunkturabhängig 4: saisonabhängig
8. Marktsituation	8: stabil 2: sehr unsicher	6: weitgehend stabil 4: unsicher
9. Marktentwicklung	8: völlig neu 2: schrumpfend	6: wachsend 4: stagnierend
10. Marktgröße	8: national mit vielen Kunden 2: regional mit wenigen Kunden	6: national mit wenigen Kunden 4: regional mit vielen Kunden
11. Beziehung zu den gegenwärtigen Kundengruppen	8: gleiche 2: völlig verschiedene	6: überwiegend gleiche 4: vereinzelt gleiche
12. Kundeneinstellung	8: bereitwillige Aufnahme 2: intensive Beeinflussung erforderlich	6: geringe Aufnahme 4: spürbarer Widerstand
13. Werbe- und Verkaufs-förderungsaufwand	8: geringfügig 2: überhöht	6: normal 4: erheblich
14. Beziehung zu der gegenwärtigen Ver-kaufsorganisation	8: keine Vergrößerung 2: völlig neue Verkaufsorganisation	6: geringfügige 4: erhebliche Vergrößerung

Summe B. 1 bis 14 mal Gewichtsfaktor 7

C. Produktentwicklungsfunktion: Gewichtsfaktor 5

1. Pay-out-Zeit des Forschungsaufwandes	8: weniger als 1 Jahr 2: mehr als 3 Jahre	6: 1 bis 2 Jahre 4: 2 bis 3 Jahre
2. Pay-out-Zeit des Entwicklungsaufwandes	8: weniger als 1 Jahr 2: mehr als 3 Jahre	6: 1 bis 2 Jahre 4: 2 bis 3 Jahre
3. Know-how-Erfordernisse	8: unabdingbar 2: keine	6: teilweise erheblich 4: geringfügig
4: Patentsituation	8: rechtlich abgesichert 2: kein Schutz	6: einige Lizenzen 4: viele Lizenzen
Summe C. 1 bis 4 mal Gewichtsfaktor 5		

D. Produktionsfunktion: Gewichtungsfaktor 3

1. Erfordernisse der Firmengröße	8: nur Großfirmen 2: jede Kleinstfirma	6: mittelgroße Firmen 4: auch kleinere Firmen
2. Rohstoffversorgung	8: gesichert durch Eigenproduktion 2: schwieriger Fremdbezug	6: gesichert durch Fremdbezug 4: teilweise gesichert
3. Ausrüstung	8: Überschußkapazität 2: neue Fabrikationsstätte	6: geringfügige Investitionen 4: erhebliche Investitionen
4. Know-how-Erfordernisse	8: keine neuen 2: völlig neue	6: geringfügige neue 4: erheblich neue
Summe D. 1 bis 4 mal Gewichtungsfaktor 3		

Die wichtigsten Kriterien werden nun noch einmal zusammengefaßt:

Summe aus A–D:
Jahresumsatz:
Jahresgewinn (vor Steuern)
Gesamtinvestitionen:

Das Polaritätsprofil ist die grafische Darlegung der Stärken und Schwächen einer Produktidee in zweifacher Gewichtung: Die horizontale Gewichtung zeigt die potentiellen Stärken oder Schwächen im Hinblick auf die gegebene Marktstruktur auf. Eine Gewichtung mit dem Faktor 8 deutet auf eine zu erwartende Stärke. Der Faktor 2 dagegen weist auf die potentielle Schwäche eines Produktaspektes hin.

Die vertikale Gewichtung basiert auf den Anforderungen, die bei der Realisierung der Produktidee an das Unternehmen gestellt werden. Die Erfahrung hat gezeigt, daß dabei dem Finanzbereich die größte Bedeutung zukommt. Dies drückt sich auch in dem höchsten Gewichtungsfaktor 10 aus. In der Rangstufe ihrer Bedeutung folgen der Absatzbereich mit dem Gewichtungsfaktor 7, die Produktentwicklung mit dem Faktor 5 und zum Schluß der Produktionsbereich mit dem Faktor 3.

Die Gewichtung der einzelnen Unternehmungsfunktionen kann nach Branchen und Produktarten variieren:

Es ist aber kaum zu bestreiten, daß die Finanzierung die stärkste Gewichtung erhalten sollte. Die Einführung eines neuen Produktes muß die Gewinnsituation des Unternehmens verbessern.

Die Zuweisung der zweitstärksten Gewichtung an die Absatzfunktion bringt zum Ausdruck, daß der Engpaß im Absatz liegt.

Die Bedeutung der Produktentwicklung wird durch die Gewichtung nicht klar genug unterstrichen. Die Ursache liegt in der extrem schwierigen Quantifizierbarkeit dieser Funktion.

Der Wechsel vom produktions- hin zum absatzorientierten Denken drückt sich schließlich in der geringen Gewichtung der Produktionsfunktion aus.

Das Polaritätsprofil ermöglicht somit eine übersichtliche Gesamt- und Teilbewertung der Ideen für neue Produkte nach den einzelnen Unternehmensfunktionen. Die Objektivität der Bewertung wird dabei durch entsprechende organisatorische Maßnahmen für Teamentscheidungen, an denen alle Unternehmensfunktionen beteiligt sind, sichergestellt.

3.2.3.2 Das Testen des kreativen Konzeptes

Es könnten jetzt die eigentliche Produkt-Entwicklung und die verschiedenen Produkttests folgen. Sollten diese Tests jedoch negativ verlaufen, dann sind ca. 27% der durchschnittlichen Gesamt-Entwicklungskosten als Fehlinvestitionen abzubuchen. Von diesen 27% entfallen allein ca. 22% auf die Produkt-Entwicklung und die Produkt-Tests.

Besser wäre es, an dieser Stelle ein Testen des kreativen Konzeptes vorzunehmen. Dieses führt zu akkumulierten Entwicklungskosten von nur ca. 5%. Damit ergibt sich unter der Annahme negativer Testergebnisse eine Ersparnis akkumulierter Entwicklungskosten von ca. 22%. Ein beachtenswerter Beitrag zur gleichzeitigen Verbesserung von Erfolgsfaktor und Erfolgsquote.

Kann man überhaupt die Marktchancen einer Idee für ein neues Produkt quantifizieren, bevor diese Idee in ein konkretes Produkt umgemünzt und dieses konkrete Produkt dem potentiellen Abnehmer angeboten wird?

Diese Frage läßt sich bejahen. Die Marktchancen einer Idee für ein neues Produkt lassen sich erfassen durch das Testen des kreativen Konzeptes, in das die Produkt-Idee umgewandelt worden ist. Dieser Test erfüllt zwei Aufgaben:

1. Die genaue Identifizierung des speziellen Marktes und der speziellen Bedürfnisse des Marktes.

2. Die genaue Identifizierung der speziellen Produkteigenschaften zur optimalen Befriedigung dieser Bedürfnisse.

Eine grobe Bestimmung des speziellen Marktes und der speziellen Bedürfnisse dieses Marktes erfolgte bereits auf der Basis des gewichteten Polaritätsprofils unmittelbar im Anschluß an die Aufnahme der Produktidee in das Entwicklungsprogramm für neue Produkte.

108. Aufgabe: *Welche Fragen können bereits mit Hilfe des gewichteten Polaritätsprofiles beantwortet werden?*

Auf der Basis dieser Daten kann das Marketing-Management ein vorläufiges schriftliches Produkt-Konzept entwickeln.

In der Praxis erfolgt nun oftmals ein sogenannter Produkt-Konzept-Test. Es hat sich aber gezeigt, daß in den meisten Fällen die Verbraucher überfordert sind, wenn sie sich ohne Unterstützung durch Anschauungsmaterial in abstrakt formulierten Produkteigenschaften wertend äußern sollen.

Diese Grenze der Marktforschung läßt sich umgehen, wenn man die Verbraucher auffordert, zum kreativen Konzept, das die Produkteigenschaften sichtbar macht, wertend Stellung zu nehmen.

Das Produkt-Konzept wird an die Werbeagentur oder die eigene Werbeabteilung mit der Aufforderung weitergeleitet, aus dem Produkt-Konzept ein vorläufiges kreatives Konzept in bildlicher und schriftlicher Form zu entwickeln.

Der sich nun anschließende Test des kreativen Konzeptes soll zwei Fragen beantworten:

1. Welche Kombination, der durch die vorausgegangene Marktforschung gefundenen Produkteigenschaften findet den größten Zustimmungsgrad beim Verbraucher?
2. Welche Formulierung bildlicher und schriftlicher Art ergibt die optimale Information und Erwartungshaltung (Image) bei der Übermittlung des vorläufigen Produkt-Konzeptes?

Die Synthese aus der Beantwortung dieser beiden Fragen ermöglicht eine genaue Identifizierung der speziellen Produkteigenschaften zur optimalen Befriedigung der Bedürfnisse. Sie führt zur Konkretisierung eines „Produkt-Modelles".

Die Konfrontierung dieses Produkt-Modells mit dem groben Marktmodell führt dann zu einer genauen Identifizierung des speziellen Marktes und der speziellen Bedürfnisse dieses Marktes. Sie führt zu einem genauen Marktmodell.

Die Kongruenz des genauen Marktmodells, welches die Nachfrage repräsentiert, mit dem genauen Produktmodell, welches das Angebot repräsentiert, bildet die Grundlage für die Entscheidung der folgenden physischen Entwicklung von Produkt und Werbung.

Der Test des kreativen Konzeptes erfolgt am zweckmäßigsten mittels einer Anzeige, die das Produkt und seine Vorzüge bildlich und schriftlich in optimaler Form den potentiellen Verbrauchern übermittelt. Verbunden damit ist ein Fragebogen, der zu eigenen Stellungnahmen über alle relevanten Ebenen des Produktes auffordert. Durch die kreative Sichtbarmachung des Produkt-Konzeptes entsteht beim Test des kreativen Konzeptes eine reale Situation. Es wird darauf hingewiesen, daß etwas existiert. Eine weitestgehende Annäherung an die Realität.

Die Form der Anzeige kann von einer rohen Zeichnung mit einem Schreibmaschinentext bis zu einer fertigen Anzeige in einer Illustrierten oder Fachzeitschrift variieren.

Die Anzeige nebst Fragebogen kann den ausgewählten Testpersonen entweder mit der Bitte um Rückantwort schriftlich übersandt oder bei einem persönlichen Interview vorgelegt werden.

3.2.3.3 Die eigentliche Produktentwicklung

Die erste Entscheidung zur Fortführung des Projektes trifft die Unternehmensleitung nach der Aufstellung des gewichteten Polaritätsprofiles.

109. Aufgabe: *Auf welche Fragen der Unternehmensleitung mußte nach Aufstellung des gewichteten Polaritätsprofiles erschöpfend Auskunft gegeben werden können?*

Die zweite Entscheidung über die Fortführung des Projektes trifft die Unternehmensleitung nach dem Testen des kreativen Konzeptes.

110. Aufgabe: *Auf welche Fragen der Unternehmensleitung muß nach dem Testen des kreativen Konzeptes erschöpfend Auskunft gegeben werden können?*

Aus diesen beiden Fragenkatalogen lassen sich ein Marktmodell und ein Produktmodell konstruieren. Auf der Basis einer optimalen Kongruenz von Marktmodell und Produktmodell, erfolgt nun die physische Entwicklung von Produkt und Werbung. In diesem Stadium fallen, wie bereits angeführt, durchschnittlich ca. 22% der gesamten Entwicklungskosten an.

Während bis zu diesem Zeitpunkt die Entwicklungsarbeit im wesentlichen durch die Abteilung für neue Produkte allein getragen wurde, muß nun die Aufstellung einer Produktgruppe vorgenommen werden. Die Zusammensetzung der Produktgruppe erfolgt im wesentlichen aus Mitarbeitern der Abteilungen, die von der Produktentwicklung betroffen werden. Die Zusammensetzung und Größe der Produktgruppe ist also abhängig von der Art des Produktes. Die Auswahl der Mitglieder der einzelnen Abteilungen sollte einerseits auf der Basis ihres Interesses an dem neuen Produkt und andererseits in Abhängigkeit von ihren Qualifikationen erfolgen.

Aufgabe der Produktgruppe in diesem Entwicklungsstadium ist die Erstellung eines Produktes mit den vom Markt gewünschten Produkteigenschaften und die Analyse einer möglichen wirtschaftlichen Produktion dieses Produktes. Zur Durchführung dieser Aufgabe ist die Entwicklung genauer technischer Spezifikation und die Festlegung eines genau umrissenen Programmes für die Produktentwicklung erforderlich. Dabei sind zunächst die verschiedenen Produktalternativen auf der Basis der vorgegebenen Produkteigenschaften zu untersuchen. Ferner muß ein detaillierter Zeit- und Kostenplan für die verschiedenen Entwicklungsstadien aufgestellt werden und schließlich muß die Produktgruppe einen Produktvorschlag erarbeiten, der neben Ausführungen über den Zweck der Produktentwicklung eine Umsatz- und Gewinnschätzung, eine Kostenschätzung, einen Terminplan und einen Budgetvorschlag enthält.

111. Aufgabe: *Wie könnte ein derartiger Produktvorschlag aussehen?*

Nach der Genehmigung durch die Unternehmensleitung verläuft die Entwicklungsarbeit auf zwei Ebenen: In der Entwicklungsabteilung erfolgt die physische Entwicklung des Produktes selbst.

Die erforderlichen Schritte zur Erstellung einer Werbekampagne werden unter dem Abschnitt Werbung ausführlich erläutert. Es soll daher an dieser Stelle darauf nicht mehr eingegangen werden.

Die Produktentwicklung selbst beginnt mit der Festlegung spezifischer Entwicklungsprojekte für das einzelne Produkt. Das Produktkonzept wird in so viele Einzelprojekte unterteilt wie sie für eine ordnungsgemäße Verwaltungskontrolle erforderlich sind. Für jedes dieser Unterprojekte wird dann ein genauer Programmplan aufgestellt, wie er sich aus dem genehmigten Produktvorschlag ergibt. Unter der Koordinierung durch den Mitarbeiter der Abteilung für neue Produkte werden alle Entwicklungsarbeiten auf die Mitglieder der Produktgruppe verteilt. Ihre Verantwortungsbereiche werden genau definiert. In allen Berichten und Akten werden sie namentlich angeführt. Für die Fortschritts- und Erfolgskontrolle werden genaue Maßstäbe festgelegt.

Nun erfolgt die physische Erstellung des Produktes in Übereinstimmung mit den durch Markt- und Produktmodell geforderten Produkteigenschaften. Dies erfolgt unter Ausschöpfung aller zur Verfügung stehenden Informationsquellen. Sollten diese nicht ausreichen, müssen weitere Marktstudien durchgeführt werden. Eine strenge Geheimhaltungspflicht während der gesamten Entwicklung ist für alle Mitglieder der Produktgruppe selbstverständlich. Ebenso unerläßlich ist eine laufende Unterrichtung der Unternehmensleitung über Fortschritt und Änderung der Entwicklungsarbeiten, der Entwicklungszeit und der Entwicklungskosten.

Spätestens nach Beendigung der Entwicklungsarbeiten erfolgen Laboruntersuchungen nachdem feststeht, daß das Produkt mit den geforderten Produkteigenschaften übereinstimmt. Die Analyse der Laboruntersuchungen sollte grundsätzlich durch alle Mitglieder der Produktgruppen erfolgen, um sicherzustellen, daß die Begutachtung objektiv und ohne Voreingenommenheit erfolgt. Verlaufen diese Untersuchungen positiv, dann kann die Freigabe des Produktes zum Test empfohlen werden. Der Zeitpunkt dieser Freigabe sollte nach wirtschaftlichen und weniger nach technischen Gesichtspunkten erfolgen. Ein zusammenfassender Bericht über das Produkt und seine Eigenschaften sollte es der Unternehmensleitung ermöglichen, eine Entscheidung über die Freigabe des Produktes zum Testen zu treffen. Die Kosten dieser Tests betragen ca. 20% der gesamten Entwicklungskosten.

112. Aufgabe: *Wie hoch belaufen sich die akkumulierten Entwicklungskosten nach Abschluß dieser Tests?*

Bei diesen Tests wird das konkrete Produkt in seinen relevanten Ebenen — Produkt, Name, Verpackung, Preis, Werbemedien — zusammen mit dem kreativen Konzept getestet. Dabei sollten im einzelnen folgende Fragen eine Anwort finden:

1. Fragen zum Produkt
   Welche der zur Herstellung des Produktes notwendigen Rohstoffe ergeben bei welcher Variation der Zusammensetzung den größten Zustimmungsgrad beim Verbraucher?

2. Fragen zum Namen
   Entspricht der ausgewählte Markenname hinsichtlich des Orientierungswertes (Aufmerksamkeitswert, Lesbarkeit) den gestellten Anforderungen?
   Was hat die Prüfung hinsichtlich der Eignung eines gegebenen (eigenen, internationalen) Namens auf Verkaufsappeal (Interesse, Produkterwartung, Sympathiewert, Aussprache) und Berücksichtigung der Verbrauchermerkmale ergeben?

3. Fragen zur Verpackung
   Entspricht unter besonderer Berücksichtigung von Vertriebsart und Werbeart die entwickelte Verpackung
   a) dem erforderlichen Orientierungswert (Produkteigenschaften, Markteigenschaften, Werbeeignung)
   b) dem erforderlichen Verkaufsappeal (Kaufanreiz, Interesse, Erwartungshaltung gegenüber den Produkteigenschaften)
   c) der optimalen Handhabung (Öffnungs- und Schließvorrichtung, Format)
   d) den notwendigen technischen Daten (Schutz der Ware, Transport- und Lagerfähigkeit)?

   Entspricht die individuelle Außenverpackung der erforderlichen Transportfähigkeit, Lagerfähigkeit (auch in bezug auf Größe und Form), der vorhandenen Verpackungsanlage (Kostenaspekt) und dem gewünschten Werbewert?

4. Fragen zum Preis
   Während der Namenstest zweckmäßigerweise schon Bestandteil des Testes des kreativen Konzeptes sein sollte, läßt sich ein aussagefähiger Preistest nur im Rahmen eines Testmarktes durchführen.

5. Fragen zum kreativen Konzept
   Entsprechen die einzelnen Elemente der Werbemittel dem kreativen Konzept?
   Entspricht das gestaltete Werbemittel nach Inhalt und Form dem kreativen Konzept?

Wenn die Beantwortung der Frage: „Ergeben Produkt, Name, Verpackung, Preis und Werbung die gewünschte Erwartungshaltung (Image) und entspricht diese dem Produkt und kreativen Konzept“ auf eine Kongruenz von physisch entwickeltem Produkt und gestalteter Werbung mit dem Marktmodell schließen läßt, dann steht der Entscheidung zur Durchführung von Testmärkten nichts mehr im Wege.

113. Aufgabe: *Auf welche Fragen der Unternehmensleitung muß nach Durchführung der Produkttests erschöpfend Auskunft gegeben werden können?*

Sollte dieser Fragenkatalog zur Zufriedenheit der Unternehmensleitung beantwortet werden können, dann kann sie die Entscheidung zur Durchführung eines Testmarktes mit ruhigem Gewissen treffen.

3.2.3.4 Das Testen im Markt

Das Testen im Markt beansprucht durchschnittlich ca. 20% der gesamten Entwicklungskosten. Nach Abschluß des Testmarktes sind also insgesamt durchschnittlich ca. 40% der gesamten Entwicklungskosten angefallen.

Aus diesen Zahlen läßt sich der Vorteil eines Testmarktes unmittelbar ablesen. Im Falle eines negativen Ausganges des Testmarktes, sind noch nicht einmal die Hälfte der gesamten Entwicklungskosten abzuschreiben, während eine unmittelbare nationale Einführung zu erheblich höheren Verlusten führt.

Bisher war die Konfrontierung mit den Verbrauchern in gewisser Weise gezielt vorgenommen worden. Nun aber finden im Testmarkt die Konsumenten das Produkt mitten unter dem gesamten Einzelhandelsangebot wieder, und zwar handelt es sich jetzt um alle Verbraucher des Testmarktes, nicht mehr um ausgesuchte Personen, die sich für den Test bereit erklärt haben.

Beim Produkttest wurden die nach bestimmten methodischen Gesichtspunkten ausgewählten Testpersonen mit den jeweils interessierenden Fragestellungen konfrontiert. Beim Test im Markt erhält nun der Verkauf die Aufgabe, im ausgewählten Testgebiet die für das Produkt angestrebte Distribution herbeizuführen.

Während also beim Produkttest die Entwicklung laufend Hinweise für die Vereinbarkeit ihrer Ergebnisse mit den Bedürfnissen der Verbraucher bekommen soll, hilft der Testmarkt dem Verkauf Erfahrungen darüber zu sammeln, ob sich die vorgesehenen Absatzwege bewähren, wie der Handel das neue Produkt aufnimmt, wie die Käufer auf die Kombination der Werbung und das Angebot im Laden reagieren und vor allem wie die Verbraucher den geforderten Preis aufnehmen.

Nur das Testen im Markt gibt durch Aufspaltung der Testmärkte eine brauchbare Möglichkeit, unterschiedliche Verbraucherpreise zu testen. Der Verbraucher zahlt den Preis, der dem entsprechenden Wert in seiner Bedürfnishierarchie entspricht. Die außerordentliche Fülle wertbildender Faktoren und die verwirrende Vielfalt an Interdependenzen zu den nachfrageeinengenden Faktoren, ermöglicht eine theoretische Preisbestimmung nur innerhalb sehr großer Bandbreiten. Die Einengung dieser Bandbreite ermöglicht der Test im Markt.

Wenn auch die Mehrzahl der Testmarktaktionen nach ihrer Zielsetzung klassifizierbar sind, so weichen doch die Verhältnisse für die sie geplant werden müssen stark voneinander ab. Damit können aber auch keine allgemein gültigen Regeln für ein Testen im Markt festgelegt werden.

Am ratsamsten ist es, die diesbezüglichen Probleme — Wort und Gebietsgröße — nacheinander in Angriff zu nehmen. Die Umstände, die für jeden Schritt bestimmt sind zu analysieren und ihre Beziehung zu den nachfolgenden Schritten zu ermessen.

Bei Anwendung dieser Methode, kann die Planung einer Testmarktaktion in folgenden 6 Stufen erfolgen:

1. Definition der Zielsetzung
2. Bestimmung des gewünschten Grades statistischer Genauigkeit
3. Festlegen der Testgebietsgröße
4. Festlegen der Testgebietslage
5. Festlegen der erforderlichen Untersuchungs- und Kontrollmaßnahmen
6. Festlegen des Zeitpunktes und der Dauer des Testes.

Diese 6 Stufen sind ausführlich unter dem Abschnitt Marktforschung behandelt worden. Der Test im Markt ist grundsätzlich ein Stichprobenverfahren und unterliegt den statistischen Stichprobenprinzipien.

114. Aufgabe: *Was bedeutet das für die Planung des Tests?*

Neben diesen grundsätzlichen Erfordernissen sind drei weitere Untersuchungsbedingungen zu beachten:

1. Die für das Gesamtvorhaben vorgesehenen Maßnahmen müssen in der Stichprobenaktion vertreten sein. Umgekehrt sind für den Test keine Maßnahmen vorzusehen, die nicht auch in der Gesamtheit durchgeführt werden können.

2. Der Test ist fortzusetzen bis die Ergebnisse ein eindeutiges Bild der Marktverhältnisse widerspiegeln.

3. Es müssen ausreichende Kontrollmöglichkeiten vorhanden sein und im voraus eingeplant werden.

In der Praxis sind diese 3 Bedingungen erfahrungsgemäß um so schwieriger zu erfüllen, je kleiner das Testfeld ist. Andererseits bringt die Wahl eines umfangreicheren Gebietes, das größere statistische Zuverlässigkeit und engere Annäherung an Marktverhältnisse ermöglicht, oft hohe Kosten und Produktionsprobleme mit sich. Es kann schließlich im Falle eines Mißerfolges auch zu einer peinlichen Situation sowohl dem Handel als auch dem Verbraucher gegenüber führen.

Die Unternehmensleitung hat nun über die nationale Einführung zu entscheiden.

> **115. Aufgabe:** *Auf welche Fragen der Unternehmensleitung muß nach dem Testmarkt erschöpfend Auskunft gegeben werden können?*

3.2.3.5 Die nationale Einführung

Nachdem die Produktidee alle bisherigen Hürden genommen hat, erfolgt der entscheidende Schritt: die nationale Einführung. Sie erfordert durchschnittlich ca. 60% der gesamten Entwicklungskosten.

Auch dieser letzte Schritt sollte unter der generellen Zielsetzung einer gleichzeitigen Verbesserung von Erfolgsfaktor und Erfolgsquote vorgenommen werden. Je früher eine offensichtlich erfolglose nationale Einführung abgebrochen wird, desto geringer der Verlust.

Doch eine derart weitreichende Entscheidung muß auf ausreichenden und eindeutigen Marktforschungsdaten basieren. Daher sollte die Marktbeobachtung sich vom ersten Tage der nationalen Einführung an intensiv darum bemühen, auf zwei Fragen ausreichende Antworten zu finden.

1. Fragen zur Imageprüfung
   Ist es gelungen, die Marke auf dem beabsichtigten Platz im Markenfeld zu placieren?

2. Fragen zur Marktanalyse
   Sind die im Plan angestrebten Umsätze bei den vermutlichen Verbrauchern erzielt worden?

   Ergeben sich aus der Überprüfung neue Hinweise zur Verbesserung der absatzpolitischen Aktionen?

Wenn diese beiden Fragen positiv beantwortet werden, wenn die Überprüfung nur Hinweise auf geringfügige Verbesserungen laufender Aktionen ergibt, dann werden Erfolgsfaktor und Erfolgsquote dieses speziellen Produktes dieses speziellen Unternehmens deutlich positiv vom nicht sehr erfreulichen Durchschnitt abweichen.

Der hier beschriebene Weg der Produktentwicklung wird in der Praxis häufig noch in eine Vielzahl weiterer Einzelschritte untergliedert. Diese Untergliederung wird aus dem folgenden Ablaufschema ersichtlich:

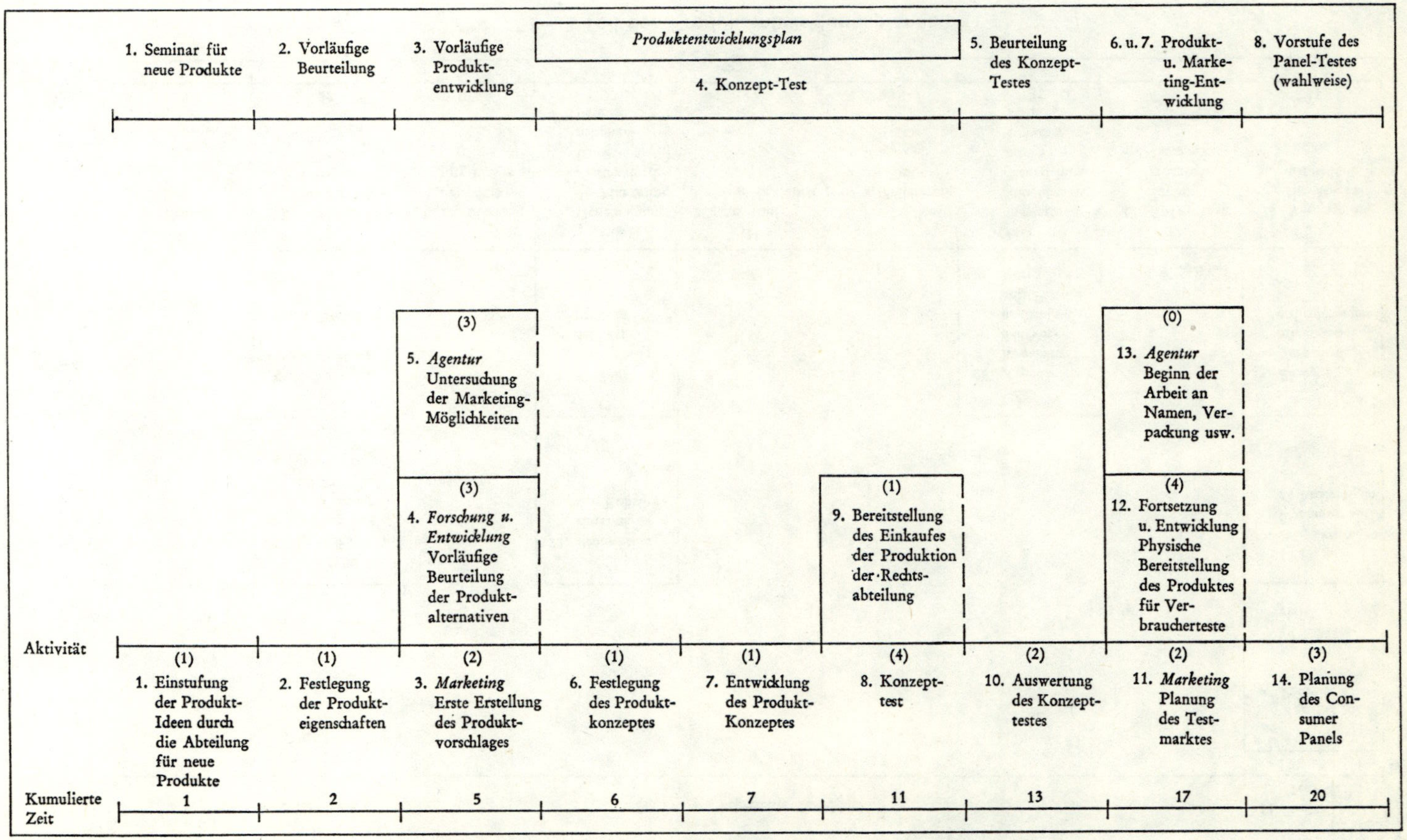

Abb. 15 a: 1. Teil des Produktentwicklungsplanes untergliedert in Einzelschritte

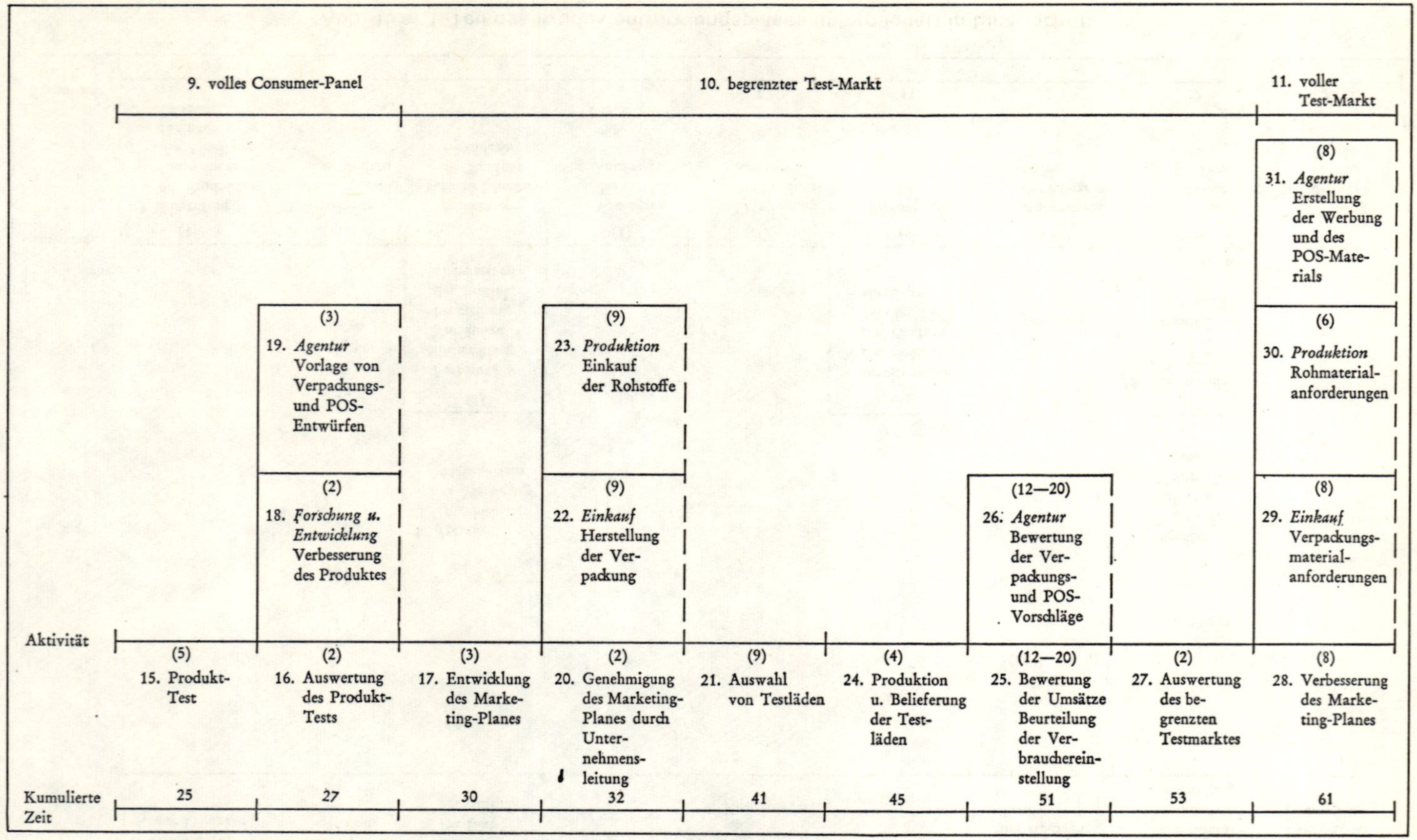

Abb. 15 b: 2. Teil des Produktentwicklungsplanes

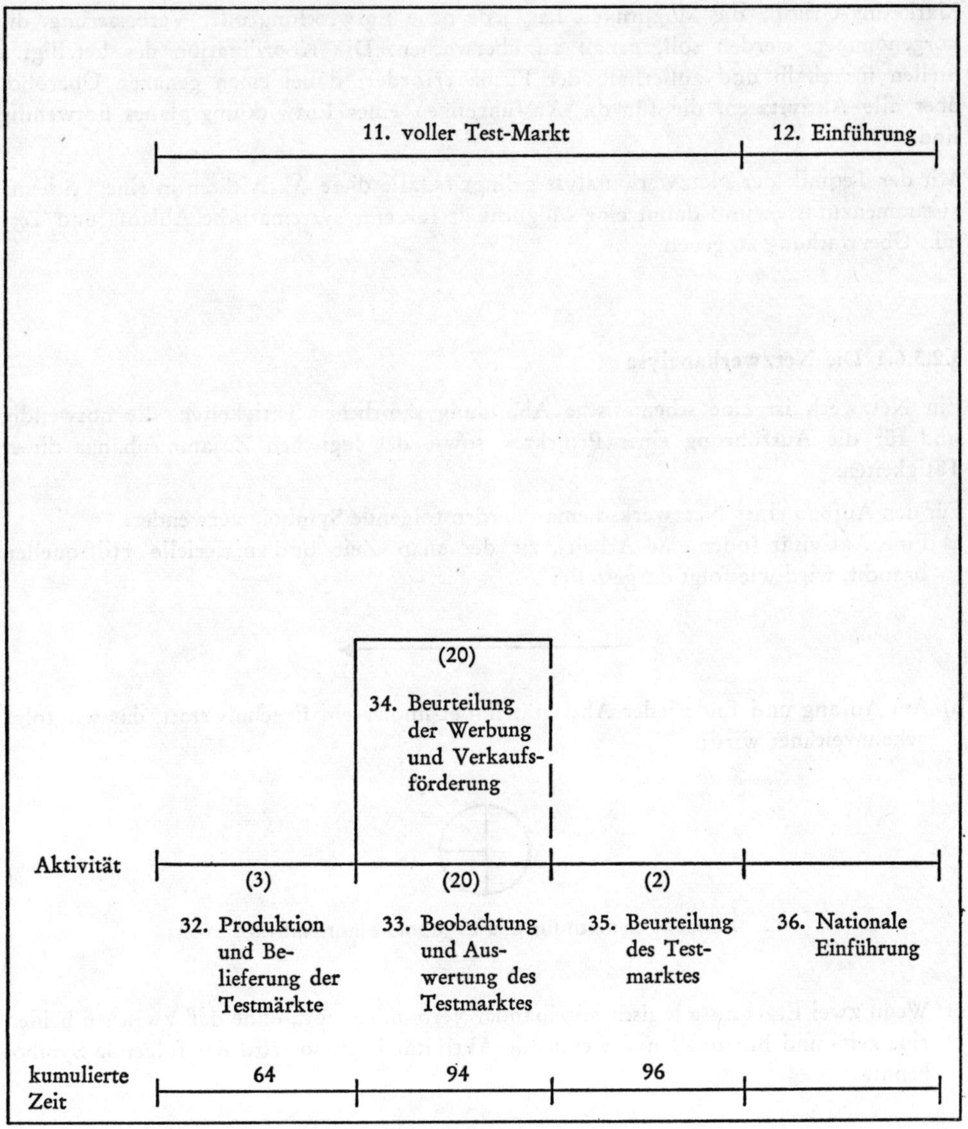

Abb. 15 c: 3. Teil des Produktentwicklungsplanes

3.2.3.6 Erstellung einer Netzwerkanalyse

3.2.3.6.0 Einleitung

Die Entwicklung eines neuen Produktes von der Produkt-Idee bis zur Einführung umfaßt einen beachtlichen Teil aller Marketing-Arbeiten. Es ist daher sehr wichtig, daß die

Marketing-Gruppe die Möglichkeit hat, jede neue Entwicklung oder Verbesserung, die vorgenommen werden soll, genau zu überwachen. Die Koordination der beteiligten Stellen innerhalb und außerhalb der Firma erfordert dabei einen genauen Überblick über alle Aktivitäten, die für die Ausführungen eines Entwicklungsplanes notwendig sind.

Mit der Technik der Netzwerkanalyse gelingt es, alle diese Aktivitäten in einem Schema zusammenzufassen und damit eine Möglichkeit für eine systematische Ablauf- und Termin-Überwachung zu geben.

3.2.3.6.1 Die Netzwerkanalyse

Ein Netzwerk ist eine schematische Abbildung sämtlicher Tätigkeiten, die notwendig sind für die Ausführung eines Projektes, sowie des logischen Zusammenhangs dieser Tätigkeiten.

Für den Aufbau eines Netzwerkschemas werden folgende Symbole verwendet:

a) Eine Aktivität (oder eine Arbeit), zu der man Zeit und materielle Hilfsquellen braucht, wird wie folgt dargestellt:

b) Am Anfang und Ende jeder Aktivität findet immer ein Ergebnis statt, das wie folgt gekennzeichnet wird:

Abb. 16: Symbol für das Ergebnis einer Aktivität

c) Wenn zwei Ergebnisse logisch miteinander verbunden sind, ohne daß zwischen beiden eine zeit- und hilfsquellenverwendende Aktivität liegt, so wird das folgende Symbol benutzt:

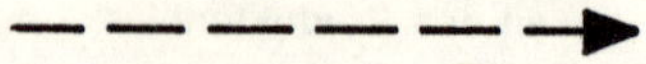

Abb. 17: Symbol für die logische Verbindung zweier Aktivitäten

Für die Koordination und Planung sind vor allem die logischen Zusammenhänge zwischen den Aktivitäten und Ereignissen sehr wichtig.

Wenn man ein Schema mit den gegebenen Symbolen aufbaut, so gehen diese Zusammenhänge sofort aus dem Schema hervor.

So hat z. B. dieses Schema folgende Bedeutung:

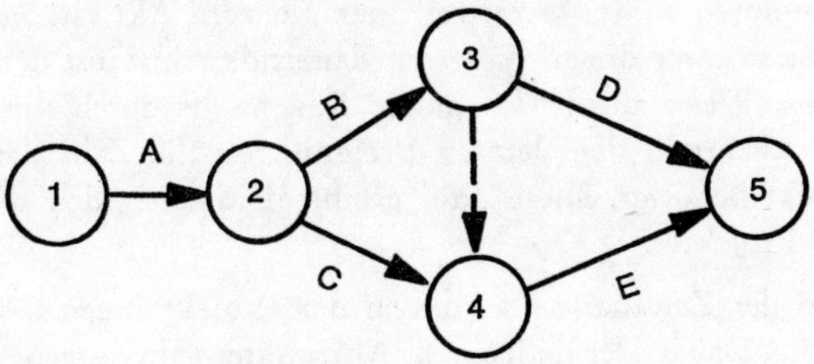

Abb. 18: Beispiel für die Koordinierung von Aktivitäten

Mit den Aktivitäten B und C kann man nicht beginnen, bevor man nicht die Aktivität A beendet und das Ereignis 2 stattgefunden hat. Die Aktivität E wird gestartet, wenn nicht nur die Aktivität C, sondern auch die Aktivität B fertig ist. Die Aktivität D ist nur abhängig von der Vollendung der Aktivität B.

Die Dauer der einzelnen Aktivitäten wird über die Mitte der Aktivitätspfeile geschrieben.

Abb. 19: Symbolische Darstellung für die Dauer der einzelnen Aktivitäten

In diesem Fall 5 Wochen.

Wenn die Dauer aller Aktivitäten bekannt ist oder einigermaßen zuverlässig geschätzt werden kann, so ist es möglich, die maximale und minimale Länge des Projektes zu errechnen. Für die Zeitanalyse werden dazu in die Ereigniskreise folgende Zahlen eingetragen:

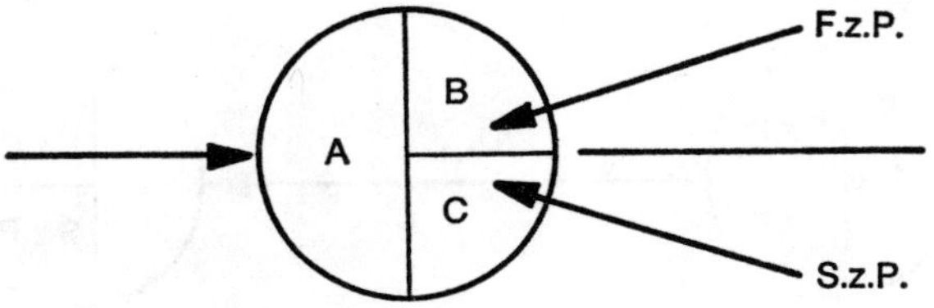

Abb. 20: Zeitzuordnung in den einzelnen Ereigniskreisen

A = Die Nummer des Ereignisses in der Reihenfolge der Ereignisse in dem Ablaufplan

B = Der frühestmögliche Abschlußzeitpunkt der Aktivität (F. z. P.)

C = Der spätestmögliche Abschlußzeitpunkt der Aktivität (S. z. P.).

Die früheste Abschlußzeit der Aktivitäten wird errechnet, indem man zu dem Anfangszeitpunkt des Projektes jeweils die Dauer der einander folgenden Aktivitäten durch das ganze Netzwerk hindurch zählt. Wo zwei oder mehrere Aktivitäten in einem Ereignis zusammenkommen, bestimmt die am längsten dauernde Aktivität den Ereigniszeitpunkt. Wenn man in dieser Weise durch das ganze Schema hindurch die Ereigniszeitpunkte festgelegt hat, so erscheint in dem letzten Ereigniskreis die Zahl der Wochen, die man für das ganze Projekt benötigt. Diese Zahl ergibt gleichzeitig den spätestmöglichen Abschlußzeitpunkt des Projektes.

Als zweite Phase in der Zeitanalyse wird von der Projektlänge in Wochen, wie gerade errechnet, jeweils die Dauer der einzelnen Aktivitäten abgezogen. Das ergibt jeweils die spätestmöglichen Abschlußpunkte der Aktivitäten. Man trägt sie in die untere Hälfte der Ereigniskreise ein.

Wo zwei oder mehrere Aktivitäten in einem Ereignis beginnen, gilt die niedrigste Wochenzahl als spätestmöglicher Abschlußzeitpunkt.

Freier Spielraum ist die Zeit, über die man eine Aktivität verzögern kann, ohne den frühestmöglichen Start der nächsten Aktivität zu gefährden.

In Symbolen:

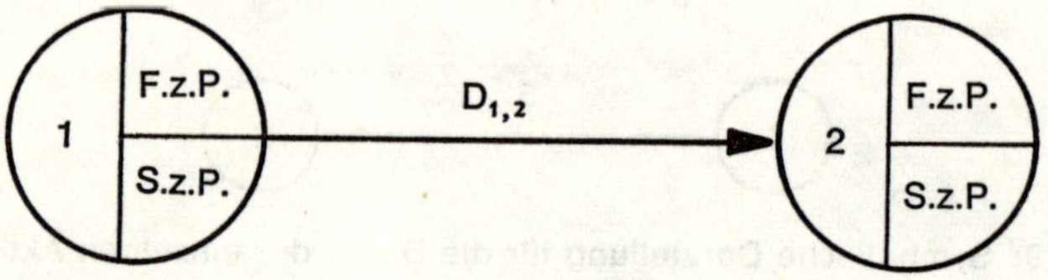

Abb. 21: Symbolische Darstellung des freien Zeitspielraums

$F_2P_2 - F_2P_1 - D_{1,2}$

Totaler Spielraum ist die Zeit, über die man eine Aktivität verzögern kann, ohne daß man auch den Abschlußzeitpunkt des ganzen Projektes verschieben muß.

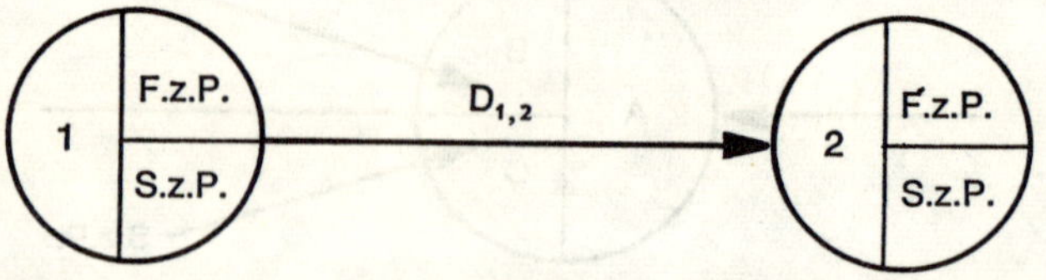

Abb. 22

$S.z.P._2 - F.z.P._1 - D_{1,2}$

Diese Art Spielraum hat in der Netzwerkanalyse eine besondere Bedeutung: durch absichtliche Verzögerung von Aktivitäten, die einen derartigen Spielraum besitzen, kann man oft eine bessere Verteilung der Kräfte bei der Ausführung des Projektes erreichen. Wenn z. B. in einer Woche vier Ereignisse stattfinden und es deshalb notwendig ist, vier oder noch mehr neue Aktivitäten zu starten, so kann es eine erhebliche Erleichterung der Arbeit bedeuten, wenn man durch Verzögerung einer Aktivität die Zahl der Ereignisse verringern kann.

Außerdem kann die Größe des Spielraumes die Wichtigkeit einer Aktivität für die Überwachung des Terminplanes charakterisieren. Je kleiner der Spielraum, desto mehr Aufmerksamkeit braucht die Aktivität bei der Überwachung.

Die Ketten der Aktivitäten und Ereignisse, die keinen Spielraum besitzen, bilden den kritischen Pfad. Diesen Pfad entlang können die Aktivitäten nicht länger dauern als geplant, ohne den Abschlußzeitpunkt des Projektes zu verspäten.

Der kritische Pfad ergibt auch die maximale Dauer des Projektes.

In dem Schema der Abbildungen (s. Abb. 23, 24 und 25) sind sämtliche Aktivitäten zusammengefaßt, die erforderlich sind, um ein neues Produkt zu entwickeln und auf den Markt zu bringen.

Aus dem Schema geht hervor, wie die Aktivitäten der beteiligten Stellen (Geschäftsleitung, Marketing-Abteilung, Entwicklungsgruppe, Chemisch-Technische Abteilung, Technische Abteilung, Abteilung Marktforschung, Abteilung Planung, Abteilung Einkauf, Werbeagentur und Abteilung Verkauf) logisch zusammenhängen.

Die Tabelle enthält einen grundsätzlichen Terminplan für den Ablauf einer Entwicklung von der Produkt-Idee bis zur Einführung mit frühest- und spätestmöglichem Start und Beendigung der Aktivitäten, sowie eine Berechnung der totalen und freien Spielräume.

In dem Schema sind folgende Punkte bemerkenswert:

a) Die Dauer einer normal ablaufenden Entwicklung beträgt 48 Wochen.

b) Der kritische Pfad, in dem Schema angegeben durch rote Färbung der linken Hälfte der Ereigniskreise, geht durch die Layout-Aktivität bei der Agentur und die Pilot-Plant-Phase. Aus der Tabelle sind die kritischen Aktivitäten sofort zu erkennen.

c) Einige Aktivitäten in dem Schema sind zeitlich gebunden. Maschinenläufe können nur zwischen dem 30. 8. und 1. 11. eines Jahres vorgenommen werden. Der Media-Plan soll spätestens am 15. 7. genehmigt werden. Die Reinzeichnungen für Funk- und Fernsehwerbung sollen bis zum 1. 8., für Plakatwerbung bis zum 1. 9. und für illustrierte Zeitschriften bis zum 1. 1. fertig sein. Man kann deshalb den Ablauf des Schemas nicht an einem willkürlichen Zeitpunkt starten, sondern entsprechend diesen zeitlich festgelegten Aktivitäten.

d) Der Terminplan ist auf durchschnittlichen Erfahrungszahlen aufgebaut und soll nur als Unterlage für die Beurteilung der einzelnen Fälle dienen. Es ist durchaus möglich, daß im Laufe einer Entwicklung der Ablauf einiger Aktivitäten beschleunigt werden kann oder aber, daß eine Phase der Entwicklung mehrfach wiederholt werden muß, bevor das gewünschte Ergebnis erreicht worden ist und mit der nächsten Aktivität begonnen werden kann. Demgemäß ändert sich selbstverständlich der Terminplan.

3.2.3.6.2 Die praktische Verwendung des Netzwerkes

Die Marketing-Gruppe soll über eine Anzahl von Schemen nach dem Modell in der Abbildung (s. Abb. 25) verfügen. In den Ereigniskreisen sind nur die Reihenfolgenummern der Ereignisse angegeben. Die Dauer der Aktivitäten sowie die Berechnung der spätest- und frühestmöglichen Ereigniszeitpunkte sind nicht eingetragen.

Bei Beginn eines Projektes wird ein vorläufiger Plan mit allen beteiligten Stellen abgestimmt. Die vereinbarten Zeitpunkte der Ereignisse und die Dauer der Aktivitäten werden in das Schema eingetragen. Bei den Verhandlungen mit den beteiligten Stellen soll die Marketing-Gruppe das grundsätzliche Schema als Unterlage benutzen.

Die Aktivitäten, die in einem bestimmten Fall nicht vorgenommen werden müssen, werden grün gefärbt (wenn es sich z. B. nur um eine Verbesserung der Verpackung handelt, braucht man kein neues Rezept zu entwickeln).

Wenn eine Aktivität vollendet ist, wird der Aktivitätspfeil rot gefärbt.

Auf diese Weise hat man immer einen guten Überblick über das ganze Schema und kann sofort sehen, welche Aktivitäten noch ausgeführt werden müssen.

Ändern sich Termine während des Ablaufs, so soll die Marketing-Gruppe ein neues Schema ausarbeiten. Die Schemen sämtlicher Produkte sollen in dieser Weise auf dem neuesten Stand gehalten werden.

Um die Marketing-Gruppe mit den Informationen zu versehen, die sie braucht, um das Schema auf dem laufenden zu halten, wird das Netzwerk zunächst auf die beteiligten Stellen aufgeteilt. In den neuen Schemen erscheinen jeweils alle die Aktivitäten, die von der betreffenden Stelle bearbeitet werden sollen.

Alle Abteilungen sollen über eine Anzahl dieser Schemen verfügen. Zu Beginn eines Projektes trägt jede Abteilung in ihr Teil-Schema die voraussichtliche Dauer der von ihr vorzunehmenden Aktivitäten und die Zeitpunkte der Ereignisse ein. Diese Schemen werden der Marketing-Gruppe zur Verfügung gestellt. Die Gruppe verarbeitet diese Informationen in ihrem Schema und stimmt sämtliche Termine mit den beteiligten Stellen ab.

Jedesmal wenn sich ein Termin ändert, wird von der betreffenden Abteilung ein neues Schema eingetragen, um auf diese Weise die Marketing-Gruppe zu informieren. Die Schemen werden alle mit einem Datum versehen.

3.2.3.6.3 Die Vorteile der Netzwerkanalyse

Unseres Erachtens kann die Technik der Netzwerkanalyse dazu beitragen, die Terminplanung und -überwachung zu vereinfachen.

Vorteile dieses Systems sind:

a) Durch die Übersichtlichkeit des Schemas kann die Marketing-Gruppe sofort sehen, welche Aktivitäten für jedes einzelne Produkt erforderlich sind. Die Gruppe ist dadurch besser imstande, eine genaue Terminplanung auszuarbeiten.

b) Die Marketing-Gruppe wird rechtzeitig vor gefährlichen Abweichungen des Terminplans und kritischen Zeitpunkten gewarnt.

c) Die Informationen werden systematisch kurz und einfach zwischen den beteiligten Stellen gewechselt.

Die Praxis zeigt, wo in dem Schema oder in der Organisation Verbesserungen vorgenommen werden müssen.

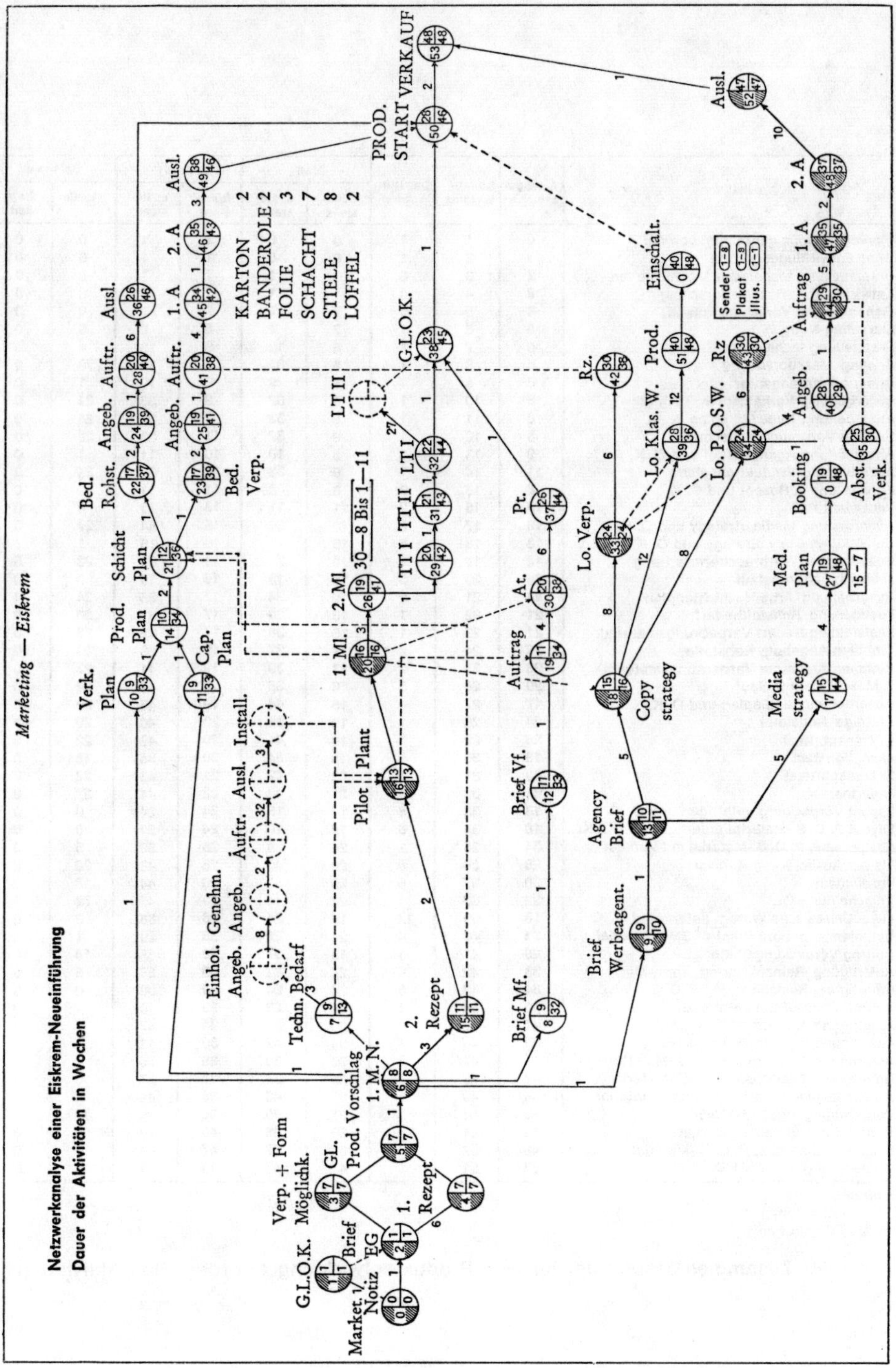

Abb. 23: Netzwerkanalyse einer Eiskrem-Neueinführung

Aktivität	Anfangs-Ereignis	Schluß-Ereignis	Dauer in Wochen	Start		Ende		Spielraum	
				frühe-stens	späte-stens	frühe-stens	späte-stens	total	freie Zeit
Marketing-Notiz genehmigt von GL	0	1	1	0	0	1	1	0	0
Brief Entwicklungsgruppe	0	2	1	0	0	1	1	0	0
Untersuchung technische Möglichkeiten	2	3	6	1	1	7	7	0	0
Entwicklung 1. Rezept-Vorschlag	2	4	6	1	1	7	7	0	0
Genehmigung Vorschlag von GL	4	5	0	7	7	7	7	0	0
Marketing-Notiz	5	6	1	7	7	8	8	0	0
Feststellung technischer Bedarf	6	7	1	8	12	9	13	4	0
Briefing Marktforschung	6	8	1	8	31	9	32	23	0
Briefing Werbeagentur	6	9	1	8	9	9	10	1	0
Ausarbeitung Verkaufsplan	6	10	1	8	32	9	33	24	0
Ausarbeitung Kapazitätsplan	6	11	1	8	32	9	33	24	0
Briefing Verbraucherforschung	8	12	1	9	32	11	33	23	0
Ausarbeitung Agency Brief und O. K.	9	13	1	9	10	10	11	1	0
Ausarbeitung Produktionsplan	11	14	1	9	33	10	34	24	0
Entwicklung 2. Rezept und O. K.	6	15	3	8	8	11	11	0	0
Pilot plant run	15	16	2	11	11	13	13	0	0
Ausarbeitung Media strategy und O. K.	13	17	5	10	39	15	44	29	0
Entwicklung Copy strategy und O. K.	13	18	5	10	11	15	16	1	1
Beauftragung Verbraucherforschung	12	19	1	10	33	11	34	23	5
1. Maschinenprobelauf	16	20	3	13	13	16	16	0	0
Ausarbeitung Arbeitsschichtenplan	14	21	2	10	34	12	36	24	4
Feststellung Rohstoffbedarf	21	22	1	16	36	17	37	20	0
Feststellung Bedarf Verpackungsmaterial	21	23	1	16	38	17	39	22	0
Einholen Angebote Rohstoffe	22	24	2	17	37	19	39	20	0
Einholen Angebote Verpackungsmaterial	23	25	2	17	39	19	41	22	0
2. Maschinenprobelauf	20	26	3	16	38	19	41	22	0
Ausarbeitung Mediaplan und O. K.	17	27	4	15	44	19	48	29	0
Aufträge Rohstoffe	24	28	1	19	39	20	40	20	0
1. Transporttest	26	29	1	19	41	20	42	22	0
Akzeptionstest	19	30	4	16	34	20	38	18	0
2. Transporttest	29	31	1	20	42	21	43	22	0
Lagertest	31	32	1	21	43	22	44	22	0
Layout Verpackung anfertigen und O. K.	18	33	8	16	16	24	24	0	0
Layout P. O. S.-Material anfertigen und O. K.	18	34	8	16	16	24	24	0	0
Abstimmung P. O. S.-Material mit Verkauf	34	35	1	24	29	25	30	5	0
bis zur Auslieferung Rohware	28	36	6	20	40	26	46	20	0
Produkttest	30	37	6	20	38	26	44	18	0
Entscheidung GL	32	38	1	22	44	23	45	22	4
Layout klassische Werbg. anfert. und O. K.	18	39	12	16	24	28	36	8	0
Einholen Angebote Point-of-Sale-Material	34	40	4	24	25	28	29	1	0
Auftrag Verpackungsmaterial	25	41	1	19	37	20	38	18	10
Anfertigung Reinzeichnung Verp.-Mat.	33	42	6	24	32	30	38	8	0
Anfertigung Reinzeichnung P. O. S.-Mat.	34	43	6	24	24	30	30	0	0
Auftrag Point-of-Sale-Material	40	44	1	28	29	29	30	1	0
Anfertigung 1. Andruck Verpackung	41	45	4	30	38	34	42	8	0
Anfertigung 2. Andruck Verpackung	45	46	1	34	42	35	43	8	0
Anfertigung 1. Andruck P. O. S.-Material	44	47	5	30	30	35	35	0	0
Anfertigung 2. Andruck P. O. S.-Material	47	48	2	35	35	37	37	0	0
bis zur Auslieferung Verpackungsmaterial	46	49	3	35	43	38	46	8	0
Vorbereitung Produkt-Start	38	50	1	27	45	28	46	17	10
Produktion klassische Werbung	39	51	12	28	36	40	48	8	0
bis zur Auslieferung P. O. S.-Material	48	52	10	37	37	47	47	0	0
Vorbereitung Verkaufsstart	52	53	1	47	47	48	48	0	0

Erläuterung:
GL = Geschäftsleitung
P. O. S. = Point of sale

Abb. 24: Zusammenfassung der für eine Produktentwicklung erforderlichen Aktivitäten

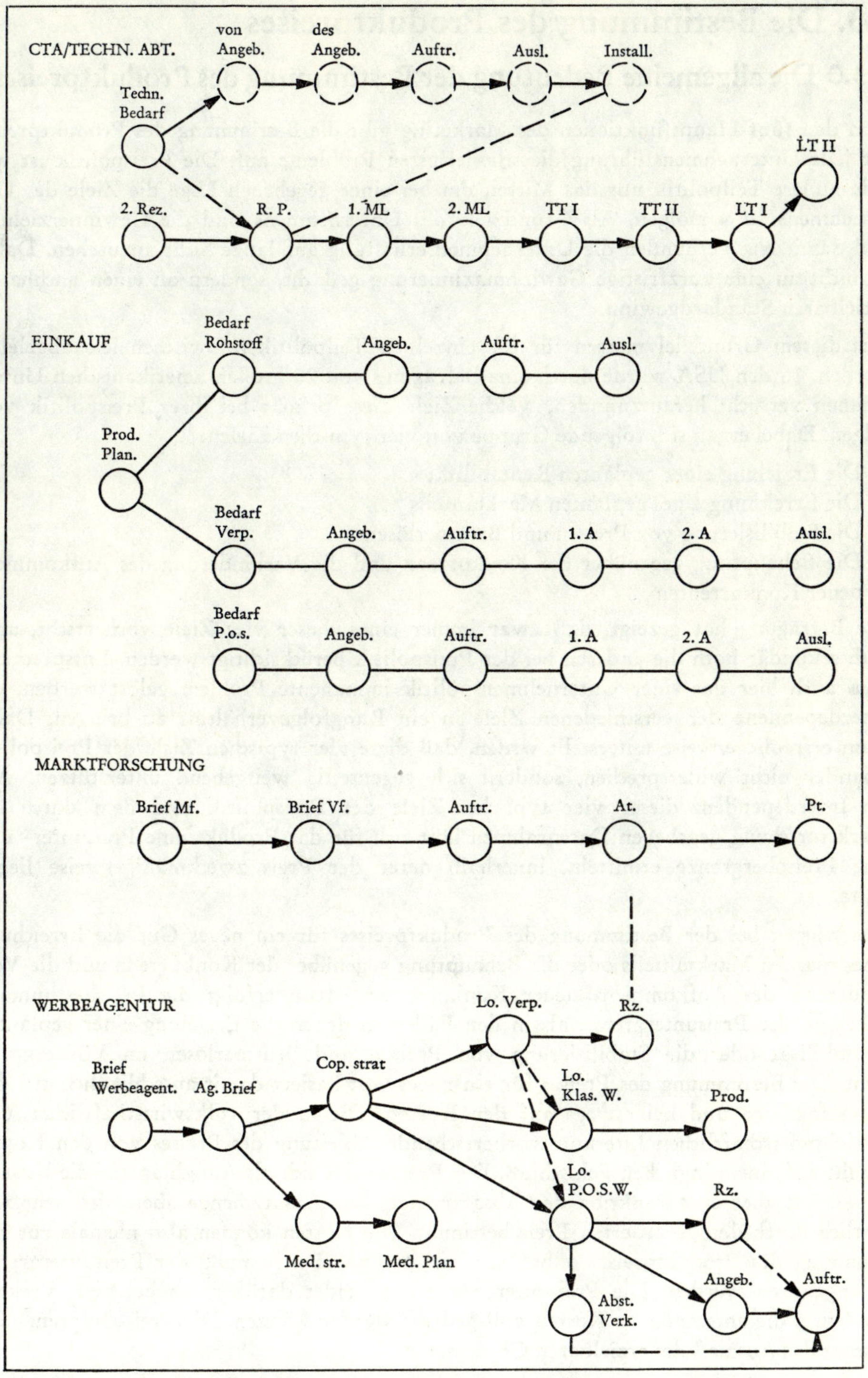

Abb. 25: Anzahl der Netzwerkschemen einer Marketing-Gruppe

3.3. Die Bestimmung des Produktpreises

3.3.0 Die allgemeine Bedeutung der Bestimmung des Produktpreises

Von den fünf Hauptfunktionen des Marketing gibt die Bestimmung des Produktpreises für jede Unternehmensführung die schwierigsten Probleme auf. Die Preispolitik ist wie jede andere Teilpolitik nur das Mittel, um bei einer gegebenen Lage die Ziele des Unternehmens zu verfolgen. Als Grundziele des Unternehmens sind die Gewinnerzielung und damit eng verbunden die Unternehmenserhaltung auf lange Sicht anzusehen. Dabei ist nicht an eine kurzfristige Gewinnmaximierung gedacht, sondern an einen nachhaltig erzielbaren Standardgewinn.

Aus diesem Grundziel müssen für die einzelnen Teilpolitiken Zwischenziele abgeleitet werden. In den USA wurde durch eine Befragung von 20 großen amerikanischen Unternehmen versucht herauszufinden, welche Ziele diese primär bei ihrer Preispolitik verfolgen. Dabei ergab sich folgende Gruppe von vier typischen Zielen:

1. Die Erzielung einer geplanten Rentabilität
2. Die Erreichung eines geplanten Marktanteils
3. Die Stabilisierung von Preisen und Bruttoerlösen
4. Die Behauptung gegenüber der Konkurrenz und die Verhinderung des Aufkommens neuer Konkurrenten

Die Befragung hat gezeigt, daß zwar immer eines dieser vier Ziele vorherrscht, aber auch sekundär noch die anderen bei der Preispolitik berücksichtigt werden. Entsprechend muß auch hier das einer Unternehmenspolitik immanente Problem gelöst werden, die Interdependenz der verschiedenen Ziele in ein Rangfolgeverhältnis zu bringen. Dabei kann erfreulicherweise unterstellt wrden, daß diese vier typischen Ziele der Preispolitik einander nicht widersprechen, sondern sich gegenseitig weitgehend unterstützen. Aus der Interdependenz dieser vier typischen Ziele der Preispolitik und dem durch die Marktforschung gegebenen Datenrahmen läßt sich für das Produkt eine Preisunter- und eine Preisobergrenze ermitteln, innerhalb derer der Preis zweckmäßigerweise liegen sollte.

Überwiegen bei der Bestimmung des Produktpreises für ein neues Gut die Erreichung eines planten Marktanteils oder die Behauptung gegenüber der Konkurrenz und die Verhinderung des Aufkommens neuer Konkurrenten, dann erfolgt die Preisbestimmung näher an der Preisuntergrenze als in den Fällen in denen die Erzielung einer geplanten Rentabilität oder die Stabilisierung von Preisen und Bruttoerlösen im Vordergrund steht. Die Bestimmung des Preises für ein neues Gut basiert damit ausschließlich auf den Marktfaktoren und keineswegs auf den Kosten. Die in der volkswirtschaftlichen und betriebswirtschaftlichen Literatur vorherrschende Ableitung des Preises von den Kosten beruht auf einem logischen Fehlschluß. Der Preis ergibt sich als Aufschlag auf die Kosten. Diese sind aber eine Funktion der Absatzmenge. Die Absatzmenge aber wird sehr wesentlich durch den geforderten Preis bestimmt. Die Kosten können also niemals zur Bestimmung des Produktpreises selbst, sondern nur zur Bestimmung der Preisuntergrenze herangezogen werden. Die Preisuntergrenze entscheidet darüber, ob bei dem Verkauf des Gutes die entstandenen Kosten voll gedeckt werden können. Die Preisobergrenze bestimmt das Ausmaß des erzielbaren Gewinnes.

3.3.1 Die Bestimmung der Preisuntergrenze

Ohne ein modernes Rechnungswesen wäre systematisches Marketing nicht zu realisieren. Für jedes einzelne vom Unternehmer produzierte und verkaufte Produkt ist es wünschenswert, einen möglichst genauen Einblick in die Kostenverhältnisse zu gewinnen, um zu sehen, wie teuer die für jedes einzelne Produkt getroffenen Entscheidungen dem Unternehmen zu stehen kommen. Sehr viele Betriebe verfügen noch nicht über das für preispolitische Entscheidungen erforderliche Material. Vielfach wird mechanisch nach Aussagen der Durchschnittskostenrechnung entschieden oder sogar nur gefühlsmäßig zum Problem der Preisbestimmung Stellung genommen. Entweder wird dem Kostengesichtspunkt der Fertigung der Vorrang gegeben oder aber allein auf den Umsatz hin eine Entscheidung geroffen oder aber schließlich rein gefühlsmäßig irgendwo eine Mittellösung gewählt, die nur durch Zufall die richtige Entscheidung sein kann.

Die Aufgabe der richtigen Vorkalkulation ist für das Rechnungswesen insofern schwierig, als das Produkt meistens nicht ohne weiteres auf den vorhandenen Anlagen produziert werden kann. In die Vorkalkulation gehen also zum Teil fiktive, geschätzte Kosten ein, die naturgemäß mit einem erheblichen Unsicherheitsmoment belastet sind. Es ist nicht Aufgabe, an dieser Stelle auf die Einzelheiten des Rechnungswesens einzugehen, folgende Überlegungen sollten aber in diesem Zusammenhang im Rahmen des Marketing angestellt werden:

1. Welche Erfahrungen hat das Unternehmen mit Produkten der vorgesehenen Art? Ein Mangel an solchen Erfahrungen kann zu zusätzlichen Kosten während der Anfangszeit führen. Ein Unternehmen, das zum ersten Male ein Produkt in Tuben herausbringt mag als Beispiel dafür dienen. Solche Tuben sind äußerst druckempfindlich. Der Fertigung fehlt beispielsweise die Erfahrung, in welchem Maße sie auf dem Fließband verbeult werden. Dasselbe gilt von der Lagerhaltung. Wie müssen die Kartons beschaffen sein bzw. wie vorsichtig müssen sie gestapelt und bewegt werden? Der Praktiker kennt solche mit neuen Produkten verbundenen Probleme zur Genüge. Daß dadurch Kosten verursacht werden, liegt auf der Hand, so schwer diese auch ex ante erfaßbar sind. Sieht die langfristige Planung auf diesem Sektor später noch mehr Produkte vor, so sind diese Kosten leichter zu verschmerzen. Das Unternehmen ist dann für seine spätere Entwicklung auf diese Erfahrungen angewiesen.
2. Nutzt das neue Produkt vorhandene Fertigungskapazitäten aus? Es ist zu klären, wieweit das neue Produkt zur Kostendegression (drei Arten: Größen-, Beschäftigungs- und Auflagendegression) beiträgt.
3. Kann das neue Produkt über die bisher eingeschlagenen Absatzwege vertrieben werden? Auch hier taucht wieder ein Problem der Kapazitätsnutzung auf. Es ist zu prüfen, ob und wieweit das neue Produkt durch die bestehende Verkaufsorganisation abgesetzt werden kann.

   Ist es auf andere oder zumindest doch auf mehr Verkaufsstellen angewiesen als das bisher vertriebene Sortiment, so entstehen auch hier zusätzliche Kosten. Das Bestreben des Verkaufs geht heute dahin, die eigenen Produkte zusammen mit solchen anzubieten, mit denen sie auch konsumiert werden, die also zueinander in einem gewissen Komplementärverhältnis stehen. Ein Hersteller, der sein Lebensmittelsortiment um Mayonnaise erweitert, muß daran denken, diese auch in Fischgeschäften oder

Fleischereien unterzubringen. Das bedeutet dann eine erweiterte Aufgabenstellung für den Verkauf, die natürlich mit Kosten verbunden ist.

4. Wieweit können dieselben Rohstoffe verwendet werden? Dieser kostenbeeinflussende Faktor ist mit dem zuerst genannten verwandt. Wieweit bestehen also vor allem in der Fertigung und Lagerhaltung Erfahrungen im Umgang mit den Rohstoffen für das neue Produkt? Wenn dieselben Rohstoffe benötigt werden, kann der Einkauf wegen der größeren Mengen billiger einkaufen. Ist das nicht der Fall, so muß er neue Geschäftsbeziehungen anbahnen. Ebenso müssen die Voraussetzungen für die sachgemäße Lagerung der neuen Rohstoffe geschaffen werden.

Diese vier Punkte demonstrieren, wohin die Überlegungen bei der Kalkulation des neuen Produktes gehen müssen. Davor liegt die Ermittlung der anderen Kosten. Das neue Produkt ist in seiner Zusammensetzung bestimmt; ebenso ist bekannt, was die neue Verpackung kostet. Nach Einbeziehung der zusätzlichen Beschaffungs- und Vertriebskosten ergibt sich so langsam ein Bild von den Selbstkosten.

Näher braucht hier auf die Kalkulation eines neuen Produktes nicht eingegangen zu werden, ist es wiederum eine technische Frage, die außerhalb der Darstellung bleiben soll. Entscheidend ist für diesen Zusammenhang, wieweit die Enwicklung des neuen Produktes jetzt gediehen ist: Das Unternehmen kann eine konkrete Vorstellung gewinnen, was es kosten würde, entsprechend einer Teilkostenkalkulation kurzfristig mit einem niedrigen Einführungspreis auf den Markt zu gehen. Entsprechend muß die Vollkalkulation angesetzt werden, die für langfristige Überlegungen zugrunde gelegt werden muß.

Durch die „Kosten-Plus“-Methode kann jetzt ein potentieller Preis für das Produkt ermittelt werden. Eine bestimmte prozentuale Gewinnmarge wird auf die Kosten aufgeschlagen. Diese Marge differiert von Branche zu Branche erheblich. Sie differiert selbstverständlich auch zwischen den einzelnen Unternehmen einer Branche.

Sie hängt auch davon ab, wem gegenüber der so ermittelte Preis gelten soll. Bei vertikaler Preisbindung werden der Fabrikabgabepreis und der Endabnehmerpreis bestimmt. Ersterer enthält die Gewinnmarge für den Hersteller, letzterer außerdem noch die Handelsspanne, das heißt Kosten und Gewinn von Groß- und Einzelhandel. Auch bei direktem Vertrieb gilt der so ermittelte Preis gegenüber dem Endverbraucher. — In jedem Fall entsteht so der Kostenpreis, das heißt derjenige Preis der die Kosten des neuen Produktes decken würde.

Ohne ein modernes Rechnungswesen wäre ein systematisches Marketing unmöglich. Es ist stets ein exakter Einblick in die Kosten- und Gewinnverhältnisse jedes einzelnen Produktes erforderlich, um unter Berücksichtigung des kalkulatorischen Ausgleichs das Preisgefüge mit dem angestrebten Gesamterlös erreichen zu können. Als Verfahren für eine solche Erlöskontrolle für preispolitische Zwecke empfiehlt sich der Vergleich zwischen variablen Kosten und Preis. Ein solcher Vergleich zeigt, zusammen mit Umsatzschätzungen, den Beitrag jedes Produktes zur Fixkostendeckung und zum Gewinn.

Produkte, die nicht im erforderlichen Ausmaß zur Fixkostendeckung beitragen, sollten nur dann aus dem Gesamtsortiment herausgenommen werden, wenn bessere Produkte gefunden werden können. Die meisten Sortimente enthalten solche Produkte, und zwar aus folgenden Gründen: einmal beschäftigen sie sonst leer laufende Maschinen und verteilen somit die fixen Kosten auf eine größere Zahl von Kostenträgern; zum anderen runden sie oft das Programm ab und stützen so mittelbar den Absatz der anderen Erzeugnisse. Drittens sind marktstrategische Gründe denkbar, die es geboten erscheinen lassen, ohne Rücksicht auf die Kosten einem Konkurrenzpreis zu begegnen.

In jedem Fall ist aber ein möglichst genauer Einblick in die Kostenverhältnisse erforderlich, um zu sehen, wie teuer die jeweils getroffene Entscheidung wird. Sehr viele Betriebe verfügen noch nicht über das für die preispolitischen Entscheidungen zutreffende, erforderliche Material. Vielfach wird mechanisch nach Aussagen der Durchschnittskostenrechnung entschieden oder sogar nur gefühlsmäßig zum Problem der Preisbestimmung Stellung genommen. Entweder wird dem Kostengesichtspunkt der Fertigung der Vorrang gegeben oder aber allein auf den Umsatz hin eine Entscheidung getroffen oder aber schließlich rein gefühlsmäßig irgendwo eine Mittellösung gewählt, die nur durch Zufall die richtige Entscheidung sein kann.

Der erste Schritt zur Bestimmung des Preises für ein neues Gut ist also die Bestimmung der Preisuntergrenze. Wegen der weiter oben gemachten Ausführungen über die Abhängigkeit der Kosten vom Marktpreis, von der Preisobergrenze, muß an dieser Stelle unterstrichen werden, daß es sich nur um eine annäherungsweise Schätzung der Preisuntergrenze handeln kann.

3.3.2 Die Bestimmung der Preisobergrenze

Die Fixierung der Preisobergrenze wird bestimmt durch die Marktfaktoren. Die in diesem Zusammenhang wichtigsten preisbestimmenden Marktfaktoren sind die Art des Gutes, die jeweilige Phase des Lebenszyklus und die konjunkturelle Situation.

Die Preisbestimmung muß zunächst die Art des Gutes berücksichtigen. Je nachdem, ob es sich um ein Produkt oder um eine Dienstleistung handelt, ergibt sich eine andere Problemstellung für die Preisbestimmung. Damit wird die Preisbestimmung für jedes Gut zu einer individuellen Aufgabe, für die sich Richtlinien nur sehr schwierig aufstellen lassen. Auch die jeweilige konjunkturelle Situation muß bei einer Preisbestimmung berücksichtigt werden. Die Preisbestimmung in einer Aufschwungphase muß von anderen Nachfrageelastizitäten als in der Abschwungphase ausgehen.

Wichtigster Marktfaktor für die Preisbestimmung aber ist die jeweilige Phase des Lebenszyklus eines Gutes.

3.3.2.0 Die Definition der Marktentwicklungsphasen

Die zunehmende Wachstumsrate von Produktneueinführungen ist eine allgemein bekannte Tatsache. Neue Güter liefern den Hauptbeitrag zum Unternehmenswachstum. Neue Güter haben einen maßgeblichen Einfluß auf die Gewinnsituation eines Unternehmens. Es lassen sich direkte Beziehungen zwischen den Ausgaben für Forschung und Entwicklung, den Investitionen für Produktneueinführungen und dem Unternehmenswachstum aufzeigen. Diejenigen Industrien, die den höchsten prozentualen Umsatzanteil für Forschung und Entwicklung und für Einführungsinvestitionen aufwenden, zeigen den stärksten Umsatzzuwachs. Man hat erkannt, daß die Güter bestimmte Marktentwicklungsphasen durchlaufen.

Die für die Unternehmen entscheidende Erkenntnis aus der obigen Darstellung ist der schon absinkende Gewinn bei noch steigendem Umsatz. Jedes Gut unterliegt früher oder

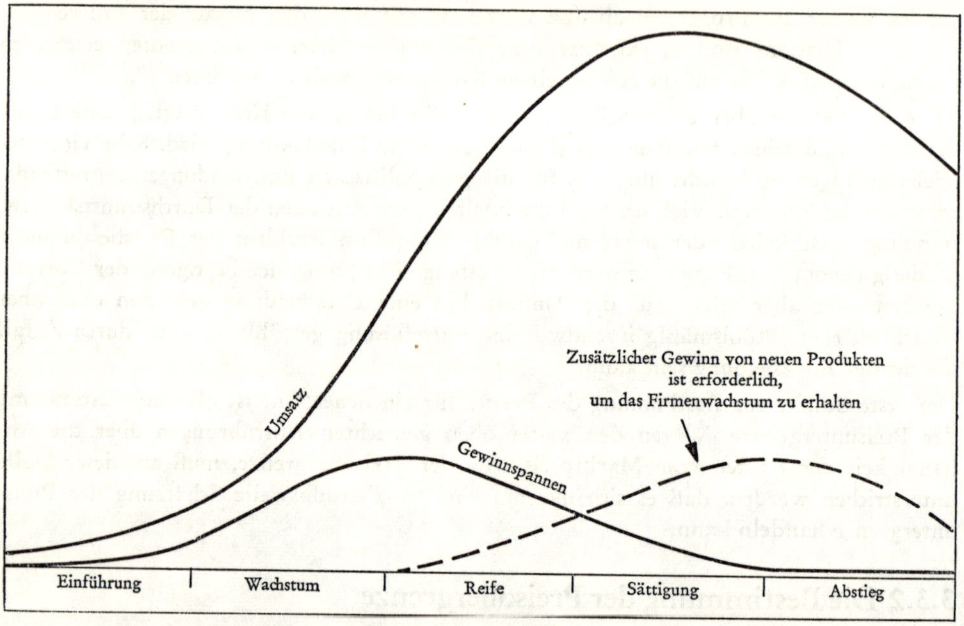

Abb. 26: Marktentwicklungsphasen neuer Produkte

später einem Substitutionswettbewerb und/oder einem für die Rentabilität vernichtenden Preiswettbewerb.

Das kontinuierliche Wachstum der Forschungsausgaben, der anhaltende technische Fortschritt und die zunehmende Fluktuation der Verbrauchereinstellungen als Folge der steigenden Einkommen verkürzen beständig die Lebensphase fast aller Güter. Die Konsequenzen für die Unternehmen sind eindeutig. Es müssen immer mehr neue Güter mit einer immer kürzeren Lebensphase eingeführt werden, um die Gewinne zumindest auf dem gewohnten Niveau halten zu können.

Die Konsequenzen für die Preispolitik sind ebenfalls eindeutig. Jedes neue Gut muß mit einem Preis ausgestattet auf dem Markt erscheinen. Die Bedeutung einer optimalen Preisbestimmung steigt angesichts der kürzer werdenden Zeitspanne, die zur Hereinholung der aufgewendeten Forschungs-, Entwicklungs- und Einführungsinvestitionen zur Verfügung steht.

Um nicht in den alten Zirkelschluß zu verfallen, soll an dieser Stelle noch einmal die Bedeutung der Bestimmung der Preisobergrenze für die Rentabilität von Investitionen aufgezeigt werden. Es muß grundsätzlich der Preis festgelegt werden, der zu einem Gesamtumsatz führt, welcher die Rentabilität der Gesamtinvestitionen maximiert. Dazu sollten zunächst verschiedene Preise und die diesen Preisen entsprechenden Zusätze geschätzt werden. Anschließend lassen sich die diesen Umsätzen entsprechenden direkten Kosten und somit Deckungsbeiträge sowie erforderliche Investitionen ableiten. Schließlich ist dann der Preis mit dem günstigsten Verhältnis von Gesamtdeckungsbeitrag zu Gesamtinvestitionen auszuwählen.

Auch bei dieser Beziehung zwischen Bestimmung der Preisobergrenze und der Rentabilität von Investitionen muß die Lebensphase des betreffenden Gutes beachtet werden. In Anlehnung an Ernst Heuss soll hier zwischen vier Marktentwicklungsphasen für Güter — die Experimentierungsphase, die Expansionsphase, die Ausreifungsphase sowie die Stagnations- und Rückbildungsphase — unterschiedlich werden! Die Marktentwicklungsphase eines Gutes umfaßt die Zeitspanne von der Markteinführung bis zu einer Herausnahme des Gutes aus dem Markt. Die Bestimmung der Lebensphase eines Gutes kann entweder retrospektiv aufgrund der Istzahlen oder prospektiv aufgrund der Planzahlen erfolgen. Die Istzahlen der bisherigen Marktentwicklung dienen der Abschätzung des zukünftigen Phasenverlaufes.

Je umfassender und genauer die Istdaten, desto stärker konzentriert sich das Interesse auf die zu erwartenden Wachstums- oder Schrumpfungsraten. Diese Wachstums- oder Schrumpfungsraten lassen die Entwicklungstrends der zur Bestimmung der Marktentwicklungsphasen eines Gutes heranzuziehenden Kennziffern wie Umsatz, Absatz, Deckungsbeitrag, Preis, Marktanteil und return on investment erkennen. Die Analyse des Entwicklungstrends dieser Kennziffern, die Analyse der jeweiligen Marktentwicklungsphasen eines Gutes bildet eine ausgezeichnete Grundlage für die Auswahl und Einsatzintensität des absatzpolitischen Instrumentariums. Verschiedene Kombinationen des absatzpolitischen Instrumentariums können etwa zu folgenden unterschiedlichen Umsatzverläufen führen:

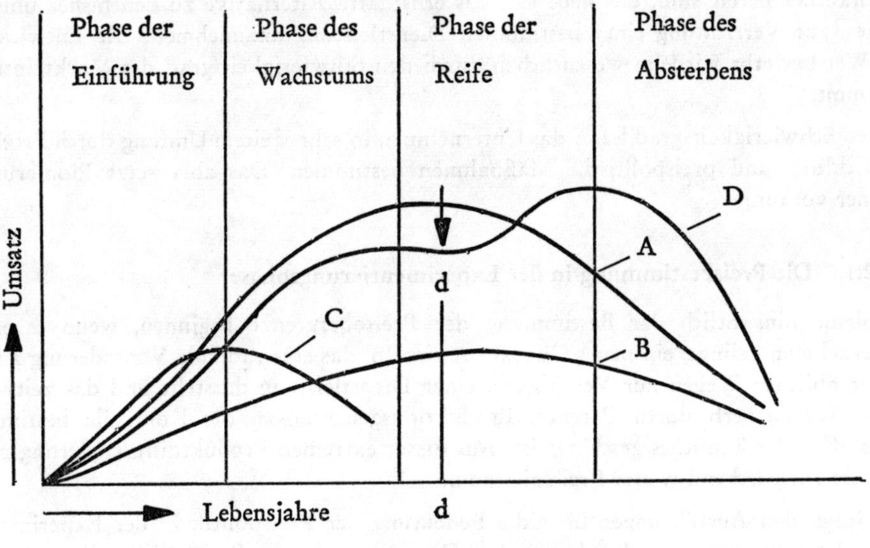

Verlauf typischer Lebenszyklen von Produkten

A Normalzyklus
B Wachstumsschwaches Erzeugnis
C Gescheiterte Neueinführung
D Zyklus bei Verbesserung im Zeitpunkt d

Abb. 27: Verlauf typischer Lebenszyklen von Produkten

Es muß an dieser Stelle bereits einleuchten, daß die Bedeutung der Preispolitik sich in der Expansionsphase von der in der Stagnations- und Rückbildungsphase unterscheiden muß.

3.3.2.1 Die Preisbestimmung in den verschiedenen Marktentwicklungsphasen

Die Lebensdauer fast aller Güter ist begrenzt. Die Experimentierungsphase ist durch sehr zögernde Marktaufnahmebereitschaft und fließendes Design gekennzeichnet. Die Expansionsphase ist durch schnell wachsende Verbraucherakzeptanz geprägt. Die Ausreifungsphase zeichnet sich durch zunehmenden Wettbewerb und wachsende Substituierbarkeit aus. Die Stagnations- und Rückbildungsphase ist aus stagnierenden oder schrumpfenden Umsätzen erkennbar. Die Zusammensetzung der einzelnen Marketing-Strategien ändert sich während der verschiedenen Marktentwicklungsphasen beständig. Die Preispolitik muß den jeweiligen Marktentwicklungsphasen angepaßt sein.

Diese Änderung der Bedeutung der Preispolitik hängt von zwei Entwicklungen ab, die normalerweise parallel verlaufen. Die zunehmende technische Ausreifung läßt sich an der abnehmenden Gewichtung der Produktentwicklung erkennen. Neben dem starken Einfluß der technischen Entwicklung beeinflußt aber auch die wirtschaftliche Entwicklung, d. h. einerseits die Entwicklung der Aufnahmebereitschaft durch die Verbraucher und andererseits die Entwicklung des Wettbewerbs, den Alterungsprozeß der Güter. Die Aufnahmebereitschaft durch die Verbraucher ist gekennzeichnet durch das Ausmaß, in dem Verbraucher bereit sind, das neue Gut als ernsthafte Alternative zu den bisher üblichen Wegen zur Verrichtung einer bestimmten Dienstleistung anzunehmen. Die Entwicklung des Wettbewerbs wird im wesentlichen durch den Schwierigkeitsgrad des Markteintrittes bestimmt.

Diesen Schwierigkeitsgrad kann das Unternehmen in sehr weitem Umfang durch Produktentwicklung und preispolitische Maßnahmen bestimmen. Das aber setzt Pionierunternehmer voraus.

3.3.2.1.0 Die Preisbestimmung in der Experimentierungsphase

Probleme hinsichtlich der Bestimmung der Preisobergrenze beginnen, wenn es einem Unternehmen gelingt, ein neues Gut zu entwickeln, das eine radikale Veränderung zu den bisher üblichen Wegen zur Verrichtung einer Dienstleistung darstellt und das zeitweilig gegen Wettbewerb durch Patente, Produktionsgeheimnisse, die Kontrolle bestimmter Rohstoffe oder ähnliches geschützt ist. Aus dieser extremen Produktdifferenzierung resultiert ein entsprechend weiter Preisspielraum.

Die folgenden Ausführungen über die Bedeutung der Preispolitik in der Experimentierungsphase werden von den bekannten Darstellungen zur Preispolitik, die ein genau definiertes Produkt mit einer genau definierten Nachfrage unterstellen, beträchtlich abweichen. In der Experimentierungsphase gibt es kein Produkt und keinen Markt im üblichen Sinne. Die überragende Bedeutung der Preispolitik in der Experimentierungsphase läßt sich aus der Bestimmung der Preisobergrenze für das neue Gut als entscheidende Aufgabe ableiten. Der Preis, mit dem ein neues Gut auf dem zu schaffenden Markt erscheint, bestimmt im wesentlichen den Verlauf der Marktentwicklungsphasen.

Die Überlegungen zur Bestimmung der Preisobergrenze lassen sich zur besseren Veranschaulichung in folgende Gruppen zergliedern:

1. Die Abschätzung der Nachfrage
2. Die Festlegung des Marktzieles
3. Die Entscheidung über die Marketing-Strategie.

Die Abschätzung der Nachfrage kann in folgende Schritte zerlegt werden:

1. Die Abschätzung der Abnahmebereitschaft durch die Verbraucher
2. Die Abschätzung des für den Verbraucher noch wirtschaftlich interessanten Preisbereiches
3. Die Abschätzung der den verschiedenen Preisen entsprechenden Umsätze.

Bei der Abschätzung der Aufnahmebereitschaft durch die Verbraucher spielt die Güterart natürlich eine entscheidende Rolle. Doch darauf wird im nächsten Abschnitt näher eingegangen. Generell sind folgende Fragen zu stellen: Wieviel potentielle Abnehmer gibt es für das neue Gut? Inwieweit stellt das neue Gut einen besseren Weg in der Leistung eines bestimmten Dienstes? Welche Verbesserungen führen zu einer noch befriedigenderen Dienstleistung? Welcher Anteil der potentiellen Verbraucher könnte überzeugt werden, das bisher verwendete Gut durch das neue zu substituieren?

Es ist durchaus nicht unzweckmäßig, an dieser Stelle zu unterstellen, daß der spätere Preis innerhalb der für die Verbraucher wirtschaftlich interessanten Bereiche liegen wird, ohne eine genaue Vorstellung von diesem Bereich zu haben. Die Bestimmung dieses Bereiches kann mit einer Befragung des Handels beginnen, der im allgemeinen über eine recht gute Einsicht in die Wertvorstellungen der Verbraucher verfügt. Für Rohstoffe und Investitionsgüter hat sich die Befragung einer repräsentativen Gruppe von erfahrenen Abnehmern als sehr zweckmäßig erwiesen. Für Konsumgüter ist eine Anzahl von Untersuchungsmethoden entwickelt worden, die aber alle keine genaue Preisbestimmung ermöglichen. Diese Unterlagen sind aber dennoch wertvoll, weil sie Anhaltspunkte über die Preiselastizitätswerte und Hinweise über preispositive qualitätspolitische Maßnahmen vermitteln.

Eine weitere Einengung des möglichen Preisspielraumes ergibt sich aus einer Abschätzung der den verschiedenen Preisen entsprechenden Umsätze. Diese Abschätzung beginnt mit der Ermittlung des Preises des Gutes, dessen Dienstleistungen durch das neue Gut verdrängt wird. Für Rohstoffe und Investitionsgüter läßt sich dieser Vergleich wiederum relativ leicht anstellen. Häufig wird aber der Vergleich durch Qualitätsunterschiede erschwert. Dies gilt besonders für Konsumgüter. Es ist daher außerordentlich schwer, zu bestimmen, wieviel potentielle Verbraucher unter Einbeziehung von möglichen Preisreaktionen der substituierten Wettbewerbsgüter durch einen niedrigen Preis gewonnen und wieviele durch einen hohen Einführungspreis gewonnen werden. Stark vereinfacht hat das Unternehmen für den Einführungspreis die Alternative zwischen einer gewinnorientierten Hochpreiseinführung und einer wettbewerbsorientierten Niedrigpreiseinführung.

Für Güter mit einer erheblich verbesserten Dienstleistung hat sich eine Hochpreiseinführung, verbunden mit einer starken Einführungskampagne, als recht erfolgreich erwiesen. Für den Erfolg dieser Hochpreiseinführung lassen sich drei Erklärungen anführen. Generell ist die Preiselastizität in der Experimentierungsphase erheblich geringer als in der Expansionsphase oder gar in der Ausreifungsphase. Diese geringe Preiselastizität ist besonders ausgeprägt für Konsumgüter. Der Wert der neuen Dienstleistung ist den Verbrauchern noch nicht vertraut, die Werbeelastizität und zum Teil auch die Vertriebselastizität sind dementsprechend hoch.

Der Zahl der Substitutionsgüter und damit die Kreuzpreiselastizität sind ebenfalls niedrig. Mit einer Hochpreiseinführung läßt sich der Markt in Segmente unterschiedlicher Preiselastizitäten aufteilen. Es wird zunächst jene Verbraucherschicht versorgt, die bereit ist, extrem hohe Preise zu zahlen. Mit sukzessiven Preissenkungen werden nach und nach weitere Preisschichten mit höheren Preiselastizitäten erschlossen. Diese Hochpreiseinführungspolitik hat den Anschein eines geringeren Einführungsrisikos. Angesichts einer nur in Umrissen bekannten Preiselastizität dient ein hoher Einführungspreis als Kriterium für die Aufnahmebereitschaft durch die Verbraucher in der Experimentierungsphase. Eine zögernde Verbraucherakzeptanz zwingt die Unternehmen zu Maßnahmen zur Kostensenkung und Qualitätsverbesserung. Schließlich sind auch nur wenige Unternehmen in der Lage, das Hereinholen der hohen Forschungs- und Entwicklungskosten sowie der Einführungsinvestitionen über einen weiten Zeitraum auszudehnen. Die Hochpreiseinführung erscheint in diesem Zusammenhang als zweckmäßige Finanzierungsmethode angesichts der Unsicherheiten in der Zukunft.

Der Gegenpol zur Hochpreiseinführung, die Preissenkungen nur als Mittel zur schrittweisen Erschließung neuer Verbraucherschichten und als Instrument zur Erhaltung der Wettbewerbsfähigkeit ansieht, ist die Niedrigpreiseinführung mit dem Ziel rascher Durchsetzung der neuen Güter bei den Verbrauchern, eben über den niedrigen Preis. Die Niedrigpreiseinführung begibt sich der Chance einer Abschöpfung der Verbraucherrendite bei den verschiedenen Preiselastizitäten.

Die mehr aktive Niedrigpreiseinführung erfordert in ihrem Bemühen um Auslotung der Marktpotentiale während der Experimentierungsphase neben Erfahrung in der Marktforschung und der Marktprognose auch unternehmerischen Mut. Die Entscheidung für eine Niedrigpreispolitik muß nicht nur in Verbindung mit der Einführung getroffen werden, sie kann in allen Marktentwicklungsphasen gefällt werden. Die Entscheidungsmöglichkeiten für eine Hochpreispolitik sind wesentlich begrenzter, sie beschränken sich im wesentlichen auf die Einführung. Die Entscheidung über eine Niedrigpreispolitik stellt sich spätestens gegen Ende der Expansionsphase erneut. Die Ausreifungsphase vieler Güter konnte durch die Entscheidung für eine drastische Preissenkung erheblich ausgedehnt werden. Eine Niedrigpreiseinführung empfiehlt sich für Güter mit für die Experimentierungsphase relativ hohen Preiselastizitäten und einer hohen Wahrscheinlichkeit starken Wettbewerbzuwachses schon während der Experimentierungsphase. Weiter unten wird zu erkennen sein, daß der Wettbewerb eine Funktion der Marktentwicklungsphasen ist. Er entsteht normalerweise während der Expansionsphase, erreicht seinen Höhepunkt in der Ausreifungsphase und ist überwältigend in der Stagnations- und Rückbildungsphase. Häufig kann aber eine Niedrigpreiseinführung das Eintreten des Wettbewerbs wesentlich hinauszögern. Damit empfiehlt sich eine Niedrigpreiseinführung vor allem für Güter mit potentiell großen Märkten. Für Niedrigpreiseinführungen, die hohe Gesamtinvestitionen erfordern, besteht allerdings die Gefahr, daß es infolge des im Zeitablauf zunehmenden Wettbewerbs nicht gelingt, wie geplant die Investitionen über einen bestimmten Zeitraum hereinzuholen. Neben diesen finanziellen Überlegungen müssen dann aber auch die positiven Auswirkungen einer Niedrigpreispolitik auf den Absatz der anderen Güter und damit die langfristige Entwicklung der Unternehmen insgesamt berücksichtigt werden.

Nach der Abschätzung der Aufnahmebereitschaft und der den einzelnen wirtschaftlich interessanten Preisen entsprechenden Umsätze steht das Unternehmen vor der Aufgabe der Festlegung des Marktzieles, der Bestimmung des geplanten Marktanteiles für das neue Gut. Mit der Entscheidung für einen bestimmten Marktanteil wird automatisch gleichzeitig auch die Höhe des Umsatzes und das Ausmaß der Produktionskosten bestimmt. Es sei an dieser Stelle noch einmal betont. Die Umsätze bestimmen die Produktionskosten und die Preishöhe entscheidend, weitgehend über den zu erzielenden Umsatz.

Die Erreichung des Marktzieles erfordert den Einsatz der Marketing-Strategie. In der Marketing-Strategie wird die zur Erreichung des Marktzieles optimale Kombination des absatzpolitischen Instrumentariums bestimmt. In der Experimentierungsphase stellt dieser Umsatz des absatzpolitischen Instrumentariums eine Investition zur Nachfragekreierung dar, die erst im Verlauf der späteren Marktentwicklungsphasen wieder hereingeholt werden kann. Die Last der Nachfragekreierung der Marktbildung trägt der Pionierunternehmer. Will dieser Pionierunternehmer nicht den Wohltäter für die Imitatoren spielen, dann ist er gezwungen, seine preispolitischen Möglichkeiten in dem Zeitraum vor Markteintritt der Imitatoren voll auszuschöpfen. Er ist gezwungen, sowohl den finanzpolitischen Aspekt preispolitischer Maßnahmen genauestens zu beobachten. Er steht vor der Entscheidung für eine Hochpreiseinführung oder eine Niedrigpreispolitik.

Eine Hochpreiseinführung erhöht die Kosten der Nachfragekreierung. Übersteigen die zur Nachfragekreierung erforderlichen Investitionsmittel die in der Praxis überlicherweise beschränkten disponiblen Kapitalmittel, dann muß entweder das angestrebte Nachfragekreierungsvolumen und damit das angestrebte Marktziel herabgesetzt werden, oder der Einführungspreis, der durch den Einsatz der restlichen, absatzpolitischen Instrumente nach oben abgestützt wird, muß niedriger angesetzt werden. Die Preispolitik der Experimentierungsphase bestimmt damit sehr wesentlich den Verlauf der weiteren Marktentwicklungsphasen für das neue Gut.

3.3.2.1.1 Die Preisbestimmung in der Expansionsphase

Die Bemühungen der Experimentierungsphase haben die allgemeine Zurückhaltung gegenüber dem neuen Gut überwinden können. Nicht nur die kleine Gruppe der „opinion leader“, die Neuerungen stets aufgeschlossen ist, sondern breite Nachfrageschichten haben ihr Mißtrauen verloren, nachdem das neue Gut von anderen ausprobiert wurde und sich bewährt. Mit dieser Selbstentzündung der Nachfrage öffnet sich der eigentliche Markt, die Nachfrage nimmt den Verlauf von A an. Der Verlauf von B soll eine Neueinführung darstellen, bei der die Selbstentzündung der Nachfrage nicht eintritt.

Die Unternehmen müssen sich damit abfinden, daß fast alle Güter die vier Marktentwicklungsphasen durchlaufen. Sie können zwar einen neuen Markt kreieren, aber nicht die Expansionsphase verewigen. Sie können durch die Auswahl bestimmter Marketing-Strategien aber in sehr starkem Umfange die Länge und den Verlauf der einzelnen Marktentwicklungsphasen bestimmen. Der Einfluß der Preispolitik in diesem Zusammenhang wurde für die Experimentierungsphase weiter oben dargelegt.

Nun sind die Auswirkungen der Preispolitik in der Experimentierungsphase auf den Verlauf der Expansionsphase und die Gestaltungsmöglichkeiten der Preispolitik in der Expansionsphase selbst auszuführen. Während die Marketing-Strategie der Experimentie-

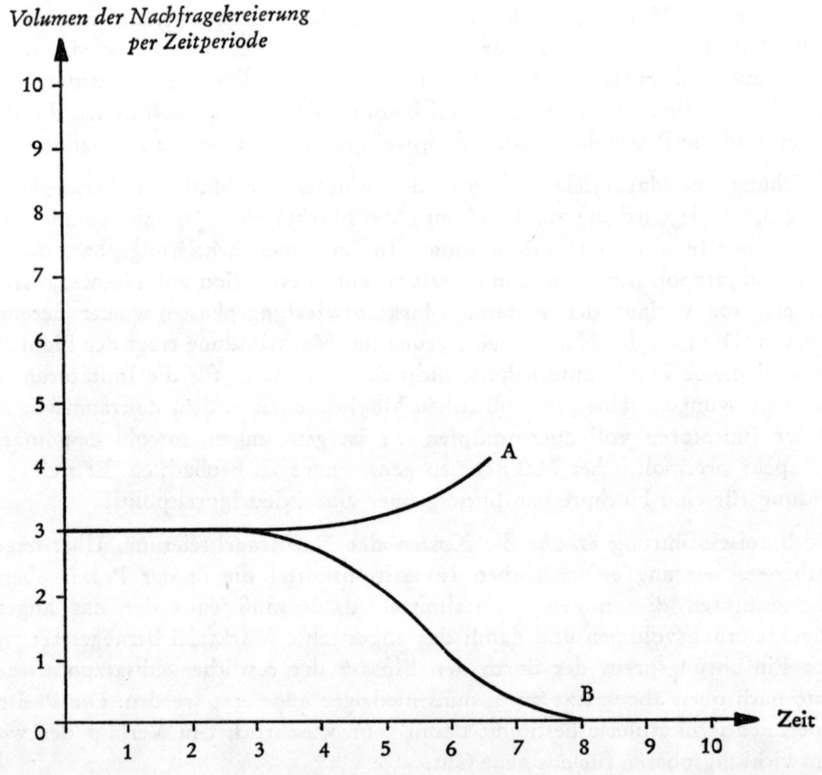

Abb. 28: Darstellung der Nachfrageentwicklung bei Neueinführung eines Produktes

rungsphase den grundsätzlichen Verlauf der Marktentwicklungsphasen weitgehend bestimmt, entscheidet die Marketing-Strategie der Expansionsphase über die Gestaltung des Wettbewerbs! Damit wird bereits deutlich, daß die Marketing-Strategien den verschiedenen Marktentwicklungsphasen angepaßt werden müssen. Die Bedeutung der Preispolitik ist damit eine Funktion der Marktentwicklungsphase. Der Erfolg der Marketing-Strategie in der Expansionsphase läßt sich an der Entwicklung der Wettbewerbsposition in den späteren Marktentwicklungsphasen ableiten.

Aus der obigen Darstellung wird verständlich, daß es in der Experimentierungsphase noch keinen Wettbewerb gibt. Dieser entsteht allmählich im Verlauf der Expansionsphase durch den Markteintritt der Imitatoren. Mit Eintritt der Selbstentzündung der Nachfrage zeichnet sich zum ersten Male in groben Umrissen ein Markt ab, auf dem Angebot und Nachfrage zusammentreffen. Damit ergibt sich zum ersten Male die Möglichkeit der Ableitung der Preis-Absatzrelation in groben Umrissen und somit der ersten Grobschätzung der Preiselastizität der Nachfrage. Bei der Nachfrage handelt es sich nicht um die in der Theorie üblicherweise unterstellte Wiederholungsnachfrage, sondern um die Nachfrage eines kontinuierlich anwachsenden Stromes neuer Verbraucher. Erst allmählich wird eine Wiederholungsnachfrage spürbar. Dieses Anwachsen der Nachfrage ermöglicht einerseits eine genauere Bestimmung der Preiselastizität. Die Ungewißheit über die Wachstumsrate der Nachfrage erschwert andererseits die Abschätzung der Preiselastizität.

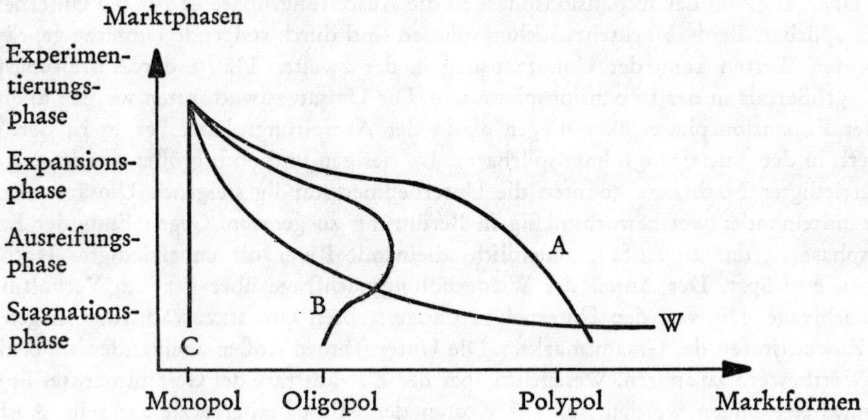

Abb. 29: Entwicklung des Marktes bei verschiedenen Wettbewerbspositionen

Die Preispolitik steht damit in der Expansionsphase keineswegs vor einer leichteren Aufgabe als in der Experimentierungsphase. Zwar stellt die Ausdehnung der Nachfrage in der Expansionsphase einen autonomen Prozeß dar, der von Einkommensänderungen während dieser Periode und somit vom Preis weitgehend unabhängig verläuft, doch die Preishöhe begrenzt einerseits das Ausmaß der potentiellen und noch nicht ausgeschöpften Nachfrage und beeinflußt andererseits die Entscheidungen der Initiatoren über den Markteintritt. Eine Hochpreispolitik wird ihren Markteintritt beschleunigen. Eine Niedrigpreispolitik kann sie gänzlich von einem Markteintritt abhalten.

Die Ausschöpfung des Marktpotentials kann auch durch eine Hochpreispolitik, verbunden noch mit dem Vorteil einer Abschöpfung der Verbraucherrendite, durch sukzessive Preissenkungen kurz vor Erreichen der Marktgrenze einer bestimmten Verbraucherschicht gewährleistet werden. Die Kreierung und Ausschöpfung zusätzlicher Nachfrage in der Expansionsphase durch die Erschließung neuer Verbraucherschichten infolge von sukzessiven Preissenkungen stellt nicht die eigentliche Schwierigkeit der Preispolitik in der Expansionsphase dar, obwohl dies sicherlich die wichtigste Aufgabe darstellt.

Die schwierigste Aufgabe der Preispolitik in der Expansionsphase ist die Sicherung einer optimalen Wettbewerbsposition für die späteren Marktentwicklungsphasen. Eine Niedrigpreiseinführung würde diese Aufgabe wesentlich erleichtern. Sie erhöht aber das Investitionsrisiko. Eine Hochpreiseinführung verringert nicht nur dieses Risiko, sondern kann auch das Ansammeln von Kapitalmitteln ermöglichen, die im Falle eines drohenden Markteintrittes durch Imitatoren eine zeitlich begrenzte drastische Preissenkung gestatten, die den Imitatoren die Lust am Markteintritt nimmt oder sie vorzeitig zum Rückzug aus dem Markt zwingt. Der Preispolitik als besonders gewichtigem Instrument der Marketing-Strategie stellt sich in der Expansionsphase die zweifache Aufgabe der Sicherung der weiteren Nachfrageexpansion und der zukünftigen Wettbewerbsposition.

3.3.2.1.2 Die Preisbestimmung in der Ausreifungsphase

Der Übergang von der Expansionsphase in die Ausreifungsphase ist für die Unternehmen kaum spürbar. Beide Marktentwicklungsphasen sind durch steigende Umsätze geprägt. In absoluten Werten kann der Umsatzanstieg in der zweiten Hälfte der Ausreifungsphase sogar größer als in der Expansionsphase sein. Die Umsatzzuwachsraten werden allerdings in der Expansionsphase höher liegen als in der Ausreifungsphase. Ferner ist der Wettbewerb in der Ausreifungsphase spürbarer. Im riesigen und noch größer werdenden Meer unbefriedigter Nachfrage konnten die Unternehmer ständig steigende Umsätze erzielen, ohne miteinander wettbewerbsmäßig in Berührung zu geraten. Gegen Ende der Expansionsphase ist das zu Anfang unendlich scheinende Reservoir unbefriedigter Nachfrage nahezu erschöpft. Der Anteil der Wiederholungsnachfrage überwiegt im Verhältnis zur Erstnachfrage. Die von den Unternehmen angestrebten Umsatzzuwachsraten liegen über den Zuwachsraten des Gesamtmarktes. Die Unternehmen stoßen aneinander, sie beginnen den Wettbewerb zu spüren. Wesentlich über der Zuwachsrate des Gesamtmarktes liegende Umsatzsteigerungen werden nur auf Kosten der Mitbewerber erzielbar sein. Auch mit dem Übergang von der Expansionsphase in die Ausreifungsphase wird für die Unternehmen eine neue Marketing-Strategie erforderlich. Je eher also ein Unternehmen bemerkt, daß es sich bereits in der Ausreifungsphase befindet, desto eher kann es sich auf die geänderten Wettbewerbsverhältnisse mittels einer neuen Marketing-Strategie einstellen, eine desto günstigere Ausgangsposition für den geänderten Wettbewerb in der Ausreifungsphase kann es sich aufbauen. An folgenden Symptomen kann das Unternehmen erkennen, daß es sich in der Ausreifungsphase befindet. Unter den Verbrauchern macht sich eine geringere Markentreue bemerkbar, die es angesichts der steigenden Kreuzpreiselastizitäten erschwert, einen über den Mitbewerbern liegenden Preis zu fordern. Diese abnehmende Markentreue wird durch eine erkennbare Verringerung der Qualitätsunterschiede deutlich unterstrichen. Im Konsumgüterbereich erscheinen zu diesem Zeitpunkt die ersten Handelsmarken. Bei Investitionsgütern und betragsabhängigen Konsumgütern überwiegt die Ersatznachfrage im Verhältnis zu Neunachfrage.

Die wichtigsten Verbraucherschichten sind bereits erschlossen. Als Neunachfrage bieten sich nur noch jene Randschichten an, deren Verbraucher auch ein Allgemeingut wegen ihrer besonders konservativen Einstellung nur bei erheblich stärkerem Einsatz des absatzpolitischen Instrumentariums nachfragen. Während die Grenzkosten der Nachfragekreierung in der Experimentierungsphase und in der Expansionsphase konstant waren oder sich nur allmählich erhöhten, steigen sie nun stark an.

Für die Preispolitik beinhaltet diese Feststellung drastischere Preissenkungen als in der Expansionsphase oder zum ersten Male Preissenkungen überhaupt, denn für die Expansionsphase können relative Preissenkungen ausreichend gewesen sein. Der Effekt dieser im Ausmaß größeren Preissenkungen in der Ausreifungsphase auf die Nachfrage ist aber geringer als in der Expansionsphase. Die Erklärung hierfür ist das Absinken der Preiselastizitäten der Nachfrage im Verlauf der einzelnen Marktentwicklungsphasen. Das Absinken der Preiselastizitäten folgt einerseits aus der absoluten Reduzierung der Preise selbst und/oder andererseits aus den durch Einkommenserhöhungen bedingten Veränderungen der Verbraucherwertskalen. An dieser abnehmenden Tendenz der Preiselastizität ändert auch die vorübergehende Zunahme der Preiselastizität gegen Ende der Expansionsphase und zu Beginn der Ausreifungsphase nichts, die eine Folge der Paretoschen Einkommensverteilung und der S-förmigen Verläufe der Nachfragekurve ist. Gegen Ende der Ausreifungsphase sinkt die Preiselastizität der Nachfrage dafür um so stärker. Die Erschließung von Randverbraucherschichten stellt sich somit als eine sehr kostspielige Aufgabe der Preispolitik in der zweiten Hälfte der Ausreifungsphase dar.

Eine der beiden Aufgaben, die sich der Preispolitik zu Beginn der Ausreifungsphase stellen, ist die Stabilisierung oder gar weitere Erhöhung des erreichten Marktanteils. Das Unternehmen muß sich entscheiden, welchen Platz es auf der Preisskala in der Ausreifungsphase einnehmen will.

Die Entscheidung für einen Platz ganz unten erfordert nicht nur wiederum eine entsprechende Anpassung der Marketing-Strategie, mit Sicherheit eine Reduzierung qualitätspolitischer Maßnahmen, sondern auch die Einbeziehung möglicher Reaktionen der Wettbewerber angesichts der hohen Kreuzpreiselastizitäten. Sie empfiehlt sich also nur zur Behauptung oder zur Erreichung der absoluten Marktführerschaft. Andernfalls ist eine vorsichtige Preispolitik mit dem Ziel der Verlagerung des Wettbewerbs auf die anderen absatzpolitischen Instrumente zweckmäßiger.

Für Konsumgüter ergibt sich für die Preispolitik gegen Ende der Expansionsphase noch die Aufgabe der Eindämmung von Handelsmarkeneinführungen. Handelsmarken, die nicht mit den hohen Investitionen für Forschung und Entwicklung sowie der Nachfragekreierung in der Experimentierungsphase belastet sind, können preislich erheblich günstiger angeboten werden. Ihr Erfolg im Markt beruht fast ausschließlich auf erheblicher Preisunterbindung und bevorzugter Placierung am Verkaufspunkt. Daher muß die Eindämmung von Handelsmarken auch im wesentlichen über preispolitische Maßnahmen erfolgen. Eine Hochpreispolitik gegen Ende der Expansionsphase begünstigt die forcierte Einführung von Handelsmarken in der Ausreifungsphase.

Den preistheoretischen Arbeiten der Betriebswirtschaftslehre und der Volkswirtschaftslehre liegt in der Regel die Angebots- und Nachfragestruktur der Ausreifungsphase zugrunde. Die begrenzte Aussagefähigkeit dieser statistischen Analysen sollte an dieser Stelle bereits deutlich werden.

3.3.2.2 Die Preisbestimmung in der Stagnations- und Rückbildungsphase

Während der Ausreifungsphase wird der Zeitpunkt erreicht, an dem die Umsatzzuwachsraten des Gutes nicht nur stagnieren, sondern sich sogar rückläufig entwickeln. Gegen Ende der Ausreifungsphase sind die Umsatzzuwachsraten für das Gut oder genauer gesagt, für die gesamte Güterkategorie auf das Niveau der Wachstumsrate der Volkswirtschaft abgesunken. Die Güterkategorie befindet sich in der Stagnationsphase. Dabei können einzelne, diese Güterkategorie anbietende Unternehmen sehr wohl noch überdurchschnittliche Umsatzwachstumsraten erzielen, was aber nichts anderes bedeutet, als daß andere Unternehmen der Branche unterdurchschnittlichen Umsatzzuwachs aufweisen.

Mit der Stagnationsphase verlieren die Unternehmen die Möglichkeiten der aktiven Marktgestaltung. Außerhalb der Marktstruktur liegende Faktoren gewinnen einen zunehmend stärker werdenden Einfluß auf den Marktverlauf. In der Stagnationsphase ist der Kampf noch unentschieden. In der Rückbildungsphase, wenn die Wachstumsrate der Volkswirtschaft die der Güterkategorie übertrifft und sogar die führenden Unternehmen der Branche Mühe haben, die Wachstumsrate der Volkswirtschaft zu erreichen, ist der Kampf verloren. Statt einer Marketing-Strategie müssen die Unternehmen nun eine Anpassungs-Strategie verfolgen.

Auch die Preispolitik verliert ihre aktive Gestaltungsrolle auf den Marktverlauf. Durch weitere Preissenkungen können keine neuen Verbraucherschichten mehr erschlossen werden. Die Preiselastizität ist starr und nimmt mit der Entwicklung von der Stagnationsphase zur Rückbildungsphase noch weiter ab, ohne daß Preissenkungen zu dieser Verringerung beitragen. Die zunehmende Starrheit der Preiselastizität der Nachfrage ist in der Stagnations- und Rückbildungsphase ausschließlich eine Funktion der durch Einkommenssteigerung geänderten Wertskala. Neue Güter gelangen mit steigendem Einkommen zuerst als nicht lebensnotwendige in den Begehrkreis der Verbraucher. Die Einkommenselastizität ist zunächst größer als die Preiselastizität. Mit weiter steigendem Einkommen sinken sie zu lebensnotwendigen Gütern ab. Die Einkommenselastizität ist dann kleiner als die Preiselastizität. Die Einkommenselastizität sinkt also mit steigendem Einkommen stärker ab als die Preiselastizität. Das Einkommen ist, verglichen mit den Güterpreisen, somit der stärkere Bestimmungsfaktor der Nachfrage. Steigendes Einkommen unterstützt die Tendenz zu Preiserhöhungen, die zu höheren oder weniger stark sinkenden Preiselastizitäten führen.

Das Umschlagen des Wertes der Einkommenselastizität im Verlauf der steigenden Einkommensentwicklung von größer in kleiner als die Preiselastizität kann bei einer Preiselastizität von kleiner oder größer als —1 erfolgen. Für den reicheren Volkswirtschaftlichen scheint die Zahl der Güter, bei denen das Umschlagen der Einkommenselastizität bei einer Preiselastizität von kleiner als —1 erfolgt, höher zu sein als bei ärmeren Volkswirtschaften. Dies ist erstens bedingt durch die raschere Einkommensentwicklung, ferner durch die intensivere Reaktion der Mitbewerber, deren Maßnahmen die Substitutionsmöglichkeiten erhöhen, schließlich durch das stärkere Nachfragepotential der mittleren Einkommensschichten und letztlich auch durch den Einsatz des absatzpolitischen Instrumentariums, der einem allzu schnellen Absinken der Preiselastizitäten entgegenzuwirken versucht.

Damit wird auch verständlich, warum Preiserhöhungstendenzen in reicheren Volkswirtschaften erst wieder in der Stagnations- und Rückbildungsphase auftreten. Erst in dieser späten Marktentwicklungsphase ist die Preiselastizität größer als —1, obwohl die Einkommenselastizität schon für eine längere Periode kleiner als 1 ist, d. h. die Produktkategorie nur noch unterproportional vom wachsenden Einkommen profitiert. Erst zu diesem Zeitpunkt führen Preiserhöhungen zu einem unterproportionalen Absatzrückgang. Bis gegen Ende der Ausreifungsphase konnten Umsatzsteigerungen durch Preissenkungen erzielt werden, wenn von einer Einsatzänderung der restlichen absatzpolitischen Instrumente einmal abgesehen wird. In der Stagnationsphase kehrt sich dieser Prozeß um. Bei konstanten Absatzmengen kann in der Stagnationsphase ein bescheidener Umsatzzuwachs durch Preissteigerung erzielt werden. Daß diese Preiserhöhungen den weiteren Abschwung durch zusätzliche Einengung der Nachfrage noch verstärken und den Übergang von der Stagnationsphase in die Rückbildungsphase noch beschleunigen, soll deutlich unterstrichen werden.

In der Rückbildungsphase wird der Marktverlauf vollends durch außerhalb der eigentlichen Marktstruktur liegende Faktoren bestimmt. Die zunehmend spürbare Markteinengung wird am stärksten durch neue, in der Expansionsphase sich befindende Güter hervorgerufen. Dieser Druck nimmt in dem Ausmaß der sukzessiven Preissenkungen der neuen Güter zu. Es kann sogar zu einer vollständigen Verdrängung aus dem Markt kommen, da Preissenkungen für das alte Gut nur zu stark unterproportionalem Absatzzuwachs führen und Preiserhöhungen den ohnehin schon engen Markt noch weiter verkleinern. Die Preispolitik kann in der Stagnationsphase und vor allem in der Rückbildungsphase nur noch reagieren, sie hat ihre Bedeutung als absatzpolitisches Instrument verloren.

3.3.2.3 Die Beeinflussung der Nachfrage durch die Marketing-Strategie

In der Marktwirtschaft geht die preispolitische Initiative in der Regel von den Anbietern aus. Mittels einer entsprechend der Zielsetzung der Absatzfunktion dosierten Auswahl und Einsatzintensität des absatzpolitischen Instrumentariums streben die Anbieter die Erzielung bestimmter Preise und Absatzmengen an. Doch erst die Entscheidungen der Nachfrager machen letztlich aus „angestrebten" die „erzielten" Preise und Absatzmengen. Die Entscheidungen der Nachfrager lassen sich in vier Verhaltungstypen einteilen:

1. Rationalverhalten
2. Impulsverhalten
3. Gewohnheitsverhalten
4. Sozial abhängiges Verhalten

Rationalverhalten ist der bewußte und überlegte (reflektierte) Einsatz von Mitteln zur Erreichung von Zielen unter bestmöglicher Verwertung von Informationen. Das Rationalverhalten basiert auf folgenden vier Entscheidungselementen:

1. den verfügbaren Mitteln
2. den Motivationen
3. der Information
4. dem Bewertungsmaßstab

Die verfügbaren Mittel umfassen einerseits den in einem gegebenen Zeitraum verfügbaren Betrag, andererseits das verfügbare Güterangebot. Die Motivationen sind die Triebfedern des menschlichen Handelns. Die Motivforschung in ihrer problembezogenen betriebswirtschaftlichen Ausrichtung bemüht sich um die Aufdeckung der Beziehungen zwischen der Persönlichkeit der Nachfrager und der Persönlichkeit des Gutes.

Die Information zergliedert sich im wesentlichen in die Kenntnisse des Nachfragers hinsichtlich:

1. des gegenwärtig und zukünftig verfügbaren Betrages

2. des gegenwärtigen und zukünftigen Güterangebotes hinsichtlich Art, Menge, Preis, Qualität und Standort zum Verbraucher.

Die vollständige Information als Voraussetzung für objektives Rationalverhalten wird beschränkt durch den Zeit- und Kostenaufwand der Informationssammlung, durch die Zeitbezogenheit der Information und durch die Intelligenz des die Information für seine Entscheidungen verwertenden Nachfragers.

Der Bewertungsmaßstab läßt sich als Funktion der Information nach der Theorie der Nutzenbäume eingrenzen.

Die Entscheidungen der Nachfrager sind immer eine Mischung aus den vier oben genannten Verhaltenstypen. Die Rangfolge der Verhaltenstypen und damit das Vorherrschen eines bestimmten Verhaltungstypes ist eine Funktion der jeweiligen Ausprägung der subjektivistischen Entscheidungselemente: Motivationen und Bewertungsmaßstab. Die Entscheidungselemente: verfügbare Mittel und Informationen können als objektivistisch definiert werden.

Werden die beiden subjektivistischen Entscheidungselemente geprägt durch die ökonomischen Variablen Einkommen und Preis, dann liegt Rationalverhalten vor.
Treten die ökonomischen Variablen Einkommen und Preis weitgehend in den Hintergrund, dann liegt ein Impulsverhalten vor, welches gewissermaßen den Gegenpol zum Rationalverhalten bildet.

Ein Gewohnheitsverhalten liegt vor, wenn die beiden subjektivistischen Entscheidungselemente: Motivationen und Bewerbungsmaßstab stärker durch die Erfahrungen der Vergangenheit als durch die Fakten der Gegenwart bestimmt werden. Es kann dabei aus ursprünglich rationalem, Impuls- oder sozialabhängigem Verhalten entstanden sein.

Treten die Handlungsweisen der Mitmenschen und deren Wertschätzungen bei den Motivationen und dem Bewertungsmaßstab in den Vordergrund, dann liegt sozial abhängiges Verhalten vor.

Für die Produzentennachfrage, die Handelsnachfrage sei in die Produzentennachfrage eingeschlossen, kann in einer Marktwirtschaft generell eine starke Tendenz zu subjektivem Rationalverhalten unterstellt werden. Jede Wettbewerbsintensivierung verstärkt zwangsläufig diese Tendenz. In der Konsumentennachfrage ist Rationalverhalten eher die Ausnahme, denn die Regel. Wachsender Wohlstand, in Form höherer verfügbarer Beträge, verringert einerseits den Zwang und wachsendes Güterangebot in Form zunehmend erschwerter Urteilsbildung reduziert andererseits die Möglichkeit zu rationalem Verhalten in der Konsumentennachfrage. Je stärker die tatsächlichen oder erwarteten Einkommens- und Preisänderungen, je höher die Beträge, die entweder bei einem einmaligen oder durch Akkumulation bei häufig wiederholten Kaufentscheiden gebunden werden, d. h. je ausgeprägter die Einkommens- und Preisabhängigkeit, desto eher kann Rationalverhalten in der Konsumentennachfrage erwartet werden.

Die vier Entscheidungselemente, die sich plastisch als Antworten auf die Fragen: was kann ich, was ich will, was weiß ich und wie hoch schätze ich das was ich will, umreißen lassen, unterliegen der Gestaltung durch die Marketing-Strategie.

Die Produktpolitik als absatzpolitisches Instrument gestaltet bis zu einem gewissen Teil den Umfang der verfügbaren Mittel, indem sie das vorhandene Güterangebot ausdehnt oder einschränkt. Den Motivationen setzt sie veränderte anzusprechende Ziele. Schließlich beeinflußt sie — allerdings abhängig von den verfügbaren Informationen — den Bewertungsmaßstab als Kommunikation zwischen Gut und Nachfrage.

Die Qualitätspolitik als Teil der Produktpolitik prägt die manipulierbaren Motivationen und den Bewertungsmaßstab durch die Gestaltung der Nutzensregeln unter Beachtung der Regel der Nutzenseinheit.

Die Preispolitik als absatzpolitisches Instrument gestaltet ebenfalls bis zu einem gewissen Teil den Umfang der verfügbaren Mittel, indem sie den verfügbaren Betrag stärker oder schwächer beansprucht. In Harmonie zu den anderen absatzpolitischen Instrumenten ist sie als abhängige Variable in der Ausschöpfung des preispolitischen Spielraumes nach oben eher finanzpolitisches denn absatzpolitisches Instrument.

Es kann also nur einen einzigen zu den anderen absatzpolitischen Instrumenten kongruenten Preis geben.

Die Werbung als absatzpolitisches Instrument gestaltet die Information, indem sie die Maßnahmen, vor allem der Sortiments-, Qualitäts- und Preispolitik, dem potentiellen Abnehmer näherbringt.

Die Vertriebspolitik als absatzpolitisches Instrument wirkt, wenn auch mit erheblich geringerer Intensität als die Qualitätspolitik, auf die Entscheidungselemente der Nachfrage: Motivationen und Bewertungsmaßstab, da den Geschäftstypen ähnliche Persönlichkeitsbilder zuzuordnen sind wie den Güterarten und zwischen beiden Harmonie bestehen muß.

3.3.2.4 Die Nachfrageelastizitäten als Instrumente zur Quantifizierung der Marktfaktoren

Die Fixierung der Preisobergrenze wird bestimmt durch die Marktfaktoren. Die Marktfaktoren werden geprägt durch die Nachfragestruktur. Die Nachfragestruktur kann durch die Marketing-Strategie beeinflußt werden. Diese Reaktionen lassen sich mit Hilfe der Nachfrageelastizitäten annäherungsweise quantifizieren. Veränderungen in den Entscheidungen der Nachfrager sind einerseits eine Funktion von Einkommensänderungen und andererseits eine Funktion von Änderungen in den Entscheidungselementen als Folge einer durchgeführten Marketing-Strategie.

3.3.2.4.0 Die Einkommenselastizität

Der wichtigste Bestimmungsfaktor der Nachfrage ist das Einkommen. Das deutsche Wirtschaftswunder dokumentiert sich nicht zuletzt in dem enormen Anstieg des Masseneinkommens der letzten Jahre. Für jeden Unternehmer stellt sich in diesem Zusammenhang die bedeutsame Frage, in welchem Ausmaß der Absatz seiner Produkte von dem Einkommenszuwachs profitieren wird.

Als Einkommenselastizität bezeichnet man das Verhältnis der mehr oder minder intensiven Änderung des Absatzes eines Produktes x als Folge der verursachenden Änderung des Einkommens y. Generell kann man sagen, daß nicht lebensnotwendige Güter, wie z. B. Autos, Fernsehgeräte, teure Kleidung usw., eine Einkommenselastizität von größer als 1 haben, d. h. bei einer Einkommenssteigerung von 1% steigt der Absatz dieser Produkte um mehr als 1%. Lebensnotwendige Güter, wie z. B. Brot, Margarine, Salz usw., haben eine Einkommenselastizität von kleiner als 1. Nun machen alle Güter im Zeitablauf den Weg von nicht lebensnotwendigen zu lebensnotwendigen Gütern durch, z. B. die Geschirrspülmaschinen, die z. Z. sicherlich eine hohe Einkommenselastizität haben; aber ihr Umsatz ist entsprechend gering. Nun kann der Wert der Einkommenselastizität entweder dadurch sinken, daß das Einkommen steigt oder daß der Preis sinkt. Beide Tatsachen sind gleichbedeutend mit höherem Absatz. Für die Beurteilung eines Produktes ist nun die Einstufung entscheidend, ob es mehr zum Luxusgut oder mehr zum lebensnotwendigen Gut hin tendiert. Auf jeden Fall kann man festhalten, daß ein Gut mit sinkender Einkommenselastizität mengenmäßig in größere Absatzrelationen gerät. Nun ist Absatz aber nicht gleichbedeutend mit Gewinn; dieser ist weitgehend von der Höhe der Preisforderung abhängig.

3.3.2.4.1 Die Preiselastizität

Nach dem Einkommen ist der Preis der bedeutsamste Bestimmungsfaktor der Nachfrage. Als Preiselastizität bezeichnet man das Verhältnis der mehr oder minder intensiven Änderung des Absatzes eines Produktes x als Folge der verursachenden Änderung des Preises p. Generell kann man wiederum sagen, daß nicht lebensnotwendige Güter eine Preiselastizität von größer als 1 und lebensnotwendige Güter entsprechend eine von kleiner als 1 besitzen.

Bei einer Preissenkung von 1% steigt der Absatz eines nicht lebensnotwendigen Gutes um mehr als 1%, d. h. der Absatz weitet sich überproportional aus. Nimmt man wieder das Beispiel der Geschirrspülmaschinen, dann ist klar zu sehen, daß jede Preissenkung den Absatz enorm ausdehnt.

Für die Beurteilung der Zukunftschancen eines Produktes ist natürlich das Verhältnis von Einkommens- und Preiselastizität von entscheidender Bedeutung. Hohe Werte von Einkommens- und Preiselastizität deuten auf doppelte Absatzchancen hin. Einmal wird sich bei steigendem Einkommen der Absatz überproportional ausdehnen. Diese Absatzausdehnung ermöglicht Rationalisierungsmaßnahmen, die sich z. T. in Preissenkungen niederschlagen werden, wodurch sich der Absatz zusätzlich erweitern wird. Dieses Wechselspiel von steigendem Einkommen und sinkenden Preisen wird sich fortsetzen, bis zu irgendeinem Zeitpunkt Einkommens- und Preiselastizität kleiner als 1 sind. Nun führt ein steigendes Einkommen von 1% zwar noch zu erhöhtem Absatz, aber von weniger als 1%. Auch ein sinkender Preis von 1% lockt weitere Käufer, aber der Absatz vergrößert sich nur um weniger als 1%. Die Zeit der stürmischen Absatzausdehnung ist vorbei. Hinzu kommt das zusätzliche Übel, daß die sinkenden Preise natürlich auch die Gewinne entsprechend reduzieren. Im Wirtschaftsleben gibt es eine Fülle von Beispielen dieser Art; z. B. Fahrräder und Motorräder.

Es hat also den Anschein, daß jedem Produkt der Weg in den unvermeidbaren Untergang beschieden ist, wenn sich nicht ein Ausweg anbietet. Dieser Ausweg ist tatsächlich vorhanden.

Der Siegeszug der Fernsehgeräte ist bekannt. Bekannt sind aber auch die jetzt herrschenden Preiskämpfe auf dem Markt, ein deutliches Zeichen für Absatzschwierigkeiten. Der

Bildschirm läßt sich nicht endlos vergrößern. Doch da taucht die entscheidende Verbesserung auf: das Farbfernsehen. Mit dieser Verbesserung des bestehenden Produktes wird es möglich, in den Vorstellungen der Verbraucher jene hohe Bedürfnisebene wieder einzunehmen, die das Produkt vor Jahren besessen hat. Verbunden damit ist natürlich ein höherer Preis, d. h. Einkommens- und Preiselastizitäten steigen, und damit sind zusätzliche neue Gewinnmöglichkeiten verbunden.

Auch hierfür gibt es eine Fülle von Beispielen: der ständig wachsende Komfort der Automobile, die wachsende Größe der Wohnungen, die ständig perfekter werdenden Haushaltgeräte, das tägliche Salz in handlichen Streudosen, die immer weitergreifende Aufbereitung von Nahrungsmitteln, wie z. B. geputzte Gemüse, geschälte Kartoffeln.

Immer ist mit der Verbesserung des Produktes eine Preiserhöhung verbunden. Es stellt sich nun in diesem Zusammenhang die Frage nach dem optimalen Preis, d. h. dem Preis, der langfristig den größten Gewinn erzielt. Und hier kann man sagen, daß Einkommens- und Preiselastizität ein hervorragendes Hilfsmittel bieten. Sie ermöglichen die Einordnung des Produktes in die Bedürfnishierarchie des Verbrauchers, sie geben Aufschluß über die Absatzentwicklung im Zeitablauf, und nicht zuletzt geben sie Anhaltspunkte über Zeitpunkt und Ausmaß möglicher Qualitätsverbesserungen und damit verbunden Aufschluß über das Ausmaß der möglichen Preiserhöhung.

Bisher wurde der Konkurrenzaspekt nicht beachtet. Dieser Gesichtspunkt soll nun mit Hilfe der Kreuzpreiselastizitäten erklärt werden.

3.3.2.4.2 Die Kreuzpreiselastizität

Als Kreuzpreiselastizität bezeichnet man das Verhältnis der mehr oder minder intensiven Änderung des Absatzes eines Produktes x als Folge der verursachenden Änderung des Preises p eines anderen Produktes. Strebt der Wert der Kreuzpreiselastizität gegen Unendlich, dann liegt ein Wettbewerb zwischen homogenen Gütern vor; ist er dagegen endlich, dann herrscht heterogene Konkurrenz.

Für die Preispolitik ist nun die Größe des Wertes der Kreuzpreiselastizität von entscheidender Bedeutung. In dem Maße, wie der Wert gegen Unendlich strebt, nimmt die Möglichkeit einer eigenständigen Preispolitik immer mehr ab. In dem Maße, wie der Wert der Kreuzpreiselastizität gegen Null tendiert, vergrößert sich die Unabhängigkeit von den Reaktionen der Mitbewerber, d. h. um so schwächer werden die Konkurrenten auf die Änderung des Preises unseres Produktes reagieren. Diese Tatsache beinhaltet für jedes Unternehmen die Aufgabe, den Wert der Kreuzpreiselastizität gegen Null tendieren zu lassen.

Dieses Ziel erreicht man durch den Aufbau von Präferenzen für das eigene Produkt. Präferenzen bedeuten, daß die angebotenen Güter als nicht identisch angesehen werden, was keineswegs auch heißt, daß sie tatsächlich nicht identisch sind. Das Vorhandensein solcher Präferenzen hat zur Folge, daß die Käufer sich nicht nur allein nach den Preisen orientieren, sondern auch an einer Vielzahl anderer Faktoren, die mit den angebotenen Gütern in den Augen der Käufer fest verknüpft sind. Dadurch ergibt sich für die Preispolitik ein größerer Spielraum, der mit neuen Gewinnchancen gleichzusetzen ist.

Man unterscheidet

sachliche
persönliche
räumliche und
zeitliche Präferenzen

Die Gründe für diese Präferenzen können z. B. in tatsächlich vorhandenen oder vermeintlichen materiellen Unterschieden der einzelnen Produkte liegen; solche Unterschiede kommen u. a. durch Produktdifferenzierung zustande. Dabei kann zwischen technischer und wirtschaftlicher Produktdifferenzierung unterschieden werden. Die technische Produktdifferenzierung äußert sich in der Abhebung von den Konkurrenzprodukten durch

a) äußere Merkmale, wie Form, Farbe, Größe

b) innere Merkmale, wie andersartige Konstruktionen, bessere Eignung, andere Wirkung.

Die wirtschaftliche Produktdifferenzierung kann sein

a) eine werbliche, die von der Werbung oder der Markierung her dem Produkt einen bestimmten Charakter verleiht;

b) eine distributive, die durch besondere Verkaufsanstrengungen entsteht.

Auch für die Kreuzpreiselastizität läßt sich generell feststellen, daß der Wert für nicht lebensnotwendige Güter mehr gegen Null tendiert, weil hier der Konkurrenzkampf noch nicht so stark ist, während er für lebensnotwendige Güter gegen Unendlich strebt, d. h. bei diesen Gütern fallen Preiskämpfe immer stärker ins Gewicht.

Aus dem Zusammenspiel der drei Preiselastizitäten ergibt sich eine preispolitische Bewertung des Produktes, die es ermöglicht, den im Hinblick auf die langfristige Gewinnerzielung optimalen Preis zu bestimmen.

Für die Bestimmung des Produktpreises im Rahmen der Marketing-Strategie wären noch die Qualitätselastizität, die Werbeelastizität und die Vertriebselastizität zu berücksichtigen. Die in diesem Zusammenhang sich ergebenden Optimierungs- und Messungsprobleme sind jedoch so kompliziert, daß sie den Rahmen der vorliegenden Arbeit sprengen würden.

3.3.3 Die Bestimmung des erzielbaren Preises

3.3.3.0 Die einzelnen Schritte zur Bestimmung des erzielbaren Preises in der Praxis

In der Praxis wird der erzielbare Preis meist in fünf Schritten bestimmt. Zunächst erfolgt eine näherungsweise theoretische Ermittlung des Produktpreises mit wesentlicher Unterstützung der Marktforschung.

Die Marktforschung erleichtert diese Aufgabe durch:

Preisvergleiche mit:

gleichartigen,
andersartigen,
absatzverwandten,

verbrauchsverwandten (substitutiven) Produkten,
durch die Analyse der Preiserwartungen der potentiellen Verbraucher,
durch die Analyse des Zusammenhangs von Marktform und Preis,
durch Überlegen hinsichtlich möglicher Produktdifferenzen und die Auswirkung auf die Preisfestlegung,
durch die Analyse von Produktdarbietung und Preis,
durch den gegebenen Preisaufbau des jetzigen Sortiments,
durch die Berücksichtigung des Verhältnisses von Preis und Konsumkredit.

Es ist allerdings zu berücksichtigen, daß die Verwendbarkeit der Ergebnisse der Marktforschung unterschiedlich ist, je nachdem, ob eine herkömmliche und eine verbesserte Befriedigung von Bedürfnissen angestrebt wird. Je höher der Grad der Heterogenität zu den bereits von der Konkurrenz angebotenen Produkten ist, desto schwieriger wird die Beurteilung des möglichen Preises.

Bei mehr oder weniger homogenen Gütern dagegen, d. h. also bei Preiskonkurrenz, ist die Frage leichter zu entscheiden. Die Marktforschung hat die bei den einzelnen Preisen erreichbaren Marktanteile festgestellt. Sie kann ferner versuchen, die Elastizität der Nachfrage zu ermitteln. So erhält das Unternehmen einen Anhaltspunkt dafür, in welcher Preisklasse mit dem neuen Produkt der angestrebte Umsatz erzielt werden kann.

Durch einen parallelen Angebotsvergleich mit Konkurrenzprodukten kann z. B. die Kaufbereitschaft des neuen Produktes bei alternativen Preisen ermittelt werden. Das Beispiel ist auch deswegen interessant, weil auf diese Weise beurteilt werden kann, wie niedrigere Preise eventuell durch höheren Umsatz kompensiert werden können („Mengeneffekt“). So steigt z. B. bei einer Preissenkung um DM —,15, d. h. um rund 10%, die Zahl der positiv urteilenden Verbraucher um rund 17%.

Paralleler Angebotsvergleich eines neuen Erzeugnisses und eines marktgängigen Konkurrenzproduktes bei verschiedener Preishöhe:

Von den Testpersonen beurteilten als günstiger

in der 1. Teilgruppe		in der 2. Teilgruppe	
das Konkurrenzprodukt zum Preis von DM 1,60	47%	das Konkurrenzprodukt zum Preis von DM 1,60	34%
das neue Erzeugnis zum Preis von DM 1,40	42%	das neue Erzeugnis zum Preis von DM 1,25	59%
keines der beiden Angebote	11%	keines der beiden Angebote	7%
	100%		100%

Eine andere Möglichkeit besteht darin, die Preiserwartungen gegenüber dem neuen Produkt zu testen. In diesem Fall werden keine konkreten Preise genannt, sondern einfach das neue Produkt zur Verwendung und Begutachtung übergeben. Anschließend werden die Testpersonen dann gefragt, in welcher Höhe sie den angemessenen Preis für das Produkt ansetzen würden. In der Regel werden dabei Konkurrenzprodukte zum Vergleich übergeben, wobei deren Preis genannt wird. Die folgende Grafik zeigt, wie ein solches Ergebnis aussehen kann:

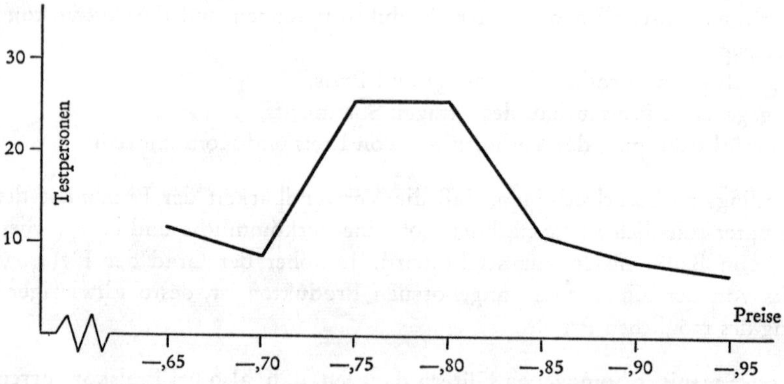

Abb. 30: Test der Preiserwartungen für ein neues Produkt

Verglichen mit den anderen, gut bekannten Konkurrenzprodukten, würde danach das neue Produkt die größten Chancen bei einem Preis zwischen 75 und 80 Pfennig haben. Es liegt auf der Hand, daß — sofern es sich um Markenwaren handelt — ein solcher Test durch die Möglichkeit der vertikalen Preisbindung erleichtert wird. In diesem Fall kann exakt mit den Preisen gearbeitet werden, die der Verbraucher beim Handel findet bzw. bei dem neuen Produkt später vorfinden soll.

Ein letztes Beispiel schließlich für die Hilfe der Marktforschung bei der Preisfindung für ein neues Produkt ist das Vorgehen der Parker-Pen-Company, die durch ihre Schreibgeräte bekannt geworden ist. Dieses Unternehmen hatte eine Programmverbreiterung auf dem Markt für Kleinkameras ins Auge gefaßt. Einer Anzahl von Testpersonen wurden Kleinkameras mit sämtlichem Zubehör zur Benutzung überlassen, um Erfahrungen über einige technische Neuerungen zu sammeln. Um die Bewertung der Kamera durch die Testpersonen kennenzulernen, wurde ihnen die Möglichkeit angeboten, am Ende der Testperiode die Versuchskamera oder eine ganz neue zu kaufen, und zwar zu einem Preis, den sie selbst bestimmen sollten.

Während der Versuchsperiode war eine größere Anzahl von Miniaturkameras hauptsächlich durch Importe auf den Markt gekommen. Diese waren von erheblich geringer Qualität und damit auch von niedrigerem Preis. Bei der Bewertung der Parker-Kamera wurden nun offensichtlich diese Preise zugrunde gelegt, mit dem Ergebnis, daß die genannten Preise erheblich unter dem lagen, zu dem die Firma Parker ihre eigenen mit Gewinn produzieren und vertreiben konnte. Dazu kam dann noch, daß sich Schwierigkeiten im Umgang mit den Spezialfirmen ergeben hatten. Diese beiden Umstände zusammen bewogen Parker, von diesem Projekt vorerst Abstand zu nehmen.

Dieses letzte Beispiel demonstriert zugleich eine Möglichkeit, die Kaufbereitschaft für ein Produkt zu testen, das einen hohen Grad von Heterogenität gegenüber Konkurrenzprodukten aufweist. In solchen Fällen kann nicht mit parallelen Angebotsvergleichen oder ähnlichen Methoden gearbeitet werden. Vielmehr muß die Marktforschung versuchen, durch Fragestellungen der erwähnten Art die Einschätzung des Produktes durch die Verbraucher kennenzulernen.

Sei es nun durch eine einfache Marktanalyse oder einem mit der Produktanwendung verbundenen Bewertungstest — in jedem Fall muß das Unternehmen sich Kenntnis über den Preis verschaffen, der aufgrund der Angebots- und Nachfrageverhältnisse auf dem Markt erzielbar ist, und sich darüber informieren, welche Elastizitäten der Nachfrage bestehen. Diese näherungsweise Bestimmung des Produktpreises wird dann durch den Kostenaspekt, genauer gesagt durch die Kostenrechnung, etwas mehr konkretisiert.

Die Ergebnisse der beiden verschiedenen Überlegungen für das neue Produkt müssen jetzt gegenübergestellt werden. Dabei sind dann vier Möglichkeiten denkbar:

1. Der erzielbare Preis ist höher als der aufgrund der Kosten-Plus-Überlegungen ermittelte. Der Einführung des neuen Produktes steht dann nichts mehr im Wege. Es gilt nur noch, die Gewinnmarge eventuell zu erhöhen und festzulegen.

2. Im umgekehrten Fall bestehen drei Möglichkeiten:
   a) Die Produkt-Idee wird aufgegeben, so wie es bei der Parker-Kamera geschehen ist.
   b) Das Unternehmen versucht trotz der Ergebnisse der Marktforschung mit einem höheren Preis auf den Markt zu gehen. Es kann dabei unter Umständen auf seine hohe Qualität und auf Produktvorteile zusammen mit einer guten Werbung vertrauen.
   c) Es wird nach Wegen gesucht, um die Kosten zu senken. Dazu gibt es die verschiedensten Möglichkeiten: Verwendung anderer Rohstoffe, einer billigeren Verpackung, eines anderen Produktionsverfahrens usw. In allen Fällen muß die Marktberührung wiederholt werden, um die Reaktion der Konsumenten auf das geänderte Produkt kennenzulernen.

In der dritten Phase wird dann gemäß der aufgestellten Rangfolge der vier typischen Ziele der Preispolitik der Produktpreis festgelegt.

Die anschließende Testeinführung beantwortet neben vielen anderen bis zu einem gewissen Grade auch die Frage nach der Richtigkeit des festgelegten Preises.

In der letzten unternehmerischen Entscheidung wird das Produkt dann mit seinem so ermittelten Preis national eingeführt.

In allen Fällen sind die preispolitischen Überlegungen eng mit der Gewinnpolitik verbunden. Von welchen Grundsätzen diese ausgeht, braucht nicht Gegenstand dieser Darstellung zu sein. Bei der Festlegung der angestrebten Gewinnmarge zeigt sich wieder, wie sehr das Marketing die gesamte Unternehmensführung in ihren Entscheidungen leiten soll, wenn auch hier zu dessen Darstellung die für das Marketing wesentlichen Funktionen aus dem Ganzen des Unternehmens herausgegriffen worden sind. Es konnte sich dabei nur um Hauptfunktionen handeln, das Marketing beherrscht jedoch mittelbar das ganze Unternehmen. Es handelt sich um eine unternehmenspolitische Konzeption, die nicht etwa isoliert als betriebliche Teilfunktion im Sinne von Vertrieb gesehen werden kann. Die oben bei der Darstellung der Preispolitik angeführten Einflußfaktoren sind jetzt wieder zusammengefügt: Marktverhältnisse, Kosten und Ziele, das heißt langfristige

Gewinnmaximierung durch kurzfristige Standardgewinne. Der Preis, mit dem das neue Produkt auf den Markt gebracht werden soll — sei er ein Fabrikabgabepreis oder ein vertikal gebundener Endabnehmerpreis — ist nun festgelegt.

3.4 Die Werbung

3.4.0 Die Rolle der Werbung

3.4.0.0 Die Situation der Werbung

Es hat den Anschein, als wenn die Rolle der Werbung zunehmend unbedeutender wird und die Bedeutung der Verkaufsförderung zunimmt. Für diese Entwicklung gibt es zwei Gründe:

Im Vergleich zu früheren Zeiten ist die Aufgabe der Werbung heute wesentlich schwieriger. Deshalb ist unabhängig von der Qualität der Werbung die Wirksamkeit stark reduziert worden, und zweitens hat es den Anschein, als wenn darüber hinaus auch die Qualität der Werbung verringert worden ist. Beide Entwicklungen führen zwar gemeinsam zu dem negativen Ergebnis, sie unterscheiden sich jedoch in einem wesentlichen Aspekt. Auf die erste Entwicklung hat die Werbung keinen Einfluß. Sie kann also nur für die zweite voll verantwortlich gemacht werden.

Was bedeutet die Feststellung, daß die Werbung heute eine wesentlich schwierigere Aufgabe zu erfüllen hat? Zwei Dinge:

1. Die Produktionsunterschiede zwischen Produkten einer Kategorie sind heute wesentlich geringer. Es ist deshalb wesentlich schwieriger, einen Produktvorteil zu finden, der in der Werbung herausgestellt werden kann.
2. Das extreme Wachstum der Werbeausgaben hat zu einer erheblichen Verschärfung des Wettbewerbes geführt. Es ist ein Wettbewerb um das Auge und das Ohr des Verbrauchers für eine einzelne Werbekampagne.

Vor noch nicht allzu langer Zeit war es möglich, Produktvorteile deutlich und für den Verbraucher offensichtlich zu demonstrieren. Das führte seitens der Verbraucher zu einer sehr weitgehenden Loyalität gegenüber einzelnen Produkten. Diese Verbraucherloyalität beruhte auf einer Reihe von Fakten: Einem guten Produkt, vernünftigen Preisen, attraktiver Verpackung, ausreichende Distribution und einer Werbung, die den Verbraucher nicht nur über das Produkt informierte, sondern auch ihn davon überzeugen konnte, daß das Produkt überlegen war.
Wenn ein derartiges Produkt einmal ausprobiert und akzeptiert wurde, entwickelte sich der regelmäßige Kauf dieses Produktes zu einer Gewohnheit.

Konkurrenzangebote zu niedrigeren Preisen stellten keinen Anreiz dar, einfach weil das Produkt überlegen war und der Verbraucher sehr stark an diese Überlegenheit glaubte. Dies war eine optimale Situation für wirksame Werbung. Sie mußte nur die potentiellen Kunden finden, sie über die Existenz des Produktes informieren, sie von der Überlegenheit einiger Produkteigenschaften überzeugen und sie in angemessenen Abständen an das Produkt erinnern.

In jener Zeit ließ sich tatsächlich eine Korrelation zwischen Werbeausgaben und Umsätzen nachweisen. Natürlich gab es auch in jener Zeit gute und schlechte Werbung, die sich in unterschiedlichen Umsätzen manifestierte, aber die Werbung hatte eine solide Basis: Sie hatte etwas zu sagen und sie hatte etwas Interessantes den Verbrauchern mitzuteilen.

Die Vorherrschaft einer oder zwei Marken in einer Produktkategorie ist heute die Ausnahme. Umsatzstarke Produkte gehören heute meist zu Großunternehmen. Diese Großunternehmen, aber auch die kleineren können es sich einfach nicht leisten, daß Konkurrenzprodukte über bestimmte Produktvorzüge verfügen. Aus defensiven Gründen strebt jedes Unternehmen kontinuierlich eine Angleichung der eigenen Produktqualität an die der Konkurrenz an. Aus offensiven Gründen suchen die Unternehmen ebenso kontinuierlich die Qualität der Konkurrenz zu übertreffen. Dieser Wettbewerb führt dazu, daß erhebliche Summen nicht der Konzipierung und Entwicklung neuer Produkte, sondern der Verbesserung alter Produkte zufließen.

Von diesem Wettbewerb profitiert der Verbraucher durch eine ständige Verbesserung der Produkteigenschaften und der Produktqualitäten. Diese Entwicklung führt automatisch zu einer veränderten Rolle für die Werbung. Produkteigenschaften und Produktqualitäten werden allerdings auf einem sehr hohen Niveau immer gleichförmiger. Nun besteht die Werbung aus zwei Teilen: Einmal dem Inhalt und zum anderen der Form der Werbung. Das Verschwinden von Produktunterschieden und Produktqualitäten hat zu schwerwiegenden Folgen auf den Inhalt der Werbung geführt, der sich zwischen Konkurrenzprodukten kaum noch unterscheidet.

Wenn nun zwischen dem vom Verbraucher bevorzugten Produkt und den Konkurrenzprodukten keine wesentlichen Unterschiede mehr bestehen und der Verbraucher dies herausfindet, dann muß das auch zu einer Beeinflussung seiner Produktloyalität führen. Der Verbraucher wird gegenüber Sonderangeboten, die zum Kauf anreizen sollen, aufgeschlossener. Die Bedeutung der Werbung für den Kaufentscheid wird bedingt durch den gleichförmigen Inhalt aller Werbebotschaften geringer. Die Bedeutung der Verkaufsförderung nimmt zu und die der Werbung in gleichem Umfange ab. Der zunehmende Wechsel von einem Produkt zum anderen kann der Werbung nicht zum Vorwurf gemacht werden.

Die Werbung kann auch nicht für das außerordentliche Anwachsen der Werbeausgaben, die zwangsläufig zu einer Verringerung ihrer Wirksamkeit führt, verantwortlich gemacht werden. Die Zahl der Produkte hat ebenso zugenommen wie die Zahl der Verbraucher, die zu umwerben sind. Um für ein bestimmtes Produkt die gleiche Wirksamkeit gegenüber Konkurrenzprodukten und der größeren Anzahl von Verbrauchern zu erzielen, ist einfach mehr Werbung erforderlich.

Dies führt zu einer verhängnisvollen Entwicklung. Je weniger wirksam die Werbung wird, um so mehr Werbung wird erforderlich. Es gibt nur eine Lösung für dieses Problem: Weder die Gesamtausgaben noch die Werbeausgaben für ein einzelnes Produkt sollten begrenzt werden. Auch die freiwillige Beschränkung eines einzelnen wird wenig nützen, wenn seine Mitbewerber nicht entsprechend reagieren. Die Lösung kann nur in einer Verbesserung der Qualität der Werbung liegen, die ihrerseits wiederum bei gleicher Wirksamkeit zu einer Verringerung der Werbeausgaben führen kann. Bei gleicher Wirksamkeit also sollte eine geringere Werbung höherer Qualität eine quantitativ größere Werbung, aber geringerer Qualität, ersetzen.

Wie läßt sich diese Qualitätsanhebung der Werbung aber angesichts der zunehmenden Gleichförmigkeit von Produkteigenschaften und Produktqualitäten verwirklichen? Der Inhalt der Werbung bietet sicherlich keinen Ansatzpunkt. Die Verbesserung muß also über eine Qualitätsanhebung in der Form der Werbung erreicht werden. Dies stellt erhebliche Anforderungen an die Kreativität von Agentur und Unternehmen.

Diese Entwicklung hat sich in den letzten Jahren in einer zunehmenden Nachfrage nach Kreativität in der Werbung seitens der Unternehmen niedergeschlagen. Wenn zwei konkurrierende Produkte sich im Inhalt kaum unterscheiden, dann wird sicherlich das Produkt erfolgreicher sein, das den gleichen Inhalt für den Verbraucher interessanter darbieten kann. Allerdings darf Kreativität nicht zum Selbstzweck werden. Die überragende Bedeutung des Inhaltes der Werbung bleibt auch heute bestehen. Dieser Inhalt muß zumindest einige Verbraucherbedürfnisse ansprechen. Über der Konzentration auf die Kreativität der Werbung darf der eigentliche Zweck der Werbung nicht vergessen werden.

3.4.0.1 Die Zwecke der Werbung

Der Zweck der Werbung ist, sehr vereinfacht dargestellt, Güter oder Dienste zu verkaufen oder zumindest eine positive Verbrauchereinstellung gegenüber dem Produkt zu erreichen. Was kann die Werbung nun tun, um diese Zwecke zu erfüllen? Sie kann: 1. informieren, 2. überzeugen, 3. erinnern. Dadurch kann sie zwar keinen Kaufakt bewirken, aber sie kann die Kaufentscheidung für den augenblicklichen oder einen späteren Zeitpunkt vorbereiten und erleichtern.

Die heutige Werbung läßt den Eindruck entstehen, daß sie noch eine weitere Aufgabe hat, nämlich zu unterhalten. Sicherlich sollte Werbung unterhaltend sein, aber in erster Linie soll sie informieren, überzeugen und erinnern.

Der erste Schritt zur Schaffung kreativer Werbung sollte also die Entscheidung über den Zweck sein. Die meisten Anzeigen oder Werbekampagnen trachten danach, alle drei Zwecke zu erfüllen. Die Ankündigung eines neuen Produktes, einer Produktverbesserung, einer Preisänderung, einer verbesserten Packung, stellt aber eine für den Verbraucher wichtige Information dar. Natürlich sollte daneben auch überzeugend auf die Produktqualitäten hingewiesen werden und möglicherweise an einen bekannten Markennamen erinnert werden. Das Schwergewicht aber sollte in diesen Fällen eindeutig auf der Information liegen.

Am einfachsten ist es, den Verbraucher zu erinnern. Hier gibt es kaum etwas zu informieren und häufig auch wenig um den Verbraucher zu überzeugen. Zweck der Anzeige oder Kampagne ist es, ausschließlich das Produkt beim Verbraucher in angenehmer Erinnerung zu halten.

Meistens trachten die Schöpfer von Werbekampagnen danach, zu überzeugen. Aber angesichts der Gleichförmigkeit von Produktqualitäten und Produkteigenschaften sind diese

Überzeugungsversuche in der Regel wenig überzeugend und meistens nur aufgemachte Erinnerungsbemühungen. Wenn aber Werbekampagnen kaum mehr als erinnern können, dann ist es nicht überraschend, daß sich die Forderung nach Erhöhung der Werbeausgaben verstärkt bemerkbar macht. Die Erinnerung potentieller Kunden an ein Produkt, das ihnen bisher noch nicht echt „verkauft" worden ist, ist ein schlechter Ersatz für echte Überzeugung. Es erhebt sich dabei die ernsthafte Frage, ob die immensen Ausgaben für Erinnerungswerbung wirtschaftlich zu rechtfertigen sind.

Es ist Aufgabe des Marketing-Leiters oder der Unternehmensleitung, den Werbeleiter bzw. die Agentur aufzufordern, den Zweck einer Werbekampagne deutlich zu bestimmen. Wenn eine Kampagne überzeugen soll, dann sollte der Werbeleiter in der Lage sein, die Faktoren aufzuzeigen, die die Überzeugung bewirken sollen, und er sollte auch in der Lage sein, zu begründen, warum durch diese Faktoren eine wirksame Überzeugung erreicht werden kann. Wenn andererseits eine Kampagne der Erinnerung dienen soll, dann sollte begründet werden, warum eine Erinnerung erforderlich ist, wodurch die gewünschte Ausgabensumme gerechtfertigt ist und welche Resultate erwartet werden. Wenn alle Werbekampagnen dieser Analyse unterworfen würden und dabei die Zwecke eindeutig herausgestellt würden, könnte ein erheblicher Teil der Werbung, der sich als bloße Erinnerungswerbung dann herausstellt, gestrichen werden. Dadurch könnten nicht nur erhebliche Kosten eingespart werden, sondern auch der Überfluß an Werbung, der seinerseits wiederum zu einer Verringerung der Wirksamkeit der Werbung führt, abgebaut werden.

3.4.0.2 Die Arten der Werbung

Die Werbung bemüht sich um die Verbesserung der Absatzbedingungen eines Unternehmens durch den Einsatz spezieller Werbemittel über die planmäßige Beeinflussung der Kaufmotive der Verbraucher.

116. Aufgabe: *Was versteht man unter planmäßiger Beeinflussung der Kaufmotive der Verbraucher?*

Die Bedeutung der Werbung ist in den einzelnen Branchen sehr unterschiedlich. Sie schwankt von einem Betrieb, der lediglich eigene Streichholzschachteln oder andere kleinere Werbegeschenke verteilt, bis zu den großen Zigaretten- oder Waschmittelunternehmen. Bei den Unternehmen der ersten Art ist die Werbung ein untergeordneter Bestandteil des Marketing. Das Unternehmen bedient sich zwar einiger Werbemittel, aber doch nur am Rande. Es dominiert das Verkaufsgespräch. Man spricht in diesem Falle von akzidenteller Werbung.

Bei den letzteren Unternehmen dominiert die Werbung im Marketing Mix. Hier fällt ihr die Aufgabe zu, eine Verbindung zwischen Produzenten und Verbrauchern herzustellen. Bei Gütern für den Massenbedarf sind durch die Arbeitsteilung der modernen Volkswirtschaft Produktion und Konsumation auseinandergerückt. Nur der dominanten Werbung ist es hier möglich, die Nachricht vom Angebot schnell genug und weitgestreut zu vermitteln, und das an genügend viele Empfänger, die möglicherweise diese Güter zur Befriedigung ihrer Bedürfnisse brauchen. Der Verbraucher wird in die Lage versetzt, zu prüfen, zu vergleichen und schließlich herauszufinden, was seinen Bedürfnissen entspricht. Nur diese Werbung, die zu einer Klammer zwischen den Herstellern und den Verbrauchern wird, kann als dominant definiert werden.

117. Aufgabe: *In welcher Form vermag die Werbung der Gestaltung des Absatzes ihr Gepräge geben?*

Bei einer solchen Werbung kommt es für das Marketing darauf an, sich grundlegende Gedanken über die Werbeaussage zu machen, die das Produkt begleiten soll. Dabei gibt es der Tendenz nach zwei verschiedene Stile, in die die Werbeaussage gekleidet werden kann: die informierende und die erzählende Werbung.

Die informierende Werbung versucht den Verbraucher zu gewinnen, indem sie ihn über Anwendungsmöglichkeiten und Produktvorzüge informiert. Selbstverständlich setzt dieser Werbestil voraus, daß auch wirklich echte Produktunterschiede zwischen den konkurrierenden Produkten vorhanden sind.

Echte Produktfortschritte oder neue Produkte, deren Anwendungsweise dem Verbraucher noch nicht vertraut ist, die aber erhebliche Vorteile mit sich bringen, sollten durch informierende Werbung bekanntgemacht werden. Diese Werbung argumentiert, erklärt und spricht den Verstand an. Sie unterstellt, daß sich der Verbraucher durch Werbung informieren läßt, d. h. die Produktargumente zur Kenntnis nimmt und sich sein eigenes Urteil bildet, sie also anerkennt oder ablehnt.

118. Aufgabe: *Welche Beispiele für informierende Werbung lassen sich anführen?*

Die erzählende Werbung appelliert an das Unterbewußtsein des Menschen und weniger an den Verstand. Die Produktargumente treten in den Hintergrund und mehr magische Elemente gewinnen an Bedeutung. Die erzählende Werbung will anziehend sein, will bezaubern, Erlebnisse vermitteln, nicht aber bewußt überzeugen. Sie will kein Verkaufsgespräch sein. Erfolgreiches Argumentieren setzt Mitdenken beim Verbraucher voraus. Das kann aber nicht jedes Unternehmen für sich beanspruchen, schon gar nicht bei der Fülle von Werbeeinwirkungen, die auf den Verbraucher einströmen. Für Erlebniseindrücke ist der Verbraucher dagegen viel aufnahmefähiger.

119. Aufgabe: *Welche Beispiele für erzählende Werbung lassen sich anführen?*

Zwischen diesen beiden Extremen muß die Werbeaussage gefunden werden, die zum Produkt paßt.

120. Aufgabe: *Welche Beispiele für besonders geglückte Kombinationen von informierender und erzählender Werbung lassen sich anführen?*

In Analogie zu den Zwecken der Werbung lassen sich auch die folgenden Altersstufen der Werbung aufstellen:

Die Einführungswerbung, die informieren will

Die Durchsetzungswerbung, die überzeugen will

Die Erweiterungs(Festigungs)werbung, die erinnern will.

Es ist verständlich, daß die Einführungswerbung, gemessen am Umsatz, die Hauptkosten verursacht, denn der Umsatz muß ja erst aufgebaut werden. Die Mittel für die Einführungswerbung sollten daher als Investitionen aufgefaßt werden. Teilweise wird das auch noch bei der Durchsetzungswerbung der Fall sein. Erst bei der Erweiterungs- oder Festigungswerbung kann aus dem laufenden Umsatz eine Finanzierung der Werbung vorgenommen werden.

Irrig wäre es, wollte man die Altersstufen nach Jahren rechnen. Es kann durchaus sein, daß ein Werbeobjekt sich erst nach mehreren Jahren durchsetzt. Das hängt von der Vorplanung ebenso wie von einer Reihe von Umständen ab, die für die Branche für den einzelnen Artikel und das jeweilige Marktgebiet bestimmend sind. Für die Spalttabletten z. B. betrugen die Werbekosten im ersten Jahr der Einführung (1932) 62,6%, im zweiten Jahr 25,6% und im dritten Jahr 16% des Umsatzes. Dann sanken sie weiter ab und liegen heute bei unter 1% des Jahresumsatzes.

Der häufigste Fehler ist der, daß eine Werbeidee oder die Werbeaussage einer Kampagne vorzeitig abgebrochen wird, wenn ein einzelner Gedanke immer wieder wiederholt wird, dann kommt der Zeitpunkt, an dem die Individualpsychologie des Unternehmers die Monotomie des Werbemittels nicht mehr vertragen kann. Alle Freunde des Unternehmers und die vielen Fachgenossen, die seine Werbung mit individualistischer Kritik zu verfolgen pflegen, beschweren sich über den ideenarmen Stumpfsinn und drängen auf neue Werbeeinfälle. Gibt nun der Unternehmer die ihm und seinen Freunden längst langweilig gewordene Werbung auf, dann verzichtet er häufig auf die Nachhaltigkeit der Bemühungen und somit auf die finanzielle Auswertung der nach den mühevollen Anfängen zu erwartenden Erfolge.

3.4.0.3 Die Rolle der Werbeagentur

Für die meisten Unternehmen ist die Zusammenarbeit mit einer Werbeagentur nur eine Notwendigkeit. Dies gilt besonders für Unternehmen, die die Werbung als ein Marketing-Instrument benutzen, aber es gilt auch, wenn auch in geringerem Umfang, für Unternehmen, die überhaupt nicht werben. Für diese Unternehmen kann eine gute Werbeagentur Rat in Unternehmensbereichen erteilen, die mit Werbung in keiner Weise in Beziehung stehen.

Entsprechend den unterschiedlichen Erfordernissen der Unternehmen variiert die Rolle der Agentur außerordentlich stark. Einige Unternehmen beschäftigen die Agentur bei der Lösung aller ihrer Marketing-Probleme:

Der dem Sortiment, den Produkteigenschaften, der Qualität, Preisproblemen, Distributionsfragen, Verpackungen, Handelsbeziehungen, Verkaufspolitik, Werbung, Verkaufsförderung und Informationen über die Konkurrenz. Andere Unternehmen beschränken sich in der Zusammenarbeit mit der Werbeagentur nur auf die Placierung der Werbung selbst.

Nun gibt es auch auf der Seite der Werbeagenturen unterschiedliche Auffassungen über das Ausmaß des Dienstleistungsangebotes einer Werbeagentur. Im allgemeinen hat sich in dieser Auseinandersetzung die Auffassung durchgesetzt, daß eine Werbeagentur grundsätzlich in der Lage sein sollte, alle Marketing-Fragen seitens der Unternehmen durch qualifizierte Mitarbeiter bearbeiten zu können.

Die vollkommenste Inanspruchnahme des Dienstleistungsangebotes einer Werbeagentur dokumentiert sich in der Beauftragung einer Werbeagentur mit der Erstellung des Marketing-Planes. In einigen Fällen macht die Werbeagentur den ersten Entwurf, während in anderen Fällen das Unternehmen noch den Plan vorbereitet, aber der Agentur Gelegenheit zur Diskussion und Kritik gibt, bevor der Plan durch die Unternehmensleitung genehmigt worden ist.

Wenn die Agentur den ersten Entwurf macht, wird ein erheblicher Teil der Schreibarbeit durch den Kontakter wahrgenommen. Der Kontakter stellt das Bindeglied zwischen dem Unternehmen und der Werbeagentur dar. Im Falle einer Entscheidung für eine bestimmte Werbeagentur sieht sich der Auftraggeber einer Vielzahl von Fachleuten gegenüber, mit denen einzeln zu verhandeln weder der Sache dienlich noch möglich wäre. Die Agentur wiederum ist darauf angewiesen, daß die Spezialisten ihre Arbeit in einer ständigen Auseinandersetzung mit dem Gesamtziel des Auftrages leisten, und daß zwischen den Fachperspektiven Verbindungen hergestellt werden.

Aus beiden Gesichtspunkten ergibt sich die Notwendigkeit zur Koordination und Konzentration. Der Auftraggeber braucht den umfassend informierten, verantwortlichen Gesprächspartner, die Agentur den planenden, organisierenden und inspirierenden verantwortlichen Koordinator. Darum hat sich die Stelle des Kontakters als Bindeglied zwischen Auftraggeber und Agentur herausgebildet.

Der Kontakter, dem ein Erzeugnis der Verbrauchs- oder Investitionsgüterindustrie zur werblichen Betreuung übergeben wird, oder auch eine Aufgabe aus dem Dienstleistungssektor, eventuell auch aus dem Bereich der institutionellen Werbung, ist von diesem Zeitpunkt an für alle Maßnahmen verantwortlich, die von der Agentur von dem Kunden durchgeführt werden.

Im Hause der Agentur vertritt er die Interessen und Wünsche des Auftraggebers und beim Auftraggeber ist er der Repräsentant der Agentur und aller ihrer Mitarbeiter. Diese Doppelfunktion bestimmt sein Arbeitsgebiet und seine Arbeitsweise. Seine Position geht dabei weit über eine Mittlerrolle hinaus, denn er ist an den Überlegungen und Planungen beider Seiten aktiv beteiligt.

Die Tatsache, daß der Kontakter einen erheblichen Anteil der Schreibarbeit übernimmt, bedeutet aber nicht, daß er z. B. die Copy, den Media-Plan oder die Marktforschungsunterlagen selbst erstellt. Hier stützt er sich auf die Spezialisten innerhalb der Agentur. Dieser erste Entwurf der Agentur zeigt, was nach Auffassung der Agentur getan werden sollte. Er führt zunächst so viel Daten aus der Vergangenheit an, wie für das Verständnis der augenblicklichen Lage erforderlich ist. Dies sind z. B. die vergangenen Umsatzentwicklungen und Absatzentwicklungen, die Entwicklung des Marktanteils auch der führenden Konkurrenten, die Werbekampagnen der Vergangenheit, die Werbeausgaben und die Beziehungen zwischen Werbeausgaben und Umsatz. Erforderlich ist sicherlich auch eine Analyse der Werbung der Konkurrenz. Ebenso wie die Darstellung der einzelnen Verkaufsförderungsmaßnahmen.

In einem weiteren Abschnitt wird die Verbrauchereinstellung zum eigenen und zu den Konkurrenzprodukten dargelegt. Darüber hinaus sollten die Verbraucherbedürfnisse im Hinblick auf die jeweilige Produktkategorie ausgeführt werden und angedeutet werden, bis zu welchem Ausmaß die Produkte diesen Bedürfnissen gerecht werden. Diese Informationen sind nicht nur wichtig im Hinblick auf die Produktentwicklung, sondern auch im Hinblick auf die Gestaltung der Werbung.

Die preislichen Vor- oder Nachteile, die das Produkt besitzt, sollten im Hinblick auf die zu erwartende Verbraucherentscheidung sehr sorgfältig analysiert werden.

Schließlich sollte die Distribution, die Vorratslage, die Qualität der Merchandising-Arbeit und die Handelsbeziehungen im allgemeinen ausführlich erläutert werden. In allen Gebieten sollten die Stärken und Schwächen sehr deutlich herausgearbeitet werden.

Zur Beschaffung dieser im Marketing-Plan dargelegten Informationen bieten sich eine ganze Reihe von Quellen an: entweder die Verkaufsberichte früherer Verbraucheruntersuchungen, eigene Untersuchungen der Werbeagentur usw.

121. Aufgabe: *Welche Marketing-Schlußfolgerungen sollte der Entwurf des Marketing-Planes durch die Agentur zulassen?*

Der Entwurf sollte aber nicht bei diesen Schlußfolgerungen stehenbleiben, sondern ebenfalls auch Empfehlungen zur Lösung enthalten. Wenn auch das Marketing-Budget durch die Unternehmensleitung entschieden wird, sollte die Agentur dennoch aufgefordert werden, ihre Vorstellungen im Marketing-Plan zum Ausdruck zu bringen. Der Marketing-Plan sollte darüber hinaus einen umfassenden Werbeplan, einen vollständigen Verkaufsförderungsplan, einen Marktforschungsplan enthalten. Der Werbeplan sollte die empfohlene Werbestrategie, die Grundlage für die Textgestaltung und einen detaillierten Media-Plan enthalten. Das Unternehmen kann viel gewinnen und nichts verlieren, wenn es der Agentur die Gestaltung des ersten Entwurfes für den Marketing-Plan überträgt.

Die Agentur ihrerseits profitiert von der sorgfältigen Erstellung der Fakten, deren Analyse und der größeren Vertrautheit mit den Problemen des Unternehmens. Selbst wenn sich der Verantwortungsbereich der Agentur auf die reine Werbung beschränkt, hilft eine derartige intensive Studie, zu einer völligen Übereinstimmung der Werbekampagne mit den Marketing-Problemen des Unternehmens zu gelangen.

Die wesentlichen Vorteile fallen aber dem Unternehmen zu. Zunächst gewinnt die eigene Marketing-Abteilung viel Zeit, und das ist nicht unwichtig. Die Zeit und die konzentrierte Aufmerksamkeit, die die Erstellung eines Marketing-Planes erfordert, ist in der Regel für die Produkt-Manager nicht verfügbar, und wenn er sie verfügbar macht, führt das zwangsläufig zur Vernachlässigung anderer Aufgaben.

Darüber hinaus wird ein durch einen Produkt-Manager vorbereiteter Marketing-Plan wahrscheinlich nicht so gut und so durchdacht sein, wie der von einer Agentur erstellte. Einmal fehlt es, wie gesagt, dem Produkt-Manager an Zeit und zum anderen wird er kaum in allen Bereichen die Erfahrungen aufweisen können, die die einzelnen Spezialisten der Agentur besitzen. Ferner ist der Produkt-Manager in der Regel auf sich allein gestellt. Für die meisten Marketing-Probleme lassen sich aber mehr als nur eine einzige Antwort finden. Die Marketing-Strategie ist immer noch eine Frage der persönlichen Einschätzung. Sie erfordert Vorstellungskraft, Kreativität und den Willen zu unorthodoxem Denken. Diese Eigenschaften sollten in einer guten Agentur häufiger anzutreffen sein als in einem Unternehmen, und selbst wenn das Unternehmen in dieser Beziehung gleichwertig ist, ist es immer noch sehr viel zweckmäßiger, wenn auch die Meinung anderer hier zum Zuge kommt.

Ein im Unternehmen erstellter Marketing- oder Produktplan wird auch nicht so sorgfältig und eingehend kritisiert werden, wie ein durch die Agentur erstellter Plan. Üblicherweise wird z. B. ein Produkt-Manager den fertiggestellten Plan seinem Marketing-Leiter zur Genehmigung vorlegen. Dieser liest den Plan und diskutiert ihn möglicherweise mit dem Produkt-Manager. Dann wird der Plan entweder genehmigt, zurückgewiesen oder abgeändert, jeweils wiederum auf der Basis der individuellen Urteilsbildung des Marketing-Leiters. Der Marketing-Leiter hat in der Regel mehrere Produkte, für die er verantwortlich ist. Das bedeutet, daß er für die Analyse des einzelnen Produktplanes nur begrenzte Zeit zur Verfügung hat. Aber selbst wenn er unbegrenzte Zeit dafür verwenden könnte, wäre seine Analyse doch keinesfalls derart kritisch und detailliert wie die des Planungskomitees einer Werbeagentur.

Die Tatsache, daß die Agentur den ersten Entwurf anfertigt, sollte den Produkt-Manager und den Marketing-Leiter keineswegs von eigenen Vorschlägen und Abänderungen abhalten. Wenn der von der Agentur erstellte Plan vom Produkt-Manager und dem Marketing-Leiter nicht akzeptiert wird, wenn die Dokumentation nicht vollständig ist und die Schlußfolgerungen unlogisch, kann dieser Plan immer noch abgelehnt werden. Allein die Tatsache, daß durch diese Maßnahme für Marketing-Probleme Alternativlösungen aufgezeigt werden können, und daß die Lösungen der Agentur z. B. mit den Lösungen des Unternehmens verglichen werden können, ist unbedingt zweckmäßig.

Die Agentur wird bei der Erstellung des Marketing-Planes auch eine objektivere und distanziertere Haltung zu den Marketing-Problemen einnehmen als die Mitarbeiter des Unternehmens selbst. Bei diesen macht sich oft eine störende Betriebsblindheit bemerkbar. Die Einschätzung der eigenen Möglichkeiten ist oft wenig realistisch. Günstige Faktoren werden überschätzt und der Wettbewerb und ungünstige Fakten werden unterschätzt. Besonders die Mitarbeiter der Produktion oder der Forschungs- und Entwicklungsabteilungen glauben, daß sie die Eigenschaften ihrer Produkte besser als jeder andere kennen. Wenn ihnen abweichende Verbraucherwünsche vorgeschlagen werden, dann begegnen sie diesen oft mit Mißtrauen oder mit der Behauptung, daß der Verbraucher zu dumm sei, um sich ein derartiges Urteil bilden zu können. Der Produkt-Manager hat gegen diese Mitarbeiter oft einen sehr schwierigen Stand.

Die Agentur sollte nicht vor solchen Schwierigkeiten stehen, wenn die Beziehung zwischen dem Unternehmen und der Agentur einwandfrei ist, sollte sich die Agentur niemals scheuen, dem Unternehmen in allen Dingen die Wahrheit zu sagen. Tatsächlich kann die Agentur dem Unternehmen keinen größeren Dienst erweisen, als wenn sie bei der Planung von Marketing-Maßnahmen die Rolle des advocatus diaboli spielt.

Die Erstellung des Marketing-Planes stellt aber nur den ersten Schritt in der Zusammenarbeit zwischen Agentur und Unternehmen dar. Der Marketing-Plan muß schließlich in die Tat umgesetzt werden. Nach der marken- und werbetechnischen Planung aller Marketing-Maßnahmen, die der Förderung des Umsatzes des Unternehmens dienen, schließt sich die Gestaltung der aus dieser Planung resultierenden Werbemittel, deren Steuerung und Kontrolle der Durchführung und schließlich die Verwaltung der zu diesen Zwecken bereitgestellten Mittel an. Im einzelnen umfassen diese Aufgabengebiete folgendes:

1. Eine beratende und gestaltende Mitarbeit bei allen Fragen der Marketing-Politik, die Überprüfung und gegebenenfalls Neuausrichtung der Produktion nach markentechnischen Gesichtspunkten, die Beratung bei der Entwicklung neuer Produkte und deren Ausrichtung auf den prospektiven Markt sowie entsprechende Überprüfung bereits im Vertrieb befindlicher Produkte.
2. Die Untersuchung des Marktes hinsichtlich Aufnahme, Fähigkeit, Verbraucherschichtung, Tendenzen, Preisgestaltung, Wettbewerb und Vertriebsmöglichkeiten.
3. Die Planung und Gestaltung der Optik des jeweils betreuten Produktes unter besonderer Berücksichtigung verbrauchspsychologischer Aspekte. Beratung bei den hiermit in Zusammenhang stehenden Aufgaben der technischen Entwicklung (Verpackung).
4. Die Beratung bei allen Fragen der markentechnischen Taktik. Aufstellung des zur Erreichung des gesteckten Zieles erforderlichen Etats. Beratung in Fragen des nationalen, regionalen bzw. lokalen Einsatzes der Schwerpunktbildung, Stoßrichtung sowie der anzusteuernden Verbraucherschicht, ebenso bei Fragen des Vertriebs und der Konditionen.
5. Planung und Gestaltung sämtlicher auf dem Gebiet der Verbraucher- und Händlerwerbung liegenden Aufgaben, und zwar im weitesten Sinne des Wortes. Analyse der Verkaufspunkte des betreuten Produktes und ihre Übersetzung in die entsprechende werbemäßige Optik.

   Entwicklung des die Werbung tragenden Motivs und seiner Stilgebung. Planung und Koordinierung der einzelnen Werbeinsätze im Rahmen des Etats. Planung und Gestaltung der einzelnen Aktionen (textliche und graphische Gestaltung bei Druckerzeugnissen wie Anzeigen, Prospekte, Schaufenstermaterial sowie bei Manuskripten und bei der Regie von Film- und Funkwerbung), Planung der Streuung und der

Steuerung der einzelnen Einsätze, Auswahl der zu benutzenden Werbeträger, Auftragserteilung, Durchführungs- und Erfolgskontrolle der verschiedenen Werbeträger.

6. Steuerung und Kontrolle aller dem Werbeeinsatz dienenden technischen Mittel und Vorgänge, wie Druck, Reproduktion, Klischee, Foto, Dias, Plastik, Tonband usw.
7. Alle der Agentur in ihrer Eigenschaft als Werbungsmittler zufallenden Aufgaben, wie Aufstellung von Kostenvoranschlägen und Datenschemen, Auftragserteilung, Disposition, Kontrolle und Verrechnung.
8. Aufstellung und verantwortliche Überwachung der Fahrpläne der einzelnen Einsätze.
9. Planung, Zielsetzung und Regie aller gegebenenfalls einzusetzenden psychotechnischen und demoskopischen Tests.
10. Regie aller unter dem Begriff Public Relations zusammenzufassenden Funktionen.

Im Interesse der Unternehmen sollte es das Ziel der Agentur sein, nach Möglichkeit alle oben umschriebenen Leistungen in dessen Dienst zu stellen. Es muß naturgemäß jedoch dem Kunden überlassen bleiben, ob er im konkreten Einzelfall einen solchen vollständigen Service in Anspruch nehmen oder sich der Möglichkeiten, die ihm die Agentur bietet, nur im beschränkten Umfang bedienen will. Der Umfang der Aufgabenstellung steht in engem Zusammenhang mit der Höhe des Werbeetats.

3.4.0.4 Werbekosten und Werbeetat

Werbekosten sind ein Teil der Vertriebskosten. Die Werbekosten werden aufgewendet, um jede der Umsatzmöglichkeiten auszunutzen. Die Werbekosten beziehen sich in der Regel auf den Umsatz, dabei ist der eigene Umsatz gemeint. Hinsichtlich der Bewertung der jeweiligen Anteilshöhe muß zwischen Einführungs-, Durchsetzungs- und Erhaltungswerbung unterschieden werden. Bei Durchschnittswerten, die den Umsatzanteil der Werbekosten ausweisen, ist zu prüfen, auf welchen Entwicklungsabschnitt der Werbung sie sich beziehen. Ferner ist zu beachten, daß Konsumgüter einen höheren Werbeaufwand erfordern als Investitionsgüter. Größere Unternehmen benötigen meist geringere Werbekosten als kleinere, es sei denn, daß die Erzeugnisse einem scharfen Wettbewerb ausgesetzt sind. Der Anteil der Werbekosten variiert ebenfalls zwischen den einzelnen Branchen.

Neben der Gesamthöhe des Werbeetats stellt sich als zweites Problem die Aufteilung der Werbekosten auf die einzelnen Werbemittel. Die folgenden Beispiele geben Durchschnittswerte und sind lediglich als Anhaltspunkte zu betrachten.

1. Investitionsgüter

Direktwerbung (Prospekte, Kataloge, Werbebriefe)	35,6 %
Messen und Ausstellung	21,8 %
Anzeigen, Werbung	21,6 %
Adreßbücher, Bezugsquellenverzeichnisse usw.	2,7 %
Sonstiges (einschließlich Filmwerbung, Werbegeschenke)	8,3 %
Reserve	10,— %
Summe	100,— %

2. Markenartikelunternehmen (Nahrungsmittel)

Anzeigenwerbung	40,—%
Plakatwerbung	12,—%
Drucksachen	10,—%
Händlerwerbung	10,—%
Ausstellungen	9,—%
Entwürfe	4,—%
Verkehrsmittelwerbung	2,—%
Frachten und Porti	1,—%
Verschiedenes	2,—%
Reserve	10,—%
Summe	100,—%

3. Einzelhandelsbetrieb

Schaufenstergestaltung	30,—%
Diawerbung	20,—%
Anzeigenwerbung	15,—%
Drucksachen	15,—%
Werbeveranstaltungen	10,—%
Sonstiges	5,—%
Reserve	5,—%
Summe	100,—%

Ein kleiner Teil der Unternehmen, die ihren Werbeaufwand planen, richtet sich bei der Festlegung des Umsatzanteils der Werbekosten nach der Konkurrenz. Das ist verfehlt, denn die Einsicht in die Werbeplanung der Konkurrenz ist weitgehend verdeckt. Sie wird erst in der Durchführung teilweise sichtbar. Dann aber ist es oft zu spät der Konkurrenzwerbung zu begegnen. Richtig ist es, das eigene Unternehmensziel und spezieller das Werbeziel zugrunde zu legen, im übrigen aber den für Einführungs- und Durchsetzungswerbung vorgesehenen Prozentsatz einer Höhe festzulegen, die es ermöglicht, für das kommende Jahr das Werbeziel wahrscheinlich zu erreichen.

In Deutschland planen die großen Markenartikelunternehmen auf zwei oder drei Jahre im voraus. Sie legen dann Jahr für Jahr ihre Werbeetats fest. Eine Anzahl von Groß- und Mittelbetrieben plant für ein Jahr. Bei einer Reihe von Unternehmen steht man zwar einem Werbeetat nicht gerade feindlich gegenüber, unterläßt aber die Planung, weil man meint, dann in der Entscheidungsfreiheit eingeengt zu sein. Die Erfahrung in der Praxis widerspricht eindeutig dieser Auffassung. Es ergeben sich durch die Planung im Gegenteil eine Reihe von erheblichen Vorteilen. Jede Werbeetatplanung sorgt dafür, daß Fehlleitungen von Mitteln vermieden und vorher alle erforderlichen Überlegungen angestellt werden, um das Werbeziel wirtschaftlich zu erreichen. Im einzelnen ergeben sich durch die Werbeetatplanung folgende Vorteile:

1. Die Planung legt für eine längere Zeitspanne ein Ziel fest, um es zu erreichen, können und müssen die einzelnen Werbemaßnahmen sorgfältig vorbereitet werden.
2. Der Werbeaufwand wird in ein gesundes Verhältnis zum geplanten Absatz und Gewinn gebracht, alle betrieblichen Erfordernisse werden darauf ausgerichtet.

3. Der mit dem Werbeplan verbundene Zeitplan erlaubt eine wirksame Verkettung aller Werbeakte.
4. Der Werbeetat bringt Systematik in die Werbung und vermindert Fehldispositionen.
5. Durch rechtzeitiges Festlegen können Abschlüsse und Vorzugsplätze usw. gesichert werden.
6. Der Werbeetat sorgt dafür, daß man mit gelegentlichen Dispositionen im Rahmen bleibt und sich nicht vom Ziel ableiten läßt.
7. Der Werbeetat und seine planvolle Aufgliederung leitet eine kontinuierliche Werbung ein, die Fertigung und Vertrieb vor Zwangspausen schützen kann.
8. Wenn die Unternehmensleitung plan- und zielvolles Wirtschaften zeigt, erfaßt diese Haltung auch die Mitarbeiter auf den unteren Ebenen.

In der Praxis wird man nach folgenden Methoden die Festsetzung der Höhe des Werbeetats durchführen:

Erfahrungs-Prozentsatz vom vorjährigen Gesamt-Umsatz
Prozentsatz vom erstrebten künftigen Gesamtumsatz
Prozentsatz vom Vorjahresumsatz je Warenart
Prozentsatz vom erstrebten Umsatz je Warenart
Aufgrund von Nachfragen der Interessenten
Nach den Aktivitäten der Mitbewerber

In den USA wie in Deutschland besteht die Neigung, bei einem ersten Zeichen einer Depression oder eines Konjunkturrückschlages die Werbung einzuschränken. Das geschieht gerade in dem Augenblick, wenn die Werbung, die ein grundlegender und elementarer Teil jeder Verkaufsanstrengung ist, am dringendsten notwendig wäre. Die unausbleibliche Folge ist ein weiteres Nachlassen der Verkäufe, ein Verlust der Märkte und manchmal ein Zusammenbruch des Unternehmens. Logisch ist es, die Werbe- und Vertriebsanstrengungen gerade dann zu steigern, wenn die Erträge aufgrund von konjunkturellen Ursachen rückläufig werden, natürlich in vernünftigem Rahmen.

Werbekosten kann man verringern, wenn die Beschäftigungslage auf längere Zeit gesichert ist. Um den Werbeaufwand in weniger günstigen Zeiten zu steigern, ist Werberücklage von rund 10% der Etatsumme zu bilden, über die bei Etataufstellung noch nicht verfügt wird. Auf die Rückstellung wird erst zurückgegriffen, wenn Krisen drohen, die dann einen Mehraufwand für Werbung erfordern.

An dieser Stelle muß sorgfältig unterschieden werden zwischen Krisen aus konjunkturellen Ursachen und rückläufigen Umsätzen, die ihre Ursachen im Produkt selber haben. Im letzteren Falle ist es natürlich völlig unzweckmäßig, zu versuchen, die Schwächen des Produktes durch erhöhten Werbeaufwand auszugleichen. In diesem Falle bietet sich eher eine genaue Analyse der Produktschwächen an.

3.4.1 Die Entstehung einer Werbekampagne

Die folgenden Ausführungen sollen Beurteilungskriterien für alle Stadien der Entstehung einer Werbekampagne vermitteln, die es ermöglichen, die Werbung für die Produkte so zu lenken, daß sich ein maximaler unternehmerischer Erfolg ergeben wird. Die folgenden Ausführungen werden im einzelnen zeigen:

1. Welche Aufgaben in der Praxis von der Seite der Unternehmung aus bei der Erstellung einer Werbekampagne zu erfüllen sind.
2. Welche Grundsätze hinsichtlich der Werbekampagne unbedingt zu beachten sind, um einen größtmöglichen Einführungs- und langfristigen Absatzerfolg der Produkte zu sichern.
3. Welchen Ablauf die Zusammenarbeit mit der Werbeagentur nehmen sollte.
4. Wie die Vorschläge der Agentur hinsichtlich der Einführungswerbekampagne sachgerecht und in allen Einzelheiten beurteilt werden können.

3.4.1.0 Definition guter Markenwerbung

Natürlich bemüht sich jedes Unternehmen bei einem gegebenen Werbeetat ein Höchstmaß an Werbung und vor allem Werbewirkung für ein neu einzuführendes Produkt zu erzielen. Unterschiede ergeben sich nur in dem, was die einzelne Unternehmung unter guter Markenwerbung versteht. Eine gute Markenwerbung soll wie folgt definiert werden:

> Gut ist die Markenwerbung, der es gelingt, beim Verbraucher eine Präferenz für ein Produkt aufzubauen und ihn derart zu überzeugen, daß er das Produkt ausprobiert und ihm treu bleibt.

Diese Definition guter Werbung trifft auf jedes Produkt zu, gleichgültig, ob es sich um neu einzuführende oder bereits eingeführte Produkte handelt.

3.4.1.1 Der Sinn einer Festlegung von Grundsätzen für gute Markenwerbung

Alle Anstrengungen, alle Hilfsmittel, alle Anschauungen und Methoden, auf die später noch eingegangen wird, haben nur einen Zweck:

> Mit noch größerer Sicherheit noch wirksamere Werbung zu erarbeiten.

Es geht hier nicht um ethische oder moralische Prinzipien, wie sie in den Gesetzen jedes Staates verankert sind. Auch handelt es sich nicht um die freiwillig auferlegte Selbstkontrolle — den Ehrenkodex der Werbewirtschaft — und nicht um die Arbeitstechnik bestimmter Unternehmens- und Agenturspezialisten. Um diesen Spezialisten bei ihrer Arbeit zu helfen, gibt es Grundsätze und Anleitungen genug. Es geht hier an dieser Stelle auch nicht um Grundsätze, die man anwenden kann, um Werbung zu beurteilen, vielmehr handelt es sich um jene Werbegrundsätze, die helfen, gute Werbung zu schaffen. Diese Grundsätze sind einfach und praktikabel genug, um als Arbeitsgrundsätze zu dienen.

Es liegt beim Unternehmen wie bei der Agentur in der Natur des Geschäftes, daß immer mehrere Personen oder Gruppen in die Entscheidungen einbezogen werden. Darum ist eine ständige objektive Prüfung ein besserer Gradmesser für die Wirksamkeit einer Werbung als lediglich persönliche Einschätzung.

Das Arbeitsverhältnis zwischen der Agentur und dem Unternehmen ist eine Partnerschaft, bei der jeder Partner Integrität und Unabhängigkeit braucht, um seine Arbeit zu erfüllen. Das war niemals so wichtig wie heute und es wird morgen noch wichtiger sein. Die Konkurrenz wächst und die Märkte werden immer komplizierter. Höhere Umsätze sind erforderlich — das Risiko ist dementsprechend größer. Darum ist ein enges Vertrauensverhältnis zwischen dem Unternehmer und der Agentur notwendig.

Die Agentur und das Unternehmen stehen mehr denn je vor der Notwendigkeit, neue Verbraucherbedürfnisse ausfindig zu machen und sie zu befriedigen. Das ist mehr, als den Verbraucher zum Kauf irgendeines Produktes animieren zu wollen, nur weil gerade die technischen Voraussetzungen für die Produktion gegeben sind.

Schon in der Phase der Produktentwicklung gehört es zur Verantwortung der Agentur sowie des Unternehmens, Verbraucherwünsche und Verbraucherbedürfnisse zu erkennen und zu prüfen.

Sinn und Zweck der weiter unten niedergelegten Grundsätze ist es, für jeden einzelnen Mitarbeiter, sowohl des Unternehmens wie der Agentur, eine Basis für seinen vollen schöpferischen Beitrag zu errichten. Das setzt voraus, daß man eine klare Arbeitsmethode anwendet, die jeden zu einem Maximum an schöpferischem Denken ermutigt. Das setzt außerdem Arbeitsgrundsätze voraus, die von allen Mitarbeitern, die damit arbeiten sollen, leicht angewendet werden können.

3.4.1.2 Die Arbeitsmethode zur Anwendung der Grundsätze für gute Werbung in der Praxis

Die Arbeitsgrundsätze sollen helfen, Werbeaufgaben zu lösen. Die Arbeitsmethode soll sicherstellen, daß die Arbeitsgrundsätze wirklich angewendet werden. Die Arbeitsmethode bedient sich dazu der beiden folgenden Mittel: Dokumentation und Abstimmung. Die Gedanken und Absichten sollen an jeder der Hauptstationen der gemeinsamen Arbeit sowohl seitens des Unternehmens als auch seitens der Agentur schriftlich festgelegt werden. So wird das Denken diszipliniert und eine gründlichere Durchdringung der Materie gefördert als bei nur mündlicher Diskussion gegeben ist. Der Wert dieser Dokumentation wächst von Arbeitsstufe zu Arbeitsstufe, weil hier ein Dokument auf dem anderen aufbaut. So können Schreiber und Leser dem klaren und logischen Ablauf aller Überlegungen folgen. Auch wirtschaftlich gesehen, hat diese Arbeitsweise ihre Vorzüge: Es braucht nicht jede Einzelheit, die in einem Dokument klar und deutlich dargelegt wurde, in ihrer ganzen Breite in den folgenden Dokumenten wiederholt zu werden.

Die Arbeit sollte an entscheidenden Punkten ihrer Entwicklung, auf die später noch im einzelnen hinzuweisen sein wird, kritisch geprüft und sowohl innerhalb des Unternehmens oder der Agentur als auch zwischen Unternehmen und Agentur abgestimmt werden. Das Abstimmen der Arbeit erfüllt einen doppelten Zweck:

1. um sicherzustellen, daß die entsprechenden Arbeitsgrundsätze auch angewendet werden
2. um zu prüfen, ob die bisherigen Arbeitsergebnisse zufriedenstellen, ob man — werblich und wirtschaftlich gesehen — auf dem richtigen Weg ist.

Wann eine Dokumentation und Abstimmung vorgesehen ist, wird aus der nun folgenden Darstellung der Verfahrensweise bei der Erstellung einer Werbekampagne ersichtlich.

3.4.1.3 Die Verfahrensweise bei der Erstellung einer Werbekampagne

3.4.1.3.0 Die wichtigste und überzeugendste Verkaufsidee

Weder die Arbeitsgrundsätze noch die Verfahrensweise führen von selbst zu guter Werbung: Ohne hohe schöpferische Fähigkeiten auf seiten der Agentur wie der Unternehmung gibt es keine gute Werbung, aber selbst eine höchste schöpferische Fähigkeit kann in die Irre führen, wenn ihr nicht das wichtigste, eine überzeugende Verkaufsidee zugrunde liegt.

122. Aufgabe: *Was ist eine Verkaufsidee?*

In enger Zusammenarbeit zwischen Unternehmen und Agentur können mehrere mögliche Verkaufsideen entwickelt werden. Aber welche von diesen die Grundlage der künftigen Werbekampagne bilden soll, diese Entscheidung ist Sache des Unternehmens.

Natürlich sollte diese Entscheidung durch Verbraucherforschung untermauert sein, denn es ist wichtig zu wissen, ob der Hauptnutzen, den das Produkt versprechen soll, wirklich von wesentlichem Interesse für den Verbraucher ist, bzw. ob Interesse dafür geweckt werden kann.

123. Aufgabe: *Welche Beispiele für die wichtigste und überzeugendste Verkaufsidee aus der Praxis lassen sich anführen?*

Es soll noch einmal betont werden: Die notwendige Voraussetzung für eine erfolgreiche Werbekampagne ist das Vorhandensein einer wichtigsten und überzeugendsten Verkaufsidee.

3.4.1.3.1 Die Festlegung eines gemeinsamen Unternehmen/Agentur-Arbeitsablaufschemas

Den ersten Schritt innerhalb der Verfahrensweise bei der Erstellung einer Werbekampagne stellt die Erarbeitung eines gemeinsamen Unternehmen/Agentur-Arbeitsablaufschemas dar. Dieses Arbeitsablaufschema legt die Verantwortung fest und bestimmt, wer die Marketing-Strategie für das Produkt bzw. die Marke, die Werbestrategie und die endgültige Werbekampagne erstellt und genehmigt. Das Dokument soll auch festlegen, wann Kontrollen durch die Marktforschung durchgeführt werden sollen, welche Forschungsmethode angewandt werden soll und ob die einzelne Kontrolle dem Unternehmen oder der Agentur übertragen wird.

Das Unternehmen sollte die Agentur bei der Erarbeitung des Arbeitsablaufschemas hinzuziehen und es sollte sicherstellen, daß die Agentur die ihr zugeteilte Verantwortlichkeit versteht und wahrnimmt. Auf allen Ebenen — einschließlich der Unternehmensleitung — sollte man engen und regelmäßigen Kontakt halten. Das trägt dazu bei, die Probleme und Gedankengänge des Partners zu verstehen und das beiderseitige Verständnis zu fördern.

Es soll dadurch auch sichergestellt sein, daß Schwierigkeiten und Meinungsverschiedenheiten geregelt werden, ehe sie so anwachsen, daß sie unüberwindlich sind.

3.4.1.3.2 Die Aufstellung der Marketing-Strategie für das Produkt

Die Grundlage und den Ansatzpunkt bei der Erstellung einer Werbekampagne bildet die Marketing-Strategie für das Produkt. In ihr werden alle wichtigen Einzelheiten, die das Produkt betreffen, niedergelegt. Für die Erstellung der Marketing-Strategie für das Produkt bzw. die Marke ist das Unternehmen zuständig. Dabei ist wiederum eine Zusammenarbeit mit der Agentur erwünscht. Dieses Dokument sollte eine klare Definition des Marketing-Hintergrundes und der Marketing-Ziele enthalten und die Strategie festlegen, mit der die Ziele erreicht werden.

124. Aufgabe: *Was soll die Marketing-Strategie enthalten?*

125. Aufgabe: *Welche Marktforschungsmethoden dienen der zahlenmäßigen Untermauerung der Marketing-Strategie?*

3.4.1.3.3 Die Aufstellung der Werbestrategie für das Produkt

Der dritte wichtige Schritt zur Erstellung der Werbekampagne ist die Aufstellung der Werbe-Strategie für das Produkt, die von der Agentur verantwortlich erarbeitet wird.
Die Werbe-Strategie muß mit dem Unternehmen abgestimmt sein und von ihm befolgt werden. Die Werbe-Strategie legt fest, welche wichtigste und überzeugendste Verkaufsidee dargestellt werden soll — aber nicht, wie die Werbekampagne im einzelnen aussehen soll.

Die Werbe-Strategie veranschaulicht die Verkaufsidee und dient als verbindliche Grundlage für die gesamte künftige Markenwerbung.

Die Werbe-Strategie besteht aus folgenden drei Teilen:

1. Die wichtigste und überzeugendste Verkaufsidee
   Hier wird der Verbrauchernutzen beschrieben, der die potentiellen Verbraucher an der Marke interessieren und sie so überzeugen soll, daß sie das Produkt den Konkurrenzprodukten vorziehen. Es soll gleichzeitig dargelegt werden, warum angenommen wird, daß dieser Verbrauchernutzen der wichtigste und überzeugendste von allen möglichen Vorzügen ist.

2. Unterstützende Beweisführung
   Damit ist die Begründung gemeint, die den versprochenen Verbrauchernutzen für den

Verbraucher realistisch, konkurrenzfähig und überzeugend macht. Hierbei handelt es sich beispielsweise um eine technische Begründung, charakteristische Wirkungen oder Leistungen, die der Verbraucher leicht nachprüfen kann — vergleichende Tests — spezielle Zutaten oder Wirkstoffe — Urteile von Verbrauchern und Spezialisten.

3. Das angestrebte Produkt und/oder Marken-Image
   Dazu gehört die Beschreibung der Persönlichkeit des Produktes und/oder der Marke, die Stimmung und Atmosphäre der Werbung, die gewünschte Welt der Gefühle, die der Verbraucher mit unserer Marke in Verbindung bringen soll. Dabei soll auch dargelegt werden, warum das gewünschte Image das wirkungsvollste ist, um die Verbraucher zu gewinnen. Obwohl das Unternehmen und die Agentur bei der Vorbereitung der Marketing-Strategie für das neue Produkt und die Werbe-Strategie zusammenarbeiten, ist es wichtig, daß beide Unterlagen von der Unternehmensleitung genehmigt werden und daß man sich von diesem Augenblick an strikt an sie hält. Änderungen sollten nur dann möglich sein, wenn Markterfahrungen, die durch Forschung bestätigt sind, eine Änderung erfordern. Auch diese Änderungen müssen von der Unternehmensleitung genehmigt werden.

Sobald die Werbe-Strategie erarbeitet und abgestimmt ist, geht es darum, die wirkungsvollsten und überzeugendsten Gestaltungsformen für die Verkaufsidee zu finden. Gleichzeitig sollen die besten Werbemedien gefunden werden, um dem Verbraucher die Verkaufsidee wirkungsvoll zu übermitteln.

126. Aufgabe: *Was ist unter Werbemittel, Werbeträger, Verkaufshilfen und Verkaufsförderung zu verstehen?*

Diese beiden Aufgaben sollten in ständiger gegenseitiger Abstimmung nebeneinander — nicht nacheinander — gelöst werden.

3.4.1.3.4 Prüfung der wichtigsten und überzeugendsten Verkaufsidee

Die von der Agentur in der Werbe-Strategie für das neue Produkt vorgeschlagene wichtigste und überzeugendste Verkaufsidee muß nun von dem Unternehmen dahingehend geprüft werden, ob das Produkt dem ausgewählten einzigartigen Verbrauchernutzen unterstützt.

Der Verbraucher muß davon überzeugt werden, daß das Produkt den versprochenen Nutzen auch wirklich bieten kann. Es muß dafür gesorgt sein, daß die durch die Werbung erweckten Erwartungen auch erfüllt werden.

In vielen Produktfeldern mögen die tatsächlichen Unterschiede der Produkteigenschaften gering sein. Um die Glaubwürdigkeit des angegebenen Verbrauchernutzens zu unterstützen, kann es notwendig sein, zusätzliche charakteristische Merkmale zu schaffen, z. B. durch Duft, Farbe, Form, Geschmack, Verpackung usw.

3.4.1.3.5 Die Erarbeitung der wirkungsvollsten Gestaltungsformen

Bei der Aufstellung der Werbe-Strategie wurde schon darauf hingewiesen, daß die Werbe-Strategie die Grundlage zur Erarbeitung der Werbemedia-Strategie und der wirkungsvollsten und überzeugendsten Gestaltungsformen für die ausgewählte Verkaufsidee bildet.

Obwohl die Gestaltung sich in Form von Wort, Bild oder Ton manifestiert, bietet sie wenig greifbare Werte, die auf rationelle Weise geprüft und gemessen werden können. Da sie auf psychologischen Grundlagen beruht, läßt sich die vermutliche Wirkung der Gestaltung durch Anwendung geeigneter psychologischer Tests ermitteln. Solche Tests stellen wertvolle Hilfsmittel dar, sie können aber den Werbefachmann von seiner Verantwortung für die endgültige Bestimmung nicht befreien.

Aus diesem Grunde haben namhafte Werbefachleute Methoden zur Erleichterung der Aufgaben vorgeschlagen. Die bekanntesten Fachleute bedienen sich des Prinzips der analysierten Gliederung, um den sonst schwer zu erfassenden Komplex der gestalterischen Interpretation zu vereinfachen. Jedoch: Die Werbung muß als Ganzheit vom Gestalter entwickelt und vom Verbraucher empfunden werden.

Die graphische Sichtbarmachung der Werbeidee
Es wird daher folgendes Vorgehen empfohlen:

1. Abstimmung des Inhalts der Werbung mit der Advertising (Copy) Platform:
   Es kommt nicht selten vor, daß bei der gestalterischen Interpretation der Advertising Platform nicht alle Produktvorteile oder Argumente gebührend berücksichtigt werden können, weil dies zu einer Überforderung des Aufnahmevermögens des Verbrauchers führen würde. Je nach dem Werbemedium können neben dem Leitmotiv (Basic Message) nur wenige Nebenargumente vorteilhaft erwähnt werden — und diese sollten mit dem Leitmotiv harmonisieren und es unterstützen.

2. Prüfung der Grundidee (Creative Conception) auf ihre Eignung zur Schaffung des gewünschten Produkt-Image:

   Der Gestalter hat die Aufgabe, das Leitmotiv (Basic Message) als Grundidee (Creative Conception) in Wort, Bild und/oder Ton gestalterisch so darzustellen, daß die von der Werbung zu erfüllenden Aufgaben vielfältig sind, wie die Einführung eines neuen Produktes oder die Förderung einer bestehenden Marke, so muß letzten Endes die Gestaltung dieses Ziel erreichen.

   Zur Beurteilung der Werbegestaltung ist es daher wichtig, zu erkennen, wie ein Brand-Image entsteht. Es ist das Ergebnis von
   a) Reaktionen auf Signale aus der Außenwelt (Produkteigenschaften, Farbe, Geruch, Geschmack, Verpackung, Markenname, Preis, Werbung),
   b) Reaktionen aus der Stimmungslage des Verbrauchers (persönliche Eigenschaften, Befinden, Bedürfnislage und die daraus resultierenden Interessenrichtungen).

   Die Interessenrichtungen bestimmen weitgehend, welche von den Signalen der Außenwelt in den Verarbeitungsprozeß des Image aufgenommen werden und welche nicht.

   Es ist daher zu prüfen, ob die Signale, die von der Werbung ausgestrahlt werden, den Interessenrichtungen der potentiellen Käufer entsprechen.

elan
forza dolce
elan
bio attivo
elan
il detergente naturale per
gli indumenti più preziosi
Il detergente naturale
per gli indumenti piú preziosi:
LANA·SETA
FIBRE SINTETICHE
Fino ad oggi non c'era un detergente
efficace e insieme abbastanza delicato
per gli indumenti preziosi.
Oggi c'è Elan, la forza dolce.
Elan: forte e sicuro (per la sua speciale
formula biologica) ma gentile (perché lava
in modo assolutamente naturale).
Senza pericolosi additivi chimici,
la forza dolce di Elan agisce sullo sporco,
ma sa rispettare i colori piú tenui
e le fibre piú delicate.
Provatelo, a mano o in lavatrice.
Voi che avete cura dei vostri indumenti piú preziosi, potete fidarvi di Elan.

Tafel I

Tafel II
verbessertes Layout

„Neu! Blob ist verbessert worden" interessiert den Hersteller. „Leichtere Arbeit durch verbessertes Blob" kann den Verbraucher interessieren, aber ebensogut „Größere Reinlichkeit durch verbessertes Blob".

Die Gestaltung muß psychologisch gut fundiert sein, sonst strebt man ein Brand Image an, das den Interessenrichtungen und den Bedürfnissen der potentiellen Kunden nicht entspricht oder ihm gar widerspricht. „Arbeitserleichterung" z. B. kann ein Schuldgefühl auslösen und eine negativ wirkende Konfliktsituation hervorrufen. Besser ist: „Wir bereiten die Mahlzeit vor — Sie kochen sie mit Liebe selbst." Dieser Satz ist sogar ein Musterbeispiel dafür, wie der Gestalter die Psychologie verwerten soll. Jede Werbung muß nämlich einen oder mehrere der Grundantriebe (in diesem Fall Hunger, Liebe) ansprechen und mit den durch das Produkt selbst befriedigten Sekundärbedürfnissen (Arbeitserleichterung, Zeitersparnis) zu einer nun mit erhöhter Intensität aufgeladenen Einheit verschmelzen. Dabei darf die Bedürfnisbefriedigung nicht zu Konfliktsituationen führen. Eine einzige Anzeige oder gar die Werbung allein schaffen kein Brand Image, doch muß jedes eingeschaltete Werbemittel seinen vollen Beitrag dazu leisten. Die Darstellung der Grundidee muß daher leicht verständlich und augenblicklich wahrnehmbar sein. Zur Prüfung dieser Forderung können entsprechende psychologische Test durchgeführt werden.

3. Analytische Zergliederung und Prüfung nach der AIDA-Formel:
   Sobald ein Gesamteindruck von der Wirkung der gestalterischen Grundidee besteht, können die einzelnen Teile geprüft werden. Hierfür liefern die Antworten auf folgende Fragen brauchbare Hinweise:

   a) Ist die Gestaltung geeignet, Aufmerksamkeit auf sich zu ziehen? Dies hängt nicht nur von der Verwendung großer Schlagzeilen und sonstiger „Gags" ab, sondern auch von der Wettbewerbsfähigkeit (Länge, Größe) sowie vor allem davon, ob sie die Interessenrichtungen des Käufers anspricht.
   b) Ist sofort zu erkennen, um was es sich handelt, und entspricht die Werbung einer der Interessenrichtungen des Käufers? „Hausarbeit erleichtert" ist sofort zu verstehen und spricht jede Hausfrau an.
      „Nach jahrelanger, unermüdlicher Forschung ein neues Putzmittel" ist unverständlich und interessiert niemanden (außer der Konkurrenz).
   c) Kann der Käufer sich mit dem Dargestellten positiv identifizieren? [Eine negative Identifizierung kann in gewissen Fällen zum Erfolg führen (Heilmittel), evtl. auch nur im Sinne der Erfüllung eines Traumes.]
   d) Ist das Versprechen auch bildlich verständlich und glaubwürdig?
   e) Ist der Markenname deutlich, und steht er in unmittelbarer Verbindung zum Versprechen?

Im Grunde genommen entsprechen diese Fragen den vier Forderungen, die die bekannte AIDA-Formel an die Gestalter stellt:

A	Attention	Aufmerksamkeit
I	Interest	Interesse
D	Desire	Wunsch — Versprechen, einen Wunsch zu erfüllen
A	Action	Kauf auslösen (Marke einprägen).

Anzeigen, Layouts:

Die Beurteilung von Layouts für Anzeigen sollte möglichst praxisnah erfolgen. Ein Layout wird zum Beispiel in die Zeitung geklebt. Es stellt die endgültige Zusammenfassung aller Elemente in der vorgestellten Größe und Blickfolge dar. Das Layout ist die Unterlage, nach welcher die Reinzeichnung (auch Fotografie) und die Typographie erstellt werden.

Wenn man sich bei der Beurteilung des Visuals hauptsächlich mit dem Inhalt und der allgemeinen Werbewirkung befaßt, müssen beim Layout nun wirklich jedes einzelne Element für sich sowie in Relation zu den anderen Elementen geprüft werden:

Ist die Schrift leicht zu lesen und dem Charakter der Gesamt-Anzeige angepaßt?

Ist die Betonung der Schlagzeilen, der Überschrift und des Textes richtig?

Ist die Lesefolge dieser drei Elemente natürlich und ohne störende Unterbrechungen?

Ist das Hauptbild geeignet, Aufmerksamkeit auf sich zu ziehen, die Botschaft klar herauszustellen bzw. sie zu unterstützen?

Bei Abbildung von Personen: Erfüllen sie die Erfordernisse des „Appeals" in bezug auf Alter, Kleidung, Umgebung, Sozialschicht?

(Wenn nicht aus dem Layout ersichtlich, müssen diese Dinge mit der Agentur abgestimmt werden.)

Wenn weitere Bilder vorgesehen: Sind sie wirklich notwendig?

Würde der Gesamteindruck durch Verzicht darauf an Klarheit und Stärke gewinnen?

Sind die Bilder in bezug auf Lesefolge und in Relation zu den Hauptelementen an der richtigen Stelle?

Sind sie in der vorgesehenen Größe zu verstehen (Autotypie — Strich)?

Ist die Darstellung der Packung hinsichtlich Größe und Identifizierbarkeit günstig?

Ist der Markenname klar zu erkennen und nicht zu übersehen?

Soll der Firmenname oder ein Spruch erscheinen? Wenn ja, wo und in welcher Größe?

Soll der Preis mitgedruckt werden? Wenn ja, wo und in welcher Größe? (Bei mehreren Packungen: Sollen alle Preise oder nur einzelne hervorgehoben werden?)

Wenn in eine Zeitung eingeklebt: Tritt das Layout hervor, ohne in die danebenstehenden Anzeigen hineinzufließen?

Daß einige der obigen Fragestellungen nicht beachtet wurden, läßt sich aus dem Vergleich zweier Einführungsanzeigen für ein Feinwaschmittel in Italien zeigen (s. Tafel I und II).

Laden-Werbemittel:

Zur Beurteilung von Ladenwerbemitteln kommen noch folgende allgemeine Faktoren hinzu:

1. Schnelligkeit und Leichtigkeit des Aufbaus,
2. Größe, wenn aufgebaut,
3. Größe, wenn zusammengelegt (Reisenden-Mappen-Autos),

4. Standfestigkeit,
5. Dauerhaftigkeit,
6. Lesbarkeit des Textes auf 2 Meter Entfernung,
7. Zusammenwirken der Farben mit der Verpackung,
8. Kostenschätzung,
9. Evtl. Zweitnutzen (Produkt-Display).

Fernsehwerbung:

Die schon angeführten Ansprüche, die an die Anzeigen-Werbung gestellt werden, gelten sinngemäß auch für die Fernsehwerbung. Statt wie bisher in zwei, müssen sie nunmehr in vier Dimensionen betrachtet werden. Eine Anzeige bringt Text und Bild, beides sind visuelle Dimensionen; beim Fernsehen kommen der Ton und die begrenzte Zeit hinzu. Darüber hinaus sieht man bewegliche Bilder. Wenn schon der Stoff in seiner Zusammensetzung recht kompliziert ist, wird die Beurteilung noch dadurch erschwert, daß die zu prüfende Unterlage, das Storyboard, ein nur unvollständiges Bild des ganzen Films vermittelt. Man versucht, das komplizierte Problem zu lösen, indem es in leicht zu prüfende Teile zerlegt wird. Allerdings ist dieses Verfahren zur Beurteilung eines Fernsehfilms schwer anzuwenden, weil alle nur erdenklichen Teile gleichzeitig oder innerhalb weniger Sekunden von Auge und Ohr wahrgenommen werden.

Trotzdem soll eine Zerlegung vorgenommen werden, um mit Hilfe der folgenden Checkliste die filmtechnischen Faktoren auf ihre Richtigkeit bzw. Vollständigkeit zu prüfen.

1. Die Zeit (Dauer des Filmablaufs)
   Reicht die Zeit aus, um die Hauptbotschaft und den Markennamen klar und verständlich zu vermitteln?
2. Der Text
   Entspricht der Text dem Briefing, der Copy- oder Advertising-Platform? Sind filmtechnisch bedingte Abweichungen von Bedeutung?
   Gibt es Argumente, die zugunsten der Gesamtwirkung weggelassen werden können?
   Ist das gesprochene Wort klar und leicht verständlich?
   Ist der Stil sympathisch, freundlich und verbindlich?
   Wenn gesungen, ist der Text klar und leicht verständlich?
   Ist die Musik auf den zu erreichenden Seherkreis abgestimmt?
   Ist sie dem Zweck des Films förderlich?
3. Der Bildablauf
   Die Entwicklung der optischen Darstellung der Werbebotschaft. Ist der Gesamtablauf zusammenhängend, fließend und mühelos verständlich?
   Ist die Identifizierung des Produktes und des Markennamens gewährleistet? Ist die Verpackung klar zu erkennen, und werden die Farbtöne den Originalfarben gerecht?
4. Die Musik
   Obwohl das Storyboard die Art der Musik nur wörtlich vermitteln kann, soll die Beschreibung doch auf ihre Eignung geprüft werden.

Ist Musik überhaupt wünschenswert?

Entspricht die Musik dem Zweck und dem Inhalt des Films?

Ist sie auf einen bestimmten Seherkreis abgestimmt?

Für die Beurteilung des Storyboard in werblicher Hinsicht gibt es wenig allgemeingültige Normen. Nachstehend einige Empfehlungen aus amerikanischen Quellen:

1. Im Hinblick auf die hohen Kosten muß jeder einzelne Spot für sich wirken. Verlassen Sie sich nicht auf die kumulative Wirkung einer Serie!
2. Der Film soll nicht unterhalten, er soll verkaufen — er kann aber auf unterhaltende Weise verkaufen.
3. Ein wirkungsvoller Film besteht aus vier Grundsätzen:

   a) das Produkt oder die Leistung,
   b) das Versprechen,
   c) die Begründung des Versprechens,
   d) die Aufforderung zum Kauf.

   Alles Zusätzliche ist als Ballast anzusehen.
4. Durch das Medium Fernsehen wird mit dem Verbraucher in der Atmosphäre seines Heims gesprochen. Ein Mißbrauch dieses Privilegs rächt sich!

Nachstehend die Darstellung eines führenden „creative"-Werbefachmannes:

1. Laß Bilder sprechen!
   Was du zeigst, ist viel wichtiger als das, was du sagst. Wort und Bild müssen zusammenklingen. Jedes muß das andere verstärken. Der Text muß dasselbe aussagen, was die Bilder zeigen. Worte, die im Bild erscheinen, müssen mit den gesprochenen Worten völlig übereinstimmen. Sag nichts, was du nicht zeigen kannst. Am besten versucht man, den Fernsehspot mit abgeschaltetem Ton laufen zu lassen. Wenn er ohne Ton nicht „verkauft", ist er schlecht.
2. Die Demonstration muß stark sein!
   Procter & Gamble haben die Erfahrung gemacht, daß sich die besten Fernsehspots dadurch auszeichnen, daß „die Hauptidee sehr stark demonstriert wird". Bei den schwachen Fernsehspots findet man „wenig oder keine Demonstration". Dr. Gallup berichtet, daß bei Fernsehspots mit starker Demonstration die Erinnerung an Verkaufsargumente 20% über dem Durchschnitt liegt. (Übrigens erfuhren wir aus anderen Quellen, wie sehr P & G davon überzeugt ist, daß die stärkste Verkaufswirkung von der Demonstration des Produktes ausgeht.)
3. Einfach sein!
   Wohl lassen sich in einem längeren Fernsehspot mehr Verkaufsargumente bringen als in einer Anzeige, aber die bestens Spots basieren stets auf einer oder höchstens zwei einfachen Ideen. Die besten Spots laufen flüssig ohne allzu viele Szenenwechsel ab.
4. Wiederhole dein Verkaufsargument!
   Das Hauptanliegen jedes Fernsehspots ist es, das Verkaufsargument so überzeugend herauszustellen, daß es gut erinnert wird. Daher muß das Verkaufsargument mindestens zweimal gebracht werden.

5. Zeige deine Marke deutlich und oft!
   Der amerikanische Verbraucher sieht im Jahr an die 10 000 Fernsehspots. Man muß daher ganz sichergehen, daß der Name des Produktes, für das geworben wird, erinnert wird. Die Packung muß also laut und deutlich gezeigt, der Markenname muß so oft wie möglich wiederholt werden. Zumindest einmal muß der Name bildbeherrschend erscheinen.

6. Sei maßvoll mit der Sprache!
   Einfache Produkt-Aussagen, eindringlich demonstriert — darauf bauen sich gute Werbefernsehfilme auf. Produkt-Aussage und Demonstrationen werden aber sofort langweilig und unverdaulich, wenn zuviel gesprochen wird. Merke also: Der potentielle Verbraucher darf nicht vom gesprochenen Wort erschlagen werden.

7. Das Produkt muß zur Hauptfigur des Fernsehspots gemacht werden!

8. Verkaufe schon mit dem ersten Bild!
   Eine Anzeige muß in erster Linie die Aufmerksamkeit des Lesers erregen. Beim Fernsehen ist der Zuschauer von vornherein aufmerksam. Man braucht seine Aufmerksamkeit also nicht erst zu erregen, sondern nur zu erhalten. Daher darf ein Werbefernsehfilm niemals mit einem unwesentlichen Vergleich beginnen oder einer nicht zur Sache gehörigen Idee, die nur den inneren Ablauf unterbricht. Die Erinnerung an Werbefernsehfilme, die in der Einleitung oder bei einem Vergleich nicht direkten Bezug auf das Produkt nehmen oder die beziehungslose Unterhaltung bringen, liegt um 22% unter dem Durchschnitt.

9. Gebrauche den Kniff „Problem und Lösung"!
   Fernsehspots, die ein Verbraucherproblem behandeln, das angeblich nur durch das gezeigte Produkt gelöst werden kann, wobei gerade diese Lösung als die einzig plausible erscheinen muß, verkaufen laut Gallup viermal soviel wie solche Fernsehspots, die ihr Prodrukt nur anpreisen und seine Vorzüge betonen.

10. Bringe möglichst viele Neuigkeiten!
    Die Erinnerung an Fernsehspots, die echte Neuigkeiten enthalten, liegt um 24% über dem Durchschnitt (lt. Gallup).

11. Denke stets an Emotion und Atmosphäre!
    Es ist nicht möglich, bei allen Produkten die gleiche verkäuferische Technik anzuwenden. Man kann z. B. keine Neuigkeiten bringen, wenn es keine gibt. Auch kann man nicht immer auf den Kniff „Problem und Lösung" zurückgreifen; ja, man kann nicht einmal immer eine Demonstration bringen. Zuweilen muß man sich eben ganz auf Gefühl und Stimmung verlassen.
    Schwerin berichtet in diesem Zusammenhang, daß Fernsehspots, die stark auf Emotion und Atmosphäre ausgerichtet sind, tatsächlich sehr wirksam sein können. Appetit ist z. B. eine Emotion.

12. Sei liebenswürdig und glaubwürdig!
    Man sollte sich menschlich und freundlich geben, wenn man sein Publikum emotional ansprechen will, denn niemand gibt einem Reisenden, der sich schlecht benimmt, einen Auftrag. Auch kauft niemand bei einem unreellen Geschäftsmann oder bei einem Schwindler. Daher darf man die Gutgläubigkeit nicht zu sehr strapazieren und darf nicht über das Maß des Glaubwürdigen hinausgehen.

13. Verwende Großaufnahmen!
 Der Bildschirm ist höchstens einen halben Meter breit; Kinowände hingegen sind 12 Meter breit. Wegen des kleinen Bildschirmes ist die Großaufnahme der Totale immer vorzuziehen, denn sie hat eine ungleich stärkere Wirkung.

14. Halte keine Predigten!
 Man verkauft gar nicht, wenn man seine Zuhörer langweilt. Nur wenn sich das Publikum für ein Angebot interessiert, wird es kaufen.

15. Fernsehspots sind keine Singspiele!
 Fernsehspots sollen nicht unterhalten, sie sollen verkaufen, und Verkaufen ist eine ernste Sache. Gute Verkäufer singen nie. Sprache ist akustisch leichter zu verstehen als Gesang. Sprache ist zwar weniger unterhaltsam als Gesang, aber überzeugender. Daher wird in wirklich überzeugenden Werbefernsehfilmen nicht gesungen.

16. ... ein wenig Originalität!
 Der Durchschnittsverbraucher sieht mehr als 200 Fernsehspots in einer Woche, das sind 900 im Monat und 10 000 in einem Jahr. Deshalb muß ein guter Fernsehspot etwas Einmaliges an sich haben. Er sollte eine originelle Idee bringen, die sich dem Fernseher einprägt. Dieser originelle Einfall muß aber in enger Beziehung zum Produkt stehen und darf die Aufmerksamkeit des Verbrauchers nicht vom Hauptargument ablenken.

Eine der verantwortungsvollsten Aufgaben des Produkt-Managers ist die Abnahme des Films. Eine Reinzeichnung zu ändern oder eine Fotografie neu anzufertigen, ist nicht schwer und nicht allzu teuer. Dies kann ohne großen Schaden sogar nach dem Erscheinen durchgeführt werden. Wenn aber ein Fernsehfilm abgedreht ist, wird das Atelier geräumt, die Einrichtung und die Bauten sind entfernt, und die Darsteller sind anderweitig engagiert. Änderungen sind somit teuer und zeitraubend. Man wird daher entsprechende Wünsche auf das Allernotwendigste beschränken, also auf diejenigen Punkte, die die Wirkung stark beeinträchtigen oder Schaden anrichten könnten.

Um das Risiko auf einem Mindestmaß zu halten, können gemeinsam mit der Agentur schon vor der Dreharbeit Darsteller, Sprecher und gelegentlich Musik geprüft werden. Dabei helfen die von der Agentur vor der endgültigen Dreharbeit in ihrem eigenen Studio angefertigten Versuchsfilme.

Ein weiteres wertvolles Hilfsmittel ist der Pre-Test. Er kann schon mit einem Versuchsfilm oder auch, um ganz sicher zu sein, mit dem zuerst gedrehten Film durchgeführt werden. Dieser Test liefert wertvolle Hinweise auf die zu erwartende Wirkung sowie auf die Wahl der Darsteller und Sprecher.

Die Filmwerbung im Kino:
Wenn auch der Kinobesuch durch das Fernsehen etwas gelitten hat, ist der Werbefilm für bestimmte Zwecke immer noch ein wirksames (aber teures) Mittel. Seine Vorteile liegen in der Farbwiedergabe und in der Möglichkeit der örtlichen Abgrenzung (Test-Marketing). Durch Auswahl der Theater kann auch eine gewisse demoskopische Selektion vorgenommen werden (Teenager).

Da der Kinobesucher für seine Unterhaltung Eintritt bezahlt, ist er besonders kritisch. Wenn das Programm seinen Erwartungen nicht entspricht, fühlt er sich betrogen. Er wartet ungeduldig, bis der Spielfilm beginnt, und in gewissen Kinos läßt er seine Meinung über die Werbefilme deutlich hören.

Der Film ist auf einer Idee aufgebaut. Wenn diese filmtechnisch nicht tragbar ist, nützt der Werbeinhalt nicht viel. Aufgrund der hohen Produktions- und Einschaltkosten und der niedrigen Einschaltfrequenz muß jede Vorführung ein Höchstmaß an Wirkung erzielen. Da die Einschaltung pro Filmmeter berechnet wird, ist man versucht, möglichst kurze Filme zu drehen. Ein kurzer, prägnanter Film kann wirksamer sein als ein langer Film, der mit Unterhaltung gestopft ist. Die Gesetzmäßigkeit der Filmtechnik muß aber beachtet werden. Die Länge des Films ist daher in erster Linie von den Erfordernissen der Gestaltung abhängig und erst in zweiter Linie eine Budget-Frage.

1. Das Storyboard:
   Im Gegensatz zum Film, der innerhalb einiger Sekunden angesehen und beurteilt werden muß, gewährt das Storyboard genügend Zeit für eine eingehende Prüfung, die, wie schon erwähnt, notwendig ist, wenn kostspielige Änderungen und Zeitverluste vermieden werden sollen:
   a) Ist die Grundidee, das „Motiv", als tragendes Element für die Werbung geeignet?
   b) Ist die Idee auf den zu erreichenden Käuferkreis abgestimmt?
   c) Ist die vorgeschlagene Technik für die Übermittlung der Botschaft geeignet (Spiel — Trick — Zeichnung — Puppen)?
   d) Wirkt der Film glaubhaft (beim Spielfilm: natürlich)? Kann der Käufer sich mit der Darstellung identifizieren?
   e) Wird die Hauptbotschaft klar und verständlich behandelt?
   f) Entspricht sie dem Briefing, der Copy- oder Advertising-Platform?
   g) Sind die anderen Argumente in Reihenfolge und Betonung richtig dargestellt?
   h) Könnte auf einige Bildfolgen zugunsten des Gesamteindrucks verzichtet werden?
   i) Entsprechen Inhalt und Darstellung den Grundsätzen der AIDA-Formel?
2. Das Drehbuch:
   Abgesehen von der Prüfung des Textes in juristischer und werbemäßiger Hinsicht wird der Stil auf seine Eignung für den angesprochenen Käuferkreis untersucht. Bild- und Textabschnitte müssen in logischer und natürlicher Folge dargestellt werden und möglichst ineinanderfließen. Wird Musik als Untermalung vorgeschlagen, so muß sie die Grundidee unterstützen und die Aufnahmebereitschaft des Publikums günstig beeinflussen. Die Musik darf das gesprochene Wort nicht stören. Der Produkt-Manager soll sich zu diesem Zeitpunkt mit der Agentur über die Wahl der Darsteller bzw. Sprecher einigen und sich ein klares Bild über das vorgesehene „Milieu" verschaffen. Diese Dinge haben erheblichen Einfluß auf die Produktionskosten.
3. Die Abnahme des fertigen Films:
   Dies ist eine schwere und verantwortungsvolle Aufgabe. Es gilt, die Belange des Werbungtreibenden, der Agentur und des Produzenten unter ein Dach zu bringen. Hier Werbeforderung, dort technische und kostenmäßige Grenzen.

   Wenn bei einer Probevorführung technische Mängel vielleicht noch entschuldigt werden können, ist dies bei der endgültigen Abnahme nicht mehr möglich. Ein schlechtes Negativ kann niemals gute Kopien geben! Andererseits sollten Bagatellen mit Vernunft beurteilt werden.

Die hauptsächlich zu beachtenden Punkte sind:

a) Macht der Film einen geschlossenen Eindruck, wobei die Hauptbotschaft, der Markenname und evtl. die Aufforderung zum Kauf klar zum Ausdruck kommen?
b) Sind die Darsteller geeignet (Alter, Aussehen, Kleidung, Make-up)?
c) Ist die Sprache verständlich, freundlich, verbindlich?
d) Bei Demonstrationen: Ist der Vorgang verständlich, glaubhaft (keine Zauberei) und technisch möglich?
e) Entspricht das „Milieu" den Vorstellungen (Küche, Waschküche, Haus, Wohnung, Garten, Kleidung)?
f) Ist die Farbwiedergabe — insgesamt gesehen — gut?
g) Ist die Farbwiedergabe der Ware — Verpackung naturgetreu?
h) Ist die Ware — Verpackung günstig dargestellt?
i) Ist die Musik geeignet — nicht zu laut?

Die Funkwerbung

erreicht den Empfänger größtenteils unter sehr ungünstigen Bedingungen. Im Gegensatz zu den Gewohnheiten beim Lesen oder Fernsehen ist die Hausfrau nicht gern bereit, sich hinzusetzen und ihre ganze Aufmerksamkeit dem Rundfunk zu widmen. Eine Ausnahme bilden lediglich die Nachrichten und auserlesene Abendprogramme. Die Hausfrau erwartet vom Rundfunkt hauptsächlich Unterhaltung oder eine angenehme Ablenkung während der Arbeit.

Die Funkwerbung muß jedoch nicht nur gegen die Indifferenz des Hörers kämpfen, sondern auch gegen die vielen gleichwertigen Konkurrenten-Sendungen und die angenehmen Musikprogramme. Bei diesem Kampf darf sie aber auch nicht unangenehm auffallen, etwa durch schreiende Stimmen oder kreischende Geräusche. Es dürfte ebenso klar sein, daß lange, vorgelesene Texte kaum Gehör finden.

In der Regel wird dem Produkt-Manager zunächst ein Werbetext mit Aufzeichnungen über Musik, Geräusche usw. zur Begutachtung vorgelegt. Anhand dieser Unterlage kann nun geprüft werden, ob die Hauptbotschaft richtig und verständlich gebracht wird und ob der Text juristisch einwandfrei ist. Überlegen Sie auch, ob die Idee zur Fortsetzung in einer Serie geeignet ist.

Erst das Anhören des Layouts, welches eine Reihe anderer Werbeeinblendungen enthalten soll, vermittelt den wirklichkeitsnahen Eindruck des Empfangs.

Nachstehende Checkliste kann bei der Beurteilung dienlich sein:

a) Ist die eigene in der Reihe der anderen Sendungen hervorstechend?
b) Ist die Hauptbotschaft deutlich zu hören und leicht verständlich? Sind weitere Argumente unerläßlich?
c) Wirkt die Art des Sprechens angenehm — verbindlich?
d) Wenn Dialekt gesprochen wird: Klingt er echt und verständlich?
e) Wird das Gesprochene durch zu laute oder aufdringliche Musik gestört?
f) Ist die Musik dem Thema und dem zu erreichenden Käuferkreis angepaßt?
g) Bei gesungenem Text: Ist er klar verständlich, und ist das ganze Lied dem Käuferkreis angepaßt?
h) Läßt sich die Idee als Serie fortsetzen?

Das Plakat:
Die Gestaltung eines Plakates ist auf Fernwirkung abgestellt. Es muß auf eine Entfernung von mindestens 30 Meter wirken, lesbar sein, und die Botschaft muß von den Vorbeigehenden aufgenommen werden können. Die gestalterischen Mittel sind daher meistens auf die einfache, aber wirkungsvolle Darstellung der Ware oder der Verpackung, des Markennamens und auf die Hauptbotschaft angewiesen. Wenn man bedenkt, daß es ausgezeichnete Plakate gibt, deren Wirkung allein auf die graphische Darstellung zurückzuführen ist, wird die Bedeutung der künstlerischen Gestaltung und Ausführung klar.

Meistens werden von der Agentur zunächst einige Entwürfe im Kleinformat vorgelegt. Schon diese Entwürfe, die aus einer Entfernung von 3 bis 4 Meter betrachtet werden können, gestatten eine erste Auswahl zu treffen. Man prüfe die Verständlichkeit und Lesbarkeit des kurzen Textes, die Darstellung der Ware oder der Verpackung und die gesamte Farbgebung. Es zeigt sich, ob der gewünschte Text wirksam dargestellt werden kann oder ob er zu kürzen ist; ebenso, ob auf einige Bildelemente verzichtet werden muß.

Nach dem ausgewählten Entwurf kann ein weiterer Entwurf im Original-Format angefertigt werden. Diese sollte man auf eine Litfaß-Säule kleben, und ihn von der anderen Straßenseite betrachten. Zuerst prüft man aus dem günstigsten Blickwinkel die Gesamtwirkung, die Lesbarkeit des Textes und des Markennamens. Dann geht man vorbei, um die Wirkung an der Säulenkrümmung zu beurteilen. Wird z. B. die Verpackung dadurch verzerrt — unkenntlich? Ist das Format zu klein, zu breit, könnte es kleiner, könnte es breiter sein? Hat das Plakat noch eine Werbewirkung auf kurze Entfernung?

3.4.1.3.6 Die Erarbeitung des Mediaplanes

Diese Aufgabe ist leichter als die Beurteilung der Gestaltung, weil subjektive Einflüsse dabei eine geringere Rolle spielen. Dennoch erfordert die Beurteilung von Media-Plänen viel Erfahrung. Wenn auch das Urteil weitgehend auf statistische Unterlagen gestützt werden kann, decken rein quantitative Daten doch nicht die ganze Problematik der Media-Planung. Es ist dabei zu denken an die Frage der Wirtschaftlichkeit von Mehrfach-Kontakten oder Überschneidungen oder an das Problem der unterschiedlichen Werbewirksamkeit einzelner Media-Träger.

Ein Media-Plan muß in erster Linie den Erfordernissen des Marketing-Planes entsprechen. Die für die Erstellung des Media-Planes erforderlichen Angaben sollten im Briefing an die Agentur enthalten sein.

127. Aufgabe: *Um welche Angaben handelt es sich im einzelnen?*

In zweiter Linie muß der Media-Plan der Gestaltung gerecht werden.
Die Streuung:

128. Aufgabe: *Was versteht man unter Streuung?*

Fachgerechte Streuung trägt die Werbung dorthin, wo für die Ware oder Leistung mit hinlänglicher Sicherheit Interesse vorausgesetzt werden kann. In der praktischen Durchführung bedeutet Streuung: Rechtzeitiger und ausreichender Raumkauf bei Presse und Anschlagunternehmen, rechtzeitiger und ausreichender Zeitkauf für Film, Funk und Fernsehen. Darüber hinaus gibt es noch eine Fülle von anderen Streuungsmöglichkeiten, durch die eine Werbebotschaft zum Verbraucher gelangen kann: Durch Außenwerbung, Verkehrsmittelwerbung, Werbung in Telefon- und Adreßbüchern, Postwurfsendungen usw. Die Abstimmung erfolgt mittels eines Streuplanes, dem man entnehmen kann, wann — wo — welche Werbemittel eingesetzt werden sollen.

Der Streuplan und die Durchführung der Streuaufgaben beeinflussen den Erfolg oder Mißerfolg einer Werbung sehr stark. Streuverluste beeinträchtigen den Werbeerfolg. Bei jeder Werbung muß entschieden werden, wie bei dem einzelnen Werbemittel mit einem bestimmten Aufwand eine möglichst große Zahl von potentiellen Käufern des Produktes zu erreichen ist. Die zeitliche und örtliche Häufung von Werbemitteleinsätzen muß dem Rhythmus der Einkaufs- und Verkaufsgewohnheiten angepaßt werden. Die verschiedenen Werbemittel müssen durch Gleichzeitigkeit und Ablösung eine Verkettung der Werbebotschaft erzielen, die die Wirkung vervielfacht. Die Auswahl der Werbeträger wird sowohl durch qualitative wie auch durch quantitative und selbstverständlich auch durch wirtschaftliche Überlegungen bestimmt. Das ist besonders notwendig, wenn man bedenkt, daß die Gestaltungs- und Herstellungskosten der Werbung im Regelfall 5—20% und die Streukosten aber 80—95% der Gesamtkosten beanspruchen.

Auch hat es keinen Sinn, eine Werbewirkung über unbedingt 10 verschiedene Werbeträger erreichen zu wollen, wenn bereits 5 dieser eingeplanten Werbeträger 90% der potentiellen Kunden für das umworbene Produkt erreichen.

Bei der Bedeutung der Streuung für die Werbung ist es für jedes Unternehmen von großer wirtschaftlicher Bedeutung, den von der Agentur vorgeschlagenen Streuplan zu analysieren. Bei dieser Analyse sollten aus der Sicht des Unternehmens noch einmal die gleichen Fragen aufgeworfen werden, wie sie die Agentur bei der Erstellung des Streuplanes allerdings mehr aus werblicher Sicht aufwirft.

129. Aufgabe: *Welche Fragen sind das im einzelnen?*

Deckung und Netto-Treffer-Kontakte

Maßgebend für die Ausdeckung des betreffenden Verbraucher- oder Käuferkreises ist die Netto-Trefferzahl — das ist der Teil des Kreises, der nach Abzug der Überschneidungen durch mehrere Werbeträger erreicht wird. Die Deckungs- und Netto-Trefferzahlen werden wie folgt errechnet:

Treffer-Kontakte	=	Brutto-Kontakte mit potentiellen Kunden
Fehl-Kontakte	=	Kontakte mit uninteressanten Personen
Überschneidungen	=	Kontakte, die durch zwei oder mehr Werbeträger der gleichen Gruppe bei gleichen Personen erreicht werden

Netto-Trefferkontakte	=	Die Zahl der Personen, die erreicht werden, gleichgültig, ob durch einen oder mehrere Werbeträger
Deckung	=	Das Verhältnis der Netto-Trefferkontakte; Gesamtzahl der potentiellen Käufer in % ausgedrückt
Summe der Kontakte aller Werbeträger bei den potentiellen Käufern	=	Trefferkontakte
Trefferkontakte ./. Überschneidungskontakte	=	Netto-Trefferkontakte

$$\frac{\text{Netto-Trefferkontakte} \cdot 100}{\text{alle potentiellen Käufer}} = \text{Deckung in } \%$$

Für Zeitungen und Zeitschriften gilt die Zahl der Netto-Trefferkontakte oder die Deckung in % für eine einzelne Einschaltung.

Für den Werbefunk gelten die Angaben für alle Sendungen innerhalb einer Woche. Sie stellen die Gesamtheit aller Personen dar, die bei dem gegebenen Einschaltschema innerhalb einer Woche mindestens einmal erreicht werden.

Die Angaben für das Werbefernsehen gelten für eine einzelne Einschaltung. Sie stellen den Durchschnittswert der wesentlichen Werbe-Sendezeiten dar, und zwar aufgrund der erwarteten Gerätezahl per 1. Januar eines laufenden Jahres.

Durch geschickte Zusammenstellung einer Gruppe von ähnlichen Werbeträgern, wie illustrierte Zeitschriften, erreicht man z. B. 60% der betreffenden Käuferkreise. Es ist zu prüfen, ob im Rahmen des Gesamt-Werbebudgets das wirtschaftliche Optimum damit erreicht wird. Gerade im Falle der illustrierten Zeitschriften muß für höhere Ausdeckung ein überproportionaler Zuwachs an Kosten in Kauf genommen werden, weil die Überschneidungen in stärkerem Maße wachsen. Erfahrungsgemäß dürfte hier das Deckungsoptimum etwa in der Größenordnung von 60% liegen.

Ein gezielter Angriff auf eine relativ kleine Gruppe läßt sich nicht ohne Streuverlust verwirklichen, denn es stehen uns wenige Werbeträger mit genau abgegrenztem Trefferkreis zur Verfügung.

Das Streben nach der optimalen Ausdeckung darf nicht auf Kosten des Impacts erreicht werden. Vielmehr müssen beide Forderungen aufeinander abgestimmt sein. Im allgemeinen gilt hier der Spruch: „Wenig, dafür gut“, d. h. lieber eine Einschränkung des angesprochenen Kreises in Kauf nehmen als ungenügende Frequenz oder ungenügende Formate.

Wenn man, im Kampf gegen die menschliche Trägheit versucht, den Käufer möglichst oft zu verschiedenen Tageszeiten und in verschiedenen Orten sowie durch jedes Sinnesorgan zu erreichen, so wird man durch das Werbebudget in Schranken verwiesen. Es wird daher oft ein Werbeträger als tragendes Fundament der gesamten Kampagne bestimmt, und man sorgt dafür, daß der Impact durch diesen Werbeträger in bezug auf Frequenz und Größe/Länge stark genug ist. Reicht das Budget für einen zweiten oder gar mehrere unterstützende Werbeträger aus, so werden solche gewählt, die den Haupt-Werbeträger sinnvoll ergänzen, wie z. B. illustrierte Presse/Fernsehen — Tagespresse/Kino.

Bei der Beurteilung der vorgeschlagenen Werbeträger wird daher darauf geachtet, daß der anzusprechende Käuferkreis durch einen Hauptträger deckungs- und impactmäßig ausreichend beeinflußt wird und daß die weiteren Träger ihn sinnvoll ergänzen oder unterstützen. Dabei spielen folgende Gesichtspunkte eine Rolle: Einsatzzeit, Gebiete, Schwerpunkte im anzusprechenden Bevölkerungskreis sowie qualitative Merkmale.

Der Impact

Das Problem des optimalen Impacts ist ein trauriges Kapitel im Werbewesen. Es gibt und wird wohl keine Standard-Formeln geben, die man zur Lösung heranziehen kann. Nur empirische Versuche, die auf jede einzelne Aufgabe abgestimmt sind, können zuverlässig Anhaltspunkte liefern. Solche Versuche beanspruchen aber viel Zeit, und man stößt bei bestimmten Werbeträgern auf fast unüberwindliche Schwierigkeiten. Es muß daher meistens darauf verzichtet werden. Nachstehend einige Faustregeln, die allerdings in der Verallgemeinerung Gefahren in sich bergen:

1. Format-Frequenz
   Wenn eine Anzeige, ein Plakat oder ein Film wegen der Größe/Länge zu wenig Aufmerksamkeit auf sich zieht, hat eine Wiederholung keinen großen Nutzen.
2. Die Frequenz ist größtenteils von der Art des Werbeträgers abhängig.
   Bei den illustrierten Zeitschriften kann wegen ihrer längeren Lebensdauer eine geringere Frequenz eher ausreichend sein als beispielsweise bei den Tageszeitungen.
3. Bei beschränktem Budget
   ist die Häufung von Einschaltstößen dem Einschalten in regelmäßigen Zeitabständen vorzuziehen.

Die Anzeige:

Die Anzeigengröße muß sowohl den Erfordernissen der Gestaltung genügen wie auch die Anzeige in ihrem Kampf um Aufmerksamkeit in dem betreffenden Werbeträger unterstützen. Die Werbung steht nicht nur in Konkurrenz zur Werbung für gleichartige Produkte, sondern auch in Konkurrenz zur Gesamt-Werbung und dem redaktionellen Teil. In einer großen illustrierten Zeitschrift stehen dem Leser rd. 70 Seiten Text und 30 Seiten Anzeigen als Lesestoff zur Verfügung. Dieser Kampf um Aufmerksamkeit erfordert daher größere Formate als in einem Lokalanzeiger, der vielleicht nur wenig Werbung enthält und diese auch noch kleinformatig.

Eine Vielfarbenanzeige kostet rd. doppelt soviel wie eine Schwarz-weiß-Anzeige. Wenn auch Farben zweifellos den Aufmerksamkeitswert steigern, so ist jedoch nicht bewiesen, daß sich dieser im gleichen Verhältnis zu den Kosten verhält. Man verwendet Farben daher hauptsächlich, um Nahrungsmittel appetitlich zu gestalten oder um das Bild einer neuen Packung einzuprägen.

Die Druckwiedergabe spielt eine Rolle bei der Auswahl des Werbeträgers. Die Tiefdruckwiedergabe einer Fotografie in einer illustrierten Zeitschrift ist naturgetreuer als ein Rasterbild in einer Tageszeitung. Bei der Auswahl müssen jedoch die Marketing-Belange den Vorrang haben. Wird die Werbung auf ein Gebiet beschränkt oder erfordert der Marketing-Plan eine intensive Bearbeitung möglichst vieler Haushaltungen, so wird der Einsatz der Tagespresse unumgänglich sein.

Das Format einer Anzeige, ob hoch oder quer, „strip“ oder auf zwei Seiten, wird größtenteils von der Gestaltung bestimmt. Ausgefallene Formate können den Aufmerksamkeitswert steigern, doch lassen sie an Lesewert nach und haben oft Schwierigkeiten bei der Placierung.

Fernsehen:
Eine Abhandlung über die Beurteilung von Fernseh-Plänen hat zum gegenwärtigen Zeitpunkt keinen Sinn, denn bekanntlich wird dem Werbungstreibenden nur etwa ein Drittel der gewünschten Werbefernsehzeit zugeteilt, und die Spots lassen sich schwer zu einer zusammenhängenden Kampagne aufbauen.

Man ist bestrebt, die Seher durch geeignete Beobachtungsmethoden zu erfassen und zu analysieren. Die heute dafür verwendeten Unterlagen geben ein brauchbares, aber noch recht grobes Bild über das Sehverhalten.

Wenn der Produkt-Manager wegen der geringen Zuteilung an Spots besorgt ist, so kann er sich mit der Gewißheit trösten, daß es bei seinen Konkurrenten nicht besser bestellt ist. Für das Fernsehen gilt das gleiche, was hinsichtlich der anderen Werbeträger gesagt wurde, nämlich „die Spotlänge (der Impact) gilt vor der Frequenz".

Jeder Spot muß seinen Zweck erfüllen. Zwei 15-Sekunden-Spots können nicht die gleiche Aussage machen wie ein 30-Sekunden-Spot. Bei der Beurteilung der Spot-Länge müssen wir daher von den Erfordernissen der Gestaltung ausgehen. Eine praktische Demonstration ist neben der Erprobung die wirkungsvollste Werbeart, und das Fernsehen ist dafür besonders geeignet. Die Demonstration darf aber nicht durch allzu starke Zeitraffung unverständlich werden oder gar unglaubhaft werden.

Kinowerbung:
Die Filmwerbung im Kino hat in bestimmten Fällen immer noch ihre Berechtigung. Von allen anderen Werbeträgern ermöglicht sie als einzige die farbliche Wiedergabe in bewegten Bildern. Wenn auch begrenzt, ist die selektive Ansprache des Käuferkreises möglich. Dieser Vorteil muß aber teuer bezahlt werden; pro Kontakt ist die Kinowerbung einer der teuersten Werbeträger. Aus diesem Grunde besteht die Gefahr einer zu niedrigen Einschaltfrequenz. Wie bei anderen Werbeträgern gibt es auch beim Film ein wirtschaftliches Minimum an Einschaltfrequenz. Dieses Minimum muß im Zusammenhang mit den Maßnahmen bei den übrigen Werbeträgern gesehen werden. Wo der Film alleinsteht (was sehr selten vorkommt), dürfte das Minimum, unter Auslassung der Sommermonate, vielleicht 8 bis 10 Wochen betragen.
Die Länge des Films ist hauptsächlich von den Erfordernissen der Gestaltung abhängig. Ein langer Film ist nicht unbedingt wirkungsvoller als ein kurzer, und schließlich wird pro Meter bezahlt.

Das Plakat:
Es bestehen alle statistischen Unterlagen hinsichtlich der Zahl der Anschlagstellen in den einzelnen Orten und neuerdings auch über einige erste Untersuchungsergebnisse, die den Kreis der durch Plakatanschlag erreichbaren Personen beschreiben. Üblicherweise hängt das Plakat nur 10 Tage an seiner Stelle. Im Winter ist die Wirkungsdauer eines Plakates durch kürzere Tage beschnitten und seine Wirkung durch Regen und schwaches Licht beeinträchtigt.

Das Plakat trägt die Werbebotschaft in das Straßenbild und ist besonders geeignet, den Bekanntheitsgrad eines Produktes zu forcieren. So wird es oft verwendet, wenn es gilt, eine Einführungskampagne zu unterstützen, eine neue Verpackung einzuprägen, oder es wird im Rahmen einer lokalen Kampagne (Test) eingesetzt. Man wird daher die Richtigkeit eines vorgeschlagenen Plakatanschlages vorsichtig abwägen. Hierzu dient nachstehende Checkliste:

Ist das Plakat überhaupt geeignet?

a) Neueinführung
b) Neue Verpackung
c) Lokal begrenztes Gebiet
d) Ergänzung der Kampagne durch in anderen Werbemitteln fehlende Farben.

Entspricht die Wahl der Ortschaften (Ortsgrößen) dem Briefing?

Sind die Termine richtig gewählt
a) im Hinblick auf den Gesamt-Werbeplan,
b) im Hinblick auf die Jahreszeit?

Ist die Frequenz ausreichend?

Entspricht das Format
a) den Erfordernissen der Gestaltung,
b) der Bedeutung der Marke,
c) den Erfordernissen der Plakatstellen?

Neben dem allgemeinen Plakatanschlag (mehrere Werbungstreibende an einer Säule und Tafel) gibt es Ganzstellen (nur ein Werbungstreibender an der Säule) und Großflächen (ein großformatiges Plakat an der Tafel). Ganzstellen und Großflächen sind geeignet, die Wirkung des allgemeinen Anschlags zu unterstützen, und zwar hauptsächlich im Großstadtverkehr. Bei der Wahl des Groß-Plakates muß auf seine Wirtschaftlichkeit geachtet werden. Der Druck großer Plakate in kleinen Auflagen ist teuer. Die Verkehrsmittelwerbung ist in den seltensten Fällen geeignet. Sie ist als langfristig zu betrachten und dient hauptsächlich der Erinnerungswerbung für lokale Firmen.

Der Werbefunk:

Dieser Werbeträger ist relativ preisgünstig und wird vornehmlich zur Ergänzung und Ausdeckung auf dem Lande verwendet. Er ist in den Ländern Hamburg, Schleswig-Holstein, Niedersachsen und Nordrhein-Westfalen nicht verfügbar. Zum Teil wird die Lücke durch Radio Luxemburg ausgefüllt.

Im Gegensatz zum Fernsehen können Hausfrauen zu günstigen Tageszeiten erreicht werden. Es sollten mindestens drei Spots in der Woche eingeblendet werden. Die Länge der Spots hängt wiederum von der Gestaltung ab.

3.4.1.3.7 Die Beurteilung der Werbeempfehlung durch das Unternehmen

Zur Verantwortung der Agentur gehört das Vorlegen der Werbeempfehlung, d. h. der Art, in der die wichtigste und überzeugendste Verkaufsidee dem Verbraucher am einleuchtendsten vermittelt wird. Das Ergebnis, d. h. die Werbeempfehlung selbst, muß durch das Unternehmen beurteilt werden.

Die gestalterische Qualität der Werbeempfehlung kann in zwei Stufen beurteilt werden:

1. Durch Überprüfen
   Zunächst muß die Werbeempfehlung den Forderungen der Werbestrategie entsprechen. Zweitens muß das Unternehmen prüfen, ob die Gestaltung mit der im nächsten Punkt aufgeführten Kontrolliste übereinstimmt.
2. Durch Pre-Test
   Persönliche Beurteilung allein genügt nicht, um die Qualität der Werbeempfehlung zu bewerten. Obwohl es auf die Frage: Wird das neue Produkt ein Erfolg? keine zuverlässige Antwort gibt, kennt man Methoden, die helfen, die wahrscheinliche Werbewirksamkeit im voraus abzuschätzen. Die meisten Agenturen kennen diese Methoden und viele benützen sie, um ihr eigenes Urteil zu unterstützen. Das Unternehmen sollte dafür sorgen, daß alle seine Werbekampagnen mit den besten zur Verfügung stehenden Methoden getestet werden. Man sollte sich nicht allzu sehr auf den Erinnerungswert verlassen. Welche Forschungsmethoden auch immer verfügbar sind, sie sollten vor allem die Kaufmotivation erfassen. Führende Forscher haben bewiesen, daß bloßes Erinnern an den Inhalt einer Werbung nicht gleichbedeutend ist mit dem Wunsch, dieses Produkt auch zu kaufen.

3.4.1.3.8 Kontrolliste zur Beurteilung der Werbeempfehlung

Diese Kontrolliste zur Beurteilung der Werbeempfehlung, die auf den Grundsätzen guter Werbung basiert, stellt ein in der Praxis relativ einfach zu handhabendes Instrument dar, mit dem die Werbeempfehlung für jedes von der Agentur vorgeschlagene Werbemedium auf die wahrscheinliche Wirksamkeit hin beurteilt werden kann.

130. Aufgabe: *Aus welchen Fragestellungen könnte sich eine derartige Kontrolle zusammensetzen?*

3.4.2 Die Grundsätze guter Werbung

3.4.2.0 Zehn Grundsätze guter Markenartikelwerbung aus der Sicht des Unternehmens

1. Gute Werbung ist Verbraucher-orientiert.
   Sie basiert auf den Grundbedürfnissen, Erwartungen und Interessen des Verbrauchers. Sie spiegelt mehr den Standpunkt des Verbrauchers wider als den des Produzenten oder des Händlers. Sie dient nicht als Selbstbefriedigung für den, der wirbt.
2. Gute Werbung konzentriert sich auf eine einzige Verkaufsidee.
   Sie zersplittert ihre Bemühungen und ihre Schlagkraft nicht. Sie konzentriert sich auf eine einzige Verkaufsidee. Sie bietet eine eindringliche und einprägsame Begründung, das Produkt auszuprobieren.

3. Gute Werbung konzentriert sich auf die wichtigste und überzeugendste Idee, die möglich ist.

   Wirksame Werbung für ein Produkt konzentriert sich auf eine einzige Verkaufsidee. Darum ist die Auswahl dieser Verkaufsidee von so ausschlaggebender Bedeutung. Wirksame Werbung offenbart sich durch den zwingendsten und überzeugendsten Appell, der zur Verfügung steht. Das ist der wahre Schlüssel zum Verständnis des Verbrauchers.

Diese drei Grundsätze umfassen den ausgewählten, einzigartigen Verbrauchernutzen.

4. Gute Werbung präsentiert eine einzige und konkurrenzfähige Idee.

   Gute Werbung enthält das Versprechen eines einzigartigen und der Konkurrenz überlegenen Produktvorteil. Gute Werbung schafft eine unverwechselbare Produktidentität. In ihrem ganzen Erscheinungsbild und in ihrer ganzen Wirkung ist sie in höchstem Maße konkurrenzbewußt.

5. Gute Werbung bezieht den Verbraucher ein.

   Wirksame Werbung berücksichtigt, daß die Beweggründe des Verbrauchers beim Kauf sowohl durch den Verstand als auch durch Gefühle ausgelöst werden. Der Verbraucher braucht eine verstandesmäßige Rechtfertigung für seine Produktwahl — selbst dann, wenn sie ursprünglich durch Gefühle gelenkt wurde. Wirksame Werbung ist etwas sehr persönliches. Sie wendet sich an den Eigennutz des Verbrauchers, sie löst menschliche Probleme, sie überzeugt den Verbraucher, indem sie sein Interesse weckt und ihn mit einbezieht — über den Verstand und/oder das Gefühl.

6. Gute Werbung ist glaubwürdig und wahr.

   Sie muß glaubwürdig sein, selbst dann, wenn der Verbraucher ihr nicht ohne weiteres glauben mag. Sie beweist, wo immer es möglich ist, durch Dokumentationen, Demonstrationen usw. die Wahrhaftigkeit ihrer Behauptung. Sie ist in ihrer Konzeption, wie in ihrer Präsentation ehrlich und aufrichtig. Sie spricht in der Sprache des Verbrauchers und vermeidet törichtes Geschwätz, Täuschungen und Beleidigungen. Sie erkennt: der Verbraucher ist kein Dummkopf, denn er ist ein potentieller Kunde.

7. Gute Werbung ist einfach, klar und vollständig.

   Sie sagt das, was sie zu sagen hat: Klar, einfach und unmißverständlich. Es gibt keinen Doppelsinn in ihr, keine Möglichkeit, zu verwirren oder Mißverständnisse herbeizuführen. Sie ist unkompliziert und völlig verständlich.

8. Gute Werbung verbindet die Verkaufsidee klar mit dem Produkt und/oder Markennamen.

   Sie sagt oder zeigt dem Verbraucher, wofür man das Produkt braucht. Sie hebt das Produkt und/oder Markennamen deutlich hervor und verbindet ihn mit der Verkaufsidee.

9. Gute Werbung nützt alle Vorteile des Werbeträgers.

   Bestimmte Verkaufsideen eignen sich besser für dieses Werbemedium als für jenes. Selbst dort, wo es keine zwingenden Gründe gibt, paßt wirksame Werbung die Präsentation der Verkaufsidee dem jeweiligen Werbemedium an, um von den technischen Möglichkeiten und von der Stimmung, die das Werbemedium hervorruft, zu profitieren.

10. Gute Werbung fordert auf und führt zum Verkauf.
    Es ist das Ziel der Werbung, den Verbraucher dahin zu bringen, daß er die Marke oder das Produkt kauft. Darum verwandelt wirksame Werbung passive Zustimmung oder Interesse in Aktion. Sie fordert eine sofortige Antwort, nicht nur einen Einstellungswandel auf lange Sicht. Sie macht dem Verbraucher die Kaufnotwendigkeit bewußt bzw. veranlaßt ihn, gleich etwas zu unternehmen, was auf den Kauf hinzielt. Eine wirklich überzeugende Anzeige löst unmittelbar eine Aktion aus.

3.4.2.1 Vier Grundsätze guter Werbung aus der Sicht der Agentur

Sie können nur ein ebenbürtiger Gesprächspartner Ihres Unternehmens mit der von Ihrer Firma beauftragten Agentur sein, wenn Sie auch über die Grundsätze guter Werbung aus der Sicht der Agentur informiert sind.

Für die Agentur ergeben sich im Hinblick auf die Werbekampagne die folgenden 4 Grundsätze, die sich als ganz konkrete Arbeitsgrundsätze darstellen:

1. „Die Agentur muß daher zunächst die Wünsche und das Verhalten der Verbraucher studieren. Ferner muß sie sorgfältig das Konkurrenzangebot analysieren und ganz deutlich alle Vorteile dagegenstellen, die das neue Produkt zu bieten hat. Ferner muß sie festlegen, welcher Produktvorteil herausgestellt werden soll — und an wen die Werbebotschaft gerichtet werden soll.

   Dieser Arbeitsgrundsatz entspricht den ersten drei Grundsätzen aus der Sicht des Unternehmens. Hier wird also schon deutlich, daß eine fortwährende Abstimmung zwischen Unternehmen und Agentur unbedingt erforderlich ist.

2. „Die Agentur muß die wirkungsvollste, zwingendste Gestaltungsform für die Verkaufsidee finden."

   Die Agentur muß erkennen, wie schwer es ist, die Aufmerksamkeit des Verbrauchers zu erringen und bedenken, was alles auf ihn einstürmt. Die Werbebotschaft muß klar, unterscheidbar, glaubwürdig und überzeugend — in der Sprache des Verbrauchers — formuliert werden. Eine klare, unverwechselbare Identität für die gesamte Werbung muß geschaffen und der Marken- oder Produktname betont werden.

3. „Die Agentur muß die erfolgversprechendsten Werbemedien finden, um die Verkaufsidee an den Verbraucher heranzutragen."

   Die Agentur muß die Werbemedien auswählen, die sich an die richtigen Leute wenden, d. h. an Verbraucher, die für das Produkt als Nachfrager überhaupt in Frage kommen. Es müssen die Werbemedien bevorzugt werden, die am besten geeignet sind, die Werbebotschaft zu übermitteln. Unter der Berücksichtigung von wirtschaftlichen und wettbewerbsmäßigen Gesichtspunkten müssen die Werbemedien mit der größten Stoßkraft ausgewählt werden.

4. „Die Agentur muß soweit wie möglich Unsicherheiten ausschließen — und zwar in jeder Phase, vor und nach Erscheinen der Werbung."

   Die Agentur muß herausfinden, was wert ist, erforscht zu werden. Sie muß sich ständig um neue und bessere Wege in der Forschung bemühen. Vor allem muß sie klare Ergebnisse präsentieren.

3.4.3 Die verantwortliche Beurteilung der Werbeempfehlung

Die Verantwortung für die Beurteilung der Werbeempfehlung muß qualifizierten leitenden Mitarbeitern in dem Unternehmen eindeutig übertragen werden. Das Angebot an Waren wird ständig größer. Auch der Konkurrenzkampf wird ständig intensiver. Unter diesem doppelten Druck von Konkurrenz- und Angebotsüberhang wird der Wert der Werbung für die Absatzbemühungen des Unternehmens zunehmend wichtiger. Der Unternehmenserfolg ist eine direkte Funktion des Erfolges der Werbeanstrengungen des Unternehmens.

Wie gut die Werbung ist, hängt sowohl vom Unternehmen ab, das die Gestaltung beurteilt, wie auch von der Agentur, die sie schafft. Das erfordert geschickte Führung, konstruktive Kritik, verständnisvolle Beurteilung und Aufmunterung, die inspiriert.

Nur erfahrene, qualifizierte Mitarbeiter, die sich in diesem schöpferischen Arbeitsbereich auskennen, sollten die Verantwortung und Vollmacht besitzen, etwas abzulehnen bzw. zu genehmigen. Das Recht, Einsprüche zu erheben und Genehmigungen zu erteilen, stellt eine wichtige Verantwortung dar. Jedes Unternehmen sollte Mitarbeiter bestimmen, die für die Beurteilung der Werbung nach Stellung und Erfahrung kompetent sind, und sie mit der vollen Verantwortung ausstatten.

Da das Wohlergehen eines Unternehmens weitgehend von der Qualität seiner Werbung abhängt, kann die Verantwortung dafür nicht ernst genug genommen werden. Sie sollte deshalb einem leitenden Mitarbeiter übertragen werden.

3.4.4 Die Werbeerfolgseinschätzung und Werbeerfolgskontrolle

Welches idyllische Leben hätten Werbeleute und sicherlich auch einige Unternehmungsleitungen, wenn der Erfolg von Werbekampagnen im voraus bestimmt werden könnte. Es gibt aber keine Methode, um diese Wirksamkeit zu bestimmen. Es wäre schon sehr gut, wenn man im nachhinein den Erfolg einer Werbekampagne quantifizieren könnte, wenn man festlegen könnte, welchen Anteil die Qualität und welchen die Quantität der Werbung am Erfolg hatte. Wenn man bestimmen könnte, um wieviel der Umsatz höher gewesen wäre, wenn die Quantität der Werbung um einen bestimmten Betrag höher gewesen wäre. Aber selbst dieser wesentlich bescheidene Wunsch kann nicht erfüllt werden.

3.4.4.0 Die praktischen Schwierigkeiten einer Werbeerfolgskontrolle

Jeder der genannten Faktoren kann entweder die Wirksamkeit der Werbung unterstützen oder andererseits sie schwächen oder gar neutralisieren. Um daher die Wirksamkeit einer Werbekampagne abzuschätzen, muß jeder dieser Faktoren berücksichtigt und sein Einflußgrad auf die Werbung qualifiziert werden.

Aber selbst wenn diese extrem komplexe Aufgabe zu lösen wäre, wären die Schwierigkeiten erst zur Hälfte überwunden. Es wäre dann zu bestimmen, welchen Anteil einerseits die Qualität der Werbung und andererseits die Quantität am Erfolg haben. Angesichts dieser Situation wird die Erfahrung der Werbeleute noch lange eine gleichgewichtige Rolle neben der Werbeforschung spielen.

Erfahrung und Urteilskraft allein wird aber niemals unfehlbar in diesem Bereich sein. Aber Erfahrung, unterstützt durch alle verfügbaren Informationen und Daten, wird sicherlich zu besseren Werbekampagnen führen als bloße Schätzung.

3.4.4.1 Die Werbeerfolgsschätzung

Der Werbung sollten klar definierte Ziele vorgegeben sein. Die Ziele mögen in der Festlegung eines bestimmten Umsatzvolumens oder der Erreichung eines bestimmten Marktanteiles liegen. Immer sind auch Zwischenziele wie die Information potentieller Kunden über das Produkt oder die Schaffung einer positiven Einstellung der Verbraucher zum Produkt.

Für die Schaffung der Werbung und ihre Erfolgseinschätzung ist es unumgänglich, daß die Ziele klar und unmißverständlich sind, denn Erfolg läßt sich nur im Hinblick auf ein konkretes Ziel bemessen. Damit ist der erste Schritt bei der Werbeerfolgseinschätzung: die genaue Quantifizierung der Unternehmensziele.

Als nächstes sollte man sich daran erinnern, daß die Werbung verschiedene Wege beschreiten kann, um diese Unternehmensziele zu erreichen. In Abhängigkeit dieser Ziele kann sie *informieren, überreden* und sie kann *erinnern.*

Diese beiden Schritte sind zeitlich vor der eigentlichen Arbeit an der Werbekampagne vorzunehmen.

In der Arbeit an der Werbekampagne ist der erste Schritt die Bestimmung der überzeugendsten und wichtigsten Verkaufsidee. Dies erfordert eine außerordentlich hohe Urteilsfähigkeit, denn in der Regel ist das Produkt nicht durch eine besondere Eigenschaft vor allen anderen ausgezeichnet. Entweder gibt es eine Reihe von gleichwertigen Produkteigenschaften, die eine Auswahl erforderlich machen oder das Produkt ist in keiner einzigen Eigenschaft gegenüber den Konkurrenzprodukten besonders bevorzugt, aber die Gesamtkombination seiner Eigenschaften besitzt einen gewissen Konkurrenzvorteil.

Es besteht eine unterschiedliche Auffassung darüber, ob der Inhalt der Werbung durch kreative Werbeleute bestimmt werden sollte. Im wesentlichen hat sich die Auffassung durchgesetzt, daß die Meinung der kreativen Werbeleute zwar gehört und sorgfältig berücksichtigt werden sollte, aber die eigentliche Entscheidung sollte durch das Unternehmensmanagement gefällt werden.

Der nächste Schritt ist dann die Entscheidung über die Form der Werbung. Dieses ist ein rein kreatives Problem und die Entscheidung sollte weitgehend, wenn nicht sogar völlig, den kreativen Werbeleuten überlassen werden. Nur in ganz seltenen Fällen läßt sich die Werbebotschaft ausschließlich in einer Form vortragen. Es erfordert deshalb ein hohes Maß an Erfahrung seitens der Agentur, um aus diesen verschiedenen Formen das kreativste Konzept herauszufinden.

Die Agentur muß über die Kundengruppe informiert sein, die die Werbung beeinflussen soll, sie muß deren Bedürfnisse kennen, und die Art, wie das zu umwerbende Produkt diese Bedürfnisse befriedigen kann. Auf der Basis dieser Kenntnisse sollte der Agentur bei der Gestaltung völlig freie Hand gelassen werden.

Ursprünglichere Kreativität ist um so notwendiger, je geringer die eigentlichen Produktvorzüge sich von den Konkurrenzprodukten abheben. Banalitäten und Klischees sollten keinesfalls verwendet werden. Allerdings ist die Strafe für geringe Kreativität wesentlich kleiner, wenn das Produkt einen besonderen Verbrauchervorzug besitzt.

In einem weiteren Schritt muß die Agentur dann sicherstellen, daß der in der Werbekampagne hervorgehobene Verbrauchervorzug sehr leicht und automatisch in eine für den Verbraucher wichtige Eigenschaft umgewandelt werden kann. Der Verbraucher ist nicht grundsätzlich an dem Produkt oder an seinen Eigenschaften interessiert. Er ist nur daran interessiert, was das Produkt für ihn persönlich für Vorzüge bietet.

Die Beziehung zwischen Produkteigenschaften und Verbraucherbedürfnissen ist keineswegs immer offensichtlich, aber überraschend häufig wird diese Lücke nicht gefüllt und es wird vom Verbraucher erwartet, daß er überlegt, welcher Art diese Beziehung ist.

Die Werbeerfolgsschätzung läßt sich mit Hilfe folgender Kontrolliste etwas leichter durchführen:

1. Was sind die speziellen Ziele, die der Werbung gesetzt sind?
2. Welche Verbraucherbedürfnisse soll das Produkt befriedigen?
3. Welche der verschiedenen Eigenschaften des Produktes befriedigt diese Verbraucherbedürfnisse und läßt sich die Beziehung zwischen den Produkteigenschaften und den Verbraucherbedürfnissen eindeutig erklären.
4. Was soll die Werbung tun: Informieren, überreden oder erinnern oder alles drei?
5. Wenn eine Überlegenheit von bestimmten Produkteigenschaften gegenüber Konkurrenzprodukten behauptet wird, läßt sich diese durch glaubwürdige und überzeugende Beweisführung unterstützen. Erfüllt die Schlagzeile wenigstens eine der beiden wichtigen Aufgaben: Ist sie eine Kurzfassung der Werbebotschaft oder fordert sie den Leser zum Lesen der Anzeige auf?
7. Stellt sich die Werbebotschaft frisch und interessant dar, um das Interesse des Lesers zu fangen und zu behalten. Um die ersten 6 Fragen beantworten zu können, ist keine spezielle Erfahrung in der Werbung, abgesehen von ihrem kreativen Aspekt, erforderlich. Auf diese Fragen lassen sich durch Fakten untermauerte Antworten geben.

Die 7. Frage allerdings ist unterschiedlich. Sie setzt ein Verständnis für echte Kreativität in der Werbung voraus. Hier gibt es keine festen Regeln. Dies ist sicherlich die schwierigste, aber nicht notwendigerweise die wichtigste Einzelfrage, die bei der Werbeerfolgseinschätzung einer einzelnen Anzeige oder einer ganzen Werbekampagne zu beantworten ist.

Es gibt noch einen anderen Maßstab für die Werbeerfolgseinschätzung: Gute Werbung, d. h. erfolgreiche Werbung, sollte die folgenden Charakteristiken aufweisen:

1. Sie sollte wahr sein.
2. Sie sollte glaubwürdig sein.
3. Sie sollte guten Geschmack aufweisen.
4. Sie sollte sich mit Verbraucherbedürfnissen befassen, die für den Verbraucher wichtig und bedeutend sind.

5. Sie sollte sich mit einer oder mehreren Produkteigenschaften befassen, die zur Befriedigung der Verbraucherbedürfnisse beitragen. Die Beziehung zwischen diesen Produkteigenschaften und den Verbraucherbedürfnissen sollte klar ersichtlich sein.
6. Wenn die Wirksamkeit einer Kampagne auf der Behauptung eines Konkurrenzvorzuges basiert, dann sollte dieser durch unterstützende Beweisführung abgesichert werden.
7. Die Werbung sollte die Konkurrenzprodukte nicht angreifen.
8. Die Länge einer Werbebotschaft sollte ausschließlich durch das Werbeziel bestimmt sein.
9. Die Media-Auswahl sollte der Festlegung der Werbestrategie folgen, nicht ihr vorausgehen.
10. Je brillanter und origineller das kreative Konzept und die Werbebotschaft, desto besser, vorausgesetzt, daß das Werbeziel und die Beziehung der Werbebotschaft zu den Verbraucherbedürfnissen nicht aus den Augen verloren werden.

3.4.4.2 Die Werbeerfolgskontrolle

Es ist sicherlich wahr, daß viel mehr Zeit und Aufwand darin verwendet wird, herauszufinden, ob eine Werbekampagne erfolgreich sein wird, als zu bestimmen, ob sie erfolgreich war. Obgleich diese Einstellung verständlich erscheinen mag, ist sie dennoch unzweckmäßig. Es wird auch in der Zukunft Werbung geben und die Erfolge oder Mißerfolge in der Vergangenheit können, wenn sie genau analysiert worden sind, eine bessere Unterstützung für die Werbeerfolgsschätzung abgeben.

Es ist sicherlich nicht leicht, exakt den Anteil der Werbung am Marketingerfolg zu bestimmen. Zu viele Faktoren spielen dabei eine Rolle. Es ist sicherlich falsch, für einen Umsatzerfolg oder Mißerfolg ausschließlich die Werbung verantwortlich zu machen. Es besteht keine zwangsläufige Korrelation zwischen der Erzielung der Marketing-Ziele einerseits und der Effizienz der Werbung andererseits. Es besteht andererseits aber eine echte Korrelation zwischen den Werbezielen und der Werbewirksamkeit. Deshalb ist es unbedingt erforderlich, zwischen Marketing-Zielen und Werbezielen zu unterscheiden. Im allgemeinen sind die Werbeziele wesentlich begrenzter und beschränkt auf solche, die die Werbung auch erreichen kann. Ein Marketing-Ziel ist z. B. die Erreichung eines bestimmten Umsatzes oder eines bestimmten Umsatzzuwachses oder eines bestimmten Marktanteiles. Diese Ziele können völlig außerhalb des Verantwortungsbereiches der Werbung liegen. Werbeziele dagegen können sein:

- eine bestimmte Anzahl von Verbrauchern über das Produkt informieren;
- die Überzeugung der Verbraucher, daß das Produkt bestimmte Eigenschaften besitzt, die es von allen Produkten abhebt;
- die Erklärung der Beziehungen zwischen diesen Produkteigenschaften und wichtigen Verbraucherbedürfnissen;
- die Schaffung einer positiven Verbrauchereinstellung zum Produkt.

Dieses sind echte Werbeziele, für deren Erreichung die Werbung verantwortlich gemacht werden muß. Die Verantwortung für die Produktqualität, für einen wettbewerbsfähigen Preis oder eine ausreichende Distribution liegt woanders.

Die Mißerfolge der Werbeerfolgskontrolle liegen daher zu einem sehr wesentlichen Teil in der ungenügenden Unterscheidung zwischen allgemeinen Marketing-Zielen und speziellen Werbezielen. Die Aufgabe der Werbung ist also nicht scharf genug definiert worden.

Der erste Schritt einer Werbeerfolgskontrolle liegt also ebenfalls wiederum in der eindeutigen Definition der Werbeziele. Diese Ziele bilden dann später die Kriterien, gegen die der Werbeerfolg zu messen ist. Wie läßt sich dies erreichen? Sicherlich nicht durch ausschließliche Berücksichtigung der Umsatzzahlen. Marktforschung ist erforderlich, und zwar Marktforschung, bevor die Werbekampagne beginnt. Wenn die Erhöhung des Bekanntheitsgrades oder eine Veränderung der Verbrauchereinstellung Werbeziel ist, dann muß als Basis der jetzige Bekanntheitsgrad oder die Art der jetzigen Verbrauchereinstellung bekannt sein, bevor die Werbung beginnt. Darüber hinaus kann die Marktforschung nicht nur wertvolle Informationen über die Gesamtwirksamkeit der Werbung bringen, sondern sie kann auch bestimmte Stärken und Schwächen der Werbekampagne herausheben. Wenn z. B. die Erhöhung des Bekanntheitsgrades nur sehr unvollkommen erfolgte, dann kann das liegen, 1. daran, daß die Aufmerksamkeit und das Interesse nicht genügend stark geweckt wurden, 2. daran, daß die Werbebotschaft in einer Art und Weise erfolgte, die das Erinnerungsvermögen der Verbraucher überforderte, 3. daß verkehrte Werbemedien verwendet wurden oder 4. daß einfach nicht genügend geworben wurde.

Wenn andererseits die Verbraucher nicht von der Überlegenheit des Produktes überzeugt werden konnten, dann kann die Ursache in einer schlechten unterstützenden Beweisführung liegen oder in einer unglaubwürdigen Form dieser Beweisführung begründet sein. Schließlich mögen die Verbraucher zwar die Behauptungen der Produktvorzüge akzeptiert haben, aber dennoch nicht Aktivschritte zum Kauf des Produktes unternommen haben. Die Ursachen hierfür könnten zum Beispiel ein zu geringes Interesse für die einzigartige und wichtigste Verkaufsidee sein oder wenn die Verbraucher den Sinn der Verkaufsidee und ihre eigenen Bedürfnisse nicht erkannt haben.

In der Werbeerfolgsschätzung liegt das Schwergewicht auf der Urteilsfähigkeit, die aus Erfahrung herrührt. In der Werbeerfolgskontrolle muß das Schwergewicht auf der Analyse der Fakten und hierbei im wesentlichen der Verbraucherforschung liegen. Wieviel Geld sollte nun für diese Art der Marktforschung ausgegeben werden? Darauf läßt sich keine fertige Antwort geben. Es sollte aber erkannt werden, daß derartige Informationen zu besserer Werbung in der Zukunft führen, und daß dafür doch beachtliche Beträge bereitgestellt werden sollten. Diese Information kann die Wirksamkeit der Werbung um 10, 20 oder noch mehr Prozent erhöhen und diese erhöhte Wirksamkeit kann die Gewinnerzielung auf folgende Weisen positiv beeinflussen: Sie kann die Erzielung eines bestimmten Werbeerfolges bei wesentlich verringertem Etat ermöglichen oder sie kann bei gleichem Etat einen erheblich größeren Erfolg hervorrufen. Die Verwendung von 5 oder sogar 10% des Werbeetats kann also zu sehr interessanten Gewinnen führen, wenn im vorhinein klar die Werbeziele fixiert worden sind, deren Erzielung der Werbung zugemutet werden kann.

Auf jeden Fall besteht eine dringende Notwendigkeit nach Verbesserung von Werbeerfolgsschätzung und Werbekontrolle. Nur dadurch ist eine wissenschaftlichere Bestimmung des optimalen Werbeetats und eine verbesserte Verwendung der festgelegten Summen möglich. Die Einführung verbesserter Methoden zur Werbeerfolgsschätzung und Werbekontrolle sollten ein Schwergewicht im Aufgabenbereich der Marketing-Leiter darstellen.

3.5. Der Verkauf

3.5.0 Die Position des Verkaufs im System des Marketing

Mit der Integration des Verkaufs in das System des Marketing wird die Grundaufgabe nicht verändert. Der Verkauf muß die von dem Unternehmen produzierten Güter den potentiellen Verbrauchern zuführen. Nach der Erkundung der Verbraucherwünsche und der anschließenden Produktentwicklung, die diesen Verbraucherwünschen Rechnung trägt, nach der Festsetzung eines Preises und der Information der Verbraucher über Produkt und Preis durch die Werbung schließt somit der Verkauf den Kreis der Marketing-Arbeit. Das Ergebnis dieser Absatzbemühungen ist der Umsatz, der dem Unternehmen die erforderlichen Finanzmittel wieder zuführt.

Vor der Integration in das System des Marketing stand der Verkauf auf einer Ebene neben der Produktion und der Verwaltung. Der Verkaufsleiter war entweder direkt der Unternehmensleitung unterstellt oder sogar deren Mitglied. Mit der Integration in das System des Marketing erfolgte auch eine Unterstellung des Verkaufsleiters unter den Marketing-Leiter. Wenn in der Praxis jedoch häufig Verkaufsleiter und Marketing-Leiter auf einer Ebene stehen, so beruht dies überwiegend auf Gründen, die im personellen Bereich liegen. Grundsätzlich sollte jedoch der Verkauf eine Teilfunktion des Marketing darstellen.

Es genügt allerdings nicht, wenn diese Auffassung nur auf der Führungsebene vertreten wird. Auch der einzelne Verkäufer muß von den Prinzipien des Marketing überzeugt sein. Er muß erkennen, daß große Verkäufe an den Handel wenig nutzen, wenn nicht durch eine entsprechende Nachfrage der Verbraucher die Produkte aus dem Handel wieder abfließen. Man verwendet hier häufig den Begriff Push and Pull. Der Verkauf drückt die Produkte in den Handel (Push), aber die Werbung muß dafür sorgen, daß die Produkte aus dem Handel schnell an die Verbraucher abfließen (Pull).

Das Marketing-Denken hat sich am stärksten in dem Markenartikelbereich durchgesetzt. Es wäre für einen Zigarettenverkäufer wenig sinnvoll, durch geschickte Verkaufsgespräche, durch die Überreichung von Geschenken usw. den Handel zur Abnahme möglichst großer Mengen zu bewegen. Wenn die Nachfrage nicht entsprechend groß ist, so führt dieser Verkauf lediglich zu einer überhöhten Bevorratung und damit zu einer Verärgerung des Handels. So betreten z. B. über 90% der Zigarettenkäufer den Laden mit einem bestimmten Markenwunsch. Darüber hinaus werden erhebliche Umsätze über Zigarettenautomaten abgewickelt. Der Handel hat also nur eine außerordentlich geringe Einflußmöglichkeit auf den Kaufentscheid der Verbraucher.

Der Zigarettenmarkt stellt natürlich einen Extremfall dar. Beim Kauf eines Geschirrspülautomaten stellt die Beratung des Elektrofachhändlers sicherlich einen bedeutenden Faktor für den Kaufentscheid dar. Auch bei der Einführung neuer Produkte darf die Beratungsfunktion des Handels nicht unterschätzt werden.

Generell gilt aber in allen Fällen, daß es für den Hersteller auf jeden Fall besser ist, den Handel in seinen Absatzbemühungen durch qualifizierte Werbung zu unterstützen als ihn zu zwingen, durch hohe Einkäufe Selbstmaßnahmen zum Verkauf zu ergreifen. Während der Reisende früher den Handel durch die Überreichung seiner Geschenke zum Einkauf großer Mengen zu bewegen versuchte, hilft er ihm heute durch Verkaufsförderungsmaterial, die eingekauften Mengen schneller abzusetzen.

In Einzelfällen geht diese verkaufsfördernde Unterstützung der Hersteller sogar so weit, daß sie ihre eigene Ware in den Regalen des Handels selber optimal zu placieren versuchen. Es kommt sogar vor, daß der Reisende den Händler zu einer geringeren Bestellung zu bewegen versucht, wenn er überzeugt ist, daß die bestellte Menge in einem bestimmten Zeitraum nicht verkauft werden kann. Der Reisende versucht hier, den Eindruck einer geringen Umschlagshäufigkeit beim Handel zu vermeiden. Das bedingt allerdings, daß er über die Umsatzsituation seiner Produkte genauestens informiert ist.

131. Aufgabe: *Wie könnten Verkaufsgespräche zweier Reisender für Kekse aussehen, von denen einer nur einen möglichst großen Umsatz erzielen will, während der andere Marketing-bewußt verkauft?*

3.5.1 Die Rolle des Verkaufsleiters

In der ersten Phase der Integration des Verkaufs in das System des Marketing fürchteten die Verkaufsleiter, daß die Verkaufsorganisation entweder ganz aufgegeben oder in ihrer Bedeutung zumindest außerordentlich stark reduziert werden würde. Diese Befürchtungen sind durch die Praxis widerlegt worden. Der Aufgabenbereich sowohl des Verkaufsleiters als auch der Verkaufsorganisation hat sich weiter vergrößert.

Der Verkaufsleiter war früher verantwortlich für die Erzielung von Aufträgen. Die tägliche Verkaufsroutine, die Einstellung und Ausbildung von Verkäufern, war sein Aufgabenbereich. Diese Aufgaben muß der Verkaufsleiter auch heute noch erfüllen, aber er hat heute zusätzlich die Aufgabe, seinen Verkäufern die Unternehmenspolitik und vor allem die Marketing-Politik verständlich zu machen. Der Verkäufer muß heute nicht nur Umsatz, sondern auch gewinnorientiert sein. Sie müssen erkennen, und dies ist die Aufgabe des Verkaufsleiters, es ihnen entsprechend zu erläutern, wie die Verkaufsfunktion in das System des Marketing hineinpaßt und wie ihr Beitrag dem Wohl des Unternehmens dient. Natürlich muß der Verkaufsleiter seine tägliche Kontrollfunktion wahrnehmen, aber neben der Auftragserzielung muß sich der Verkaufsleiter um genauere Methoden zur Beurteilung der Leistungsfähigkeit seiner Verkaufsorganisation, entsprechend den regionalen und personellen Gegebenheiten, bemühen. Dies bedeutet, daß der Verkaufsleiter der Marktforschung, der Regionalanalyse, der Personalbeurteilung, der persönlichen Motivation und der interpersonellen Information größere Aufmerksamkeit schenken muß. Er muß über die Planungen der Werbung und der Verkaufsförderung informiert sein und seine Verkäufer über diese Planungen und Programme informieren, um so durch optimale Kombination des absatzpolitischen Instrumentariums den gewünschten Marketing-Erfolg sicherzustellen.

Auch seine Trainingsmethoden müssen auf den Prinzipien des Marketing basieren. Glücklicherweise gibt es für ihn eine ganze Reihe von Trainingsmethoden, um dieses Ziel zu erreichen. Allerdings muß er diese Trainingsmethoden verwenden, wenn er die Effizienz seiner Verkaufsorganisation steigern und optimal nutzen will. Verkaufsbesprechungen sollten nicht mehr in Form von Monologen des Verkaufsleiters erfolgen, sondern die Verkäufer sollten an diesen Verkaufsbesprechungen in Form von eigener Darstellung an echten Verkaufssituationen aktiv teilnehmen.

Der wohl entscheidendste Wandel in der Position des Verkaufsleiters dokumentiert sich in der Tatsache, daß neben seinen Fähigkeiten zur Durchführung von Aktivitäten heute auch erhebliche planerische Fähigkeiten von ihm verlangt werden. Er muß die Marktforschung einsetzen, um die Wirksamkeit seiner Verkaufsorganisation zu erhöhen. Er muß die Methoden der Motivation kennen, um seinen Verkäufern Sicherheit und maximal Verkaufserfolg zu geben. Im Stab des Marketing-Leiters muß er aktiv an der Planung der Marketing-Ziele und der Marketing-Politik teilnehmen. Er muß zu einer Kombination von Linien- und Stabsmann sich entwickeln. Seine speziellen Verkaufserfahrungen geben seiner Stimme in diesem Planungsgremium ein besonderes Gewicht. Bei der Durchführung dieser Pläne ist er dann wieder die treibende Kraft.

Diese Änderungen in der Position des Verkaufsleiters machen sich auch organisatorisch bemerkbar. Es gibt im wesentlichen folgende vier Ansatzpunkte für die Organisation des Verkaufes: den funktionalen Ansatzpunkt, die Gliederung der Verkaufsorganisation nach dem Produkt, die regionale Gliederung und die Gliederung nach Kundenarten.

3.5.1.0 Der funktionale Ansatzpunkt

Nach dem funktionalen Ansatzpunkt sind einige Funktionen, die den Verkauf unterstützen, als Stabsstellen ihm untergliedert:

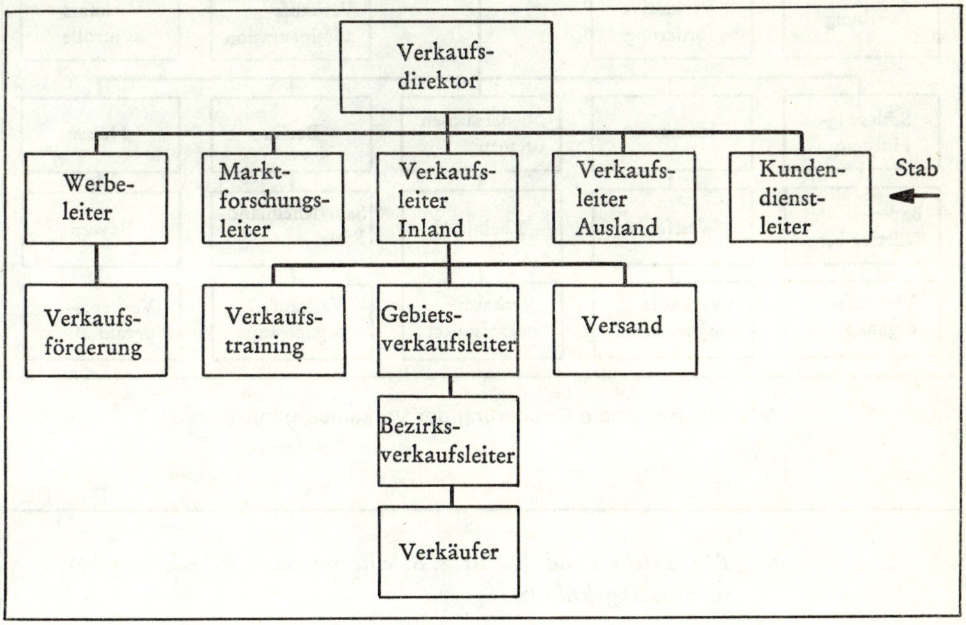

Abb. 31: Funktionale Gliederung der Verkaufsorganisation

Mit der Integration in das System des Marketing wurden einige Stabsstellen auf eine gleichwertige Ebene mit dem Verkauf angehoben. Davor aber arbeitete das System nicht optimal, da die einzelnen Abteilungen in ihrer Arbeit nicht optimal koordiniert waren, obgleich sich z. B. die Verkaufsförderung als natürlichen Partner des eigentlichen Verkaufs betrachtete, entstanden doch erhebliche Spannungen zwischen dem Verkaufsförderer als Ideenmann, der das Verkaufsförderungsmaterial entwickelte und dem eigentlichen Verkäufer, der bemüht war, den Auftrag zu erzielen.

3.5.1.1 Die Gliederung nach dem Produkt

Der wesentliche Unterschied bei der Gliederung nach dem Produkt sind die Verkaufsleiter für die Produkte A, B usw. Unter den Produktverkaufsleitern hat sich dann ein Stab herausgebildet, dessen Größe von der Aggressivität des Unternehmens im Markt und von seiner Umsatzbedeutung abhängt. Es entwickelten sich also zwei Marketing-Stäbe: ein Stab, der direkt dem Verkaufsdirektor unterstellt ist und ein Stab, der, näher am Markt, dem Produktverkaufsleiter verantwortlich ist.

3.5.1.2 Die regionale Gliederung

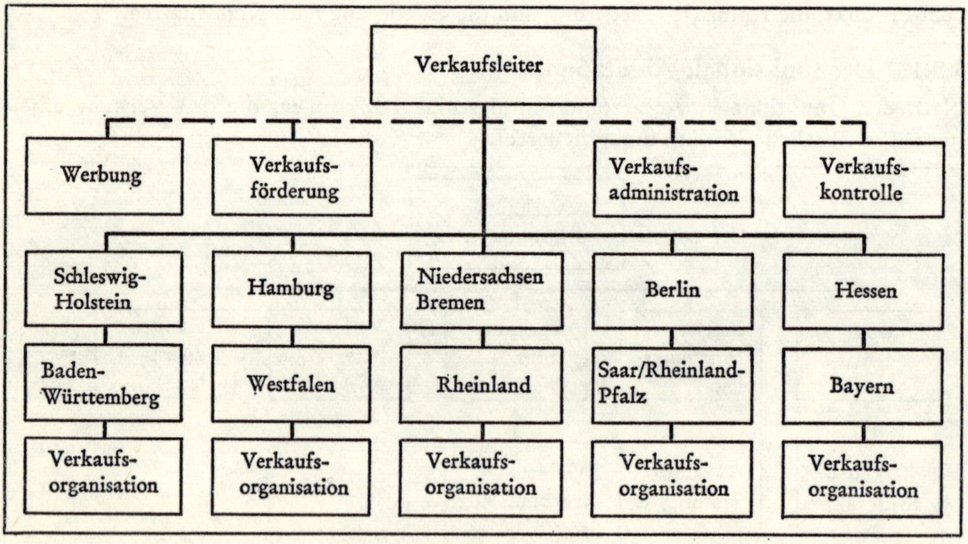

Abb. 32: Regionale Gliederung der Verkaufsorganisation

132. Aufgabe: *Für welche Produkte ist z. B. eine regionale Gliederung besonders angebracht?*

3.5.1.3 Die Gliederung nach Kundengruppen

Die nachstehende Gliederung der Verkaufsorganisation ist nach den Bedürfnissen und **Wünschen der Kunden ausgerichtet.**

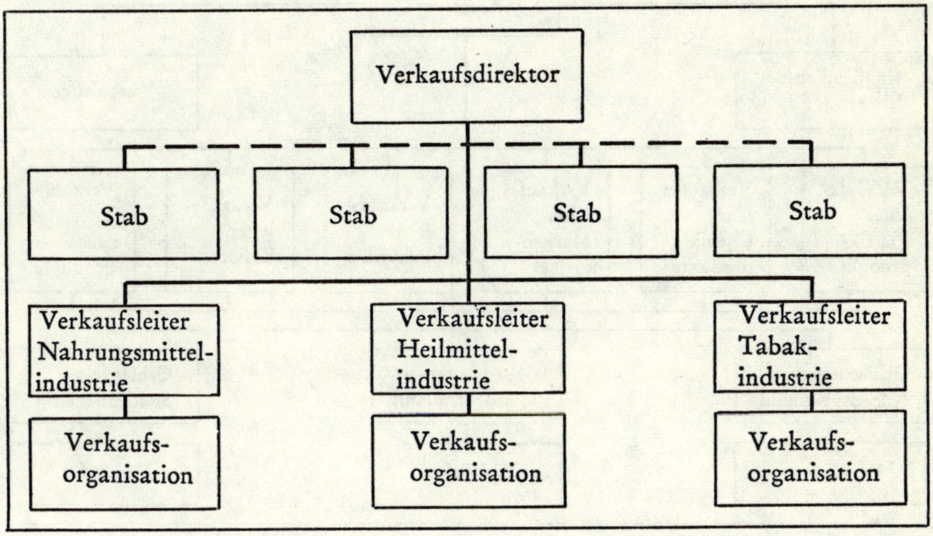

Abb. 33: Kundengerechte Verkaufsorganisation

133. Aufgabe: *Für welche Produkte empfiehlt sich z. B. eine Gliederung nach Kundengruppen?*

3.5.1.4 Die Kombination der verschiedenen Gliederungen

Die Bedeutung der Verbraucherwünsche im System des Marketing scheint darauf hinzudeuten, daß die Gliederung nach Kundengruppen zunehmend Bedeutung erlangen wird, allerdings läßt sich nicht jedes Produkt nach den Anforderungen dieser Organisationsform aufrichten. Häufig finden sich aber Kombinationen der vier verschiedenen Gliederungsformen, bei denen immer eine, allerdings mehr oder weniger, im Vordergrund steht (s. Abb. 34):

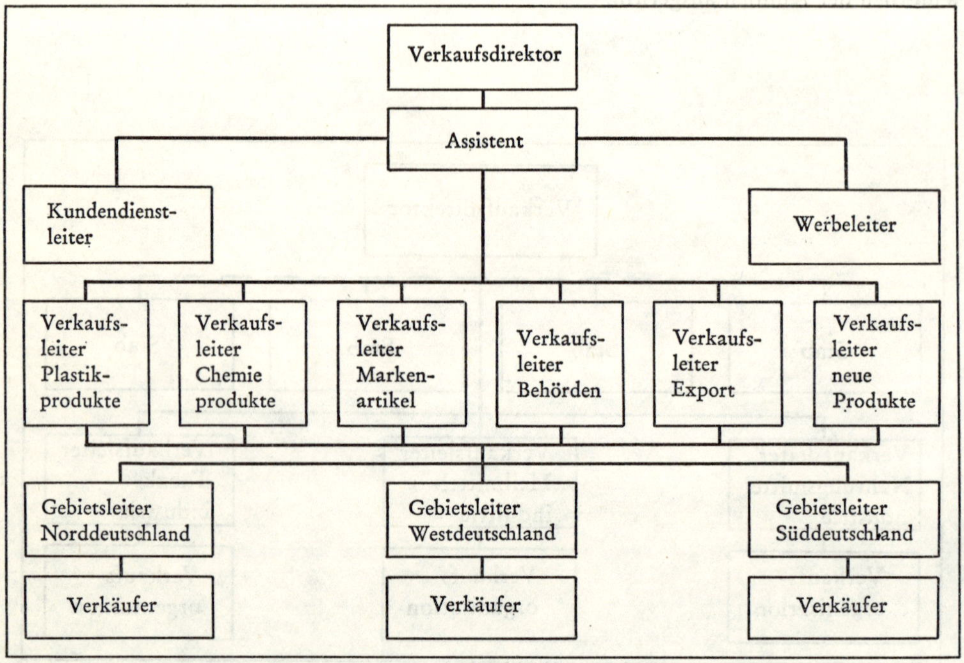

Abb. 34: Kombination verschiedener Kundengruppen

Da die Integration der Verkaufsorganisation in das System des Marketing noch nicht abgeschlossen ist, kann auch die organisatorische Entwicklung der Verkaufsorganisationen noch nicht den endgültigen Stand erreicht haben. Letztlich muß jedes Unternehmen die eigene Verkaufsorganisation nach den Erfordernissen, den Möglichkeiten der jeweils vorherrschenden Marketing-Philosophie und den Kundenwünschen ausrichten.

3.5.2 Die veränderten Aufgaben für den Verkäufer

Kann im SB-Geschäft noch von „verkaufen" gesprochen werden?

Gibt es noch ein echtes Verkaufsgespräch zwischen Einzelhändler und Konsument?

Die Verkaufsfunktion haben Werbung, Verpackung und Placierung übernommen. Sie mußten es auch, denn kein Einzelhändler ist in der Lage, bei einem Sortiment von 3000—5000 Artikeln noch beratend und aufklärend zu wirken. Die Praxis bestätigt, daß eine Umstellung auf Selbstbedienung interessante Umsatzsteigerungen erbringt. Entscheidend dabei ist aber, daß dieser Mehrumsatz durch keine persönliche Verkaufsleistung erzielt wird.

Der Einzelhändler muß heute also mehr Einkäufer, Werbefachmann und Betriebswirt als Verkäufer sein. Gleichermaßen wird sich die Nachwuchsausbildung in Industrie und Handel verschieben.

Durch die vom Großhandel ausgegebenen Ordersätze wird der Einzelhandel beim Einkauf immer abhängiger. Noch ist Spielraum vorhanden, aber von Jahr zu Jahr vergrößert sich die Wareneinsatzquote, die direkt beim angeschlossenen Großhändler abgenommen wird. Da der Großhändler seinen Kunden Rückvergütungen, richtige Sortimentswahl, Sonderangebote, Gemeinschaftswerbung sowie Parallelität von Warenangebot und laufender Werbung bieten kann — teilweise sogar die Übernahme von Buchhaltungsarbeiten — fordert er seine Kunden auf, nicht bei Herstellerreisenden zu bestellen.

Nun waren Ordersätze erst der Anfang der Rationalisierung, denn sie ermöglichen den Einsatz von Lochkarten für Faktorierung und Lagerkontrolle. Heute verfügen viele Großhändler bereits über elektronische Rechenanlagen, die automatisch tägliche Bilanz, Lagerbestand, Faktorierung, Mindestmengenangaben pro Artikel und sogar komplette Bestellisten liefern. Dadurch wird der Einkäufer künftig nicht mehr nach Gefühl disponieren können, sondern von den Daten des Elektronenrechners abhängig sein.

Waren- und Versandhäuser geben heute schon terminierte Aufträge ab, deren Daten verraten, daß sie elektronisch errechnet wurden. Welchen Einfluß wird hier der Verkäufer in der Zukunft haben? Besuche bei diesen Kunden sind Kontakt, also keine Verkaufsbesuche.

Wird der Verkauf durch den Hersteller an den Einzelhandel schon durch Ordersätze des Großhandels erschwert, so wird es den typischen Überweisungsauftrag in fünf Jahren nicht mehr geben. Noch wird es zwar vielfach begrüßt, wenn Herstellerreisende den Einzelhandel beliefern und über den Großhandel berechnen, aber auch hier tauchen die ersten Schwierigkeiten auf, da die Abrechnung von Ordersätzen meist durch Lochkartenverfahren erfolgt, bedingt die gesonderte Verrechnung der Berechnungsaufträge relativ zu hohe Bearbeitungskosten bei der Auftragsabwicklung, so daß der Großhandel trotz Rabattgewährung der Lieferfirmen und dem Wegfall eigener Lieferkosten vielfach schon darauf verzichtet.

Noch stärker wird der Gesichtspunkt der Rationalisierung beim Wegfall der vertikalen Preisbindung in den Vordergrund rücken, denn dann wird der Warenumschlag wichtiger als die Verdienstspanne. Gleichviel, wie man zur Preisbindung steht, ein Positivum wird ihre Aufhebung mit sich bringen: die Sortimentsbereinigung, den Trend zur Spezialisierung und den schnelleren Warenumschlag. Produkte mit geringer Umsatzgeschwindigkeit, die dann nicht zum gelisteten Standardsortiment gehören, werden sich schwer verkaufen lassen.

Auch der direkte Herstellerabsatz an den Einzelhandel wird an Bedeutung verlieren, da heute schon Einkaufsverbände mit sehr geringem Aufschlag kalkulieren und C & C-Märkte durch das Selbstabholen und den Verkauf von Originalkartons fast mit dem Skonto auskommen. Das bedeutet für den Einzelhandel günstigste Einkaufspreise, die nicht selten unter den Herstellerlieferpreisen liegen. Was für den direkten Herstellerabsatz ohne Zusammenarbeit mit dem Großhandel bleiben wird, sind Kleinabnehmer, die schon vom Warenumschlag her uninteressant sind.

Auch die Zunahme von Filialbetrieben zeigt die Verschiebung der künftigen Verkaufstätigkeit. Der Einkauf folgt zentral. Filialen selbst sollen oder dürfen vielfach nicht betreten werden, sie sind meist mit den modernsten Einrichtungen ausgestattet, straff organisiert und haben bei kleinster Sortimentsbreite optimale Lagerumschlagsquoten.

Trotzdem wird auch hier künftig auf dem Beratungssektor eine bessere Zusammenarbeit zwischen Hersteller und Filialist nötig werden. Nicht umsonst hinken die Konsumgenossenschaften hinter der Umsatzentwicklung des Einzelhandels her, weil sie glaubten, daß die Zusammenarbeit auf den Kontakt der Markenartikelindustrie mit den dezentralisierten Niederlassungen beschränkt bleiben kann. Mit wenigen Ausnahmen waren die Verkaufsstellen für die Beratung der Hersteller tabu. Sie werden es aber auf die Dauer kaum bleiben können.

Für die Markenartikelindustrie bedeuten diese Erkenntnisse, daß im Vertriebsbereich einschneidende Maßnahmen vorgenommen werden müssen. Nicht ohne Grund vergrößern viele Unternehmer die Trainingsprogramme ihrer Mitarbeiter im Außendienst. Warenkenntnis, Konkurrenz und Marktbeobachtung, ja selbst psychologisches Wissen beim Kontakt mit den Kunden werden in Zukunft wichtiger sein als traditionelle Verkaufserfahrungen. Es wird immer Verkäufer geben müssen, aber es darf nicht übersehen werden, daß die klassische Verkaufsaufgabe sich gewandelt hat. Positions- und Aufgabenverschiebung werden die Grundlage dafür bilden, daß der künftige Verkäufer mehr als nur ein Reisender sein wird. Ob als Verkaufsberater, Verkaufsförderer oder Kontakter, die Schwerpunkte künftiger Außendienstarbeit werden sich verlagern.

Das aber erfordert nicht nur veränderte organisatorische Maßnahmen, sondern ein Umdenken des gesamten Vertriebsstabes vom Verkaufsdirektor oder Leiter bis zum Reisenden.

Warum haben zahlreiche Großhändler ihre Reisenden durch Verkaufsberater ersetzt. Die Schwerpunkttätigkeit verlagerte sich vom Verkauf auf die Beratung über angeblich günstige Verkaufschancen für gewisse Erzeugnisse. Moderne Unternehmen erkannten rasch die veränderte Situation und umwarben den Handel als Zwischenstufe viel intensiver.

So wußte beispielsweise der Reisendenstab eines Unternehmens sehr gut über laufende oder geplante Werbeaktionen seines Unternehmens Bescheid. Aber er konnte dieses Wissen nur begrenzt weitergeben, weil ein Besuch außerhalb des regulären Turnus nur selten möglich war.

Da aber anlaufende Werbekampagnen für den Handel eine wesentliche Orientierung und Verkaufshilfe bedeuten, werden diese Informationen künftig noch mehr auf den Handelsstufen gegeben werden müssen. Die intensivere Zusammenarbeit mit dem Handel wird die Kalkulationsposten für die Verkaufsförderung noch gewaltig ansteigen lassen. Viele Reisende haben diese Situation erkannt und verstanden, sehen aber trotzdem keine Möglichkeit zur Verwirklichung, so lange das Einkommen an die Umsatzleistung gebunden ist. Umsätze zu bringen, ist schon heute nur noch eine Teilaufgabe, sie wandelt sich zur Information und zum Service, ja zum Dienst am „Zwischenhandel-Kunden". Gerade Großfirmen haben als erste — und nicht allein aus Umsatzgründen — auf Provisionszahlungen verzichtet. Sie prämieren das Verhalten der Stammkunden, das Gewinnen neuer Kunden und besonders die optimale Produktdistribution in allen Handelsstufen.

So betrachtet, wird es verständlich, daß diese Aufgabe in vielen Fällen nur noch mit eigenen Reisenden oder Exklusivvertretern durchzuführen ist. Freie Handelsvertreter müssen umsatzorientiert sein, zumal sie meist mehrere Firmen vertreten. Es ist also nicht nur eine Frage der strafferen Kontrolle und der besseren Lenkung, sondern eher ein Problem des gewandelten und gesteuerten Einsatzes. Aber nur eine eigene Reisendenorganisation bietet die Möglichkeit, Kontrolle, Bewertung und Vergütung mehr auf qualitative als auf quantitative Leistung aufzubauen.

Die Abkehr von der Umsatzleistung als Kriterium zeigt sich am besten an der Situation der Filialbetriebe. Das zahlenmäßige Anwachsen und die meist ideale Standortwahl vertieft die Bedeutung dieser Unternehmen. Da für die Standortwahl und für die Sortimentsbreite der Warenumschlag wichtig wird, führt die Bewertung automatisch vom Umsatz zur Distribution der marktgerechten Produktverteilung, die wiederum erst eine gezielte Werbekonzeption zum Erfolg führen kann. Das Kontaktgespräch ermöglicht dort, wo nicht verkauft werden kann, die Kontrolle und Feststellung der Distributionslücken. Es wird wichtig werden, den Grad der Distribution in den einzelnen Handelsstufen festzustellen und es bedarf keiner Erläuterung, daß die Distribution als Meßpunkt mehr Kontrolle und Überwachung und damit andere Maßnahmen erfordert als die Umsatzbewertung.

Der Großhandel als wichtigstes Glied in der Kette zwischen Hersteller und Verbraucher muß mehr denn je in alle absatzpolitischen Maßnahmen einbezogen werden. Dominierende Verkaufsaufgabe bleibt ausschließlich das Listen von Erzeugnissen. Viele Markenartikelunternehmen arbeiten direkt mit den Kundenlisten der Großhändler. Dadurch wird der Streuverlust der Aufträge kleiner und die Arbeit von den Reisenden auch für die bedeutenden Grossisten interessanter.

Eine Firma inserierte kürzlich nach neuen Reisenden und schrieb in der Anzeige: Sind Sie mit uns auch der Meinung, daß die Zeit der Überweisungsaufträge vorbei ist. Diese Zeit geht langsam, aber sicher zu Ende. Die künftige Verkaufstätigkeit im Einzelhandel kann nur mit und nicht gegen den Großhandel erfolgen, sie wird sich an neuen Absatzformen orientieren müssen. Das schließt nicht aus, daß in einigen Fällen die direkte Belieferung des Einzelhandels durch den Hersteller erfolgen kann. In der Mehrzahl der Fälle aber werden Herstellerreisende dem Großhandel gegenüber keine wesentlichen finanziellen Vorteile bieten. Die Aufgabe muß sich an Service und an der Kundenpflege neu orientieren.

Die Differenzierung in der Bearbeitungsaufgabe der Mitarbeiter führt ähnlich wie im Außendienst beim Handel zur Spezialisierung. So läßt sich die Anwendung der selektiven Absatzpolitik in Verbindung mit der Arbeitsteilung durchführen. Kategorisierung des Kundenstammes nach der Marktbedeutung oder der absatzwirtschaftlichen Situation ist ein weiterer Weg im Bemühen, neue marktgerechte Absatzformen zu finden, während z. B. Filialen von Verkaufsberatern besucht werden, kann der Verkäuferstab den übrigen Kundenkreis mit verschiedenem Besuchsturnus je nach Kategorisierung bearbeiten. Schließlich können Spezialreisende für bestimmte potentielle Abnehmergruppen eingesetzt werden, wie z. B. SB-Geschäfte, Industrieabnehmer usw.

Hier bieten sich erheblich Leistungsreserven an, wenngleich durch diese horizontale Aufgabenteilung der Umsatz eines Bezirkes, der Erfolg der Bemühungen mehrerer Mitarbeiter ist, und das noch bei differenzierter Aufgabenstellung. Daran läßt sich wiederum erkennen, daß endlich von dem bisherigen Umsatzprovisionsdenken Abstand zu nehmen ist, denn wem soll die Provision für welchen Umsatz gezahlt werden.

3.5.3 Verkaufsförderung

3.5.3.0 Definition der Verkaufsförderung

Ein chinesisches Sprichwort sagt: Ein Mann ohne Lächeln soll keinen Laden aufmachen. Ein Wort, das heute bei uns keine Gültigkeit hat, denn die Zeiten, in denen der Erfolg eines Handelsunternehmens hauptsächlich vom persönlichen Charme des Verkäufers abhing, gehören der Vergangenheit an.

Handelsformen, Handelsstil und Einkaufsgewohnheiten haben sich besonders in den letzten Jahren stark geändert. Untersuchungen ergaben, daß auch in der Bundesrepublik der Einkaufszettel immer mehr auf dem Rückzug ist. Der überwiegende Teil der Verbraucher läßt sich von der Warendarbietung im Geschäft leiten und nutzt sie als Erinnerungsstütze beim Einkauf. Diese Tatsache bedeutet für den Einzelhandel, daß er, — will er konkurrenzfähig bleiben — sein Sortiment klar und übersichtlich auf den Gondeln und Regalen anbietet, damit sich der Konsument mühelos das Warenangebot vor Augen führen und leicht und bequem wählen kann.

Im allgemeinen weiß der Verbraucher genau, was er kaufen will, doch die Möglichkeit, die bereitliegende Ware ungestört betrachten zu können, sie in die Hand zu nehmen und sich in aller Ruhe über Preis und Eigenschaften informieren zu können, wird begrüßt, ja in den meisten Fällen heute verlangt.

Diese Änderung des Einkaufs hat auch eine Wandlung im Verkauf mit sich gebracht. Durch sie und den immer schärfer werdenden Wettbewerb, durch das immer größer werdende Sortiment und durch die steigenden Raum- und Personalkosten wird der Handel gezwungen, die Aufgaben, die ihm beim Vertrieb der Ware zukommen, immer weiter zu rationalisieren. Das führt dazu, daß sich immer mehr Einzelhändler zusammenschließen, daß sich der Konzentrationsprozeß im Handel verstärkt, und daß die Entwicklung der Selbstbedienung immer größere und schnellere Fortschritte macht.

Der Verbraucher ist anspruchsvoll geworden. Er will sich in der Wahl eines bestimmten Produktes von anderen Käufern abheben, sich differenzieren und beeinflußt nicht zuletzt dadurch das Warenangebot. Eine stetig wachsende Fülle und Vielfalt von Waren und eine immer breitere und tiefere Sortierung sind die Folge.

Der Konsument bestimmt in zunehmendem Maße mit seinen Wünschen und Vorstellungen durch seine Zustimmung oder Ablehnung im Laden das Produktionsprogramm der Hersteller und das Sortiment des Handels. Hersteller und Handel müssen diese Wünsche berücksichtigen, wenn sie ihre Chance im Wettbewerb um die Gunst des Konsumenten nicht verlieren wollen.

In dieser Situation gewinnen die Verkaufsförderungsmaßnahmen von Herstellern und Handel zunehmende Bedeutung. Die Verkaufsförderung versucht durch sachlich organisatorische Hilfsmaßnahmen die Wirksamkeit des Verkäufereinsatzes zu steigern. Die Verkaufsförderung stellt somit eine Ergänzung zu den Absatzbemühungen der Werbung und dem reinen Verkaufsgespräch des Verkäufers dar. Zu den verkaufsfördernden Maßnahmen gehören Schaufensterdekorationen, Produkttafeln, Prospekte, Kataloge, Preisausschreiben, Ständer zur Unterbringung der Ware und nicht zuletzt auch die optimale Placierung der Ware im Regal. Gerade die Placierung der Ware am richtigen Platz und in der richtigen Reihenfolge zur Konkurrenz und zu den anderen Produkten sowie in der richtigen Höhe, kann sich erheblich auf den Umsatz auswirken. In Einzelfällen gehen Hersteller sogar so weit, dem Handel ganze Regale zur Verfügung zu stellen.

3.5.3.1 Die zunehmende Bedeutung der Verkaufsförderung

Im Kampf um Umsatzsteigerung und Wettbewerbsvorteil hat die Verkaufsförderung in den letzten Jahren zunehmende Bedeutung erlangt. Wenn auch nicht im gleichen Ausmaß, so doch unverkennbar, ist die Bedeutung der Werbung zurückgegangen.

Einer der Gründe für die verminderte Bedeutung der Werbung ist, sicherlich den Zeitbedarf zu suchen, den sie benötigt, um ihre Wirksamkeit zu entfalten. Sie ist nicht geeignet, sofortige Umsatzsteigerungen zu erzielen. Verkaufsförderungsmaßnahmen, die sicherlich nicht die langfristigen Wirkungen der Werbung entfalten können, bieten dagegen den Vorteil sofortiger Umsatzsteigerungen und sofortiger Reaktionen auf Wettbewerbsmaßnahmen der Konkurrenz. Ein weiterer sehr wichtiger Grund ist die anhaltende Neueinführung verbesserter Produkte. Durch diesen Prozeß wurden die Unterschiede zwischen den Produkten nach und nach wesentlich verringert. Es war traditionsgemäß Aufgabe der Werbung, einen Produktvorzug besonders hervorzuheben und bei den Verbrauchern eine Präferenz für das betreffende Produkt aufzubauen. Und hier hat die Werbung in der Vergangenheit gute Arbeit geleistet.

Mit der Beseitigung oder Reduzierung solcher, für die Werbung verwertbarer Produktunterschiede wurde die Aufgabe der Werbung erheblich erschwert. Die Werbung wurde in ihrer Wirksamkeit reduziert und mußte durch komplementäre oder substitutive Marketing-Maßnahmen unterstützt werden. So ist der Anteil der Aufgaben für Verkaufsförderung kontinuierlich gestiegen.

Ein dritter Grund für die geringere Bedeutung der Werbung läßt sich aus dem Kult um die Kreativität ableiten, der viele Werbeleute die eigentliche Ziele der Werbung hat vergessen lassen. Sie glaubten, es sei Aufgabe der Werbung, zu unterhalten. Sie haben anscheinend vergessen, daß es Aufgabe der Werbung ist, zu informieren, zu überzeugen, zu erinnern und so letztlich zu verkaufen. Wenn sie diese Aufgaben in unterhaltender Form erreicht, desto besser.

Was auch immer die Gründe sein mögen, es ist eindeutig feststellbar, daß die Verkaufsförderung sowohl quantitativ als auch qualitativ erheblich an Bedeutung gewonnen hat. Es gibt auch keine Anzeichen, die auf eine Änderungen dieser Entwicklung hindeuten.

3.5.3.2 Die Planung der Verkaufsförderung

Wenn nun die Verkaufsförderung als Notwendigkeit akzeptiert werden muß, wie läßt sich dann erreichen, daß die Ausgaben optimal eingesetzt werden und auch die angestrebten Ziele erreicht werden.

Zunächst müssen Verkaufsförderungsmaßnahmen selbstverständlich auch geplant werden. Das wird zugegebenermaßen nicht immer vollkommen möglich sein, da viele Verkaufsförderungsmaßnahmen kurzfristige Reaktionen auf Aktivitäten des Wettbewerbs darstellen. Aber auch in solchen Situationen sollte das Problem klar umrissen und die Ziele, die erreicht werden sollen, eindeutig definiert werden. Die Kosten und die erwarteten Resultate sollten kurz und langfristig so genau wie möglich abgeschätzt werden und auf der Basis dieser Schätzung sollte eine Erfolgsrechnung vorgenommen werden.

Dort allerdings, wo diese Verkaufsförderung ein regelmäßiger Bestandteil des Marketingmix ist, sollte sie genau so sorgfältig und langfristig geplant werden wie die Werbung. Das bedeutet, daß es im Idealfall innerhalb des Marketing-Planes genau so einen Verkaufsförderungsplan geben sollte, wie es einen Werbeplan, einen Verkaufsplan und einen Marktforschungsplan gibt. Dieser Verkaufsförderungsplan sollte die gleichen Elemente enthalten wie der Marketing-Plan: eine Darstellung der Situation, eine Festlegung der Probleme und Möglichkeiten, eine Aufzählung der spezifischen Verkaufsförderungsziele und eine Bewertung der verschiedenen Verkaufsförderungsmöglichkeiten in Relation zu den Problemen.

134. Aufgabe: *Welche Fragen sollten im Zusammenhang mit der Aufstellung eines Verkaufsförderungsplanes beantwortet werden können?*

Die Antwort auf diese Fragen und auch auf die Art der Verkaufsförderung wird entsprechend den individuellen Bedingungen variieren. So kann es z. B. die Verteilung von Mustern ebenso umsatzfördernd und in ihren Wirkungen lang anhaltend sein, wie die beste Werbung, aber wie gesagt, die Bedingungen müssen dafür vorhanden sein. Es ist wenig zweckmäßig, sehr viel Geld für die Verteilung von Probepaketen auszugeben, um die Verwender von Konkurrenzprodukten zu gewinnen, wenn das eigene Produkt die Verbraucherbedürfnisse nicht erheblich besser befriedigen kann.

Verkaufsfördernde Maßnahmen, die nur darauf abgerichtet sind, schnelle Umsatzsteigerungen zu erzielen, sollten auch als solche im Hinblick auf die Wirtschaftlichkeit beurteilt werden. Das bedeutet für Verkaufsförderungsmaßnahmen, daß in einem zweiten Schritt nach der genauen Festlegung des Problems die Zielsetzung exakt und detailliert festgelegt werden müssen. Nur wenn die Zielsetzungen einer Verkaufsförderung bekannt sind, läßt sich über die Art und Form der verkaufsfördernden Maßnahmen eine vernünftige Entscheidung treffen.

Im allgemeinen kennt nur die Unternehmensleitung selbst die Begründung für eine spezielle Verkaufsförderung. Andererseits lassen sich aber die meisten Verkaufsförderungsmaßnahmen in ein oder zwei Kategorien einordnen. Eine erste Kategorie stellen die kontinuierlichen Sonderangebote dar, die eigentlich nichts weiter als verkappte Preissenkungen sind. Als Reaktion auf Maßnahmen des Wettbewerbs mag dieses kontinuierliche Sonderangebot gerechtfertigt erscheinen. Es wird aber wohl kaum dazu geeignet sein, neue Kunden zu gewinnen.

Eine zweite Kategorie sind die sogenannten Verbraucherwettbewerbe, die oft sehr exotische Gewinne versprechen. Auch hier ist es oft recht zweifelhaft, ob die Gewinne in vernünftiger Relation quantitativ und qualitativ zur den Unternehmenszielen stehen. Die einzige Rechtfertigung für diese beiden Arten von verkaufsfördernden Maßnahmen ist die Erwartung, daß der Bruttogewinn aus dem gestiegenen Umsatz nicht nur den Kosten für die Verkaufsförderungsmaßnahmen entspricht, sondern sie nach Möglichkeit übersteigt.

Damit stellt sich die Aufgabe, nicht nur die Kosten, sondern auch den zusätzlichen Bruttogewinn von Verkaufsförderungsmaßnahmen im vorhinein abzuschätzen. Dabei sollte zumindest der zusätzliche Umsatz aus Verkaufsförderungsmaßnahmen, den Umsatzverlusten aus Verringerung der Werbung gegenübergestellt werden. Dies ist sicherlich sehr einfach abzuschätzen, aber um eine faire und objektive Beurteilung der Verkaufsförderungsmaßnahmen zu erreichen, unbedingt erforderlich.

3.5.3.3 Verkaufsförderungsmaßnahmen des Handels

Es war früher für ein gutes Produkt, wenn es durch Werbung und durch die Verteilung von Mustern unterstützt wurde, nicht allzu schwierig, schnelle und ausreichende Distributionen im Handel zu erzielen. Dies gilt besonders für Produkte bekannter Unternehmen. Wenn die Einführung dann auch noch durch irgendeine Form von Naturalrabatten unterstützt wurde. Der Handel verlangte eigentlich nur die Zusicherung der Hersteller, daß für den Abverkauf genügend gesorgt würde.

Die außerordentliche Zahl von Produktneueinführungen in den letzten Jahren, die hohe Anzahl verschiedener Marken in einer Produktkategorie und die anhaltende Konzentration im Handel, hat die Position der großen Handelsgruppen in dieser Hinsicht außerordentlich gestärkt. Die großen und starken Handelsgruppierungen scheuen sich auch in keiner Weise, diese Position zu nutzen. Der Wettbewerb um einen Regalplatz in einem Supermarkt ist so hart geworden, daß der Handel nicht nur zwischen den Produkten auswählen kann, die er aufnehmen will, sondern in vielen Fällen diktiert er auch noch die Bedingungen, zu denen er bereit ist, ein neues Produkt aufzunehmen. Es ist häufig schon so, daß ein neues Produkt nur aufgenommen werden kann, wenn irgendein anderes Produkt nicht mehr geleistet wird. Die Einkäufer lassen sich nicht mehr durch eindrucksvolle Darstellungen über die anschließende Werbekampagne beeinflussen. Sie sind nicht beängstigt über die einsetzende Verbrauchernachfrage. Viele behaupten sogar, daß sie und nicht mehr die Hersteller die Lenkung der Verbrauchernachfrage bestimmen. Das einfache Vorhandensein der Produkte in den Regalen ist nach ihrer Auffassung ein wesentlich stärkerer Faktor für die Bestimmung der Verbrauchernachfrage als alle Marketingmaßnahmen, die der Hersteller ergreifen kann.

In diesen Fällen gewinnt das Angebot an verkaufsfördernder Unterstützung für den Handel wesentlich stärkere Bedeutung als eine große Werbekampagne oder die Verteilung von Mustern. Zunächst erwartet der Handel ein großzügiges Einführungsangebot, dann erwartet er ganz bestimmte Kaufanreize für den Verbraucher, Musterverteilung oder das Angebot von Wertcoupons oder eine Kombination von beiden. Und das ist erst der Anfang. Hinzu kommen eigene Verkaufsförderungsmaßnahmen des Handels. Diese mögen in gemeinsamen Anzeigen bestehen, die natürlich der Hersteller zu zahlen hat. Es mag auch ein zusätzliches Angebot von Rabattmarken ebenfalls zu Lasten des Herstellers sein. Der Einfallsreichtung des Handels in dieser Hinsicht ist unerschöpflich und immer auf der Basis einer Haltung „entweder oder". Es gibt heute nur ganz wenige Produkte, die einen derartig starken Rückhalt bei den Verbrauchern haben, daß der Handel gezwungen ist, sie zu führen. Natürlich läßt sich für diese Einstellung des Handels nur schwierig eine

Rechtfertigung finden. Vom Standpunkt des Herstellers aus ist eine cooperative Werbung wahrscheinlich überhaupt keine Werbung. Es ist nur eine Bestechung, die der Hersteller dem Handel zahlt, um seine Produkte in die Regale zu bekommen. Auf jeden Fall gehen die Ausgaben für cooperative Werbung mit dem Handel meist zu Lasten des eigentlichen Werbebudgets. Es ist wahrscheinlich auch besser, diese Ausgaben als Verkaufskosten zu betrachten, aber diese Frage ist eigentlich theoretisch, denn die Zahlung erfolgt aus dem Marketing-Budget.

3.5.3.4 Der Druck nach Verkaufsförderung seitens der Verkaufsorganisation

Der Handel wird in seiner Einstellung häufig noch durch die eigenen Verkäufer bestärkt, deren Interesse der heutige Verkauf und weniger die langfristige Stärkung der Marktposition, vor allem in der Einstellung der Verbraucher zur Marke, ist. Wenn der Verkäufer zwischen Werbung und Verkaufsförderung zu wählen hat, wird er sich wahrscheinlich immer für die letztere entscheiden. Die Verkäufer verstehen etwas vom Verkauf und wissen wenig über Werbung. Sie werden für die Maßnahme stimmen, die ihnen hilft, daß Produkt im Regal zu placieren und es von dort schnell an den Verbraucher gelangen zu lassen.

Diese Einstellung der Verkäufer nach einem schnellen und weniger nach einem langfristigen Erfolg wird sich kaum ändern lassen. Es kann aber viel getan werden, um dem Verkäufer den Marketing-Standpunkt nahezulegen, indem man ihn vollkommen über das Marketing-Programm und vor allem die Begründungen dafür informiert. Periodische Besprechungen zwischen der Verkaufsorganisation und der Marketing-Organisation, in der alle Teile des Marketing-Programmes diskutiert und erklärt werden, können hier einen wichtigen Beitrag liefern.

Diese Versuche, die Verkäufer zu überzeugen, bieten natürlich noch keine Garantie, daß der Verkäufer diese Argumente auch gegenüber dem Einkäufer verwenden wird. Noch viel weniger geben sie die Gewähr, daß es mit Hilfe dieser Argumente dem Verkäufer gelingen wird, den Einkäufer zu überzeugen. Sicher ist aber, daß wenn der Verkäufer davon nicht überzeugt ist, diese Argumente keinesfalls an den Einkäufer gelangen werden. Ein wichtiger Schritt zur Reduzierung der Ausgaben für Verkaufsförderungsmaßnahmen an den Handel, ist daher der Versuch, den Verkäufer zu überzeugen, daß der wichtigste Beitrag, den der Hersteller zu einer verbesserten Gewinnerzielung des Handels machen kann, die Schaffung von Verbrauchernachfrage und somit die Erzielung einer höheren Umschlagshäufigkeit beim Handel darstellt.

Selbst wenn es gelingt, den Verkäufer von dieser Einstellung zu überzeugen, wird es für ihn schwierig sein, den Einkäufer von seinem Standpunkt eines nur kurzfristig orientierten Geschäftsinteresses abzubringen. Der Hersteller auf jeden Fall sollte sich darüber im klaren sein, daß die Loyalität der Verbraucher, auch wenn sie schwieriger, langsamer und wesentlich teurer zu gewinnen ist, eine sicherere Grundlage für seine Marke darstellt als die Loyalität des Handels, die, wie viele Fälle beweisen, eigentlich gar nicht gekauft werden kann.

3.5.3.5 Die Organisation wirksamer Verkaufsförderung

Es bleibt die Frage, zu klären, wo die Verkaufsförderung in der Marketing-Organisation des Herstellers placiert werden sollte. Wer ist verantwortlich für die Entwicklung und

Durchführung der verkaufsfördernden Maßnahmen? Wer trifft die letzten Entscheidungen und welche Aufgabe hat die Werbeagentur in diesem Zusammenhang. Da die verkaufsfördernden Maßnahmen einen Teil der Marketing-Arbeit darstellen, ergibt es sich zwangsläufig, daß die Verantwortung dafür beim Marketing-Leiter liegt.

Da die Verkaufsförderung an Bedeutung zunimmt und die Beträge erhebliche Größenordnungen erreichen, ist es oft sehr zweckmäßig, einen eigenen Mitarbeiter für die Verkaufsförderung zu beauftragen. Dieser Mitarbeiter sollte in dem speziellen Bereich besondere Kenntnisse besitzen und dem Marketing-Leiter unterstellt sein.

Das Format und auch das Einkommen des Leiters der Verkaufsförderung hängt natürlich von der Art des Unternehmens, von der Höhe des Marketing-Budgets und der relativen Bedeutung der Verkaufsförderungsmaßnahmen, vor allem in Relation zur Werbung, ab. Sein Gehalt sollte etwa dem der Produkt-Manager entsprechen. Der Verkaufsförderungsplan als Teil des Marketing-Planes sollte durch ihn erstellt werden. Ebenso sollte er an der Erstellung des gesamten Marketing-Planes wesentlich Anteil haben.

Die endgültige Entscheidung über die jeweilige Höhe des Verkaufsförderungs- und Werbebudgets liegt natürlich beim Marketing-Leiter. Er trifft seine Entscheidung aus der Gesamtsituation heraus. Er entscheidet auch über die speziellen Maßnahmen und vor allem die Zielsetzungen der Verkaufsförderung.

Da die verkaufsfördernden Maßnahmen nicht weniger Arbeit und Kreativität als Werbemaßnahmen verlangen, sollte die Agentur wesentliche Beiträge liefern. Sie sollte für diese Bemühungen auch so honoriert werden, daß sie dieser Aufgabe genügend Interesse entgegenbringt.

3.5.4 Neue Aufgaben für das Verkaufstraining

Mit der Integration des Verkaufs in das System des Marketing bekommt auch das Verkaufstraining ein neues Gewicht. Dabei muß das Verkaufstraining immer von der Tatsache ausgehen, daß ein Verkäufer nicht gern zur Schule geht.

> 135. Aufgabe: *Welche Mittel stehen dem Verkaufstrainer zur Verfügung, Verkäufer von der Notwendigkeit der Schule zu überzeugen?*

Trotz allerbester Vorbereitung steht die Verkaufsleitung bei jedem Auffrischungskurs einer gewissen Opposition gegenüber, die sich mehr oder weniger offen bemerkbar macht. Um sie zu neutralisieren, ist es unerläßlich, die Zuhörerschaft so rasch wie möglich kennenzu lernen, Der Verkaufstrainer sollte deshalb rechtzeitig eine Teilnehmerliste mit folgenden Angaben erhalten: Name, Wohnort, Tätigkeit, Alter, Dienstjahre, Verkaufsergebnisse der letzten drei Jahre, wesentliche Charakterzüge. Bei Beginn der Tagung muß der Verkaufstrainer den Inhalt seiner Liste auswendig kennen, so daß er sich sofort jedem einzelnen persönlich anpassen kann. Dies ist besonders dann wichtig, wenn — beispielsweise in größeren Unternehmen — der Trainer die Verkäufer nur teilweise oder ungenügend kennt. Wird er dem Teilnehmer vorgestellt, so kann er sofort mit irgendeiner netten Andeutung zu verstehen geben, daß er ihn, seinen Einsatz und seine Leistung vom Hörensagen kennt.

Das schmeichelt jedem. Selbst bei schlechtem Namensgedächtnis kann der Schulungsleiter so nach dem Vorstellen größerer Gruppen jeden einzelnen mit seinem Namen ansprechen. Er hat es in der Hand, bei versteckten oder offen zutage tretenden Widerständen oder in der Diskussion jedem einzelnen seinem Temperament entsprechend entgegenzutreten. Um die für eine erfolgreiche Tagung notwendige Stimmung zu schaffen, sollte der Verkaufstrainer als erster im Saal sein, so daß er jeden einzelnen begrüßen kann und somit unverzüglich zum ersten persönlichen Kontakt kommt. Kennen sich die Anwesenden ungenügend, so kann er jeden einzelnen einladen, sich mit kurzen Worten selbst vorzustellen. Ein kluger Lehrer läßt die Verkäufer spüren, daß er sich freut, unter Verkäufern zu sein, und bittet sie, nichts auf dem Herzen zu behalten und aktiv an den Gesprächen und Gruppenarbeiten teilzunehmen. Ein ausgezeichnetes Mittel, um während der ganzen Tagung die Neugierde, das Interesse und den Ehrgeiz eines jeden zu steigern, ist der Erfahrungswettbewerb. Dabei werden die Teilnehmer schon am Anfang eingeladen, eine positive oder negative Verkaufserfahrung anhand der neuen Kenntnisse innerhalb einer gewissen Frist schriftlich einzusenden. Die möglicherweise verfügbaren Gewinne werden sofort mitgeteilt. Es ist hervorzuheben, daß weder Stil noch Orthographie beurteilt werden, sondern allein die Verkaufserfahrung den Ausschlag gibt.

Jede Verkaufsfibel spricht über Kundentypen und erklärt, wie sie zu beeinflussen sind. Viel seltener werden die Temperamente der Verkäufer geschildert. Die Vertreter sind aber die „Kunden" des Trainers. Er muß genau wissen, welchen besonderen Charakteren er gewöhnlich begegnet und wie er sie gewinnen kann.

Die schon erwähnte Teilnehmerliste kann erste Auskünfte über die Vertreter vermitteln. Der Verkaufstrainer muß jedoch geübt sein, darüber hinaus den Gesichtsausdruck, die Gesten, die Sprechweise und das allgemeine Verhalten seiner Hörer beurteilen zu können. Er kann von Anfang an die Vertreter in aktive und passive Teilnehmer aufteilen.

Grob gesehen unterscheidet man vier Haupttypen:

1. Der positive und aktive Teilnehmer. Ihn, den tatkräftig mithelfenden, findet man leider am seltensten. Er ist als Stütze des Kurses zu wählen und bewußt in die Gespräche einzuschalten. Er kann mit der Leitung von Gruppenarbeiten betraut werden.

   Auch der Redselige ist meist positiv eingestellt, will aber seine Persönlichkeit zu stark in den Vordergrund stellen. Hier muß es der Trainer verstehen, den Redeschwall im richtigen Augenblick, wenn möglich in Verbindung mit einem Lob, zu unterbrechen.

2. Beim positiven, aber passiven Teilnehmer handelt es sich hauptsächlich um den schüchternen Verkäufer. Durch leicht zu beantwortende Fragen, in Verbindung mit Lob und Anerkennung, kann das Selbstbewußtsein eines solchen Mannes wieder gestärkt werden.

3. Der negative, aber aktive Teilnehmer. Dies ist gewöhnlich die meist verbreitete Kategorie. Zu ihr gehören beispielsweise:

   Der Wichtige: Er wünscht es, im Vordergrund zu stehen und Recht zu haben. Ist seine Haltung nicht übertrieben und gelingt es z. B. mit der Ja-aber-Technik, sein Selbstbewußtsein aufrechtzuerhalten, so kann er manchmal zur positiven Mitarbeit gewonnen werden.

Der Besserwisser: Er ist ein überentwickelter Wichtiger. Es ist meist unmöglich, ihn bejahend zu beeinflussen. Am meisten helfen praktische, unwiderrufliche Beweise, die von den anderen Teilnehmern ohne weiteres anerkannt werden.

Der Rechthaber: Ihm geht es nicht darum, was richtig ist, sondern daß er Recht hat. Er ist deshalb von Natur aus streitsüchtig und kaltberechnend spitzfindig. Bei solchen Leuten darf man seine Ruhe nicht verlieren, man muß kalt und sachlich bleiben und nötigenfalls ihre Behauptungen durch die Anwesenden widerlegen lassen.

Der Querulant: Seine größte Freude besteht darin, die Redner mit verfänglichen Fragen zu erwischen und sich dadurch selbst hervorzutun. Solche Fragen werden vorteilhaft unter allen besprochen. Der Trainer kann aber auch in brillanter Weise antworten. In beiden Fällen ist es jedoch gut, abschließend die Versammlung zu fragen, ob es zweckvoll sei, die für allgemeinere und wichtigere Besprechungen vorgesehene Zeit an Einzelfällen zu verlieren, die in tausend Kundenkontakten vielleicht einmal vorkommen werden.

4. Der negative und passive Teilnehmer:
In seiner verneinenden Haltung hat er wenigstens den Vorteil, daß sein störender Einfluß nicht allzu groß ist. Wir finden in dieser Kategorie beispielsweise:

Den mißtrauisch Schweigsamen: Er glaubt an nichts, was man sagt. Er verkriecht sich und beweint sein eigenes Schicksal. Solche Fälle sind nicht hoffnungslos. Mit Feingefühl sollte versucht werden, den Ehrgeiz dieser Vertreter wieder zu wecken und sie durch geschicktes Manövrieren dazu zu veranlassen, an den Gesprächen und Gruppenarbeiten teilzunehmen.

Den Phlegmatiker: Ihm ist alles zuviel, vor allem das Zuhören und Denken. Solche Leute sollten immer wieder durch die verschiedendsten rhetorischen Kniffe geweckt und interessiert werden. Häufiges Fragestellen reißt sie meistens aus ihrer Trägheit.

Versteht es der Verkaufstrainer, diesem Charaktertyp richtig entgegenzutreten, so bestehen die besten Voraussetzungen dafür, daß der Auffrischungskurs von den Teilnehmern bejaht wird und absatzfördernd verläuft. Dies schließt nicht aus, daß man sich nach jeder Tagung zur Pflicht machen sollte, die geleistete Arbeit äußerst kritisch zu beleuchten, um die nächste Zusammenkunft noch erfolgreicher zu gestalten.

3.5.5 Die Entlohnung der Reisenden

Neben dem Verkaufstraining hat wiederum in Zusammenhang mit den Änderungen der Aufgabe der Verkaufsorganisation die Frage nach der zweckmäßigen Entlohnung gleichrangige Bedeutung. Das eigentliche Ziel bei der Leistungsbewertung eines Reisenden besteht darin, eine Bewertungsskala zu schaffen, die es der Unternehmensleitung oder dem Verkaufsdirektor ermöglicht, den Mitarbeiter im Außendienst im direkten Verhältnis zu seiner Leistung und seiner Entwicklung — gemessen an seinem Aufgabenkreis — zu entlohnen.

Ohne auf die vielen, meist recht unzulänglichen Versuche näher einzugehen, soll ein durchgearbeitetes System objektiver Bewertungen dargelegt werden, das von vielen in ihrer Branche sehr erfolgreichen Firmen angewandt wird.

Bewertungs- und Leistungseinschätzung

Verkäufer ....

Abteilung ....

Eingeschätzt von .... **Datum** ....

	Einschätzung 1	2	3	4	5	6
I. Berufskenntnisse: Produkte und ihre Anwendung, Kunden, Konkurrenz, Geschäftspolitik	14–12	11–9	8–6	5–3	2–0	
II. Qualität der Arbeit: Arbeitseifer und Ausdauer, Gründlichkeit, Befolgung der Geschäftspolitik und Instruktionen, Entwicklung des Gebietes durch Gewinnung neuer Kunden, Entwicklung von neuen Geschäftsmöglichkeiten unter bestehender Kundschaft, erfolgreiche Besuche pro Tag	14–12	11–9	8–6	5–3	2–0	
III. Quantität der Arbeit: Verkaufsvolumen, Wiedergewinnung von verlorenen Kunden, Volumen pro Gebiet oder pro Kunde und Tendenz im Verhältnis zu anderen Gebieten oder Kunden unter ähnlichen, abgeschätzten Umständen oder Möglichkeiten	14–12	11–9	8–6	5–3	2–0	
IV. Initiative: Neue Ideen, Weiterbildung, Zeiteinteilung	14–12	11–9	8–6	5–3	2–0	
V. Verkaufsfähigkeiten: Bewiesene Verkaufsgewandtheit, Fähigkeit Geschäfte abzuschließen, Anstrengungsgleichgewicht zwischen Verkauf, Kundendienst und Kundenwerbung	14–12	11–9	8–6	5–3	2–0	
VI. Persönliche Eigenschaften: Zusammenarbeit mit Vorgesetzten, Übereinstimmung mit der Geschäftspolitik der Firma, mit dem Ausbildungsprogramm, Kritik, Äußeres, Urteilsvermögen, Mut zur Befähigung für Führungsaufgaben, Verantwortung, Takt, Fähigkeit schwierige Lagen zu meistern, Zuverlässigkeit	10–9	8–7	6–5	4–3	2–0	
Gesamtergebnis	80–69	63–52	46–35	29–18	12–0	

Erläuterungen:
Die Zahl oder Ziffer, welche die Einschätzung des Verkäufers pro Faktor darstellt, soll in Kol. 6 angegeben werden. Das Totalergebnis ist die Summe aller Ziffern. Einschätzungen in Kol. 5 sollten verwendet werden, um nicht bewiesene Fähigkeiten und unbefriedigende Leistungen zu taxieren.

Einschätzungsskala

Kolonne Nr.	Einschätzung
1	Ausgezeichnet
2	Sehr gut
3	Gut
4	Befriedigend
5	Unbefriedigend
6	

Ein Reisenden-Bewertungsprogramm ist zunächst lediglich ein Hilfsmittel, um die Leistung eines Mitarbeiters festzustellen. Die daraus entwickelte Faktorskala hat sich als genügend zuverlässig und wirksam erwiesen, um bei Versetzungen, Beförderungen und Gehaltserhöhungen von objektiven Kriterien ausgehen zu können. Wie jeder Marketing-Plan, so muß auch das Bewertungsprogramm nach Maß angelegt werden, um der besonderen Situation des jeweiligen Unternehmens gerecht zu werden. Dabei sind die organisatorische Struktur des Unternehmens, die Art der Produkte und Märkte, die Aufgaben der Absatzorganisation sowie die Funktionen der Marketingabteilung zu berücksichtigen. Diese Einschränkungen gelten auch für das folgende als Beispiel wiedergegebene Formularmuster.

Bewertung von Vertretern und Reisenden

Name: Abteilung: Datum der Bewertung:

Bewertungsfaktoren	Ungenügend	Annehmbar, jedoch nicht ganz befriedigend	Befriedigend, den normalen Forderungen entsprechend	Sehr gut über den normalen Forderungen	Hervorragend	
I. Verkaufstalent Bewertungspunkte . .	1–5	6–10	11–15	16–20	21–25	
II. Arbeitskenntnis (Fachkenntnis) Arbeitsmenge, Qualität der Arbeit Bewertungspunkte . .	1–4	5– 8	9–12	13–16	17–20	
III. Urteilsvermögen und Zuverlässigkeit, Initiative, Zusammenarbeit, Arbeitsverhältnis, Anwesenheit Bewertungspunkte . .	1–3	4– 6	7– 9	10–12	13–15	
IV. Persönlichkeit und Einstellung, Führereigenschaften, Lernfähigkeit, Aussehen Bewertungspunkte . .	1–2	3– 4	5– 6	7– 8	9–10	

Unterschrift des Bewerters: Datum der Durchsicht mit dem Vertreter oder Reisenden Unterschrift des Vertreters oder Reisenden

Dabei geht es immer um den relativen Wert eines Mitarbeiters — verglichen mit einem anderen — und um seine Leistung im Vergleich mit einer festumrissenen Aufgabe. Bei der Einstufung eines Reisenden werden diejenigen Faktoren aufgezeichnet, für die der Arbeitgeber zu bezahlen bereit ist und außerdem wird bestimmt, bis zu welchem Grade jeder dieser Faktoren bei dem Mitarbeiter vorhanden und für seine Tätigkeit wichtig ist.

Reisenden-Bewertungsprogramme sind besonders dann vorteilhaft, wenn sie mit einem Kompensationsplan gekoppelt sind. Davon unabhängig bietet ein Bewertungsprogramm die folgenden Vorteile:

1. Es gibt zuverlässige Auskunft in bezug auf die richtige Auswahl und Führung der Mitarbeiter. Wenn ein Reisender falsch eingesetzt ist, können Veränderungen leichter vorgenommen werden.
2. Geschick und latente Fähigkeiten der Mitarbeiter sind leichter zu entdecken; Kriterien für die Beförderung oder Versetzung sind leichter zu entwickeln.
3. Bewertungsprogramme spornen die Reisenden zur Zusammenarbeit mit der Unternehmensleitung und den anderen Abteilungen an, deren Funktionen sich mit denen des Verkaufs überschneiden.
4. Sie geben sowohl den Reisenden als auch der Unternehmensleitung die Sicherheit, daß die Vorgesetzten ihre Untergebenen fair und gerecht beurteilen. Auch wird dadurch die Neigung vermindert, sich durch hervorstechende (gute oder schlechte) Eigenschaften beeindrucken zu lassen.
5. Bewertungsprogramme vermitteln Vorgesetzten und Mitarbeitern eine gemeinsame Basis, um über Unzulänglichkeiten und schwache Punkte, die den Aufstieg des Angestellten hemmen, zu diskutieren.
6. Sie vermindern den auf die Unternehmensleitung ausgeübten Druck, Gehaltserhöhungen zu gewähren, die eigentlich unverdient sind.
7. Sie verleihen der Position des Reisenden stärkere Bedeutung und regen jeden Verkäufer zu größerer Aktivität und damit zu einer Umsatzsteigerung an.
8. Die psychologische Einstellung des Angestellten wird günstig beeinflußt. Er kann sich verbessern, weil er jederzeit weiß, „wie" und „wo" er steht.
9. Bewertungsprogramme helfen dem Angestellten, seine guten Seiten und Fähigkeiten aufzuzeigen; auf diese Weise kann er sicher sein, bei einer Beförderung nicht übergangen zu werden.
10. Sie tragen dazu bei, die Spannungen auf seiten des Mitarbeiters zu vermindern und geben ihm Vertrauen in die Redlichkeit und Gerechtigkeit der Unternehmensleitung. Dies gilt vor allem für Zeiten wirtschaftlicher Krisen oder anderer Umstände, die Entlassungen notwendig machen.

3.5.6 Die Wahl der Absatzwege

3.5.6.0 Die vier typischen Absatzwege

Die Analyse der Absatzwege ist ein weiterer, sehr wichtiger Aspekt, der sich aus der Integration des Verkaufs in das System des Marketing ergibt. Es gibt grundsätzlich vier Möglichkeiten für den Weg, den das Produkt vom Hersteller zum Verbraucher nehmen soll.

136. Aufgabe: *Welche Möglichkeiten sind das im einzelnen?*

Innerhalb dieser vier grundsätzlichen Möglichkeiten gibt es wieder zahlreiche Variationen. Für den direkten Vertrieb im Inlandsmarkt gibt es z. B. folgende Möglichkeit:

1. Versand durch die Post
2. eigene Reisende (Verkauf an der Haustür)
3. eigene Absatzstellen
   a) Fabrikfilialen
   b) Verkaufsbüros
   c) Werkhandelsgesellschaften
   d) Automaten

Im Zusammenhang mit dem indirekten Vertrieb lassen sich folgende Formen des Einzelhandels aufzählen:

1. Warenhäuser
2. Einheitspreisgeschäfte
3. Filialunternehmen
4. Konsumvereine
5. Einkaufsgenossenschaften
6. freiwillige Ketten
7. Versandhandel
8. Supermärkte
9. Verbrauchermärkte
10. Discounthäuser

3.5.6.1 Die Analyse der Absatzwege

Der Absatz von Konsumgütern hat in den letzten 10 Jahren in den meisten europäischen Ländern beträchtliche Änderungen erfahren. Diese Entwicklung ist noch keineswegs zum Stillstand gekommen. Neue Verkaufsmethoden im Groß- und Einzelhandel, stetig zunehmende Marketing-Kosten der Industrie, Konzentration von Absatzstufen, vor allem steigende Konkurrenz im Inlandmarkt und die Notwendigkeit verstärkt Export-Marketing zu betreiben, sind einige der Gründe, die das Interesse der Unternehmungen einem Problem zugewandt haben, das bisher aus Tradition vernachlässigt worden ist: der Analyse der benutzten noch möglichen Absatzwege.

Die Wirtschaftlichkeit des Absatzweges und seiner verschiedenen Stufen, seine Länge und Wirksamkeit im Vergleich mit anderen möglichen Kanälen, sind entscheidend für den eigenen Marketingerfolg.

137. Aufgabe: *Ein Unternehmen, das den wirkungsvollsten Absatzweg für seine Produkte finden will, hat sich welche Fragen vorzulegen?*

Um auf diese Fragen zufriedenstellende Antworten zu erhalten, muß die Absatzweganalyse drei verschiedene Stufen durchlaufen:

1. Die statistisch/quantitative Analyse des Absatzweges und die entscheidungsgerechte Präsentation der statistischen Daten.
2. Die qualitative Analyse der Funktionen und Arbeitsmethoden der einzelnen Absatzstufen.
3. Die Auswertung des Kosten- und Erlösvergleichs unter der Berücksichtigung der Ergebnisse von 1. und 2. Diese Resultate müssen dann mit der allgemeinen Geschäftspolitik in Einklang gebracht werden.

Es ist an dieser Stelle nicht möglich, alle Faktoren aufzuzeigen, die bei einer vollständigen Analyse berücksichtigt werden müssen. Ein wichtiger Gesichtspunkt, der häufig unberücksichtigt bleibt und für die Marketing-Strategie des Unternehmens dennoch große Bedeutung haben kann, muß hier herausgestellt werden: Neben den Großbetrieben des Handels, gewinnen in der Konsumgüterbranche vornehmlich in Westeuropa die kollektiven Absatzformen, wie freiwillige Ketten, Genossenschaften und Einkaufsgruppen als Absatz- oder Marketing-Gemeinschaften zunehmend an Bedeutung. In diesen Gemeinschaften stellt der einzelne Betrieb nur einen kleinen Teil einer oft komplizierten und weitreichenden Organisation dar.

Die verschiedenen Kommunikationslinien, die oft verborgenen Verbindungen in der Zusammenarbeit und die erstaunliche Interdependenz der Firmen einer solchen Organisation, haben vertikale und horizontale Einflüsse geschaffen, die auf die industrielle Abfahrtspolitik beträchtliche Auswirkungen haben können. Ihre positiven Wirkungen können von erheblichem Nutzen sein, wenn sie bekannt sind und für die eigene Absatzpolitik benutzt werden. Sie können allerdings auch für den Industriebetrieb sehr negative Faktoren sein, wenn sie ignoriert oder unterschätzt werden. Eine statistische Analyse, die in ihrer Präsentation diese Marketing-Eigenschaften berücksichtigt, kann bereits interessante Aufschlüsse geben. Dazu gehört allerdings, daß die traditionelle Aufgliederung des Einzelhandels in Warenhäuser, Filialbetriebe, Konsumgenossenschaften und „Fachgeschäfte" schnellsten aufgegeben wird, da hier die vertikale Bindung des Einzelhändlers ganz unbeachtet bleibt und somit ein falsches Bild entsteht. Auch auf der Großhandelsstufe genügt es nicht mehr nur vom Großhandel schlechthin zu sprechen. Der genossenschaftliche Großhandel unterscheidet sich in seinen Marketing-Funktionen vom Kettengroßhändler und der freie Großhändler, der nach dem Cash and Carry-Prinzip arbeitet, ist für die Absatzpolitik des Herstellers anders zu beurteilen als sein traditioneller Kollege.

Aber selbst wenn diese Revisionen in der statistischen Darstellung vorgenommen werden, muß die statistische Analyse immer von einer sorgfältigen qualitativen Analyse begleitet sein, da nur sie die Absatzmethoden, die Werbeaktivität und die Marketing-Einflüsse aus anderen Bereichen der zwischenbetrieblichen Kooperativen, z. B. im Einkauf aufdecken können.

Bei der Bewertung, der durch die Marktforschung zusammengetragenen Daten und zur Beurteilung des Kostenerlösvergleichs, muß die Entwicklung der Marketing-Gemeinschaften schließlich ebenfalls stärker berücksichtigt werden. Es genügt nicht mehr den Absatzweg des Herstellers bis zur nächsten Stufe zu betrachten. Der Gesamtweg bis zum Endverbraucher ist in die Analyse einzubeziehen, wenn eine praktisch durchführbare Entscheidung getroffen werden soll.

3.5.6.2 Der kombinierte Vertrieb, eine zukunftsorientierte Entwicklung der Absatzwege

Um die Ausführungen über die Analyse der Absatzwege mit Leben zu füllen, soll die jüngere Entwicklung in den Absatzwegen der USA einmal beleuchtet werden, wobei stets zu beachten ist, daß viele der Entwicklungen auch im EWG-Raum eines Tages Bedeutung haben können. Eine engere Vertriebsoperation zwischen Herstellern und Händlern bahnt sich überall aus der Erkenntnis heraus an, daß die Absatzwege vom Hersteller bis zum Verbraucher als Einheit gedacht werden müssen, an der alle Stufen planend teilhaben sollen. Stichworte, wie Vertriebsbindung, Produzentenbindung, Handelsmarkenvertragshändler-System, Franchised-Dealers, Exklusivverträge usw. sind hierfür ein Symptom. Die vertikale Kooperation dieser Art dringt um so mehr vor, je weniger man sich auf die Preisbindung allein verlassen kann. Die Preisbindung funktioniert, solange eine mehr einheitliche Handelsstruktur mit gleichen Kosten und ähnlichen Service-Vorstellungen gegeben war. Heute operiert der Handel wesentlich differenzierter, je nachdem ob der Akzent mehr auf problemvoller oder problemloser Ware liegt. Jeder Vertriebsweg erhält dadurch eine eigene Note, die durch Kooperation gepflegt werden muß. Die Tendenz zur Entwicklung unterschiedlicher Marken je nach dem Vertriebsweg nimmt zu. Hersteller und Handelsmarken stammen aus der gleichen Fabrik. Der Vertriebsweg erhält seine eigene Marke, was wiederum zur Vertriebsbindung führt. Der gesamte Markt ist in einem Prozeß der Segmentierung und Differenzierung auf der Grundlage großer Serien. Das erfordert eine Neubesinnung über die Vertriebswege, ebenso eine veränderte Stellung des Großhandels.

Die Hersteller übernehmen immer mehr Einzelhandelsaufgaben über eigene oder von ihnen kontrollierte Filialen. Der Einzelhandel übernimmt immer mehr Fertigung. Ein Versandhauskonzern bezieht etwa 40% seines Sortiments aus eigenen oder kontrollierten Fabriken. Der Großhandel übernimmt immer mehr Fertigung und Einzelhandel. Das gilt insbesondere für den Lebensmittelgroßhandel, der Fertigung eigener Artikel aufgenommen hat. Ein Hersteller von Transmissionen hat vier Reparaturwerkstätten eingerichtet, Einzelhändler übernehmen Großhandelsfunktionen. Großfirmen entwickeln Strukturen, die eigentlich alle Funktionen enthalten. Der Prozeß der Funktionsverschmelzung wird überdies durch die Automation und die Elektronik noch wesentlich beschleunigt.

3.5.6.2.0 Vertikale Integration der Industrie

Die Angliederung eigener Vertriebsnetze durch Hersteller hat sich beschleunigt. Hierfür einige Beispiele:

Filialsystem der Reifenindustrie, ergänzt durch gemietete Abteilungen in Warenhäusern; eigene Filialen der Hemdenhersteller; Filialsysteme der Schuhfabriken; Herrenkonfektionäre bauen ihre Filialen aus; eigene Tankstellen der Ölgesellschaften; Filialbetriebe der Möbelindustrie; Arzneimittelhersteller betreiben Drogerieketten; Singer (Nähmaschinen) unterhält über 1600 eigene Läden mit immer breiterem Sortiment; Molkereien gründen Milchgeschäfte; die Farben- und Lackindustrie gliedert sich eigene Filialen an. Auch Hutfabriken, Kamerafabriken, Hersteller von Installationsgeräten usw. bauen immer weiter eigene Läden aus.

3.5.6.2.1 Händlervertragssystem

Dahinter steht das Bestreben sich einen möglichst abgeschirmten Betriebsweg zu sichern. Als Mittel dient nicht nur die eigene Filiale, sondern auch ein Vertragssystem, das Ausschließlichkeit anstrebt. In der Elektroindustrie gehen viele Hersteller den Weg der Vertriebsbindung oder des Verkaufs in Konsignation. In beiden Fällen übt der Hersteller eine starke Kontrolle über die ausgesuchten Absatzwege aus. Man erklärt diese Tendenz zum Teil mit dem Verfall der Einzelhandelsfunktion, in dem etwa Discounthäuser nur noch die gängigen Geräte aber nicht die ganze Kollektion eines Herstellers führen, indem auf notwendigen Service verzichtet wird etc. Daraus erwächst das Gegeninteresse des Herstellers an einem funktionsfähigen Handel, der wieder allein Service übernimmt und möglichst die ganze Kollektion des Herstellers zeigt. Das aber erfordert eine engere, dem Filialsystem oder der Vertriebsbindung zuneigende Politik.

Der Versuch zur Kontrolle des Einzelhandels ist teilweise ein Reflex der Kettenbildung und Filialisierung im Einzelhandel. Selbst womit die Tendenz zur Handelsmarke einhergeht unter Verdrängung der Herstellermarke. Die Hersteller wehren sich dagegen, indem sie einzelne Vertriebskanäle enger an sich binden. Damit entsteht das Problem des zweigleisigen Vertriebs: einmal über eigene Filialen und dann über den unabhängigen Handel. Diese Zweigleisigkeit herrscht besonders in der Herrenkonfektion vor. Das eigene Filialnetz ermöglicht gleichmäßigeres Disponieren und damit geringere Kosten, die auch dem unabhängigen Handel zugute kommen.

3.5.6.2.2 Franchised Dealer

Am stärksten ausgeprägt ist die Übernahme der Handelsfunktion beim sogenannten Franchised System. Die Franchise gewährt ein eigenes Vertragshändlersystem, wobei der Lieferant strenge, vertragliche Bedingungen an den Vertrieb seines Artikels knüpft. Unter Franchised über Vertragshändler werden z. B. verkauft: Automobile, Benzin, Speisen und Getränke, Reinigungsdienste, Reifen, Autozubehör, Haushaltswaren, Hörgeräte etc.

Der Trend zur Vertriebsbindung ergibt sich also aus einem gewissen Bemühen um geordnete Vertriebswege, somit als eine deutliche Alternative zur Preisbindung, die inzwischen weitgehend zusammengebrochen ist und zwar wegen ihres Verzichts auf Vertriebsbindung.

3.5.6.2.3 Vertikale Integration des Handels

Ein Gegentendenz ergibt sich aus dem Einzelhandel, der sich zu immer größeren Systemen gruppiert und nun die Herstellung übernimmt. Man rechnet damit, daß das große Versandhaus Sears Roebuck bis 1970 etwa die Hälfte seines Umsatzes aus kontrollierten Fabriken ziehen und damit zu den größten Herstellern in den USA zählen wird. Bei vielen Großfirmen im Einzelhandel ist ein Wachstum der Fabrikation und auch der Großhandelsfunktion festzustellen. Diese Tendenz beruht auf folgenden Ursachen:

1. Der Handel bestellt nach eigenen Spezialisierungen und macht damit den Hersteller zum Lohnfertiger.
2. Die Zunahme der Handelsmarken.
3. Die Konzentration des Einkaufs auf wenige leistungsfähige Lieferanten, die man dann kontrollieren möchte.

3.5.6.2.4 Integrationstendenzen des Großhandels

Auch der Großhandel bemüht sich vertikal um die Fabrikation und den Einzelhandel. Überhaupt ist ein grundlegender Funktionswandel des Großhandels zu verzeichnen. Der kleinere Großhändler verschwindet schnell, die größeren verschmelzen sich. Durch Kettenbildung werden Groß- und Einzelhandelsfunktion vereinigt. Vielfach beginnt sich der Großhandel am Einzelhandel zu beteiligen, um sich dessen Loyalität zu sichern. Der Gedanke des Full-Service-Großhändlers, der die Einzelhandelsfunktion weitgehend mit übernimmt, gewinnt an Kraft. Nachstehend folgt eine Liste der neuen Aufgaben, die vor allem der Lebensmittelkettengroßhändler erfüllt. Die Mehrzahl dieser Aufgaben liegt dabei im Einzelhandelsbereich:

1. Hilfe bei der Standortwahl
2. Schulung der Verkäufer
3. Bereitstellung der Versicherung
4. Preisempfehlung
5. Rabattmarken
6. Wartung der Einzelhandelsinstallation
7. Steuerhilfen
8. Anlage des Ladens
9. Rechtsberatung
10. Inventuraufnahme
11. Vermieten von Verkäuferkleidung
12. Handelsmarken
13. Seminare für Einzelhändler
14. Gedankenaustausch
15. statistische Studien
16. in Werbehilfe
17. Einführung neuer Produkte
18. Ausmerzung alter Produkte

19. Umbau der Läden
20. Mietgarantien
21. Zentrale Verpackung

Praktisch wird damit der Großhändler zu einem Einzelhandelsexperten. Der einzelne Kettengroßhändler verbindet sich mit anderen zu nationalen und übernationalen Gruppen. Kein Wunder, wenn er sich schließlich auch an der Fabrikation und am Einzelhandel selbst beteiligt.

3.5.6.2.5 Vorherrschaft der Handelsmarke

Je stärker die Handelsmarke vordringt, desto mehr wird der Hersteller wiederum zu Vertriebsbedingungen neigen, um seine eigene Marke zu behaupten. Zugleich wird der Händler, der auf Eigenmarken festgelegt ist, sich an der Fabrikation zu beteiligen wünschen. Jeder Händler ist daran interessiert, seine eigenen Marken zu forcieren und ihr Sortiment zu steigern. Die Handelsmarke wird ein ebenbürtiger Gegner der Herstellermarke, basierend auf der wachsenden Größe der Handelsgruppen. Grundsätzlich gibt es drei Typen von Marken: die Herstellermarke, die Handelsmarke und die unbekannte Marke. Die beiden ersten werden durch Werbung aufgebaut, die letzte ist relativ unbekannt entweder als Herstellermarke oder als sogenannte Eigenmarke. Man rechnet damit, daß die großen Handelsorganisationen ihren Handelsmarkenanteil auf 50—60% steigern werden.

Insgesamt zeigt sich eine relative Schwäche der Herstellermarke. Gerade die modernen Vertriebsformen, die Discounthäuser, können sich weitgehend ohne Herstellermarke entwickeln, besonders in Textilien aller Art. Man bemüht sich zunächst um unvergleichbare Ware, die kaum irgendwelche Marken aufwies und jetzt zur Organisationsmarke tendiert. Man darf die Organisationsmarke in der Zukunft keinesfalls unterschätzen. Es läßt sich eine ganze Reihe von eindrucksvollen Beispielen hierfür nennen. Hierauf ist es wohl auch zurückzuführen, daß mindestens die Hälfte aller Markenartikelhersteller erhebliche Umsätze in der Produktion von Handelsmarken erzielen. Der Siegeszug der Handelsmarke wird vor allem zu Lasten der schwachen Herstellermarke gehen. Nur noch starke Marken, ob von Herstellern oder Händlern werden auf lange Sicht übrig bleiben. Die Markenloyalität wird sinken, besonders gegenüber schwachen Marken.

3.5.6.2.6 Zwei Alternativen

Als Alternativen der vertikalen Kooperation bieten sich grundsätzlich zwei Wege:

1. Die Vertriebsbindung im Sinne des Vertragshändlersystems
   Als Partner des Herstellers werden Händler ausgesucht, die sich in die Bedingungen des Herstellers einordnen und sich zu ganz bestimmten Leistungen im Sortiment, im Service usw. verpflichten. Die Grundlage dieser Bindung ist eine Franchise, die grundsätzlich jedem offensteht, der sich zu den Bedingungen der Franchise bereit erklärt. Ein gewisser Gebietsschutz wird damit verbunden sein. Soweit Hersteller über diese Vertriebsbindung ihre große Serie nicht verkaufen können, werden sie zu einer Marktsegmentierung gezwungen werden, indem sie entweder Handelsmarken oder eine zweite Marke entwickeln, die über andere Vertriebswege geht. Die Vertriebsbindung dieser Art, die recht variabel gestaltet werden kann, wird für Waren und Dienstlei-

stungen eine wachsende Bedeutung erhalten. Sie darf nicht als Segmentierung alter Vertriebswege verstanden werden, vielmehr baut sie ein neues offenes System des exklusiven Vertriebes auf. Es gilt für Fachgeschäfte wie für Fachabteilungen in Warenhäusern. Eine Diskriminierung bestimmter Vertriebsformen darf mit ihnen nicht verbunden sein, wenn sie wirksam bleiben sollen.

2. Die Produzentenbindung
   Sie ergibt sich aus der Handels- oder Organisationsmarke, d. h. aus dem Streben freiwilliger Ketten von Einkaufsringen oder Filialsystemen, Artikel unter eigenem Namen zu entwickeln. Die Initiative der Vertriebsbindung wurzelt im Hersteller, die der Produzentenbindung im Händler. In beiden Fällen geht es um einen Vertriebsweg aus einem Guß. Er kann auf vertraglicher Basis beruhen und braucht nicht unbedingt in handelseigenen Fabriken oder herstellereigenen Läden zu enden. Im Gegenteil: Gerade in Europa sollte die Kapitalknappheit eher zu Vertrags- als zu Eigensystemen führen.

Es bleibt die Frage, ob es noch einen dritten Markt geben wird von Produkten außerhalb der Vertriebs- oder Produzentenbindung. Dies ist ein Restmarkt, der von schwachen Händlern und Herstellern bestritten wird. Er dürfte sich langsam auflösen. Es verbleiben dann noch Hersteller mit starken Marken, die ohne Vertriebs- oder Produzentenbindung lebensfähig sind. Sie verfügen kraft ihrer Werbung und ihrer Stärke über ein eigenes Vertriebssystem und werden sich überall durchsetzen. Man denke an starke Marken, Lebensmittel, Zigaretten, Waschmittel usw. Aber der Umfang dieser starken Hersteller sollte nicht überschätzt werden. Die Wege der Vertriebs- und Produzentenbindung, also eine Vertriebsbindung mit unvergleichbarer Ware, dürften im Zuge der Konzentration siegen.

138. Aufgabe: *Welche Beispiele gibt es im deutschen Markt für das Vertragshändlersystem und die Produzentenbindung?*

3.5.7 Der Aufbau einer Verkaufsorganisation

Bei allen bisherigen Überlegungen wurde stillschweigend immer das Bestehen einer Verkaufsorganisation unterstellt. Es ist nun darzustellen, welche Faktoren bei dem Aufbau einer Verkaufsorganisation zu beachten sind.

Zunächst ist die Struktur der Verkaufsorganisation unabhängig von der Wahl des Absatzweges. Mit der Entscheidung für einen der vier typischen Absatzwege werden:

1. Der Umfang der Verkaufsorganisation
2. ihre Einsatzart
3. das Niveau der Verkäufer

festgelegt. Die Festlegung des Umfanges der Verkaufsorganisation kann gewinnentscheidend sein. Wenn z. B. die Kosten eines Reisenden mit ca. DM 35 000,— pro Jahr veranschlagt werden, dann ist es eben ein erheblicher Unterschied, ob eine Verkaufsorganisation aus Reisenden bei der Wahl des vierten Absatzweges oder aus zweihundert Reisenden bei der Wahl des ersten Absatzweges bestehen. Auch das Niveau der Reisenden, die einen Großhändler besuchen, muß natürlich höher sein, als das der Kollegen, die die Einzelhändler besuchen.

139. Aufgabe: *Welche Faktoren sind für die Wahl eines Absatzweges bestimmend?*

140. Aufgabe: *Welche Faktoren gewähren die Sicherheit des Absatzweges und damit des Absatzes?*

Nachdem nun unter Berücksichtigung der aufgezählten Aspekte die Entscheidung für einen Absatzweg gefallen ist, muß von der Unternehmensleitung aus in jedem Augenblick sichergestellt sein, daß:
die richtigen Produkte
in der richtigen qualitativen Beschaffenheit
zum richtigen Zeitpunkt
in der richtigen Menge
am richtigen Platz
dem Verbraucher zugänglich gemacht werden. Der Weg dazu führt über den Handel. Infolge der Strukturwandlungen im Handel muß die langfristige Unternehmenspolitik der Hersteller auf Partnerschaft mit allen Handelsebenen basiert werden.

Für einen Hersteller von Lebensmitteln bietet sich folgendes Kundenpotential dar:

ca. 170 000 Lebensmitteleinzelhändler
ca. 3 000 Großhändler
ca. 50 000 Bäckereien und Konditoreien
ca. 40 000 Fleischereien
ca. 180 000 Hotels, Restaurants und sonstige gastronomische Betriebe

Hier ergibt sich für den Hersteller natürlich die Notwendigkeit einer gezielten Bearbeitung eines selektiven Kundenkreises.

Die gezielte Bearbeitung der verschiedenen Kundenkreise ist eine Selbstverständlichkeit, denn je stärker man auf die typischen Eigenschaften eines bestimmten Kundenkreises eingeht, um so größer wird der Absatzerfolg sein. Eine Grenze setzen hier nur die Kosten der Bearbeitung, die mit zunehmender Individualisierung der Bearbeitung überproportional zunehmen. Mit der gezielten Bearbeitung der verschiedenen Kundenkreise ergeben sich zwangsläufig auch feste Aufgabenkreise für die verschiedenen Käufertypen:

Der Lieferwagenreisende verbindet die Funktion der Auftragseinholung mit der Belieferung.

Der Pkw-Reisende dient der Auftragseinholung und den verkaufsfördernden Maßnahmen.

Der Verkaufsberater dient ausschließlich den Zielen der Verkaufsförderung.

Der Spezialreisende wird zur Bearbeitung von Bäckereien, Fleischereien oder SB-Geschäften eingesetzt.

Der Komplexreisende besucht Großhändler, Filialisten, Kettengrossisten, Kaufhauskonzerne.

Es ist klar, daß kein Hersteller den gesamten Interessentenkreis bearbeiten kann. Die Kosten zwingen zu einer gewissen Selektion der Kunden. Welche Gesichtspunkte sind nun für die Selektion maßgebend:

1. Die Bedarfsbedeutung der Interessenten:
   Es sollten langfristig nur die Kunden beliefert werden, deren Abnehmermengen durchschnittlich so groß sind, daß mindestens die Kosten gedeckt werden.

2. Die regionale Bedeutung der Interessenten:
   Die Belieferung abgelegener Gebiete sollte über Großhändler durchgeführt werden.

3. Stärke der eigenen Verkaufsorganisation:
   Die Größe der eigenen Verkaufsorganisation begrenzt die Bearbeitung nach unten, d. h. zu den immer schlechter werdenden Kunden.

   Unabhängig von der Frage einer zentralisierten oder dezentralisierten Struktur ist in jedem Fall eine hierarchische Gliederung der Verkaufsorganisation notwendig, da nur auf diese Weise eine Übersichtlichkeit und ausreichende Lenkbarkeit ermöglicht wird. Dabei ergibt sich die folgende Aufgabenteilung für die Führungskräfte und die Reisenden:

1. Aufgaben der Führungskräfte
   Sie nehmen den Kontakt zu den Großkunden (Großhändlern, Filialisten usw.) wahr.

   Sie tragen die organisatorische Verantwortung für Tourenplanung, Reisendeneinsatz, Lagerhaltung, Personal usw.

   Sie bilden die Verbindungsstelle zur Zentrale.

   Sie tragen die Verantwortung für die Durchsetzung der verkaufspolitischen Ziele in ihrem geographischen Bereich.

   Sie repräsentieren die Firma in ihrem geographischen Bereich.

2. Aufgaben der Reisenden
   Sie holen die Aufträge herein.

   Sie sind verantwortlich für die Bevorratung des Handels.

   Sie sorgen für die optimale Gestaltung des Markenbildes im Laden.

   Sie führen die aktiven verkaufsfördernden Maßnahmen durch.

   Sie führen neue Produkte ein.

   Sie beraten den Handel in allen weiteren Detailfragen.

Aus den oben genannten Aufgaben ergibt sich die Technik des Verkäufereinsatzes, d. h. die Planung der Verkaufsorganisation. Sie muß den Erfordernissen eines dynamischen Marktes unter Berücksichtigung einer kostenmäßig vertretbaren Ausrichtung entsprechen.

Lösungen der Aufgaben

54 bis 140

Lösung der 54. Aufgabe

Ein Image kann als ein Vorstellungsbild charakterisiert werden, das Menschen von irgendeinem Objekt haben.

Lösung der 55. Aufgabe

Geschirrspülmaschinen, Klimaanlagen, desodorierende Körperpflegemittel für die Bevölkerung eines Entwicklungslandes wie z. B. der Sudan.

Lösung der 56. Aufgabe

Produktionskonzepttests, Namenstests, Verpackungstests, Preistests und Werbekonzepttests

Lösung der 57. Aufgabe

Alter, Geschlecht, Familienstand, soziale Stellung, Stadt- oder Landwohnsitz, Einkommensverhältnisse

Lösung der 58. Aufgabe

Produktionsstatistiken — Absatzstatistiken — Beschäftigungszahlen, Lohnkosten — Produktivität — Maschinenausrüstung — Abschreibungen — Investitionen — Beschaffung von Arbeitskraft und Material — Belastung der einzelnen Produkte mit Vorkosten — Produktionskosten — Vertriebskosten — Werbekosten — Vertriebsapparat und Absatzwege — Sortimente und Sortimentanalysen

Lösung der 59. Aufgabe

Vertreterberichte — Situationsberichte aus den Niederlassungen und Filialen — Beobachtungen der leitenden Personen des Unternehmens — die Korrespondenz mit der Kundschaft, mit Lieferanten und mit Abnehmern — die Auswertung der Bestellungen und Lieferungen — Reklamationsbriefe und Dankschreiben

Lösung der 60. Aufgabe

Amtliche Statistik — Veröffentlichungen des Statistischen Bundesamtes, der Statistischen Landesämter, der Statistischen Ämter der Kommunen — Verbandsstatistiken der Fachverbände der Industrie, des Handwerks und Handels — Statistiken der Industrie- und Handelskammern — Branchenberichte und Unternehmensberichte in Fachzeitschriften und Wirtschaftszeitungen sowie in der Tagespresse — Situationsberichte von Wirtschaftsexperten — Nachschlagewerke — Branchenregister — Wirtschaftsberichte der Banken — Zusammenstellungen von Adressenbüros und Auskunfteien u. a. m.

Lösung der 61. Aufgabe

Repräsentativ ist eine Teilgruppe dann, wenn ihre Äußerungen, Verhaltensweisen und Überzeugungen als stellvertretend (typisch) für die Gesamtheit genommen werden können. Man muß also von der Teilgruppe auf die Gesamtheit, der diese entstammt, schließen können. Dies ist die methodische Grundvoraussetzung für die Befragung von repräsentativen Stichproben, z. B. 2000 Männer und Frauen für alle Männer und Frauen in der Bundesrepublik, 100 Beschäftigte eines 2000-Mann-Betriebes.

Lösung der 62. Aufgabe

Interviewer sind solche Personen, die mündliche Befragungen oder Beobachtungen bei ausgewählten Personen durchführen. Sie arbeiten entweder hauptberuflich, zumeist aber nebenberuflich, da die Marktforschungsinstitute im allgemeinen Wert darauf legen, einen breit gestreuten Interviewerstamm zur Verfügung zu haben (500 bis 700 Interviewer in allen Teilen der Bundesrepublik).

Lösung der 63. Aufgabe

1. Es kann nicht garantiert werden, daß alle Angeschriebenen oder wenigstens der größte Teil antworten. Menschliche Trägheit, Interessenlosigkeit oder vielleicht die Scheu oder gar das Unvermögen, sich schriftlich auszudrücken und Antworten zu formulieren, sorgen dafür, daß die Rücklaufquote bei schriftlichen Umfragen relativ gering bleibt. Mit einer unvollständigen Rücklaufquote läßt sich aber die ursprünglich angestrebte Repräsentanz der Stichprobe nicht erzielen, weil die Zusammensetzung beider Gruppen — der Antwortenden und Nichtantwortenden — grundverschieden sein kann. Es findet eine gewissermaßen von den Befragten selbst vorgenommene Auswahl der Antwortenden statt, die deshalb so gefährlich ist, weil sie nach Gesichtspunkten erfolgen kann, die in unmittelbarem Zusammenhang mit dem Ziel der Umfrage stehen, so daß die schließlich eingehenden Ergebnisse einseitig verzerrt sind. In der Fachsprache nennt man diesen Vorgang „Selbst-Selektion".

2. Eine Befragung verlangt in der Marktforschung eine ganz besondere Art der Fragestellung und der Reihenfolge der Fragen, damit diese sich nicht gegenseitig stören. Wenn ich z. B. etwas über die Vorstellungen im Zusammenhang mit dem Wort LANOLIN erfahren will, darf den Befragten nicht bereits bekannt sein, daß ich auf eine bestimmte Hautcrememarke aus bin. Da aber der schriftliche Fragebogen vollständig vorliegt, hat man kaum Einfluß darauf, in welcher Reihenfolge die Fragen gelesen werden.

3. Bei einer schriftlichen Befragung kann man es auch nicht verhindern, daß der zu Befragende sich vor der Beantwortung im Familienkreis oder mit Freunden bespricht und nicht mehr seine eigene Meinung wiedergibt, wenn er es nicht gar vorzieht, den Fragebogen durch eine andere (gewandtere) Person ausfüllen zu lassen.

4. Man wendet oft ein, daß bei einer schriftlichen Befragung sich der Befragte seine Antworten sorgfältiger überlegen und gegeneinander abwägen könne, als dies bei einer mündlichen Befragung durch einen Interviewer möglich sei. Eben dies aber wäre in der Marktforschung oft ein entscheidender Nachteil, weil es vielfach gerade darauf ankommt, Antworten zu erhalten, über die sich der Befragte keine große Rechenschaft ablegt, etwa ähnlich dem menschlichen Verhalten beim Einkauf und der Realisierung von Kaufentschlüssen.

Lösung der 64. Aufgabe

1. Ich kann mit dem zu Befragenden ein freies Gespräch beginnen, dessen Ablauf weitgehend durch Frage und Antwort bestimmt wird.
2. Ich kann ein anhand eines Gesprächsleitfadens gelenktes Frage- und Antwortspiel führen, dessen allgemeine Richtung und Tendenz durch den Leitfaden festgelegt ist.
3. Ich kann schließlich einen Fragebogen mit Frageformulierungen und -anordnungen gestalten, die für den Interviewer verbindlich sind, d. h. von denen er unter keinen Umständen abweichen darf.

Lösung der 65. Aufgabe

Psychologische Explorationen sind persönliche Aussprachen zwischen dem Psychologen und den zu untersuchenden Personen, den Probanden, bei denen der Untersuchende ein möglichst genaues Persönlichkeitsbild der Untersuchungsperson gewinnen will.

Motivuntersuchungen haben die Ermittlung von Motiven (= Antrieben des menschlichen Handelns) zum Inhalt.

Lösung der 66. Aufgabe

Als Tiefeninterviews werden solche Befragungen (freie Gespräche) bezeichnet, die nach den Methoden der Tiefenpsychologie aufgebaut sind. Diese befaßt sich mit der Erkenntnis des Unbewußten und dessen Auswirkungen auf das menschliche Verhalten und Handeln.

Lösung der 67. Aufgabe

Man besucht den Groß- bzw. Einzelhandel, der das interessierende Produkt bzw. die Konkurrenzprodukte vertreibt und sieht sich das vorhandene Angebot an. Ein anschließendes Gespräch mit den Geschäftsleitern und dem Verkaufspersonal gibt zusätzliche Aufschlüsse über den Geschäftsgang und die Einstellung des Handels gegenüber den Produkten und Herstellerfirmen.

Ein Gespräch mit mehreren Hausfrauen bzw. anderen interessierenden Verbrauchergruppen gibt uns die nächsten Hinweise über Verbrauchergewohnheiten und -verhaltensweisen. Ebenso wichtig sind deren Einstellungen und Meinungen.

Man veranstaltet eine Gruppendiskussion mit vielleicht 6 bis 8 Personen, in der das interessierende Thema ausführlich erörtert wird.

Lösung der 68. Aufgabe

In der Hypothese wird das erwartete Ergebnis einer Untersuchung bereits vorausformuliert, wobei die nachfolgende Untersuchung selbst so beschaffen sein muß, daß das Ergebnis die Hypothese entweder bestätigt oder verwirft. Hypothesen sind notwendig zur Aufstellung eines Untersuchungsplanes, weil sie die zahllosen möglichen Untersuchungspunkte auf ganz bestimmte einengen.

Lösung der 69. Aufgabe

Die typische Auswahl, die Auswahl aufs Geratewohl, die Quotenauswahl, die Zufallsauswahl.

Lösung der 70. Aufgabe

Zu den Vorteilen zählt die verhältnismäßig leichte Handhabung und die große Anpassungsfähigkeit an spezielle Aufgaben. Ferner wird oft eine gewisse Preiswürdigkeit ins Feld geführt. Da die Interviewer bei der Auswahl der zu befragenden Personen nur an bestimmte Quoten gebunden sind, innerhalb dieser Quoten die Zielpersonen jedoch frei auswählen können, ist es im allgemeinen nicht sehr schwierig, die in Aussicht genommene Befragtenzahl zu erreichen.

Kann aus irgendwelchen Gründen mit einer ausgewählten Person ein Interview nicht ausgeführt werden, so ist eine Ersatzperson leicht zu beschaffen.

Bei den normalen Untersuchungen zählen Geschlecht, Alter und Berufsgruppenzugehörigkeit zu den Auswahlmerkmalen. Da diese drei Merkmale für das verschiedenartige Verhalten der Menschen und für ihre Einstellungen von besonderer Wichtigkeit sind, führt das Quoten-Auswahlverfahren im allgemeinen auch zu brauchbaren Ergebnissen. Für spezielle Untersuchungen lassen sich noch andere wichtige Merkmale finden, und man wird gut daran tun, sie soweit wie möglich zu verwenden.

Lösung der 71. Aufgabe

Die Interviewer gehen häufig den „Weg des geringsten Widerstandes". Sie suchen sich bewußt Personen, von denen sie glauben, daß sie leichter als andere zu befragen sind. Sie werden z. B. bei einer Haushaltsbefragung lieber die Wohnungen im Erdgeschoß und in den unteren Stockwerken aufsuchen und das Treppensteigen tunlichst einschränken.

Bewohner der unteren Stockwerke bilden vielleicht eine ganz andere Gruppe als die Bewohner oberer Stockwerke oder gar des Dachgeschosses und der Mansarden.

Es gibt auch eine unbewußte Beeinflussung der Auswahl durch die Interviewer. Hierzu gehört z. B. deren Neigung „gute", d. h. ausführliche und interessante Interviews zu liefern. Sie wählen dann Personen aus, von denen sie meinen, daß sie mehr als andere zum Thema sagen können, oder sie suchen sich Personen aus, die ihnen weniger zurückhaltend erscheinen als andere. Die Interviewer werden in den Haushalten natürlich solche Leute leichter antreffen, die tagsüber im allgemeinen zu Hause sind (z. B. die nicht berufstätigen Hausfrauen). Berufstätige Hausfrauen werden dem Interviewer dagegen weit seltener für eine Befragung zur Verfügung stehen. Die vielen Millionen berufstätigen

Hausfrauen würden damit nicht genügend in der Stichprobe vertreten sein, was sich sehr störend auf die Ergebnisse der Umfrage auswirken kann.

Ein weiterer schwerwiegender Einwand gegen das Quotenverfahren liegt darin, daß sich Fehler bei der Auswahl nicht berechnen lassen, weil sich bei der bewußten Auswahl das subjektive Ermessen derjenigen nicht abschätzen läßt, die die Auswahl vornehmen.

Lösung der 72. Aufgabe

1. Es kommt nicht auf die Gesamtstichprobe an, sondern auf die kleinste Einheit, von der man eine Auskunft erwartet. Dies können z. B. die männlichen Befragten, unterteilt nach Berufen, die Frauen, unterteilt nach den verschiedenen Altersschichten, die Bewohner der Großstädte, unterteilt nach sozialen Klassen oder andere Gruppierungen sein. Dabei geht man davon aus, daß in der kleinsten Gruppe etwa 150 bis 200 Befragte sein sollen, weil dann die statistischen Fehlermöglichkeiten in ihrem Umfang gerade noch vertretbar sind.
2. Der Umfang der Gesamtheit spielt dagegen im Hinblick auf die Größe der Stichprobe keine Rolle. Eine Stichprobe von 2000 Personen repräsentiert die Bevölkerung der Bundesrepublik mit gleicher Genauigkeit wie z. B. die Bewohner von Düsseldorf oder Hamburg.

Lösung der 73. Aufgabe

Suggestivfragen sind Fragen, die im Ton oder in der Formulierung bereits eine bestimmte Antwort nahelegen.

Lösung der 74. Aufgabe

Es ist nicht Aufgabe der Institute, Unternehmensentscheidungen zu treffen noch sie eindeutig zu beeinflussen.

Lösung der 75. Aufgabe

„Omnibusfrage". Hier werden verschiedene Themen in einer Befragung angegangen. Der Fragebogen enthält dann z. B. Fragen zum Thema Kosmetikverbrauch, Zigarettenverbrauch, Möbelpflege usw.

Lösung der 76. Aufgabe

Standard-Untersuchungen — nicht speziell für einen Auftraggeber vorgenommene, sondern vielmehr durch die Marktforschungsinstitute von sich aus durchgeführte Untersuchungen. Solche Standard-Untersuchungen werden meist in regelmäßiger Folge vorgenommen und geben dadurch Hinweise auf bestimmte Entwicklungen.

Lösung der 77. Aufgabe

Sie erfordern vielfach individuelle Abwandlungen bei der Führung des Interviews (und damit auch besonders geschulte, qualifizierte Interviewer), sie erfordern ferner oft zunächst eine detaillierte Analyse des einzelnen Falles und eine Interpretation der Aussagen anstatt einer einfachen Zählung.

Lösung der 78. Aufgabe

Die traditionelle, quantitative Marktforschung erreicht dort ihre Grenze, wo es nicht mehr um das sachlich-zählende „Wieviel", sondern um das psychologisch-verstehende „Warum" geht.

Lösung der 79. Aufgabe

1. Sie deckt meistens nur einen Teil der Hintergründe des speziellen Verhaltens auf. Sie ist also unvollständig.
2. Sie ist manchmal verschwommen und mehrdeutig.
3. Es läßt sich nicht einmal mit Sicherheit aus der Aussage erkennen, ob die Antwort wirklich den entscheidenden, das Verhalten auslösenden Grund trifft.

Lösung der 80. Aufgabe

1. Das Ehepaar war zu einer Gesellschaft geladen
2. Der Hut von Frau XY war ihrem Mann aufgefallen
3. Ihr Mann hatte ihr Aussehen kritisiert
4. Ihr Mann hielt sie knapp
5. Sie sah eine Anzeige für besondere Gelegenheiten
6. Sie fühlte sich schließlich der Verkäuferin verpflichtet
7. Das Geschäft hatte eine reichhaltige Auswahl
8. Die Verkäuferin bediente sie sehr gut
9. Sie wollte absolut einen Hut kaufen
10. Andere Geschäfte versprachen keine bessere Auswahl
11. Sie hatte schon zuviel Zeit durch Probieren verbraucht

Lösung der 81. Aufgabe

Das freie Gespräch empfiehlt sich vor allem immer dann, wenn man wenig oder gar nichts darüber weiß, welche Gesichtspunkte möglicherweise berührt werden, wenn man ein konkretes Problem zur Sprache bringt.

Lösung der 82. Aufgabe

Der Satzergänzungstest versagt in der Regel dann, wenn die Antworten nicht spontan, unmittelbar nach Vortrag des Satzanfangs und ohne weitere Überlegungen erfolgen. Er ist auch dann unergiebig und nicht am rechten Platz, wenn eine Konzentration der Aussagen auf einige wenige Gesichtspunkte angestrebt wird.

Lösung der 83. Aufgabe

Ein Kraftfahrzeug.

Lösung der 84. Aufgabe

Seine Vorteile: Wirtschaftlichkeit,
nicht so teuer, sondern relativ preisgünstig,
relativ geringer Verbrauch, obgleich dieser noch geringer sein könnte,
sehr robuster Motor,
ausgesprochen solide Verarbeitung.

Seine Nachteile: Eher langsam,
eher schwerfällig,
zu unbequem (wenn man sich zur Not auch damit abfinden kann),
zu eng,
eher häßlich als gefällig in der äußeren Form.

Lösung der 85. Aufgabe

a) Meine Mutter hat immer gesagt, eine gute Hausfrau solle alles selbst zubereiten. Danach richte ich mich auch heute noch.

b) Nein, sie schmecken uns nicht, das ist doch nur ein verkochter fader Brei ohne Vitamine.

c) Ich würde sie auch gern häufiger kaufen, aber ich finde sie noch zu teuer.

d) Ja, das werde ich auch tun. Sie haben doch viele Vorteile und man hat viel mehr Zeit für andere Dinge

e) Das tue ich schon länger, man darf es nur nicht laut sagen, weil einen die anderen sonst für eine schlechte und faule Hausfrau halten.

Lösung der 86. Aufgabe

Prozentual war die Marke B am erfolgreichsten; sie konnte ihren Umsatz um mehr als das Zwölffache erhöhen.

Marktanteilsmäßig war es die Marke D, die ihren Marktanteil um 15% auf 88% erhöhen konnte (eine marktbeherrschende Position also).

Absolut schließlich war die Marke C am erfolgreichsten, die ihren Absatz um 2402 Mill. Packungseinheiten steigern konnte.

Lösung der 87. Aufgabe

Im Absatz zeigt sich eine deutliche Saisonschwächung für den Zeitraum Mai bis Oktober in allen Geschäftstypen.

Der Lagerbestand variiert bei Friseuren, Apotheken und Seifengeschäften nur unwesentlich; teilweise sogar entgegengesetzt der Absatzentwicklung. Die Lagerbestandsentwicklung bei Drogerien ist vollkommen uneinheitlich. Es zeigt sich, daß die Bevorratung (in Monatszahlen gerechnet) bei allen Geschäftstypen kaum den saisonbedingten

Absatzschwankungen Rechnung trägt. Sie liegt bei Friseuren darüber bzw. doppelt so hoch wie bei den anderen Geschäftstypen.

Lösung der 88. Aufgabe

Der Test in der Marktforschung („Verbrauchertest") ist jedoch nicht zu verwechseln mit dem Warentest, wie er heute von Verbraucherverbänden, Zeitschriften oder auch von den Herstellern selbst vielfach durchgeführt wird.

Der Warentest stellt technische und wirtschaftliche Vergleiche unter bestimmten Versuchsbedingungen an. Der Test der Marktforschung mißt die verglichenen Produkte am Urteil der Verbraucher und erfaßt technische und wirtschaftliche Merkmale in der Regel nur insoweit, als sie dem Verbraucher bewußt werden.

Der Warentest beruht weitgehend auf technischen Prüfgeräten, physikalischen und chemischen Experimenten, sowie ökonomischen Vergleichen. Er beschränkt sich auf das, was man als „Grundnutzen", d. h. als objektiv-materiellen Wert eines Gutes versteht.

Der Test in der Marktforschung dagegen umfaßt diese Eigenschaften eines Produktes nur insoweit, als sie sich auch subjektiv im Bewußtsein der Verbraucher niederschlagen. Außerdem kommen „Eigenschaften" von Produkten hinzu, die heute, im Zeitalter der maschinellen Fertigung, der automatischen Serienproduktion als Unterscheidungs- und Bewertungsmerkmale immer mehr an Bedeutung gewinnen: Sie ergeben sich aus subjektiven, ideellen Bewertungen und Gedanken, die die Verbraucher damit verbinden. Man bezeichnet sie als „Zusatznutzen".

Lösung der 89. Aufgabe

Das Unternehmen sollte die Probe „A" mit der Argumentation „verstärkte Reinigungskraft" neu einführen.

Lösung der 90. Aufgabe

Die eine Form entspricht einem Produkt-Test. Verschiedene technische Möglichkeiten der Verpackung werden einander gegenübergestellt und vom Verbraucher ausprobiert. Hierbei kommt es besonders auf ihre Haltbarkeit, ihre Handlichkeit, ihre Handhabung, ihre Größe und Gestalt an, zuweilen auch auf ihre Weiterverwendbarkeit, z. B. als Kinderspielzeug oder Knopfkasten der Hausfrau. Im grundsätzlichen aber bringt diese Art des Verpackungstests also nichts Neues.

Anders dagegen ist mit der zweiten Form des Verpackungstests, die den Aufmerksamkeitswert, die Gefälligkeit der Verpackung und ihre den Verbraucher günstig beeinflussenden Eigenschaften zu prüfen hat.

Lösung der 91. Aufgabe

Die Methoden für den Namenstest und die verschiedenen Arten von Werbetests entsprechen weitgehend der zweiten Form des Verpackungstests.

Lösung der 92. Aufgabe

Es zeigt sich deutlich, daß das Muster „A“ im Preis höher eingeschätzt wird als das Muster „B“.

Lösung der 93. Aufgabe

Nein, weil Testmärkte den Gesamtmarkt widerspiegeln sollen.

Lösung der 94. Aufgabe

1. Konkurrenz erfährt frühzeitig von der geplanten Neueinführung.
2. Ein Testmarkt entspricht nicht hundertprozentig dem Gesamtmarkt. Insofern sind Schlußfolgerungen aus den Testmarktergebnissen in bezug auf den Gesamtmarkt nur mit entsprechenden Vorbehalten zu ziehen.
3. Testmärkte erfordern einen im Verhältnis zum Verkaufsergebnis überproportionalen Aufwand an Zeit und Geld.

Lösung der 95. Aufgabe

Die statistische Genauigkeit in bezug auf den Teilmarkt kann fast an 100% heranreichen. Bei der Projektion auf den Gesamtmarkt ergeben sich wiederum die Schwierigkeiten, die aus der Unterschiedlichkeit von Testmarkt und Gesamtmarkt herrühren.

Lösung der 96. Aufgabe

Bei der Fernseh-Werbung muß eine höhere Frequenz den geringeren Impact ausgleichen, während bei der Kino-Werbung immer ein hoher Impact mit niedriger Frequenz gepaart ist.

Lösung der 97. Aufgabe

Der Distributionsraum eines Großhändlers reicht oft über den Raum des Testmarktes hinaus; der Großhändler ist meistens nicht willens oder in der Lage, seine außerhalb des Testmarktes liegenden Einzelhändler zu beliefern.

Lösung der 98. Aufgabe

Der Umsatz, der Absatz, der Gewinn von Steuern, der Deckungsbeitrag.

Lösung der 99. Aufgabe

Der Preis, der Marktanteil, der Prozentsatz der Return on Investment, das Verhältnis von Deckungsbeitrag zu proportionalen Stückkosten.

Lösung der 100. Aufgabe

Offene kaufkräftige Bedürfnisse, offene nicht kaufkräftige Bedürfnisse, latente Bedürfnisse.

Lösung der 101. Aufgabe

Durch Diversifikation wird das Unternehmen von Produkt- und Branchenkonjunkturen unabhängiger.

Lösung der 102. Aufgabe

Typische Programmerneuerungen bei herkömmlicher Befriedigung von Bedürfnissen sind neue Zigarettenmarken, oder die jährlichen neuen Modekollektionen.

Typische Programmvertiefungen bei herkömmlicher Befriedigung von Bedürfnissen sind z. B. neue Eissorten im Programm einer Eisfirma oder die Erweiterung des „nur die"-Angebots um Herrenstrümpfe.

Typische Programmverbreiterungen bei herkömmlicher Befriedigung von Bedürfnissen sind die Erweiterung des Angebotsprogrammes des Unilever-Konzerns, im Fleischwarenbereich durch Aufkauf der Firma Schafft oder die Aufnahme von Badeanzügen in das Programm der Firma Triumph Miederwaren.

Typische Programmerneuerungen bei verbesserter Befriedigung von Bedürfnissen ist die Einführung speziell wenig schäumender Waschmittel für Waschmaschinen oder die Einführung von Instant-Kaffee durch alle großen Kaffeefirmen.

Typische Beispiele für Programmvertiefungen bei verbesserter Befriedigung von Bedürfnissen sind die Entwicklung eines Mittelklassewagens bei BMW oder die Einführung von Reis-Fit durch die Firma General Foods.

Typische Beispiele für Programmverbreiterungen bei verbesserter Befriedigung von Bedürfnissen sind die Aufnahme des Produktes Badedas in das UHU-Programm oder die Aufnahme von Miracoli Fertiggerichten in das Programm der Firma Kraft GmbH.

Lösung der 103. Aufgabe

Die Beteiligung der VW an NSU (Wankel), von UNILEVER an verschiedenen Verpackungsunternehmen oder von Oetker an Soehnlein (Sekt).

Lösung der 104. Aufgabe

Der Erfolgsfaktor gibt das Verhältnis der Gesamtkosten für die Produktentwicklung bezogen auf erfolgreiche und erfolglose Produkte wieder. Im allgemeinen entfallen nur 20% der gesamten Entwicklungskosten auf erfolgreiche Produkte.

Lösung der 105. Aufgabe

Die Erfolgsquote gibt das prozentuale Verhältnis von erfolgreichen Produkteinführungen bezogen auf die Gesamtzahl von neu eingeführten Produkten wieder. Im allgemeinen sind nur 50% aller neu eingeführten Produkte erfolgreich.

Lösung der 106. Aufgabe

1. Es müssen die einfallsreichsten Mitarbeiter ermittelt werden.

2. Die Interessengebiete des Unternehmens bezogen auf Produktneueinführungen müssen klar vorgegeben werden.
3. Den schöpferischen Mitarbeitern müssen alle ideenanregenden Unterlagen zur Verfügung gestellt werden.
4. Es muß eine Dokumentation und Auswertung der technischen Literatur erfolgen.
5. Die Zusammenarbeit muß gefördert werden.
6. Die Ablenkung durch akute Probleme muß auf ein Mindestmaß reduziert werden.

Lösung der 107. Aufgabe

1. Es muß eine offizielle Sammelstelle für Ideen bestimmt werden.
2. Es muß ein lückenloses Verfahren für die Ideensammlung eingerichtet werden.
3. Unternehmensfremde Ideenquellen müssen erfaßt werden.
4. Eingereichte Ideen müssen sofort und gründlich bearbeitet werden.
5. Alle Ideen müssen zunächst als durchführbar angesehen werden.
6. Die Ideenschaffenden müssen umsichtig behandelt werden.

Lösung der 108. Aufgabe

1. Fragen zum Produkt.
   Welche Bedürfnisse und Wünsche werden im Augenblick von den sich am Markt befindlichen Produkten noch nicht erfüllt?

   Welche Bedürfnisse können befriedigt werden durch Verbesserung vorhandener Produkte, und zwar des Produktes selbst, des Preises, des Namens, der Verpackung sowie der Werbung?

   Welche Bedürfnisse können befriedigt werden durch Neuentwicklung, d. h. welche Marktlücken existieren?

2. Fragen zum Verbraucher.
   Welche ökonomischen, demographischen, soziologischen, psychologischen und physiologischen Merkmale haben die potentiellen Käufer dieser Produkte?
   Welches produktbezogene Verhalten (Verwendungszweck) und welche produktbezogenen Gewohnheiten (z. B. Einkaufsgewohnheiten) besitzen die potentiellen Verbraucher? Durch welche Motive werden sie beeinflußt?
   Welche Bedürfnisse besitzen sie?
   Welches ist die mutmaßliche Anzahl der potentiellen Verbraucher?

3. Fragen zum Markt.
   Welche Umsätze, Distributionen und Konkurrenzaktivitäten sind allgemein auf dem entsprechenden Produktfeld vorhanden?
   Wo war die Entwicklung in der Vergangenheit?

Die Vielzahl der zu stellenden Fragen läßt sich in zwei grundsätzlichen Fragen zusammenfassen:

1. Welche Stellung im Gesamtfeld der speziellen Produktgruppe soll das neue Produkt einnehmen?
2. Wie groß ist rein quantitativ der potentielle Markt, und zwar nach Art und Zahl der Verbraucher sowie nach Absätzen und Umsätzen — jetzt und mutmaßlich in der Zukunft?

Lösung der 109. Aufgabe

1. Fragen zur Produktidee
   a) Paßt die Produktidee überhaupt zur Unternehmung?
   b) Paßt die Produktidee in die Interessenbereiche der Unternehmung?
   c) Wie paßt die Produktidee zum bisherigen Sortiment (bringt sie eine Sortimentserweiterung, erschließt sie neue Marktsektoren, die das bisherige Sortiment nicht abdeckt, sorgt sie für den Fall eines Absatzrückganges vor)?
2. Fragen zur Abstimmung mit der bestehenden Produktion
   a) Ist die Herstellung in einem bereits bestehenden Betrieb möglich oder der Bau einer neuen Produktionsstätte notwendig, besteht die Möglichkeit einer Lohnerzeugung?
   c) Inwieweit werden bisherige Produktionsabläufe gestört oder besser ausgenutzt?
   d) Welche Investititonen in Gebäuden, Maschinen und Menschen sind erforderlich?
3. Fragen zur Abstimmung mit dem Einkauf
   a) Können vorhandene Roh- und Hilfsstoffe verwendet werden oder gibt es Schwierigkeiten bzw. Vorteile bei größeren Einkaufsmengen?
   b) Welche Beschaffungsmärkte müssen erschlossen werden? Hat die Unternehmung dafür Spezialisten, sind diese Märkte sicher, sind die Zulieferer zuverlässig?
   c) Sind Lagermöglichkeiten vorhanden, kann die Lagerhaltung abgewälzt werden?
4. Fragen zu fianziellen Erwägungen
   a) Ist der Finanzetat ausgeschöpft oder enthält er Mittel für die zusätzlichen Investitionen, können diese Mittel am Kapitalmarkt beschafft werden?
   b) Ergibt sich aus den bisherigen Überlegungen eine Kalkulation der Herstellungskosten, die bei üblichen Zuschlägen für Marketingkosten Preise ermöglicht, die sofort oder später Gewinn bringen und in den Markt hineinpassen, oder schafft das neue Produkt eine neue Preisgruppe, die mit bestehenden nicht vergleichbar sind?
5. Fragen zu juristischen Aspekten
   a) Gibt es rechtliche Gegebenheiten, die bei Produkt- und Verpackungsgestaltung, Vertrieb und Werbung berücksichtigt werden müssen?
   b) Liegen verfügbare Schutzrechte und Warenzeichen vor?
   c) Müssen Lizenzen erworben oder Patente angemeldet werden?
   d) Sind beim Export besondere Bestimmungen zu beachten?

Lösung der 110. Aufgabe

1. Fragen zur Marktanalyse
   a) Stößt das Produkt in einen vorhandenen Teilmarkt oder muß es einen neuen Teilmarkt begründen, zu wessen Lasten?

b) Welches ist die Größe des gegebenen Marktes bzw. der angrenzenden Märkte wert- und mengenmäßig?

c) Ist das Marktpotential bereits ausgeschöpft oder läßt es sich vergrößern, welche Prognosen werden gestellt?

d) Wer sind die letzten Käufer, sind sie identisch mit den Endverbrauchern, wie hoch ist die Einkaufsintensität und Verwendungsintensität?

e) Sind die letzten Käufer gleichmäßig gestreut oder lassen sie sich zu Gruppen zusammenfassen?

f) Gibt es regionale Verbrauchsunterschiede? Spielen Lebenshaltung und Lebensstandard, Klimafaktoren usw. eine Rolle?

g) Ist der Verbrauch zeitlich gleichmäßig verstreut oder saisonal abhängig?

h) Welche psychologischen Charakteristika prägen den Markt?

i) Wie wird der Markt versorgt? Welche Verteilungskanäle werden benutzt und in welchem Maße?

j) Welche Rolle spielen Absatzberater?

2. Konkurrenzanalyse

a) In welchem Umfang schöpfen konkurrierende Unternehmen den Markt bereits aus? Welches sind die Marktanteile, mengen- und wertmäßig?

b) Welche besonderen Eigenschaften haben die Konkurrenzprodukte?

c) Wie und wie fest sind die Konkurrenzprodukte im Markt verankert?

d) Wo sind die Marktlücken und worauf gehen sie zurück?

e) Wie groß ist die Finanzstärke, Wendigkeit, Aktivität, das Reaktionsvermögen auf neue Produkte der Konkurrenz?

f) Welche Absatzwege benutzt die Konkurrenz?

g) Welche Absatzberater verwendet sie?

h) Welche Werbewege geht die Konkurrenz und mit welcher Intensität?

Lösung der 111. Aufgabe

Produkt-Vorschlag

Art	Dringlichkeit	Bezeichnung	Datum
Programmerweiterung	1	Luftverbesserer	19. Okt. 1962

1. Zweck des Vorschlages:

Entwicklung eines Raum-Luftverbesserers, abgepackt in einem Aerosol-Behälter. Er soll so wirken, daß die Hausfrau feststellt, er sei nachweisbar besser als die Konkurrenzprodukte. Das soll auf folgende Weise erzielt werden:

a) Er soll aufdringliche Gerüche neutralisieren und nicht, wie bisher üblich, überdecken.

b) Er soll einen sauberen, frischen, zurückhaltenden Duft haben etwa wie „Gartengeruch nach dem Regen“.

Das Produkt soll kostenmäßig so liegen, daß ein konkurrenzfähiger Preis festgelegt werden kann und gleichzeitig ein Gewinn erzielt wird, der den Gewinnrichtlinien der Firma entspricht. Es soll sich außerdem aus leicht erhältlichen Materialien und mit verfügbaren Fertigungseinrichtungen herstellen lassen.

---

2. Umsatz- und Gewinnschätzung

A. Gegenwärtiger Gesamtumsatz pro Jahr zu Fabrikpreisen .	DM	XX 000 000
B. Geschätzter Gesamtumsatz in fünf (5) Jahren	DM	XX 000 000
C. Geplanter Firmenumsatz im 3. Jahr	DM	X 000 000
D. Geschätzter Bruttogewinn pro Jahr %	DM	X 000 000

---

3. Kostenschätzung

A. Kosten der Polaritätsprofilphase	DM	XX 000
B. Kosten des Konzept-Testes	DM	XX 000
C. Kosten der Produktentwicklung	DM	XXX 000
D. Kosten des Test-Marketing	DM	XXX 000
E. Einführungskosten	DM	X XXX 000
F.	DM	X XXX 000

---

4. Terminplan

	Soll	Ist
A. Genehmigung Produktvorschlag		31. 10. 62
B. Beginn Entwicklung	7. 11. 62	7. 11. 62
C. Vorlage Entwicklungsbericht	17. 2. 63	———
D. Vorlage Testmarktpläne	9. 3. 63	———
E. Vorlage endgültiger Umsatzplan	24. 8. 63	———
F. Beginn Verkauf	1. 10. 63	———

---

5. Budget

		Gesamt	Laufende 6 Monate	Folgende 6 Monate
A. Forschung und Entwicklung	(Intern)	DM XX 000	DM XX 000	DM ———
	(Extern)	DM 000	DM 000	DM ———
B. Marketing	(Intern)	DM 000	DM 000	DM ———
	(Extern)	DM XX 000	DM XX 000	DM ———
C. Sonstiges	(Intern)	DM	DM	DM ———
	(Extern)	DM	DM	DM ———
D. Insgesamt		DM XX 000	DM XX 000	DM ———

---

6. Abteilung Neue Produkte

		Abteilung
A.	Vorsitzender P. Schmick	Marketing
B.	H. Roth	F+E
C.	G. Graefe	Verwaltung
D.		______
E.		______
F.		______
G.		______

7. Genehmigung

	Datum
Alle Punkte	
G. Schneider	20. 10. 62
Leiter der Produktentwicklung	
1, 4 F, 5 B	
R. Carlson	24. 10. 62
Marketingdirektor	
1, 4 C, 5 A	
V. Steinle	28. 10. 62
Forschungsdirektor	
1, 4, 5	
U. Müller	31. 10. 62
Generaldirektor	

Lösung der 112. Aufgabe

Die akkumulierten Entwicklungskosten betragen nach Abschluß der Produkt-Tests 20%. Davon entfallen 1% auf die Fixierung der Prioritäten, 4% auf das Testen des kreativen Konzeptes, 9% auf die eigentliche Entwicklung des Produktes selbst und 6% auf die verschiedenen Produkt-Tests.

Lösung der 113. Aufgabe

1. Fragen zur Produkt-Konzeption
   a) Wie soll das neue Produkt in technischer Qualität (Grundnutzen) in der Formgestaltung und Farbgebung (ästhetischer Nutzen) aussehen?
   b) Sollen verschiedene Qualitäten, Größen und Verpackungen entwickelt werden?
   c) Ist das Produkt problemlos oder erklärungsbedürftig?
   d) Wie ist die Verwendungsqualität (Zusatznutzen)?
   e) Wie ist die Preisgestaltung?
   f) Welches sind die potentiellen Verwenderkreise?
   g) Was sind die bisherigen Verwendungsgewohnheiten und worin liegen deren vom Verbraucher erkannten Vor- und Nachteile?

h) Wie reagieren die Verwender spontan auf die Konfrontation mit dem neuen Produkt?
i) Welche Verwendungspraxis zeigt sich unter normalen oder anomalen Bedingungen?
j) Welche Urteile, Änderungswünsche, Preisvorstellungen, Prognosen der Verwender ergeben sich?

2. Fragen zur Werbekonzeption
a) Welche bereits erfolgten Marktinvestitionen können genützt werden?
b) Welche Werbeziele sollen in welcher Zeit erreicht werden, sind dabei Vertriebs- und Werbewege aufeinander abgestimmt?
c) Welche Werbebotschaft und welche Werbegestaltung entspricht diesen Zielen am besten?
d) Welche Werbemittel eignen sich?
e) Welche Werbeträger müssen eingeschaltet werden?
f) Welche Mittel können für diese Werbekonzeption bereitgestellt werden und inwieweit beeinflußt die Höhe des Werbeetats die Werbekonzeption?

3. Fragen zur Vertriebskonzeption
a) Werden die Vertriebswege bereits ganz oder teilweise durch die eigene Absatzorganisation abgedeckt?
b) Kann die vorhandene Organisation das neue Produkt überhaupt aufnehmen?
c) Ist die neue Absatzorganisation erforderlich? Soll gegebenenfalls eine vorhandene Vertriebsfirma angeworben werden? Sollen und können alle möglichen Absatzmittler gleichzeitig angesprochen werden?
d) Wie sind die Usancen der Absatzmittler?
e) Welche Spannen sind üblich und möglich? Welche Bedarfsberater müssen angesprochen werden? Welche Organisation ist dafür vorhanden? Kann aufgebaut oder herangezogen werden? Welches Vertriebssystem soll gewählt werden?
f) Handelt es sich um einen preisgebundenen Markenartikel mit Vertriebsbindung?
g) Handelt es sich um einen preisempfohlenen Markenartikel?
h) Handelt es sich um einen Markenartikel mit Nettopreis?
i) Handelt es sich um anonyme Ware?
j) Wird Kundendienst nötig? Sollen ihn Absatzmittler, Reparaturwerkstätten oder eigene Kundendiensteinrichtungen übernehmen?
k) Sind geeignete Einrichtungen vorhanden? Müssen sie erweitert oder erst geschaffen werden? Wird Garantie gegeben?
l) Wofür und wie lange?
m) Wer bearbeitet die Reklamationen?
n) Welche Maßnahmen der Verkaufsförderung sind nötig?
o) Welche Schulungsprogramme müssen entwickelt werden?
p) Welche technischen Hilfen (Vertreterkonferenzen, Händlertreffen, Verkäuferschulung, Händler- und Handwerkerinformationen usw.) sind nötig?

Lösung der 114. Aufgabe

1. Die Testgruppe muß unbedingt repräsentativ für die Gesamtheit sein.
2. Die Stichprobe muß groß genug sein, um Ergebnisse zu liefern, deren statistische Fehlergrenzen noch annehmbar für die Auswertung sind.

Lösung der 115. Aufgabe

1. Fragen zum Absatzpotential und den Marketing-Kosten
   a) Welche Herstellungs- und Marketing-Kosten bringt der zu erwartende Umsatz wieder ein?
   b) Welche Zuschußmöglichkeiten bestehen?
   Können die Einführungskosten auf mehrere Jahre verteilt werden?
2. Fragen zum Absatzplan und der Einführung
   a) Welche Korrektur des geschätzten Absatzpotentials bringen die Ergebnisse im Testmarkt?
   b) Soll das neue Produkt eingeführt oder zurückgezogen werden?
   c) Soll die Entführung schlagartig im gesamten Markt oder nach Gebieten in einer bestimmten Reihenfolge ablaufen?
   d) Welche Verkaufsquoten sollen vorgegeben werden? Können Absatz- bzw. Kaufkraft-Kennziffern für regionale Märkte herangezogen oder errechnet werden?
   e) Wann soll mit der Einführung begonnen werden?
   f) Welcher Lagerbestand ist dazu erforderlich?
   g) Welche Vorräte müssen in den regionalen Lägern bei den Absatzmittlern vorliegen?
   h) Wann kann die Werbung bei Absatzmittlern und Absatzberatern einsetzen? Wann bei letzten Käufern und Verwendern?
   i) Welche Sondermaßnahmen — Einarbeitung der Mitarbeiter im Außendienst, Prämienwettbewerbe, Händlertreffen, Verbandstagungen, Pressekonferenzen, Muster oder Proben — sind für die Einführung erforderlich?
3. Fragen zur Absatzkontrolle
   a) Wie werden die Herstellkosten kontrolliert?
   b) Wie werden die Marketing-Kosten erfaßt und beobachtet?
   c) Wie werden die Lagerbestände, die Lagerumschläge und die Marktanteile im Handel festgestellt?
   d) Wieviel Kunden kaufen welche Mengen und wie häufig?
   e) Welche Kontrolle und Bewertung besteht für die Umsätze in den Verkaufsgebieten mit Absatzkennziffern?

Lösung der 116. Aufgabe

Das planmäßige Einwirken auf die Kaufmotive der Verbraucher soll bei diesen eine Präferenz für das Produkt aufbauen und sie derart überzeugen, daß sie das Produkt ausprobieren und ihm treu bleiben.

Lösung der 117. Aufgabe

Ein typisches Beispiel sind die Markenartikel Rama oder Flora. Die Verbraucherwerbung ist hier so stark, daß es sich z. B. keine noch so starke Genossenschaft leisten kann, diesen Artikel zum festgelegten Preis *nicht* im Sortiment zu führen. Hier hat also die Werbung einen direkten Einfluß auf die Sortimentsgestaltung, Kalkulation und Preisgestaltung des Handels, d. h. sie hat einige typische Handelsfunktionen auf den Hersteller übertragen.

Lösung der 118. Aufgabe

Informierende Werbung wird durchgeführt z. B. für Remington-Rasierapparate, Dobar-Haarwasser, BMW-Automobile.

Lösung der 119. Aufgabe

Erzählende Werbung wird durchgeführt z. B. für Langnese-Eiskrem, Asbach-Uralt, HB-Zigaretten.

Lösung der 120. Aufgabe

Einige Beispiele für besonders geglückte Kombinationen von informierender und erzählender Werbung sind z. B. VW, Rolex-Uhren oder Coca-Cola.

Lösung der 121. Aufgabe

1. Möglicherweise fehlt dem Produkt eine bestimmte Eigenschaft, die für die Verbraucher besonders wichtig ist, und möglicherweise kann dieser Nachteil leicht korrigiert werden.
2. Möglicherweise hat die Werbung das Schwergewicht auf einige Produkteigenschaften gelegt, die von geringer Bedeutung für den Verbraucher sind und dabei andere Eigenschaften vernachlässigt, die für den Verbraucher besonders wichtig sind.
3. Vielleicht war das Produkt mit einem zu hohen Preis versehen oder der Preis wurde gegenüber den Verbrauchern nicht genügend begründet.
4. Vielleicht wurde zu wenig geworben, entweder im Vergleich zur Konkurrenz oder im Vergleich zum Informationsbedarf der Verbraucher.
5. Vielleicht wurden nicht die geeigneten Werbeträger und Werbemittel eingesetzt.
6. Durch eine bedeutende Entwicklung ergab sich möglicherweise die Chance sich vom Wettbewerb stärker abzusetzen.

Lösung der 122. Aufgabe

Die Verkaufsidee ist der ausgewählte und nur dem bestimmten Produkt eigene Hauptnutzen für den Verbraucher. Nicht ein allgemeiner Verbrauchernutzen, der für eine ganze Produktgruppe gilt.

Lösung der 123. Aufgabe

Als praktische Beispiele für bekannte wichtigste und überzeugendste Verkaufsideen lassen sich anführen:

VW — die absolute Zuverlässigkeit
DASH — die größtmögliche Weiße für die Wäsche
Remington — rasiert auch in der Problemzone
Rama — bringt Gesundheit aufs Brot
Colgate Flour — wirkt gegen Karies

Lösung der 124. Aufgabe

In der Marketing-Strategie soll im einzelnen beschrieben werden:

a) Der Gesamtmarkt
Anzahl der Verbraucher, demographische Verbraucherstruktur, Umsatzbedeutung der einzelnen Gebiete, Distribution, Marken bzw. Produkte der Konkurrenz.

b) Der Verbraucher
Alter, soziale und Einkommensklasse, Bildungsstand, gegenwärtige Gewohnheiten und Produktverwendung, Einstellung zu den verwendeten Produkten.

c) Die eigene Marke
Produktansatz, Produkteigenschaften, beabsichtigter Hauptverwendungszweck, Ergebnisse von Produkttests im Vergleich zur Konkurrenz (sowohl Labor- wie auch Verbrauchertests), Verpackung im Vergleich zur Konkurrenz, Preis im Vergleich zur Konkurrenz, jegliche Überlegenheit gegenüber Konkurrenzprodukten, gegenwärtige Marktlage und Markttendenzen.

d) Die Konkurrenz
Marken und ihre Marktanteile, kurze Analyse der Werbung, welche die angebotenen Hauptnutzen, die Werbethemen, die eingesetzten Werbeträger und die Werbeausgaben der einzelnen Konkurrenzmarken zusammenfassend darstellt.

e) Das Marketingziel
Kurzfristig und langfristig; der angestrebte Marktanteil; die Zeit, in der er erreicht werden soll; Definition der potentiellen Verbrauchergruppen; Verkaufspolitik und Verkaufsziele; die notwendigen Aufwendungen; die erwarteten Umsätze und Gewinne; der geplante Werbeetat — klassische Werbung und direkte Verbraucherwerbung.

Lösung der 125. Aufgabe

Die zahlenmäßige Untermauerung der angeführten Einzelfragen der Marketing-Strategie wird durch folgende Forschungsmethoden ermöglicht:

a) Forschungsmethoden für den Markt
Shop audits verschiedener Art, z. B. Nielsen; Bestandsaufnahmen in ausgewählten Selbstbedienungsläden; feste Verbraucherpanels, die Einkäufe in Tagebüchern notieren oder Packungen zur Kontrolle aufbewahren (z. B. Attwood); ständige und regelmäßig wiederkehrende Marktumfragen mit Fragebogen (flexible Dauerbefragung — Marktbewegungsindex); Gewohnheits-, Verwendungs- und Verhaltensumfragen; alle anderen einschlägigen Daten einschließlich offizieller Statistiken (z. B. Industrie- und Verbraucherstatistiken, Einzelhandelszählungen, Bevölkerungszählung).

b) Forschungsmethoden für den Verbraucher
Die Auswahl einer Reihe von wichtigen Verbraucherbedürfnissen erfolgt durch:
Gruppendiskussionen; freie und Fragebogen-Interviews, um die Bedürfnisse und Wünsche festzustellen, die durch die vorhandenen Produkte nicht erfüllt werden; die angesammelten Erfahrungen der Forschungsexperten können ebenfalls sehr nützlich sein.
Ferner: Analysen und Gewohnheiten-, Verwendungs- und Verhaltensuntersuchungen, Produkttests u. a.
Die Auswahl des einzigartigen Verbrauchernutzens, der wichtigsten und überzeugendsten Verkaufsidee, erfolgt durch:
Werbegrundaussagetests mit Hilfe von Filmen oder Broschüren; Kartentest, div. Zuordnungsverfahren (z. B. shuffle-card-Tests), Produkttests und Produktwahl-Situation, für die die gleichen Produkte mit unterschiedlichen Werbeaussagen benutzt werden; Splitrun in der Presse, postalische Hausverkaufstests.
Die Sicherstellung, daß das Produkt das gegebene Versprechen auch wirklich erfüllt, erfolgt durch
Produkttests (mit und ohne Werbeaussage).

c) Forschungsmethoden für die Marke
Produkttests (z. B Paarvergleich, sowohl „blind" als auch auf dem Markt befindlich; Verpackungstests).

d) Forschungsmethoden für die Konkurrenz
Wie unter a) und c); Produkt- bzw. Marken-Image-Untersuchungen.

e) Forschungsmethoden für das Marketing-Ziel
Die Konkretisierung des Marketing-Zieles kann mit Hilfe der Analyse und Interpretation der unter a), c) und d) beschriebenen Forschungsmethoden erreicht werden. Bei der Benutzung und Anwendung der oben beschriebenen Marktforschungsmethoden für diesen Zweck ist es wichtig, sich an folgende Tatsachen zu erinnern:

Man beschäftigt sich nicht nur mit der Analyse von Produkten bzw. Marken, sondern auch mit der Analyse der dazugehörigen Arbeiten im Haushalt, z. B. Säubern, Kochen usw.

Es müssen zusätzlich zu den üblichen demographischen Daten, wie z. B. Alter, soziale Klasse usw., in zunehmendem Maße Verbrauchercharakteristiken, wie „moderne Einstellung" und „konservative Einstellung", in Beziehung zur Markenwahl studiert werden.

Es müssen in stärkerem Maße Produkttests, Verhaltensforschung usw. als Anhaltspunkte für die Befriedigung von Bedürfnissen einer Minderheit benutzt werden, da jene Märkte an Bedeutung gewinnen.

Lösung der 126. Aufgabe

Das Werbemittel trägt die inhaltlich und formal gestaltete Werbebotschaft vor.
Werbeträger heißen die Stützen der Werbung, die im Regelfall gewerbsmäßig — gegen eine vereinbarte Bezahlung — den Inhalt der Werbemittel an die Umworbenen herantragen und ihnen die Werbebotschaft verkünden.

Verkaufshilfen sind Schaufenster — Wettbewerbe — Schaufenstermaterial — Verkaufsaufsteller — Selbstbedienungsvorrichtungen (stumme Verkäufer) — Ständer — Kästen — Schaupackungen — Schilder — Plakate und so weiter.

Verkaufsförderung umschließt alle Akte, die eine Koordinierung der Werbung, der Arbeit der Verkäufer herbeiführen. Sie hat also die personelle, organisatorische und sachliche Unterstützung der Abnehmer im Sinne, die durch Kontaktpflege zwischen Interessenten und Käufern herbeigeführt werden kann. Dazu gehören:

Aus- und Weiterbildung der Verkäufer, Verkäuferwettbewerbe, Verteilung von Werbematerial an die Händler, Mitarbeit bei Verkäufertagungen, Briefe an Interessenten nach Verkäuferbesuchen, Auswertung der Verkäuferberichte usw. Die Verkaufsförderung wird im einzelnen im nächsten Abschnitt unter dem Verkauf behandelt.

Lösung der 127. Aufgabe

Das Briefing sollte folgende Angaben enthalten:

1. den vorgesehenen Aufwand,
2. die kurzfristige und langfristige Werbepolice,
3. bereits vom Unternehmen geplante und verwaltete Werbung,
4. die Beschreibung des Verbraucher- oder Käuferkreises nach folgenden Merkmalen: geographisch, Ortsgröße, Geschlecht, Sozialschicht, Altersgruppen, Kinder, Größe der Familie, Berufstätigkeit der Hausfrau, fortschrittlich oder konservativ, und besondere für das Produkt wichtige Merkmale wie z. B. der Besitz von Waschmaschinen, Telefon, Kühlschränken, Verwendung kosmetischer Mittel usw.
5. die Termine (Übereinstimmung mit Verkaufsmaßnahmen).

Lösung der 128. Aufgabe

Unter Streuung versteht man in der Werbung den Einsatz von Werbemitteln über die verschiedenen Werbeträger oder Media.

Lösung der 129. Aufgabe

Folgende Fragen sind zu stellen:

1. Welche Werbemittel können eingesetzt werden und welche Werbemittel geben die Gewähr gesicherter Verbreitung der Werbebotschaft?
2. In welchen Mengen können die einzelnen Werbemittel eingesetzt werden, um eine angemessene Streuung zu erreichen?
3. Wie, wo und wann erfolgt die Streuung?
4. Wieviele der Verbraucher (Verwender) werden mit den einzelnen Werbemitteln erfaßt?
5. Wie teuer ist die Streuung? Wie ist die Relation zwischen der Streuwirkung und den Streukosten beim einzelnen Werbemittel? Wie ist die Relation zwischen den Streukosten und den Erstaufträgen?

6. Soll nach dem Ergebnis der Einsatz des Werbemittels beibehalten oder ein wirksamerer Weg gesucht werden?

Lösung der 130. Aufgabe

Die Kontrolliste umfaßt folgende Fragestellungen:

1. Verspricht die Werbung einen einzigartigen Verbrauchernutzen.
   Gute Werbung verspricht immer einen einzigartigen Verbrauchernutzen. Dieser einzigartige Verbrauchernutzen, dargestellt in der überzeugendsten Verkaufsidee, muß ein tatsächliches Bedürfnis oder Wunschvorstellungen befriedigen und so dargestellt werden, daß der Eigennutzen des Verbrauchers angesprochen wird.

2. Bietet die Werbung eine überzeugende Begründung an.
   Gute Werbung überzeugt davon, daß das Produkt bzw. die Marke einen einzigartigen Verbrauchernutzen vermittelt, indem sie eine überzeugende Begründung anführt und wenn möglich, Beweismaterial dafür bietet.

3. Ist die Werbung einzigartig und konkurrenzfähig.
   Gute Werbung ist konkurrenzbezogen, sie überzeugt den Verbraucher, daß der versprochene Nutzen nur mit diesem Produkt optimal erzielt werden kann. Die Einzigartigkeit der Behauptung wird verstärkt durch eine starke Eigenständigkeit der Präsentation.

4. Stellt die Werbung das Produkt bzw. die Marke klar und profiliert heraus.
   Gute Werbung stellt das Produkt bzw. die Marke klar und profiliert heraus. Sie läßt den Verbraucher auf einen Blick wissen, wofür das Produkt gebraucht wird, und wie sein Name lautet.

5. Bezieht die Werbung den Verbraucher mit ein.
   Gute Werbung nimmt den Verbraucher gefangen. Sie präsentiert den Nutzen des Produktes bzw. der Marke und den Beweis dafür auf dramatische Art, auf eine Weise die Aufmerksamkeit erregt, die mitempfinden läßt, eine emotionale Antwort hervorruft, Wünsche weckt und zum Verkauf führt.

6. Ist die Werbung klar und unkompliziert.
   Gute Werbung ist klar und unkompliziert, sie ist leicht, schnell und vollständig zu verstehen, gleichgültig welche Werbemedien benutzt werden.

Lösung der 131. Aufgabe

Der erste Reisende löste seine Aufgabe so:

„Und hier sind unsere in der ganzen Welt berühmten Kekse. Eine phantastische Qualität. Ihre Kunden werden Ihren Laden stürmen, Sie müssen diese Kekse unbedingt haben. Wir machen eine Riesenwerbung für Sie. Das gibt eine enorme Nachfrage.

Deshalb kaufen Sie möglichst viel, es ist ja gar kein Risiko bei solcher Qualität und dieser Werbung. Außerdem: Wenn Sie zehn Kartons kaufen, erhalten Sie noch 15% Extrarabatt, bei 15 Kartons 20%, und wenn Sie dann noch Ihre übliche Spanne und Skonto zurechnen, verdienen Sie an dieser kleinen Menge DM 128,57. So leicht können Sie kaum jemals wieder Geld verdienen."

Ein redegewandter Mann. Er verkaufte erfolgreich. Nach zwei Monaten kam er wieder zu dem Kunden. Der sagte:

„Gut, daß Sie kommen. Sie haben doch eine Riesennachfrage versprochen. Kein Mensch hat nach Ihren Keksen gefragt. Die Kartons stehen noch alle am Lager."

Unser Freund viel aus allen Wolken:

„Das ist ja unvorstellbar, haben Sie denn nicht die großen Anzeigen gesehen? Doch heute habe ich was noch Interessanteres für Sie, unsere Zwiebacks — eine tolle Sache, sage ich Ihnen . . ."

Ja, wie es so ist, eine echte Verkaufskanone verkauft dem Kunden zu den Keksen am Lager auch noch Zwiebacks.

Der andere Reisende bot seine Kekse so an:

„Gefällt Ihnen die Aufmachung dieser Kekspackung? Gut, nicht wahr? Probieren Sie mal, wie einfach sie sich öffnen läßt! Bitte, überzeugen Sie sich vom Geschmack. Wissen Sie, der Keksverkauf hat nur einen Haken: Der Hausfrau fällt erst am Kaffeetisch ein, daß sie welche haben müßte. Man sollte sie vorher erinnern.

Daher ist es das beste, wenn Sie die Packungen hierher zum Kaffee stellen, ein paar weitere Packungen vorne an die Kasse, wo Zusatzimpulse geweckt werden. Und eine geöffnete Packung gleich daneben, damit Ihre Kundinnen sich sofort vom Geschmack überzeugen können.

Der Name dieser Kekse wird durch Werbung bekanntgemacht, aber Sie können sich ja denken, Kekse sind für die Hausfrau nicht so weltbewegend, daß ich Ihnen deshalb eine große Nachfrage versprechen kann. Aber wenn Sie die Packungen hier sichtbar zeigen, erinnern sich Ihre Kundinnen im Laden an die Werbung, und darauf kommt es doch an. Ich habe ein paar Packungen im Wagen, hier vorne wäre doch bestimmt der ideale Platz . . ."

Wird auch der zweite Reisende die Ware beim zweiten Mal antreffen? Unwahrscheinlich. Beide verkauften. Der erstgenannte vielleicht hier und da ein paar Kartons mehr, jedenfalls beim ersten Besuch. Der Unterschied aber liegt beim Ziel des Verkaufsgespräches:

Der erste wollte seine Kekse verkaufen, nichts weiter, also den Einzelhändler bevorraten, der zweite wollte dem Einzelhändler helfen, seine Kekse an die Hausfrauen zu verkaufen, darauf war sein Verkaufsgespräch abgestellt.

Lösung der 132. Aufgabe

Vor allem für solche Produkte wie Brot und Fleisch bietet sich aus produktionstechnischen Gründen eine regionale Gliederung der Verkaufsorganisation an.

Lösung der 133. Aufgabe

Eine Gliederung nach Kundengruppen empfiehlt sich z. B. für Verpackungsmaschinen wegen der doch erheblichen unterschiedlichen technischen Anforderungen der Kunden.

Lösung der 134. Aufgabe

1. Ist die Verkaufsförderungsmaßnahme defensiv, dient sie als Reaktion auf eine bestimmte Wettbewerbsmaßnahme, oder ist sie als ergänzende Maßnahme zur Werbung erforderlich, um die Marketing-Ziele zu erreichen, weil das Produkt keinen entsprechenden Wettbewerbsvorteil besitzt.
2. Soll sie hauptsächlich den Verbraucher zu einem ersten Versuch anreizen und somit eine Verteilung von Mustern ersetzen. Ist das Produkt dann auch in einigen Aspekten den Konkurrenzprodukten genügend überlegen, um die Verbraucher nach einem Versuch auch zu weiteren Verkäufen zu bewegen.
3. Oder soll die Verkaufsförderung hauptsächlich kurzfristige Verkaufserfolge hervorrufen und erst in zweiter Linie neue Kunden dazugewinnen.

Lösung der 135. Aufgabe

Um den Verkäufer von der Notwendigkeit der Schulung zu überzeugen, muß die Unternehmensleitung erst sein Selbstinteresse wecken und ihm verständlich machen, daß eine Weiterbildung dazu beiträgt, mehr zu verkaufen und mehr zu verdienen. Jede Aufforderung zu einem Kurs sollte der Verkäufer im voraus mit der Frage: was kann ich dabei gewinnen — beantworten. Dazu steht dem Verkaufsleiter eine Reihe wirkungsvoller Mittel zur Verfügung:

1. Ein ausgezeichneter Weg besteht darin, das Trainingsprogramm zum Programm des Verkäufers zu machen, indem man ihn dazu einlädt, am Aufbau mitzuwirken. Er wird es somit eher annehmen als wenn es ihm von der Unternehmensleitung aufgezwungen wird.
2. Der Verkäufer soll nicht nur Zuhörer sein, sondern aktiv mitwirken können. Er schätzt es, seine Gefühle und Gedanken auszudrücken und seine Persönlichkeit in den Vordergrund zu stellen. Dazu eignen sich beispielsweise Kurzreferate über erlebtes Verkaufen, Rollenspiele, Problemstellung, Vorführungen durch Vertreter, Dramatisieren besonderer Verkaufssituation, Gruppenarbeit, Panel, Brainstorming.
3. Allzu oft stößt man auf passiven Widerstand, weil sich der Verkäufer in der Art und Weise wie er zum Kurs eingeladen wird, zurückgesetzt und beleidigt fühlt. Eine „Einberufung“ wie: da in letzter Zeit sehr schlecht verkauft wurde, werden sie aufgefordert, sich am nächsten Montag bei uns zu einer 3tägigen verkaufspsychologischen Schulung einzufinden. Dies ist obligatorisch — wird sicher alles andere als Begeisterung hervorrufen. Bei vielen Verkäufern, besonders bei den älteren, hinterläßt der Zwang, wieder in die Schule gehen zu müssen, einen bitteren Nachgeschmack. Ausdrücke wie „Schulung“ und „Kurs“ sind deshalb im Einladungsschreiben und im Programm möglichst zu vermeiden. Warum kann ein Schulungskurs nicht Gemeinschaftstagung, Vertreteraussprache oder nationale Verkaufskonferenz heißen? Und der kühle Ausdruck „Verkaufstheorie“ könnte bedeutend netter ausgedrückt werden, beispielsweise „neue erprobte Wege, mehr Kunden zu finden“, endlich eine praktische Methode, rascher Verkaufswiderstände herauszufinden und zu widerlegen oder mehr Kundenbesuche durch eine vereinfachte Vorführung.

   Wenn es auf diese Weise gelingt, die Neugierde des Verkäufers zu wecken, so wird er auch positiv gestimmt zur Tagung erscheinen. Die Neugierde ist eine der stärksten, der im Verkäufer verankerten Motivationskräfte, unabhängig davon wie alt er ist oder wie viele Dienstjahre er hat.

4. Der richtige Zeitpunkt für eine Tagung ist oft schwer zu finden, es ist vorteilhaft, jährliche oder periodische Zusammenkünfte langfristig vorauszubestimmen, so daß sich jeder rechtzeitig darauf einstellen kann. Günstige Zeitpunkte sind der Jahresbeginn — in Verbindung mit der Zielsetzung fürs ganze Jahr — nach den Sommerferien — um sofort wieder in Schwung zu kommen — wie bei der Einführung eines neuen Artikels — und in Verbindung mit einem Wettbewerb.

Lösung der 136. Aufgabe

1. Hersteller — Verbraucher
2. Hersteller — Einzelhändler — Verbraucher
3. Hersteller — Großhändler — Einzelhändler — Verbraucher
4. Hersteller — Vertreter, Kommissionär — Großhändler — Einzelhändler — Verbraucher bzw.
   Hersteller — Vertreter, Kommissionär — Einzelhändler — Verbraucher.

Dabei ist die Trennung zwischen Groß- und Einzelhandel mehr im funktionalen Sinn zu verstehen. Zwischen diesen beiden kann jederzeit ein mehr oder weniger starker wirtschaftlicher oder juristischer Zusammenhang bestehen. Beispiele für einen loseren Zusammenhang sind Einkaufsgenossenschaften oder freiwillige Ketten, wie sie vor allem im Lebensmittelhandel zu finden sind. Eine sehr enge Verbindung besteht dagegen bei Filialbetrieben und Warenhäusern. Als Sonderform ist außerdem das mehr und mehr an Bedeutung gewinnende Versandhaus zu nennen, das ebenfalls eine Verschmelzung beider Funktionen darstellt.

In der Vertriebsliteratur wird die erste Form als direkter und die restlichen drei als indirekter Vertrieb bezeichnet. Alle zusammen ergeben dann das folgende Schaubild:

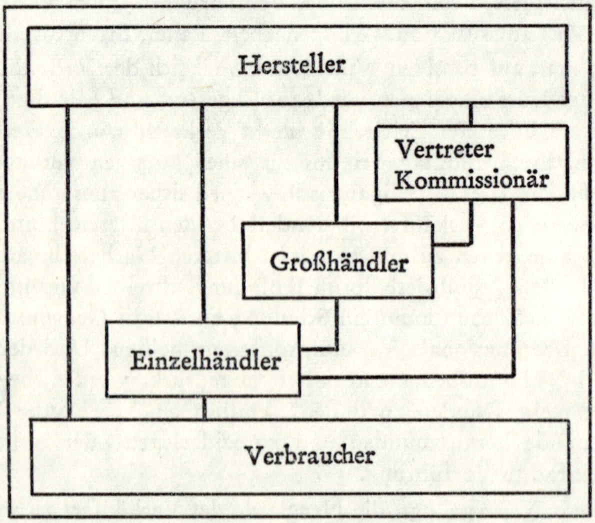

Abb. 35: Direkter und indirekter Vertrieb

Lösung der 137. Aufgabe

1. Welche Absatzwege gibt es für das Produkt und für die Produktgruppe? Welche Bedeutung haben sie gegenwärtig und möglicherweise in der Zukunft?
2. Welche Veränderungen in der Absatzstruktur sind eingetreten und warum?
3. Welche Veränderungen in der Absatzstruktur sind für die Durchsetzung der eigenen Marketing-Konzeption von Bedeutung und welche Marketing-Maßnahmen werden von den Trägern der Absatzwege selbst ergriffen?
4. Welche direkten und indirekten Vertriebskosten entstehen bei der Benutzung des untersuchten Absatzweges und welche Erlöse können erzielt werden?
5. Wie wird eine Zusammenarbeit mit bestimmten Absatzstufen die Unternehmenspolitik jetzt und in der Zukunft beeinflussen?

Lösung der 138. Aufgabe

Ein Beispiel für ein Vertragshändlersystem ist der Vertrieb der 4711-Produkte. Ein Beispiel für die Produzentenbindung ist die Zusammenarbeit der Firma Körting (Radios, Fernsehen usw.) mit dem Versandhaus Neckermann.

Lösung der 139. Aufgabe

1. Die Produkte:
   Je nachdem ob es sich um problemlose, wie z. B. Salz, Waschmittel, Socken oder um problemvolle, wie z. B. Tiefkühlkost, Parfüm, Modekleidung handelt, wird als Betriebsform entweder mehr die vierte oder der zweite typische Absatzweg zu wählen sein.
2. Die Marktentwicklung:
   Je nachdem ob es sich um erklärungsbedürftige Produkte handelt, z. B. Teilkühlkost, deren Markt noch im Aufbau begriffen ist, oder um bekannte Produkte, wie z. B. Margarine, deren Markt seit Jahren konsolidiert ist, wird als Vertriebsform entweder mehr der zweite oder der vierte typische Absatzweg in Betracht kommen.
3. Haltbarkeit:
   Je nachdem ob es sich um Stapelware, wie z. B. Waschmittel oder um empfindliche Produkte, wie z. B. Tiefkühlkost, handelt, ist der vierte oder mehr der zweite Absatzweg zu wählen, wenn z. B. im Handel die technischen Voraussetzungen (Tiefkühlkost) nicht gegeben sind.
4. Marktgeltung:
   Je nachdem ob der Absatzweg gesichert ist, wie z. B. bei Rama oder ob ein neues Produkt erst seinen Absatz erkämpfen muß, ist entweder mehr der vierte oder der zweite typische Absatzweg zu wählen.
5. Distribution:
   Je nachdem ob das Produkt lückenlos national oder schwerpunktartig regional verkauft werden soll, kommt mehr der vierte oder der zweite Absatzweg in Frage.

6. Handelsstruktur:
   Je nachdem ob der Handel straff organisiert, wie z. B. der Lebensmittelhandel oder nur sehr lose verbunden ist, wie z. B. der Textilhandel, kommt entweder mehr der vierte oder der zweite typische Absatzweg in Frage.

Lösung der 140. Aufgabe

Folgende Gründe gewährleisten die Sicherheit eines Absatzmarktes:

1. ein beherrschender Marktanteil
2. ein bei den Verbrauchern ausgeprägtes Image für die Marke
3. eine starke und kontinuierliche Verbraucherwerbung
4. eine schwierige und komplizierte Produktion
5. eine Beherrschung der Rohstoffmärkte
6. eine Produktion mit hohem Fixkostenanteil
7. eine vertikale Konzentrationsform
8. eine Angliederung der nachgelagerten Handelsstufen

4. Das Marketing-Mix

4.0. Der Weg von der Funktionalbetrachtung zur Gesamtschau

An die Betrachtung der organisatorischen und personellen Marketing-Probleme schließt sich die individuelle Analyse der Marketing-Funktionen an. Nun sollen die einzelnen Marketing-Funktionen schrittweise zu größeren Einheiten und schließlich zur Gesamtschau zusammengefügt werden.

Um dieses Zusammenfügen möglichst anschaulich und trotz der Unzahl von Einzelüberlegungen noch überschaubar zu gestalten, sollen hier die notwendigen Marketing-Aktionen bei der Einführung eines neuen Produktes mit Hilfe eines Netzplanes schrittweise planend dargestellt werden. Um die Ausführungen möglichst umfassend und wirklichkeitsnah zu gestalten, werden auch allgemeine volkswirtschaftliche und betriebswirtschaftliche Fragen, steuerliche und rechtliche Überlegungen, sowie speziell industriebetriebswirtschaftliche Probleme angesprochen.

4.0.0 Die Netzplantechnik im Marketing

4.0.0.0 Die Vorteile der Netzplantechnik

Weiter oben wurden die technischen Einzelheiten der Netzplantechnik schon weitgehend erläutert.

141. Aufgabe: *Was bedeutet PERT oder CPM?*

Es genügt hier also, die Vorteile der NPT zu schildern:

1. Durch die Anwendung der NPT wird man von vornherein zum exakten und zugleich logischen Durchdenken des gesamten Arbeitsablaufes gezwungen.
2. Sämtliche Teilarbeiten werden bewußt im Rahmen des Gesamtablaufes erkannt und können leicht übersichtlich in graphischer Form mit allen funktionellen Zusammenhängen und Abhängigkeiten dargestellt werden.
3. Netzpläne erleichtern es, Änderungen vorzunehmen, wie sie im Verlauf des Arbeitsprogrammes notwendig werden.
4. Das Verständnis zwischen planenden und ausführenden Stellen, zwischen allen Beteiligten im Sinne einer besseren Koordination, wird durch die gemeinsame Aufstellung,

Überwachung und eingehende Diskussion eines Netzplanes gefördert. Die NPT bildet also die Grundlage für eine zugleich produktive und angenehme Zusammenarbeit.

5. Durch die Anwendung der NPT lassen sich meist wesentliche Kosten- und Zeiteinsparungen erreichen und die notwendigen Arbeitskräfte und Hilfsmittel hinsichtlich Quantität und Qualität rechtzeitig disponieren.
6. Durch die Berechnung des kritischen Weges für den gesamten Arbeitsablauf und die Ermittlung der Zeitreserven kann die Wichtigkeit der zu überwachenden Tätigkeit abgestuft werden. Die Engpässe in der Auftragsabwicklung lassen sich rechtzeitig erkennen und durch entsprechende Maßnahmen ausschalten. Die NPT hat sich als ausgedehntes Planungs- und Kontrollhilfsmittel in bezug auf Struktur, Zeit, Kosten, Hilfsmittel und Kapazitäten entwickelt. Durch die gleichzeitige Fortschrittskontrolle und die ständige Auswertung während der Arbeitsausführung wird der Netzplan zu einem vorzüglichen Führungsmittel bei der rationellen und wirtschaftlichen Abwicklung des Projektes.

Als Nachteile der NPT müssen aber der hohe Arbeitsaufwand und der teilweise erforderliche Einsatz von Elektronenrechnern erwähnt werden.

4.0.0.1 Die Phasen der Netzplantechnik

Die NPT kann grob in folgende Phasen unterteilt werden:

a) Strukturanalyse,
b) Zeitanalyse,
c) Kostenanalyse.

Die *Strukturanalyse* bildet den bedeutendsten Teil der NPT. Sie läßt sich wie folgt gliedern:

a) Bestimmungen der zu erledigenden Aufgaben,
b) Festlegen der Zusammenhänge der Aufgaben,
c) Aufbau des Netzplanes.

Die *Zeitanalyse* kann erst vorgenommen werden, wenn die Strukturanalyse abgeschlossen ist. Grob gliedert sie sich wie folgt:

a) Bestimmen der Zeiten für die verschiedenen Aufgaben,
b) Auswerten des kritischen Durchlaufes und der Zeitreserven,
c) Aufstellen des Terminplanes und der Arbeitsdisposition sowie eines Projektkalenders.

Die Berechnungen können entweder von Hand oder mittels eines Computers durchgeführt werden. Dabei hängt es vom Einzelfall ab, welche Auswertungsart man wählen will. Die Ergebnisse können direkt auf dem Netzplan, auf einer Matrix oder auf einer Tabelle festgehalten werden. Als Fortsetzung der Sturkturanalyse und der Zeitanalyse bildet das Verfolgen und Nachführen des Netzplanes bis zum Erreichen des Zieles eine der wichtigsten Aufgaben.

Die *Kostenanalyse* ist eine Weiterentwicklung der Zeitanalyse. Wie der Name sagt, können dabei die Kosten des Projektes in den verschiedensten Varianten ausgewertet werden.

Im weiteren ist aber auch der Einsatz von Hilfsmitteln, Arbeitskräften und Kapazitäten genau zu berechnen. Im Rahmen unserer Ausführungen soll jedoch eine Kostenanalyse unterbleiben.

4.0.1 Die Struktur- und Zeitanalyse eines Netzplanes nach der CPM-Methode

Beispielhafte Darstellung anhand der Entwicklung und Einführung eines neuen Nahrungsmittelproduktes

4.0.1.0 Das Auffinden der Produktidee

Ausgangspunkt für die im folgenden geschilderten Überlegungen eines ausländischen Nahrungsmittelherstellers war die Absicht, seine Produkte erstmalig in Deutschland anzubieten. Obwohl dieser Hersteller mit seinem Verkaufsprogramm in 128 Ländern der Erde vertreten ist und sein Anteil auf dem eigenen Markt mehr als 40% beträgt, hatte er bisher davon Abstand genommen, den westdeutschen Markt zu bearbeiten, weil die Konkurrenzverhältnisse als besonders schwierig bekannt waren und weil man es einfach nicht nötig hatte, sich „Sorgen zu kaufen".

Diese Einstellung änderte sich jedoch vor ungefähr einigen Jahren (1965), als man bei dem wachsenden Urlauberstrom eine Vorliebe der deutschen Touristen für eine bestimmte Produktgruppe feststellte.

Die bisherige Fragestellung: „Warum sollen wir in Deutschland verkaufen?" ändert sich nun in: „Warum sollen wir es eigentlich nicht?"

Damit wurde der wichtigste Schritt getan, man hat sich für eine Produkt-Idee entschieden:

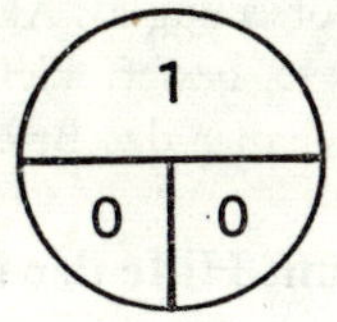

Abb. 36

Welcher Schritt schließt sich nun logischerweise an?

4.0.1.1 Das Briefing an die Marktforschung

Es gilt nun, die Produkt-Idee durch die Marktforschung auf ihre Realisierbarkeit hin zu überprüfen. Doch auch hier geht man schrittweise vor.

Die erste Maßnahme der Marketing-Arbeit besteht darin, daß entweder die eigene Marktforschungsabteilung oder — wie es wohl häufiger der Fall ist — ein Marktforschungsinstitut beauftragt wird, eine erste *Marktorientierung* durchzuführen. Man schreibt also ein sogenanntes Briefing für die Marktforschung:

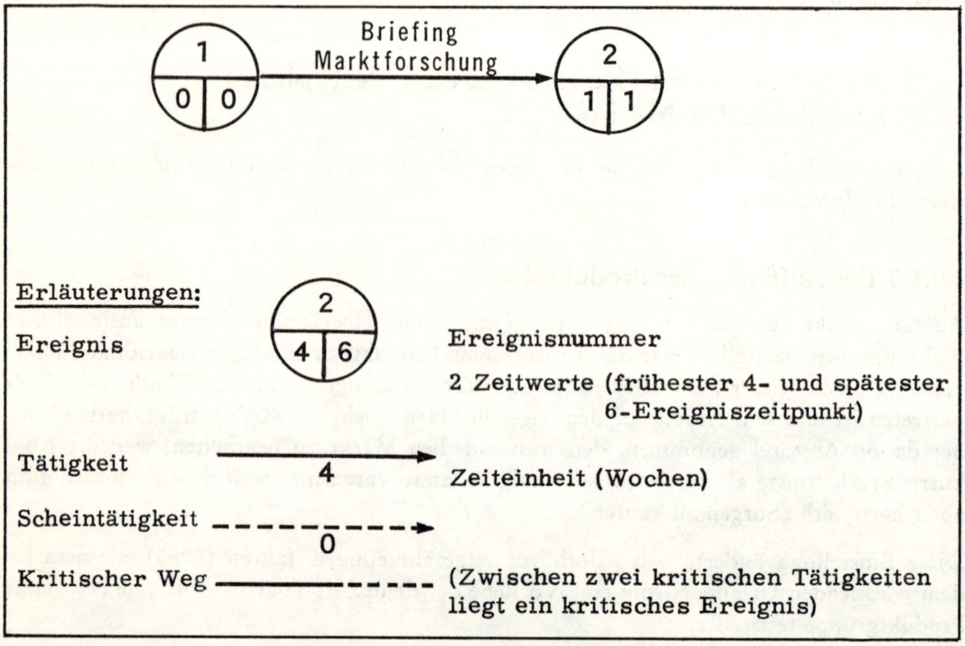

Abb. 37: Marktforschung-Briefing

Die Erläuterungen besagen, daß man für die Erstellung dieses Marktforschungsbriefing eine Woche benötigt. In dem Briefing wird zunächst der Hintergrund des eigenen Produktes beschrieben sowie die Absichten mit dem Produkt speziell auf dem deutschen Markt. Das Briefing dient der Marktforschung als Arbeitsunterlage. Daraus folgt zwangsläufig, daß die Marktforschung um so besser, zielsicherer und damit kostengünstiger arbeiten kann, je ausführlicher und genauer das Briefing ausfällt.

4.0.1.2 Die „Marktorientierung" mit Hilfe der Marktforschung

Die Marktforschung weiß nun, in welcher Richtung sie arbeiten muß. Sie beginnt damit, die Größe und die Merkmale des speziellen Marktes zu untersuchen, für den das neue Produkt vorgesehen ist. Eine Analyse der Marktgröße, eine Schätzung der Nachfrage nach dem neuen Produkt, die Bestimmung der Merkmale des Marktes, eine Ermittlung des Trends der Marktgrößen — damit beginnt die erste Phase der quantitativen Marktforschung vor der Marktberührung des neuen Produktes.

142. Aufgabe: *Zu welchem Zeitpunkt beginnt die Marktberührung des neuen Produktes?*

Meistens läßt sich mit Sekundärmaterial schon eine erste Information gewinnen.

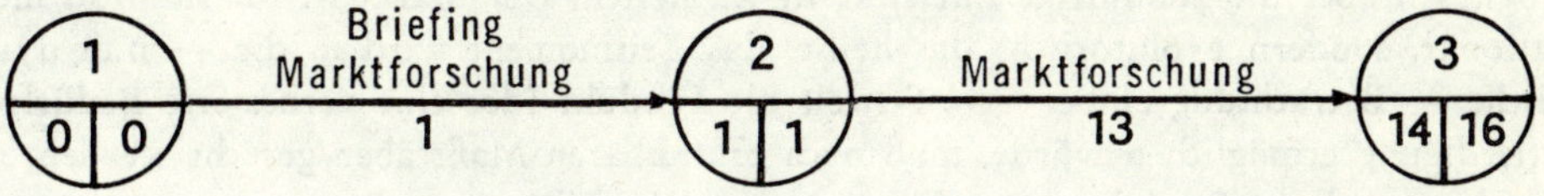

Abb. 38

143. Aufgabe: *Welche quantitativen Fragekomplexe, die auf Seite 148 unter der Basic Marketing Research genannt wurden, lassen sich wohl mit Hilfe von Sekundärmaterial weitgehend beantworten?*

Es könnte nun das Netzplanwerk mit vielen Details zeichnerisch dargestellt werden. Aus Gründen der Übersicht und aus Gründen der Anwendbarkeit auf unterschiedliche Branchen und Firmen soll eine konzentrierte Form der Darstellung gewählt werden.

Geben die ersten Informationen der Schreibtischforschung positive Anhaltspunkte für die Realisierbarkeit der Produkt-Idee, so ist der Zeitpunkt für die Durchführung von Primärerhebungen gekommen.

Die Formen der Primärerhebung sind vielfältig. Auf die Methoden soll jetzt nicht eingegangen werden. Es empfiehlt sich, an dieser Stelle eine eingehende Wiederholung der entsprechenden Ausführungen weiter oben.

144. Aufgabe: *Welche quantitativen Fragekomplexe, die auf Seite 148 unter der Basic Marketing Research genannt wurden, lassen sich mit Hilfe von Primärmaterial beantworten?*

Das Unternehmen hat zunächst eine Größenvorstellung von dem neuen Markt und seiner Entwicklung gewonnen. Es hat einen Einblick in die Umsatzgrößen komplementärer und substitutiver Güter erhalten und kann so zunächst grob die Stellung des geplanten Produktes zu verwandten Formen der Bedürfnisbefriedigung abschätzen. Ferner läßt sich jetzt erkennen, mit welchen anderen volkswirtschaftlichen Größen das Volumen dieses Marktes korreliert und wie sich diese verändern (Kaufkraft, Bevölkerungswachstum, Einkommens- und Vermögensverteilung usw.).

Weiter ist ermittelt worden, bei wem jene Bedürfnisse bestehen. Die Verbraucher werden nach sozialen und regionalen Gesichtspunkten, nach Alter, Geschlecht und Familienstand gegliedert. Man weiß, wer die untersuchten Güter verbraucht bzw. wer sie erwirbt.

In diesem Stadium beschränkt sich die Marktforschung auf die quantitative Erfassung offener Bedürfnisse. Sie ist insoweit konstatierend. Sie muß daneben aber auch versuchen, Prognosen über die zukünftige Entwicklung zu stellen. Der Markt ist für sie nicht mehr stationär, sondern evolutorisch; das heißt, das Zeitmoment wird in die — nun dynamische — Betrachtung einbezogen. Soweit die Produkt-Idee eine verbesserte Bedürfnisbefriedigung ermöglichen würde, muß nach brauchbaren Maßstäben gesucht werden, um die Chancen dieses Produktes zu erfassen und zu beurteilen.

In jener Phase der Marktforschung, die der Marktberührung des eigenen Produktes vorangeht, wurde nun die quantitative Bedürfnisuntersuchung abgeschlossen.

Bisher wurden erste Vorstellungen von den Bedürfnissen nach dem neuen Produkt gewonnen durch die Analyse, welche Produkte von wem in welchem Umfang gekauft werden. Jetzt dringt die Marktforschung einen Schritt weiter vor und fragt nach den Motiven für diese Käufe. Warum handelt der Käufer so? Die Marktforschung wird nun qualitativ, sie kommt auf diese Weise an die latenten Bedürfnisse heran, die um den Kauf bzw. die Ablehnung eines Produktes herumgelagert sind.

145. Aufgabe: *Welche qualitativen Fragenkomplexe, die unter Basic Marketing Research genannt wurden, lassen sich mit Hilfe der Motivforschung beantworten?*

Die von der Marktforschung gesammelten Informationen werden nun nach den Bereichen Produkt, Verbraucher und Markt gruppiert. Als eine mögliche Gruppierung für den Markt ist die Form der Konkurrenzanalyse denkbar, da gerade der Wettbewerbsaspekt zunehmend Bedeutung gewinnt.

Nach der Gruppierung des vorhandenen Materials beginnt der wichtigere und schwierigere Teil der Marktforschungsarbeit: die Analyse. Sie muß so durchgeführt werden, daß die Unternehmensleitung auf folgende Fragen eine Antwort erhalten kann:

1. Welche Stellung im Gesamtfeld der betreffenden Produktgruppe soll das Produkt einnehmen?

2. Wie groß ist rein quantitativ der potentielle Markt
   a) nach Art und Zahl der Verwender,
   b) nach Absätzen und Umsätzen

   jetzt und mutmaßlich in der Zukunft?

Wenn diese Fragen in befriedigender Weise beantwortet werden können, dann ist die Phase der Basic Marketing Research abgeschlossen. Dafür wurden im Netzwerkplan 13 Wochen angesetzt. Dies zeigt, daß hier viele Arbeiten Hand in Hand gehen müssen, wenn keine Terminüberschreitungen eintreten sollen. In der Praxis wird es innerhalb der Marktforschungsabteilung oder des -instituts erforderlich sein, einen detaillierten Netzplan aufzustellen.

Die *Marktorientierung* mit Hilfe der einzelnen Untersuchungen und die „Konkretisierung der Produkt-Idee" mit Hilfe der anschließenden Analyse sollen in diesem Beispiel zu folgendem Ergebnis führen:

> Das deutsche Konkurrenzangebot ist außerordentlich vielgestaltig. Die Qualität der Wettbewerbsprodukte ist gut. Die Preise sind wegen des harten Konkurrenzkampfes knapp kalkuliert. Hierzu kommt eine enge Bindung vieler Händler an die jeweiligen Hersteller, so daß bei einer Neueinführung mit Unterstützung von dieser Seite kaum zu rechnen ist, es sei denn, der Neuhinzukommende hätte etwas zu bieten, was die deutsche Konkurrenz nicht zu bieten hat.
>
> Zu allem Überfluß war der Großteil der Verbraucher preis- und markenbewußt. Diese produkttreuen Konsumenten scheiden also auf kurze Sicht als potentielle Kunden für das eigene Angebot aus.

Es wäre verständlich gewesen, wenn man an diesem Punkt wegen der aufgezeigten Schwierigkeiten davon Abstand genommen hätte, den deutschen Markt zu erschließen. Der Auftrag lautet jedoch, eine „Marketing-Konzeption" zu entwickeln, die bei kalkuliertem Risiko die größte Wahrscheinlichkeit aufweist, das von der Unternehmensleitung gesetzte Ziel zu erreichen. Dieses Ziel lautet: Nach Ablauf von drei — höchstens fünf — Jahren sollte das neue Absatzgebiet Gewinn abwerfen.

4.0.1.3 Wie sieht nun der nächste Schritt in dem Netzplanwerk aus?

Die Aufstellung der „Marketing-Konzeption" für das neue Produkt.
Hierfür wird ein Zeitraum von 3 Wochen (wenigstens 2 Wochen) veranschlagt.

Abb. 39: Vom Marktforschung-Briefing bis zur Konzeption

146. Aufgabe: *Welche Einzelheiten enthält die Marketing-Konzeption?*

Die Marketing-Konzeption enthält also in relativ groben Umrissen die notwendigen Voraussetzungen und die erforderlichen Maßnahmen zusammen mit den Kosten zur Erreichung des gesetzten Zieles. In diesem Falle hat die Marketing-Konzeption mit folgenden Daten zu rechnen:

1. starkes Konkurrenzangebot,
2. wenig Unterstützung durch den Handel,
3. sehr geringer Bekanntheitsgrad bei Verbraucher und Handel.

Wenn man von diesen Daten ausgeht, erscheint folgende Marketing-Konzeption angemessen:

I. Teil

1. Produkt

Die Qualität muß der Konkurrenz überlegen sein. Die Verpackung muß bei kleinen Verpackungseinheiten folgende Vorteile bieten:

für den Großhandel:

eine hohe Umschlagshäufigkeit durch geringe Kapitalbindung, Handlichkeit, kein Verpackungsrücklauf;

für den Einzelhandel:

eine hohe Umschlagshäufigkeit durch geringe Kapitalbindung, SB-gerechte Darbietung, regalgerechte Kartons, kein Verpackungsrücklauf;

für den Verbraucher:

Anreiz zum Impulskauf durch entsprechende Aufmachung, aufgedrucktes Verkaufsgespräch, kleine Verkaufseinheiten, kein Verpackungsrücklauf.

2. Preis

für den Groß- und Einzelhandel:

der Preis muß eine gute prozentuale und absolute Spanne gewährleisten;

für den Verbraucher:

der Preis muß ein gewisses Prestigebedürfnis befriedigen können.

3. Werbung

für den Großhandel:

es ist eine Unterstützung der Abverkaufswerbung an den Einzelhandel nötig;

für den Einzelhandel:

es müssen funktions- und werbegerechte Displaystücke eingesetzt werden;

für den Verbraucher:

es ist eine gezielte Werbeansprache erforderlich.

4. Vertrieb

für den Großhandel:

es muß eine besondere regelmäßig Bearbeitung durch eigene Großhandelsreisende durchgeführt werden;

für den Einzelhandel:

es ist eine aktive Verkaufsförderung durch eigene Reisende notwendig.

II. Teil

1. Programm zur Produktentwicklung mit Kosten.
2. Programm zur Erstellung der Werbung mit Kosten.
3. Programm zur Durchführung der Produktion mit Kosten.

4.0.1.4 Entscheidung für die Marketing-Konzeption durch die Unternehmensleitung

Es ist einleuchtend, daß eine Marketing-Konzeption, die der Unternehmensleitung zur Entscheidung vorgelegt wird, sehr ausgefeilt sein muß. Ist sie zu lang, wird die teure Zeit der Unternehmensleitung übermäßig beansprucht. Ist sie zu knapp gehalten, kann sich die Unternehmensleitung kein Bild machen; die Folge ist meistens entweder eine Ablehnung des Projektes oder die Anordnung, eine verbesserte Konzeption neu vorzulegen.

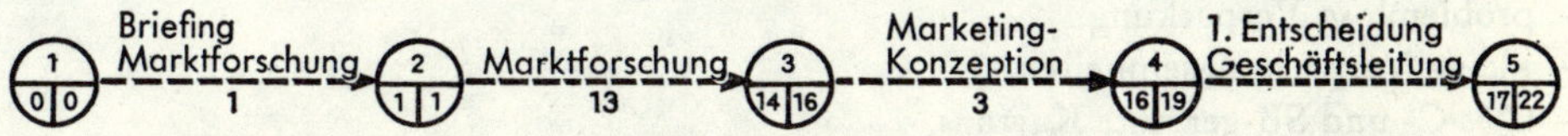

Abb. 40: Vom Marktforschung-Briefing bis zur Unternehmensentscheidung

Da sich die Unternehmensleitung im Ausland befindet, ist der Spielraum für eine Entscheidung relativ groß: er liegt zwischen einer und 3 Wochen.

4.0.2 Die Phase der Briefingarbeit im Rahmen der Netzwerkplanung

Es wird unterstellt, daß die Marketing-Konzeption von der Unternehmensleitung genehmigt worden ist und daß für alle mit der Einführung zusammenhängenden Kosten ein Budget in bestimmter Höhe bereitgestellt worden ist.

Es gilt nun zu untersuchen, welcher Marktanteil bzw. welche Absatzmenge mit diesem Budget erreicht werden kann. Die Antwort hängt nicht zuletzt von der Höhe des Preises ab, zu dem das neue Produkt angeboten werden soll. Für jeden alternativ angenommenen Preis ergibt sich eine andere Absatzprognose. Diesen Absatzprognosen werden grob kalkulierte Kosten gegenübergestellt, und daraus läßt sich vorläufig abschätzen, welche Absatzmenge wohl den größten Gewinn bei einem gegebenen Budget verspricht.

In diesem Fall ergibt nun die Gewinnschätzung einen Preis, der mit deutlichem Abstand über dem Preisniveau des einheimischen Konkurrenzangebotes liegen muß. Dieser relativ hohe Preis bestimmt automatisch die Verbraucherzielgruppe.

147. Aufgabe: *Welche Verbraucherzielgruppe sollte anvisiert werden?*

Aus der Bestimmung der Verbraucherzielgruppe folgt, daß nun nicht mehr die Preisüberlegungen des Verbrauchers an erster Stelle stehen, sondern die Anforderungen an Produktqualität und Verpackung.

Der Vorteil dieser Marketing-Konzeption — sofern sie stimmt — liegt auf der Hand. Der Preis gestattet die Entwicklung und Verwendung einer problemlosen Wegwerfpackung, die nicht nur dem Verbraucher, sondern auch dem Handel sehr gelegen sein wird, weil die deutsche Konkurrenz etwas Vergleichbares nicht anzubieten hat. Außerdem kann dem Handel wegen des höheren Preises eine bessere prozentuale und absolute Verdienstspanne angeboten werden, was der deutschen Konkurrenz infolge des harten Preiskampfes nicht möglich ist.

Die weiter oben dargelegte Marketing-Konzeption läßt sich noch einmal wie folgt anführen:

— besonders gute Produktqualität,
— Prestige — Image,
— relativ hoher Preis,
— problemlose Verpackung,
— kleine Verpackungseinheiten,
— C & C- und SB-gerechte Kartons,
— Direktwerbung bei der Zielgruppe,
— Verkaufsförderung am Verkaufsort,
— Großhandelswerbeunterstützung bezogen auf den Einzelhandel,
— gute Handelsspanne,
— Auswahl guter Großhändler und Bearbeitung durch spezielle Großhandelsreisende,
— Bearbeitung des Einzelhandels mit eigenen Reisenden.

Die Marketing-Konzeption war geboren, sie war von der Unternehmensleitung angenommen worden — aber war sie auch richtig?

Was ist nun zu tun?

4.0.2.0 Die Fortführung der Arbeit in vier Richtungen

Während in dem Netzwerkplan die Aufgabe bisher auf einer Linie nach und nach weitergeführt wurden, muß nun in vier Richtungen gleichzeitig weitergearbeitet werden. Aus der Marketing-Konzeption lassen sie sich eigentlich ableiten. Bei den Überlegungen zur Preisgestaltung wurden gewisse grobe Annahmen über die Absatz-Kosten-Relation gemacht. Woher kamen die notwendigen Unterlagen? Nun, sie beruhten auf drei Voraussetzungen:

1. der Kenntnis der Kostenstruktur in den verschiedenen Ländern,
2. den Marktforschungsergebnissen verwandter Kosten in Deutschland,
3. der Entscheidung für den deutschen Markt, ein eigenes Unternehmen mit Geschäftsleitung, Produktion, Administration, Marketing und Vertrieb aufzubauen.

Es ergeben sich hier natürlich eminent schwierige Fragen. Wo soll der Unternehmenssitz sein, wie soll die Produktion aussehen, welche Organisation der Unternehmensbereiche ist vorgesehen, wie bekommt man qualifizierte Mitarbeiter für alle Bereiche? usw.

Für den Marketing- und Verkaufsbereich soll hier unterstellt werden, daß der Marketing-Leiter und seine beiden Untergebenen, der Produkt-Manager und der Verkaufsleiter, bereits eingestellt und ausgebildet worden sind. Die ganze bisherige Arbeit wurde ja schon im wesentlichen durch den Produkt-Manager durchgeführt.

Damit bleiben als unmittelbare Aufgaben:

1. die Entwicklung des Produktes,
2. die Entwicklung der Werbekonzeption,
3. die Entwicklung der Verkaufskonzeption.

4.0.2.1 Das Briefing an die Entwicklungsabteilung

Aus den Daten der Marketing-Konzeption ergeben sich:
eine besonders gute Produktqualität,
eine problemlose Verpackung mit kleinen Einheiten,
C & C- und SB-gerechte Kartons,
alles unter Beachtung des angestrebten Prestige-Images,
als Aufgabe für die Produktentwicklung.

Diese Aufgaben und die Einzelheiten der gesetzlichen Bestimmungen in der Bundesrepublik über Qualität, Kennzeichnungspflicht, Sonderbezeichnungen der Wegwerfpackungen usw. teilt man der Entwicklungsabteilung im Ursprungsland mit, denn nur dort unterhält man eine eigene Entwicklungsabteilung. Für das Briefing an die Entwicklungsabteilung gilt der Grundsatz, der bereits für die Erstellung der Marketing-Konzeption genannt wurde: Je ausführlicher, desto besser. Es soll das heimische Produkt in Deutschland verkauft werden, gewiß. Aber wenn es erfolgreich sein soll, muß es den deutschen Marktgegebenheiten möglichst vollkommen angepaßt sein. Für die Entwicklung von testreifen Produkten und die technische Seite der Verpackung setzt man der Entwicklungsabteilung eine Frist von 8 Wochen.

4.0.2.2 Das Briefing an die Werbeagentur

Es ist in der Zwischenzeit gelungen, eine Werbeagentur zu finden, mit der man bei der Erstellung einer Werbekampagne zusammenarbeiten will. Auch der Werbeagentur müssen natürlich die bisher gemachten Überlegungen schriftlich mitgeteilt werden.

148. Aufgabe: *Wie bezeichnet man diese Mitteilungen?*

Wieviel Geld wird dadurch verschwendet, daß Unternehmen und Agentur sich gegenseitig nicht ausreichend informieren! Wegen der Wichtigkeit solcher Information sollen die entsprechenden Ausführungen hier noch einmal wiederholt werden.

Die Grundlage und den Ansatzpunkt bei der Erstellung einer Werbekampagne bildet die „Marketing-Strategie für das Produkt“. In ihr werden alle wichtigen Einzelheiten, die das Produkt betreffen, niedergelegt. Die Marketing-Strategie für das Produkt bzw. die

Marke zu erstellen, ist Aufgabe des Unternehmens; dabei ist wiederum eine Zusammenarbeit mit der Agentur erwünscht. Dieses Dokument sollte eine klare Definition des Marketinghintergrundes und der Marketingziele enthalten und die Strategie festlegen, mit der die Ziele erreicht werden.

In der Marketing-Strategie soll im einzelnen beschrieben werden:

a) Der Gesamtmarkt
Anzahl der Verbraucher, demographische Verbraucherstruktur, Umsatzbedeutung der einzelnen Gebiete, Distribution, Marken bzw. Produkte der Konkurrenz.

b) Der Verbraucher
Alter, soziale und Einkommensklasse, Bildungsstand, gegenwärtige Gewohnheiten und Produktverwendung, Einstellung zu den verwendeten Produkten.

c) Die eigene Marke
Produktansatz, Produkteigenschaften, beabsichtigter Hauptverwendungszweck, Verpackung im Vergleich zur Konkurrenz, Preis im Vergleich zur Konkurrenz, jegliche Überlegenheit gegenüber Konkurrenzprodukten, gegenwärtige Marktlage und Markttendenzen.

d) Die Konkurrenz
Marken und ihre Marktanteile; kurze Analyse der Werbung, welche die angebotenen Hauptnutzen, die Werbethemen, die eingesetzten Werbeträger und die Werbeausgaben der einzelnen Konkurrenzmarken zusammenfassend darstellt.

e) Das Marketingziel
Kurzfristig und langfristig; der angestrebte Marktanteil; die Zeit, in der er erreicht werden soll; Definition der potentiellen Verbrauchergruppen; Verkaufspolitik und Verkaufsziele; die notwendigen Aufwendungen; die erwarteten Umsätze und Gewinne; der geplante Werbeetat — klassische Werbung und direkte Verbraucherwerbung.

Die oben angeführten Einzelfragen der Marketing-Strategie werden zahlenmäßig untermauert durch die Anwendung folgender Forschungsmethoden:

a) Forschungsmethoden für den Markt
Shop audits verschiedener Art, z. B. Nielsen; Bestandsaufnahmen in ausgewählten Selbstbedienungsläden; feste Verbraucherpanels, die Einkäufe in Tagebüchern notieren oder Packungen zur Kontrolle aufbewahren (z. B. Attwood); ständige oder regelmäßig wiederkehrende Marktumfragen mit Fragebogen (flexible Dauerbefragung — Marktbewegungsindex); Gewohnheits-, Verwendungs- und Verhaltensfragen; alle anderen einschlägigen Daten einschließlich offizieller Statistiken (z. B. Industrie- und Verbraucherstatistiken, Einzelhandelszählungen, Bevölkerungszählung).

b) Forschungsmethoden für den Verbraucher
Die Auswahl einer Reihe von wichtigen Verbraucherbedürfnissen erfolgt durch:

Gruppendiskussionen; freie und Fragebogen-Interviews, um die Bedürfnisse und Wünsche festzustellen, die durch die vorhandenen Produkte nicht erfüllt werden; die angesammelten Erfahrungen der Forschungsexperten können ebenfalls sehr nützlich sein.

Ferner: Analysen und Gewohnheiten-, Verwendungs- und Verhaltensuntersuchungen.

Die Auswahl des einzigartigen Verbrauchernutzens, der wichtigsten und überzeugendsten Verkaufsidee, erfolgt durch:

Werbegrundaussagetests mit Hilfe von Firmen oder Broschüren; Kartentests, div. Zuordnungsverfahren (z. B. shuffle-card-Tests), Produktwahl-Situation, für die die gleichen Produkte mit unterschiedlichen Werbeaussagen benutzt werden; Splitrun in der Presse; postalische Hausverkaufstests.

Die Sicherstellung, daß das Produkt das gegebene Versprechen auch wirklich erfüllen wird, erfolgt durch

Produkttests (mit und ohne Werbeaussage).

c) Forschungsmethoden für die Marke
Produkttests (z. B. Paarvergleich, sowohl „blind" als auch auf dem Markt befindlich; Verpackungstests) mit Konkurrenzware.

d) Forschungsmethoden für die Konkurrenz
Wie unter a) und c); Produkt- bzw. Marken-Image-Untersuchungen.

e) Forschungsmethoden für das Marketing-Ziel.

Konkretisiert werden kann das Marketing-Ziel durch Analyse und Interpretation der unter a), c) und d) beschriebenen Forschungsmethoden. Wenn sie für diesen Zweck benutzt werden, ist es wichtig, sich an folgende Tatsachen zu erinnern:

Man beschäftigt sich nicht nur mit der Analyse von Produkten bzw. Marken, sondern auch mit der Analyse der dazugehörigen Arbeiten im Haushalt, z. B. Säubern, Kochen usw.

Es müssen zusätzlich zu den üblichen demographischen Daten, wie z. B. Alter, soziale Klasse usw., in zunehmendem Maße Verbrauchercharakteristiken, wie „moderne Einstellung" und „konservative Einstellung", in Beziehung zur Markenwahl studiert werden.

In stärkerem Maße als bisher müssen Produkttests, Verhaltensforschung usw. als Anhaltspunkte für die Befriedigung von Bedürfnissen einer Minderheit benutzt werden, da diese Märkte an Bedeutung gewinnen.

Es ist an dieser Stelle auffallend, daß die Aufzählung keine Ergebnisse von Produkttests enthält. Nun, hier ergeben sich Terminschwierigkeiten. Wollte man die Ergebnisse der Produkttests abwarten, könnte die Marketing-Strategie erst 14 Wochen später geschrieben werden: 8 Wochen Entwicklung der testreifen Produkte, 4 Wochen Produkttests, 2 Wochen Auswertung.

Die Ergebnisse der Produkttests lassen sich aber noch zu einem späteren Zeitpunkt korrigierend einfügen, so daß dieses Vorgehen gerechtfertigt erscheint. Zur Entwicklung der Werbestrategie kann der Agentur 8 Wochen Zeit gegeben werden.

4.0.2.3 Das Briefing an die Verkaufsabteilung

In der Marketing-Strategie wurden der Werbeagentur die Verkaufspolitik und Verkaufsziele mitgeteilt. Aus der von der Unternehmensleitung genehmigten Marketing-Konzeption konnte man ableiten, daß der Aufbau einer eigenen Verkaufsorganisation zur Bearbeitung von Groß- und Einzelhandel erforderlich ist. Alle Daten der bisherigen Untersuchung, speziell ausgerichtet auf die Notwendigkeiten für den Aufbau und die Organisation der Verkaufsorganisation, werden in dem Briefing an die Verkaufsabteilung zusammengefaßt.

Es wurde oben unterstellt, daß der Verkaufsleiter bereits eingestellt ist. Seine Aufgabe wird es sein, die Verkaufsorganisation aufzubauen und zu organisieren. Damit er sie ordnungsgemäß erfüllen kann, müssen ihm die relevanten Marktdaten bekannt sein. Er wird dann anhand dieser Unterlagen innerhalb der nächsten 8 Wochen den Verkaufsplan entwickeln.

Faßt man die bisherigen Arbeiten wieder im Netzwerkplan zusammen, dann ergibt sich nachstehendes Bild. Der kritische Pfad läuft über das Briefing an die Werbeagentur, die Marketing-Strategie, denn die einwöchige Frist zu ihrer Erstellung ist sehr knapp.

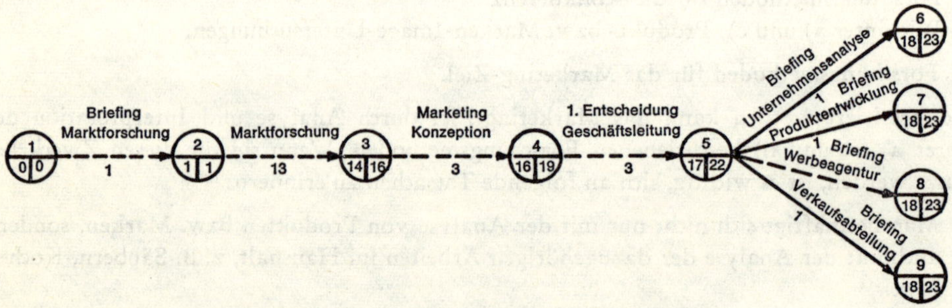

Abb. 41: Das Briefing in der Verkaufsabteilung

4.0.3 Der Beginn der praktischen Arbeit im Rahmen der Netzwerkplanung

4.0.3.0 Die Entwicklung von testreifen Produkten

Bis zu diesem Zeitpunkt wurden ausschließlich theoretische Überlegungen angestellt. Mit der Entwicklung von testreifen Produkten in der Entwicklungsabteilung beginnt die Phase der praktischen Arbeit an konkreten Produkten.

Auf die Überlegungen zur Produktentwicklung solle hier nicht näher eingegangen werden. Es empfiehlt sich aber dringend eine Wiederholung auch dieser Fragen.

Hier sollen die organisatorischen Voraussetzungen für die Durchführung der Produktentwicklung wiederholt werden. Es läßt sich dann erkennen, warum unterstellt wurde, daß die Entwicklung von testreifen Produkten im Heimatland durchgeführt wird. Entsprechend früheren Ausführungen ist davon auszugehen, daß der Produkt-Manager aus Deutschland an den Sitzungen der Abteilung „Neue Produkte", soweit sie sich mit den Problemen in Deutschland befassen, teilnimmt. Er übernimmt dann später die Leitung, obwohl er sich die wenigste Zeit am Ort des Geschehens aufhalten wird. Aber er kennt die spezifischen Probleme am besten, und mit der Terminverfolgung kann er einen anderen Mitarbeiter beauftragen. Durch diese organisatorische Gliederung wird sichergestellt, daß die Entwicklung von testreifen Produkten innerhalb der gegebenen Frist von 8 Wochen abgeschlossen wird.

Die Leitung verbleibt auch später zwangsläufig beim deutschen Produkt-Manager, der schon während der Phase, in der die testreifen Produkte entwickelt werden, Überlegungen hinsichtlich der Produkttests des Testmarktes und der Probefertigungen anstellt und sich dabei ständig mit der Marktforschung, der Werbeagentur, der Verkaufsabteilung und der Produktion abstimmen sollte.

4.0.3.1 Die Aufstellung der Werbestrategie

In dem Zeitraum, den die Produktentwicklung einnimmt, erstellt die Agentur die Werbestrategie. Die Werbestrategie wird von der Agentur verantwortlich erarbeitet. Sie muß mit dem Unternehmen abgestimmt sein und von ihm befolgt werden. Sie legt fest, welche wichtigste und überzeugendste Verkaufsidee dargestellt werden soll — aber nicht, wie die Werbekampagne im einzelnen aussehen soll.

Sie veranschaulicht die Verkaufsidee und dient als verbindliche Grundlage für die gesamte künftige Markenwerbung.

Die Werbestrategie besteht aus folgenden drei Teilen:

a) Die wichtigste und überzeugendste Verkaufsidee
Hier wird der Verbrauchernutzen beschrieben, der die potentiellen Verbraucher an unserer Marke interessieren und sie so überzeugen soll, daß sie unser Produkt den Konkurrenzprodukten vorziehen. Es soll gleichzeitig dargelegt werden, warum wir glauben, daß dieser Verbrauchernutzen der wichtigste und überzeugendste von allen möglichen Vorzügen ist (Hinweise auf Forschungsunterlagen).

b) Unterstützende Beweisführung
Damit ist die Begründung gemeint, die den versprochenen Verbrauchernutzen für den Verbraucher realistisch, konkurrenzfähig und überzeugend macht. Hierbei handelt es sich beispielsweise um eine technische Begründung, charakteristische Wirkungen oder Leistungen, die der Verbraucher leicht nachprüfen kann: vergleichende Tests — spezielle Zutaten oder Wirkstoffe — Urteile von Verbrauchern und Spezialisten.

c) Das angestrebte Produkt und/oder Marken-Image
Dazu gehört die Beschreibung der Persönlichkeit des Produktes und/oder der Marke, die Stimmung und Atmosphäre der Werbung, die von uns gewünschte Welt der Gefühle, die der Verbraucher mit unserer Marke in Verbindung bringen soll. Ebenso soll dargelegt werden, warum das gewünschte Image das wirkungsvollste ist und sich am besten dazu eignet, die Verbraucher, die wir ansprechen wollen, zu gewinnen.

Wie bei der Erstellung der Marketing-Strategie arbeiten Unternehmen und Agentur auch für die Erstellung der Werbestrategie zusammen.

4.0.3.2 Die Erstellung des Verkaufsplanes

Ebenfalls in dem Zeitraum von 8 Wochen erstellt der Verkaufsleiter seinen Verkaufsplan. Er geht davon aus, daß anschließend an die Produkttests eine Testeinführung vorgenommen werden soll, und zwar in einem bestimmten Gebiet, über das schon ungefähre Vorstellungen bestehen.

Für dieses Testgebiet werden die erforderliche Anzahl Verkaufspersonal und die notwendigen Ausrüstungen errechnet, kurz, es wird das Verkaufsbudget — basierend auf einer angenommenen Verkaufspolitik — erstellt.

Der Verkaufsleiter kann davon ausgehen, daß der Testzeitraum ein Jahr beträgt. Unter der Voraussetzung, daß die Testeinführung erfolgreich gewesen ist, soll die weitere Einführung in Halbjahresabständen nach Nielsen-Gebieten vorgenommen werden. Der Verkaufsplan enthält also die Verkaufspolitik, die erforderlichen Maßnahmen und die aufzuwendenden Verkaufskosten unter der Annahme einer einjährigen Testperiode und einer sukzessiven Weitereinführung nach Nielsen-Gebieten.

Faßt man die letzten Schritte wieder im Netzwerkplan zusammen, dann ergibt sich folgendes Bild:

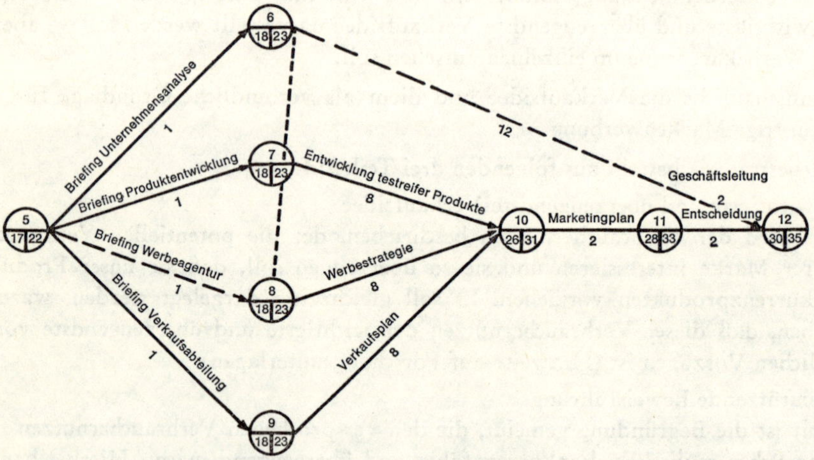

Abb. 42

Auf die graphische Darstellung der ersten vier Stationen wurde hier verzichtet.

4.0.4 Die koordinierende Funktion des Produkt-Managers

In der zehnten Station des Netzplanes laufen die Fäden — bis auf einen — wieder bei dem Produkt-Manager zusammen. Man erkennt, daß der Produkt-Manager Dreh- und Angelpunkt der Marketing-Arbeit ist.

Die Funktionen des Produkt-Managers sollen an dieser Stelle noch einmal im Hinblick auf den Stand des Netzplanes aufgezählt werden:

1. Analysierung der Marktsituation
   Diese Aufgabe ist mit der Aufstellung der Marketing-Konzeption durchgeführt worden.
2. Bestimmung des Marketing-Zieles und Erarbeitung der Marketing-Strategie
   Diese Aufgabe ist in der Zusammenarbeit mit der Werbeagentur erledigt worden.

3. Ausarbeitung der langfristigen und kurzfristigen Einzelpläne und Festlegung der Einzelbudgets

   Diese Aufgabe steht jetzt an. Aus den Empfehlungen der Produktgruppe, der Werbeagentur und der Verkaufsabteilung entwickelt der Produkt-Manager innerhalb der nächsten beiden Wochen den Marketingplan, der aus folgenden Teilen besteht:

   Produkt-Test-Plan und Budget,
   Werbeplan und Budget,
   Verkaufsplan und Budget.

   An dieser Stelle wird die Koordinierungs- und Kontroll-Funktion des Produkt-Managers ganz deutlich.

Wohlgemerkt, es handelt sich hier noch um einen sehr groben Marketingplan, der lediglich die jetzt anstehenden Entscheidungen terminmäßig und kostenmäßig vor dem Hintergrund des Marketingzieles zusammenfaßt: Die Entscheidungen über die

von der Produktgruppe empfohlenen Produkttests,
von der Agentur empfohlenen Werbestrategie,
von der Verkaufsabteilung empfohlenen Verkaufsplanung.

Die Unternehmensleitung soll dadurch in die Lage gesetzt werden, den terminmäßigen und kostenmäßigen Stand der Entwicklung genau zu beurteilen und eine sichere Entscheidung über den Fortgang der Arbeit zu treffen. Für die Entscheidung der Unternehmensleitung über den Marketingplan werden zwei Wochen veranschlagt.

Aus der Netzwerkplanung ist ersichtlich, daß der kritische Pfad von der Werbung zur Unternehmensanalyse hinübergewechselt ist. Wer einmal die Fülle von Detailfragen, die mit Unternehmensgründungen zusammenhängen, bearbeitet hat, weiß daß viele Probleme innerhalb von 3 Monaten nicht zu lösen sind. Es soll jedoch unterstellt werden, daß die wichtigsten Fragenkomplexe analysiert und bearbeitet werden konnten, so daß die Unternehmensleitung nun imstande ist, aufgrund der vorliegenden Unternehmensanalysen Entscheidungen zum Unternehmensaufbau zu treffen.

4.1. Die Unternehmensanalyse: Vom Briefing bis zur Durchführung

4.1.0 Briefing-Unternehmensanalyse

Im Rahmen der Netzplanung war die Entwicklung bis zur Erstellung des Marketingplans vorgeschrieben. Dabei ließ sich erkennen, daß sich die Planungsarbeit nach der ersten Entscheidung der Unternehmensleitung auf 4 verschiedenen Ebenen weiterbewegt. Es war behandelt worden: Briefing-Produktentwicklung und Entwicklung testreifer Produkte, Briefing-Werbeagentur und die Entwicklung einer Werbestrategie, Briefing-Verkaufsabteilung und Aufstellung eines Verkaufsplans. Die Ergebnisse dieser Überlegungen liefen im Marketingplan zusammen.

Parallel dazu müssen jedoch das Briefing der Unternehmensanalyse und die eigentliche Unternehmensanalyse selbst durchgeführt werden. Das Briefing zur Unternehmensanalyse umreißt noch einmal die gestellte Aufgabe — nämlich die möglichst genaue Durchleuchtung aller Fragen, die mit der Gründung des Unternehmens und dem Aufbau einer eigenen Produktionsstätte zusammenhängen. Die Aufgabe ist klar: Herstellung und Vertrieb eines neuen Produktes in Deutschland. Ausgangsdaten sind weiterhin: die Marketing-Konzeption, die für viele Details schon recht konkrete Anhaltspunkte liefert, und das von der Geschäftsleitung bewilligte Budget für die Einführung des Produktes.

Es versteht sich, daß diese Angaben für eine umfassende Unternehmensanalyse noch nicht viel aussagen. Da die Unternehmensanalyse alle grundsätzlichen Probleme, die mit der Gründung eines Unternehmens und dem Aufbau einer Produktion zusammenhängen, so untersuchen soll, daß von allen möglichen Alternativen die jeweils günstigste und vorteilhafteste ausgewählt werden kann, muß hier besonders gründlich und umfassend vorgegangen werden. Die Unternehmensanalyse soll alle Grundsatzentscheidungen der Unternehmenspolitik, die nicht im Absatz- und Marketing-Bereich liegen, so weit vorbereiten, daß eine fundierte und auch auf lange Sicht richtige Entscheidung getroffen werden kann.

Daraus resultiert, daß eine Vielzahl von Tatsachen, Zusammenhängen und Problemen sowohl im gegenwärtigen Zustand als auch in näherer und weiterer Zukunft analysiert werden müssen. Je endgültiger die Entscheidung ist, desto wichtiger wird es, die zukünftige Entwicklung möglichst weit im voraus richtig einzuschätzen. Ist eine falsche Entscheidung getroffen worden, so wirkt sich das entweder darin aus, daß die Kosten ständig höher als bei der Konkurrenz sind, sowie in entsprechenden Konkurrenznachteilen, oder die Entscheidung muß unter meist erheblichen finanziellen Einbußen revidiert werden. Eine fundierte Unternehmensanalyse ist also die wichtigste Voraussetzung dafür, daß später die Leistungserstellung so wirtschaftlich und gewinnbringend wie möglich durchgeführt werden kann.

Es leuchtet unmittelbar ein, daß eine wissenschaftlich fundierte Unternehmensanalyse die Mitarbeit von Fachleuten voraussetzt, und zwar solcher, die in möglichst allen Fachgebieten der Wirtschaftswissenschaften zuhause sind. Eine solche „Generalstabsarbeit“ lohnt sich natürlich nur dann, wenn entsprechend hohe Investitionen gewagt werden. Der kleinere oder mittlere Industrie- oder Handelsbetrieb, der in einer Nachbarstadt ein Auslieferungslager oder ein Zweigwerk errichten will, kann und wird keine Unternehmensanalyse in dem eben angedeuteten Umfang vornehmen.

Hier bietet die Durchführung der Unternehmensanalyse jedoch eine sehr schöne Gelegenheit, nicht nur Fragen der Industriebetriebslehre, sondern auch volkswirtschaftliche Zusammenhänge sowie Fragen und Probleme der allgemeinen Betriebswirtschaftslehre, der Steuerlehre, der Organisationslehre und der Finanzierungs- und Investitionspolitik zu wiederholen.

149. Aufgabe: *Welche volkswirtschaftlichen Überlegungen (außer den Überlegungen zur Angebots- und Nachfragestruktur auf dem betreffenden Markt) könnten für die Durchführung der Unternehmensanalyse bedeutsam sein?*

Nach diesen generellen Überlegungen zur Unternehmensanalyse selbst und zur Briefing-Unternehmensanalyse kann man sich nun der eigentlichen Durchführung zuwenden.

4.1.1 Die Durchführung der Unternehmensanalyse

4.1.1.0 Generelles zu betriebswirtschaftlichen Standortüberlegungen

Bevor mit der eigentlichen Standortkalkulation begonnen werden kann, muß geklärt werden, ob bei der Standortauswahl evtl. strenge Nebenbedingungen zu beobachten sind und ob bei den herzustellenden Produkten das Problem der Zeitempfindlichkeit bedeutsam wird. Da man ein Nahrungsmittel herstellen will, ist man nicht wie die Gewinnungsbetriebe an einen natürlichen Standort gebunden. Es wäre jedoch möglich, daß bestimmte klimatische Voraussetzungen dafür gegeben sein müssen; diese werden heute allerdings mehr und mehr durch entsprechende Klimaanlagen ersetzt. Es ist also anzunehmen, daß bei der Standortwahl keine besonderen Nebenbedingungen erfüllt werden müssen.

Bedeutsamer kann das Problem der Zeitempfindlichkeit des herzustellenden Produktes sein. Die Auswahl des Standortes wird gerade bei sehr vielen Nahrungsmitteln durch die leichte Verderblichkeit der zu verarbeitenden Rohstoffe begrenzt. Ganz abgesehen davon, daß die Transportkosten jedes Produkt verteuern, ist es z. B. nicht möglich, in Bayern tiefgefrorenen Seefisch herzustellen. Wenn der Standort der Produktionsstätte so lange Transportzeiten für die Rohstoffe verursacht, kann man sicher sein, daß ein großer Teil der Fische nicht mehr die Qualität aufweist, die für die Herstellung eines hochwertigen Produktes notwendig ist, oder sogar schon verdorben ist.

Das Problem der Zeitempfindlichkeit kann für die Standortwahl eine viel größere Bedeutung haben als evtl. strenge Nebenbedingungen.

Da das herzustellende Produkt in der Bundesrepublik Deutschland abgesetzt werden soll, erscheint es zunächst ganz selbstverständlich, den Standort der Produktionsstätte gleichfalls in der Bundesrepublik zu suchen. Bei genauerem Überlegen zeigt sich jedoch auch die Möglichkeit, in einem anderen europäischen Land zu produzieren und die Fertigprodukte nach Deutschland zu importieren. Das hängt natürlich zunächst von den Transportkosten des Fertigproduktes ab. Wenn wegen der Produktion im Ausland die Transportkosten des Fertigproduktes höher als bei entsprechender Produktion in der Bundesrepublik liegen, ergeben sich dadurch erhebliche Kostenerhöhungen. Darüber hinaus ist es möglich, daß für das Produkt Ubiquitäten verarbeitet werden. In so einem Falle würde jedes Abrücken vom Konsumort unnötige Frachtkosten für den Transport des Fertigproduktes bedeuten.

Es ist aber auch vorstellbar, daß die Rohstoffe für das Nahrungsmittel aus dem Ausland beschafft werden müssen und daß bei der Produktion überwiegend Gewichtsverlustmaterial verwendet wird. In diesem Fall würde — wenn man alle anderen Umstände außer acht läßt — der günstigste Standort am Materialbeschaffungsort, also im Ausland liegen. — Bislang wurde noch nicht auf die Zölle eingegangen. In aller Regel ist es aber so, daß die Höhe der Zölle eine „internationale“ Lösung des Standortproblems unmöglich macht. Im Normalfall erhöht der Importzoll für das Fertigprodukt die Kosten so stark, daß man schon aus diesem Grunde die Produktionsstätte ins Inland verlegen muß.

Hier ist allerdings daran zu erinnern, daß auch Zölle nicht ewig unverändert bleiben. Wenn man auch über die Entwicklung der Zollsätze zwischen einzelnen Ländern grundsätzlich nichts voraussagen kann, so bestehen bei den 6 EWG-Ländern doch andere Voraussetzungen. Gerade im Zeichen des gemeinsamen Agrarmarktes ergeben sich für viele landwirtschaftliche Produkte andere und neue Aspekte hinsichtlich ihrer Zollbelastung. Es kann zu schwerwiegenden Nachteilen führen, wenn diese Entwicklung nicht überblickt und entsprechend eingeplant wird.

Es ist bekannt, daß sich betriebswirtschaftliche Standortüberlegungen nicht nur an den Transportkosten für die Roh-, Hilfs- und Betriebsstoffe sowie für die Fertigprodukte orientieren dürfen. Für viele Betriebe ist es unerläßlich, den Standort nach der Verfügbarkeit von Arbeitskräften auszuwählen. Das ist immer dann nötig, wenn das Produkt besonders arbeitskostenintensiv ist. Außerdem kann dabei entscheidend sein, daß sich die Herstellung nur mit Hilfe hochqualifizierter, besonders ausgebildeter Arbeitskräfte durchführen läßt.

Die dritte Komponente, die den Standort bestimmen sollte, ist die Absatzorientierung. Hier spielen Faktoren wie der Bedarf, die regionalen Kaufkraftverhältnisse, die Absatzkonkurrenz und der Herkunfts-Goodwill eine ausschlaggebende Rolle.

Neben den drei genannten Komponenten können noch andere Überlegungen bei einer betriebswirtschaftlichen Standortkalkulation bedeutungsvoll sein.

4.1.1.1 Die volkswirtschaftlichen Rahmenbedingungen

Volkswirtschaftliche Gesichtspunkte sind mehrmals zu berücksichtigen auf dem Weg von der Produkt-Idee bis zum Markttest, der am Ende unseres Beispielfalles stehen soll. Bisher allerdings wurden vor allem die künftigen Absatzmöglichkeiten berücksichtigt, die nicht zuletzt vom Verbrauchereinkommen und seiner voraussichtlichen Entwicklung abhängen.

Im Mittelpunkt der Überlegungen steht der Trend des Volkseinkommens, der allgemeinen Konsumquote und der speziellen Konsumausgaben für Güter, mit denen das Produkt in Substitutionskonkurrenz treten soll.

Hier, bei der Unternehmensanalyse, interessieren vor allem *raumwirtschaftliche* Gesichtspunkte, denn verschiedene Standorte im Wirtschaftsraum hätten verschiedene Auswirkungen auf den zukünftigen Betrieb: Die Standortwahl ist oft entscheidend für Existenz oder Untergang eines Industriebetriebes.

Es ist bekannt, daß jeder Standort seine besonderen Vor- und Nachteile hat. Die einzelnen Standortmerkmale, auf die noch näher eingegangen wird, sind unterschiedlich ausgeprägt und lassen sich auf den ersten Blick nur schwer miteinander vergleichen, denn gemeinsame *objektive* Maßstäbe sind für sie nicht zu finden. So ist es z. B. unmöglich, ein gemeinsames objektives Bewertungsschema für die Merkmale „Klima", „Baugrund" und „Ortsansässige Bevölkerung" zu finden. Denn mit der Bewertung „gut" oder „schlecht" kann man nicht objektiv, sondern nur subjektiv urteilen: Der Maßstab dabei wird von den eigenen Wünschen und Idealvorstellungen oder von den Erfordernissen des neuen Betriebes gesetzt sowie von einer angenommenen mittleren Standortqualität, die man aufgrund der allgemeinen wirtschaftsgeographischen und betriebswirtschaftlichen Kenntnisse ungefähr abschätzen kann. Vielleicht kommt jetzt der Einwand: Eine subjektive Beurteilung reiche doch völlig aus, denn schließlich suche man ja für den neuen Betrieb, dessen Anforderungen man kenne, den für ihn besten Standort. Ob der Standort, für den man sich entscheidet, auch für andere Betriebe geeignet sei oder nicht, brauche nicht zu interessieren. — Es soll im Lauf der Überlegungen auf diesen Einwand zurückgekommen werden. Es wird sich dann erkennen lassen, daß man gut daran tut, den Standort daraufhin zu prüfen, ob er auch für die Betriebe anderer Industriezweige geeignet ist.

Mit dem Bewertungsschema „gut", „mittel", „schlecht", bei dem selbstverständlich beliebig viele Zwischenstufen möglich sind, ist es aber noch nicht getan. Für einen weitgehend automatisierten Betrieb ist beispielsweise ein Standort mit „gutem" Arbeitskräfteangebot vergleichsweise uninteressant, wenn das nächste Kundendienstzentrum für die komplizierte Regeltechnik mehrere Autostunden entfernt ist, wenn also das Standortmerkmal „Erreichbarkeit von wichtigen Zulieferbetrieben" die Wertung „schlecht" hat. Ein anderer Betrieb dagegen, der recht arbeitsintensiv ist, findet am gleichen Standort möglicherweise günstige Bedingungen vor.

Dieses einfache Beispiel zeigt, daß es nötig ist, die Standortmerkmale nicht nur zu *bewerten,* sondern auch zu *gewichten.* Erst dadurch, daß man aus der Kenntnis des für die Zukunft geplanten Betriebsablaufes heraus beurteilen kann, welche Standortanforderungen für den Betrieb wichtig und welche vergleichsweise unwichtig sind, ist eine Gewichtung möglich. In dem Beispiel würde die Automatisierung dem Standortmerkmal „Erreichbarkeit von wichtigen Zulieferbetrieben" ein höheres Gewicht verleihen als dem Merkmal „Arbeitskräfteangebot"; umgekehrt wäre es bei dem arbeitsintensiven Betrieb.

Der zukünftige Betriebsablauf ist im Prinzip bereits bekannt, wenn er auch in Einzelheiten von dem der ausländischen Schwesterbetriebe abweichen mag. Grundsätzlich weiß man also, welche Standortmerkmale wichtig und welche weniger wichtig sind, so daß man eine Gewichtung vornehmen kann. Durch die Kombination von Gewichtung und Bewertung wird es möglich, die Standortanforderungen des Betriebes in einem Polaritätenprofil zusammenzufassen. Die Gewichtung veranschaulicht man durch die unterschiedliche Stärke der einzelnen Diagrammblöcke.

Das Polaritätenprofil der Standortbedingungen zeigt auf den ersten Blick, welche Merkmale der Standortwahl besonders zu beachten sind: denn diese Merkmale erscheinen als stärkere Blöcke, die bis in die Wertungszonen „gut" oder „sehr gut" hineinreichen.

Es wurde jetzt eine Grundlage für unsere Standortbestimmung erarbeitet. Falls man einen Grundstücksmakler mit der Ermittlung eines geeigneten Betriebsgrundstückes beauftragen will, kann man ihm einen klaren Überblick über die Anforderungen geben; wenn man selbst die Grundstücksbeschaffung vornehmen will, besitzt man eine brauchbare Arbeitsunterlage.

Allerdings werden wir uns nicht sklavisch an das so ermittelte Grundkonzept halten.

Es kann sein, daß die eine oder andere Anforderung an den künftigen Standort nach Prüfung alternativer Angebote nicht voll erfüllt wird, daß jedoch bei anderen Merkmalen günstigere Werte erscheinen als die, die man zunächst verlangt hat. Es ist dann zu überlegen, ob und in welchem Ausmaß man die Anforderungen variieren kann, ohne daß das Kostenoptimum verschlechtert wird, das man ja mit der Entwicklung des Polaritätenprofils gewährleistet sehen will. So ist es z. B. möglich, die Anforderungen beim Standortmerkmal „Arbeitskraftangebot" zu reduzieren, wenn das Merkmal „Lage im Verkehrsnetz" besonders günstig bewertet werden kann. Man würde dann die höheren Lohn-

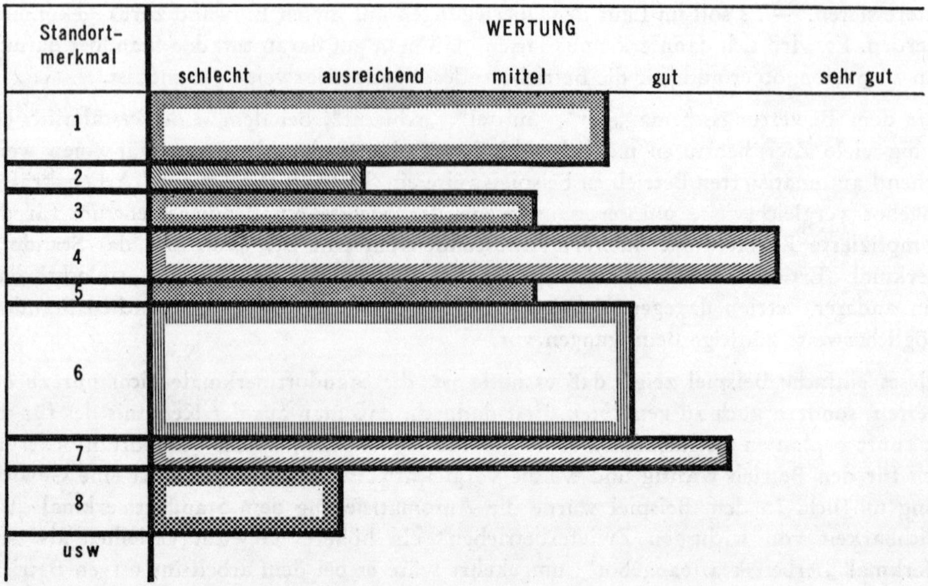

Abb. 43: Polaritätenprofil der Standortanforderungen

kosten (übertarifliche Bezahlung) durch niedrigere Transportkosten kompensieren. Eine solche gegenseitige Kompensation der Standortmerkmale setzt natürlich voraus, daß man schon konkrete Vorstellungen über den künftigen Betriebsablauf und die Kostenstruktur besitzt.

4.1.1.1.0 Wirtschaftsgeographische Gesichtspunkte

Klima, Wetter, Bodenschätze und Landschaft sind für die *technische* Seite des zukünftigen Betriebes nicht von entscheidender Bedeutung. Extrem ungünstige Standorte, wie etwa Berggipfel oder Moore, kommen als Betriebsstätte ohnehin nicht in Betracht.

Trotzdem darf man die geographischen Faktoren nicht ganz vernachlässigen. Insbesondere Klima und Landschaft gewinnen zunehmend als Standortfaktoren an Bedeutung, obwohl sie auf den technischen Produktionsprozeß keinen direkten Einfluß haben. Mit den technisch bedingten steigenden Anforderungen an die Qualität der Arbeitskräfte steigen auch die Ansprüche der Menschen an ihre Umwelt. Hochqualifizierte jüngere Fachkräfte, die erfahrungsgemäß recht leicht ihren Wohnsitz wechseln, wird man besonders dann gewinnen können, wenn der Betriebsstandort neben anderen Vorzügen sich durch gute klimatische und landschaftliche Bedingungen auszeichnet. So ist z. B. das außerordentlich starke Bevölkerungswachstum der Stadt München (1954: 906 000 Einwohner, 1964: 1 166 000 Einwohner) vor allem auf die attraktive Umgebung mit ihren vielfältigen Erholungs- und Zerstreuungsmöglichkeiten zurückzuführen. Auch wenn geeignete Arbeitskräfte an dem künftigen Betriebssitz zur Zeit knapp sind, braucht man sich — bei sonstiger Standorteignung — nicht abschrecken zu lassen, wenn Klima und Landschaft attraktiv genug sind.

Gute Lebensbedingungen können sogar Unterschiede im Lohnniveau verschiedener Standorte unwirksam machen. In München z. B. stieg von 1953 bis 1963 die Zahl der Industriebeschäftigten um rund 87%, obwohl die durchschnittlichen Löhne und Gehälter in der Münchner Industrie 1963 um etwa 10% niedriger waren als in Essen, dessen Industriebeschäftigtenzahl im gleichen Zeitraum nur um 9% zunahm. Es wäre also falsch, wenn man die Standortentscheidung allein von den Angaben über das gegenwärtige örtliche Angebot von Arbeitskräften abhängig machen wollte. Sicher wird man die Statistik des Arbeitsamtes im Hinblick auf freie Arbeitskräfte am Ort überprüfen; man wird durch Auswertung der letzten Volkszählungsergebnisse die berufliche Struktur in den interessierenden Orten einschließlich näherer Umgebung untersuchen. Man muß aber auch die möglichen Zu- oder Abwanderungen der Arbeitskräfte berücksichtigen. Diese Wanderungen werden selbstverständlich nicht allein von Klima und Landschaft bestimmt; sonst wären die Fremdenverkehrsgebiete, etwa im Harz oder im Bayerischen Wald, stärker industrialisiert. Wichtig ist vielmehr dabei auch die Ausstattung eines Gebietes mit infrastrukturellen Einrichtungen. Dazu gehören nicht nur die technischen Gemeinschaftseinrichtungen wie Verkehrswege und Energieversorgung, sondern ebenso das Angebot an zentralen privaten und öffentlichen Dienstleistungen. Orte fernab großer Einzelhandelsbetriebe, ohne vielfältige kulturelle Einrichtungen und ohne gutgegliederte weiterführende und Fachschulen können gerade die qualifizierten und geistig anspruchsvollen Arbeitskräfte meist nicht halten, auch dann nicht, wenn gutbezahlte Arbeitsplätze vorhanden sind. Eine Ausnahme bilden hier gegenwärtig noch die Gebiete mit gemischter Wirtschaftsbasis, in denen die Arbeitskräfte — wie z. B. in Württemberg — gleichzeitig Landwirt und Industriefacharbeiter sind.

Man wird den Betrieb daher nicht in einem kleinen Ort errichten, der abseits von Zentren mit vielfältigem Dienstleistungsangebot liegt, mögen dort auch genügend Arbeitskräfte zur Verfügung stehen. Es besteht die Gefahr, daß die Tüchtigeren unter ihnen allmählich abwandern, besonders dann, wenn sie bei uns ihre berufliche Qualifikation nicht verbessern können.

Nicht nur für die mittel- und langfristige Arbeitskräftebeschaffung, auch für andere Lebensbereiche unseres Betriebes ist die Lage eines Standortes zu den Zentren der privaten und öffentlichen Dienstleistungen entscheidend. Jeder Industriebetrieb ist auf viele andere Betriebe des Dienstleistungssektors angewiesen: auf Banken für die Abwicklung des Zahlungsverkehrs, Rechtsanwaltspraxen, Versicherungsbüros, Reparaturhandwerker, Berufsschulen zur Ausbildung der Lehrlinge usw. Gewiß, der Betrieb kann auch weitab vom Sitz dieser Betriebe technisch funktionsfähig sein. Doch dann müssen manche Dienstleistungen vom Betrieb selbst erbracht werden (eigene Reparaturhandwerker, Lehrlingswerkstatt), was zweifellos für Klein- und Mittelbetriebe teurer wäre, als fremde Betriebe in Anspruch zu nehmen, wie es in zentraler Lage möglich ist. Andere Leistungen (Zahlungsverkehr, Rechtshilfe), die nicht am Betriebsstandort erbracht werden können, müßten im nächsten zentralen Ort in Anspruch genommen werden, wären aber durch Zeitverluste und Mehrkosten belastet. Deshalb besteht bei Neugründungen und Verlagerungen von Industriebetrieben ein klarer Trend zugunsten solcher Standorte, die so nah wie möglich bei größeren zentralen Orten liegen, meist Städten mit einer Größe von 20 000 Einwohnern aufwärts, in denen ein ausreichendes Angebot privater und öffentlicher Dienstleistungen vorhanden ist.

Zwei der wichtigsten Standortfaktoren für einen Industriebetrieb ohne Rohstoffbindung wurden damit angesprochen, der Faktor Arbeitsmarkt und der Faktor Dienstleistungsangebot, die ihrerseits miteinander in Verbindung stehen. Ein dritter wirtschaftsgeographischer Standortfaktor von Wichtigkeit ist das Energiepreisniveau. Man will zwar weder ein Stahlwerk noch eine Aluminiumhütte errichten, aber auch für Betriebe der Nahrungsmittelindustrie haben die Energiekosten (für Kühlanlagen, Heiz- und Betriebswärme) oft eine große Bedeutung in der gesamten Kostenstruktur. In der Bundesrepublik bestehen zwischen den Energiepreisen z. T. erhebliche Unterschiede, die in erster Linie durch die unterschiedlich hohen Transportkosten verursacht werden. Längere Transportwege verteuern die Primärenergie in den revierfernen Gebieten, so daß auch die daraus gewonnene Sekundärenergie (Strom und Kokereigas) zwangsläufig teurer ist. Die geringere Anschlußdichte in den dünnbesiedelten ländlichen Gebieten führt selbst bei gleichem Preis der Primärenergie zu höheren Preisen der Sekundärenergie. Je größer die Bedeutung der Energiekosten für unsere gesamten Produktionskosten ist, desto günstiger wird also ein Standort in der Nähe von Primärenergievorkommen und von gut ausgenutzten und deshalb billigen Energieversorgungsnetzen sein.

Aber auch hier darf man den Zeitfaktor nicht außer acht lassen. Autonome und wirtschaftspolitisch veranlaßte Änderungen der Energiepreise sind durchaus möglich. So hat sich z. B. durch den Pipeline-Bau in Süddeutschland eine beachtliche Senkung der Rohenergiepreise ergeben. Im norddeutschen Küstengebiet dagegen, das seinen Energiebedarf früher vorzugsweise durch billige Kohlenimporte aus England und den USA deckte, haben Importkontingente und Kohlezoll zum Schutz der Ruhrkohle die Energiekosten im Vergleich zu anderen Teilen des Bundesgebietes verteuert. Es ist aber denkbar, daß nach der erforderlichen Sanierung des Ruhrbergbaus die Energiepolitik des Bundes wieder liberaler gestaltet wird, so daß auch in Norddeutschland der Kostenvorteil größerer Kraftwerkseinheiten nicht länger durch erhöhte Kosten auf der Rohstoffseite kompensiert wird. Es sollen diese Überlegungen hier nicht weiter vertieft werden; sie zeigen jedoch, daß man bei der Standortbestimmung mittel- und langfristige Entwicklungen auch auf dem Energiesektor so gut wie möglich berücksichtigen muß.

4.1.1.1.1 Verkehrspolitische Gesichtspunkte

Einen ersten Eindruck von der Lage im Verkehrsnetz verschafft schon die Landkarte: Man kann sich über die Präsenz der verschiedenen Verkehrsmittel am Ort oder in der Umgebung informieren. Diese oberflächliche Information vertieft man durch die Ermittlung des lokalen Verkehrsangebotes: Ist ein Spediteur am Ort, der im regelmäßigen Linienverkehr unsere Beschaffungs- und Absatzmärkte anfährt? Oder berührt der Liniendienst eines ortsfremden Spediteurs regelmäßig unseren Standort? Besitzt der Bahnhof eine Güterabfertigung? In welchen Zeitabständen werden Stückgutsendungen und Wagenladungen an- und abgefahren? Besteht eine Omnibuslinie von dem in Aussicht genommenen Betriebsstandort zu den Siedlungsschwerpunkten der Umgebung? Wie oft wird diese Linie bedient? Alle diese Fragen müssen geprüft werden: sowohl im Hinblick auf Beschaffungs- und Absatzverkehr wie auf das Arbeitskräfteangebot. Bei nur geringer Fahrplandichte z. B. im Güterverkehr wäre der Transport leicht verderblicher Waren mit einem erheblichen Risiko belastet; möglicherweise müßte man einen Werkverkehr mit Kühlfahrzeugen einrichten. Wäre die nächste Güterabfertigung zu weit entfernt, so müßte man ein örtliches Transportunternehmen einschalten oder den Fuhrpark entsprechend vergrößern. Fehlt ein guter Omnibus-Linienverkehr, so wären zwangsläufig viele Einstellplätze für die Pkw der Arbeitnehmer einzurichten oder es müßte ein Werklinienverkehr unterhalten werden.

Für die Betriebsleitung ist es schließlich von Bedeutung, ob und wie höherwertige öffentliche Verkehrsmittel den Standort bedienen oder in der Nähe zu erreichen sind. Große Straßenentfernungen zum nächsten Schnellzugbahnhof oder zum nächsten Flughafen sowie geringe Fahrplandichten im Schnellzug- und Flugverkehr können die Standortgunst stark herabmindern.

Schließlich sind auch die Verkehrstarife zu beachten. Besteht für den Standort und das Transportgut ein Ausnahmetarif? Welche Preise innerhalb der zugelassenen Margen verlangt das örtliche Güternahverkehrsgewerbe?

Auch hier, bei den verkehrspolitischen Standortüberlegungen, muß der Zeitfaktor berücksichtigt werden. Allerdings herrscht gerade auf diesem Sektor gegenwärtig eine erhebliche Unsicherheit. Die in Aussicht genommene gemeinsame Verkehrspolitik der EWG ist noch nicht so weit fixiert, daß man die verkehrspolitische Entwicklung vorzeichnen kann. Zu erwarten ist, daß das gegenwärtige System fester Tarife in ein System von Margentarifen umgewandelt wird. Innerhalb vorgeschriebener Schwankungsgrenzen, der sog. *Margen*, können sich dann die Beförderungsentgelte nach den Regeln der marktwirtschaftlichen Preisbildung ergeben. Vermutlich werden dann die Verkehrsbeziehungen mit nur geringem Transportaufkommen Preise an der oberen Marge erhalten, während der Wettbewerb in den Verdichtungsräumen (z. B. Rhein-Rhone-Achse) und vor allem zwischen den Ballungsgebieten der Wirtschaftstätigkeit die Beförderungsentgelte bis an die untere Marge herabdrücken wird. Es muß daher sicherheitshalber anhand der Verkehrsstatistik untersucht werden, wie hoch das Verkehrsaufkommen der in Frage kommenden Standorte ist. Bei nur geringem Transportvolumen besteht die Gefahr, daß die Transportpreise überdurchschnittlich ansteigen werden.

Von Wichtigkeit kann neben dem Straßengüterverkehr die Eisenbahn sein. Es ist damit zu rechnen, daß die Zahl der Güterabfertigungen im Laufe der nächsten Jahre erheblich vermindert wird. Wenn der neue Betrieb auf die Leistungen der Bahn angewiesen ist, empfiehlt sich also vor der Standortentscheidung eine Anfrage bei der zuständigen Direktion. Man wird dort vielleicht keine verbindliche Auskunft bekommen, aber wahrscheinlich einige mit Vorbehalten versehene Hinweise darauf, ob und wann „die" Güterabfertigung im Zuge des Rückzugs aus der Fläche geschlossen wird. Auch die zuständige Industrie- und Handelskammer sowie das Wirtschaftsministerium des betreffenden Bundeslandes werden weiterhelfen können.

Allerdings braucht es nicht unbedingt ein Nachteil zu sein, wenn die Güterabfertigung an dem zukünftigen Standort geschlossen wird. Wenn man sich auf das Großbehältersystem der Bahn einstellt, das für eine Vielzahl von Gütern geeignet ist, kann die Einrichtung von zentralen Umschlagbahnhöfen in Verbindung mit bahneigenem oder bahnamtlichem Zubringerdienst auf der Straße die Transportzeiten verkürzt werden, ohne daß die Transportkosten wesentlich ansteigen. Diese Entwicklungen sind zwar technisch, aber noch nicht organisatorisch weit genug gediehen, als daß man schon heute Einzelheiten über die zukünftige Gestalt derartiger *kombinierter* Verkehrsvorgänge voraussagen könnte. Immerhin lassen die positiven Erfahrungen anderer Länder erwarten, daß dieses System auch in Deutschland weiter ausgebaut wird.

Schließlich interessiert die voraussichtliche Entwicklung im örtlichen und regionalen Straßennetz. Eine geplante Autobahn in das Gebiet, ein Ausbau vorhandener Straßen und die Einrichtung neuer Ortsverbindungen und -umgehungen können die Standortgunst spürbar erhöhen. Über diese Planungen informiert man sich am zweckmäßigsten wieder bei der zuständigen Industrie- und Handelskammer, die als „Träger öffentlicher Belange" bei allen Bauleitplanungen gehört wird und deshalb die Entwicklung des Verkehrsnetzes recht gut voraussehen kann.

4.1.1.1.2 Regional- und strukturpolitische Gesichtspunkte

Neben den bisher genannten Standortbedingungen muß die raumbezogene Wirtschaftspolitik von Bund, Ländern und Gemeinden in die Überlegungen einbezogen werden. Auch hier gilt es, die Bedingungen der verschiedenen in Betracht kommenden Standorte zu überprüfen.

Die staatliche und kommunale Raumwirtschaftspolitik versucht, die Standortwahl der Unternehmen dadurch zu beeinflussen, daß die Nachteile der weniger begünstigten Standorte durch öffentliche Hilfsmaßnahmen abgemildert oder sogar ausgeglichen werden.

Ziel der staatlichen Raumwirtschaftspolitik ist es, die Lebensbedingungen der Bürger in den verschiedenen Teilen des Staatsgebietes einander möglichst vollständig anzugleichen. Das soll vorzugsweise dadurch erreicht werden, daß eine Industrialisierung oder eine Änderung der industriellen Branchenstruktur in jenen Gebieten gefördert wird, in denen sich das Sozialprodukt nur unterdurchschnittlich entwickelt. Ursachen einer solchen Entwicklung sind häufig langfristige Absatzschwierigkeiten bisher vorherrschender Wirtschaftszweige (Beispiel: Ruhrbergbau) oder ein Mangel an Betrieben mit hoher Arbeitsproduktivität. Die Förderungsmaßnahmen wirken direkt oder indirekt zugunsten der neu angesiedelten Industriebetriebe. Zum Teil betreffen sie die allgemeine Infrastruktur: Das Verkehrsnetz wird ausgebaut, das Schulsystem verbessert, Anlagen zur Wasserversorgung und zur Abwasserbeseitigung werden eingerichtet. Zum Teil wirken sie aber auch direkt: so vor allem die Kredithilfen, die den Kapitaldienst für die Anlageinvestitionen verbilligen. Auch zinsgünstige öffentliche Kredite (z. B. aus dem ERP-Fonds) werden bei Ansiedlungen in bisher wirtschaftsschwachen Gebieten bevorzugt gewährt. Schließlich ist es in manchen Fällen möglich, ein Grundstück aus staatlichem Eigentum billig zu erwerben. Über die staatlichen Investitionshilfen informiert man sich am zweckmäßigsten beim Wirtschaftsministerium des betreffenden Bundeslandes.

Städte und Gemeinden, deren wichtigste Einnahmequelle bekanntlich die Gewerbesteuer ist, bemühen sich intensiv um die Ansiedlung neuer Betriebe in ihren Grenzen. Wichtigstes Förderungsinstrument ist bei ihnen die Standortsubventionierung durch preisgünstiges Angebot gemeindeeigener Grundstücke. So kann es vorkommen, daß für ein Industriebaugrundstück nur ein Bruchteil des Preises gefordert wird wie für ein benachbartes Wohnbaugrundstück. Viele Städte und Gemeinden haben ihren noch unbebauten Grundbesitz schon vor Jahrzehnten erworben und können ihn ohne rechnungsmäßigen Verlust an interessierte Unternehmen billig abgeben.

Trotz ihres geringen eigenen Steueraufkommens verlangen manche Gemeinden einen prozentual geringen Beitrag zu den von der Gemeinde vorgenommenen Erschließungsinvestitionen. Auch hier handelt es sich um eine verdeckte Standortsubventionierung: Zum Teil wird sie dadurch ermöglicht, daß die Gemeinden besondere staatliche Finanzzuweisungen erhalten, zum Teil durch die Aufnahme von Kommunalkrediten, wobei die Gemeinden hoffen, Schuldendienst und Tilgung aus dem zusätzlichen Steueraufkommen decken zu können.

Auch bei den von Staat und Gemeinden künstlich veränderten Standortbedingungen haben wir die möglichen langfristigen Auswirkungen zu überlegen, und zwar nicht nur die Auswirkungen auf unseren Betrieb, sondern ebenso die Auswirkungen auf die Gemeinde. Subventionen der Anlaufinvestitionen (Grundstückskauf, Anlagenbeschaffung) senken zwar die Anlagekosten. Aber es darf nicht übersehen werden, daß die laufenden Kosten davon nicht betroffen werden. Es kann durchaus der Fall eintreten, daß die Standortsubvention nicht ausreicht, standortbedingte Nachteile (erhöhte Kosten für Transport, Nachrichtenübermittlung, Energie- und Wasserversorgung) zu kompensieren. Manche finanzschwache Gemeinde erkennt nicht rechtzeitig die möglichen Verschuldungsgrenzen. Für wichtige kommunale Vorhaben können eines Tages keine Mittel mehr vorhanden sein, so daß als Ausweg nur eine Erhöhung des Gewerbesteuer-Hebesatzes übrigbleibt, die eine empfindliche Ertragsschmälerung für das Unternehmen nach sich ziehen kann.

4.1.1.2 Überblick über die volkswirtschaftlichen Rahmenbedingungen (Zusammenfassung)

Es ist sicher aufgefallen, daß das Hauptgewicht unserer Betrachtungen nicht auf makroökonomischen Gesichtspunkten lag, sondern daß der *Wirtschaftsraum* im Mittelpunkt der Überlegungen stand. Das ist ganz natürlich: Die makroökonomischen Modelle der Volkswirtschaftslehre, in denen die räumliche Dimension fast immer fehlt, interessieren hier nicht. Was zu berücksichtigen ist, ist gerade die räumliche Dimension, weil sie über Gedeihen oder Untergang eines Unternehmens genauso entscheiden kann wie die Gestaltung des Betriebsablaufes und die Absatzpolitik.

Die Überlegungen haben gezeigt, daß die Dimension „Wirtschaftsraum“ nicht nur in der Kilometerlänge von Transportwegen zu erfassen ist. Sicher, Verkehrstarife sind auf Entfernungseinheiten aufgebaut, und große Entfernungen führen zu hohen Bezugs- und Absatzkosten. Aber daneben spielen auch das lokale und regionale Wirtschaftsklima eine entscheidende Rolle. In diese Kategorie gehört die berufliche Struktur der ortsansässigen Bevölkerung ebenso wie die lokale und regionale Wirtschaftsstruktur. Je vielfältiger die Berufsstruktur ist, desto leichter wird es sein, Arbeitskräfte mit der jeweils benötigten Qualifikation anzuwerben. Je vielfältiger die Branchenstruktur ist, desto stabiler ist auch der Arbeitsmarkt. Konjunkturelle und strukturelle Schwächen einzelner Branchen führen dann nicht zur Abwanderung qualifizierter Arbeitskräfte, sondern fördern nur den Anpassungsprozeß an die veränderte Beschäftigungslage der einzelnen Branchen. Dabei braucht man nicht nur an fremde Branchen zu denken. Der Betrieb kann eines Tages vorübergehende Absatzschwierigkeiten haben, und wären nicht andere Betriebe in der Nähe, die die entlassenen Beschäftigten aufnehmen könnten, käme es zu Abwanderungen, so daß man nach Überwindung der Schwierigkeiten einen leeren Arbeitsmarkt vorfände. Deshalb sollte die Standorteignung für andere Branchen berücksichtigt werden: Die Branchenvielfalt an einem Standort stabilisiert das Arbeitsangebot.

Aber auch in anderer Hinsicht verbessert sie die Standortgunst. Das lokale und regionale Angebot öffentlicher und privater Dienstleistungen ist ein wichtiges Standortmerkmal. Die Betriebe, die diese Leistungen erstellen, erfordern eine von Fall zu Fall verschieden große Nachfrage, wenn sie wirtschaftlich sein sollen. Ein gut ausgestattetes Krankenhaus z. B. läßt sich nur wirtschaftlich betreiben, wenn in seinem Einzugsbereich eine entsprechend große Bevölkerung lebt. Das Dienstleistungsangebot ist um so größer und besser, je mehr andere Betriebe mit ihren Beschäftigten als Nachfrager auftreten.

Das gleiche gilt auf dem Verkehrssektor. Je mehr Betriebe in einem Ort vorhanden sind, desto besser ist in der Regel auch das Verkehrsangebot: angefangen bei der örtlichen Spedition mit dichtem Liniennetz über die Güter- und Reisezugfahrpläne bis zur Behandlung in den Beförderungstarifen.

Dabei sollte nicht nur das Vorhandene berücksichtigt werden, sondern auch künftig mögliche Entwicklungen sind in die Überlegungen einzubeziehen, z. B. die kommunalen und regionalen Planungen, die wirtschaftlichen Aussichten der bereits ortsansässigen Branchen (Beispiel: Opel im Ruhrgebiet) und die Standortgunst für Betriebe anderer Branchen.

4.1.1.3 Die betriebswirtschaftlichen Rahmenbedingungen

4.1.1.3.0 Das Angebot an Grundstücken zur Errichtung der Produktionsstätte

Das Angebot an Grundstücken zur Errichtung der Produktionsstätte ist davon abhängig, welche Anforderungen an den Standort gestellt werden. Im vorigen Abschnitt sind bereits die volkswirtschaftlichen Rahmenbedingungen untersucht worden. Man kann nun streng genommen eine exakte Trennungslinie zwischen den volkswirtschaftlichen und den betriebswirtschaftlichen Rahmenbedingungen nicht ziehen. Das ist darauf zurückzuführen, daß die volkswirtschaftlichen Daten die Ausgangsposition für die betriebswirtschaftlichen Standortmerkmale bilden. So hängen die Kosten der Grundstücke, die für die Errichtung der Produktionsstätte geeignet sind, in der Regel entscheidend ab von der Regional-, Struktur- und Steuerpolitik des Landes bzw. der Gemeinde. Bei der Erörterung der betriebswirtschaftlichen Rahmenbedingungen sollen aber keine volkswirtschaftlichen Überlegungen mehr angestellt werden.

Zunächst wird das Angebot an Grundstücken davon bestimmt, welche Anforderungen wir an den Baugrund stellen müssen. Soll die Fabrikationsstätte in Form eines großen Geschoßhauses entstehen, so setzt das einen sehr tragfähigen Baugrund voraus. Wenn das Baugelände in dieser Hinsicht nicht hundertprozentig geeignet ist, können sich die Baukosten erheblich verteuern durch größere und tiefere Fundamente, die nun erforderlich sind. Wichtig ist auch, daß das Baugelände Möglichkeiten läßt, die Produktionsstätte auszubauen und zu vergrößern. Es ist ein schwerwiegender Nachteil, wenn das wegen eines zu kleinen Baugeländes oder wegen einengender Bauvorschriften in späteren Zeiten nicht geschehen kann. Wie bereits angedeutet, bringt jede nachträgliche Änderung des Standortes in aller Regel erhebliche finanzielle Einbußen mit sich. Eine geringere Rolle spielen die durch die Umwelt und das Klima bestimmten Produktionsbedingungen. Es wurde allerdings auch schon erwähnt, daß heutzutage mangelnde Eignung eines Grundstückes in dieser Hinsicht nicht unbedingt ein Hinderungsgrund sein muß. Klimatische Voraussetzungen für eine bestimmte Produktion können sehr viel besser und konstanter durch Klimaanlagen geschaffen werden. Allerdings erhöhen solche Einrichtungen die Produktionskosten nicht unerheblich.

Ähnliches gilt für die Lage in den verschiedenen Verkehrssystemen. Zweifellos können fehlende oder schlechte Eisenbahnverbindungen durch werkseigene Lastkraftwagen weitgehend ersetzt werden. Doch ganz abgesehen von den Auswirkungen auf die Kosten, die nicht unbedingt negativ sein müssen, ist die Substitution eines Verkehrsträgers durch einen anderen nicht in jedem Falle möglich. So kann die Nähe eines Flughafens, der von vielen internationalen Fluglinien angeflogen wird, u. U. nicht ersetzt werden.

Es wurde schon einmal angedeutet, daß alle diese Standortqualitäten ihren Niederschlag in der Kostenstruktur finden müssen. Es sollen deshalb im folgenden die einzelnen Kostenarten, die vom Standort beeinflußt werden können, etwas genauer betrachtet werden.

4.1.1.3.1 Die Kosten geeigneter Grundstücke

Als der Einfluß der Regional- und Strukturpolitik der Länder und Gemeinden erörtert wurde, war darauf hingewiesen worden, daß die Grundstückspreise aus wirtschaftspolitischen Gründen häufig manipuliert werden. Bei der Ausnutzung solcher Preisvorteile geht es allerdings nicht ohne Spekulation ab, da sich natürlich auf lange Sicht hin nichts über die Entwicklung der kommunalen Steuersätze und Abgaben voraussagen läßt. Es kann sich deshalb als Fehlkalkulation erweisen, wenn man seine Standortentscheidung nur nach den niedrigen Kosten eines geeigneten Baugrundstückes ausrichtet.

Wichtig ist es in jedem Fall, die reinen Grundstückskosten, d. h. die Kosten pro Quadratmeter Boden, und die Erschließungskosten für das Grundstück klar zu unterscheiden. Keinesfalls läßt sich der Quadrameter-Preis eines Grundstücks, das bereits erschlossen ist, mit demjenigen eines unerschlossenen Grundstückes vergleichen. Die Erschließungskosten machen nämlich häufig ein Vielfaches des Grundstückspreises aus. Es ist klar, daß der Bau einer Straße und das Legen von Gas-, Wasser- und Elektrizitätsleitungen sehr viel Geld kosten können. Falls eine eigene Gleisanlage benötigt wird, muß die unterschiedliche Kostenhöhe für den Bau beim Preisvergleich berücksichtigt werden.

Zu den Erschließungskosten, besonders zu den Kosten für den Bau von Straßen- und Eisenbahnanschlüssen, leisten Kommunen oder Gemeinden häufig Zuschüsse. Die Gesamtkosten für das zu beschaffende Grundstück müssen nun für die Standortkalkulation in Kosten pro Nutzungsjahr umgerechnet werden, damit sie mit den übrigen Kosten verglichen werden können. Dabei wird man auf den Gesamtbetrag zunächst eine kalkulatorische Verzinsung berechnen und darüber hinaus entsprechende Abschreibungen für die Investitionen, die im Zusammenhang mit der Erschließung des Grundstückes getätigt worden sind.

4.1.1.3.2 Steuervorteile

Die Gewerbesteuer ist die wichtigste der Gemeindesteuern. Die Gemeindehaushalte werden also in erster Linie durch die Einnahmen aus der Gewerbesteuer finanziert. Deshalb sind die Gemeinden sehr daran interessiert, viele gutgehende Unternehmen in ihrem Bezirk als Steuerzahler zu haben. Häufig gewährt die Gemeinde für die ersten Jahre des Aufbaues einer Betriebswirtschaft Ermäßigungen auf die Gewerbesteuersätze, um einen besonderen Anreiz zur Wahl gerade dieses Standortes zu geben (Verminderung des Gewerbesteuerhebesatzes). Außerdem wird häufig in den ersten Jahren keine Lohnsummensteuer erhoben.

Wenn man seine Standortentscheidung von solchen Vergünstigungen abhängig machen will, sollte man sich jedoch die Zusage geben lassen, daß in den späteren Jahren die Steuersätze nicht das Durchschnittsmaß übersteigen werden. Sonst wären die zunächst gewährten Steuernachlässe nur einem Aufschub von Steuerzahlungen gleichzusetzen. Immerhin können bei sonst gleichen Standorteigenschaften die genannten Vorteile ausschlaggebend für die Wahl eines bestimmten Standortes sein.

Ganz besonders lukrativ wirkt der Fortfall der Gewinnsteuern (Körperschaftsteuer und/oder Einkommensteuer). Diese Vergünstigung erscheint allerdings oft wesentlicher, als sie ist, da sie im allgemeinen nur in den ersten Jahren nach der Gründung eines Betriebes gewährt wird, in denen normalerweise sowieso nur geringe Gewinne anfallen. In jedem Falle müssen alle Eigenschaften eines Standortes bewertet und, wenn irgend möglich, auch in ihrer kostenmäßigen Auswirkung berechnet werden, damit die zur Auswahl stehenden Standorte verglichen werden können.

4.1.1.4 Die Rahmenbedingungen für die Beschaffung

4.1.1.4.0 Generelles

Gerade bei Produktionsbetrieben sind die Beschaffungsmöglichkeiten meist entscheidend für eine qualitativ hochwertige und kostengünstige Produktion. Das gilt besonders für solche Unternehmen, die eine materialkosten-, arbeitskosten- oder kapitalkostenintensive Produktion haben. Man kann für den geplanten Betrieb der Nahrungsmittelindustrie annehmen, daß er materialkosten- und kapitalkostenintensiv produziert. Mit anderen Worten: der größte Prozentsatz der Produktionskosten entfällt auf das eingesetzte Material und auf die Kapitalkosten (Abschreibungen und kalkulatorische Zinsen) für die Produktionsanlagen. Darüber hinaus spielen gerade in dieser Branche Überlegungen zur Qualität der eingesetzten Rohstoffe häufig eine wichtige Rolle bei Standortentscheidungen.

4.1.1.4.1 Beschaffungsmöglichkeiten für Rohstoffe

Ganz abgesehen davon, daß jeder Transport die Beschaffungskosten erhöht, ist es denkbar, daß die Qualität der zu verarbeitenden Nahrungsmittel einen längeren Transport nicht gut verträgt. Vielleicht läßt er sich mit Hilfe von Spezialfahrzeugen ohne Minderung der Qualitätseigenschaften vornehmen, aber das dürfte die Transportkosten ganz erheblich erhöhen. Besonders kleinere Unternehmen, die die Kostenvorteile des Transportes in großen Mengen nicht ausnutzen können, sind deshalb in ihrer Standortwahl häufig rohstofforientiert.

Es soll allerdings für die Produktionsstätte angenommen werden, daß die Dimensionen einen Transport der Rohstoffe aus entfernter liegenden Erzeugungsgebieten notwendig machen. Auf der anderen Seite können dann wegen der großen Produktionsmenge auch die entsprechenden Kostenvorteile eines Transportes in großen Mengen ausgenutzt werden. Die Standortentscheidung ist somit nicht rohstofforientiert.

4.1.1.4.2 Beschaffungsmöglichkeiten für Hilfs- und Betriebsstoffe

Zu den Hilfs- und Betriebsstoffen zählen neben denjenigen Stoffen, mit deren Hilfe die Produktion durchgeführt wird, besonders die, die der Energieerzeugung dienen, also Kohle, Benzin, Heizöl, Elektrizität usw.

Erfordert nun die Produktion einen großen Einsatz solcher energieliefernder Betriebsstoffe, so kann die Standortwahl auch durch das Vorkommen dieser Energieträger beeinflußt werden. Ein gutes Beispiel für betriebsstofforientierte Standortwahl finden wir bei der Aluminiumherstellung und bei Kohle- und Wasserkraftwerken.

Für die Standortentscheidung spielt das Angebot von Hilfs- und Betriebsstoffen keine entscheidende Rolle: Die Produktion des Nahrungsmittels verursacht keine besonders hohen Kosten durch den Einsatz von Hilfs- und Betriebsstoffen, und die Beschaffungskosten für energieliefernde Stoffe bei durchschnittlichen Mengen weichen nicht stark voneinander ab.

4.1.1.4.3 Beschaffungsmöglichkeiten von Produktionsanlagen

Daß eine Standortentscheidung durch die Beschaffungsmöglichkeiten von Produktionsanlagen beeinflußt wird, ist relativ selten, wenn man einmal die Erhöhung der Anschaffungskosten durch die höheren Transportkosten unberücksichtigt läßt. Man kann heutzutage überall in der Welt Maschinen kaufen und sie zur Produktionsstätte transportieren. Die Kompliziertheit der Produktionsanlagen kann allerdings eine ständige Überwachung und Wartung erforderlich machen, die zweifellos einfacher durchzuführen ist, wenn das Unternehmen seine Produktion direkt beim Hersteller der Maschinen hat. Ganz besonders dann gilt das, wenn Anfälligkeit oder hoher Verschleiß häufige Reparaturen bedingen. Gerade Schwierigkeiten bei der Beschaffung von Ersatzteilen können zu empfindlichen Produktionsstörungen führen.

Es soll angenommen werden, daß solche Standortüberlegungen bei der Entscheidung keine Rolle spielen, da das Unternehmen über eigene gutausgebildete Techniker verfügt und die zur Produktion benötigten Maschinen nicht allzu kompliziert sind.

4.1.1.4.4 Beschaffungsmöglichkeiten für Arbeitskräfte

Besonders in Zeiten der Vollbeschäftigung und des daraus resultierenden Arbeitskräftemangels kann die Entscheidung für oder gegen einen Standort durch das Angebot an Arbeitskräften erfolgen. Wenn die Produktion arbeitskostenintensiv ist, d. h. die meiste Arbeit im laufenden Produktionsprozeß von Menschen — und nicht von Maschinen — getan wird, dann ist es bei der Standortentscheidung wesentlich, wie groß das Arbeitskräfteangebot ist und — unmittelbar davon abhängend — wie hoch das Lohnkostenniveau ist. In diesem Fall können nämlich andere Kostenvorteile, wie geringere Steuern, niedrige Transportkosten für Rohstoffe oder günstige Grundstückspreise, die Schwierigkeiten bei der Beschaffung der Arbeitskräfte nicht kompensieren. Sollte das Lohnkostenniveau erheblich niedriger liegen als an anderen in Aussicht genommenen Standorten, dann ist es eine Frage der Standortkalkulation, die größten Kostenersparnisse auszurechnen. Gerade in den Zeiten der Hochkonjunktur wurden in der Bundesrepublik nicht wenige Standortentscheidungen überwiegend unter dem Aspekt gefällt, wie geeignete Arbeitskräfte zu beschaffen wären.

Jedoch ganz abgesehen davon sind einige Unternehmen auf ganz bestimmte Gebiete angewiesen, in denen eine für diesen Produktionszweig ausgebildete und qualifizierte Facharbeiterschaft ansässig ist. Wenn nun ein neuer Betrieb dieser Branche aufgebaut werden soll, dann besteht nur die Möglichkeit, entweder einen geeigneten Facharbeiterstand auszubilden und dafür entsprechend hohe Kosten in Kauf zu nehmen oder die benötigten Arbeitskräfte von den anderen Unternehmen der gleichen Branche abzuwerben, die in diesem Bezirk bereits ansässig sind.

Bei der Standortentscheidung sollen die Beschaffungsmöglichkeiten für Arbeitskräfte nicht ausschlaggebend sein, da die Produktion überwiegend maschinell erfolgt und die wenigen benötigten Facharbeiter leicht beschafft werden können.

4.1.1.5 Rahmenbedingungen für den Absatzsektor

4.1.1.5.0 Generelles

Für die meisten Unternehmen ist heutzutage der Absatz die entscheidende Frage und das wichtigste Problem in der gesamten Unternehmenspolitik. Vor allen Dingen muß die Konsumgüterindustrie darauf achten, daß sie möglichst optimale Absatzbedingungen schafft. Deshalb sollen die absatzorientierten Erwägungen, die die Entscheidung für einen bestimmten Standort beeinflussen können, hier nur noch einmal generell genannt werden.

4.1.1.5.1 Die Nachfragestruktur

Die örtlich bedingte Nachfragestruktur ist für die Standortwahl nicht nur deshalb von großer Bedeutung, weil die Verkaufspreise durch hohe Transportkosten erhöht werden, sondern weil auch die gesamte Absatzorganisation von ihr bestimmt wird. Da deren Kosten oft erheblich höher sind als die Transportkosten der Fertigprodukte, kommt der Standortentscheidung gerade unter diesen Aspekten eine besondere Bedeutung zu. Es ist z. B. sehr schwierig, eine große Vertreterorganisation zu überwachen und möglichst wirksam einzusetzen, wenn der Sitz des Unternehmens, die Unternehmensleitung und damit die für die Absatzpolitik entscheidenden Persönlichkeiten weit entfernt vom Verkaufsbezirk und von der Absatzorganisation domizilieren. Die räumliche Entfernung bringt automatisch organisatorische Schwierigkeiten mit sich. Es ist deshalb auf alle Fälle von Vorteil, wenn die zukünftigen Abnehmer ihren Wohnsitz nahe bei der Produktionstätte und dem Sitz der Unternehmensleitung haben und die gesamte Absatzorganisation sich auf diese örtlich bedingte Nachfragestruktur einstellen kann. Sollte jedoch die Nachfragestruktur so beschaffen sein, daß sie gleichmäßig über die Bundesrepublik verteilt ist — natürlich mit entsprechender Berücksichtigung der unterschiedlichen Bevölkerungsdichte —, dann wird die Standortentscheidung von dieser Seite nicht beeinflußt.

4.1.1.5.2 Die Lage im Verteilersystem

Es ist bereits erwähnt worden, daß die Lage im Verkehrssystem besonders bedeutsam für die Beschaffungsmöglichkeiten von Roh-, Hilfs- und Betriebsstoffen sowie für die Arbeitskräfte ist. Ähnlich wichtig ist ein günstiger Standort in bezug auf das Verkehrs- und Verteilersystem für den Absatz. Es leuchtet unmittelbar ein, daß günstige Verkehrsverbindungen nicht nur für einen schnellen und damit reibungslosen Absatz sorgen können, sondern auch die Transportkosten bestimmen, die den Verkaufspreis oft spürbar beeinflussen. Die Verkehrsverbindungen zu den Abnehmern müssen deshalb genauso beachtet werden wie die Verkehrslage unter den Aspekten der Rohstoffbeschaffung. Was hilft es z. B. einem Kohlekraftwerk, wenn es die Kohlen durch Schiffstransporte besonders transportgünstig erhalten kann, jedoch zu den Stromabnehmern ein langes und damit entsprechend teures Leitungswerk legen muß?

Darüber hinaus muß bei der Standortentscheidung die Lage im Verteilersystem im engeren Sinne beachtet werden. Gerade für unseren Betrieb, der in der Nahrungsmittelbranche arbeiten soll, sind Handelsketten, Einkaufsgenossenschaften und andere Handelsorganisationen, die dem Absatz von Nahrungsmitteln dienen, sehr wichtig. Wenn durch die räumlichen Gegebenheiten ein besonders enger Kontakt zu ihnen aufgebaut werden kann, ist das für den Absatz möglicherweise ein beachtlicher Vorteil. Für den speziellen Fall gilt nun, daß im Verteilersystem dieser Art die Lage in den Ballungszentren am günstigsten sein wird.

4.1.1.5.3 Die Konkurrenzverhältnisse

Auch die Konkurrenzverhältnisse können die Standortentscheidung beeinflussen. Zweifellos ist eine große Anzahl von Konkurrenten am gleichen Ort für jeden Anbieter kein Vorteil. Die Abnehmer können im Normalfall ohne Schwierigkeiten und vor allem ohne höhere Kosten auch mit der Konkurrenz verhandeln und von ihr beziehen. Der reaktionsfreie Bereich bei Verhandlungen engt sich ein. Transportkostenvorteile spielen keine Rolle. Aus all diesen Gründen wird man versuchen, einen Standort zu wählen, an dem die Konkurrenz möglichst nicht vertreten ist. Diese Überlegungen sind überflüssig, wenn das Produkt in der gesamten Bundesrepublik abgesetzt werden soll. — Für die Standortentscheidung spielen also die Konkurrenzverhältnisse keine Rolle.

4.1.1.5.4 Zusammenfassung der Standortüberlegungen

Die Analyse hat gezeigt, daß zahlreiche Überlegungen angestellt werden müssen, bevor man eine wirklich fundierte und aller Wahrscheinlichkeit nach richtige Entscheidung für einen bestimmten Standort fällen kann. Das wichtigste war, alle Eigenschaften eines Standortes zu erfassen und wertmäßig zu bestimmen, die sich auf die geplante Produktion und den Absatz in Kostenvor- oder -nachteilen auswirken können. Erst wenn die Standortkalkulation mit der nötigen Gründlichkeit und Sorgfalt durchgeführt worden ist, kann die Standorteignung der zur Auswahl stehenden Produktionsstätten richtig beurteilt werden.

Kosteneinflußgrößen, die sich in nächster Zukunft auswirken, habei dabei naturgemäß ein stärkeres Gewicht als Entwicklungen, die erst in späterer Zeit wirksam werden könnten. Die Ungewißheit spielt auch hier eine wichtige Rolle. Bei aller Gründlichkeit und wissenschaftlichen Genauigkeit fehlt deshalb bei Standortentscheidungen nicht das unternehmerische Risiko. Das sogenannte Fingerspitzengefühl erfolgreicher Unternehmer sollte aus diesen Gründen auch bei der Standortwahl nicht fehlen. Eine exakte Standortanalyse kann es allerdings niemals ersetzen.

4.1.1.6 Überlegungen zu produktionstechnischen Fragen

Schon bei der Produktentwicklung mußten zwangsläufig detaillierte Überlegungen zur Art und Weise der Produktion angestellt werden. Auch bei der Standortanalyse waren gewisse Vorstellungen über die Art und Weise der Produktion die Voraussetzung dafür, daß man eine Entscheidung im Hinblick auf den Standort fällen konnte. Die für solche Dispositionen notwendige produktionstechnische Konzeption braucht jedoch noch nicht sehr detailliert zu sein. Im Rahmen der gesamten Unternehmensanalyse muß jedoch auch die produktionstechnische Seite der Errichtung des neuen Unternehmens gründlich durchleuchtet werden.

4.1.1.6.0 Voraussetzungen

Die Produktionsverfahren und -methoden werden durch eine Reihe von Voraussetzungen weitgehend bestimmt und festgelegt. In diesem Zusammenhang sind in erster Linie die Vorstellungen der Produktentwicklung Datum. Bestimmte Produkte erfordern häufig zwingend ganz bestimmte Produktionsverfahren. Diese Produktionsverfahren können einmal aufgrund chemisch physikalischer Gesetzmäßigkeit unbedingt notwendig sein. So erfordert z. B. die Stahlerzeugung oder die Herstellung von Mineralölprodukten ganz bestimmte Fertigungsverfahren. Diese Zwangsläufigkeit ist jedoch bei anderen Produkten häufig aufgrund von wirtschaftlichen Erfordernissen oder Notwendigkeiten gegeben. Es ist z. B. unmittelbar einleuchtend, daß heutzutage keine Automobilfabrik auf eine Fließbandfertigung oder besser automatisch gesteuerte Fertigungsstraße verzichten kann. Der Zwang zur Anwendung bestimmter Produktionsverfahren beruht hier auf der wirtschaftlichen Gesetzmäßigkeit, daß nur bei einer Fertigung in sehr großen Stückzahlen die Kosten pro produzierte Einheit niedrig sein können. Eine solche Massenproduktion erfordert jedoch eine weitgehende Mechanisierung und Automatisierung. Die Produktionsverfahren hängen sowohl vom Ausgangsprodukt und den zu erstellenden Produkten als auch von dem Umfang der Produktion, d. h. von der geplanten Kapazität, ab.

Darüber hinaus können sowohl die Beschaffungspreise für die Roh-, Hilfs- und Betriebsstoffe, für die Produktionsanlagen und die Lohnkosten eine erhebliche Rolle bei den Überlegungen zu produktionstechnischen Fragen spielen. Diese Gedankengänge sind im Rahmen der Unternehmensanalyse nur insoweit von Bedeutung, als sie wirtschaftliche Auswirkungen haben können. Rein technische Fragen, die den Bereich des Ökonomischen nicht berühren, brauchen hier nicht angestellt zu werden. Es interessieren produktionstechnische Fragen nur insoweit, als sie Auswirkungen auf die Kostenstruktur der geplanten Unternehmungen haben können.

4.1.1.6.1 Ökonomisch-relevante Ergebnisse der produktionstechnischen Überlegungen: Die Kostenstruktur der Produktion

Es ist deshalb so besonders wichtig, eine genaue Kenntnis von der Kostenstruktur der Produktion zu haben, weil die Produktionskosten häufig einen großen Teil der Gesamtkosten ausmachen. Für die Preiskalkulation ist es aus diesem Grund unerläßlich, eine genaue Kenntnis der Kostenstruktur der Produktion zu haben. Es gibt fünf Haupt-Kosteneinflußgrößen: Beschäftigung (Beschäftigungsgrad), Faktorpreise, Faktorqualitäten, Betriebsgröße und Fertigungsprogramm. Aufgrund der Plandaten für die Fertigung und der bekannten Preise für die Betriebsmittel kann man sich eine Vorstellung über die Kostenstruktur der Produktion bilden. Es wird deutlich werden, in welchem Umfang sich die Kostenstruktur der Produktion verändert, wenn sich die Beschäftigung, die Faktorpreise, die Faktorqualitäten, die Betriebsgröße oder das Fertigungsprogramm ändert. Die Erkenntnis dieser Zusammenhänge und die Entwicklung entsprechender Kostenfunktionen ist deshalb so wichtig, weil auf ihr viele Planungsüberlegungen aufbauen.

In diesem Zusammenhang muß besonders auf die Unterscheidung von Fixkosten und variablen Kosten hingewiesen werden. Gerade im Hinblick auf die Abhängigkeit der Kosten vom Beschäftigungsgrad müssen die Überlegungen zur Kostenstruktur der Produktion besonders genau sein. Da die Absatzerwartungen trotz aller Gründlichkeit der Marktforschung mit einer gewissen Unsicherheit behaftet sind, ist es nicht auszuschließen, daß der geplante Absatz nicht erreicht wird, woraus entsprechende Folgen für die Beschäftigung resultieren würden. Für diesen Fall ist es von großer Bedeutung, eine genaue Kenntnis davon zu haben, in welchem Ausmaß die Stückkosten bei rückläufigem Beschäftigungsgrad ansteigen werden, bzw. mit welchem Block von Fixkosten die Produktionskosten in jedem Fall belastet sind. Aber nicht nur bei unerfülltem Absatzsoll ist eine genaue Analyse der Kostenstruktur der Produktion besonders wichtig. Auch das Kalkulationsverfahren des Direct Costing erfordert umfassende Kenntnisse der Kostenabhängigkeiten.

Je genauer die Vorstellungen von der zukünftigen Kostenstruktur der Produktion sind, desto genauer kann die Unternehmensplanung erfolgen, und desto eher wird die angestrebte Rentabilität erzielt.

4.1.1.7 Überlegungen zur Organisation

4.1.1.7.0 Generelles

Im Zusammenhang mit den Überlegungen zur Organisation sollen Fragen, die die innerbetriebliche Organisation betreffen, unberücksichtigt bleiben. Das heißt allerdings nicht, daß nicht auch zumindest bei der Unternehmensplanung konkrete Vorstellungen zur innerbetrieblichen Organisation entwickelt werden sollten. An dieser Stelle sollen jedoch nur solche Fragen behandelt werden, die die Organisation des Unternehmens in ihren Beziehungen zu ihrer Umwelt betreffen.

Die wichtigste Frage in diesem Zusammenhang ist die Frage der Gesellschaftsform. Von ihr hängen ganz entscheidend die Finanzmittelbeschaffungsmöglichkeiten, die Höhe der zu zahlenden Steuern, die Möglichkeiten der Verwirklichung der unternehmenspolitischen Zielsetzung und die Möglichkeiten zur Ausnutzung wirtschaftspolitischer Förderungs- und/oder Unterstützungsaktionen ab. Ausgangspunkt dieser Überlegungen ist deshalb in aller Regel das nationale und internationale Wirtschafts- und Steuerrecht. Darüber hinaus bestimmen die wirtschaftlichen Vorstellungen und die unternehmenspolitische Konzeption der Gründer die zu findende organisatorische Lösung.

4.1.1.7.1 Die Frage der Gesellschaftsform

Man kann nur beispielhaft auf einige Fragen und Probleme, die im Zusammenhang mit der Wahl der Gesellschaftsform stehen, eingehen. Bei einem Projekt, bei dem ein bereits bestehendes Großunternehmen seinen Tätigkeitsbereich erweitern will, ergibt sich zunächst die Frage, ob dieser neue Betrieb ein rechtlich selbständiges Unternehmen sein soll, das nur durch die Eigentumsverhältnisse an den Konzern gebunden ist, oder ob nicht evtl. dieser Produktionsbetrieb direkt in eine bereits bestehende Konzerngesellschaft eingegliedert wird. Bei solchen Überlegungen spielen im allgemeinen die steuerlichen Vorschriften eine entscheidende Rolle. Zum Beispiel war das am 1. 1. 1968 auslaufende Umsatzsteuersystem ausgesprochen konzentrationsfördernd. Da bei Umsätzen innerhalb eines Konzerns keine oder nur verringerte Umsatzsteuern zu zahlen waren, bestand ein erheblicher Anreiz, neue Geschäftsbereiche dem bestehenden Konzern unmittelbar einzugliedern. Da nach dem am 1. 1. 1968 in Kraft getretenen Mehrwertsteuergesetz jedoch nicht mehr der Umsatz, sondern die Wertschöpfung eines Betriebes die Besteuerungsgrundlage für die Umsatzsteuerberechnung bildet, entfällt dieser Anreiz für eine unmittelbare Eingliederung in den Konzern.

Mindestens ebenso bedeutsam sind die Erwägungen, die im Zusammenhang mit der Gewinnbesteuerung gestellt werden müssen. In diesem Falle ist es besonders wichtig, die internationalen Doppelbesteuerungsabkommen zu kennen, nach denen die von einem in ein anderes Land transferierten Gewinne in den beiden Ländern besteuert werden. Diese steuerlichen Überlegungen, die hier nur angedeutet werden können, sind heutzutage bei den hohen steuerlichen Belastungen sehr häufig ausschlaggebend für die Wahl einer bestimmten Organisationsform, speziell für die Wahl einer bestimmten Gesellschaftsform.

Ein weiterer wichtiger Bestimmungsfaktor für die Gesellschaftsform ist die Größe des neuen Unternehmens. Große Unternehmen, die zur Durchführung ihrer Geschäftstätigkeit Millionenbeträge benötigen, werden heute nur noch sehr selten in der Form von Personengesellschaften gegründet. Allein die Tatsache, daß nur den Kapitalgesellschaften die Möglichkeit gegeben ist, ihren Finanzmittelbedarf auch am öffentlichen Kapitalmarkt zu decken, macht es nahezu unmöglich, solche Unternehmen in der Form einer Personengesellschaft zu führen. Kommen wir auf unseren Fall zurück: Wenn die Muttergesellschaft des Konzerns beabsichtigt, nicht 100%ige Eigentümerin des neu gegründeten Unternehmens zu bleiben, dann wird aller Wahrscheinlichkeit nach die Rechtsform einer Aktiengesellschaft gewählt. Nur die Aktiengesellschaft hat die Möglichkeit, Eigenkapital in größerem Umfang durch Außenfinanzierung über den Kapitalmarkt zu beschaffen. Darüber hinaus sind auch die Möglichkeiten zur Emission von Anleihen für eine Aktiengesellschaft wesentlich günstiger als für eine Gesellschaft mit beschränkter Haftung. GmbH sind nur in seltenen Fällen dazu in der Lage, ihren Bedarf an langfristigem Fremdkapital durch Emission von Anleihen über den Kapitalmarkt zu decken. Man erkennt also, daß die Wahl der Gesellschaftsform auch in unmittelbarer Abhängigkeit vom gegenwärtigen und zukünftigen Kapitalbedarf des Unternehmens steht.

Den Vorteilen der Finanzmittelbeschaffung, die die Aktiengesellschaft im Gegensatz zur Gesellschaft mit beschränkter Haftung hat, steht der Nachteil gegenüber, daß die Aktiengesellschaft laut Gesetz zu einer erheblich detaillierteren Rechenschaftslegung gegenüber der Öffentlichkeit verpflichtet ist. Alle deutschen Aktiengesellschaften müssen jedes Jahr

Bilanz-, Gewinn- und Verlustrechnung und Geschäftsbericht veröffentlichen. Diese strenge Berichtspflicht entfällt bislang für die Gesellschaft mit beschränkter Haftung, obwohl auch hier Bestrebungen im Gange sind, für größere Gesellschaften eine der Aktiengesellschaft entsprechende Publizitätspflicht einzuführen. Wenn also aus irgendwelchen Gründen möglichst wenig Informationen über das neu gegründete Unternehmen an die Öffentlichkeit dringen sollen, dann zeigt sich die Gesellschaftsform der Aktiengesellschaft am ungünstigsten.

Auch im Zusammenhang mit der Finanzierung sind steuerliche Überlegungen wichtig. Nach deutschem Steuerrecht unterliegt die Einbringung von Gesellschaftskapital und die Hingabe von langfristigen Darlehen der Gesellschafter an ihre Gesellschaft der Kapitalverkehrsteuer in Höhe von 2,5%. Angewandt auf unseren Fall heißt das, daß eine neu gegründete Aktiengesellschaft, die mit einem bestimmten Grundkapital ausgestattet wird und darüber hinaus vielleicht langfristige Darlehen von anderen Konzerngesellschaften erhält, mit diesem Volumen von Finanzmitteln der Kapitalverkehrsteuer in Höhe von 2,5% unterliegt. Anders sieht es jedoch aus, wenn ein bereits bestehendes Konzernunternehmen den neu zu gründenden Betrieb als einen zusätzlichen Geschäftszweig aufnimmt und die dazu erforderlichen Investitionen mit Hilfe von Krediten, die unmittelbar von Banken oder von anderen Kapitalsammelstellen aufgenommen werden, finanziert. In diesem Fall entfällt die Kapitalverkehrsteuer in Höhe von 2,5%. Eine solche Finanzierungsmöglichkeit, die also eine Organisation des neu zu gründenden Betriebes in Form einer selbständigen Gesellschaft ausschließt, setzt allerdings voraus, daß die übernehmende Konzerngesellschaft einen entsprechenden freien Kreditspielraum hat. Mit anderen Worten: Die Ausweitung des Fremdkapitalvolumens dieser Konzerngesellschaft muß im Einklang stehen mit den Normen der Finanzierungspolitik und den Gegebenheiten der betreffenden Branche.

Die Überlegungen haben gezeigt, daß die Fragen, die bei der Wahl der Gesellschaftsform auftreten, in sehr engem Zusammenhang mit der Steuergesetzgebung und den Finanzierungsmöglichkeiten und -anforderungen stehen. Daß darüber hinaus auch die juristischen Aspekte der Haftung, der Möglichkeit zur Umwandlung in andere Gesellschaftsformen und der Fusion beachtet werden müssen, soll hier nur am Rande erwähnt werden, kann jedoch von großer Bedeutung sein. Auch die Frage der Einflußnahme auf die Geschäftsführung ist nicht zuletzt eine Organisationsfrage, die Einfluß auf die Wahl der Gesellschaftsform nehmen kann. Voraussetzung für eine adäquate Lösung dieses Organisationsproblems ist eine ausreichende Vorstellung über den Grad der Abhängigkeit der Unternehmenspolitik des neu zu gründenden Unternehmens von der Konzernpolitik. Hier kann sich ein weiter Spielraum zwischen direkter Abhängigkeit und einem entsprechenden Wunsch nach Einflußnahme auch auf zweitrangige Entscheidungen und weitgehender Entscheidungsfreiheit und Unabhängigkeit mit den entsprechenden Kompetenzen ergeben. Man erkennt, daß diese Fragen, die vor der Gründung eines neuen Unternehmens geklärt werden müssen, eine genaue Vorstellung über die Ziele der Unternehmenspolitik voraussetzen. Darüber hinaus ist eine detaillierte Kenntnis des Handels- und Steuerrechts in den verschiedenen Ländern nötig, um eine optimale Lösung der Organisationsform zu finden. Daß die Klärung eines solchen Fragenkomplexes nicht ohne fundierte Analysen erfolgen kann, haben die nur sehr allgemein gehaltenen Erörterungen wohl gezeigt.

4.1.1.8 Grundsätzliche Überlegungen zur Finanzierung

Bereits im vorigen Abschnitt wurden eine Reihe von Finanzierungsfragen angeschnitten, die in unmittelbarem Zusammenhang mit steuerlichen Überlegungen und der Frage der Wahl der Gesellschaftsform standen. Selbst dann, wenn eine Entscheidung in diesem Fragenkomplex gefallen ist, müssen detaillierte Überlegungen zur Finanzierung angestellt werden. Zunächst gilt es, den voraussichtlichen Finanzmittelbedarf zu errechnen. Es soll einmal angenommen werden, daß man aufgrund einer solchen Kapitalbedarfsrechnung das Volumen der benötigten Finanzmittel errechnet hätte. Der nächste Schritt ist nun, die Möglichkeiten der Kapitalbeschaffung zu untersuchen. Dabei geht es im Stadium der Unternehmensanalyse nicht darum, eine detaillierte Planung auszuarbeiten. Das erfolgt in einem späteren Schritt des Netzplanes. An dieser Stelle ist es jedoch notwendig, sich eine Vorstellung davon zu verschaffen, in welchem Umfang Finanzmittel benötigt werden, und aus welchen Quellen dieser grob geschätzte Finanzmittelbedarf gespeist werden könnte. Es ist nämlich durchaus möglich, daß die Möglichkeiten des Konzerns, das neu zu gründende Unternehmen mit einem angemessenen Eigenkapital auszustatten, aus bestimmten Gründen zumindest im gegenwärtigen Zeitpunkt beschränkt sind. Solche Gründe könnten einmal in einer angespannten Liquiditätslage der Muttergesellschaft bestehen. Aber auch wirtschaftspolitische Gegebenheiten können einen Kapitaltransfer verhindern. So hat z. B. die US-amerikanische Regierung den amerikanischen Unternehmen dringend nahegelegt, keine Auslandsinvestition vorzunehmen, um nicht das US-amerikanische Zahlungsbilanzdefizit noch zu vergrößern. Für die großen amerikanischen Konzerne, die sich weitgehend nach dieser Empfehlung richten, ergibt sich dadurch eine erhebliche Einschränkung ihrer Investitionsmöglichkeiten im Ausland.

Wenn aus solchen Gründen das Volumen der haftenden Mittel in einem neugegründeten Unternehmen beschränkt wird, ergibt sich automatisch eine Verminderung der Beschaffungsmöglichkeiten von Fremdkapital. Gerade bei Neugründungen müssen Kreditgeber auf eine angemessene Ausstattung des Unternehmens mit Eigenkapital achten, besonders dann, wenn sie in der Form einer Kapitalgesellschaft, deren Haftung beschränkt ist, vor sich geht.

Bei den grundsätzlichen Überlegungen zur Finanzierung geht es also darum, sich einen Überblick über den voraussichtlichen Kapitalbedarf zu verschaffen und daran anschließend zu prüfen, ob überhaupt, und wenn ja, wie dieser Finanzmittelbedarf gedeckt werden kann.

4.2 Unternehmensplanung: Vom Briefing bis zur Durchführung

4.2.0 Überblick

Aus den bisher angestellten Überlegungen kann man das Charakteristikum des Netzplanes erkennen: Überprüfen und nochmals überprüfen! Dieser Leitsatz gilt ganz besonders für die Marketingarbeit. Die Notwendigkeit dazu ergibt sich zwangsläufig aus dem erhöhten Risiko der größeren, aber konkurrenzintensiveren Märkte.

Es wird nun angenommen, daß die Unternehmensleitung den Marketingplan akzeptiert hat. Wenn auch mit Abstrichen an den finanziellen Forderungen, aber immerhin.

150. Aufgabe: *Zu welchem Zeitpunkt wird sich wieder eine Hürde in Form einer notwendigen Unternehmensleitung ergeben?*

Als erster Aufgabenbereich stellt sich das Briefing für die Unternehmensplanung. Die Unternehmensplanung selbst, die sich an das Briefing anschließt, — basierend auf den Daten der Unternehmensanalyse und der zweiten Entscheidung der Geschäftsleitung — sollte spätestens zum Zeitpunkt unmittelbar vor der Erstellung des Test-Marketing-Planes abgeschlossen sein.

Zu diesem Zeitpunkt fällt auch die Entscheidung über die Durchführung des Test-Marketing. Gleichzeitig muß auch über den endgültigen Aufbau des Unternehmens entschieden werden. Bis zu diesem Zeitpunkt ist man also noch immer in der Lage, ohne erhebliche Verluste die Pläne wieder aufzugeben, wenn sich die bisherigen Überlegungen nun als falsch oder undurchführbar erweisen sollten. Die zur Durchführung des Test-Marketing erforderliche Menge des Produktes läßt man zweckmäßigerweise unter Beachtung der gesetzlichen deutschen Bestimmungen in dem Heimatland des Konzerns anfertigen. Während der Test-Periode, die mindestens ein Jahr dauern wird, ist dann genügend Zeit, den Aufbau des neuen Unternehmens — vor allem der Produktion — unter Berücksichtigung der jüngsten Ergebnisse durchzuführen.

Als zweiten Aufgabenbereich, der gleichzeitig neben dem Briefing und der Durchführung der Unternehmensplanung läuft, ist die Bereitstellung einer ausreichenden Menge des Produktes zur Durchführung des Test-Marketing zu bewältigen.

Parallel daneben läuft als dritter Aufgabenbereich die Erstellung der Werbekampagne. Der vierte und letzte Aufgabenbereich, der gleichzeitig zu den drei vorher genannten zu bewältigen ist, ist der Aufbau der Verkaufsorganisation im Testgebiet.

Für alle vier Aufgabenbereiche erstellt der Produkt-Manager aufgrund des durch die Unternehmensleitung in einigen Punkten modifizierten Marketingplanes ein detailliertes Briefing an die für diese Bereiche Verantwortlichen, d. h., an die deutsche Geschäftsleitung, das Produktkomitee — hier ist er selber der Vorsitzende —, die Werbeagentur und den Verkaufsleiter. Es sollen für diese Aufgabe zwei Wochen veranschlagt werden:

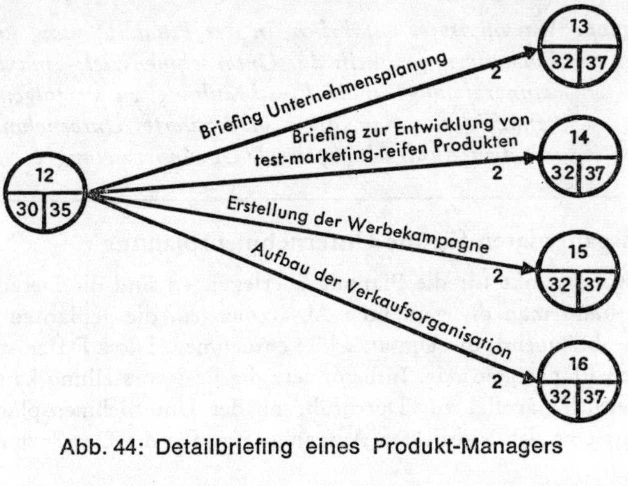

Abb. 44: Detailbriefing eines Produkt-Managers

4.2.1 Briefing-Unternehmensplanung

Das Briefing für die Unternehmensplanung ergibt sich fast automatisch aus den Ergebnissen der Unternehmensanalyse. Dennoch ist es eine an Wichtigkeit nicht zu unterschätzende Aufgabe, die Zielsetzung für die gesamte Unternehmensplanung, die auf den Ergebnissen der Unternehmensanalyse aufbauen muß, in prägnanter und eindeutiger Form darzustellen und zusammenzufassen. Damit wird das Briefing für die Unternehmensplanung zum Ausgangs- und Ansatzpunkt für die eigentliche Durchführung der Unternehmensplanung. Auf diesen konkreten Fall bezogen heißt das, daß die Unternehmensleitung die Grundsatzentscheidungen gefällt haben muß, so daß die daraus abzuleitenden Ergebnisse in das Briefing für die Unternehmensplanung aufgenommen werden können. Das heißt, daß folgende Entscheidungen getroffen sein müssen, wenn die Unternehmensplanung ins Detail gehen soll: Die Standortentscheidung, die Dimensionierung der Kapazität — wobei hier je nach Kostenstruktur evtl. auch späterhin noch größere Abweichungen vorgenommen werden können — die Frage der Gesellschaftsform und die grundsätzlichen Finanzierungsüberlegungen.

4.2.2 Die Durchführung der Unternehmensplanung

4.2.2.0 Grundsätzliches zur Unternehmensplanung im Rahmen der Aufstellung eines Netzplanes

Während die Unternehmensanalyse zeigen sollte, welche Alternativen bestehen und welche Wege beschritten werden können, muß die eigentliche Durchführung der Unternehmensplanung auf bestimmten Entscheidungen aufbauen und gewisse Daten als gegeben voraussetzen. Im übrigen unterscheidet sie sich nur dadurch von anderen Gründungsplanungen, daß der gesamte Absatzsektor mit seinen zahlreichen Detailplänen hier unberücksichtigt bleiben kann, da er ja bereits Gegenstand des übrigen Netzplanwerkes ist. Man muß sich an dieser Stelle also nur mit den übrigen Einzelplänen beschäftigen, wobei das Schwergewicht unserer Erörterung in diesem Zusammenhang nicht auf der Planungstechnik als solcher liegen wird, sondern vielmehr im Aufzeigen der Zusammenhänge zwischen den betrieblichen Einzelplänen.

151. Aufgabe: *Warum ist es gefährlich, in der Finanzplanung und in der Finanzierungspolitik das Unternehmensziel: „maximale Gewinnerzielung" ohne Einschränkung zu verfolgen? Warum kennzeichnet man diese modifizierte Unternehmenspolitik mit dem Ausdruck „optimale Gewinnerzielung"?*

4.2.2.1 Die Ausgangsdaten für die Unternehmensplanung

Wichtigster Ausgangspunkt für die Planungsüberlegungen sind die Details des Verkaufsplans. Aus ihm kann man die geplanten Absatzmengen, die geplanten Preise und, unmittelbar davon abhängend, die Umsatzerlöse entnehmen. Diese Daten stellen zwar noch keine endgültigen Plangrößen dar. Insbesondere die Preisvorstellung kann sich nach dem Preistest, der zeitlich parallel zur Durchführung der Unternehmensplanung läuft, verändern. Damit ist eine der wichtigsten Ausgangsdaten für die Unternehmensplanung mit einer gewissen Unsicherheit behaftet. Man wird deshalb besonders bei den aus den Umsatzerlösen resultierenden Einnahmen von vornherein mit gewissen, der evtl. Preisveränderung entsprechenden Abweichungen rechnen müssen.

Aus dem Verkaufsplan ergibt sich über die geplante Absatzmenge auch die Dimensionierung der Produktionskapazität. Darüber hinaus wurde angenommen, daß sich die Unternehmensleitung für einen bestimmten Standort entschieden hatte. Außerdem ergab sich aus der Eigenart des Produktes und den ökonomischen Überlegungen der Zwang, ein gewisses Produktionsverfahren zu wählen. Das besagte jedoch nicht, daß damit schon eine Entscheidung über die Anschaffung der verschiedenen, zur Auswahl stehenden Produktionsanlagen gefällt worden wäre.

Für die Finanzplanung kann man dem Marketingplan auch gewisse Angaben für die Aufstellung der Ausgaben entnehmen. Während die Vorstellungen über die Höhe der Produktionskosten bislang noch relativ vage sind, kann man anhand der Marketingkonzeption und des Marketingplanes recht genaue Hinweise für die Art und die Höhe der Vertriebskosten entnehmen. Es ist unmittelbar einleuchtend, daß ein ständiger Austausch von Ergebnissen der übrigen Teams des Netzplanes, soweit die Arbeiten parallel laufen, nötig ist, insbesondere dann, wenn die fortschreitende Planung Abweichungen gegenüber dem früheren Stadium aufzeigt.

Durch die Wahl des Standortes sind auch Entscheidungen über die Höhe der Kosten für das Grundstück und über die Höhe der Transportkosten gefallen, sowie gewisse Rahmenbedingungen für die Höhe der Steuern abgesteckt.

Auch dürfte die zweite Entscheidung der Geschäftsleitung bereits die Frage der Gesellschaftsform geklärt und grundsätzliche Überlegungen zur Finanzierung angestellt haben. Damit dürfte das Volumen der zur Verfügung stehenden haftenden Finanzmittel feststehen.

4.2.2.2 Die Produktionsplanung

Die Produktionsplanung wird vom Absatzplan vor allen Dingen in bezug auf die verschiedenen herzustellenden Warenarten und die Mengen in bestimmten Zeitabschnitten bestimmt. Während in der laufenden Planung der Produktionsplan vom Investitionsplan, vom Maschinenbelegungsplan und vom Arbeitseinsatzplan mitbestimmt wird, läuft der Planungsvorgang bei der Gründungsplanung umgekehrt.

4.2.2.3 Der Investitionsplan

Ausgehend von dem zur Verfügung stehenden Grundstück muß der Investitionsplan detaillierte Angaben über Gebäude, Maschinen und Anlagen enthalten. In einer Vorarbeit zum Investitionsplan müssen genaue Wirtschaftlichkeitsrechnungen für die zur Auswahl stehenden Produktionsanlagen durchgeführt werden. Der Investitionsplan liefert Daten über Maschinen und Anlagen an den Produktionsplan und Angaben über die Ausgaben zu Investitionszwecken an den betrieblichen Finanzplan.

In der laufenden Planung stehen in engem Zusammenhang mit dem Investitionsplan und dem Produktionsplan der Maschinenbelegungsplan und der Arbeitseinsatzplan. Vor allen Dingen der Arbeitseinsatzplan liefert die Daten für die Belegung der Arbeitsplätze in zeitlicher Hinsicht und gibt Anhaltspunkte über die Lohn- und Gehaltssummen.

4.2.2.4 Der Beschaffungsplan

Der Beschaffungsplan erhält seine wichtigsten Vorgaben vom Produktionsplan. Das sind die Bedarfsmengen an Roh-, Hilfs- und Betriebsstoffen, untergliedert nach Arten, Mengen, Zeiten und Werten.
Ein Unterplan des Beschaffungsplanes ist der Beschaffungslagerplan, der die gleichen Angaben wie der Beschaffungsplan enthält und seine Werte an den Beschaffungsplan weitergibt.

4.2.2.5 Der Produktionskostenplan

Der Produktionskostenplan ist das Ergebnis des Produktionsplanes, des Beschaffungsplanes und des Arbeitseinsatzplanes. Er enthält die Plangrößen über Materialkosten, Lohnkosten und Gemeinkosten, untergliedert in solche, die ausgabewirksam sind und in die Finanzplanung eingehen, und in solche, die nicht ausgabewirksam sind, d. h. kalkulatorischen Charakter haben, und in sekundäre Kosten. Die Werte der Produktionskostenplanung gehen, gegliedert nach Ausgabeperioden, in den betrieblichen Finanzplan ein.

4.2.2.6 Die Finanzplanung

Die Finanzplanung besteht aus folgenden Detailplänen: Der betriebliche Finanzplan, der neutrale Finanzplan, der Gesamt-Finanzplan und gegebenenfalls ein Plan für die Mittelüberschußverwendung oder ein Plan für die Zusatzbedarfsdeckung.

Während der neutrale Finanzplan die außerordentlichen und die betriebsfremden Einnahmen und die außerordentlichen und die betriebsfremden Ausgaben aufnimmt, enthält der betriebliche Finanzplan die betrieblichen Einnahmen aus den Verkaufserlösen — die Werte kommen aus dem Absatzplan — und die betrieblichen Ausgaben, untergliedert nach

a) Ausgaben für Investitionen und
b) Ausgaben für Kosten.

Das Ergebnis des betrieblichen Finanzplanes und des neutralen Finanzplanes ist ein Überschuß an liquiden Mitteln oder ein Zuschußbedarf. Die entsprechenden Werte gehen in den Gesamt-Finanzplan ein.

Die Angaben für den betrieblichen Finanzplan kann man ausnahmslos den bisher aufgestellten Einzelplänen entnehmen. Für die betrieblichen Einnahmen gibt der Absatzplan Auskunft, für die betrieblichen Ausgaben findet man die entsprechenden Werte im Investitionsplan und im Produktionskostenplan. Der neutrale Finanzplan erfaßt alle finanziellen Transaktionen, die außerhalb des betrieblichen Bereiches vor sich gehen. Dazu gehören z. B. Kreditaufnahmen, Eigenkapitalerhöhungen, Verkauf von Wertpapieren, Kreditrückzahlungen usw.

Im Gesamt-Finanzplan wird nun die Summe der verfügbaren Mittel der Planungsperiode durch eine Addition des Vorrates an liquiden Mitteln nach Abzug der Liquiditätsreserve und der Einnahmen der Periode, die aus den betrieblichen und den neutralen Einnahmen bestehen, errechnet. Von diesen verfügbaren Mitteln wird die Summe der erforderlichen Ausgaben in Form von neutralen und betrieblichen Ausgaben abgezogen, um entweder einen Finanzmittel-Überschuß oder einen Zusatzbedarf zu erhalten. Je nach Unter- oder Überdeckung ergibt sich die Notwendigkeit, die Überschußverwendung oder die Zusatzbedarfsdeckung zu planen.

4.2.2.7 Die Gewinnplanung

Mit der Gewinnplanung schließt sich das System der betrieblichen Gesamtplanung. Mehr oder minder isoliert steht hier die Planung des neutralen Gewinnes, in der die neutralen Erträge und die neutralen Aufwendungen gegenübergestellt werden. Das Ergebnis der Planung des neutralen Gewinnes ist der neutrale Gewinn bzw. der neutrale Verlust. Er sollte bei einem normalen Betriebsablauf eine untergeordnete Rolle spielen. In diesem Fall ist er auf jeden Fall nebensächlich.

Das Kernstück der Gewinnplanung ist der Betriebsgewinnplan. Er enthält eine Gegenüberstellung der betrieblichen Erträge und der Kosten und weist als Ergebnis einen Betriebsgewinn oder Betriebsverlust aus.

Im Gesamtgewinnplan werden nun Betriebsgewinn bzw. -verlust und neutraler Gewinn bzw. Verlust gegenübergestellt, so daß sich der Gesamtgewinn bzw. -verlust ergibt. Häufig wird dem Gesamtgewinnplan auch ein Rentabilitätsplan angegliedert, der den Gesamtgewinn in Relation zum Gesamt- und Eigenkapital setzt.

4.2.2.8 Die Bilanzplanung

Während bei der bisher erörterten Planungstechnik der Ausgangspunkt der Absatzplan gewesen ist und in der laufenden Planung der Engpaßbereich die übrigen Detailpläne bestimmt, führt die Bilanzplanung ein gewisses Eigenleben. Das ist darauf zurückzuführen, daß einmal die Bilanzierungsvorschriften Wertansätze bestimmen, die von den in der Planung üblichen Bewertungsmethoden abweichen können und zum anderen darauf, daß mit der Bilanzpolitik andere Ziele verfolgt werden als mit der Planung, die in erster Linie ein Informationsinstrument für die Unternehmensleitung ist.

In diesem Falle spielt jedoch die Bilanzplanung aus einleuchtenden Gründen noch keine Rolle. Bilanzpolitische Erwägungen bestimmen die Unternehmenspolitik in unserem Fall noch nicht, so daß eine Bilanzplanung höchstens in einer Ableitung der Bilanzwerte aus den einzelnen Detailplänen bestehen kann.

4.2.3 Zusammenfassung

Die Durchführung der Unternehmensplanung war durch das Vorhandensein einer Reihe von Entscheidungen und Ausgangsdaten in vieler Hinsicht klar bestimmt. Darüber hinaus gibt es jedoch auch Planungsbereiche, in denen die Planung vollkommen neu aufgebaut werden muß. Zu diesen Einzelplänen gehören vor allen Dingen der Investitionsplan, der Beschaffungsplan und der Produktionskostenplan.

Im übrigen ist jedoch das System der betrieblichen Einzelpläne so interdependent, daß eine separate Planung in einem betrieblichen Funktionsbereich zwangsläufig zu in der Luft hängenden Ergebnissen führen muß.

152. Aufgabe: *Wie lautet das Ausgleichsgesetz der Planung? Begründen Sie diese betriebswirtschaftliche Gesetzmäßigkeit!*

Das Ergebnis der Unternehmensplanung hat gezeigt, daß man zwar in den ersten beiden Jahren nach der Gründung mit buchmäßigen Verlusten rechnen muß, die auf die hohen

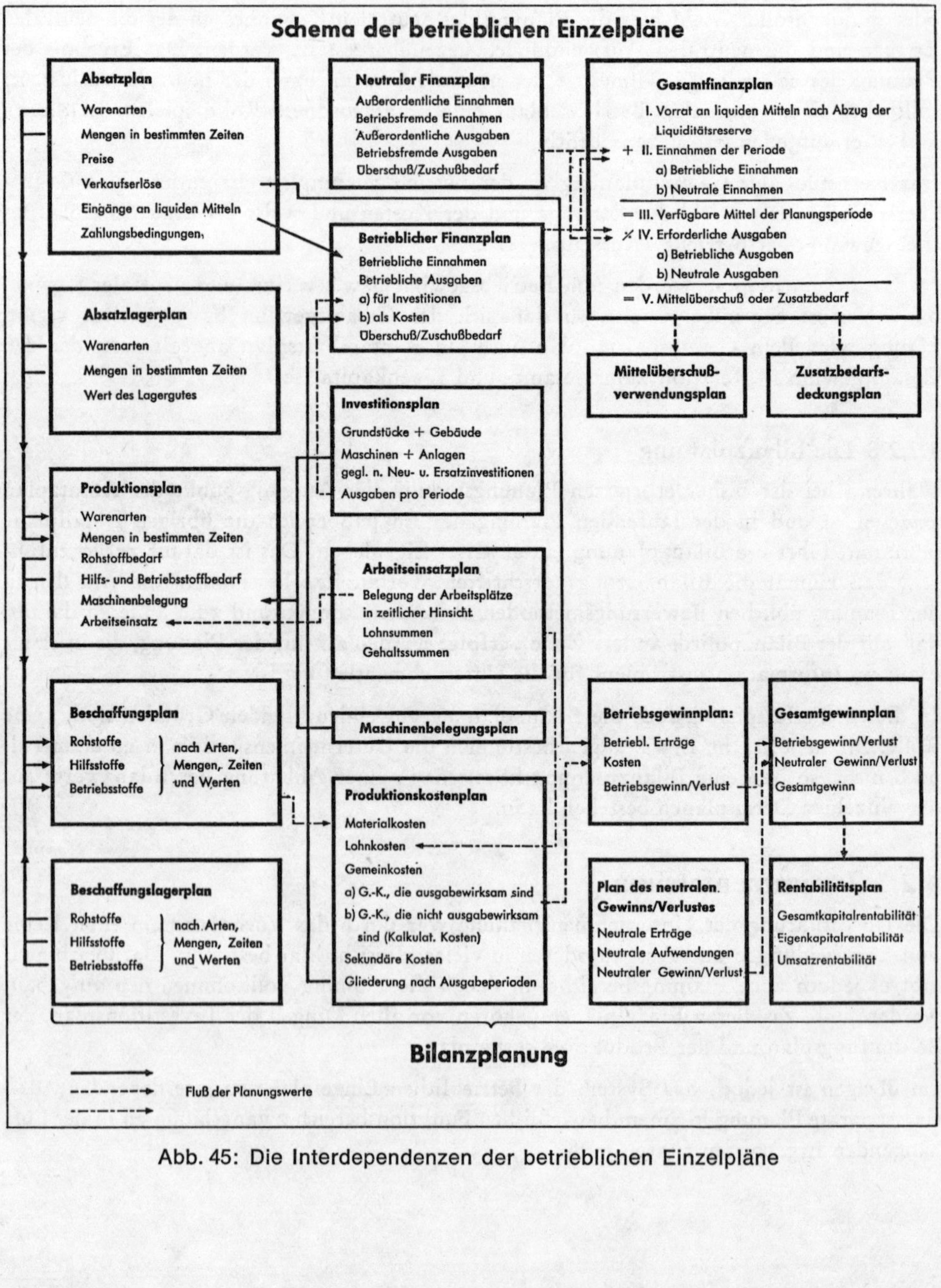

Abb. 45: Die Interdependenzen der betrieblichen Einzelpläne

Abschreibungen von den Neuinvestitionen zurückzuführen sind. Sollten sich die Planungsgrößen jedoch auch über die ersten zwei Jahre hinaus verwirklichen lassen, dann kann mit einem sehr guten Gesamtgewinn gerechnet werden. Die Unternehmensleitung wird deshalb eine positive Entscheidung für die Gründung fällen.

4.3 Die Entwicklung von test-marketing-reifen Produkten und die Erstellung der Werbekampagne

4.3.0 Die Entwicklung von test-marketing-reifen Produkten

4.3.0.0 Die Stellung der Marktforschung im jetzigen Entwicklungsstadium

Es wurde oben erwähnt, daß sich die Marketingarbeit durch überprüfen und nochmals überprüfen charakterisieren läßt.

153. Aufgabe: *Welches Stadium der Marktforschung wurde jetzt erreicht?*

Es gilt nun, die bisherigen theoretischen Überlegungen unter Marktberührung zu testen. Damit sind die nächsten Schritte klar festgelegt, oder?

154. Aufgabe: *Welches ist der unmittelbar nächste Schritt?*

4.3.0.1 Die Entwicklung der Produkt-Konzeption

Es muß zunächst herausgefunden werden, welche Kombination (Rangfolge) der durch die Basic Marketing Research gefundenen Produkteigenschaften bei welcher Formulierung den größten Zustimmungsgrad beim Verbraucher findet. Was heißt das? Wie macht man das?

Nun, als Marktforschungsmethode verwendet man zur Lösung dieser Fragestellung den Product-Concept-Test. Aus den bisherigen Ergebnissen der Marktforschung weiß man, welche Bedürfnisse der Verbraucher von den bisherigen Produkten nicht befriedigt werden. Aus diesen Lücken der Befriedigung der Verbraucherwünsche und den wichtigsten Verbraucherwünschen, die von den schon am Markt befindlichen Produkten befriedigt werden, entwickelt man *schriftlich* eine „Produkt-Konzeption“, von der man annimmt, daß sie eine *optimale* Bedürfnisbefriedigung gewährleisten wird. Diese „optimale Produkt-Konzeption“ und eine oder zwei von den Konkurrenzprodukten, die diesem Ziel am nächsten kommen, werden dem Verbraucher in Interviews vorgelegt. Der Verbraucher muß sich dann für eine dieser Konzeptionen entscheiden, und er muß aussagen, welche einzelnen Bestandteile der Konzeption ihm zusagen und welche er ablehnt. Das hier geschilderte Verfahren, das außerordentlich hohe Anforderungen stellt, nennt man Product-Concept-Test. Als Ergebnis des Product-Concept-Tests erhält man die letzte gedankliche Konkretisierung unserer ursprünglichen Produkt-Idee.

155. Aufgabe: *In welchem Bereich, außer dem hier behandelten, bildet die Produkt-Konzeption die Grundlage für die weitere Arbeit?*

Im Rahmen der Netzwerkplanung werden für die Durchführung des Product-Concept-Tests 4 Wochen veranschlagt:

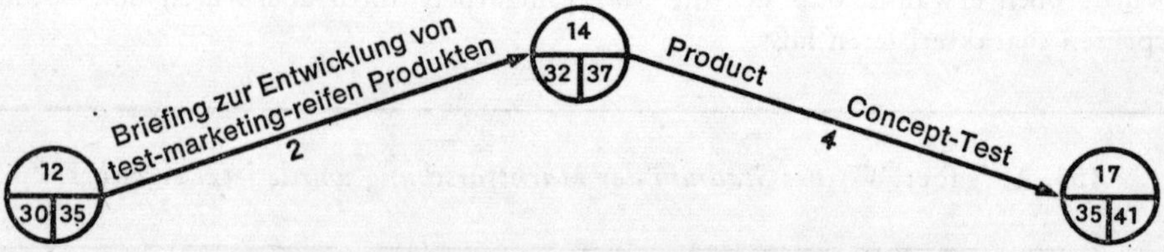

Abb. 46: Vom Briefing zum Product-Concept-Test

4.3.0.1.0 Der eigentliche Produkt-Test

Die Bezeichnung Produkt-Test wird im Sprachgebrauch häufig als Sammelbegriff für alle Tests verwendet, die hier noch behandelt werden. Daher soll hier vom „eigentlichen Produkt-Test" gesprochen werden.

Es geht hier um die Frage, welche der zur Herstellung des Produktes benötigten Stoffe in welcher Variation der Zusammensetzung beim Verbraucher den größten Zustimmungsgrad hervorrufen.

156. Aufgabe: *Um welche Einzelaspekte des Produktes handelt es sich hier wohl?*
Auch für die Beantwortung dieser Frage stehen wieder spezielle Testmethoden zur Verfügung.

157. Aufgabe: *Welche Testmethoden sind in diesem Zusammenhang zu nennen?*

Die ausgewählten Testmethoden sollten mit Hilfe der bekannten Zuordnungsverfahren, Skalen und Profile nicht nur qualitative Urteile: gut oder schlecht, sondern mehr quantifizierte Beurteilungen nach der Art des Polaritätsprofiles ermöglichen. Als Ergebnis des Product Development-Tests erhält man Aufschluß über die erforderlichen Produkteigenschaften für das marketing-test-reife Produkt.

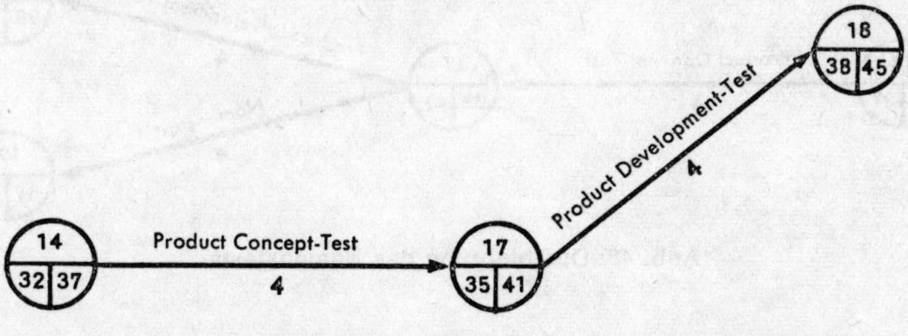

Abb. 47: Vom Product-Concept-Test zum Product Development-Test

Für den Product Development-Test, der auch einen ersten Anhaltspunkt hinsichtlich der Überlegenheit unseres Produktes gegenüber den Konkurrenzprodukten vermittelt, veranschlagt man einen Zeitraum von maximal 4 Wochen.

4.3.0.1.1 Der Namenstest

Es ist bekannt, welche Schwierigkeiten es heute bereitet, einen zugkräftigen Namen für ein Produkt zu finden. Die Ursache hierfür liegt in den deutschen Rechtsvorschriften begründet, die eine Registrierung von Bezeichnungen ermöglicht, ohne daß diese Bezeichnungen innerhalb einer bestimmten Anzahl von Jahren auch tatsächlich zur Markierung eines Produktes verwendet werden.

Im allgemeinen wird von der Werbeagentur eine Liste mit Namen vorgeschlagen. Es soll davon ausgegangen werden, daß bereits ein internationaler Name für das Produkt vorhanden ist, der sich auch registrieren läßt. Das Auffinden des Namens, die schwierigste Arbeit, ist also bereits erledigt. Aber drei Aufgaben im Zusammenhang mit der Markierung unseres Produktes ergeben sich:

1. Entspricht der ausgewählte Markenname hinsichtlich des Orientierungswertes (Aufmerksamkeitswert, Lesbarkeit) den gestellten Anforderungen?
2. Welche Werte ergeben sich hinsichtlich der Eignung des gegebenen internationalen Namens in bezug auf den Verkaufsappeal (Interesse, Produkterwartung, Sympathiewert, Aussprache)?
3. In welchem Umfange entspricht der ausgewählte Name der Erwartungshaltung der Verbraucher zu einer optimalen Bedürfnisbefriedigung?

158. Aufgabe: *Welche Testmethoden können bei der Auswahl des am besten geeigneten Namens zur Anwendung kommen?*

Für die Durchführung des Namenstests werden 4 Wochen veranschlagt:

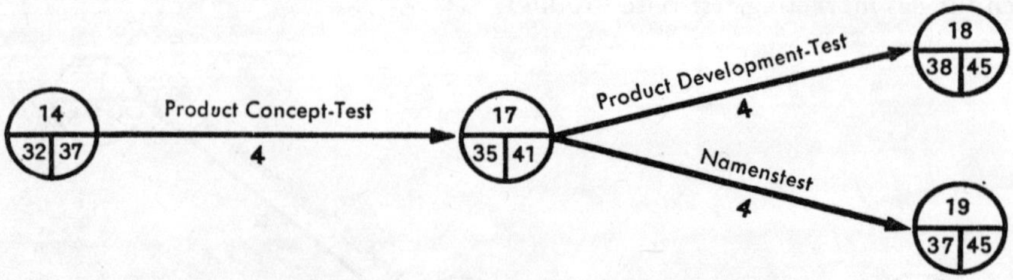

Abb. 48: Durchführung des Namenstests

4.3.0.1.2 Die Verpackungstests

Die Verpackung eines Produktes hat zweierlei Aufgaben zu erfüllen:

1. Sie soll als Behälter und Schutz des Produktes dienen,
2. sie soll durch ansprechende äußere Gestaltung das Auge des Verbrauchers auf das Produkt lenken und Informationen an den Verbraucher übermitteln.

Dementsprechend gibt es auch zwei Verpackungstests. Entsprechend den Daten des Beispiels müssen dann noch zwei verschiedene Verpackungseinheiten getestet werden:

einmal die Verpackung des Produktes selbst, und zum anderen den Umkarton, wobei die Daten für die Verpackung: Problemlosigkeit, C & C und SB-Gerechtigkeit, kleine Einheiten, Einwegverpackung sind.

Es handelt sich hier überwiegend um die technische Seite der Verpackung. Verschiedene technische Möglichkeiten der Verpackung, die in der Entwicklungsabteilung im Heimatland entwickelt worden sind, werden einander gegenübergestellt und vom Verbraucher ausprobiert.

159. Aufgabe: *Welche Fragen sind zu beurteilen?*

Die Aufgaben des Verpackungstests in technischer Hinsicht entsprechen weitgehend dem Product Development-Test.

Wesentlich schwieriger wird die Aufgabe mit der zweiten Form des Verpackungstests, die den Aufmerksamkeitswert, die Gefälligkeit der Verpackung und ihre den Verbraucher günstig beeinflussenden Eigenschaften zu testen hat.

Für die Durchführung des werblichen Verpackungstests muß man unterstellen, daß die Werbeagentur rechtzeitig testreife Verpackungsalternativen erstellt hat. Deren Ausführung kann naturgemäß dem endgültigen Produkt nicht entsprechen. Sie sollte diesem aber so weit wie möglich angenähert werden.

Unter besonderer Berücksichtigung der später einzusetzenden Werbemedia (z. B. Fernsehen) und der einzuschlagenden Vertriebswege (SB) sollten die werblichen Verpackungstests auf die Beantwortung der folgenden Fragen ausgerichtet sein:

1. Besitzt die Verpackung den erforderlichen Orientierungswert?

2. Besitzt die Verpackung den erforderlichen Verkaufsappeal?

Die Testmethoden, die hier zur Anwendung kommen, sind wieder recht schwierig zu handhaben. Bei der graphischen Darstellung in dem Netzwerkplan sollen beide Verpackungstests durch eine Linie dargestellt werden:

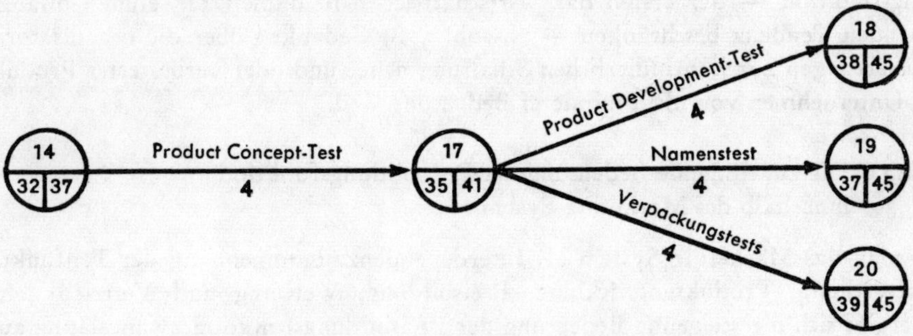

Abb. 49: Durchführung des Verpackungstests

Zur Durchführung der Verpackungstests benötigt man mindestens einen Zeitraum von 4 Wochen. Häufig erfolgt nun unter Berücksichtigung der Ergebnisse der drei obenbehandelten Tests eine Überprüfung im Vergleich zu Konkurrenzprodukten, wobei alle drei Aspekte des Produktes zusammengenommen werden. Bisher wurden nur Einzelaspekte überprüft. Häufig findet der Gesamteindruck aber eine andere Beurteilung, als sich aufgrund der Einzelaspekte vermuten läßt. In dem Beispiel soll aber diese Gesamtbeurteilung unter Einbeziehung des Preisaspektes durchgeführt werden. Dieses Vorgehen ist zwingend, da —ausgehend von der Marketing-Konzeption — ein erheblicher über der Konkurrenz liegender Preis gefordert werden soll. Es ist einleuchtend, daß sich der Preis nicht isoliert vom Produkt testen läßt. Das mag zu einer Verwischung unserer Untersuchungsergebnisse führen. Diese Tatsache muß man in Kauf nehmen.

4.3.0.1.3 Der Preistest

An dieser Stelle müssen die Wirtschaftswissenschaften und die Praxis einen Offenbarungseid leisten. Es gibt heute noch keine vernünftige Testmethode zur Ermittlung des optimalen Preises. Weiter oben geben gewisse Anhaltspunkte über die Preisvorstellung der Verbraucher in bezug auf „geschenkte" Probepackungen, aber mehr nicht. Andererseits ist es ein offenes Geheimnis in der Praxis, daß die Mittel zur Durchführung, die notwendigen Investitionen zum Überleben im sich verhärtenden Konkurrenzkampf ausschließlich von den „neu eingeführten" Produkten kommen. Darüber hinaus erlebt man täglich die immer höher anschwellende Flut neuer Produkte. Welche Bedeutung hier der

Preisbildung zuwächst, läßt sich noch gar nicht ermessen. Aus diesem Grunde sollen einige neue Überlegungen auf dem Gebiete der Preisbildung angeführt werden.
Das Wirtschaftsleben der kommenden Jahre im Konsumgüter- und im Investitionsgüterbereich wird im wesentlichen von den beiden folgenden Tendenzen bestimmt werden:

— die Zeitperiode aufeinanderfolgender Einführungen neuer und/oder verbesserter Produkte wird sich verringern,
— die fortschreitende Konzentration in Handel und Industrie wird die Verkaufsfunktion erschweren und damit ihre Bedeutung erhöhen.

Die folgenden Überlegungen werden sich auf ein Teilproblem — nämlich die Preisbildungsfunktion — der ersten das Wirtschaftsleben in immer stärkerem Umfange bestimmenden Tendenz beschränken — obwohl z. B. Gedanken über die organisatorischen Voraussetzungen zur kontinuierlichen Schaffung neuer und/oder verbesserter Produkte in einem Unternehmen von nicht minderer Bedeutung sind.

4.3.0.1.3.0 Die zunehmende Bedeutung der Preisbildungsfunktion innerhalb des Marketing-Systems

Wenn man das Marketing-System als Interdependenzzusammenhang der Teilfunktionen Marktforschung, Produktentwicklung, Preisbildung, Werbung und Vertrieb definiert, dann ergibt sich die steigende Bedeutung der Preisbildungsfunktion zwangsläufig aus den kontinuierlich sich verringernden Zeitperioden für aufeinanderfolgende Einführungen neuer und/oder verbesserter Produkte. Die Unternehmensleitungen werden einfach immer häufiger vor das infolge des durch den steigenden Konzentrationsgrad mit der durchaus resultierenden Intensivierung des Konkurrenzkampfes — die Meinung mag einigen Wettbewerbstheoretikern vielleicht befremdlich klingen — immer schwieriger zu lösende Problem gestellt, wie stark der Preis eines verbesserten Produktes angehoben oder welcher Preis für ein neues Produkt überhaupt verlangt werden kann.

4.3.0.1.3.1 Die Aufgaben der Preisbildungsfunktion

Angesichts dieser Tatsachen ist eigentlich kaum zu verstehen, daß bei Einführungen neuer und/oder verbesserter Produkte kosten- und produktionstechnische Überlegungen noch immer überwiegen und die verbleibende Zeit mit verkäuferischen und werblichen Problemen mehr als ausgefüllt ist. Der Preis ist dann meistens das Ergebnis einer kosten- oder konkurrenzbezogenen „Daumenpeilung". Die Unvollkommenheit derartiger Daumenpeilungen zeigt sich schon, wenn man sich einmal folgende fünf Ziele vor Augen führt, die immer über die Preisbildungsfunktionen angestrebt werden:

1. Die Erzielung einer geplanten Rentabilität.
2. Die Erreichung eines geplanten Marktanteils.
3. Die Stabilisierung von Preisen und Bruttoerlösen.
4. Die Behauptung gegenüber der Konkurrenz.
5. Die Verhinderung des Aufkommens neuer Konkurrenten.

Es ist klar, daß jeweils nur ein Ziel vorherrschen kann, in der BRD wird zur Zeit wohl die Erzielung einer geplanten Rentabilität überwiegen. Man kann aber erfreulicherweise feststellen, daß die fünf Ziele sich nicht widersprechen, sondern in einem positiven Interdependenzzusammenhang stehen. Ist z. B. die Steigerung des Marktanteils oberstes Ziel, so wird sich das wahrscheinlich preisreduzierend bemerkbar machen, aber auch hier ist die Überlegung angebracht, ob eine Preissenkung von 5% gegenüber 10% nicht vielleicht schon ausreichend ist und damit auch die Erzielung der geplanten Rentabilität nicht völlig in den Hintergrund tritt. Hier ergibt sich ein Elastizitätsverhältnis, und damit ist ein ausgefeiltes wirtschaftstheoretisches Instrument an die Hand gegeben, von dem die Praxis bisher zu wenig Gebrauch gemacht hat.

4.3.0.1.3.2 Die Anwendung wirtschaftstheoretischer Instrumente bei der Preisbildung

Zwischen den fünf Zielsetzungen der Preisbildung und der Kosten- und Elastizitätsrechnung bestehen sehr enge Zusammenhänge, die es ermöglichen, mehrere Schritte von der „Daumenpeilung" weg hin zur wirtschaftstheoretischen untermauerten „Berechenbarkeit" zu tun.

Die Kostenrechnung ermöglicht die Beurteilung eines neuen und/oder verbesserten Produktes hinsichtlich der Erzielung einer geplanten Rentabilität und der Stabilisierung von Preisen und Bruttoerlösen. Die sehr weit entwickelte Kostenrechnung ermöglicht eine sehr genaue Bestimmung der Preisuntergrenze eines neuen oder verbesserten Produktes. Dieser unterste Preis muß zumindest gewährleisten, daß sämtliche Kosten, die mit der Einführung eines jeden neuen oder verbesserten Produktes verbunden sind, im Zeitablauf von im Durchschnitt nicht länger als fünf Jahren wieder hereingeholt werden können. Daher sollten Argumente für die Kostenunterdeckung eines Produktes wie z. B. Beitrag zur Fixkostendeckung, Abrundung des Programms oder marktstrategische Überlegungen sehr skeptisch beurteilt werden.

Damit ermöglicht die Kostenrechnung aber lediglich die Aufstellung einer Mindestanforderung, die an neue und/oder verbesserte Produkte zu stellen ist, also *lediglich* einen Anhaltspunkt für die „Kostendeckung", aber noch keinen Maßstab für die uns eigentlich interessierende „Gewinnerzielung".

Ausgehend von der Kostendeckung sollte das Schwergewicht unternehmerischen Handels auf die Erreichung eines geplanten Marktanteils, die Behauptung gegenüber der Konkurrenz und die Verhinderung des Aufkommens neuer Konkurrenten ausgerichtet sein. sein. Erfolg oder Mißerfolg hinsichtlich der Erreichung dieser Ziele läßt sich in konkreten Zahlen darstellen.

Das eigentliche Problem liegt in der Quantifizierung der Maßnahmen — hier die Preisbildung —, die der Erreichung der Ziele dienen. In diesem Falle bietet die Beziehung zwischen den Elastizitäten der Nachfrage wesentliche Unterstützung, den Risikobereich bei der schwierigen Entscheidung zwischen einem durch wasserdichten Patentschutz abgesicherten Monopolpreis und einem Preis auf der Basis vollkommener Konkurrenz erheblich einzuengen.

4.3.0.1.3.3 Die Elastizitäten der Nachfrage und die Preisbildung

Definition der Elastizitäten

Der wichtigste Bestimmungsfaktor der Nachfrage ist das Einkommen, denn ausgehend von der Annahme einer weiterhin steigenden Einkommensentwicklung stellt sich die für jedes Unternehmen in diesem Zusammenhang bedeutsame Frage, in welchem Ausmaß der Absatz seiner Produkte von dieser Einkommensentwicklung profitieren wird. Als Einkommenselastizität bezeichnet man das Verhältnis der mehr oder minder intensiven Änderung des Absatzes eines Produktes als Folge der verursachenden Änderung des Einkommens. Generell kann man sagen, daß so bezeichnete nicht lebensnotwendige Güter, wie z. B. Autos, Geschirrspülmaschinen, teure Kleidung usw., eine Einkommenselastizität von größer als 1 haben, d. h. bei einer Einkommenssteigerung von 1% steigt der Absatz dieser Produkte um mehr als 1%. So bezeichnete lebensnotwendige Güter, wie z. B. Brot, Margarine, Salz usw., haben eine Einkommenselastizität von kleiner als 1.

Nach dem Einkommen ist der Preis der bedeutsamste Bestimmungsfaktor der Nachfrage. Als Preiselastizität bezeichnet man das Verhältnis der mehr oder minder intensiven Änderung des Absatzes eines Produktes x als Folge der verursachenden Änderung des Preises p. Generell kann man wieder sagen, daß lebensnotwendige Güter entsprechend eine Preiselastizität von absolut kleiner als 1 besitzen.

Die Einbeziehung des Konkurrenzaspektes erfolgt durch die Kreuzpreiselastizität. Als Kreuzpreiselastizität bezeichnet man das Verhältnis der mehr oder minder intensiven Änderung des Absatzes eines Produktes x als Folge der verursachenden Änderung des Preises p eines anderen Produktes. Für substitutive Güter ist der Wert der Kreuzpreiselastizität in der Regel positiv und für komplementäre Güter in der Regel negativ. Strebt der absolute Wert der Kreuzpreiselastizität gegen Unendlich, dann liegt ein Wettbewerb zwischen homogenen Gütern vor, ist er dagegen endlich, dann beherrscht heterogene Konkurrenz. Auch für die Kreuzpreiselastizität läßt sich generell feststellen, daß der absolute Wert für nicht lebensnotwendige Güter mehr gegen Null tendiert, während er für lebensnotwendige Güter gegen Unendlich strebt, d. h. bei diesen Gütern herrscht eine intensivere Konkurrenz vor allem auf dem Preissektor.

Die Beziehungen zwischen den Elastizitäten der Nachfrage

Der Kritik an der Verwendung von Elastizitäten der Nachfrage für die Preisbildung kann entgegengehalten werden, daß für die Berechnung schon in wenigen Jahren genügend statistische Zeitreihen zur Verfügung stehen werden und daß es bereits heute eine Reihe von erheblich vereinfachten Berechnungsmethoden gibt. Es sollen auch nicht exakt berechnete Elastizitätswerte interessieren, denn man will diese Werte nicht konstatieren, sondern es sollen die Beziehungen zwischen den Nachfrageelastizitäten aufgezeigt werden, um Ansatzpunkte für Manipulierungen der Elastizitätswerte entsprechend den Zielen der Unternehmenspolitik erkennen zu können.

Die Beziehungen zwischen Kreuzpreis- und Preiselastizität

Für die Preisbildung ist die Größe des Wertes der Kreuzpreiselastizität von entscheidender Bedeutung. In dem Maße, wie der Wert der Kreuzpreiselastizität gegen Null tendiert, nehmen die Möglichkeiten einer unabhängigen Preispolitik zu, vergrößert sich die Unabhängigkeit von den Reaktionen der Mitbewerber. Dieses Ziel wird durch den Aufbau von Präferenzen für das eigene Produkt erreicht. Die Schaffung dieser Präferenzen

sachlicher — persönlicher — räumlicher — zeitlicher

Art, die einen wesentlichen Teil der eigentlichen Marketingarbeit ausmacht, schafft der Preisbildung den notwendigen größeren Spielraum.

Beziehungen zwischen Einkommens- und Preiselastizität

Neue Güter treten zunächst mit steigendem Einkommen als nicht lebensnotwendige Güter in den Begehrskreis der Verbraucher, d. h. die Einkommenselastizität ist wertmäßig absolut größer als die Preiselastizität. Mit weiterhin steigender Einkommensentwicklung im Zeitablauf sinken diese Güter dann aber zu lebensnotwendigen Gütern ab, die Einkommenselastizität ist dann wertmäßig absolut kleiner als die Preiselastizität.

Mit steigendem Einkommen sinkt die Einkommenselastizität stärker als die Preiselastizität, d. h. das Einkommen muß gegenüber den Güterpreisen einmal als der stärkere Bestimmungsfaktor der Nachfrage betrachtet werden und zum anderen mit steigendem Einkommen die Tendenz zu Preiserhöhungen freimachen, die zu höheren oder eher weniger stark sinkenden Preiselastizitäten führen.

Das Umschlagen des absoluten Wertes der Einkommenselastizität vor größer in kleiner als der absolute Wert der Preiselastizität, kann bei einer Preiselastizität von absolut größer oder kleiner als 1 erfolgen. Für die reicheren Volkswirtschaften scheint die Zahl der Güter, bei denen das Umschlagen der Einkommenselastizität bei einer Preiselastizität von wertmäßig absolut kleiner als 1 erfolgt, infolge der größeren Substitutionsmöglichkeiten höher zu sein als bei ärmeren Volkswirtschaften. Diese Tatsache zeigt, daß die Bedeutung der Preisbildungsfunktion mit wachsendem Wohlstand zunimmt.

Für die Beurteilung der Zukunftschancen eines Produktes ist natürlich das Verhältnis von Einkommens- und Preiselastizität von entscheidender Bedeutung. Hohe Werte von Einkommens- und Preiselastizität deuten auf doppelte Absatzchancen hin. Einmal wird sich bei steigendem Einkommen der Absatz überproportional ausdehnen. Diese Absatzausdehnung ermöglicht Rationalisierungsmaßnahmen, die sich z. T. in Preissenkungen niederschlagen werden, wodurch sich der Absatz zusätzlich erweitern wird.

Dieses Wechselspiel von steigendem Einkommen und sinkenden Preisen wird sich fortsetzen, bis zu irgendeinem Zeitpunkt Einkommens- und Preiselastizität absolut kleiner als 1 sind. Nun führt ein steigendes Einkommen von 1% zwar noch zu erhöhtem Absatz, aber von weniger als 1%. Auch ein sinkender Preis von 1% lockt weitere Käufer, aber der Absatz vergrößert sich nur um weniger als 1%. Die Zeit der stürmischen Absatzausdehnung ist vorbei. Hinzu kommt das zusätzliche Übel, daß die sinkenden Preise natürlich auch die Gewinne entsprechend reduzieren. Im Wirtschaftsleben gibt es eine Fülle von Beispielen dieser Art.

Es hat also den Anschein, daß jedem Produkt der Weg in den unvermeidbaren Untergang beschieden ist, wenn sich nicht ein Ausweg anbietet. Dieser Ausweg ist tatsächlich vorhanden, und man erlebt ihn stets aufs neue. Zum Beispiel das Fernsehgerät. Der Siegeszug dieses Gutes ist bekannt, ebenso aber auch die jetzt herrschenden Preiskämpfe auf dem Markt, ein deutliches Zeichen für Absatzschwierigkeiten. Der Bildschirm läßt sich nicht endlos vergrößern. Doch da taucht die entscheidende Verbesserung auf: das Farbfernsehen. Mit dieser Verbesserung des bestehenden Produktes wird es möglich, in den Vorstellungen der Verbraucher jene hohe Bedürfnisebene wieder einzunehmen, die das Produkt vor Jahren besessen hat. Verbunden damit ist natürlich ein höherer Preis, d. h. Einkommens- und Preiselastizitäten steigen, und damit sind zusätzliche neue Gewinnmöglichkeiten verbunden. Weitere Beispiele dieser Art sind: der ständig wachsende Komfort der Automobile, die wachsende Größe der Wohnungen, die ständig perfekter werdenden Haushaltsgeräte, das tägliche Salz in handlichen Streudosen, die immer weitergreifende Aufbereitung von Nahrungsmitteln, wie z. B. geputzte Gemüse, geschälte Kartoffeln.

Immer ist mit der Verbesserung des Produktes eine Preiserhöhung verbunden. Es stellt sich nun in diesem Zusammenhang die Frage nach dem optimalen Preis, d. h. dem Preis, der langfristig den größten Gewinn erzielt. Auf die Entwicklung der Einkommenselastizität kann das einzelne Unternehmen keinen Einfluß nehmen. Die Beeinflussung der Kreuzpreiselastizität eines Produktes ist die Voraussetzung, um die Möglichkeiten, gegeben durch die Preiselastizität, mehr oder weniger intensiv ausschöpfen zu können. Daraus erfolgt zwangsläufig, daß der entscheidende Ansatzpunkt für die Verbesserung der Gewinnsituation eines Unternehmens bei der Preiselastizität liegt.

Die Preiselastizität faßt eine Vielzahl von Wertvorstellungen zusammen. Die Marktforschung kann im einzelnen herausfinden, welche der vielen Wertvorstellungen für das spezielle Produkt von Bedeutung sind, welche Gewichtung den einzelnen Wertvorstellungen dann beizumessen ist und wie sich die Gewichtung im Zeitablauf verändert. Soll der Alterungsprozeß des Produktes — das Absinken von Einkommens- und Preiselastizität — verlangsamt oder gar aufgehalten werden, dann müssen im Zeitablauf Preiskorrekturen durchgeführt werden — damit werden Einkommens- und Preiselastizität wieder angehoben —, die dem Verbraucher gegenüber mit Produktverbesserungen gerechtfertigt werden müssen, die seinen im Zeitablauf geänderten Wertvorstellungen möglichst vollkommen entsprechen sollten. Marktforschung und Marketing müssen diejenigen geänderten Wertvorstellungen herausfinden und in die Verbraucherargumentation einflechten, die einen möglichst großen Sprung auf ein höheres Präferenzsystem ermöglichen.

Mit diesen Preiskorrekturen wird erstens das wertmäßige Absinken der Einkommens- und Preiselastizität vermindert oder sogar gestoppt, was bedeutet, daß das Produkt über einen längeren Zeitraum von der Einkommensentwicklung absatzmäßig überproportional profitieren wird, und zum anderen, daß preispolitische Aktivitäten ebenfalls über einen längeren Zeitraum hinweg wertmäßig überproportional erfolgreich durchgeführt werden können. Mit diesen Preiskorrekturen wird zweitens das Umschlagen der Einkommenselastizität von absolut wertmäßig größer in kleiner als die Preiselastizität bei einer Preiselastizität von wertmäßig absolut größer als 1 erreicht, was bedeutet, daß bei steigendem Absatz infolge sinkender Einkommenselastizität der Preisspielraum in stärkerer Weise ausgeschöpft werden kann, d. h., es ergibt sich für die Erreichung der Ziele der Unternehmenspolitik eine größere Zahl von Ansatzpunkten. Die Auswirkungen auf die Rentabilität des Unternehmens sind eindeutig. Eine Vernachlässigung dieser theoretisch und praktisch gesicherten Erkenntnisse läßt sich nicht mehr verantworten, zumal ausreichende Methoden zur Durchführung bereits heute zur Verfügung stehen.

Es soll unterstellt werden, daß die zur Zeit noch sehr groben Marktforschungsmethoden gewisse Aufschlüsse über die Wertvorstellungen der Verbraucher — bezogen auf unser Produkt im Vergleich zu den Konkurrenzprodukten — gebracht haben:

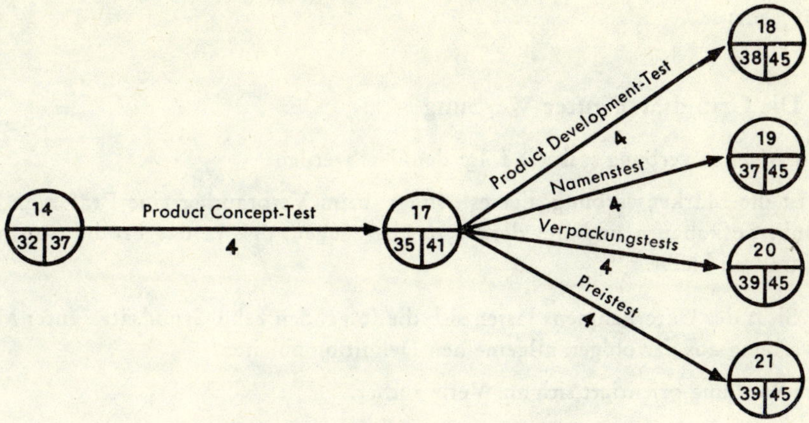

Abb. 50: Durchführung des Preistests

In diesem Zeitraum von vier Wochen wird das Produkt entsprechend den Ergebnissen der drei anderen Tests verbessert und nach dem letzten, abschließenden Preistest die Arbeit zur Entwicklung eines marketingtest-reifen Produktes abgeschlossen. Es soll hier wiederum der äußerst seltene Fall unterstellt werden, daß die Vorstellungen der Marketing-Konzeption und des Marketing-Planes in den Grundzügen aufrechterhalten können. Damit wird man die schwere Sorge los, daß die parallele Entwicklung der Werbekampagne nicht vergebens gewesen ist.

4.3.1 Die Erstellung der Werbekampagne

4.3.1.0 Die Aufgabenbereiche der Werbekampagne

Es wurde in der Marketing-Konzeption erarbeitet, daß der Absatz durch werbliche Unterstützung auf drei Ebenen: dem Großhandel, dem Einzelhandel und dem Verbraucher, unterstützt wird. Eine erfolgreiche werbliche Unterstützung bedarf der Einfälle, Ideen und Originalität schöpferischer Gestalter. Es soll unterstellt werden, daß eine Werbeagentur ausgewählt worden ist. Der Umfang dieser der Werbeagentur übertragenen Aufgaben soll wie folgt festgelegt werden:

1. Entwurf, Planung und Vorbereitung der auf die Werbung und Verpackungsgestaltung gerichteten Teile der Marktforschung;
2. Gestaltung der Werbemittel, d. h. Layout, Text, Grafik, Typographie, Fotografie, Ton für Film, Funk, Fernsehen usw.;
3. Produktion der Werbemittel, d. h. Zusammenarbeit mit Reproduktionsanstalten, Druckereien, Filmateliers und Funkstudios;

4. Streuung der Werbemittel, d. h. Geschäftsverkehr mit Zeitschriften, Zeitungen, Plakatanschlagagenturen, Filmtheatern, Werbefunk, Werbefernsehanstalten usw.

Diese Definition des Aufgabenbereiches der Werbeagentur reicht aber nicht aus, um gute Werbung zu machen. Unternehmen und Agentur müssen auch von gemeinsamen Grundsätzen ausgehen.

4.3.1.1 Die Grundsätze guter Werbung

Eine gute Markenwerbung soll wie folgt definiert werden:

> Gut ist die Markenwerbung, der es gelingt, beim Verbraucher eine Präferenz für das Produkt aufzubauen und ihn derart zu überzeugen, daß er das Produkt ausprobiert und ihm treu bleibt.

Aus der Sicht des Unternehmens lassen sich die folgenden zehn Grundsätze guter Markenartikelwerbung aus der obigen allgemeinen Definition ableiten:

1. Gute Werbung orientiert sich am Verbraucher.
2. Gute Werbung konzentriert sich auf eine einzige Verkaufsidee.
3. Gute Werbung konzentriert sich auf die wichtigste und überzeugendste Idee.
4. Gute Werbung präsentiert eine einzigartige konkurrenzfähige Idee.
5. Gute Werbung bezieht den Verbraucher ein.
6. Gute Werbung ist glaubwürdig und wahr.
7. Gute Werbung ist einfach, klar und vollständig.
8. Gute Werbung verbindet die Verkaufsidee klar mit dem Produktnamen.
9. Gute Werbung nutzt alle Vorteile des Werbeträgers.
10. Gute Werbung fordert auf und führt zum Verkauf.

Aus der Sicht der Werbeagentur lassen sich die folgenden vier Grundsätze guter Markenartikelwerbung aus der obigen allgemeinen Definition ableiten:

1. Die Agentur muß die einzigartige Verkaufsidee finden — den besonderen Verbraucherwunsch, den das Produkt befriedigt.
2. Die Agentur muß die wirkungsvollste, zwingendste Gestaltungsform für die Verkaufsidee finden.
3. Die Agentur muß die erfolgversprechendsten Werbemedien finden, um die Verkaufsidee an den Verbraucher heranzutragen.
4. Die Agentur muß so weit wie möglich Unsicherheiten ausschließen, und zwar in jeder Phase, vor und nach Erscheinen der Werbung.

Es ist verständlich, daß die Grundsätze guter Werbung vom ersten Augenblick an die Grundlage der Zusammenarbeit, die nach einem gemeinsam erarbeiteten Unternehmen-Agentur-Arbeitsablaufschema durchgeführt wird, bilden müssen.

4.3.1.2 Der Creative-Concept-Test

Die von der Werbeagentur vorgeschlagene Werbestrategie war durch die zweite Geschäftsleitung-Entscheidung genehmigt worden. Nun muß überprüft werden, ob die in der Werbestrategie vorgeschlagene wichtigste und überzeugendste Verkaufsidee auch durch das Produkt unterstützt wird. Es muß herausgefunden werden, welche Formulierung schriftlicher oder bildlicher Art der kreativen Werbe-Konzeption eine optimale Information und Erwartungshaltung (Image) zur Übermittlung der geplanten Produktkonzeption unter Berücksichtigung des geplanten Marktmodells ergibt.

Es ist natürlich als selbstverständlich vorauszusetzen, daß das Produkt den versprochenen Nutzen auch wirklich bietet, daß die durch die Werbung geweckten Erwartungen auch wirklich erfüllt werden. Daher muß die Durchführung des Creative-Concept-Tests sehr eng mit dem Product-Concept-Test abgestimmt werden. Das kann im Einzelfall sogar so weit gehen, daß Creative- und Product-Concept-Test in einem Interview gleichzeitig vorgenommen werden.

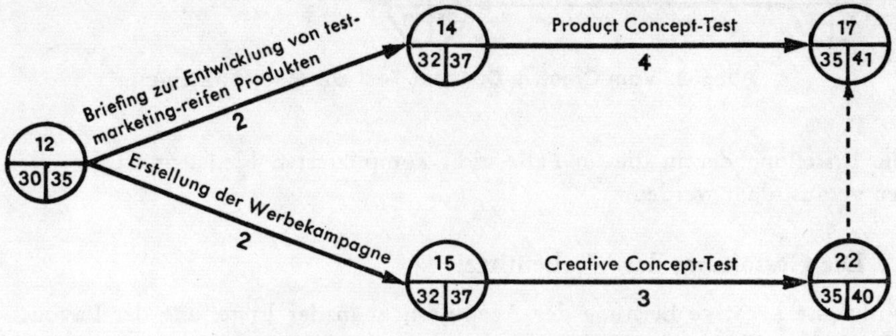

Abb. 51: Der Creative-Concept-Test

Für die Durchführung des Creative-Concept-Tests veranschlagt man ebenfalls einen Zeitraum von 3 Wochen. Es besteht nun die Grundlage zur Erarbeitung der wirkungsvollsten und überzeugendsten Gestaltungsformen für die ausgewählte Verkaufsidee und zur Erarbeitung der wirksamsten Werbemedia-Strategie.

160. Aufgabe: *Welches sind die wichtigsten Werbemedien?*

161. Aufgabe: *Welches ist der nächste gedankliche Schritt?*

4.3.1.3 Die Aufstellung der Media-Strategie

Die Aufstellung der Media-Strategie wird durch folgende Faktoren bestimmt:

1. den vorgesehenen Aufwand,
2. die Zielgruppen,
3. das Produkt.

Es ist unmittelbar einleuchtend, daß die Höhe des verfügbaren Werbebudgets wesentlichen Einfluß auf die Auswahl der Werbeträger hat. Mit einem Gesamtbudget von z. B. DM 100 000,— kann man keinen großen Eindruck beim Verbraucher über das Fernsehen erzielen.

Als Zielgruppen für die Media-Strategie gibt es die Verbraucher, den Einzelhandel und den Großhandel. Welche Unterstützung bietet man dem Großhandel an? Sehr gut bewährt haben sich Ordersatzbeilagen, um ein Beispiel zu nennen. Welche Unterstützung bietet man dem Einzelhandel an? Am wirksamsten sind immer Displaystücke. Wie spricht man den Verbraucher am besten an? In diesem Fall soll davon ausgegangen werden, daß der Weg über die illustrierte Presse am zweckmäßigsten erscheint. Damit wurde ganz grob die Entstehung einer Media-Strategie skizziert, das soll genügen.

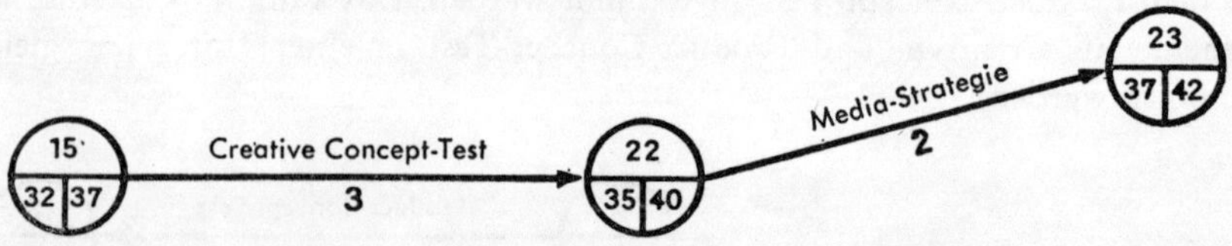

Abb. 52: Vom Creative-Concept-Test zur Mediastrategie

Für die Erstellung der in diesem Falle nicht komplizierten Media-Strategie sollen zwei Wochen veranschlagt werden.

4.3.1.4 Die Gestaltung der Werbemittel

Die wichtigste kreative Leistung der Agentur liegt in der Erstellung der Layouts. Hier muß der Ideenreichtum der in der Agentur versammelten Spezialisten zum Funkeln gebracht werden.

162. Aufgabe: *Welche Layouts sind im einzelnen zu erstellen?*

Es ist einleuchtend, daß die Schwierigkeiten in Form einer Exponentialfunktion zunehmen, wenn die Einführung komplizierter und aufwendiger ist. Die Beurteilung der Layouts erfolgt durch den Produkt-Manager. Daran schließt sich unmittelbar die Gestaltung der Reinzeichnungen an.

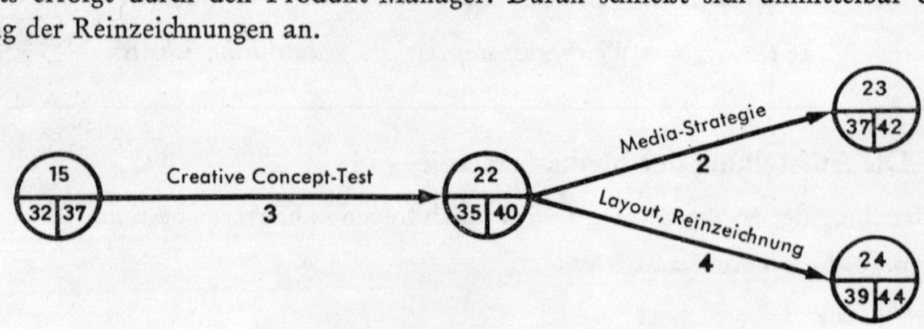

Abb. 53: Einplanung des Layout

Die Erstellung der Layouts und Reinzeichnungen muß innerhalb von vier Wochen erfolgen. Dieser Zeitraum ist sehr knapp; aber man kann davon ausgehen, daß sich die Agentur schon vorher kreative Gedanken gemacht hat und einige Arbeiten, z. B. die Preislisten, schon vorher fertiggestellt worden sind.

Die Beurteilung von Media-Strategie und Gestaltung erfolgt wiederum durch den Produkt-Manager.

Wegen der Bedeutung und der Schwierigkeit dieser Aufgabe sollen noch einmal die Fragen wiederholt werden, die sich der Produkt-Manager bei der Beurteilung jedes einzelnen Werbemediums vorlegen und zu beantworten versuchen sollte:

1. Verspricht die Werbung einen einzigartigen Verbrauchernutzen?
   Gute Werbung verspricht immer einen einzigartigen Verbrauchernutzen, dargestellt in der überzeugenden Verkaufsidee, muß ein tatsächliches Bedürfnis oder Wunschvorstellungen befriedigen und so dargestellt werden, daß der Eigennutz des Verbrauchers angesprochen wird. Kurz: „Was hat der Verbraucher davon?"
2. Bietet die Werbung eine überzeugende Begründung an?
   Gute Werbung überzeugt davon, daß das Produkt bzw. die Marke einen einzigartigen Verbrauchernutzen vermittelt, indem sie eine überzeugende Begründung anführt und — wenn möglich — Beweismaterial dafür bietet.
3. Ist die Werbung einzigartig und konkurrenzfähig?
   Gute Werbung ist konkurrenzbezogen. Sie überzeugt den Verbraucher, daß der versprochene Nutzen nur mit diesem Produkt optimal erzielt werden kann. Die Einzigartigkeit der Behauptung wird verstärkt durch eine starke Eigenständigkeit der Präsentation.
4. Stellt die Werbung das Produkt bzw. die Marke klar und profiliert heraus?
   Gute Werbung stellt das Produkt bzw. die Marke klar und profiliert heraus. Sie läßt den Verbraucher auf einen Blick wissen, wofür das Produkt gebraucht wird und wie sein Name lautet.
5. Bezieht die Werbung den Verbraucher mit ein?
   Gute Werbung nimmt den Verbraucher gefangen. Sie präsentiert den Nutzen des Produktes bzw. der Marke und den Beweis dafür auf dramatische Art: auf eine Weise,

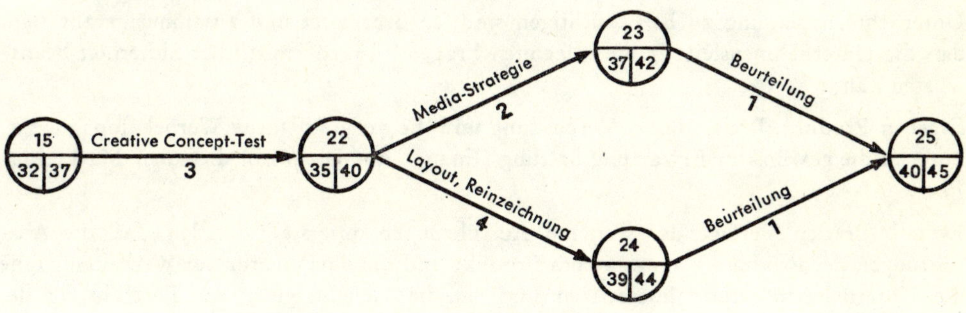

Abb. 54: Die Beurteilungsphase

die Aufmerksamkeit erregt, die mitempfinden läßt, eine emotionale Antwort hervorruft, Wünsche erweckt und zum Kauf führt.

6. Ist die Werbung klar und unkompliziert?
   Gute Werbung ist klar und unkompliziert. Sie ist leicht, schnell und vollständig zu verstehen, gleichgültig, welche Werbemedien benutzt werden.

Der Engpaß liegt in der Beurteilung von Layout und Reinzeichnungen. Für diese Aufgabe steht nur eine Woche zur Verfügung. Damit wird natürlich die Durchführung von Pre-Tests der Werbeempfehlung unmöglich. Aber man sollte das Testen auch nicht übertreiben, denn gerade im kreativen Bereich kann es passieren, daß eine sehr erfolgreiche — bezogen auf den späteren Verkauf — Werbeempfehlung den Tests zum Opfer fällt.

4.3.2 Die dritte Entscheidung der Geschäftsleitung

Es ist nun wieder ein Punkt erreicht, an dem wiederum eine Entscheidung der Unternehmensleitung erforderlich ist. Dies wird die dritte Entscheidung der Unternehmensleitung im Rahmen der vorbereitenden Arbeiten zur Einführung unseres Produktes im deutschen Markt sein. Im Anschluß an diese Entscheidung erfolgt die Produktion, und zwar sowohl der erforderlichen Menge für die Testeinführung unseres Produktes als auch der Werbemittel.

Zwei Aktivitäten laufen parallel zu unseren hier geschilderten Arbeiten. Die Durchführung der Unternehmensplanung wird auch mit Beendigung der 47. Woche seit Beginn der Arbeit zur Einführung des Produktes in den deutschen Markt abgeschlossen. Auch hier fällt die Entscheidung durch die Unternehmensleitung. Danach beginnt der Aufbau des Unternehmens, soweit er in der Unternehmensplanung vorgeschlagen und von der Unternehmensleitung genehmigt wird.

Auch der Aufbau der Verkaufsorganisation muß noch geschildert werden.

An diesem entscheidenden Punkt sollen alle bisher durchgeführten Arbeiten des Netzwerkplanes in einer Gesamtschau dargestellt werden. Es sind mit gestrichelten Linien auch die Querverbindungen eingezeichnet, z. B. zwischen Product-Concept-Test und Creative-Concept-Test.

Die Ergebnisse aus der Entwicklung testmarketing-reifer Produkte und der Erstellung der Werbekampagne müssen durch den Produkt-Manager, wobei noch die Ergebnisse der Unternehmensplanung zu berücksichtigen sind, so bearbeitet und zusammengefaßt sein, daß die Unternehmensleitung die folgenden Fragen mit größtmöglicher Sicherheit beantworten kann:

Ergeben Produkt, Preis, Name, Verpackung und die vorgeschlagene Werbekampagne zusammen die gewünschte Erwartungshaltung (Image), und entspricht diese dem Marketing-Plan?

Es soll für den Verlauf der weiteren Ausführungen unterstellt werden, daß die Ausführungen des Produkt-Managers zum Produkt und die der Agentur zur Werbekampagne die Unternehmensleitung überzeugen und sie die Genehmigung zur Fortführung des Projektes erteilt.

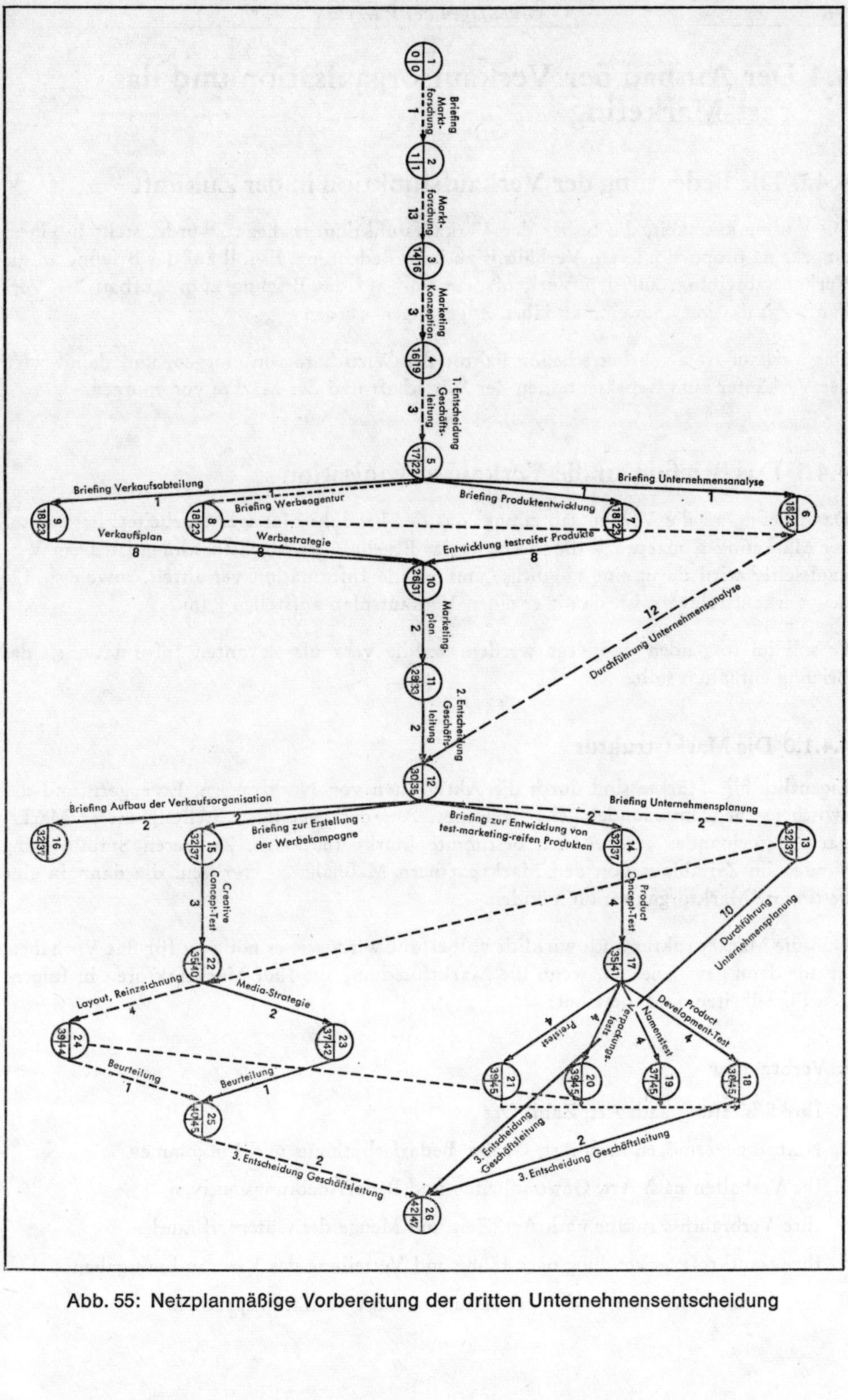

Abb. 55: Netzplanmäßige Vorbereitung der dritten Unternehmensentscheidung

4.4 Der Aufbau der Verkaufsorganisation und das Test-Marketing

4.4.0 Die Bedeutung der Verkaufsfunktion in der Zukunft

Die Aufmerksamkeit, die bisher der Verkaufsfunktion geschenkt wurde, steht in einem umgekehrt proportionierten Verhältnis zu ihrer Bedeutung. Es soll auf das Briefing an die Verkaufsabteilung, auf den Verkaufsplan und auf das Briefing zum Aufbau der Verkaufsorganisation noch einmal näher eingegangen werden.

Der Verkauf ist der beherrschende Faktor der Wirtschaft von morgen, und damit wird der Verkäufer zum Repräsentanten der Wirtschaft und der Märkte von morgen.

4.4.1 Das Briefing an die Verkaufsorganisation

Das Briefing an die Verkaufsabteilung, das der Produkt-Manager erarbeitet, basiert auf der Marketing-Konzeption, die ihrerseits das Ergebnis der Marktforschung ist. Dem Verkaufsleiter wird darin eine möglichst umfassende Information vermittelt, soweit sie für den Verkauf relevant ist, damit er einen Verkaufsplan aufstellen kann.

Es soll im folgenden dargelegt werden, welche verkaufsrelevanten Informationen das Briefing enthalten sollte.

4.4.1.0 Die Marktstruktur

Eigentlich alle Märkte sind durch die Aktivitäten von Nachfragern, Erzeugern und dazwischenstehendem Handel gekennzeichnet. Aus der jeweiligen Stellung dieser Marktpartner zueinander ergeben sich bestimmte Marktsituationen. Zu deren Stabilisierung werden im Zeitablauf von den Marktpartnern Maßnahmen ergriffen, die dann in eine bestimmte Marktorganisation münden.

Daß die Marktstruktur auch wirklich voll erfaßt wird, wie es nötig ist für das Vorhaben, ist nur dann gewährleistet, wenn die Marktforschung die fünf Marktfaktoren in folgenden Einzelheiten analysiert hat:

I. Verbraucher

1. Ihre Schichtung nach Art, Zahl, Ort
2. Nachfragevermögen nach Art, Größe, Bedarfsrhythmus und Einkommen
3. Ihr Verhalten nach Art, Gewohnheiten und Bedarfsdeckungsmotiven
4. Ihre Verbrauchsstruktur nach Art, Zeit und Menge des Güterverbrauchs
5. Ihre Kaufkraftverwendung nach Höhe und Verteilung der Verbrauchsausgaben
6. Ihre Nutzenerwartung nach Verwendungs- und Qualitätsansprüchen.

II. Handel

1. Seine Schichtung nach Art, Zahl, Ort
2. Sein Handelsvermögen nach Art, Umfang, Rhythmus des Kapazitäts- und Kapitaleinsatzes
3. Sein Verhalten nach Art, Praktiken und Motiven des Auftretens am Markt
4. Seine Programmstruktur nach Art, Menge, Zeiten der Gütervermittlung
5. Seine Umsatzerzielung nach Höhe und Verteilung der Entgelte nach Gütern
6. Seine Nutzenerhöhung durch Verwendungs- und Qualitätsverbesserung.

III. Erzeuger

1. Ihre Schichtung nach Art, Zahl, Ort
2. Ihr Angebotsvermögen nach Art, Umfang, Rhythmus des Kapazitäts- und Kapitaleinsatzes
3. Ihr Verhalten nach Art, Praktiken, Motiven des Auftretens am Markt
4. Ihre Programmstruktur nach Art, Menge und Zeiten der Gütererzeugung
5. Ihre Umsatzerzielung nach Höhe und Verteilung der Entgelte nach Gütern
6. Ihre Nutzenstiftung nach Verwendungsmöglichkeiten und Qualitätsniveau.

IV. Marktsituation

1. Die Verbraucher-Marktstellung
2. Die Handels-Marktstellung
3. Die Erzeuger-Marktstellung
4. Die Marktanteile
5. Die Marktpreise
6. Die Marktschwankungen.

(1.–6.) nach Verhältnissen von Betriebsgrößen, Kapitalgrößen, Zusammenschlüssen.

V. Marktorganisation

1. Staatliche Marktorganisation
2. Private Marktorganisation.

4.4.1.1 Die Entscheidung über die Wirkungsintensität des Vertriebs

Mit den angeführten Informationen über die Marktstruktur werden im wesentlichen die Informationen der Basic Marketing Research unter verkaufsrelevanten Gesichtspunkten zusammengestellt. Diesen Marktdaten sind im zweiten Abschnitt des Briefing an die Verkaufsabteilung die Möglichkeiten und Absichten des Unternehmens gegenübergestellt. Auch darüber muß der Verkaufsleiter eingehend informiert werden, denn sein Verkaufsplan muß von einer angenommenen Zielsetzung ausgehen, und dieses Ziel soll bei gegebener Marktsituation mit den vorhandenen Mitteln angestrebt werden.

Das Absatzvolumen eines Unternehmens wird von drei Faktoren bestimmt:

1. von den Produkten, die abgesetzt werden sollen,
2. von der Größe des Marktes,
3. von der Art und Weise, wie der Absatz durchgeführt werden soll.

4.4.1.1.0 Das Produkt

Aus der Marketing-Konzeption ist bekannt, daß zunächst nur *ein* Produkt verkauft werden soll. Damit sind alle Überlegungen, die sich mit den Problemen eines Sortiments zu befassen hätten, hinfällig. Das Produkt soll an der Spitze der Qualitätspyramide stehen; daher wird sein Preis spürbar über dem der Konkurrenzprodukte liegen.

Die Hintergründe dieser Produkt-Konzeption, die ja in den Testergebnissen bestätigt worden ist, müssen dem Verkauf selbstverständlich mitgeteilt werden, denn mit der Festlegung der Produktqualität, der Anzahl der zu verkaufenden Produkte und den Preisen werden erstmals die Weichen gestellt für die Arbeit des Verkaufs. Die Ansicht des Verkaufsleiters wird bei der Entwicklung der Marketing-Konzeption natürlich gehört werden, aber die Entscheidung trifft mit Hilfe des Produkt-Managers die Geschäftsleitung: der Verkauf wird damit zum ausführenden Organ.

4.4.1.1.1 Der Absatzbereich

Schon zu diesem frühen Zeitpunkt wird die Unternehmensleitung entscheiden, welches Vorgehen sie im deutschen Markt wünscht. — Sie hat sich für ein bestimmtes Nielsen-Gebiet als Testmarkt entschieden. Sie will ferner die weitere Einführung schrittweise nach Nielsen-Gebieten in Halbjahresabständen vornehmen, vorausgesetzt, daß die Test-Ergebnisse den Anforderungen gerecht werden.

Damit kommt der Verkaufsleiter aber nicht weiter, es müssen noch weitere Grundsatzentscheidungen getroffen werden.

163. Aufgabe: *Um welche Grundsatzentscheidungen könnte es sich handeln?*

Für den vorgeschlagenen Test-Bereich, der in Abstimmung mit dem Verkaufsleiter und der Agentur festgelegt werden sollte, sind spezifische Daten zu erarbeiten und ebenfalls in dem Briefing niederzulegen.

4.4.1.1.2 Die Vertriebsmethode

Es ist leider eine Erfahrung der Praxis, daß bei Entscheidungen über das Produkt und den Absatzbereich zu wenig die verkäuferischen Möglichkeiten beachtet werden. Hier läßt sich noch vieles verbessern, während der Standard der Vertriebsmethoden schon relativ hochgeschraubt worden ist.

164. Aufgabe: *Welche Vertriebsmethoden sind gemeint?*

Wieder wurde in der Marketing-Konzeption die Entscheidung zur Auftragseinholung schon angedeutet. Der Großhandel und der Einzelhandel sollen durch eigene Reisende bearbeitet werden. Die Anforderungen an das Auftreten der Reisenden werden vom Qualitätsniveau des Produktes bestimmt.

Die Auftragsbearbeitung soll im wesentlichen auf den Großhandel abgewälzt werden, damit die Anlageinvestitionen im Vertrieb so niedrig wie möglich gehalten werden können.

Aus den Entscheidungen über Produkt, Absatzbereich und Vertriebsmethode ergibt sich der Rahmen für die Wirkungsintensität unseres Vertriebes.

4.4.1.2 Die Entscheidungen über die Zielsetzungen für den Vertrieb

Eine Zielsetzung ist unerläßlich, wenn die Wirkungsintensität des Vertriebs in ihrem Rahmen voll ausgeschöpft werden soll. Die Unternehmensleitung hat beschlossen, in der ersten Stufe den Bedarf zu wecken, die Voraussetzungen zur Deckung des Bedarfs zu schaffen und neue Kunden in Form einer Markterschließung zu gewinnen — zunächst für den Testmarkt und später sukzessive für die weiteren Märkte.

Nach einer zwei-, höchsten dreijährigen Phase der Markterschließung muß der Kundenstamm und damit die Marktposition gefestigt und ausgebaut werden. In der nun folgenden Phase der Marktausschöpfung müssen ein bestimmter Marktanteil und ein bestimmter Jahresgewinn erreicht werden.

Die Zielsetzung der Markterschließung und der Marktausschöpfung lassen sich im Absatzplan in konkrete Zahlenangaben verwandeln. Wie der Verkaufsplan, von dem der Absatzplan ein Teil ist, durch den Verkaufsleiter erstellt wird, soll nun behandelt werden.

4.4.2 Der Verkaufsplan

4.4.2.0 Die Absatzprognose

Aus den Daten der Marktforschung erarbeitet der Verkaufsleiter eine Absatzprognose, welche die in der Planperiode wahrscheinlich bestehenden Absatzchancen verdeutlicht. Zunächst muß Klarheit darüber gewonnen werden, ob die Entwicklung der Gesamtwirtschaft in den kommenden Jahren expansiv oder kontraktiv verlaufen wird. Ausgehend davon, wie die Entwicklung der Gesamtwirtschaft zu beurteilen ist, konzentriert sich der nächste Schritt darauf, festzustellen, welcher Trendverlauf des Absatzes während der Planperiode in der betreffenden Branche zu erwarten ist. Wenn der Verkaufsleiter so weit wie möglich erkennen kann, welchen Verlauf die Konjunktur während der Planperiode auf Märkten nehmen wird, die für das Unternehmen entscheidend sind, muß er Berechnungen über den mutmaßlichen Umfang des eigenen Absatzes in der Planperiode anstellen. Das geschieht im wesentlichen durch die Auswertung von Absatztrends und mit Hilfe von Korrelationsrechnungen.

4.4.2.1 Die Festlegung der Planzahlen

4.4.2.1.0 Der produktmäßige Absatzplan

Die Festlegung des produktmäßigen Absatzplanes bereitet keine großen Schwierigkeiten, da es sich bei den Bemühungen um den deutschen Markt vorläufig nur um ein einziges Produkt handelt. Als Entscheidungsgrundlage dienen, wie gesagt, die errechneten und geschätzten Prognosen des eigentlichen Absatzes, die auf den Erkenntnissen über den Markt und auf den Möglichkeiten und Zielsetzungen des Unternehmens beruhen.

> **165. Aufgabe:** *Welche Zahlen sind für die Festlegung des zukünftigen Absatzes maßgebend?*

Da die Prognosen über das mögliche Absatzvolumen immer eine gewisse Streuung aufweisen, bedarf es reichlicher Überlegungen und Erwägungen. Gerade an der Festlegung des produktmäßigen Absatzplanes, der ja in diesem Falle mit Gesamtabsatzplan gleichzusetzen ist, sollten alle leitenden Mitarbeiter beteiligt sein, hier also der Verkaufsleiter, Marketing-Direktor und Produkt-Manager.

4.4.2.1.1 Der gebietsmäßige Absatzplan

Bei der Festlegung des gebietsmäßigen Absatzplanes spielen natürlich die geographischen Bedingungen eine besondere Rolle. Der gebietsmäßige Absatzplan ist zunächst nach dem Testgebiet und den sich anschließenden Bereichen unserer Einführung ausgerichtet. Der Absatz des Testgebietes wird dann weiter untergliedert nach Verkaufsbezirken. Es leuchtet ein, daß sich anfangs mit jeder weiteren Untergliederung der Unsicherheitsbereich vergrößert. Mit der Zeit wird er sich zunehmend verringern, nämlich dann, wenn folgende Fakten die Planung des Absatzes in den einzelnen Verkaufsbezirken bestimmen:

1. Der Trend des Absatzes in den einzelnen Bezirken,
2. die prognostizierte Entwicklung der Sachverhalte, welche als Abhängigkeiten für die jeweiligen Bezirke ermittelt wurden, und zwar nach ihrer prozentualen Veränderung gegenüber dem Vorjahr, ihrem zeitlichen Verlauf unter Berücksichtigung des Abhängigkeitsgrades.
3. die persönliche Abschätzung der für den Bezirk zuständigen Verkäufer,
4. die durch Marktuntersuchungen festgestellte Aufnahmefähigkeit der Bezirke für das eigene Produkt,
5. die bisherigen Anteile der Verkaufsbezirke am Gesamtabsatz und die sich dabei zeigende trendmäßige Entwicklung.

Die Schätzungen der eigenen Reisenden spielen hier eine besondere Rolle; ihre Mitwirkung auf diesem Gebiet der Planung ist — vor allem in psychologischer Hinsicht — besonders wichtig. Hier besteht aber die Situation, daß die Reisenden erst noch einzustellen sind.

4.4.2.1.2 Der handelsmäßige Absatzplan

Es wird immer komplizierter. Mußte man sich weiter oben, bei dem gebietsmäßigen Absatzplan, mit Reisenden, die man noch gar nicht hatte, beschäftigen, so steht der Verkaufsleiter nun vor der Aufgabe, den Absatz bestimmter Kundengruppen zu schätzen, die von ihrem Glück noch gar nichts ahnen. Eine schlechte Planung ist besser als gar keine.

Auch hier soll festgelegt werden, unter welchen Aspekten der kundenmäßige Absatzplan im Zeitablauf erstellt werden sollte. Zu berücksichtigen sind:

1. die für die einzelnen Kundengruppen ermittelten zukünftigen Trendwerte,
2. die Prognosen über die Weiterentwicklung der Faktoren, von denen der Absatz an die betreffenden Kundengruppen abhängt, unter Berücksichtigung der Veränderungen gegenüber dem Vorjahr, des zeitlichen Abstandes und des Abhängigkeitsgrades.
3. die Reisendenschätzungen,
4. die bei den Kunden festgestellte Aufnahmefähigkeit für das eigene Produkt,
5. die bisherigen Anteile am Gesamtabsatz und ihre voraussichtliche Entwicklung.

4.4.2.1.3 Der monatliche Absatzplan

Um das Maß vollzumachen, wird dem Verkaufsleiter auch noch die Erstellung eines monatlichen Absatzplanes aufgebürdet. Die monatliche Absatzplanung nimmt ihren Ausgangspunkt vom geplanten Jahresabsatz und stützt sich auf den im Zusammenhang mit der Absatzstatistik entwickelten Saisonindex.

In dieser Phase wird man sich damit begnügen müssen, daß produktmäßiger, gebietsmäßiger, kundenmäßiger und monatlicher Absatzplan zusammenhanglos nebeneinanderstehen. Im Zeitablauf mit zunehmender Sicherheit der Planung muß eine Verkettung der Einzelpläne durchgeführt werden. Am Ende steht dann ein monatlicher, kundenmäßiger Absatzplan eines jeden Verkaufsbezirkes für jedes einzelne Produkt.

4.4.2.2 Das Verkaufsbudget

Der Absatz wird letzten Endes von Menschen erzielt, und zwar, wie entschieden wurde, durch eigene Reisende. Die Aufgliederung des Absatzplanes ist unerläßlich, um die Vertriebskostenplanung durchzuführen, die der Verkaufsleiter nun vorzunehmen hat.

Das Verkaufsbudget sollte etwa folgende Gliederung aufweisen:

1. Kostenstellen entsprechend den zu bildenden Vertriebsabteilungen, wie z. B. Vertriebsleitung, Verkaufsabteilung, Versandabteilung usw.

2. Innerhalb der Kostenstellen sollte dann eine weitere Untergliederung vorgenommen werden, entsprechend den dort ausgeübten Funktionen, z. B. innerhalb der Verkaufsabteilung nach Innendienst und Außendienst usw.
3. Bei jeder Funktion werden dann die dort auftretenden Kostenarten, wie z. B. Gehälter, Reisekosten, Materialkosten usw., angeführt.
4. Entsprechend der Absatzplanung sollte die Kostenplanung ebenfalls untergliedert werden nach Produktgruppen, Verkaufsbezirken, Kundengruppen und Monaten.

Dadurch, daß die Kostensätze für die Funktionen und Stellen des Vertriebs zusammen mit den Umsatzquoten und den übrigen Daten der Vertriebsplanung vorgegeben sind, werden Vertriebskontrollen möglich.

Gemäß der Aufstellung des Verkaufsbudgets berechnet der Verkaufsleiter die Investitionen, die zum Aufbau einer eigenen Verkaufsorganisation erforderlich sind. Den nun fertigen Verkaufsplan — wobei unsere Darstellung sich auf das Notwendigste beschränkt hat — leitet der Verkaufsleiter an den Produkt-Manager weiter, und dieser verarbeitet den Verkaufsplan in seinem Marketingplan. Im Marketingplan muß der Produkt-Manager versuchen, den Verkaufsplan mit dem Produktionsplan, dem Beschaffungsplan, dem Finanzierungsplan — um nur einige zu nennen — in Einklang zu bringen. Allerdings hat sie, wie wohl allgemein üblich, an den Forderungen aller Abteilungen erhebliche Abstriche gemacht. Die Entscheidungen zum und die Abstriche am Verkaufsplan teilt der Produkt-Manager dem Verkaufsleiter in dem Briefing zum Aufbau der Verkaufsorganisation mit. Der Verkaufsleiter erhält damit offiziell den Auftrag, mit dem Aufbau der Verkaufsorganisation zu beginnen.

4.4.3 Der Aufbau der Verkaufsorganisation

4.4.3.0 Die Insertion

Für den Aufbau seiner Verkaufsorganisation ist der Verkaufsleiter allein verantwortlich. Es soll unterstellt werden, daß er die bisherigen Ausführungen beherrscht und daß seine Inserate in der Tagespresse des Testgebietes dies klar zum Ausdruck bringen.

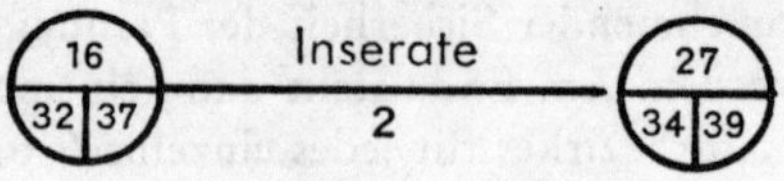

Abb. 56

Die Inserate sollen an zwei Wochenenden laufen. Es wird angenommen, daß sich daraufhin genügend Bewerber gemeldet haben.

4.4.3.1 Die Auswahl und Einstellung des Personals

Für den Verkaufsleiter beginnt nun wohl die schwierigste und wichtigste Phase im Aufbau seiner Verkaufsorganisation. Er muß seine Mitarbeiter finden. Er muß die Bewerbungen prüfen und seine Reisenden auswählen. Diese Aufgabe ist so schwierig und gleichzeitig so wichtig, daß es noch keine verläßlichen Hilfsmittel, wie z. B. Beurteilungsbögen usw., gibt. Der Verkaufsleiter kann sich hier nur auf seine Erfahrung und seine Menschenkenntnis verlassen. Es soll aber davon ausgegangen werden, daß er seine Reisenden in 10 Wochen zusammenbekommt.

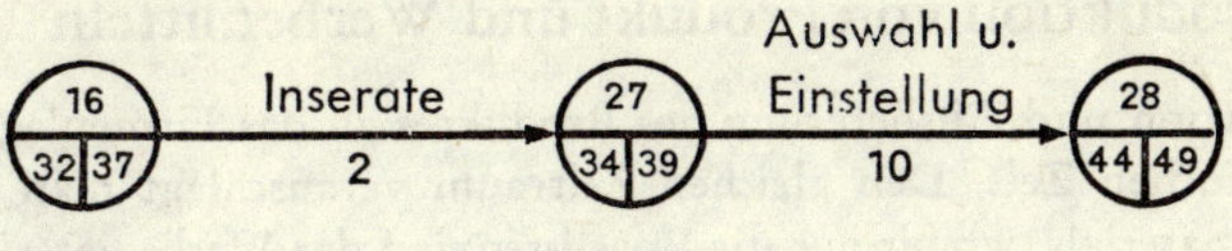

Abb. 57

Dies ist eine extrem kurze Zeit für das genannte Vorhaben. Aber es kommt ja nicht auf die Einzelheiten an, außerdem kann man unterstellen, daß entweder Berlin oder das Saarland als Testgebiete ausgewählt wurden. Diese Testgebiete werden sehr häufig genommen, weil sie klein sind und damit das Risiko erheblich mindern, weil sie aber zum andern alle Möglichkeiten der klassischen Werbung mit einer klar abgegrenzten Lage verbinden.

4.4.3.2 Die Schulung der Reisenden

166. Aufgabe: *Welche Problemkreise sollten bei dieser Schulung behandelt werden?*

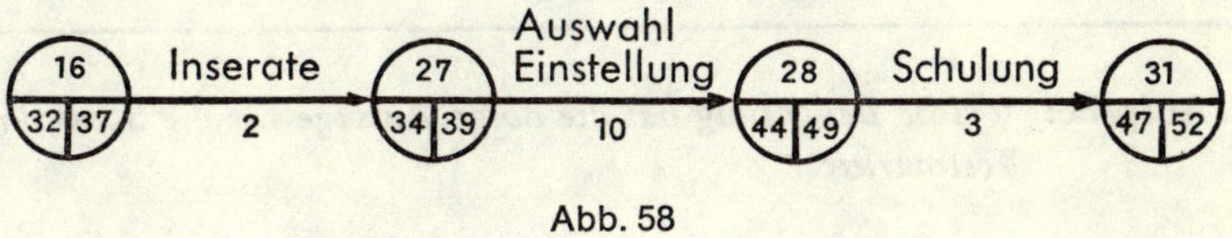

Abb. 58

Zur Durchführung der Schulung muß von der Unternehmensleitung alles erforderliche Material zur Verfügung gestellt werden. Die verantwortlichen Leiter der einzelnen Abteilungen müssen in Vorträgen und Diskussionen alle Fragen und Probleme der Reisenden zu klären versuchen. Das Produkt, die Werbekampagne, das Verkaufsförderungsmaterial usw. muß den Reisenden — wenn auch zum Teil — erst in Layouts vorgeführt werden. Die Reisenden müssen alle nach Abschluß der Schulung mit dem erforderlichen Wissen ausgestattet sein, um möglichst allen Eventualitäten ihrer verkäuferischen Arbeit gerecht werden zu können.

Mit Abschluß der Schulung steht der Beginn der Testeinführung unmittelbar bevor. Wenn man den Netzplan betrachtet, dann stellt man fest, daß in der Zwischenzeit ein Jahr vergangen ist. Ein ganzes Jahr wurde benötigt, obwohl der denkbar einfachste Fall angenommen wurde, alle Komplikationen ausgeschaltet und die erforderlichen Arbeitszeiten sehr knapp bemessen wurden. Bevor man mit den Überlegungen zum Test-Marketing beginnen kann, müssen noch die letzten Vorbereitungen getroffen werden.

4.4.4 Die Produktion von Produkt und Werbemitteln

Für die Produktion und Auslieferung des Produktes an das Firmenlager im Testgebiet gibt es fünf Wochen Zeit. Den gleichen Zeitraum veranschlagt man für die Produktion des Werbematerials, womit nur die Preislisten und das Werbematerial für den Großhandel gemeint sind. Das Werbematerial für den Einzelhandel wird erst 4 Wochen später benötigt, wenn die Bearbeitung des Großhandels abgeschlossen ist und die Bearbeitung des Einzelhandels beginnt. Die Einschaltung der Verbraucherwerbung setzt wiederum erst 4 Wochen später ein, wenn die Bevorratung des Handels einigermaßen ausreichend ist, so daß die Werbung nicht ins Leere stößt.

Die zu Beginn des Test-Marketing noch durchzuführenden Arbeiten sind in der folgenden Gesamtübersicht des Netzwerkplanes dargestellt. Der Netzwerkplan wird nicht weiter ausgebaut, sondern einer intensiven Wiederholung des Test-Marketing vorgenommen.

4.4.5 Das Test-Marketing

Unter Test-Marketing soll jene Situation verstanden werden, in der Produkte, aber auch Maßnahmen (Verkaufsförderung, Merchandising, Werbung) unter Marktverhältnissen getestet werden, und zwar auf einem Testmarkt. Diese Definition enthält gegenüber den früheren Ausführungen eine gewisse Erweiterung. Die Beschaffenheit und Auswahl des Testmarktes ist dabei allein abhängig von der Art der gewünschten Informationen.

167. Aufgabe: *Welche Bedeutung hat die obige Aussage für die Struktur des Testmarktes?*

Wichtigstes Kriterium des Test-Marketing ist der rauhe Wind der Marktverhältnisse. Nur wenn die Möglichkeit zur Bewährung am Markte im Kräftefeld der Konkurrenz gegeben ist, kann eine realistische Aussage über die Aufnahmebereitschaft des Handels und — letztlich entscheidend — der Verbraucher gemacht werden.

Jedes Test-Marketing ist somit ein Marktversuch, der die Endstufe einer Reihe von Entwicklungstests darstellt, dessen Durchführung aber den Abschluß von Entwicklungsreihen unbedingt voraussetzt. Ohne sorgfältige Marktforschung und Produktentwicklung, ohne sorgfältige Überprüfung der Werbekampagne wäre das „Kind" unterernährt, schlecht ausgebildet und untauglich für den Lebenskampf. Die Vorleistungen der Entwicklungsphase vermindern das Kostenrisiko des Test-Marketing, das ja das spätere, weit größere Risiko der überregionalen Einführung einschränken soll.

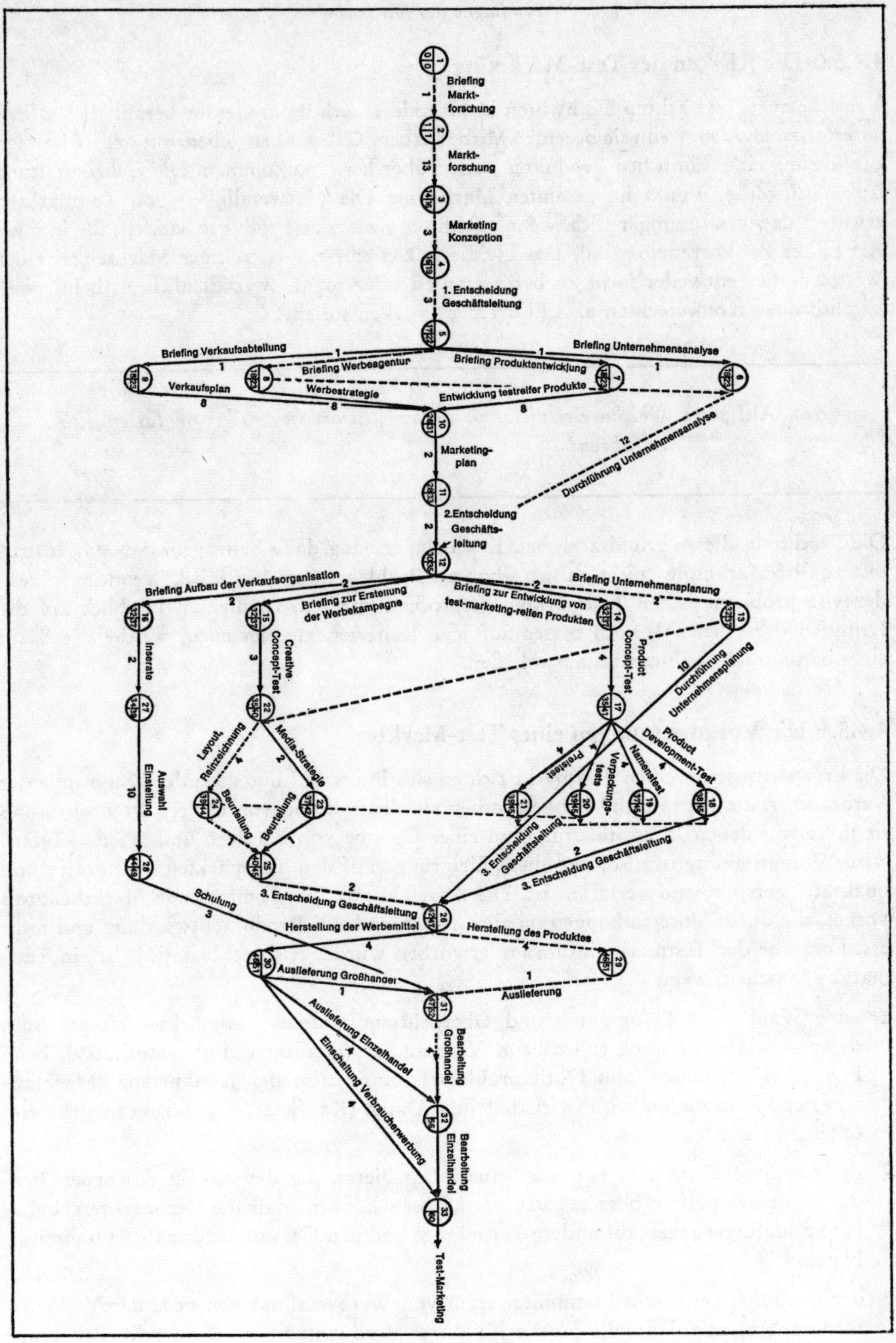

Abb. 59: Planung des Test-Marketing

4.4.5.0 Die Risiken des Test-Marketing

Versuche auf Testmärkten beschwören insbesondere auch dann Gefahr herauf und *sollten unterlassen werden*, wenn sie potenten Mitbewerbern Gelegenheit geben, mit der nationalen Einführung eines ähnlichen Produktes noch früher herauszukommen. Die Geheimhaltung ist ein schwacher Punkt im gesamten Marketing. Die Notwendigkeit von Testmärkten erscheint dagegen unumgänglich, wenn es sich um neuartige Produkte handelt, die in ihrer Art bisher konkurrenzlos sind. Das gleiche gilt, wenn ein vorzeitiger Markteintritt der Wettbewerber entweder nicht zu befürchten ist oder sogar zweckdienlich erscheint, weil nämlich diese Konkurrenten als „Eisbrecher“ wirken sollen.

168. Aufgabe: *Welche Beispiele zu dieser „Eisbrecher“-Theorie lassen sich anführen?*

Die Beachtung dieser grundsätzlichen Erwägungen mag dazu beitragen, daß das Instrument „Test-Marketing“ nicht an sich schon als Problem angesehen wird. Wenn im folgenden von problematischen Testmärkten gesprochen wird, so ist dies im Hinblick auf die Kriterien der Auswahl, noch besser auf jene Kriterien zu verstehen, welche die Wahl eines bestimmten Teilmarktes ausschließen.

4.4.5.1 Die Voraussetzungen eines Test-Marktes

Die Erfordernisse an einen Testmarkt richten sich in erster Linie nach der Zielgruppe der Verbraucher, die vom Produkt angesprochen werden soll und von der erwartet wird, daß sie in verschiedenen Intensitätsstufen zu einer Gruppe von Käufern und Wiederkäufern wird. Voraussetzung ist also, daß diese Zielgruppe auf den Testmärkten quantitativ und qualitativ entsprechend vertreten ist. Die Auswahl setzt eine umfassende Marktkenntnis voraus, die durch Untersuchungen möglichst während der Produktentwicklung und nicht erst kurz vor der Testmarkteinführung erworben wurde. Als problematisch ist ein Testmarkt anzusehen, wenn

1. seine Wahl ohne Erforschung und Überprüfung anderer Teilmärkte erfolgt. Auch deren mögliche Eignung sollte beim Verbraucher (qualitativ und quantitativ), beim Handel (Distribution und Outletprobleme), hinsichtlich der Konkurrenz (Marktanteile) und in bezug auf volkswirtschaftliche Daten (Kaufkraft und Strukturmerkmale) untersucht werden,
2. der gewählte Testmarkt extreme Situationen bietet, die den Erfolg des neuen Produktes derart positiv oder negativ beeinflussen können, daß die Testmarktergebnisse für Schlußfolgerungen auf andere Testmärkte und den Gesamtmarkt nahezu unbrauchbar sind,
3. der gewählte Testmarkt bestimmte Arten von Werbemaßnahmen oder der Verkaufsförderung nicht zuläßt, die gerade für dieses Produkt von entscheidender Bedeutung wären,

4. das Instrumentarium der Marktforschung nicht oder in nicht genügendem Ausmaß zur Verfügung steht, um den Testmarkt fortwährend zu kontrollieren, sei es aus quantitativen oder qualitativen Gründen, sei es aus Kostenerwägungen.

4.4.5.2 Der Test-Markt „Berlin“

Mit seinen 2,3 Mill Einwohnern und einer Flächenausdehnung von 481 qkm kann man Westberlin mit einigen Vorbehalten als repräsentativen Modellmarkt für das gesamte Bundesgebiet bezeichnen.

Allen anderen westdeutschen Testmärkten ist Berlin nämlich schon durch seine politisch bedingte Abgrenzung überlegen. Damit werden Ungenauigkeiten in Marktanalysen durch Einpendler-Effekte von vornherein ausgeschlossen. Zugleich besitzt die Stadt dank ihrer Größe ein umfangreiches eigenes Verbraucherpotential. Ebenso wichtig ist der vorhandene Vertriebsapparat, der vom Warenhaus und Filialgeschäft bis zum „Tante-Emma-Laden“ am Stadtrand reicht und die übliche Konkurrenzsituation widerspiegelt.

Ein zusätzlicher Vorteil birgt die Berliner Insellage für etwaige Fehlschläge einer Absatzkampagne in sich: Mögliche negative Wirkungen strahlen kaum auf den westdeutschen Markt aus.

Für werbliche Versuche wichtig ist ferner, daß die Stadt an der Spree alle gängigen Werbemethoden anbietet: eine vielfältige Lokal-Presse, ein eigenes regionales Fernseh- und Hörfunkprogramm, Plakatflächen und verbrauchernahe Ausstellungen. Unerwünschte Werbeeinflüsse aus der Umgebung des Testfeldes scheiden wegen der bekannten Situation der eingemauerten Stadt von vornherein aus. Die Wirkung westdeutscher überregionaler Zeitungen und Illustrierten auf Berlin ist gering. Günstig ist weiterhin die Abkapselung der Vertriebswege. Alle Handelsstufen beziehen und liefern nur im untersuchten Umkreis, während an allen anderen denkbaren Testorten Lieferungen nach und Bezüge von außerhalb auszuklammern wären. Eine große Erleichterung für die Beurteilung von Umsatzzahlen ist in diesem Sinne auch das Fehlen der Kundschaft vom Lande.

Dennoch muß natürlich auch hier auf einige Fehlerquellen besonders geachtet werden. So liegt der weibliche Bevölkerungsanteil mit 57% höher als im Bundesdurchschnitt (53%). Auch die Überalterung in Berlin ist spürbar höher, und der Anteil der Menschen mit Mittlerer Reife oder Abitur größer. Die für Marktanalysen besonders wichtigen Einkommensverhältnisse bilden dagegen durchaus ein brauchbares Abbild des Bundesdurchschnitts. Zwar gibt es relativ mehr Leute mit geringem Einkommen und weniger Spitzenverdiener, doch im entscheidenden breiten Mittelbereich der Einkommenspyramide stimmen Testgebiet und Gesamtareal weitgehend überein. Das gleiche gilt für die Haushaltsgröße.

Abweichende Resultate können sich bei manchen Versuchen freilich aus dem Verhältnis der Konfessionen — Berlins Einwohner sind überwiegend protestantisch — und aus dem Familienstand ergeben, da der Prozentsatz lediger, verwitweter und geschiedener Personen hier den westdeutschen Durchschnitt übersteigt.

Während man die genannten soziographischen Faktoren verhältnismäßig leicht „in den Griff bekommt“, lassen sich qualitative Größen, wie etwa die Mentalität des Großstädters besonders in Beziehung auf modische Artikel oder Nahrungsmittel, schwerer einschätzen. Dabei ist jedoch auf die Erfahrung zu verweisen, daß sich die unterschiedlichen

Verbrauchergewohnheiten von Stadt- und Landbevölkerung in den letzten Jahren zusehends angleichen. Auch der konservative Landbewohner strebt heute neben dem reinen Grundnutzen eines Produktes den Zusatznutzen an.

Als Vorzug Berlins muß in diesem Zusammenhang auch seine jahrzehntelange Funktion als Schmelztiegel, vor allem mittel- und ostdeutsche Zuwanderer, genannt werden. Einseitige landsmannschaftliche Einflüsse wirken sich so weniger aus.

Schließlich sprechen aber auch rein verfahrensmäßige Gesichtspunkte für den Testmarkt Berlin. Meist genügt eine Stichproben-Erhebung mit 1 000 statt der sonst üblichen 2 000 Personen. Außerdem bestehen für diese Stadt bereits vielfältige Analyseverfahren. Auf die Kosten eines Tests wirkt sich gewiß auch günstig die Enge des Raumes aus. Der Reiseaufwand für Interviewer oder Propagandisten kann sich im sparsamsten Fall auf eine ständige Unterkunft und einen Fahrschein für das Verkehrsnetz beschränken.

Lösungen der Aufgaben 141 bis 167

Lösung der 141. Aufgabe

CPM = Critical Path Method ist die *tätigkeitsorientierte* NPT.
PERT = Project Evaluation and Review Technique ist die *ereignisorientierte* NPT.
Der Aufbau der beiden Systeme erfolgt nach den gleichen Regeln; bei CPM sind jedoch die Tätigkeiten, bei PERT die Ereignisse beschrieben.

Ein bedeutender Unterschied besteht aber darin, daß die Anwendung der CPM-Methode eine genaue Kenntnis des Ablaufes der Tätigkeiten bis ins letzte Detail voraussetzt. Bei der PERT-Methode ist dies nicht unbedingt erforderlich, weil die Teilarbeiten nicht ersichtlich sind, sondern nur die Ereignisse. Aus tätigkeitsorientierten Netzplänen können deshalb immer ereignisorientierte erstellt werden, aber nicht umgekehrt! Da in der Praxis heute die CPM-Pläne vorherrschend sind, beschränken wir unsere weiteren Erläuterungen auf diese Methode.

Lösung der 142. Aufgabe

Die Marktberührung des neuen Produktes beginnt mit den Produkt-Tests.

Lösung der 143. Aufgabe

Es handelt sich um die Fragenkomplexe II, a) und II, f) (Seite 148).

Lösung der 144. Aufgabe

Es ist dies der Fragenkomplex III (Seite 148 f).

Lösung der 145. Aufgabe

Es handelt sich hier um die Fragenkomplexe I; II, b) bis II, e) (Seite 148).

Lösung der 146. Aufgabe

Die Marketingkonzeption enthält:

im ersten Teil: die Voraussetzungen und Anforderungen, die zu stellen sind
— an das Produkt selbst,
— an die Werbung,
— an den Vertrieb;

im zweiten Teil: die erforderlichen Maßnahmen zur Erreichung der gestellten Anforderungen und die dabei mutmaßlich aufzuwendenden Kosten.

Lösung der 147. Aufgabe

Es sind die einkommensstarken Gelegenheitskonsumenten, die auf ein gewisses Image Wert legen und bereit sind, für einen problemlosen Konsum mehr als den üblichen Preis zu zahlen.

Lösung der 148. Aufgabe

Diese Mitteilung wird die Marketing-Strategie genannt.

Lösung der 149. Aufgabe

Die Antwort ergibt sich aus dem Abschnitt 461.01 „Die volkswirtschaftlichen Rahmenbedingungen".

Im einzelnen sind neben den Analysen zur Angebots- und Nachfragestruktur folgende volkswirtschaftlichen Überlegungen notwendig:

— Untersuchung der wirtschafts-geographischen Gegebenheiten, die unmittelbaren Einfluß auf die Standortfaktoren nehmen;
— Analyse der verkehrspolitischen Situation;
— Analyse der regional- und strukturpolitischen Gegebenheiten;
— Überlegungen zur konjunkturellen Entwicklung;
— Berücksichtigung der suprationalen wirtschaftspolitischen Entwicklung.

Lösung der 150. Aufgabe

Die Geschäftsleitung wird den Test-Marketing Plan genehmigen müssen.

Lösung der 151. Aufgabe

Wenn man stets nach dem maximalen Gewinn strebte, dürfte man beispielsweise keine Kassenbestände und unverzinslichen Bankguthaben halten, da diese liquiden Mittel keine Zinserträge bringen. Man müßte auch die Bankverbindung wechseln, wenn man bei einem anderen Kreditgeber die benötigten Finanzmittel vielleicht zu $^1/_{16}$% p. a. billiger bekommen kann. Bei einer solchen Verhaltensweise könnte man allerdings sicher sein, in Krisenzeiten überhaupt kein Geld zu erhalten.

Eine gute Finanzierungspolitik muß deshalb diese Risiken abwägen und das Optimum suchen. Diese Beschränkung auf „optimale Gewinne" gilt im übrigen für alle betrieblichen Funktionsbereiche.

Lösung der 152. Aufgabe

Das Ausgleichsgesetz der Planung besagt, daß sich die gesamte Planung auf den Engpaßbereich einzustellen hat. Die Begründung ergibt sich aus der Abhängigkeit der betrieblichen Bereiche. Ist z. B. die Beschaffung der Finanzmittel ein Engpaß, so fehlt das Geld für Investitionen, Produktion, Werbung usw. Wenn die Produktion stockt, ergeben sich geringere Absatzmengen, niedrigere Einnahmen und so fort.

Auf längere Sicht wirkt sich der Engpaß *eines* Produktionsbereiches in allen anderen Bereichen aus.

Lösung der 153. Aufgabe

Wir stehen jetzt vor der Aufgabe, die bisherigen Überlegungen unter dem Gesichtspunkt der Marktberührung zu testen. Wiederholen Sie bitte Punkt 4.1.1.1.

Lösung der 154. Aufgabe

Als unmittelbar nächster Schritt hat der Test des Produkt-Konzeptes zu erfolgen.

Lösung der 155. Aufgabe

Die endgültige Produkt-Konzeption bildet die Grundlage für die Gestaltung der Werbekampagne.

Lösung der 156. Aufgabe

Hier handelt es sich um die Einzelaspekte:
Form, Farbe, Geruch, Geschmack, Oberfläche, Konsistenz und Größe.

Lösung der 157. Aufgabe

Speziell der Paarvergleichstest und der Factorial Design-Test — zusammengefaßt unter dem Oberbegriff Product Development Test — kommen hier zur Anwendung.

Lösung der 158. Aufgabe

Es sind dies der Assoziationstest, der Zuordnungstest und die Satzergänzung.

Lösung der 159. Aufgabe

Es ist zu prüfen: Haltbarkeit, Handlichkeit, Handhabung, Lagerfähigkeit, Transportfähigkeit, Kosten der Verpackung, Kosten der Verpackungsanlage, Schutz der Ware vor allen denkbaren ungünstigen Einflüssen, Zweitnutzen.

Lösung der 160. Aufgabe

Die wichtigsten Werbemedien sind wohl:
die Fernsehanstalten,
die Funkanstalten,
die Filmtheater,
die Zeitungs- und Zeitschriften-Verlage
und die Plakatanschlagfirmen.

Lösung der 161. Aufgabe

Zunächst muß eine ungefähre Vorstellung des Mediaplanes erarbeitet werden; erst danach kann mit der Gestaltung der Werbemittel begonnen werden.

Lösung der 162. Aufgabe

Es sind zu erstellen:

das Layout —

1. für die Anzeige in der Illustrierten;
2. für die Ordersatzbeilage;
3. für das P. O. S.-Werbematerial beim Einzelhandel, z. B. Fensterkleber, Regalstopper, Displaystücke usw.;
4. für die Groß- und Einzelhandelspreisliste;
5. für den Umkarton;
6. für die Verpackung — hier muß eine Abstimmung mit der Durchführung des Verpackungstests vorgenommen werden;
7. der Anzeige in der regionalen Presse des Testgebietes für die Einstellung von Reisenden.

Lösung der 163. Aufgabe

Die Geschäftsleitung muß grundsätzliche Entscheidungen treffen —
— über die Art der Auftragseinholung,
— über die Art der Auftragsbearbeitung.

Lösung der 164. Aufgabe

Folgende Entscheidungen müssen noch getroffen werden —
— über den indirekten Vertriebsweg,
— über die selektive Bearbeitung des Handels.

Lösung der 165. Aufgabe

Es sind folgende Zahlen maßgebend:

1. die Zahlen, welche die Veränderungen in der gesamtwirtschaftlichen Entwicklung der folgenden Jahre aufzeigen, wie die Veränderung des Sozialproduktes des Volkseinkommens oder auch der Bevölkerungszahlen;
2. die Zahlen, welche die Veränderungen des Branchenabsatzes aufzeigen;
3. die aufgrund der Trendberechnung für den eigenen Absatz gefundenen und entsprechend dem jeweiligen Grad von Korrelationen ermittelten Zukunftswerte;
4. die durch Marktuntersuchungen über die Kaufabsichten der Verbraucher unter Berücksichtigung des eigenen Marktanteils ermittelten Absatzzahlen;
5. die aus den persönlichen Absatzschätzungen des Verkaufsleiters hervorgegangenen Zahlen.

Lösung der 166. Aufgabe

Die Reisenden sollten mit folgendem vertraut gemacht werden:

— mit allen Einzelheiten der Produktpolitik;
— mit allen Einzelheiten der Werbepolitik;
— mit allen Einzelheiten der Vertriebspolitik;
— mit allen Einzelheiten ihres Verkaufsbezirkes;
— mit allen sonstigen technischen und administrativen Einzelheiten.

Lösung der 167. Aufgabe

Prinzipiell besteht keine zwingende Notwendigkeit, daß der Testmarkt in jedem Fall ein Mikrobild des Gesamtmarktes sein muß. Testmärkte können somit einzelne Geschäfte und Handelsketten, bestimmte Verbrauchergruppen oder auch Städte und Gebiete sein.

Lösung der 168. Aufgabe

Es lassen sich aus dem Haushaltsgerätesektor etliche Beispiele anführen, in denen Neuerungen durch kleine Firmen eingeführt wurden — sei es aus Gründen der Einfallslosigkeit der Großen oder aus Gründen der „Eisbrecher"-Theorie:

— die vollautomatische Waschmaschine durch die Firma Pfennigsberg;
— das Mixgerät durch die Firma Schöttle;
— die Geschirrspülmaschine durch die Firma Siegwerk;
— der Heißluftventilator durch die Firma Martin;
— der Tauchsieder durch die Firma Stiebel.

Literaturverzeichnis

Literaturverzeichnis zu:
Marketing-Konzeption 1. Teil

Adler, L.: Phasing research into the marketing plan, in: Modern marketing strategy, hrsg. von E. C. Bursk and J. F. Chapman, New York 1965, S. 219 ff.

Barnet, E. M.: Showdown in the market place, in: Modern marketing strategy, hrsg. von E. C. Bursk and J. F. Chapman, New York 1965, S. 49 ff.

Eldridge, C. E.: Marketing, New York 1966.
The problems of growth, New York 1966.
The chief executive's marketing responsibility, New York 1966.
The role and importance of the marketing plan.
The marketing budget and its allocation.

Fischer, H.: Marketing oder die Verwirrung der Begriffe, Stuttgart 1959.

Gross, H.: Neue Ideen in der Wirtschaft, Düsseldorf 1960.

Hammel, W.: Das System des Marketing, Freiburg im Breisgau 1963.

Kisch, K. A.: Marketing in der Sackgasse, in: Marketing Journal, 1968, S. 283.

Kropff, H. F. J.: Marketing — die neue Konzeption der Absatzwirtschaft, in: Neue Betriebswirtschaft, 1957, S. 141 ff.

Nystrom, P. H.: Marketing handbook, New York 1954.

Payne, B.: How to set realistic profit goals, in: Modern marketing strategy, hrsg. von E. C. Bursk and J. F. Chapman, New York 1965, S. 336 ff.

Simons, H.: Marketing, 2. Auflage, Stuttgart 1960.

Literaturverzeichnis zu:
Marketing-Organisation 2. Teil

Baumann, H. J.: Unternehmensstrategie nach neuem Konzept, in: Die Absatzwirtschaft, 1966, S. 656 ff.

Berger, R.: Marketing: Richtige Organisation im Unternehmen, in: Marketing Journal, 1968, S. 109 ff.

Büttner, H.-J.: Marketing: Ein Prinzip, eine Konzeption, in: Marketing Journal, 1968, 1.57 ff.

Eldridge, C. E.: The marketing organisation, New York 1966.
The role of the marketing director, New York 1966.
The role of the product manager, New York 1966.

Evans, G. H.: The product manager's job, New York 1964.

Hammel, W.: Das System des Marketing, Freiburg i. Breisgau, 1963, S. 165 ff.

Howard, John A.: Organization structure and its underlying theory of buyer behavior, in New ideas for successful marketing, hrsg. J. S. Wright und J. L. Goldstucker, Chicago 1966, S. 87 ff.

Hüttner, M.: Produkt-Management: Realisierung der Marketing-Konzeption, in: Marketing Journal, 1968, S. 165 ff.

Lazo, H. und A. Corbin: The organization of the marketing department, in: Management from marketing, New York, 1961, S. 79, 86 ff. und 111 ff.

Levitt, T.: Marketing Myopia, in: Harvard Business Review, 1960, S. 45 ff.

Poth, L.: Marketing in der Praxis noch ein Experiment, in: Die Absatzwirtschaft, 1967, S. 1059 ff.

Stadtler, M.: Der Handel und sein Marketing-Konzept, in: Die Absatzwirtschaft, 1966, S. 111 ff.

Steiner, G. A.: The creative organization, Chicago 1965.

Schöttle, K.: Erfolge der Marketingstrategie in der Investitionsgüterindustrie, in: Absatzwirtschaft, 1966, S. 514 ff.

Literaturverzeichnis zu:
Marktforschung

Amstutz, A. E.: The marketing execution and management information systems, in: Science, Technology and Marketing, hrg. von R. M. Haas, 1966, S. 69 ff.

Behrens, K.: Demoskopische Marktforschung, Wiesbaden 1961.

Britt, S. H.: What about consumer behavior and the behavioral sciences? New York, 1966, S. 16 ff.

Crips, R. D.: Absatzforschung — Marketing Research, Essen 1959.

Eldridge, C. E.: The role of marketing research, New York 1966.

Fiedler, J.: Die Marktgeltung erforschen, in: Die Absatzwirtschaft, 1968, S. 227 ff.

Hammel, W.: Das System des Marketing, Freiburg i. Breisgau, 1963, S. 30 ff.

Höfner, K.: Im flachen Wasser schwimmen lernen, in: Die Absatzwirtschaft, 1967, S. 629 ff.

Hollander, S. C.: Measuring the cost and value of Marketing, in: Business Topics, 1961, S. 17 ff.

Johannsen, U. und M. Herrmann: Konkurrenzforschung: Werbeaktionen der Wettbewerber, in: Marketing Journal, 1968, S. 327 ff.

Juchems, A.: Werbung: Wirkungen auf die Kaufeinstellung, in: Marketing Journal, 1968, S. 117 ff.

Kotler, P.: Behavioral models for analyzing buyers, in: Journal of marketing, 1965, S. 37 ff.

Merk, G.: Wissenschaftliche Marktforschung, Berlin 1962.

Meyer, P. W.: Marktforschung, Düsseldorf 1957.

Meyer, W. und U. Bender: Investitionsgüter: Erfassung des Substitutionsprozesses, in: Marketing Journal, 1969, S. 80.

Riesman, D.: Food and sex as symbols, in: The lonely crowd, New Haven 1961, S. 141 ff.

Ruczinsky, E.: Woran erkennt man gute Marktforschung?, in: Die Absatzwirtschaft, 1965, S. 1618 ff.

Schäfer, E.: Grundlagen der Marktforschung, 3. Auflage, Köln-Opladen 1953.

Stroschein, F. R.: Sollen Produkttests vom Hersteller selbst durchgeführt werden?, in: Die Absatzwirtschaft, 1966, S. 1074 ff.

Uhl, K. P.: Better management of market information, in: Business Horizons, 1966, S. 75 ff.

Veblen, T.: The conspienous consumption, in: The theory of the leisure class, 1964, S. 75 f., 83 ff., 97 f.

Literaturverzeichnis zu:
Produktentwicklung

Adler, L.: Time lag in new product development, in: Journal of Marketing, 1966, S. 17 ff.

Alexander, R. S.: The death and burial of „sick" products, in: Journal of Marketing, 1964, S. 1 ff.

Biedermann, E. A. and K.-B. Hitzbleck: Neue Produktionsgüter: Von der Idee zum Markterfolg, in: Marketing Journal, 1969, S. 208 ff.

Booz, Allen und Hamilton: Neue Produkte planmäßig schaffen, 3. Auflage 1960.

Geschka, H. und H. Wiggert: Neue Ideen: Man kann auch mit Methode vorgehen, in: Marketing Journal, 1969, 102 ff.

Hake, B.: Diversifikation: Suche und Auswahl neuer Produkte, in: Marketing Journal, 1968, S. 9 ff.

Hammel, W.: Das System des Marketing, Freiburg i. Breisgau, 1963, S. 42 ff. und 72 ff.

Kononpa, L. J.: New products: assessing commercial potential, New York 1966.

Martiny, E. (Hrsg.): New products, new profits, New York 1964.

Mason, W. R.: A theory of packaging in the marketing mix, in: Business Horizons, 1958, S. 91 ff.

Meyer, P. W.: Checklist für Produktplanung, in: Die Absatzwirtschaft, 1966, S. 1068 ff.

Nagtegaal, H.: Neue Produkte: Mehr Erfolg bei der Einführung, in: Marketing Journal, 1969, S. 146 ff.

Patton, A.: Top management's stake in the product life cycle, in: The Management Review, 1959, S. 9 ff., 67 ff., 76 ff.

Pessemier, E. A.: New product decisions, New York 1966.

Schutte, T. F. und V. J. Cook: Branding policies and practices, in: Science, Technology, and Marketing, hrsg. von M. Haas, 1966, S. 197 ff.

Shuchmann, A. und T. L. Berg: Product strategy and management, New York 1963.

Strothmann, K.-H.: Neue Produkte: Ideenfindung durch Brainstorming, in: Marketing Journal, 1969, S. 204 ff.

Talley, W. J.: The profitable product: its planning, launching and management, Englewood Cliffs N. J., 1965.

Wallenstein, G. D.: Concept and practice of product planing, New York 1968.

White, J. S.: The functions of advertising in our culture, in: Journal of Marketing, 1959, S. 8 ff.

Literaturverzeichnis zu:
Bestimmung des Produktpreises

Bain, J. S.: Price Theory, New York 1953.

Bickel, G. E.: Die Liquiditätspreisuntergrenze, Mannheim 1961.

Dorfman, R.: The price system, Englewood Cliffs, NY 1964.

Fettel, J.: Marktpreis und Kostenpreis, 2. Auflage, Meisenheim 1967.

Hall, R. L. und C. J. Hitch: Price theory and business behaviour, in: Oxford studies in the price mechanism, hrsg. von T. Wilson und P. W. S. Andrews, Oxford 1951, S. 107.

Heuss, E.: Allgemeine Markttheorie, Tübingen und Zürich 1965.

Jacob, H.: Preispolitik, Wiesbaden 1963.

Kjaer-Hansen, M.: Absatz, Markt und Nachfrage, Essen 1965.

Krelle, W.: Preistheorie, Tübingen und Zürich 1961.

Langen, H.: Dynamische Preisuntergrenzen, in: Zeitschrift für betriebswirtschaftliche Forschung, 18 (1966), S. 649.

Lynn, R. A.: Price policies und marketing management, Homewood, Ill. 1967.

Machlup, F.: Wettbewerb im Verkauf, Göttingen 1966.

Marting, E.: Creative pricing, New York 1968.

Mulvihill, D. F. und St. Patanka: Price policies and practices New York-London-Sydney 1967.

Nagtegaal, H.: Die Beziehungen zwischen den Elastizitäten der Nachfrage, Hamburg 1965.

Ott, A. E.: Preistheorie, Köln und Berlin 1965.

Oxenfeldd, R. A.: Pricing for marketing executives, 3. Auflage, Beemont 1966.

Stachelberg, H. von: Marktform und Gleichgewicht, Wien und Berlin 1934.

Streissler, E. und M. Streissler: Konsum und Nachfrage, Köln und Berlin 1966.

Wallenstein, G. D.: Concept and pratice of product planning, New York 1968.

Literaturverzeichnis zu:
Werbung

Colley, R. H. (Hrsg.): Defining advertising goods for measured advertising results, New York 1961.

Cox, D. H.: Clues for advertising strategies, in: Harvard Business Review, 1961, S. 160—182.

Dean, J.: Does advertising belong in the capital budget, in: Journal of Marketing, 1966, S. 15—21.

Eldridge, C. E.: The state of advertising today and a look into the future, New York 1966.
The role of advertising, New York 1966.
The before — and after — evaluation of advertising effectiveness, New York 1966.
The role of the advertising agency, New York 1966.
The client-agency relationship, New York 1966.
The role of the advertising manager, New York 1966.

Gutenberg, E.: Grundlagen der Betriebswirtschaftslehre, 2. Band — Der Absatz, 9. Auflage, Berlin-Heidelberg-New York 1966, S. 408 ff.

Hammel, W.: Das System des Marketing, Freiburg i. Breisgau 1963, S. 48 ff. und S. 108 ff.

Schramm, W. (Hrsg.): How communication works, in: The process and effects of mass communication, Urbana 1955, S. 3—26.

Literaturverzeichnis zu:
Verkauf

Al-Ani, A.: Absatzwege: Entscheidungshilfen für die optimale Wahl, in: Marketing Journal 1969, S. 77.

Berger, R.: Maßnahmenplanung: Optimierung der Absatzpolitik, in: Marketing Journal 1969, S. 83.

Blohm, H.: Ein neuer Denkansatz: Kybernetische Aspekte des Absatzes, in: Marketing Journal 1969, S. 18.

Bucklin, L. P.: Retail strategy and the classification of consumer good, in: Marketing Management and Administration, hrsg. von S. H. Britt und H. W. Boyd, 2. Auflage, S. 499.

Gutenberg, E.: Grundlagen der Betriebswirtschaftslehre, 2. Band: Absatz, Berlin-Heidelberg-New York, 9. Auflage 1966.

Hammel, W.: Das System des Marketing, Freiburg i. Breisgau 1963, S. 62 ff. und S. 123 ff.

Lazo, H. und A. Corbin: Sales as a part of marketing, in: Management in Marketing: Text and Cases, New York 1961, S. 231.

Le Kashman, R. und J. S. Stolle: The total cost approach to destribution, in: Buseness Horizons 1965, S. 33.

Lettau, H.-G.: Eigenanalyse: Basis für gezielte Absatzentschlüsse, in: Marketing Journal, 1968, S. 302.

Lettau, H.-G.:Absatzkontrolle: Schwachstellen im Vertrieb erkennen und beseitigen, in: Marketing Journal, 1969, S. 138.

Mayer, D. und H. M. Greenberg: What makes a good salesman, in: Harvard Business Review, 1964, S. 119.

Stichwortverzeichnis

Fallstudien

1. Fall-Studie

Einführung von Sonnenschutzmarkisen auf den deutschen Markt, die erstmals in kompakter Bauweise und zur Selbstmontage entwickelt wurden.

Inhaltsverzeichnis

Teil I – Marktforschung und Planung

Teil I – Marktforschung und Planung

1.0 Allgemeine Begriffserklärung

1.1 Begriffsabklärung

Der im folgenden Text verwendete Begriff „Markise“ beinhaltet eigentlich drei Arten von Markisen, die sich in Konstruktion, Art und Ausführung stark unterscheiden. Um zu einer vereinfachten Darstellung des Problems zu kommen, soll im folgenden nur der Begriff Ideal-Markise verwendet werden.

Es sei an dieser Stelle noch vermerkt, daß die Markise aus einem Eigengestell mit Tragearmen besteht, auf die der Stoff aufgespannt wird. Beim Einziehen der Markise wickelt sich der Stoff auf einer an der Wand angebrachten Rohrwelle auf.

1.2 Geschichtlicher Überblick und Marktforschungsergebnisse

Durch den Wiederaufbau nach dem 2. Weltkrieg wurden vornehmlich Markisen an Ladengeschäften als Sonnenschutz montiert. Hier war ein enormer Nachholbedarf zu befriedigen. Es mußte aber der Augenblick eintreten, an dem nur noch ein Geschäft mit dem Ersatzbedarf (Stoffbezüge) gemacht werden konnte. Die Firma war also auf neue Impulse hinsichtlich einer weiteren Expansion angewiesen. Produktbezogen bedeutete dies eine Neuentwicklung für einen neuen Käufermarkt.

Aufgrund vorliegender Marchtforschungsergebnisse war bekannt, daß die Zahl der seit Bestehen der BRD fertiggestellten Wohnungen 1967 ca. 10 Mill. Stück betrug. Betrachtete man nun noch die Lage dieser Wohnungen, so verteilte sich der Anteil der Wohnungen wie folgt:

Einfamilienhäuser	25,3%
Zweifamilienhäuser	21,4%
Mehrfamilienhäuser	53,3%

Läßt man zunächst die Zwei- und Mehrfamilienhäuser aus der Betrachtung heraus und betrachtet darüber hinaus nur die nach 1945 fertiggestellten Wohnungen, dann bleiben immerhin noch ca. 2 500 000 Einfamilienhäuser, von denen man annehmen kann, daß es hier eine Terrasse oder zumindest einen Balkon gibt. An dieser Stelle nun ist aber noch ein sozialer Aspekt zu betrachten, der sich aus der Korrelation von Nettoeinkommen und privater Investitionsbelastung ergibt. Ca. 35% dieser Hausbesitzer leben in guten Einkommensverhältnissen und dürfen letztlich als potentielle Kunden betrachtet werden. Die Marktforschung konnte sich aber nicht nur mit der Ermittlung quantitativer Merkmale begnügen. Hier sind wir noch einen Schritt weitergegangen und haben mittels Käuferumfragen festgestellt, daß ca. 60% der Hausbesitzer an einer Markise Interesse bekundeten.

Hinsichtlich der Konkurrenzbeurteilung gab es noch einen Mitbewerber auf dem Markt, der seinen Sitz in Nordwestdeutschland hat. Auch wurde bei dieser Gelegenheit eine Preisgröße getestet. Näheres aber hierüber unter (2.2). Alles in allem durchaus positive Voraussetzungen, die es geraten erscheinen ließen, eine Marketing-Konzeption zu entwickeln.

2.0 Die Grundlagen der Marketing-Konzeption

Die Marketing-Konzeption enthielt in relativ groben Umrissen einen Entwicklungs- und Kostenüberblick, der in den nachstehenden Hauptfunktionen näher erläutert wird.

2.1 Produkt

Aus dem ständigen Strom interner und externer Anregungen war zunächst eine noch nicht exakt zu definierende Produkt-Idee entstanden. Es wurde nun in der Konstruktion, im Außendienst und bei den bekanntesten Wiederverkäufern ein Ideenwettbewerb ausgeschrieben. Eingehende Vorschläge wurden als Kurztext spezifiziert und in einem vergleichenden Bewertungsschema eingeordnet.

Bei der Auswertung der Einsendungen stieß man durch Kombination von Konstruktionselementen auf eine verblüffende Neuheit. Der neue Markisentyp konnte in Kompaktbauweise – also entgegen den früheren Konstruktionen – komplett mit Eisen und Stoff montagefertig ausgeliefert werden. In Verbindung mit einer erheblichen Gewichtsverminderung beinhaltete diese Ideenkombination eine optimale Lösung für ein neues Produkt.

Auszug des Bewertungsschemas

Erfolgskriterien	Spezielle Produktidee	Bewertung der Bewerber A	B	C	D
Allgem. Patentlage	beste Voraussetzung (Neuheit)	85			
Unternehmenspolitik	Programmerweiterung	100			
Einführungszeitpunkt	gegenwärtig gute Aussichten	85			
Produktionseinrichtung	Betriebsmittelinvestition erforderl.	50			
Fertigungserfahrung	begrenzt vorhanden	60			
Serienfertigung	nur nach Vorfertigung möglich	65			
Entwicklungserfahrung	nur für Geschäftshausmarkisen	15			
Versuchseinrichtung	zum Teil vorhanden	90			
Technischer Anteil	konstruktionsbedingt	75			
Marktkapazität	großes Marktpotential	70			
Wachstum und Aufteilung	kein Mitbewerber	80			
Preisvorstellungen	gut nach Kundenumfrage	85			
	Durchschnitt %	73%	78%	81%	74%
	Wertindex ∅ %	76,5%			

Die Schemaliste enthielt ferner Aufschluß über die Probleme des Fachhandels und der potentiellen Käuferschicht.

2.2 Preis

Die Zielgruppe der Ersteinführung sollten Hausbesitzer mit höherem Einkommen sein. Die Abschätzung der Lebenszeit einer Markise und ihres Ersatzbedarfs gab Aufschluß über die notwendigen Investitionen.

Die Zusammentragung der Ergebnisse aus der Markt- und Produktanalyse ließen diverse Vorkalkulationen zu, die einmal die Investitionsgrenzen und damit auch die langfristigen Ertragschancen aufzeigten. Denkbare Varianten (Korb- und Einfachmarkise) sowie Lizenzeinnahmen wurden in die Gewinnabschätzung mit einbezogen.

Die übersichtliche Darstellung erfolgte in einer Fabrikate-Erfolgsrechnung, die nachstehend als Formularauszug ohne Zahlenangaben skizziert ist.

Lfd. Nr.	Erfolgsrechnung Bezeichnung	DM gesamt	Idealmarkise 1967	1968	1969	1970	Korb- und Einfachmarkise 1971
	geschätzter Umsatz + Export						
	Gesamtumsatz						
	÷ Umsatzsteuer ÷ Provisionen ÷ Fracht u. Verpackung ÷ Sonst. Sonderkosten						
	REINERLÖS						
	± Bestandsänderungen						
1	Betrl. ERTRAG						
	Fertigungslöhne + Lohngemeinkosten + Fertigungsmaterial + Materialgemeinkosten + Montagen						
	HERSTELLKOSTEN						
	+ Verwaltungsgemeinkosten + Vertriebsgemeinkosten + Abschreibungen						
	SELBSTKOSTEN						
	± Entwicklungsgemeinkosten ± Materialpreisabweichungen						
2	Betrl. AUFWAND						
1 ÷ 2	geschätzter Gewinn ± neutrales Ergebnis						
	GESAMTGEWINN						

Bei der Preisgestaltung wurde also vom Marktpreis ausgegangen und zunächst ein Wiederverkäuferrabatt von 30% vorgeschlagen.

2.3 Werbung

Bei der Festsetzung des voraussichtlichen Werbeetats für eine Planungsperiode von 5 Jahren mußten nur der Fachhandel und der Endverbraucher ins Auge gefaßt werden.

Die Akzente waren bei der Fachhandelswerbung auf die Verteilerfunktion mit hoher Rendite bei niedrigen Selbstkosten ausgerichtet.

Die Endverbraucherwerbung sollte auf eine Prestigewerbung aufgebaut werden und dennoch die Möglichkeit der Eigenmontage deutlich machen.

In einer Übersicht wurde der geschätzte Werbeaufwand für die Geschäftsleitung deutlich gemacht.

Grobgliederung des Werbeplanes

	Einführungsphase 67/68		Erhaltungswerbung ab 68–71	
	Wiederverkäufer	Kunden	Wiederverkäufer	Kunden
1) Wiederverkäuferschulung mit techn. Detailplänen	x) DM		x) DM	
2) Werbeschreiben, Prospekte und Preislisten	x) DM		x) DM	
3) Montageanleitungen		x) DM		x) DM
4) Anzeigen in Tageszeitungen		x) DM		x) DM
5) Aufschriften an Fahrzeugen	x) DM			
6) Aufsteller/Fensteraufkleber	x) DM		x) DM	
7) Messeausstellungen			x) DM	
8) Informationen in regelmäßigen Abständen			x) DM	
Gesamt				

x) Die DM-Beträge waren eine Grobschätzung aufgrund von Erfahrungswerten und Angeboten über die verschiedensten Werbemittel und Werbeträger.

2.4 Vertrieb

Unter diesem Punkt wurden der Geschäftsleitung Angaben über die Vertriebsart, Transportmittel, Verpackung und Vertriebsweg gemacht. Außerdem gehörten hierzu die Studien über die Lagerhaltungsmethoden (eigene und fremde), innerbetriebliche Transportmittel, Abmessungen, die sich auf diese Problematik bezogen (Anlagenweiten von 2,75 Meter bis 12 Meter) und innerbetriebliche Nummernkreise. Zu den Problemen des Vertriebs zählten auch die der Wartung und Ersatzteillieferung sowie der Lagerung und der innerbetrieblichen Ablauforganisation.

Damit war die Marketing-Konzeption umrissen und wurde nun einschließlich aller Teilpläne als umfassender Bericht zur Genehmigung an die Geschäftsleitung weitergeleitet.

3.0 Die Unternehmensanalyse

Aufbauend auf die Marketing-Konzeption wurden nun im Bereich des Rechnungswesens in Verbindung mit statistischen und ähnlichem Material Kostenvergleiche und Gewinnabschätzungen durchgeführt.

3.1 Der Kostenrahmen

Im Kostenrahmen wurden alle vorläufigen Ergebnisse aus der Marketing-Konzeption und aus den diversen Vorkalkulationen der einzelnen beteiligten Stellen zusammengetragen.

Hierbei interessierte an erster Stelle der erzielbare Preis und Gewinn sowie die möglichen Stückzahlen, bezogen auf die Planperiode von 5 Jahren.

Die Absatzplanung sah folgende Stückzahlen vor:

	Idealmarkise	Korbmarkise	Einfachmarkise
1. Einführungsjahr	1 500	200	2 000
2. Jahr	3 000	500	1 500
3. Jahr	6 000	1 000	1 000
4. Jahr	8 000	1 500	800
5. Jahr	10 000	2 000	500
Gesamt	28 500	5 200	5 800
Durchschnittspreis	1 000 DM	1 500 DM	300 DM

Die Fertigungskapazitäten waren zum Teil vorhanden, mußten aber modernisiert und auf Serienfertigung umgestellt werden.

Ein weiteres Moment muß an dieser Stelle noch deutlich gemacht werden. ²/₃ der gesamten Fertigung sind innerhalb von 5–6 Wochen bereitzustellen. Eine Vorfertigung in der absatzschwachen Zeit war nur auf dem Metallsektor als Teilefertigung möglich. Die Produktion der Stoffe mußte nach Größe und Dessin individuell nach Kundenauftrag in der Hochsaison gefertigt werden, ebenso die Endmontage.
Die nachstehende Graphik soll dies nochmals verdeutlichen.

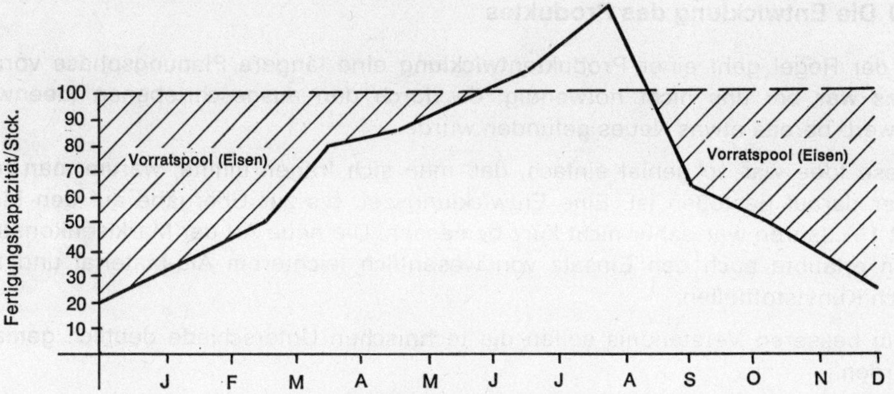

Abb. 1: Kapazitätsbereitstellung

Unter diesen Gegebenheiten mußten die Finanzierung der Bevorratungs- und der Produktionsphase sowie der erforderlichen Investitionen genau berücksichtigt werden.

3.2 Die Gewinnabschätzung

Aufgrund einer sehr detaillierten Betriebsabrechnung war es verhältnismäßig einfach, auf der Basis des Marktpreises, der Vertriebsart und der Projektkosten den Gewinn abzuschätzen.

Die vorausgegangenen Marktanalysen hatten die Aufnahmefähigkeit des Marktes deutlich gemacht, so daß ein Abnehmerrisiko fast ausgeschlossen werden konnte. Mitbewerber auf dem deutschen und europäischen Markt gab es in dieser neuen Markisenart nicht.

Nach Auswertung aller Detailplanungen wurde die Entscheidung zur Ausführung des neuen Projektes kurzfristig gefällt. Mittels einer Rahmenanweisung an die betroffenen Abteilungen, in der ein Zeitplan sowie eine Budgetierung vorgeschrieben war, sollte die Durchführung der Arbeiten in 4 Richtungen parallel zueinander sofort anlaufen:

– Entwicklung des Produktes

– Entwicklung der Werbekonzeption mittels einer Marketing-Strategie

– Entwicklung der Verkaufskonzeption

– Neuorganisation der Fertigungs- und Versandabteilung

Teil II – Entwicklung, Organisation, Vertrieb

4.0 Die Entwicklung des Produktes

In der Regel geht einer Produktentwicklung eine längere Planungsphase voraus. Dies war bei uns nicht notwendig, da durch den ausgeschriebenen Ideenwettbewerb bereits etwas Neues gefunden wurde.

Diese Idee war so genial einfach, daß man sich fragen mußte, warum man nicht eher darauf gestoßen ist. Eine Entwicklungszeit bis zur Übergabe auf den Markt mit 1½ Jahren war daher nicht kurz bemessen. Die neue Art der Markisenkonstruktion erlaubte auch den Einsatz von wesentlich leichterem Alu-Material und z. T. auch Kunststoffteilen.

Zum besseren Verständnis sollen die technischen Unterschiede deutlich gemacht werden.

4.1 Konstruktionsprinzip

In der herkömmlichen Bauweise wurde eine Markise an den beiden Rohrenden an der Wand befestigt. Die Schwierigkeit bestand nun darin, die Tragearme in der richtigen statischen Distanz zu diesem Rohr zu montieren. Und schließlich mußte auch der Stoff auf dieser Tuchwelle noch montiert werden.

Wie aus der Skizze deutlich wird, wurde ständig mit der Wasserwaage gearbeitet und nur eine speziell dafür ausgebildete Montagekolonne konnte diese Arbeiten durchführen.

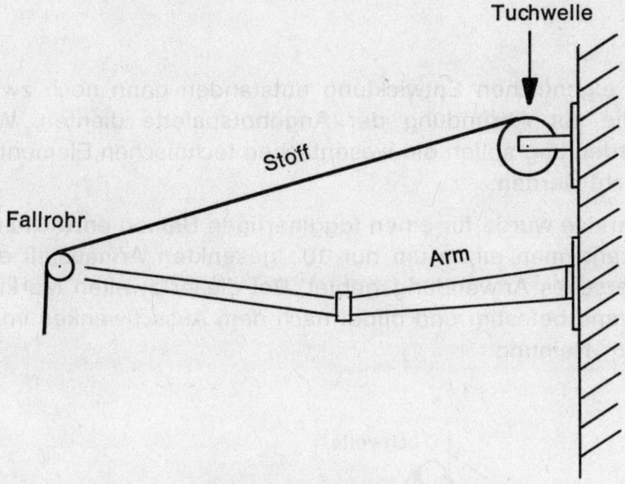

Abb. 2: Konstruktionsprinzip der Tuchwelle

Der besondere und geniale Effekt, der aus diesem komplizierten technischen Vorgang einen Hobbyartikel zur Selbstmontage machte, bestand nun in folgender Veränderung:

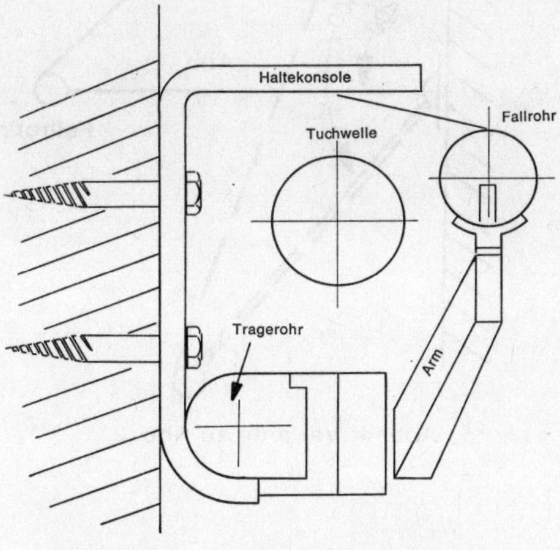

Abb. 3: Prinzip der Selbstmontage

Man sieht jetzt zwei Rohre. Das obere ist die Tuchwelle und liegt frei und das untere ist das Tragerohr, an dem die Arme schon vormontiert sind. Dieses Gestell, das darüber hinaus bereits mit dem Stoffbezug versehen ist, wird also nur noch in die vorher montierte Halterung eingehängt. Kinderleicht gegenüber dem ersten Verfahren.

4.2 Varianten

Während der eigentlichen Entwicklung entstanden dann noch zwei weitere Markisentypen, die zur Abrundung der Angebotspalette dienten. Wegen ihrer ergänzenden Bedeutung sollen die wesentlichen technischen Elemente aber dennoch deutlich gemacht werden.

Die Einfachmarkise wurde für einen loggiaartigen Balkon entwickelt. Mit der ersten Markisenart kann man einen um nur 10° gesenkten Armausfall erreichen, daher auch ihr universelles Anwendungsgebiet. Bei dieser zweiten Markisenart wird der Arm an der Wand befestigt und bildet nach dem Ausschwenken immer neue Tuchschräge von 45° Neigung.

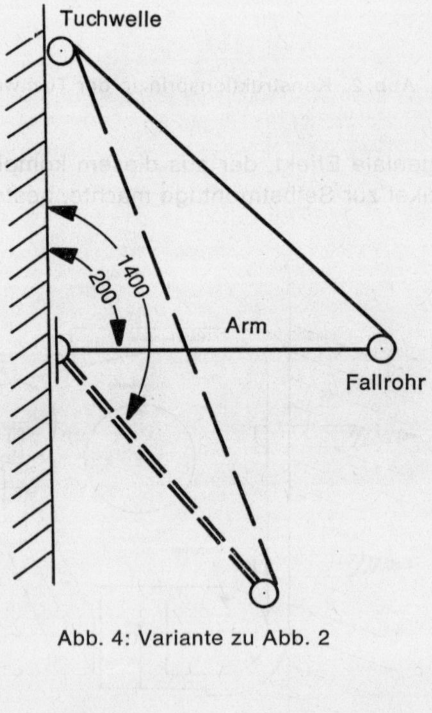

Abb. 4: Variante zu Abb. 2

Die dritte Markisenart ist eigentlich eine südfranzösische Entwicklung, die über Italien und die Schweiz auch ihren Einzug in Deutschland gehalten hat. Entgegen der üblichen Metallausführung wurde die Markise von uns aus einem Holzgestell gefertigt.

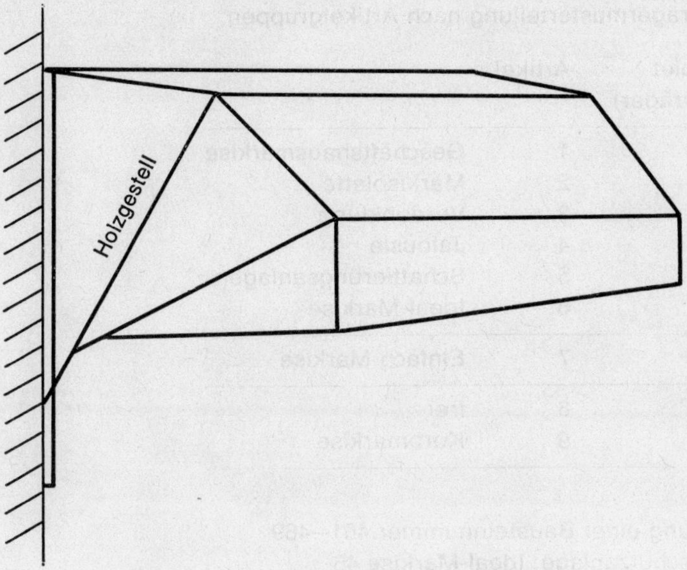

Abb. 5: Markise mit geringstem Materialanteil

Bei dieser Markise besteht neben der Einfachmarkise der geringste Materialanteil. Nur das Verleimen der Holzlatten, das Nähen der für jede Markise einzeln zugeschnittenen Stoffe, die Vormontage, der Stoff und die Holzteile sind sehr lohnintensiv. Daraus erklärt sich letztlich auch der hohe Preis.

4.3 Stücklistenwesen

Bei der Fülle der verschiedenen Markisenarten wurde es notwendig, ein geeignetes Schlüsselsystem für das Stücklistenwesen zu erstellen.

Eine Zeichnungsnummer baute sich also wie folgt auf:

1. Klassifizierung des Fertigungsprogramms in den Sachgebieten 1–9 nach Kostenträgergesichtspunkten.

   1 = Zeltevermietung
   2 = Hallenverkauf
   3 = Möbelverkauf
   4 = Sonnenschutzanlagen
   5 = frei
   6 = Planen- und Spiegelerzeugnisse
   7 = frei
   8 = frei
   9 = frei

2. Kostenträgermusterteilung nach Artikelgruppen

Sachgebiet (Kostenträger)	Artikel	
4	1	Geschäftshausmarkise
4	2	Markisolette
4	3	Verdunklung
4	4	Jalousie
4	5	Schattierungsanlagen
4	6	Ideal-Markise
4	7	Einfach-Markise
4	8	frei
4	9	Korbmarkise

3. Entstehung einer Bausteinnummer 461–469
Sonnenschutzanlage: Ideal-Markise 46

Kostenträger		Baustein
46	1	Antrieb
46	2	Halterung
46	3	Tuchwelle
46	4	Arme
46	5	Fallrohr
46	6	Stoff
46	7	Verdachung
46	8	
46	9	

4. Beispiel für den kompletten Schlüssel einer Zeichnungs-Nummer (siehe S. 15).

Sobald nun komplette Einzelteilzeichnungen vorlagen, erfolgte eine ganz genaue Kalkulation. Nach ca. 4 Monaten war nach diesem Verfahren der Preis endgültig bestätigt. Durch eine ständige Verbindung mit dem Einkauf konnten dann nach ca. 7 Monaten die ersten Versuchsmuster getestet werden. Der Belastungstest dauerte ca. 4 Wochen. In dieser Zeit wurden die Muster auch der Werbeabteilung für die ersten Bildmuster zur Verfügung gestellt.

Nach dem Belastungstest und einigen technischen Korrekturen wurde eine 0-Serie von 50 Anlagen in Auftrag gegeben. Mit diesen Anlagen sollte speziell die Fertigungsorganisation überprüft werden, aber auch eine Funktionsprüfung einhergehen. Vor allen Dingen mußte noch geeignetes Verpackungsmaterial entwickelt werden, da der Transport von max. 550 cm langer Anlagen zu erfolgen hatte. Ebenfalls wurden in dieser Zeit bereits Wartungsunterlagen sowie Montageanleitungen durch das Konstruktionsbüro erstellt.

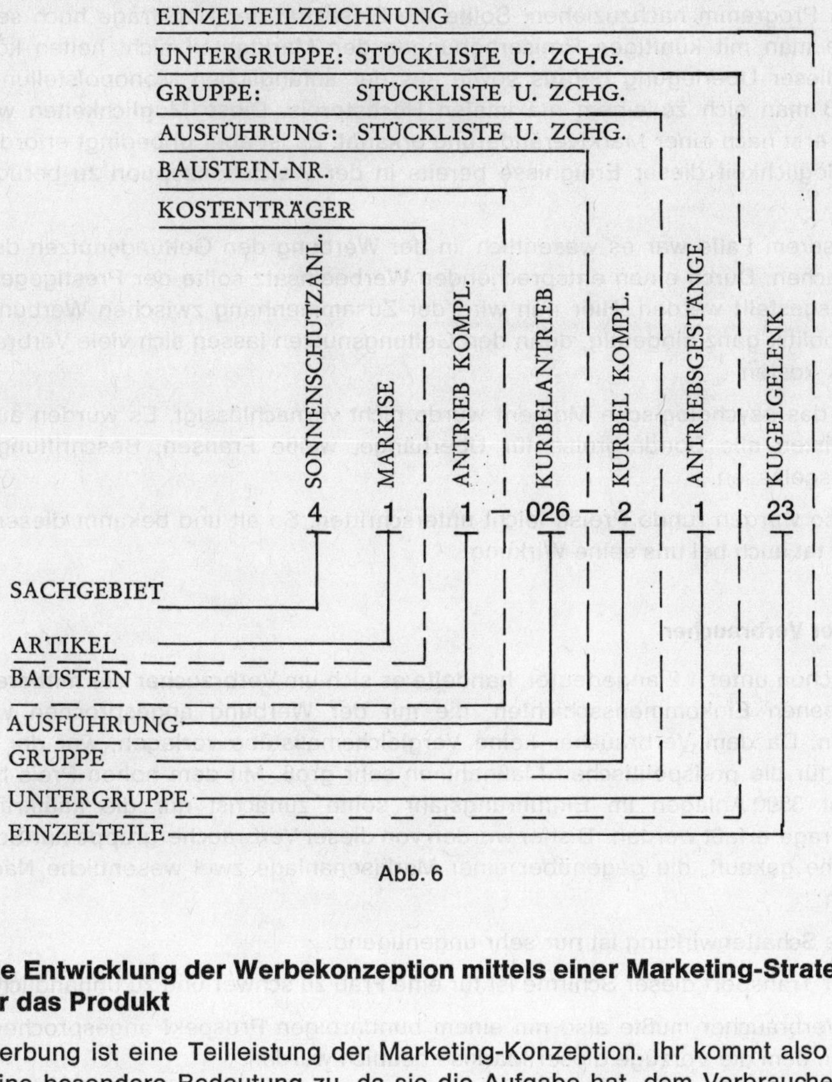

Abb. 6

5.0 Die Entwicklung der Werbekonzeption mittels einer Marketing-Strategie für das Produkt

Die Werbung ist eine Teilleistung der Marketing-Konzeption. Ihr kommt also insofern eine besondere Bedeutung zu, da sie die Aufgabe hat, dem Verbraucher das Produkt in der richtigen Weise nahezubringen. Hierzu zählt auch der Gesichtspunkt der Preispolitik. In unserem Falle nun handelte es sich um die Weiterentwicklung eines bereits bekannten Erzeugnisses für eine neue Verbraucherschicht.

5.1 Die Preisüberlegungen

In der Werbeforschung gilt als bekannte Tatsache, daß Preispolitik und Werbung alternativ oder kombiniert auftreten können. Diese Tatsache macht es erforderlich, sich in diesem Zusammenhang auch mit der Frage der Preiselastizität zu beschäftigen. Immerhin war die erste Planungsphase mit 5 Jahren angesetzt, eine Zeitspanne also, in der auch die Konkurrenz in der Lage sein würde, mit einem ähnlichen Programm nachzuziehen. Sollte die Elastizität der Nachfrage hoch sein, so würde man mit künftigen Preiserhöhungen den Marktanteil nicht halten können. Aus dieser Überlegung heraus sowie aus der anfänglichen Monopolstellung entschloß man sich zu einem maximalen Höchstpreis. Diese Möglichkeiten werden meist erst nach einer Marktveränderung erkannt. Es ist aber unbedingt erforderlich, die Möglichkeit dieser Ereignisse bereits in der Werbekonzeption zu berücksichtigen.

In unserem Falle war es wesentlich, in der Werbung den Geltungsnutzen deutlich zu machen. Durch einen entsprechenden Werbeeinsatz sollte der Prestigegedanke herausgestellt werden. Hier nun wird der Zusammenhang zwischen Werbung und Preispolitik ganz eindeutig, denn den Geltungsnutzen lassen sich viele Verbraucher etwas kosten.

Auch das psychologische Moment wurde nicht vernachlässigt. Es wurden aus den Preislisten alle Sonderpreise für Überhänge, weiße Fransen, Beschriftung usw. herausgelassen.

Ebenso wurden runde Preise leicht unterschritten. So alt und bekannt dieser Trick ist, er tat auch bei uns seine Wirkung.

5.2 Der Verbraucher

Wie schon unter 1.2 angedeutet, handelte es sich um Verbraucher der mittleren und gehobenen Einkommensschichten, die mit der Werbung angesprochen werden sollten. Da dem Verbraucher keine Vergleichsmaßstäbe vorlagen, war der Spielraum für die preispolitischen Maßnahmen sehr groß. Mit dem hohen Preis bei zunächst 3500 Anlagen im Einführungsjahr sollte zunächst nur die kaufkräftigste Nachfrage erfaßt werden. Bisher wurden von dieser Verbrauchergruppe nur Sonnenschirme gekauft, die gegenüber einer Markisenanlage zwei wesentliche Nachteile haben:

1. Die Schattenwirkung ist nur sehr ungenügend.
2. Der Transport dieser Schirme ist für eine Frau zu schwer und zu unhandlich.

Der Verbraucher mußte also mit einem buntfarbigen Prospekt angesprochen werden, in dem die Vorzüge dieser Markise deutlich würden.

5.3 Die eigene Marke

In der damaligen Marktsituation gab es auf dem privaten Bausektor keine Konkurrenz für die neue Markisenart. Lediglich die Korbmarkise wurde schon in Deutschland von einer Firma in Saarbrücken produziert. Diese Firma hatte sich aber auf ein ausgesprochenes Objektgeschäft spezialisiert.

Das eigene Produkt war durch folgende Produkteigenschaften gekennzeichnet:

5.3.1 Ideal-Markise

– Kompaktbauweise; die Markise wird montagefertig geliefert. An der Baustelle sind lediglich die Halterungen auf dem Baugrund befestigt. Die Markise kann an der Hausfront (vertikal) oder unter einem Dachvorsprung bzw. einer Balkondecke (horizontal) befestigt werden.
– Diese Markise eignet sich vor allem für Balkon, Terrasse und Schaufenster. Die stabilen Haltearme liegen unmittelbar unter dem Tuch und erlauben einen freien Durchgang nach allen Seiten.
– Es besteht die Möglichkeit, unter verschiedenen Stoffqualitäten und zahlreichen Stoffdessins auszuwählen. Der gerade, eingefaßte Überhang gehört zur Standardausstattung. Gebogte Überhänge werden auf Wunsch gegen Aufpreis geliefert.

5.3.2 Einfachmarkise

– Lieferung in einfachen Bauteilen zur Selbstmontage.
– Preiswürdige Alternative zur Ideal-Markise als vollwertiger Sonnenschutz.
– Schützt Balkon, Terrasse und Fenster in gleicher Weise. Die einheitliche Ausstattung mit Einfachmarkisen empfiehlt sich daher besonders an größeren Wohnbauten.
– Die Bedienung der Einfachmarkise kann wahlweise mit Gurtzug oder mit Getriebe und abnehmbarer Kurbel bedient werden.
– Die Ausladung wird bestimmt durch die Länge der starren, verzinkten Flacheisenarme.
– Verschiedene Stoffqualitäten und zahlreiche Stoffdessins stehen, wie bei jeder anderen Markise, zur Auswahl bereit.
– Der Versand erfolgt in Bauteilen. Die Montage ist nach beigelegter Anleitung denkbar einfach.

5.3.3 Die Korbmarkise

– Sie erfüllt in unserer von Technik, Sachlichkeit und Tempo gekennzeichneten Zeit einen Wunsch nach ausgleichender Verspieltheit und Romantik.
– Mit dieser Markise kann man einen Hauseingang überdachen, Schaufensterauslagen schützen oder aus einem Balkon einen Wohnbereich machen.
– Mit einer Firmenbezeichnung versehen, ist die Korbmarkise zudem ein dekorativer Werbeträger. Schriftmuster stehen zur Verfügung.
– Diese Markise verbindet das Angenehme mit dem Nützlichen, denn Korbmarkisen sind ein vollwertiger Sonnen- und Wetterschutz.
– Die stabile Rahmenkonstruktion aus ausgesuchten naturfarbenen imprägnierten Hölzern bzw. weiß oder schwarz lackiert, wird in Breiten bis zu 600 Zentimeter

geliefert. Je nach Bausituation kann der Ausfall 80 bis 250 Zentimeter betragen. Bedient wird die Korbmarkise mit einem Band aus Trevirakordel.

– Korbmarkisen werden montagefertig verschickt und auf der Hauswand verschraubt.

5.4 Die Konkurrenz

Mit dem neuen Produkt war auf dem privaten Bausektor eine Monopolstellung anzustreben, zumal die neue Konstruktion patentrechtlich abgesichert wurde. Die bestehende Konkurrenz auf dem Korbmarkisensektor war unbedeutend. Die norddeutschen Markisenhersteller traditioneller Anlagen konnten mit keinem ähnlichen Produkt aufwarten.

5.5 Das Marketing-Ziel

Nach dem Minimalprinzip sollte mit gegebenem Aufwand ein größtmögliches Ziel erreicht werden. Dabei stand von Anfang an die Monopolisierung im Vordergrund aller Überlegungen. Die Einschätzung der Konkurrenz ging darauf hinaus, erst nach ca. 3–5 Jahren auf das neue Produkt reagieren zu können. Es war für die Konkurrenz nicht einfach, die patentrechtlichen Gegebenheiten zu umgehen. In dieser Zeit konnten von uns ca. 40 000 Anlagen auf den Markt geworfen werden. Das Marketing-Ziel sollte in folgenden Phasen erreicht werden:

1– 2 Jahre	Einführungsphase
3– 5 Jahre	Ausbauphase
6–10 Jahre	Erhaltungsphase und Einführung einer vereinfachten Aluminium-Ausführung

Das angestrebte Ziel konnte erreicht werden durch:

– Bewerbung der potentiellen Verbraucherschichten
– Realisierung der erwarteten Umsätze und Gewinne
– Durch Einhaltung des vorgegebenen Werbeetats
– Verkaufsförderung der Wiederverkäufer und direkte Verbraucherwerbung
– Innerbetriebliche Rationalisierung unter dem Lohnkostendruck.

5.6 Die Marktforschung

Die Marktforschungsergebnisse der ersten Planungsphase waren ja Grundlage der Unternehmensentscheidung wie in 1.2 bereits deutlich gemacht. Vom Einführungstag an sollte aber die Marktforschung speziell in vier Richtungen weiterarbeiten.

5.6.1 Forschung für den Markt

(Marktumfragen, Auswerten von Statistiken)

5.6.2 Forschung für den Verbraucher

(Analysen der Verhaltensweisen in der Freizeit)

5.6.3 Forschungsmethoden für die Konkurrenz

(Produkt- und Imageuntersuchungen)

5.6.4 Forschung für das Marketing-Ziel

(Absatzanalyse, Werbeanalyse, Wirtschaftsanalysen, Konjunkturbeobachtungen)

6.0 Die Entwicklung der Verkaufskonzeption

6.1 Neugliederung des Verkaufs

Im Rahmen der neuen Marketing-Konzeption war auch die Neugliederung des Vertriebs eine Voraussetzung für bessere Verkaufsmethoden. Die alte Vertriebsorganisation zeigt die folgende vereinfachte Darstellung:

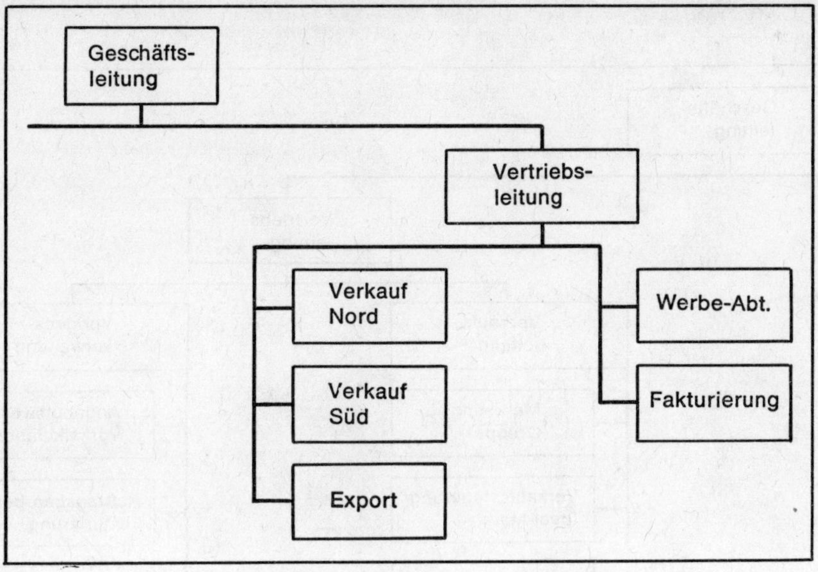

Abb. 7: Vertriebsorganisation alten Stils

Das wesentliche Merkmal dieser Gliederung ist eine regionale Aufgliederung nach Verkaufsgruppen, die als eigentliche Träger des Vertriebs anzusprechen sind. Mit Hilfe einer Tätigkeits-Analyse konnte festgestellt werden, daß zwischen 60 und 80% der Innendienstarbeiten auf reine Routinetätigkeiten entfielen.

Die neue Ausrichtung des Vertriebs im Sinne einer modernen Führungs- und Marketingorganisation, erforderte nicht nur eine innerbetrieblich-strukturelle Umorientierung, sondern auch eine neue Arbeitsverteilung. Hierzu zählten die Neufestlegung von Tätigkeiten des einzelnen sowie wesentlich andere Arbeitsabläufe und Informationswege.

Die Kunden-Analyse hatte gezeigt, daß mit 20% der Großkunden etwa 80% des Umsatzes getätigt werden sollten. Es wurde also eine Zentralisierung der Routinearbeiten angestrebt. Damit konnte auf den Einzelplätzen eine annähernd gleiche Arbeitsbelastung erreicht werden. Ein weiterer Vorteil lag in der leichten Austauschbarkeit freier Arbeitskapazitäten und in der mühelosen Schwerpunktbildung bei Spitzenanfall bestimmter Arbeitsgebiete.

Die Auftragsabwicklung wurde nach den bekannten Regeln fließender Abläufe so gegliedert, daß die zentralisierte Erledigung reibungslos vonstatten ging.

Nachdem dem bisherigen Verkaufssachbearbeiter dadurch seine Haupttätigkeit genommen wurde, erhob sich die Frage, mit welchen Tätigkeiten er sich nunmehr befassen sollte. Zwei Klassen von Verkaufssachbearbeitern wurden qualifikationsmäßig unterschieden:

Die eine war der Typ des reinen Verwaltungsmannes, die andere der Typ des Verkäufers mit mehr oder weniger wissenschaftlichem Unterbau.

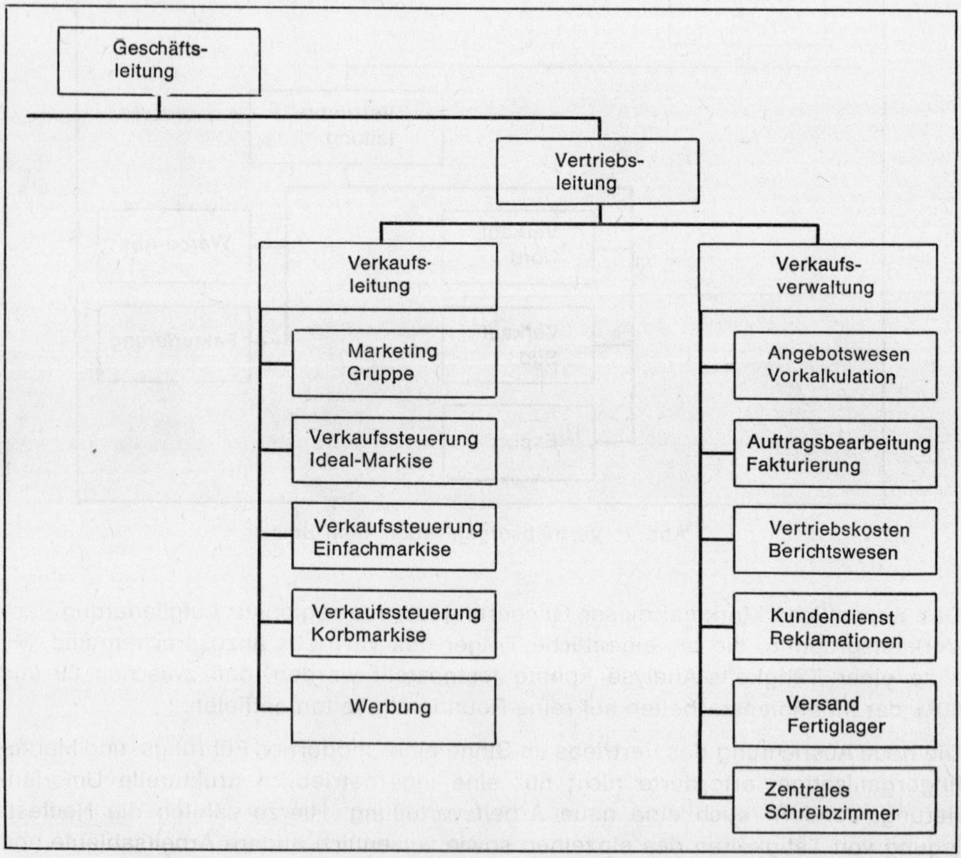

Abb. 8: Vertriebsorganisation nach Neugliederung

Der erstgeschilderte Typ blieb Verkaufssachbearbeiter und wurde der Zentralgruppe überstellt. Der zweite Typ wurde von Routinearbeiten restlos freigestellt und zur Bearbeitung von Marketing-Funktionen umgeschult. Das neue Aufgabengebiet umfaßte:

Kunden-Beobachtung, Erzeugnis-Beobachtung, laufende Feststellung des Marktanteils, Vertretersteuerung, Festlegung von Verkaufsargumentationen, Aufbau- und Auswertung des Vertreterberichtswesens, Konkurrenzanalysen, Preisbeobachtung und ähnliches.

Dieses neue Arbeitsgebiet wurde im engen Zusammenhang mit einer Datenverarbeitungsanlage aufgebaut.

Als Resultat dieser Planung entstand eine neue Vertriebsgliederung, die im wesentlichen durch eine Zweiteilung gekennzeichnet ist.

6.2 Die organisatorischen Probleme der Vertretersteuerung und -überwachung

6.2.1 Verkaufsleistung und Leistungsentgelt

Sicherlich ist es organisatorisch das einfachste, die Reisenden in das Angestelltenverhältnis mit festem Gehalt zu übernehmen. Die Frage ist nur, ob unter diesen Voraussetzungen ein maximaler Verkaufserfolg erreicht werden kann. Da die einzelnen Markisentypen einen unterschiedlichen Gewinnanteil beinhalten, entschlossen wir uns für das Leistungspunktverfahren.

Zunächst ist festzustellen, daß bis auf eine einmalige Umrechnung in Geldwert alles in Punkten gerechnet wurde. Der Punkt war also eine Art interner Währung. Hierdurch konnte man die Erzeugnisse, die Gewinnspanne, die Preisnachlässe und sogar die Vertreterprovisionen mit Punkten bewerten.

Ein Beispiel soll dies verdeutlichen:
3 Verkaufserzeugnisse (Ideal-, Einfach- und Korbmarkise) mit unterschiedlichem Verkaufspreis und Gewinn

	Brutto-Verkaufspreis p./Stück	Umsatzgewinn %	Umsatzgewinn DM
Idealmarkise	1000,–	30	300,–
Einfachmarkise	300,–	10	30,–
Korbmarkise	1500,–	20	300,–

Wollen wir ein Erzeugnis mit Punkten bewerten, dann eignet sich dafür am besten der Gewinn.

Letztlich wollen wir nicht Umsätze, sondern Gewinne erzielen. Also bewerten wir (Basis 1 Punkt = 10,– DM Gewinn)

Idealmarkise	mit	30 Punkten
Einfachmarkise	mit	3 Punkten
Korbmarkise	mit	30 Punkten

Diese Punktzahl wurde als Zusatzzahl in der Artikel-Nummer ausgewiesen. Werden dem Kunden mehrere Mengeneinheiten geliefert, dann ist eine Multiplikation der Punktzahl mit der Liefermenge erforderlich. Auf diese einfache Art und Weise kann der Bruttogewinn sofort ermittelt werden.

Will man die Vertreterprovision errechnen, muß nur ein anderer Faktor festgelegt werden und man erhält den Provisionsbetrag in D-Mark.

Rabatte werden als Minus-Punkte festgelegt.

Nachstehendes Rechenbeispiel soll den Rechenvorgang nochmals verdeutlichen:

Stck.	Art.-Nr.	Pkt.	Erzeugnisse	Einzel-Preis	Ges.-Preis	Punkte
2	46	30	Idealmarkise	1000,–	2000,–	60
1	47	3	Einfachmarkise	300,–	300,–	3
2	49	30	Korbmarkise	1500,–		
		–15	÷ 10% Rabatt	150,–		
		15		1350,–	2700,–	30
					5000,–	93

Das Beispiel zeigt deutlich, daß sich bei einer Vergabe von 10% Sonderrabatt die Punktzahl bei den Korbmarkisen um die Hälfte verringert. Der Außendienst ist also im eigenen Interesse gezwungen, möglichst volle Preise auszuhandeln.

6.2.3 Die Festlegung der Verkaufsgebiete

Die neuen Verkaufsgebiete waren so festzulegen, daß mit geringstmöglichen Kosten insgesamt ein maximaler Verkaufsgewinn erzielt werden konnte. Folgende Faktoren waren zu berücksichtigen:

6.2.3.1 Anzahl der Wiederverkäufer insgesamt

Hier war zu unterscheiden zwischen den IST-Kunden (Schlossereien, Metallbaubetriebe) und den SOLL-Kunden (Raumausstatter). Wir sind davon ausgegangen, daß gerade der letzte Kundenkreis direkt mit Hausbesitzern Kontakt haben mußte.

6.2.3.2 Günstigste Besuchshäufigkeit

Hier ist die anzustrebende Besuchshäufigkeit pro Jahr gemeint.

6.2.3.3 Durchschnittliche Besuchsdauer

Hierunter ist die durchschnittliche Besuchsdauer für den Regelfall zu verstehen einschl. Warte- und Berichtszeiten.

6.2.3.4 Durchschnittliche Fahrtzeiten

Hier werden folgende Erfahrungswerte zugrunde gelegt:

Vorwiegend Autobahn: ⌀ 90 km/Std.
= 0,7 min p. km

Vorwiegend Straßen I. Ordnung: ⌀ 55 km/Std.
= 1,1 min. p. km

Vorwiegend Straßen II. Ordnung: ⌀ 45 km/Std.
= 1,3 min. p. km

Groß- und Kleinstadt: ⌀ 30 min. p. Besuch

6.2.3.5 Anzahl der Vertreter

Sie ergibt sich aus der Formel:

Vertreter-Soll = vorgesehene Kd.-Besuche p. Jahr
× ⌀ Besuchszeit in Minuten
× ⌀ Fahrtzeit in Minuten
: 220×390 (Arbeitsmin. p. Tag)

Die allgemeine Gebietsaufteilung erfolgte nach Planquadraten. Die Analyse wurde nach folgenden Formeln durchgeführt:

Zeitbedarf pro Planquadrat in Minuten:

(IST-Kunden-SOLL-Kunden-Quote (10%)) × (⌀ Besuchsdauer + ⌀ Fahrtzeit) × vorgesehene Besuchshäufigkeit

Produktivitätsfaktor pro Planquadrat:

$$P = \frac{\text{Umsatz p. Jahr}}{\text{Arbeitsmin. p. Jahr (85 800)}}$$

Zeitbedarf pro Besuch:

Hier handelt es sich – zusammen mit dem Produktivitätsfaktor – um den wesentlichsten Wert.

Er errechnet sich wie folgt:

$$\frac{\text{Besuchszeiten} + \text{Fahrtzeiten}}{\text{Kundenbesuche}}$$

Beispiel:

Vertreter Planquadrat-Nr.	Zeitbedarf in Minuten	Zeitbedarf p. Besuch	Produktivitäts-Faktor
1	6100	50	4,2
2	7350	65	3,6
3	5800	45	5,6

Muster eines Analyse-Blattes für die Festlegung von Vertreter-Bezirken nach Planquadraten.

Planquadrat	Anzahl der Soll-Kunden	Anzahl der Ist-Kunden	Ist Jahresumsatz TDM	Aufträge p. Jahr	∅ Auftr.-größe	Anzahl d. Kundenbesuche	Theor. Ums. pro Besuch 4 : 7	(Theoret.) Σ Besuchszeit i. Min. 7 × Fakt.	Gesamt-Fahrzeit i. Min. km × 1,2	Gesamt-Zeitbedarf p. Plan² i. Min. 9 + 10	Zeitbedarf p. Besuch 11 : 7	Produktivitätsfaktor 4 : 11
1	2	3	4		6	7	8	9	10	11	12	13
Σ												

Abb. 9: Erfassung der Vertreterbezirke nach Planquadraten

6.2.4 Die Festlegung von Tourenplänen

Hier lag die eigentliche Feinarbeit.

Folgende Richtlinien waren zu beachten:

- Errechnung kürzester Fahrtrouten.
- Die kürzeste Fahrtroute besteht theoretisch aus einem Kreis, in dem man irgendwann zum Ausgangspunkt zurückkehrt.
- Da in der Regel der Vertreter zum Wochenende zum Wohnsitz zurückkehrt, seine Gesamtroute aber länger als eine Woche dauert, nähern sich die Wochenrouten etwa der Kleeblattform.
- Im sogenannten „Heimatradius" – 50 Kilometer – ist es günstiger, abends nach Hause zurückkehren.
- Für jedes Planquadrat wurde eine Spezialkarte angefertigt, die eine genaue Übersicht der Straßenentfernungen zu den Kundenorten enthielt.
- Die Übernachtungen wurden vorher festgelegt.
- Die Ermittlung der kürzesten Strecke erfolgte nach folgender Methode:

Jeweils 4 zusammenhängende Punkte wurden überprüft,

ob 1 – 2 – 3 – 4
oder 1 – 3 – 2 – 4
oder 1 – 2 – 4 – 3
oder 1 – 4 – 2 – 3
oder 1 – 3 – 4 – 2
oder 1 – 4 – 3 – 2

die kürzeste Fahrtstrecke ergibt.

Durch Addition der Kilometer kann so die günstigste Verbindung errechnet werden.

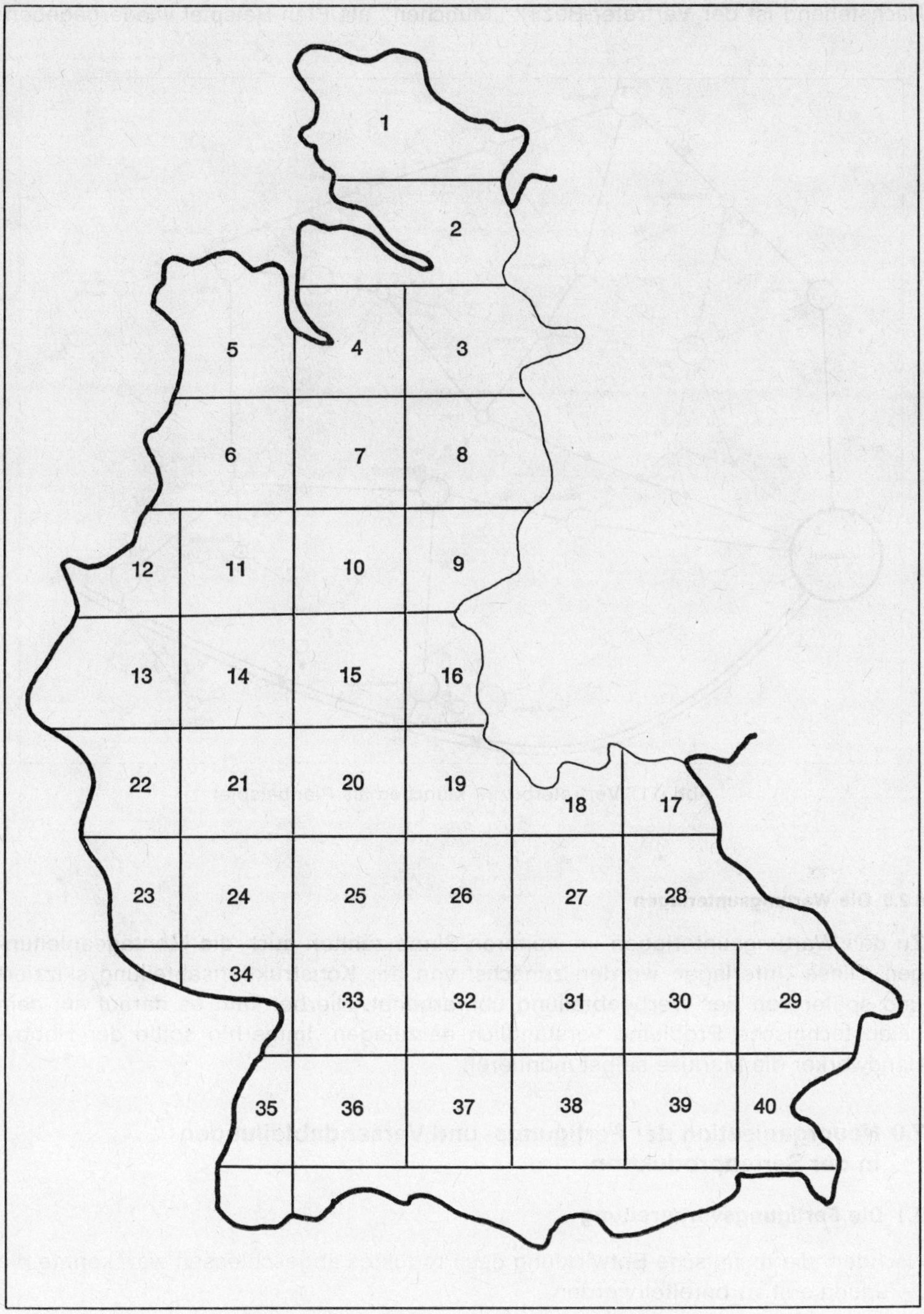

Abb. 10: Gebietsaufteilung nach Planquadraten

Nachstehend ist der Vertreter-Bezirk „München" als Plan-Beispiel wiedergegeben:

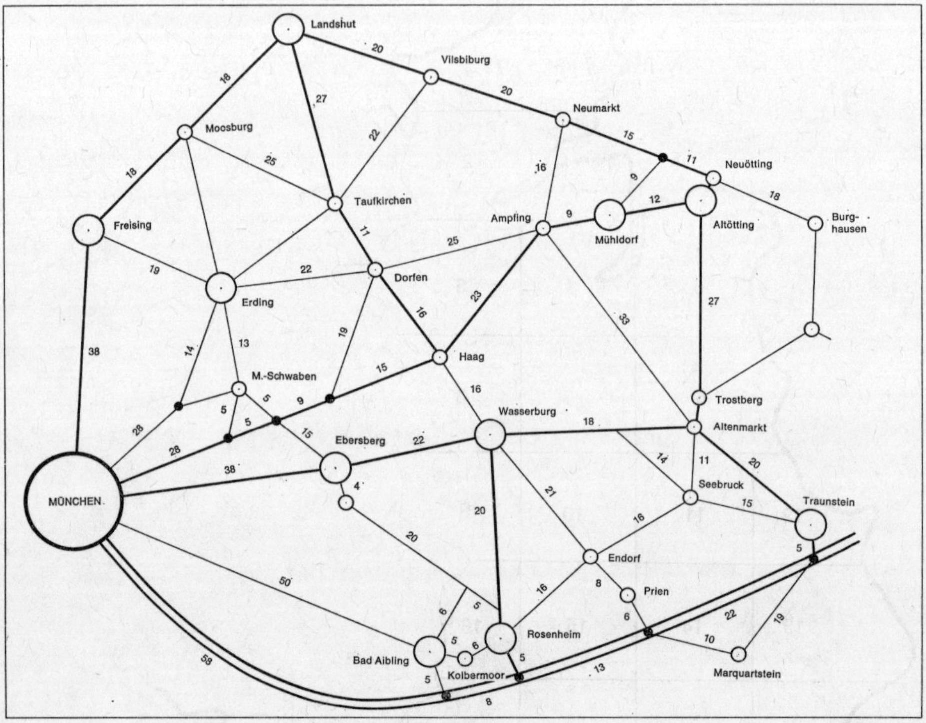

Abb. 11: Vertreterbezirk München als Planbeispiel

6.2.5 Die Wartungsunterlagen

Zu den Wartungsunterlagen im weiteren Sinne zählten auch die Montageanleitungen. Diese Unterlagen wurden zunächst von der Konstruktionsabteilung skizziert und später von der Werbeabteilung überarbeitet. Hierbei kam es darauf an, dem Laien technische Probleme verständlich darzulegen. Immerhin sollte der Hobby-Handwerker die Markise selbst montieren.

7.0 Neuorganisation der Fertigungs- und Versandabteilungen in der Serienproduktion

7.1 Die Fertigungsvorbereitung

Nachdem die technische Entwicklung des Produktes abgeschlossen war, konnte die Fertigung erst vorbereitet werden.

An Hand der Konstruktionszeichnungen wurden von der Arbeitsvorbereitung zunächst Stücklisten vorbereitet. Die Konstruktionszeichnung wurde gewissermaßen

Vertreter-Planung

Monat:	Ist-Kunden:	in %:
Woche vom:	Soll-Kunden:	in %:
Wochenzyklus:	Zusammen:	∅ Besuchs-Soll/Tag:
Arbeitstage:		∅ Wochen-Soll:

Wochentag	Kunde	Ort	Straßen-kilometer	Zeitbedarf in Min. Besuch	Fahr-zeit	Σ Zeit/ Tag	
Montag	Rosenmüller	M.-Schwaben	13	30	36		
	Bergmoser	Haag	29	30	32		
	Vierlinger	Dorfen	16	30	18		
	Angermaier	Taufkirchen	11	30	12		
	Krüger	Erding	20	30	20		
	Sartorius	Erding	2	30	5		
	König	Erding	2	30	5		
	Käser	Erding	2	30	5		
	Rückfahrt nach München		42		55	428	
Dienstag	Fürbringer	Freising	38	30	42		
	Huber	Freising	2	30	5		
	Salzberger	Freising	2	30	5		
	Federmann	Freising	2	30	5		
	Dreher u. Co	Moosburg	18	30	20		
	Seeger	Landshut	18	30	20		
	Reinoll	Landshut	2	30	5		
	Reichert	Landshut	2	30	5		
	Pachtner	Landshut	2	30	5		
	Meisner NKW	Landshut	2	30	5	417	Übernachtung „Lamm"
Mittwoch	Mathes	Vilsbiburg	20	30	22		
		usw.					
						369	Übernachtung „Löwen"
Donnerstag							
						388	Übernachtung „Bahnhofs-Hotel"
			382	1110	492	1602	Übertrag

Abb. 12: Planung des Vertreter-Einsatzes

in eine tabellarische Aufstellung aller Einzelteile übersetzt. Mit Hilfe dieser Stücklisten konnte eine genaue Mengenplanung erfolgen.

Der Nachdruck bei der Produktion mußte auf die Fertigungslenkung gelegt werden. Es war wohl möglich, die Eisenteile als Serienproduktion zu fertigen; die Markisenstoffe waren dagegen reine individuelle Einzelfertigungen. Für diesen Produktionsprozeß galt es, die optimale Fertigungskapazität zu finden. Diese war zunächst mit ca. 60 Anlagen pro Tag erfüllt.

7.2 Die Versandvorbereitung

In dieser Frage ergaben sich zunächst erhebliche Schwierigkeiten hinsichtlich des Gewichtes. Das Problem war nicht verpackungstechnischer, sondern menschlicher Art. Mit einem Markisengewicht von durchschnittlich 80 Kilogramm mußten diese Anlagen vom Transportwagen auf den Verpackungstisch, danach zur Bereitstellung und später noch verladen werden. Das bedeutete für eine Verpackungsmannschaft von 4 Personen täglich ca. 5 Tonnen Materialtransport. Nach eingehenden organisatorischen Analysen wurden dann Packtische mit Gleitrollen ausgestattet. Der Verladevorgang wurde mit einer Transporteinrichtung ermöglicht.

8.0 Schlußbetrachtung und Planungsmethode

In Anbetracht einer limitierten Seitenzahlvorgabe war es nicht einfach, diesen gewaltigen organisatorischen Komplex bis ins Detail hin zu erläutern. Dennoch dürfte deutlich geworden sein, wie man mit Hilfe einer Marketing-Konzeption Unternehmensplanung durchführen und überwachen kann. Es sei abschließend vermerkt, daß die komplette Planung und Überwachung mit Hilfe der CPM-Netzplanung (Critical Path Methode) erfolgte. Bei CPM wurde für jede Aktivität die Zeit geschätzt, die ihre Durchführung beansprucht. Unter der Annahme, daß die Ausführung des Objektes zum Zeitpunkt Null beginnen sollte, wurden die Zeitpunkte errechnet, an denen die Ereignisse frühestens erreicht werden konnten. Die Summe der Aktivitäten ergab dann den Zeitpunkt, zu dem das Projekt frühestmöglich abgeschlossen sein mußte.

In einer geometrischen Darstellung konnten wir die Netzplanung mit einer Datumsleiste versehen und waren stets über das Eintreffen eines Ereignisses informiert. Jede Abweichung war sofort der Geschäftsleitung zu melden. Nur so war es möglich, von der Planung bis zur Einführung auf den Markt die Zeit von 12 Monaten genau einzuhalten.

Die nachfolgende Skizze gibt nochmals eine Großübersicht der CMP-Planung wieder.

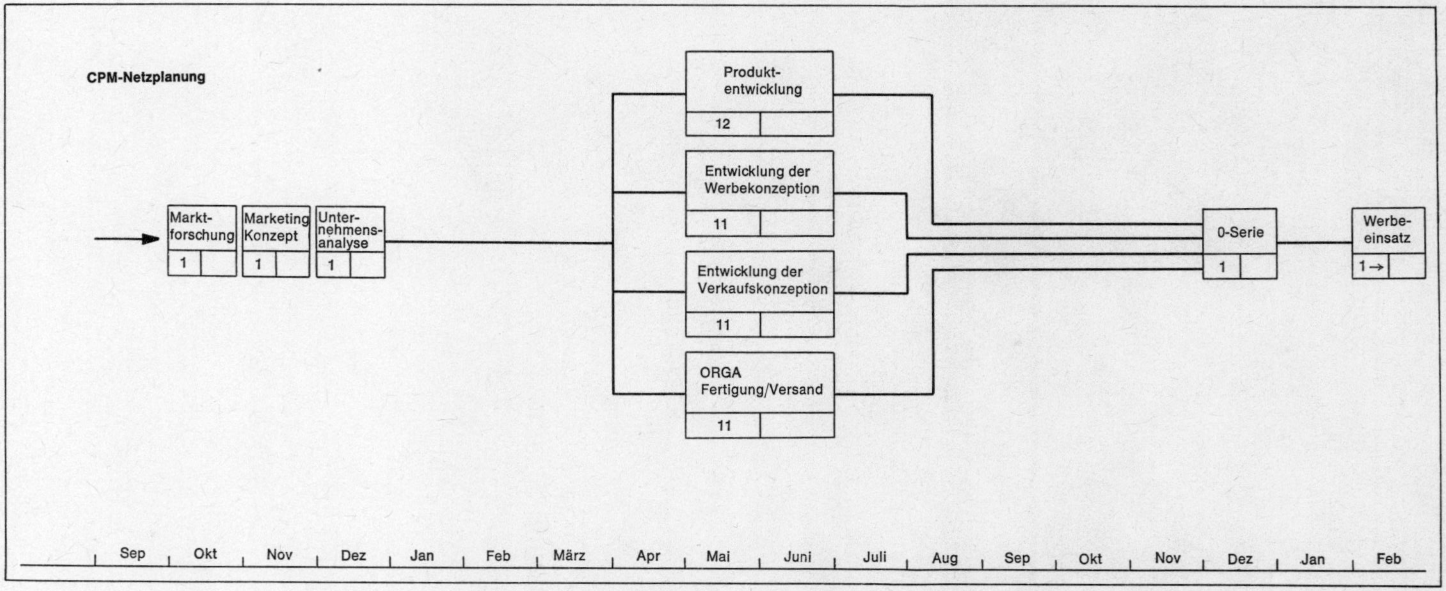

Abb. 13: Critical-Path-Methode mit Datumsliste

2. Fall-Studie

Feststellung der Marktreife eines neuen Investitionsproduktes.

Inhaltsverzeichnis

0. Produktplanung/Einführung und Produktstrategie

Die Zykluszeiten bestehender Produkte wurden in den vergangenen Jahrzehnten immer kürzer. Durch immer schnellere, rasante technische Weiterentwicklung kamen immer häufiger verbesserte Substitutionsprodukte und völlig neue Produkte auf den Markt.

Aus Verkäufermärkten kurz nach dem Zweiten Weltkrieg wurden nach und nach Käufermärkte. Die Umsätze der Unternehmen verlagerten sich zunehmend auf neue Produkte.

„Eine Untersuchung von Castor, Hilton, Clifford, Chasterton and Eltherton Inc. New York ergab, daß Industriefirmen der USA in folgender Verteilung neue Produkte einführen:

14,2% im Abstand von 1– 3 Jahren
36,1% im Abstand von 3– 5 Jahren
23,9% im Abstand von 5–10 Jahren
18,4% im Abstand von 10 und mehr Jahren.

Erfahrungen zufolge sollen zum Beispiel auf 1000 Produktideen 100 Produktentwicklungen folgen, aus diesen nur 10 fertigungsreife Produkte hervorgehen, daraus jedoch nur 1 Produkt zu wirtschaftlichem Erfolg geführt werden.

Schon aus diesen Zahlen ist abzulesen, welch schwierige Aufgabe der Planung und erfolgreichen Einführung neuer Produkte zukommt.

Die Produktplanung ist zu verstehen als methodische Koordination von technischen und marktwirtschaftlichen Faktoren und als Entscheidungsvorbereitung für die Unternehmensleitung.

System und Methode hierfür schließen alle Einflüsse, Entscheidungen und Tätigkeiten ein, die zeitlich und fachlich erfaßt, kontrolliert und gesteuert werden.

1. Der Markt für elektronische Datenverarbeitungsanlagen

EDV-Anlagen basieren auf dem sogenannten Kernspeicher. Sie sind programmierbar und eignen sich ausschließlich zur Durchführung serieller Arbeiten in großen Mengen. Ihr Aufgabenbereich setzt sich heute vom kommerziellen Anwendungsbereich über die sogenannte Prozeßsteuerung bis zum Einsatz in wissenschaftlicher Forschung und öffentlicher Verwaltung fort.

Daraus ist ersichtlich, daß der Markt für EDV-Anlagen sich auf Anwender mit großen Mengen gleichgearteter Daten beschränkt. Hierfür kommen alle Bereiche einer modernen Industriegesellschaft in Frage. Voraussetzung sind lediglich entsprechende Datenmengen, um die teuren und leistungsfähigen Anlagen ausnutzen zu können.

Neben den herkömmlichen Großcomputer treten heute die sogenannten Kleincomputer und Abrechnungsautomaten, die aber im Rahmen dieser Arbeit unberücksichtigt bleiben.

Das Input/Output dieser Rechner besteht aus Datenträgern wie Lochkarten, Lochstreifen, Magnetbändern, Magnetplattenstapeln, Crams und EDV-Schnelldruckerpapier.

Die Datenträger, vornehmlich auf dem kommerziellen Sektor, werden zum größten Teil als Beleg aufbewahrt oder aber für verschiedene Bereiche erneut als Input verwandt. Es muß demnach eine entsprechend der Organisation angepaßte, optimale Archivierung vorhanden sein.

1.1 Der Markt für Staalmeubel-Produkte

Staalmeubel befaßt sich im Rahmen der Konzernaktivitäten der Chubb/L & G-Gruppe ausschließlich mit der Herstellung und dem Vertrieb von EDV-Aufbewahrungsmöbeln, der gesamten Palette der Datenträgerarchivierung vom einfachen Lochkartenkasten bis zur Datensicherung im feuersicheren Data-Tresor.

Sowohl der effektive wie auch der potentielle Kundenkreis für Staalmeubel-Produkte ist klar abzugrenzen auf die überwiegend kommerziellen Anwender von EDV-Anlagen, die ein entsprechendes Input/Output haben. Die bestehenden und geplanten Rechenzentren sind größtenteils bekannt und werden von den Außendienstleuten mehr oder weniger regelmäßig besucht. Der Kontakt zu diesen Firmen wird laufend gepflegt.

2. Produkt-Idee

Bei der Produkt-Idee unterscheidet man zwischen der Zufalls-Idee und der gelenkten Idee aufgrund von Produktplanung. Im hier vorliegenden Fall handelt es sich um eine gesuchte Idee, mit deren Hilfe man den Marktgegebenheiten Rechnung tragen wollte.

2.1 Marktgegebenheiten

Im Laufe der Zeit setzte sich das Magnetband als Massendatenträger immer mehr durch. Die Aufbewahrung von Magnetbändern stand bei den Möbelherstellern zunehmend in vorderer Front.

Im Jahre 1967 brachte die amerikanische Firma Wright-Line das sogenannte Tape-Seal auf den Markt, das gegenüber herkömmlichen Möglichkeiten einen Platzgewinn von ca. 30% erbrachte. Die herkömmliche Rundkassette hatte eine Stärke von 37 Millimeter und wurde stehend zwischen Stützbügeln aufbewahrt. – Tape-

Seal hatte eine Stärke von 27 Millimeter und wurde hängend ohne Zwischenräume archiviert. Tape-Seal setzte sich erstaunlich schnell durch und man stand nun vor der Alternative, Schränke für Tape-Seal zu bauen oder ein eigenes System zu entwickeln, wenn man nicht ins Hintertreffen geraten wollte.

2.1.0 Zwischenentscheidung

Man entschied sich aufgrund der technischen Konzeption von Tape-Seal:

1. Band und Schiene werden nicht staubfrei abgeschlossen,
2. sie sind weniger leicht zu handhaben als bisher,
3. es besteht eine Beschädigungsmöglichkeit für das Band,
4. die hängende Aufbewahrung ist nicht sicher genug für die Entwicklung eines eigenen Systems. Auch ohne detaillierte Marktforschung wußte man, daß der Markt entsprechend groß und damit lukrativ war.

2.2 Auftrag an die Design-Gruppe

Die Design-Gruppe erhielt nach der Entscheidung für die Entwicklung eines eigenen Systems folgenden Auftrag:

Entwurf eines Systems, das mehr Platzgewinn liefert als Tape-Seal (Zielsetzung 50%), mit genügend Neuigkeiten für eine Patentierung und ohne die Nachteile von Tape-Seal (s. o.).

Das neue System sollte sich durch seine konstruktiven Eigenschaften und qualitativen Merkmale derart von anderen Systemen unterscheiden, daß nicht der Preis wichtig war, sondern die erzielte Rationalisierung an erster Stelle stand. Zu diesem System sollten neue Schränke konzipiert werden, die zusammen mit der „neuen Kassette" eine Einheit bilden und möglichst ohne Türen oder andere Hilfsmittel verschließbar sein sollten.

Die Design-Gruppe hatte mit dem neuen Produkt eine Marktlücke zu schließen, die Betriebsrisiken zu streuen und zur Expansion beizutragen.

Durch die Tatsache, daß die alten Serien vorerst nicht aufgegeben werden sollten, konnte man sowohl den Bedarf an herkömmlicher Bandarchivierung wie auch den Bedarf nach neuen Produkten decken.

3. Produktentwicklung

Für die Produktentstehung kann man im Rahmen dieses Systems die Einflußgrößen in zwei Hauptgruppen unterteilen:

Fakten, die den direkten Entstehungsprozeß, dessen sachliches und rechnerisches Ergebnis beeinflussen,

Fakten, die als Voraussetzung für das erfolgreiche Absetzen der betrieblichen Leistung am Markt das Ergebnis beeinflussen.

3.1 Lösungsvorschlag

Erste Vorschläge der Entwicklungsgruppe stellten eine vieleckige Kassette mit zwei fest verbundenen Deckelhälften dar. Vieleckig, weil die Box ohne Stützbügel stehen sollte, – fest verbundene Deckelhälften, weil die Funktionsmechanismen an den Stirnseiten angebracht werden mußten (Platzersparnis).

3.2 Marktforschung

Wie bereits einleitend gesagt, war bekannt, daß der Markt entsprechend groß und die potentiellen Anwender mit der Lösung Tape-Seal nicht endgültig zufrieden waren.

3.2.0 Quantitative

Mittels Desk-Research hatte man bei einer Umfrage unter den großen Magnetbandherstellern und bedeutenden Anwendern erfahren, daß z. Z. etwa 2 Millionen Magnetbänder im Einsatz waren. Wenn man innerhalb von 3 Jahren einen Marktanteil von 5% erreichen wollte, bedeutete das ca. 100 000 Kassetten jährlich.

An dieser Stelle hätte an sich eine quantitative Untersuchung über die Verteilung und Einsatzarten im Kreis der EDV-Abteilungen erfolgen müssen. Aus Kostengründen ersparte man sich diese Untersuchung jedoch, da auch aus den vorhandenen Zahlen abzulesen war, daß der Markt im gewünschten Maß aufnahmefähig war. Spätere zusätzliche Nachfragemengen konnte man durch entsprechende Investitionsmöglichkeiten aufgrund entsprechend starker Kapitaldecke auffangen.

3.2.1 Qualitative

Eine Meinungsumfrage unter Fachleuten ergab, daß man Tape-Seal nur als Übergangslösung betrachtete und einem Produkt, das die Vorzüge der konventionellen Rundkassette mit denen von Tape-Seal vereinigte, eindeutig, auch bei einem höheren Preis, den Vorzug geben würde.

Auch an dieser Stelle hätten anhand des ersten Lösungsvorschlages Erhebungen stattfinden müssen, wie die neue Möglichkeit aufgenommen wird und welche speziellen Wünsche man bei der endgültigen Konzeption berücksichtigen müßte. Diese qualitativen Untersuchungen hat man ebenfalls aus Kostengründen nicht durchgeführt, was sich später noch als teurer Nachteil herausstellen sollte.

Stattdessen führte man über den Außendienst freie Gespräche. Mit Ausnahme des Desk-Research wählte man für die gesamte Marktforschung das freie Gespräch. Durch die Eigenarten des Marktes und die engen Beziehungen der Kunden und Außendienstmitarbeiter zueinander ist diese Form durchaus als richtig zu betrachten, doch versäumte man es, einen konkreten Fragenkatalog aufzustellen, der Auskunft über die bisherigen Lösungen ergab und Änderungswünsche der Kunden quantitativ auswertbar machte.

Den Nachteil, daß durch die Außendienstmitarbeiter nur Auskünfte von neutralen bzw. positiv eingestellten Kunden erzielt werden konnten, nahm man bewußt in Kauf, da die erhaltenen Daten für den gewünschten Marktanteil von 5% durchaus repräsentativ waren.

3.3 Materialauswahl

3.3.1 Erste Kostenkalkulation

Aufgrund einer vorliegenden ersten Lösung und der Tatsache, daß das neue Produkt mit einem Minimum an Lohnkosten herzustellen sein sollte, wählte man für die weiteren Entwicklungen einen zu spritzenden Kunststoff.

Erste Gespräche der Entwicklungsabteilung mit Fachleuten der chemischen Industrie ergaben jedoch, daß bei der großen Stützweite von 29 Zentimern eine Wandstärke von ca. 2,3 Millimetern je Deckelhälfte erforderlich wäre, um die Ansprüche an Stabilität und Qualität zu erfüllen.

Dies jedoch verstieß gegen die Zielsetzung Nr. 1, – der Platzgewinn wäre geringer als bei Tape-Seal.

Als nächstes bot sich eine Kombination von Stahlblech 0,4 Millimeter und Kunststoff an. Die größeren Flächen der beiden Deckelhälften sollten aus Stahlblech gefertigt werden, die Teile mit den Funktionsmechanismen aus Kunststoff. Bei dieser Lösung wäre die absolute Zielsetzung Nr. 1: Platzgewinn 50%, erfüllt. Die Kostenseite sprach jedoch gegen diese Lösung. Bei der Erwägung, Kunststoff als Basismaterial zu verwenden, stand von vornherein fest, diese Arbeit einem anderen Industriebetrieb zur Herstellung zu übergeben, da man selbst keine Erfahrungen auf dem Sektor Kunststoff besaß und der Einsatz hochspezialisierter Spritzgußmaschinen für diesen Zweck allein unrentabel war.

Bisher gab es kein Unternehmen, das sich mit der Kombination Kunststoff/Stahl befaßt hatte. Bei der zweiten Lösung wäre man zudem auf einen recht hohen Lohnkostenanteil gekommen, der die zukünftige Kalkulation recht empfindlich werden ließ.

3.3.1.0 Zwischenentscheidung über die Fortführung

Erneute Gespräche mit den Kunststoffexperten ergaben bei der geplanten Menge eine Grundlagenkalkulation von ca. 5 bis 6 Gulden Fertigungskosten per Stück. Die herkömmliche Rundkassette kostete im Verkauf ca. Hfl. 12,50, – der Preis von Tape-Seal war erstens durch die positive Lösungsmöglichkeit in den Hintergrund gerückt, zum zweiten kaum billiger als die IBM-Kassette. Bereits daraus war ersichtlich, daß das neue Produkt zumindest kostendeckend produziert werden könnte. Die anstehende Zwischenentscheidung fiel für die Fortführung des Projektes aus.

3.4 Zeitplan bis zur Einführung

15. April 68	Modelle endgültig fertig
April 68	Werkzeichnung fertig
Juni 68	Material bestellen
November 68	Matrizen fertig
Dezember 68	erste Probemodelle, Textentwurf Katalog fertig, Einladungen zur Vorführung, Verkaufsanleitungen fertig
Januar 69	Fotos
Januar–März 69	Broschüren drucken und fertigstellen

März 69	Probeserie fertig
April 69	Vorführung und Beginn der Einführung vor Presse und ausgesuchten Fachleuten
April–Mai 69	offizielle Vorstellung während der Hannover-Messe und lieferbar

3.5 Technische Weiterentwicklung

Bevor nun die Weiterentwicklung zur Lösung der Detailprobleme in Angriff genommen wurden, fertigte man ein Holzmodell, das in Maßen, Design und Farbe dem zukünftigen Produkt schon sehr nahe kam.
Dieses Holzmodell wurde bei Besprechungen mit den einzelnen Vertriebsgruppen vorgestellt. Man hatte sich noch nicht auf die endgültige Lösung und einen endgültigen Preis festgelegt. Die Tatsache jedoch, daß die Zielsetzung Nr. 1, 50% Platzersparnis, mit dem neuen Produkt erreicht werden konnte, und die erst grob vorhandenen Detailvorstellungen, ergaben, daß die Absatzchancen bei einem Preis, der etwa in Richtung der herkömmlichen IBM-Rundkassetten liegen würde, positiv beurteilt wurden.

3.5.1 Design

Bei der Kreation des Äußeren ging man davon aus, daß die Kassette und die Schränke optisch zu den EDV-Anlagen passen müßten.

3.5.1.0 Form

Inzwischen hatte man aufgrund der geforderten Funktionen herausgefunden, daß sich am besten eine abgeflachte, achteckige Kassette eignen würde.

3.5.1.1 Farbe

Der Trend der EDV-Hersteller ging zu farbenfreudigeren Maschinen über. Der größte Marktanteil mit etwa 70% aller vermieteten Anlagen wurde von der IBM gehalten. Daraufhin entschied man sich, die Stahlblechteile in mattem, einbrennlackiertem IBM-Blau zu spritzen und die Kunststoffteile in konstratierendem Hellgrau herzustellen. Für die kleineren Verschlußteile aus Kunststoff wählte man ein kräftiges Rot und Tiefschwarz.

3.5.2 Weiterentwicklung der Detailprobleme

Nachdem man bereits die grundlegende Problemlösung mit dem Kunststofflieferanten und einem Lohnspritzunternehmen gefunden hatte, entschied man sich für die weitere Zusammenarbeit mit diesen beiden Partnern, bevor Preise und nähere Konditionen genau festgelegt waren. Diesen Nachteil nahm man bewußt in Kauf, da man nicht über genügend eigene Erfahrungen über die Möglichkeiten und Grenzen von Kunststoff verfügte.

Innerhalb der vorgegebenen Zeit wurden die Funktionen in die Konzeption eingeplant. (Eingeschobene schwarze Kunststoffknickscharniere an der Rückseite, eingeschobene rote Kunststoffknickverschlußnocken an der Vorderseite, einen schwarzen Kunststoffbügel als Abstandsfeder an der Oberseite und eine Aussparung für die Verschlußstange der Schränke an der Unterseite der Box).

4. Kalkulation

Nachdem nun feststand und von der Geschäftsleitung genehmigt war, wie die endgültige Version beschaffen sein sollte, konnte man eine Investitionskalkulation und darauf aufbauend eine Verkaufskalkulation durchführen.

Diese Kalkulationen sind dann ausschlaggebende Informationen für die Geschäftsleitung bei der Entscheidung über die Fortführung des Produktes.

Im Zeitpunkt der echten Investitionen verdichtet sich der Zeit-Kosten-Faktor derartig stark, daß man die aufgrund der ersten echten Kalkulationen getroffene Entscheidung über die Fortführung oder Aufgabe einer Produkt-Idee als die wichtigste ansehen muß.

Bis zu diesem Moment sind Kosten der eigenen Entwicklungsabteilung, evtl. Honorarkosten sowie Marktforschung angefallen. Bei einer weiteren Fortführung kann eine Fehlentscheidung täglich schwerwiegende Folgen haben. (Siehe Zeitplan.)

4.1 Investitionen

Bei der Investitionsrechnung wurden lediglich die Aufwände für die Beschaffung der notwendigen Werkzeuge und Maschinen berücksichtigt. Eine Beschaffung von Arbeitskräften war nicht notwendig, da ein Teil der anfallenden Arbeiten außer Haus gemacht werden sollte und für den anderen Teil Kapazitäten aus dem bisherigen Programm frei wurden. Danach stellt sich der Finanzmittelbedarf wie folgt:

Matrizen Stahlplatte	Hfl.	35 000,–
Zufuhr und sonstige Appar.	Hfl.	21 000,–
Matrizen Kunststoffteile	Hfl.	49 000,–
Federn und Scharniere	Hfl.	11 000,–
	Hfl.	116 000,–
Werbung lt. Budget	Hfl.	76 000,–
Gesamtinvestition ohne Erzeugnisse	Hfl.	192 000,–

4.2 Fertigungskosten

Die Blechverarbeitung sollte im eigenen Hause gemacht werden, und zwar von vorgespritzer Blechplatte automatisch gestanzt und fabriziert, geplant auf ca. 250 000 bis 300 000 Kassettenhälften pro Jahr. Die Kunststoffteile sollten bei dem Lohnspritzunternehmen hergestellt werden, das etwa die gleiche Kapazität frei hatte. Die Endmontage sollte wiederum im eigenen Hause durchgeführt werden.

Aufgrund bekannten Materialverbrauchs und geschätzter Löhne kam man zu einem Fabrikationspreis von ca. Hfl. 5,– bis 6,–. In diesem Fertigungspreis ist eine Abschreibung für Abnutzung und Amortisation der Investitionen von –,50 Hfl. je Stück enthalten.

4.3 Rentabilitätsrechnung

Die IBM-Kassette kostete zu diesem Zeitpunkt in Holland Hfl. 12,50. Wenn man von diesem Preis als Kalkulationsbasis ausgeht (in Ermangelung einer eigenen Verkaufspreisforschung), kommt man zu folgender Rechnung:

Verkaufspreis	Hfl.	12,50	
./. Marge Handel	Hfl.	5,–	(Importeure . . . 40%)
	Hfl.	7,50	
./. Gewinn 10%	Hfl.	–,75	
	Hfl.	6,75	
./. A.-V. 20%	Hfl.	1,35	
	Hfl.	5,40	

Der vorläufige Absatzplan sieht folgende Verkäufe für die nächsten Jahre vor:

1969	30 000 Stück
1970	60 000 Stück
1971	100 000 Stück.

Die ersten 10 000 Data-Boxen werden ohne Deckung und Gewinn verkauft, da es sich hierbei um Schaustücke, Muster und Messegut handeln wird. Da im Herstellungspreis eine Abschreibung von Hfl. –,50 und im Verkaufspreis ein Gewinn von –,75 einkalkuliert sind, ergibt sich das Pay-Out im Laufe des Jahres 1971 nach 10 000 und 150 000 Stück. Unberücksichtigt bleibt der interne Zinsfuß. Daraus geht hervor, daß die Data-Box ab 1971 gewinnbringend sein könnte, falls die geplanten Zahlen verkauft werden.

Eine Pay-Out-Zeit von drei Jahren ist äußerst positiv auf diesem Markt. Erfahrungsgemäß dauert es immer noch etwa fünf bis sechs Jahre, bis sich ein neuer Datenträger durchsetzt, nachdem er der Öffentlichkeit vorgestellt wurde. Die Schwierigkeit liegt hier darin, daß nicht nur der Datenträger, sondern auch die Bearbeitungsmaschinen mit ersetzt werden müssen, wenn man auf andere Speichermedien umrüsten wollte. Hieraus kann man ableiten, da im Zeitpunkt der Produktentwicklung der Data-Box noch kein neuer Datenträger auf dem Markt war, daß das Produkt mindestens eine Lebensdauer von etwa fünf Jahren haben dürfte. Bei kontinuierlicher Fortsetzung des Absatzplans mit 100 000 Data-Boxen je Jahr ergäbe sich eine Gesamtrendite von Hfl. 250 000,–. Umgerechnet auf die Zeit der Kapitalbindung ergibt dies eine Rendite von 20% jährlich.

Die Fortführung des Produktes wird beschlossen! Von Mai bis November 1968 wurden planmäßig die Zeichnungen und Matrizen für ein Anlaufen der Produktion fertiggestellt, – die organisatorischen Produktionsvoraussetzungen wurden geschaffen. Im Dezember 1968 kommen die ersten Probeexemplare aus der Fertigung.

5. Preisfindung

Trotzdem es sich hier um ein völlig neues Produkt handelt, sind doch Substitutionsprodukte (Rundkassette und natürlich Tape-Seal) vorhanden.

Man war sich darüber im klaren, daß die Kostenrechnung nur Anhaltspunkt zur Feststellung einer möglichen Rendite sein kann. Die verbesserten Produkteigenschaften erlaubten gegenüber Tape-Seal einen im Verhältnis recht hohen Preis. Der Vergleich zur herkömmlichen Kassette hingegen durfte nicht so unverhältnismäßig hoch ausfallen. Die geringe Zahl der Anwender, die so große Bestände an Magnetbändern haben, daß sie aus Raumersparnisgründen zu einer Entscheidung für Tape-Seal oder Data-Box gezwungen werden, ist für die Preisfindung erst in zweiter Linie interessant.

Maßgeblich ist die Breite der Schicht der Normalverbraucher, die entweder völlig neu mit Magnetbändern beginnen oder aber kleinere Bestände umrüsten sollen.

Die Tatsache, daß die potentiellen Käufer nicht nur von der Platzersparnis (das kann bis zu einem gewissen Grad auch Tape-Seal) zum Kauf bewegt werden, sondern zusätzlich von einer neuen, besseren Handhabung zu überzeugen sein müssen, schränkt den Spielraum ein. Die Konstruktion der Data-Box erlaubt eine Entnahmesperre ohne Türen, Jalousien oder sonstige zusätzliche Hilfsmittel. – Dadurch werden die Schränke gleicher Kapazität billiger. Der Gesamtpreis von Band, Kassette und Schrank kann somit je Band gleich hoch sein.

Die funktionellen und optischen Verbesserungen dieses Produktes gegenüber den herkömmlichen Substitutionsprodukten führte zu einem Grundverkaufspreis von DM 13,80 je Stück.

Mit dem Vertrieb der Data-Box beschritt man den Weg in einen neuen Markt. Neu war die Konkurrenz, die man hiermit zum erstenmal den Datenverarbeitern selbst machte, – Neu war die Tatsache, daß man für die Data-Box zwar den gewohnten Vertriebsweg an sich weiter beibehielt, aber die Erwägung, einen zusätzlichen Absatz über andere Kanäle zu tätigen, von vornherein anstellte.

In dem nun beschrittenen Markt war und ist es üblich, bei größeren Abnahmen Rabatte zu gewähren und Staffelpreise zu nennen. Im bis dahin alleinigen Aktivitätsfeld, dem Vertrieb von DV-Möbeln hatte man mit absolut festen Preisen für alle Größenordnungen operieren können. Hinzu kamen die Wünsche der Magnetbandhersteller, ihre Bänder auch in Data-Boxen anbieten zu wollen. Es wurde von allen Herstellern ungern gesehen, wenn Bänder „nackt" versandt werden sollten.

So kam man zu einem Staffelpreis, der ausgehend von einem Grundverkaufspreis von DM 13,80 bis zu einem Preis von DM 10,– bei Großabnahmen sank. (Der zweite Vertriebsweg hat sich inzwischen selbst erübrigt, da die Verpackungsindustrie mit neuen Produkten dem „Nacktversand" entgegenkam.)

6. Einführung und Werbung

In der Zeit von Mai bis November 68 wurden die Maßnahmen für die Einführung und Werbung mit der Agentur besprochen, und die eigene Marketing-Abteilung begründete Argumentationen für die Texte der Kataloge und Verkaufsanleitungen. Der zeitliche und organisatorische Ablauf der Vorstellung (November 68 bis April 69) und der Einführungsphase (November 68 bis etwa Ende 69) wurden festgelegt.

6.1 Werbung

Je nach Produkt und Markt stehen hierfür diverse Werbeträger und Medien zur Verfügung. Ziel einer Einführungswerbung sollten die drei Phasen jeder Werbung sein: Interesse, Erinnerung und Kaufanstoß!

Die Werbung wurde unterteilt in direkt werbliche Maßnahmen und Public-Relations. Während mit der Werbung eigene Aussagen an den Verbraucher herangetragen werden, handelt es sich bei den Aussagen der Public-Relations um Informationen, die dann für den Verbraucher von neutraler Stelle kommen (Presse-Stimmen).

6.1.0 Kataloge

Gute Kataloge beinhalten alle drei Phasen einer Werbung, durch Aufmachung und Gestaltung wird das Interesse geweckt, der Name prägt sich ein. Bei späterem Bedarf zieht man den Katalog erneut zu Rate, um dann von einer (hoffentlich) guten Argumentation den Kaufanstoß zu erhalten. Dementsprechend müssen Kataloge neben ansprechendem Äußeren bereits eine Anzahl der Verkaufsargumentationen enthalten. Innerhalb der vorgegebenen Zeit, bis Dezember 68, wurden die Textentwürfe für die neuen Kataloge entworfen und von Psychologen auf ihre Wirksamkeit getestet. Im wesentlichen ging es darum, die EDV-Benutzer davon zu überzeugen, daß kleinere Magnetbandbestände größer werden und mit dem Data-Box-System eine echte Rationalisierung möglich ist. Hauptsächlichste Schwierigkeit war die Tatsache, daß man den zukünftigen Kunden von einer neuen Arbeitsweise überzeugen mußte.

6.1.0.1 Verkaufsanleitungen

Wie bei den Katalogen geht es bei der Gestaltung und der Aussage der Verkaufsanleitungen darum, den Verkäufern Argumente und Verkaufshilfen zu geben, die ihnen bei den Verhandlungen mit Interessenten eine größere Erfolgsquote möglich machen. So enthielten die Verkaufsanleitungen neben psychologisch ausgewählten Fotos von der Gefährlichkeit einer falschen Bandarchivierung Hinweise auf die optimale Vorführung der Data-Box bei dem Interessenten und selbstverständlich Argumente für die Data-Box und Abwehrhinweise bei Gegenargumenten des Kunden. Diese Argumentationen wurden vor ihrer endgültigen Festlegung bei Testverkäufen ermittelt, außerdem bekam man auf diese Weise bereits eine Vielzahl von Gegenargumenten zu hören, die man in den Anleitungen bereits entkräften konnte.

6.1.1 Direct-Mail, Anzeigen, Broschüren

Etwa ab November 1968 begann eine Direct-Mail Action von 12 aufeinander folgenden Briefen, die einmal die Neugierde der Verbraucher wecken sollte, zum anderen die Vertreter beim Verkauf ihres bisherigen Programms durch Aufwertung des Firmenimage unterstützte. Hierbei sollten zwei grundlegende Hemmnisse überwunden werden: Es war das erste Mal, daß man mit einem Produkt den Computer-Herstellern direkt Konkurrenz machte, – man mußte den Verbraucher zudem von einer völlig neuen Arbeitsmethode überzeugen. Ziel war die Steigerung des Umsatzes je Vertreterbesuch, denn ein Schrank mit Data-Boxen ist teurer als ein leerer Schrank.

Für die Vorbereitung der offiziellen Einführung während der Hannover-Messe und zur Unterstützung der redaktionellen Hinweise in den Fachzeitschriften wurden in den „Messe-Heften" der maßgeblichen Fachzeitschriften ganzseitige Anzeigen placiert.

Für die Durchführung der Einführung wurden „Papier-Data-Boxen" aus genarbtem Papier gedruckt.

6.2 Public-Relations

Sowohl Zeitpunkt als auch Art der ersten inoffiziellen Vorstellung für die Fachpresse und die eigenen Agenten war wohlüberlegt. Ende März 1969 fand bei der Schwesterfirma Lips/Dordrecht der Test eines feuersicheren Datenträger-Schrankes für die Fachpresse statt. Dieses hochaktuelle Thema und der Name, den man auf diesem Gebiet hatte (90% Marktanteil), gewährleistete, daß alles was Rang und Namen in der europäischen Fachpresse hatte, der Einladung folgen würde und über die Eindrücke im nächsten Heft, der Messe-Ausgabe, berichten würde. Zur Unterstützung erhielten die Redakteure die o. a. Aufträge über ganzseitige Anzeigen mit auf den Heimweg. Pressemitteilungen und eine Data-Box, gefüllt mit Ostereiern, vervollständigten die Vorstellung vor der Fachpresse. In allen Fachzeitschriften erschienen dann lange Artikel über den Test des Data-Tresors mit den so phantastischen Ergebnissen und über die Neuheit aus dem Hause Staalmeubel, die Data-Box!

6.3 Offizielle Einführung

Während der Hannover-Messe sollte plangemäß die offizielle Einführung der Data-Box vor dem breiten Publikum stattfinden. Zu diesem Zweck hatte man den 200 Quadratmeter großen Staalmeubel-Stand in eine Data-Box-Schau umgewandelt. Erfahrungsgemäß besucht ein sehr großer Teil der Datenverarbeiter die Hannover-Messe, um sich hier Anregungen für die zukünftige Planung seiner Abteilung zu holen.

Die Verbindung der Presse-Einführung mit dem Test eines Data-Tresors hatte für entsprechende Resonanz gesorgt, die Verbindung der Berichte in den Fachzeitschriften für einen großen Aufmerksamkeitswert und Verbreitungsgrad. Fast alle Interessenten, die zur Information über den Data-Tresor gekommen waren, sahen sich auch die Data-Box an. Selbstverständlich waren in der Zwischenzeit die zum System gehörigen Schränke, Transportwagen und anderen Hilfsmittel „fertig", – ich habe sie im Rahmen dieser Arbeit bewußt außer acht gelassen.

Das neue Produkt scheint marktreif zu sein, – der Absatz könnte beginnen.

Bereits zu diesem Zeitpunkt wird von einigen Interessenten eingewandt, daß die Data-Box, wie alle anderen Systeme auch, nur Bänder gleicher Länge aufnehmen kann und zudem nur Bänder mit 2400 Fuß Länge, was in der Praxis ein Handicap ist. Man schlägt vor, einen Kern einzusetzen, der kleinere Bänder in der Kassette vor dem Verrutschen schützt. Anfänglich unternimmt das Werk jedoch noch nichts, um die Reaktionen während der ersten Verkaufsbemühungen abzuwarten, ehe man ändert. Trotz intensivster Verkaufsbemühungen stagniert der Absatz jedoch ab etwa Herbst 1969, – die Forderungen nach einem inneren Kern werden immer lauter.

Ohne großen Aufwand werden im Zentrum der beiden Deckelhälften Kunststoffkerne eingesetzt, die es gestatten, Bänder unterschiedlicher Länge in einer Kassette zu archivieren.

Doch auch dieses Argument ließ die Verkaufszahlen nur geringfügig ansteigen. Das Argument des nicht durchsichtigen Stahls war zu massiv. Immer mehr Interessenten monierten, daß man von außen nicht sehen könnte, ob das richtige Band in der richtigen Box wäre. Die Kunden waren trotz aller Bemühungen nicht von der Irrealität dieser Argumentation zu überzeugen.

Daraufhin erhielt die eine Deckelhälfte ein glasklares Kunststoffenster. Die letzte, verbesserte Version wurde erneut auf der Hannover-Messe vorgestellt (1970). Von diesem Zeitpunkt werden die geplanten Absatzzahlen erreicht und neuerdings sogar z. T. erheblich überschritten.

6.4 Marktreife und Erfolgsbilanz

Das Produkt ist marktreif. Während der nun folgenden Zeit wird die Data-Box gemäß Absatzplan weiter aufgebaut (Anzeigen, Direct-Mail, Vertreterbesuche ... Auszeichnung „Gute Industrieform auf der Hannover-Messe 1971").

Aufgrund der technischen Änderungen ergaben sich Mehrkosten von Hfl. 31 000,– für die zweite Matrize. Eine weitere technische Schwierigkeit stellte sich bei den Abstandsfedern heraus. Garantieleistungen aufgrund Materialermüdung der ersten Serien bringen zusätzlichen Aufwand von Hfl. 35 000,–. Durch diese Fakten verschiebt sich der geplante Pay-Out auf 1972. Die Einhaltung des Absatzplans, wenn auch mit einem Time-Lag, verspricht die Renditeberechnungen zu erfüllen. Die kalkulierte Lebensdauer des Produktes hat sich verlängert, da bis zur Marktreife noch keine neuen Datenträger in Sicht waren.

7. Zusammenfassung

Die hier abgehandelte Möglichkeit der Umsetzung einer Marktlücke in ein Produkt mit offenem Bedürfnis, stellt nur eine der vielen Möglichkeiten für die erfolgreiche Konzeption eines neuen Produktes dar.

Für die erfolgreiche Einführung eines neuen Produktes besteht die Hauptschwierigkeit darin, die beiden tragenden Säulen, das Produkt und den Markt, auf einen Nenner zu bringen, der dann für den wirtschaftlichen Erfolg garantiert.

Die Aufnahmefähigkeit eines Marktes und die Kaufkraft müssen vorhanden sein. Das neue Produkt muß entweder offen aufgetretene Bedürfnisse befriedigen oder latente Bedürfnisse in offene umwandeln.

Wichtigste Voraussetzung für das Erzielen einer wirtschaftlichen Rendite jedoch ist die frühzeitige Prüfung und Beurteilung, ob ein marktgerechtes Produkt (das ist Aufgabe der Produktentwicklung) eine Rendite erwarten läßt, und der Markt die notwendigen Preise hergibt. Diese Entscheidung muß so frühzeitig getroffen werden, daß sich die Verdichtung des Zeit-Kosten-Faktors nicht als katastrophal erweist.

3. Fall-Studie

Die Entwicklung und Durchsetzung des Marketing-Systems im Produktionsgüter-Großhandel.

Inhaltsverzeichnis

0. Einleitung

0.0 Definition „Marketing“

Marketing ist eine integrierende, vorausschauende Führungsaufgabe mit konsequenter und systematischer absatzpolitischer Orientierung. Systematisches Marketing läßt sich auch definieren als marktbezogenes Kooperationsgefüge, das im engeren Sinne die Hauptfunktionen Marktforschung, Entwicklung, Preisbestimmung, Werbung und Vertrieb, im weiteren Sinne sogar alle betrieblichen Funktionen von der Beschaffung über die Produktion und den Absatz bis hin zur Organisation, Verwaltung und Finanzierung umfaßt.

0.1 Definition „Großhandel“

Der Großhandel kauft Waren beim Erzeuger und verkauft sie ohne wesentliche Veränderung an Wiederverkäufer, gewerbliche Verwender sowie private und öffentliche Großverbraucher.

Je nach seiner Stellung im Vertriebssystem unterscheidet man beim Großhandel zwischen dem Aufkauf-Großhandel – er bezieht Produkte vorwiegend vom primären Bereich, der Urproduktion –, dem Produktionsverbindungs-Großhandel – er kauft Produkte des primären oder sekundären Bereichs und veräußert sie an Betriebe des sekundären Bereichs, und dem Absatz-Großhandel – er kauft Produkte vom primären oder sekundären Bereich und veräußert sie fast ausschließlich an Betriebe des tertiären Bereichs oder Großverbraucher.

Zur Definition des Großhandels gehört m. E. auch noch die Unterscheidung seiner Formen in freien, genossenschaftlichen, Ketten- und Werks-Großhandel.

0.2 Definition „Produktionsgüter“

Als Produktionsgüter sehe ich Güter an, die bei der Herstellung anderer Güter verbraucht (verwendet) werden, also die Roh-, Hilfs- und Betriebsstoffe sowie die sogenannten Handelswaren, die unverändert in ein Endprodukt eingehen.

Produktionsgüter entsprechen im Bereich der Produktion den Verbrauchsgütern im Bereich des Konsums, d. h. sie gehen beim Verbrauch (der Verwendung) in ihrer ursprünglichen Form unter.

0.3 Funktionen des Großhandels

0.3.0 Allgemeine Funktionen des Großhandels

Hochindustrialisierte Volkswirtschaften sind gekennzeichnet durch die Arbeitsteilung in allen Bereichen der Wirtschaft. Im Rahmen dieser Arbeitsteilung sind die allgemeinen Hauptfunktionen des Großhandels die Auftragskonzentration, Lagerhaltung, Sortimentierung (hier u. a. auch der Randartikelausgleich der Hersteller-Sortimente), Distribution, Kommissionierung, z. T. Anlieferung und als Teil der Absatzfunktion auch die Finanzierung, die dem Käufer zum Produkt auch den Kredit bietet. Der Absatzgroßhandel entwickelt sich dabei immer mehr auch zum Einzelhandelsexperten, bei dem die Information seiner Kunden auf den verschiedensten mit dem Absatz zusammenhängenden Gebieten zu einer wesentlichen Funktion aufrückt.

0.3.1 Besondere Funktionen des Produktionsgüter-Großhandels

Der Produktionsgüter-Großhandel (zukünftig im Text mit PG-GH bezeichnet) übernimmt nicht nur reine Verteilerfunktionen im Absatzsystem, sondern neben die allgemeinen Großhandelsfunktionen tritt hier außerdem noch die anwendungstechnische Information und Beratung der Verwender, Wiederverkäufer und Großverbraucher, evtl. auch die Bereithaltung anwendungstechnischer Großgeräte. Die Bereitstellung anwendungstechnischer Großgeräte durch den PG-GH kann sowohl durch Vermietung derselben (evtl. Leasing) geschehen als auch im Full-Service-System entweder mit eigenem Bedienungspersonal oder durch Kooperation (auch Franchising) mit anwendungstechnischen Dienstleistungsbetrieben.

Da viele Produktionsgüter — besonders aus dem Bereich der Roh- und Betriebsstoffe — ausgesprochene Massengüter sind, werden vom PG-GH häufig entsprechende Umschlag-, Sieb-, Misch-, Absack- oder Abfüllanlagen betrieben.

Auch die Durchführung von Qualitätsuntersuchungen, Klassifizierungen und die Übernahme von Qualitätsgarantien sind häufig Funktionen des PG-GH.

0.4 Die Lage des Produktionsgüter-Großhandels

Der PG-GH ist hauptsächlich im Produktionsverbindungshandel, soweit es sich bei den Produktionsgütern um Erzeugnisse der Urproduktion handelt, auch im Bereich des Aufkaufgroßhandels zu finden.

Das Zunehmen der Industriebranchen in der Produktionsgüter-Herstellung für einen anonymen Markt und das Abnehmen der handwerklichen Produktion für einen Bestellmarkt in diesem Bereich fördert auch hier die Ausweitung der Großhandelsfunktion. Diese Arbeitsteilung als Ursache und Folge des Weges von der Industrie- zur Dienstleistungsgesellschaft ist sowohl Motor als auch Ergebnis des technischen Fortschritts.

Die großen Rationalisierungsreserven der Produktion lassen bereits heute erkennen, daß zukünftig in der Erzeugung weniger Menschen tätig sein werden als im Absatz. Hieraus ergibt sich ein Anwachsen der großhändlerischen Absatzfunktionen gegenüber den industriellen Produktionsfunktionen. Im Zeichen der Auftragskonzentration, die jedes Unternehmen betrifft, wird der Großhandel immer unentbehrlicher.

Marktausweitungen bergen allerdings auch die Gefahr der Ausschaltung des Großhandels bei großen Abnehmern, wenn diese aufgrund ihres Umsatzvolumens in der Vertriebskette um eine Stufe aufrücken. Bei einer solchen Entwicklung würden nur die kleinen Wiederverkäufer und Verwender beim Großhandel als Kunden verbleiben. Die Abwehr einer solchen Entwicklung führt dann häufig zu einer Verschmelzung der Absatzstufen, zu einer Fusion entweder mit einem Produzenten oder der Übernahme von Einzelhandels- bzw. Verwenderfunktionen.

Insgesamt gesehen stellt der Wettbewerb auch den PG-GH täglich vor neue Probleme. Neue Märkte müssen aufgegriffen und erschlossen, neue Anwendungen gefunden werden.

0.5 Ziele des Produktionsgüter-Großhandels

Neben die allgemeinwirtschaftlichen Zielsetzungen der Beschäftigung, der Rentabilität und der Liquidität treten – da im PG-GH gemeinwirtschaftliche Zielsetzungen ausgeschlossen sein dürften – entweder privatwirtschaftlich-unternehmerische oder genossenschaftliche (Förderung der Mitglieder) Zielsetzungen. Bei den privatwirtschaftlichen Zielsetzungen steht zwar die Gewinn-Maximierung unverändert an erster Stelle, doch schiebt sich auch die systematische Abwehr von Übernahmeversuchen durch Konkurrenten oder andere als Unternehmensziel immer weiter nach vorn.

Da der PG-GH von der (wegen herstellerseitiger Festlegung häufig unbeeinflußbaren) Spanne zwischen Grosso- und Wiederverkäufer-Preis leben muß, entscheidet hier mehr als in anderen Wirtschaftsstufen der langfristig gesicherte Absatz über den wirtschaftlichen Erfolg oder Mißerfolg eines Unternehmens.

0.6 Maßnahmen zur Erreichung der Ziele des Produktionsgüter-Großhandels

Die wichtigsten Maßnahmen zur Erreichung seiner Ziele sind für den PG-GH die Bereitstellung eines wettbewerbsgerechten Angebots von Produkten und Dienstleistungen, die Vorbereitung und Sicherung der Nachfrage sowie eine marktgerechte Organisation des Vertriebs.

Preise, Kosten, der technische Fortschritt und die ständige Auseinandersetzung mit einer modernen Konkurrenz zwingen den PG-GH, die Maßnahmen zur Erreichung seiner Ziele immer wieder neu zu überprüfen. Auch der PG-GH muß sich also ständig auf den wirtschaftlichen Strukturwandel einstellen, muß stets für die Zukunft denken und planen.

Die Unternehmensführung im PG-GH muß sich immer mehr an der Zukunft orientieren. Da die Wettbewerbswirtschaft in absehbarer Zeit nicht durch weniger strapaziöse Wirtschaftsformen ersetzt werden wird, Märkte immer mehr machbar, aber immer weniger verstehbar werden, braucht auch der PG-GH moderne marktbezogene Management-Technologien, die eine nur gefühlsmäßige Gewichtung der Probleme ausschließen. Die kontinentale Entwicklung der Märkte erzwingt die Vorrangstellung des Marktdenkens. Nicht zwischen Großen und Kleinen, sondern zwischen Wachen und Schläfrigen wird der Kampf um den Markt ausgetragen. All dies bedeutet, daß die Entwicklung und Durchsetzung eines systematischen PG-GH-Marketing **die** moderne marktbezogene Management-Technologie, **die** Maßnahme zur Erreichung der Ziele des PG-GH darstellt.

0.6.0. Marketing des Produktionsgüter-Großhandels

Systematisches PG-GH-Marketing ist das Ergebnis einer stärkeren Nutzung wissenschaftlicher Erkenntnisse und Methoden in der Unternehmensführung. Das PG-GH-Marketing als absatzbezogene Unternehmensfunktion lenkt den Fluß der Produktionsgüter zum Wiederverkäufer, zum Verwender, zum Großverbraucher. Dieses Handels-Marketing rivalisiert z. T. mit dem Hersteller-Marketing, besonders dann, wenn es in dessen Marketing-Funktionen eingreift. Normalerweise umfaßt das PG-GH-Marketing die (eigene) Marktforschung, die Entwicklung des Angebots aus Produkt (Sortiment) und Dienstleistung, die Werbung für das Angebot, die Preisbestimmung und den Verkauf. PG-GH-Marketing ist weder rein produkt- noch allein dienstleistungsbezogen, sondern mehr (kombiniert) angebots- bzw. kundenbezogen. Ein kooperatives Marketing mit Produzenten und/oder Wiederverkäufern ist möglich unter der Voraussetzung eines ständigen vertrauensvollen Informationsaustauschs hinsichtlich Produktions- und Verwendungsprognose, Werbeplänen usw.

Während das Hersteller-Marketing stets einseitig auf das Produkt und seinen Markt ausgerichtet ist, kommt dem PG-GH-Marketing die Doppelfunktion der Ausrichtung des Sortiments und der Dienstleistungen auf den Markt und auf die Verwender zu. PG-GH-Marketing ist zur Hauptsache Dienstleistungs-Marketing und nur z. T. Produkt-(Sortiments-)Marketing. Doch erst die Kombination aus Dienstleistungs- und Produkt-(Sortiments-)Marketing ergibt das komplette PG-GH-Marketing.

1. Die Entwicklung des Systems des Marketing im Produktionsgüter-Großhandel

Die Entwicklung des Systems des Marketing im PG-GH vollzieht sich ebenso stufenweise wie in der Produktion. Die einzelnen Stufen werden gebildet von den Grund-

(Haupt-)Funktionen des Marketing-Mix, also Marktforschung, Entwicklung, Werbung, Preisbildung und Verkauf. Diese logische Folge der einzelnen Funktionen für die Entwicklung des Systems ergibt sich aus der zeitlich zwangsläufigen Aufeinanderfolge.

Ausmaß und Intensität der Entwicklung eines systematischen Marketing ist eine Frage der Unternehmensgröße. Unabhängig von der Unternehmensgröße und der Unternehmensart ist dagegen die Qualität des Marketing.

1.0 Marktforschung für Angebote des Produktionsgüter-Großhandels

Wissen ist Macht! Auch im Marketing-Bereich geschehen die teuersten Entscheidungen aufgrund falscher, unzureichender oder schlechter Informationen. Entscheidungskonkurrenz ist zu einem großen Teil Informationskonkurrenz. Informationen haben für treffsichere Entscheidungen die gleiche Bedeutung wie Rohmaterialien für hochwertige Produkte. Hiermit ist die Bedeutung der Marktforschung als Marketing-Funktion bereits umrissen. Marktforschung im Rahmen des systematischen PG-GH-Marketing ist einerseits sowohl Produkt-(Sortiments-) als auch Dienstleistungs-Marktforschung, andererseits aber auch Beschaffungsmarktforschung.

Da das Angebot des PG-GH stets dem Markt und den Verwendern entsprechen muß, müssen eben diese Verwenderbedürfnisse bekannt sein. Daher ist die Marktforschung der Reihenfolge nach immer die erste Funktion des Marketing. Der Entwicklung des Angebots haben immer gründliche Recherchen des Marktes voranzugehen, die die notwendige Transparenz des Marktes schaffen. Für den PG-GH ist neben dem Marktverhalten der Verwender auch die Reaktion der Wiederverkäufer und der Großverbraucher auf bestimmte Marktsituationen von Interesse. Die Marktforschung muß hier also verschiedene Ebenen ausleuchten.

Für die quantitative Marktforschung stehen dem PG-GH meist recht gute und aktuelle sekundärstatistische Daten zur Verfügung, die schon der Schreibtischforschung Einblick in die Umsatzgrößen der jeweiligen Produktionsgüter sowie komplementärer und substitutiver Güter erlauben und manchmal sogar erkennen lassen, welche Produkte von wem in welchen Mengen verkauft oder gekauft werden. Marktentwicklungen lassen sich durch laufende Marktuntersuchungen verfolgen, also z. B. auch das Wachstum des Gesamtmarktes einer Warengruppe, eines Gebietes, einer Kundengruppe. Darum darf auch die laufende Marktforschung für bereits eingeführte Angebote nicht vergessen werden.

Wenn für die quantitative Marktforschung des PG-GH im Bereich der offenen Bedürfnisse die Schreibtischforschung oft ausreichen wird, so verlangt m. E. die quantitative Erforschung latenter Bedürfnisse mit den Fragen „wer – was – wo – wann – wieviel" die Feldforschung, wenn sie latente und neue Bedürfnisse aufzeigen, Marktlücken aufspüren, der Absatzvorbereitung dienen will.

Eine der wichtigsten Aufgaben sowohl der quantitativen als auch der qualitativen Marktforschung ist die Konkurrenzbeobachtung. Einmalige Erhebungen ergeben die Konkurrenzanalyse zum Zeitpunkt der Erhebung, kontinuierliche Beobachtungen die Entwicklungen im Zeitablauf.

Wie die Aufdeckung latenter Bedürfnisse im quantitativen Bereich der Marktforschung ist auch die qualitative Marktforschung auf die Feldforschung angewiesen. Während die quantitative Marktforschung die (möglichen) Umsätze auslotet, ist die qualitative Marktforschung (Motivforschung) mit ihren Kernfragen „wie und warum" auf die Erkennung der Kauf-Antriebe, auf das Image von Angeboten und das Erkennen des Firmen-Image abgestellt. Gerade die qualitative Marktforschung scheint im Rahmen des PG-GH-Marketing noch sehr entwicklungsbedürftig zu sein. Forschungsobjekte der Marktforschung sind also sowohl die Nachfrage wie auch das Angebot, und zwar sowohl das eigene wie das der Konkurrenz. Ablaufphasen der Marktforschung sind einerseits die Datensammlung, die Daten-Verarbeitung, die Theoriebildung und die Wertdiskussion, andererseits Bedürfnisuntersuchungen und Konkurrenzforschung vor der Marktberührung eines Angebots, Produkt-, Verpackungs-, Werbe-, Preis- und Verkaufs-Tests nach Marktberührung, aber vor Einführung eines Angebots, und schließlich die laufende Marktbeobachtung sowie Image-Untersuchungen nach Einführung eines Angebots.

Da im PG-GH auch vom Beschaffungsmarkt wesentliche Impulse für die Entwicklung und Gestaltung des Angebots ausgehen, ist die Beschaffungsmarktforschung ein beachtenswerter Sektor der PG-GH-Marktforschung. Ob die bisher vielfach übliche Wahrnehmung dieser Funktion durch die Ressorts Einkauf bzw. Finanzen (Finanzmarktforschung) ausreichend ist, hängt weitgehend von der Besetzung dieser Ressorts, ihrer Kreativität und Kooperative ab. Wege der Beschaffungsmarktforschung sind — als Schreibtischforschung — das Studium einschlägiger Statistiken, der Liefererverzeichnisse, der Fach- und Wirtschaftspresse, Angebote usw., als Feldforschung der Besuch von Börsen und Märkten, Messen, Ausstellungen, Fachkongressen sowie von Vorführungen durch Hersteller. Die Beschaffungsmarktforschung umfaßt also die systematische Analyse und laufende Beobachtung der (potentiellen) Bezüge und der Bezugsquellen.

Klare Marktforschungsdaten sind die Grundlagen der genauen Vorausplanungen, die wegen der immensen Kosten der Entwicklung und Neueinführung von Angeboten erforderlich sind.

1.0.0 Absatzmarkt der Angebote des Produktionsgüter-Großhandels

Zur Durchführung der Marktforschung für den PG-GH muß der Absatzmarkt seiner Angebote eingegrenzt werden. Wenn man vom sogenannten Super-Großhandel (z. T. identisch mit Werks- oder Konzern-Großhandel) ausgeht, dürfte der Absatzmarkt des PG-GH mit den Zwischengroßhändlern (Großhändlern zweiter Hand), den Wiederverkäufern (hier sprengt der PG-GH den Rahmen des Produktionsverbindungshandels in Richtung auf den Absatz-Großhandel), den anwendungstechnischen Dienstleistungsunternehmen, den gewerblichen Verwendern sowie den privaten und öffentlichen Großverbrauchern zu umreißen sein.

1.0.1 Beschaffungsmarkt des Produktionsgüter-Großhandels

Der marktforschungswürdige Beschaffungsmarkt des PG-GH umfaßt Produzenten, Makler, Vertreter, Kommissionäre, inländische Importeure, ausländische Exporteure, Verkaufskontore usw. im Warenbereich, Banken und sonstige Geldinstitute, Versicherungen und Finanzmakler im Finanzmittelsektor sowie Dienstleistungsunternehmen (Anwendungstechnik, Spediteure, Frachtführer, Versicherer usw.) im Dienstleistungsbereich.

1.1 Entwicklung von Angeboten des Produktionsgüter-Großhandels

Zum System des PG-GH-Marketing gehören Neu- und Weiterentwicklungen von Angeboten, und zwar sowohl von Dienstleistungen wie Sortimenten. Die Innovation als Wettbewerbsform verlangt einfach die flexible, permanente Modernisierung der Angebote. Zur Erhaltung einer ständigen Umsatzexpansion und einer dauerhaften Rentabilität müssen auch Handelsunternehmen eine ständige Anpassung an die sich ändernden Marktverhältnisse hinsichtlich ihrer Angebote vornehmen.

Aufgabe der Entwicklung als zweiter Hauptfunktion bei der Entwicklung des Marketing-Systems des PG-GH ist also das planmäßige Hinarbeiten auf erfolgreiche neue oder die Verbesserung alter eingeführter Angebote gemäß dem Entwicklungsstand des Marktes. Bei dieser Aufgabenstellung ist für die Entwicklung die Gegenwart bereits Vergangenheit und die Utopie von heute die Realität von morgen.

Marketing als Unternehmensführung vom Markt her setzt der Entwicklung von Angeboten das Ziel, dem Kunden stets die optimale Problemlösung mit Hilfe der gebotenen Dienstleistungen und Sortimente, stets das jeweils Beste und Neueste zu bieten. Dabei müssen die Ergebnisse der Entwicklung nicht nur dem ständigen Substitutions- und Qualitäts-, sondern auch dem Preiswettbewerb standhalten. Die Angebotsentwicklung schließt die Verfahrensentwicklung der optimalen Präsentation neuer und verbesserter Angebote mit ein. Die Entwicklung hat (für die überschaubare Zukunft) zukunftssichere Angebote zu schaffen, sie kann durch Vervollständigung von Angebotsprogrammen sogar zur Marktausweitung beitragen.

Mit zunehmendem Alter des Angebots vervollkommnet sich auch dessen Teilmarkt. Aufgabe der Entwicklung ist also u. a. auch, aus einem vollkommenen (Teil-) Markt wieder einen unvollkommenen zu machen, Angebotsdifferenzierungen zu schaffen. Differenzierung durch Entwicklung schafft Präferenzen. Diese können objektiv oder subjektiv, sachlich, räumlich, zeitlich und/oder persönlich sein. (Zur Entwicklung im weitesten Sinne könnte man dann auch die Verkäuferschulung rechnen.)

Aufgabe der Entwicklung ist es u. a. auch, Angebote so zu gestalten, daß sie einen hohen Aufforderungscharakter (zum Kauf) aufweisen.

Ebenso wie für Investitionsgüter im Produktionsbereich und Gebrauchsgüter im Konsumbereich läßt sich für Angebote des PG-GH als Kombination von Sortiment und Dienstleistung ein Baukasten-System bis hin zum full-service entwickeln. Dieses Baukasten-System reicht beim PG-GH vom reinen Strecken-Bargeschäft über Umschlag, Lagerung, Klassifizierung, mischen, abpacken, Containerisierung, Palettierung, Kommissionierung, Anlieferung und Finanzierung bis hin zur Anwendung oder Ausbringung mit eigenen oder angemieteten Großgeräten des PG-GH. Standardisierte, gelistete Komponenten des Angebots mit hoher Umschlagsgeschwindigkeit werden zu günstigsten Preisen offeriert (schneller Umschlag ist hier wichtiger als die Höhe der Verdienstspanne), Variationen des Standardangebots werden in Maßarbeit entwickelt, wobei solche Sonderwünsche entsprechend teurer werden. Wenn durch Maß-Entwicklungen die Verwendbarkeit der Angebote erhöht wird, kann man von Profitabilitätsverkauf sprechen.

Steigendes Verlangen nach Dienstleistungen – auch im Produktionsgüterbereich – zwingt zur Entwicklung problemloser Angebote einerseits und zu maschinendienstlichen kompletten Problemlösungen andererseits, die die Probleme der Kunden bei der Entwicklung umfassend berücksichtigen.

Die Entwicklung im System des PG-GH-Marketing muß den Übergang vom industriellen zum technischen Zeitalter beachten, muß value-engineering, Wertanalyse und Wertgestaltung des Angebots betreiben.

Wichtige Teilfunktion der Angebotsentwicklung ist die Angebotsgestaltung, die alle Bemühungen umfaßt, die äußere Erscheinung und die Verwendungseigenschaften des Angebots den Wünschen der Käufer anzupassen. So gehört beispielsweise die Erschließung neuer Verpackungen für herkömmliche Produkte oder die Erschließung neuer Produkte für herkömmliche Verpackungen zur Angebotsgestaltung des PG-GH.

Abschließend muß zur Angebotsentwicklung herausgestellt werden, daß das Angebot sowohl für den Wiederverkäufer als auch für den Anwender Geld wert sein muß, daß es eine Marktlücke schließen muß, daß es moderner Teil eines umfassenden und zeitgemäßen Programms sein muß, daß es eine interessante Marktgröße haben muß und daß es kundenattraktiv zu sein hat.

1.1.0 Die Eigenentwicklung von Angeboten des PG-GH

Die Erschaffung neuer Angebote kann sowohl durch Eigenentwicklung wie auch durch Ankauf kompletter Angebote oder von Angebotsteilen geschehen, sie kann sowohl auf die bessere Bedienung alter Kunden wie auch auf die Gewinnung neuer Kunden ausgerichtet sein.

Die eigene Entwicklung von Angeboten wird häufig eigentlich eine Fortentwicklung bestehender Angebote sein.

Die Eigenentwicklung vollständig neuer Angebote lohnt nur für einen ausreichend großen Markt oder bei der Möglichkeit, lukrative Stückgewinne zu erzielen.

Ausgelastete Kapazitäten ohne kurzfristige Erweiterungsmöglichkeit – die nicht immer eine Folge von Planungsfehlern zu sein brauchen, sondern auch auf volkswirtschaftlichen Ungleichgewichten beruhen können – lassen Lücken im Angebot und verlangen für die Entwicklung die Bildung von Rangfolgen.

Organisation und Planung eigener Entwicklungen haben sich den Stufen der Angebotsgestaltung anzupassen. Basis der Entwicklung ist die Idee für ein neues Angebot, ihre Stufen die systematische Ideenfindung, -siebung und -konkretisierung. Während die Ideenfindung auf keinen bestimmten Personenkreis im Unternehmen beschränkt sein sollte, konzentriert sich die weitere eigene Entwicklung neuer Angebote auf Gruppen verschiedener Funktionsträger. Der ersten Ideensiebung durch eine Auswahlkommission sollte im PG-GH mit ausreichender Unternehmensgröße die Arbeit einer m. E. zweckmäßigerweise dreiköpfigen Patengruppen mit je einem Mitarbeiter des Einkaufs (der ja im PG-GH wichtige Teilfunktion der Entwicklung ist), der eigentlichen Entwicklung und des Verkaufs folgen. Die Reifung des Angebotsvorschlages der Patengruppe geschieht im ca. siebenköpfigen Angebotskomitee, das aus je einem Mitarbeiter der Entwicklung, einem Angebots-Manager, einem Projektleiter der internen oder externen Marktforschung, dem Kontakter der Werbeagentur, einem Einkäufer, einem Verkäufer und einem Anwendungstechniker bestehen sollte. Das Angebotskomitee koordiniert und beaufsichtigt die Entwicklung und Einführung, bis Produktion und Vertrieb einwandfrei laufen.

Erscheint im Laufe der Angebots-Entwicklung der potentielle Markt als zu klein, zu problematisch oder zu wenig lukrativ bzw. der Aufwand der eigenen Entwicklung als zu hoch, so wird der Verlust an Entwicklungskosten desto kleiner, je früher dies erkannt wird.

1.1.1 Der Ankauf neuer Angebote

Alternativ zur eigenen Entwicklung neuer Angebote kann der Ankauf fremder Entwicklungsergebnisse erfolgen. Er kann sich beschränken auf den Kauf von Patenten oder Lizenzen, auf Dienstleistungen, auf ein (evtl. exklusives) Sortiment, er kann ein komplettes Angebot umfassen oder bis zur Angliederung des Unternehmens, dessen Entwicklungsarbeit man nutzen will, reichen.

Auch zur Überwindung von Kapazitätsschranken bietet sich der Ankauf fremder Entwicklungen anstelle eigener Entwicklungen an.

1.2 Werbung für Angebote des Produktionsgüter-Großhandels

Werbung ist ein absatzpolitisches Instrument des Marketing. Sie hat die Aufgabe der Angebots-Profilierung und -Differenzierung, der Angebots-Präsentation und -Bekanntmachung, sie soll das Angebot „sympathisch" machen durch eindringliche Demonstration der Angebotsvorteile im Umfeld seines Einsatzgebietes. Die Werbung soll Nachfrage erzeugen durch beständige Appelle im Stadium größter Kaufbereitschaft. Ihr Ziel ist es, aus potentiellen Kunden Käufer und aus Käufern Kunden zu machen. Die Werbung übernimmt eine Dolmetscher-Funktion zwischen Angebots-Leistung und Nachfrage-Vorstellungen.

In der BRD sind 2,85% des Bruttosozialprodukts Werbeleistungen, womit die BRD noch vor USA mit 2,71% und der Schweiz mit 2,5% an der Spitze der Welt steht. Diese Tatsache beweist, daß Unternehmen jeder Art und Größe heute werben müssen.

Während eine erzählende Markenartikelwerbung schon durch eine Produkt-Markierung, durch positive Wortprägungen mit konkreten Namensvorteilen, Teilziele erreicht, muß im Produktionsgüter-Bereich mit informierender Werbung die planmäßige Einwirkung auf die Kaufbereitschaft der Verwender versucht werden. Im PG-GH haben wir es mit akzidenteller Werbung zu tun, dominant ist das informierende und beratende Verkaufsgespräch. PG-GH-Werbung ist die Ergänzung zur dominanten Produktionsgüter-Herstellerwerbung beim Verwender. Sie muß diese Herstellerwerbung nutzen und ihre eigene Werbung noch nach Werbung beim Wiederverkäufer und Werbung beim direkt belieferten Verwender und Großverbraucher differenzieren. PG-GH-Werbung darf nicht nur über Möglichkeiten, sondern muß auch über Grenzen der Angebote informieren. Sie wird damit auch zum Mittler anwendungstechnischer Informationen.

Allgemein wird Werbung nach Altersstufen unterschieden: Einführungs- und Durchsetzungswerbung. Die Einführungswerbung muß den Markt erschließen, muß durch Information den neuen Angeboten den Weg zum Wiederverkäufer und Verwender ebnen. Die Durchsetzungs-Werbung soll aus Käufern Kunden machen, die Firmentreue festigen, den erreichten Marktanteil nicht nur sichern, sondern kräftigen, „alten" Angeboten die Treue erhalten. Die Erweiterungswerbung verdichtet als Festigungswerbung das gewonnene Gelände. Sie dient hauptsächlich der Preis- und/oder Mengenpolitik. Bei der Durchsetzungs- und der Erweiterungswerbung spricht man auch von Fortführungswerbung, in der Ausdehnungs- und Erhaltungswerbung kombiniert sind.

Für homogene oder substitutionsgefährdete Angebote bietet sich die Gemeinschaftswerbung an. Individualwerbung muß immer bestrebt sein, Unternehmenspräferenzen zu schaffen.

1.2.0 Die Entwicklung der Werbeaussage

Für die Entwicklung der Werbeaussage des PG-GH gilt immer, die wichtigste und überzeugendste Angebots-Idee aufzufinden und herauszustellen. Passende Werbeargumente müssen gefunden werden, um das eigene Angebot – für den potentiellen Kunden überzeugend – von anderen Angeboten zu differenzieren. Dabei ist zu überlegen, welche Merkmale und Eigenschaften eines Angebots seinen Absatz fördern und welche ihn u. U. hemmen. Es ist klar, daß die Werbeaussage für das Angebot, zu Produkt und Dienstleistung passen muß. Die Entwicklung der Werbeaussage muß stets der AIDA-Formel angepaßt sein.

Die PG-GH-Werbung hat es meist mit Angeboten von Produkten und komplementären Dienstleistungen zu tun, ihre Aussagen sind daher überwiegend informativ. Sie nennen die Angebotsbeschaffenheit, -qualität, -aufmachung, -einsatzmöglichkeit und den Angebotsnutzen. Werbeaussagen müssen manchmal den Bedarf erst wecken und dann die Nachfrage fördern.

Für die Werbeaussagen des PG-GH sind die Werbeobjekte das einzelne Angebot, die Angebotsgruppe, das Angebotsprogramm. Die Werbesubjekte sind nach der Zahl Einzel- und Gruppenumworbene, nach der Stellung meistens Unternehmer, manchmal auch (besonders öffentliche) Haushalte.

Die Werbeaussagen müssen sich in bestehende Werbestrategien einfügen, umgekehrt können sich Werbestrategien u. U. auch nach Werbeaussagen richten.

Sowohl die Entwicklung einer Werbeaussage wie auch einer ganzen Werbekampagne erfordert die Erarbeitung eines gemeinsamen Unternehmens-/Agentur-

(oder Werbeabteilungs-)Ablaufschemas. Der Kniff hierbei ist die ständige Gegenüberstellung von Problem und Lösung sowie die Kontrolle an Hand von Check-Listen.

Voraussetzung für Werbeerfolg bzw. Werbewirtschaftlichkeit der Werbeaussagen sind natürlich marktgerechte Angebote, systematische Vorbereitung und Sicherung der Nachfrage sowie angebotsgerechte Vertriebswege. Zu messen ist der Werbeertrag oder der Wert werblicher Leistungen von Werbeaussagen an den Funktionen der Bekanntmachung als Bekanntheitsgrad, der Information am Bekanntheits- und Informationsgrad, der Hinstimmung am Bekanntheits-, Informations- und Hinstimmungsgrad, der Handlungsanstöße an der Zahl der ausgelösten Kaufakte.

1.2.1 Die Verbreitung der Werbeaussage

Die Verbreitung der Werbeaussagen sollte planmäßig geschehen. Die vier Grundfragen des Werbeplans lauten wofür (Werbeobjekt), wer (-subjekt), womit (-mittel) und wodurch (-träger) soll geworben werden? Über die Art der Verbreitung der Werbeaussagen entscheiden also neben dem Werbeetat die Art der Werbeobjekte und die Werbesubjekte.

Die Verbreitungsweise der Werbeaussagen schlägt sich nieder in der Aufteilung des Werbe-Etats. Im PG-GH rangiert eindeutig an erster Stelle die Direktwerbung mit Werbebriefen, Katalogen, Preislisten und Prospekten, an zweiter Stelle die Anzeigenwerbung in Fachmedien, danach die Beteiligung an Messen und Ausstellungen. Noch vor den Adreßbüchern und Bezugsquellen-Nachweisen rangieren hier Repräsentation und Werbegeschenke. Visuelle (optische), also schriftliche und bildliche Werbemittel, werden vom PG-GH neben rhetorischen (akustischen), also sprachlichen (aber nicht musikalischen), eingesetzt. Es finden sich sowohl Teilwerbemittel (Briefbogen und -umschläge, Frankotyp usw.) wie auch Ganzwerbemittel (Werbebriefe und -drucke, Anzeigen, Verkaufsgespräche).

Die Auswahl der Werbemittel erfolgt nach dem erforderlichen Aufwand, nach dem Verhältnis Aufwand zu Ertrag oder nur noch dem (erwarteten) Ertrag. Der Streuplan fragt danach, wann – wo – welche Werbemittel einzusetzen sind.

Auch bei den Werbeträgern ist zu unterscheiden zwischen Nur-Werbeträgern (z. B. Plakaten) und den Auch-Werbeträgern FFF, VVVV (Verpackung, Verkaufshilfen, Verkehrsmittel, Vorträge) sowie ZZ = Zeitungen und Zeitschriften.

Für die Verbreitung der Werbeaussage ist noch wichtig die Unterscheidung der Basiswerbung als langfristige Werbe-Investition und flankierende Werbemaßnahmen als laufende Werbeaufwendungen. Die Basis-Werbung muß das Angebot schlagartig und wirkungsvoll bei den potentiellen Kunden bekanntmachen, die flankierenden Werbe-Maßnahmen dienen der laufenden Unterstützung der Basiswerbung. Entsprechend der vorstehenden Unterscheidung kann man bei den Werbeträgern auch unterscheiden zwischen Basis- und Spezial-Media.

Der Einsatz der Werbeträger zur Verbreitung der Werbeaussagen erfolgt nach einem Media-Plan, der auf einer genauen Zielgruppen-(Adressaten-) und Media-Analyse unter Berücksichtigung quantitativer und qualitativer Reichweiten, ökonomischer Daten (Kosten je erreichte Zielperson, Treffer- und Fehlkontakte, Überschneidungen und Deckungsgrade) der Werbeträger erstellt wird. In führenden Werbeagenturen haben bereits Computer die Optimierung von Media-Plänen übernommen.

Für die Realisierung der streutechnisch günstigsten Verbreitung der Werbeaussage sind außerdem wichtig die Vollständigkeit der Postlisten der Direktwerbung nach Fachadreßbüchern, Presse-Informationen mit textlicher Vorstellung des Angebots, Prospekte – auch zur Verteilung über Wiederverkäufer an die Verwender (werbewirksam gestaltet und angebotsinformativ von Text und Bild her mit Raum für Händlerstempel), die Einbeziehung der Verpackung – sie muß Werbewirksamkeit ausstrahlen und ein gutgeführtes Verkaufs- oder Beratungsgespräch ersetzen, die Werbung vor der „Laden"-Tür und die Werbung am Ort des Verkaufs (pos) durch Display-Material zur Demonstration des Angebots. Entscheidend ist, die streutechnisch günstigste Verbreitung der Werbeaussage durch gezielte Kombination der Werbemittel und Werbeträger zu erreichen, damit sowohl Wiederverkäufer wie gewerbliche Verwender und Großverbraucher gleichzeitig angesprochen werden, und daß nicht für die gesamte Angebotsart – und damit auch für die Konkurrenz – geworben wird, sondern nur für ein bestimmtes eigenes Angebot.

1.2.2 PR – keine Absatzwerbung, dennoch Hilfsfunktion des Marketing

Unter PR versteht man die „planmäßige Pflege der Beziehungen zur Öffentlichkeit" durch Unterrichtung mit dem Ziel der Vertrauenswerbung. 5 Mrd. soll der PR-Aufwand für Informationsbriefe, Hauszeitschriften, Jubiläumsbände, Stellungnahmen, Pressekonferenzen, Empfänge, Essen, Feste, Reisen, Besichtigungen usw. 1968 betragen haben.

Obwohl PR-Arbeit nur langfristig und auf Umwegen mit Absatz zu tun hat, unterstützt sie doch die Maßnahmen des Marketing. Ihr Feld ist der „Markt der Meinungen", ihr Ziel Aufbau, Gestaltung und Erhaltung eines unternehmensseitig gewünschten Firmen-Images. PR-Arbeit tritt häufig nicht direkt in Beziehungen zur breiten Öffentlichkeit, sondern in Beziehungen zu den Massenmedien sowie zur Legislative.

Die PR-Arbeit vollzieht sich in den beiden Phasen Defensive (Mißtrauensabbau) und Offensive (Vertrauensaufbau). Die Bestimmung des PR-Zieles läßt sich durchführen mit den Fragen wer muß (Meinungskreis) wie (Mittel, Argumentation) womit (Mittel, Träger) wofür (Image) angesprochen werden.

Im PG-GH sind als PR-Arbeiten denkbar: Hauszeitschriften, Fachpressebereisungen, -besichtigungen und -konferenzen, Versand von Pressediensten und Bildmaterial sowie Sonderaktionen mit aktuellem Aufhänger.

Die Einordnung in den Oberabschnitt „Werbung" erlaubte ich mir, weil 40% der PR-Stellen deutscher Unternehmen den Werbeabteilungen angegliedert sind.

1.3 Preisbestimmung für Angebote des Produktionsgüter-Großhandels

Die Preisbestimmung für Angebote des PG-GH ist zu wichtig, um als Unterfunktion der Entwicklung oder des Verkaufs dargestellt zu werden. Sie ist daher als vierte

Hauptfunktion bei der Entwicklung des Marketing-Systems anzusehen. Preiskämpfe sind oft das Ergebnis von Einfallslosigkeit bei den übrigen Marketing-Funktionen. Zur Bestimmung optimaler Preise ist die Doppelfunktion des Preises als Absatz- und Finanzinstrument zu beachten. Diese Bestimmung des optimalen Preises für sein Angebot ist sicher das schwierigste Problem des PG-GH und seines Marketing-Systems, denn Ziel der Preisbildung ist nicht nur die Erreichung einer geplanten Rentabilität, sondern auch die Stabilisierung von Preisen und Brutto-Erlösen, die Erreichung eines bestimmten Marktanteils, die Behauptung gegen die Konkurrenz und die Verhinderung des Aufkommens neuer Konkurrenten. Die Interdependenz dieser fünf Ziele und unvollkommene Konkurrenzbeziehungen durch heterogene Angebote auf den jeweiligen Teilmärkten – die im Grunde ja Ziel der Marketing-Arbeit sind – ermöglichen eine differenzierte und fordern eine stufenweise Preisbildung, die zunächst zur Bildung von Preisober- und Preisuntergrenzen führt. Innerhalb dieser Grenzen ergibt sich eine erste Näherung des Angebotspreises aus Preisvergleichen, Analysen von Preiserwartungen der Wiederverkäufer und Verwender, Analysen des Zusammenhangs von Marktarten, Marktformen und Marktlage mit dem Preis. Eine Konkretisierung der Preisvorstellungen ergibt sich aus Kostenaspekten. In der nächsten Phase der Preisbestimmung erfolgt eine Testpreisfestlegung gemäß preispolitischen Zielen. Sie wird in der Testeinführung überprüft und evtl. korrigiert. Die Festlegung des „endgültigen" Preises, der meistens ein Kompromiß zwischen notwendigem und erzielbarem Preis ist, bildet die Schlußphase der Preisbestimmung. Auf die Preisbildung der von ihm vertriebenen Waren hat der PG-GH oft nur wenig Einfluß, da ihm von den Produzenten vielfach nur geringe Funktionsrabatte eingeräumt werden. Erst über seine Dienstleistungen, durch Angebotsdifferenzierungen und Sonderleistungen gewinnt die Großhandelsstufe im Produktionsgüter-Bereich ausreichenden Spielraum für die eigene Preisgestaltung. Für die Preisbestimmung im PG-GH kommt es außerdem darauf an, die Dienstleistungen und Produkte nicht jeweils isoliert zu betrachten, sondern stets das komplette Angebot als Summe des Dienstleistungs- und des Produktteils im Auge zu behalten. Ein geringwertiges Produkt verträgt meistens keine teuren Dienstleistungen, umgekehrt verlangen hochwertige Produktionsgüter häufig einen entsprechenden Dienstleistungsaufwand.

Mit seiner Preispolitik wirkt das Unternehmen differenziert und gezielt auf den Absatz bei unterschiedlicher Marktsituation, in verschiedenen Absatzgebieten, zu verschiedenen Zeiten und/oder bei verschiedenen Käufergruppen ein.

1.3.0 Unternehmensinterne Einflußfaktoren auf den Preis

Unternehmensinterne Faktoren beeinflussen die Preisbildung im Zusammenhang mit der geplanten Rentabilität sowie dem Streben nach Stabilisierung von Preisen und Brutto-Erlösen. Intern wird die Preisuntergrenze von den Kosten, die Preisobergrenze von der eigenen Marktposition und den Präferenzen bestimmt.

1.3.0.0 Kosten

Die Kosten bilden den wichtigsten unternehmensinternen Faktor für die Bestimmung der Preisuntergrenze. Kosten sind vor allem zu unterscheiden nach fixen und variablen Kosten. Im PG-GH sind die betrieblichen Aufwendungen überwiegend fixe (allenfalls sprungfixe) Kosten, die einerseits bei geringerem Umsatz nicht ohne weiteres eingeschränkt werden können, andererseits bei steigendem Umsatz nicht proportional mitwachsen. Wie die Produktion mit steigenden Fixkostenanteilen immer stärker zu Kostenrechnungsverfahren wie direct costing, Grenzkostenrechnung, Deckungsbeitragsrechnung usw. übergeht, ist auch im PG-GH die Entwicklung eines Marketing-Systems ohne moderne Kostenrechnungs- und Kalkulationsverfahren für die Bestimmung von Preisuntergrenzen nicht möglich. Mechanische Preisentscheidungen nach Aussagen der Durchschnittskostenrechnung oder gar gefühlsmäßige aus Mangel am erforderlichen zutreffenden Material sind mit einem systematischen Marketing unvereinbar. Erforderlich ist die genaue Kenntnis der Kosten- und Gewinnverhältnisse jedes einzelnen Angebots, um unter Berücksichtigung des kalkulatorischen Ausgleichs das Preisgefüge des Sortiments und der Dienstleistungen den angestrebten Gesamterlös erreichen zu können. Fünf Haupteinflußgrößen des Kostenpegels sind es, die für die Preisbestimmung im Rahmen eines systematischen Marketing besonders beachtenswert sind, nämlich Beschäftigung, Faktorpreise und -qualitäten, Betriebsgröße und Angebotsprogramm.

Nur schwach deckungsbeitragsleistende Angebote verteilen die Fixkosten auf mehr Kostenträger, runden das Angebotsprogramm ab und stützen somit mittelbar den Absatz anderer Verkaufsprogrammteile (und die Beschäftigung). Marktstrategische Gründe können aber auch im systematischen Marketing dazu führen, ohne Rücksicht auf die Kosten gegen Konkurrenzpreise anzutreten.

1.3.0.1 Präferenzen

Für die Ausweitung des Preisspielraums nach oben ist die Schaffung von Präferenzen als wesentlicher Teil der Marketing-Arbeit anzusehen. Präferenzen können als unternehmensinterner Faktor für die Beeinflussung von Preisobergrenzen angesehen werden.

Präferenzen können sowohl objektiv wie auch subjektiv sein. Objektive Präferenzen können sachlich (Qualität bzw. Quantität des Angebots), örtlich (z. B. absatzorientierte verwendernahe Standorte für Auslieferungsläger), zeitlich (sofortige Lieferbereitschaft) und persönlich (Können der Verkäufer und Berater) sein. Subjektive Präferenzen ergeben sich vor allem aus dem Image des Unternehmens, des Angebots und der Verkäufer bzw. Berater.

Alle aufgezählten Präferenzen erlauben es, die Preise in einem gewissen Umfang über Markt- oder Konkurrenzpreise hinweg anzuheben.

1.3.1 Unternehmensexterne Einflußfaktoren auf den Preis

Zahlreicher und gewichtiger als die unternehmensinternen Einflußfaktoren der Preisbestimmung sind die unternehmensexternen Einflußfaktoren. Sie beeinflussen den Preis im Zusammenhang mit der Erreichung eines gewünschten Marktanteils sowie der Behauptung gegen die Konkurrenz und der Verhinderung des Aufkommens neuer Wettbewerber. Extern wird die Preisobergrenze von der Marktlage, Marktform und Marktart sowie von der Nachfrage-Elastizität, die Preisuntergrenze von der Angebotselastizität bestimmt.

1.3.1.0 Konkurrenzbeziehungen im Markt

Die moderne Wettbewerbswirtschaft kann trotz aller Marketing-Bemühungen wie Angebotsdifferenzierungen und -präferenzierungen totale Konkurrenz einschließlich Substitutionskonkurrenz bedeuten. Von wesentlichem Einfluß auf die Preisbildung sind also die Konkurrenzbeziehungen im Markt, vor allem din Angebots- und Nachfragestruktur. Diese Strukturen eines Marktes zeigen sich zunächst einmal an der allgemeinen Marktlage zwischen Käufer- und Verkäufermarkt, den Marktarten zwischen den beiden Extremen beiderseits offen und beiderseits geschlossen und den Marktformen zwischen den Polen Nachfrage-Monopol bei Angebots-Konkurrenz und Angebots-Monopol bei Nachfrage-Konkurrenz.

Von den Konkurrenzverhältnissen im Markt ist für die Preisbildung die Stellung des Unternehmens im Marktformenschema von besonderem Interesse. Dies gilt sehr stark in homogenen Märkten, ist aber auch in heterogenen Märkten nicht ohne Bedeutung.

Je nach der Stellung des Unternehmens in einer der 25 Positionen des Marktformenschemas (siehe Abb. 1 im Anhang) ergibt sich die Möglichkeit (oder der Zwang) zur Berücksichtigung von neun Preisbildungsstufen bei der Preisbestimmung, die vom (relativen) Höchstpreis (I), über Hochpreis (II), hohen Preis (III), höheren als Mittel-(Gleichgewichts-)Preis (IV), Mittel-(Gleichgewichts-)Preis (V), niedrigeren als Mittel-(Gleichgewichts-)Preis (VI), niedrigen Preis (VII), Niedrigpreis (VIII) bis zum Niedrigstpreis (IX) reichen.

Anhand des Marktformen-Schemas zeigt sich, daß Marktmacht die Preisbildung erheblich beeinflussen kann, und zwar sowohl als Angebots- wie auch als Nachfragemacht.

1.3.1.1 Die Nachfrage-Elastizitäten und ihre Faktoren

Für die preispolitisch optimale Bewertung der Angebote ergeben sich aus der Nachfrage-Elastizität insgesamt sowie aus dem Zusammenwirken ihrer Faktoren wesentliche Einflüsse.

Zunächst wird die Nachfrage-Elastizität beeinflußt von der Güterart. Essentielle Produktionsgüter sind nicht nachfrageelastisch, Produktionsgüter insgesamt sind weniger nachfrageelastisch als z. B. nicht lebensnotwendige (Luxus-) Konsumgüter. Als zweiten Faktor der Nachfrage-Elastizität sehe ich die vier Konjunkturphasen Aufschwung – Boom – Abschwung – Depression. Produktionsgüter sind in der Depression nachfrageelastischer als während des Booms. Nicht ohne Einfluß auf die Nachfrage-Elastizität bleiben die Altersstufen, die Phasen im Lebenszyklus eines Angebots. Die Nachfrage-Elastizität eines Angebots ist sowohl in der Experimentier-(Einführungs-)Phase als auch in der Expansions-(Durchsetzungs-)Phase größer als in der Stabilisierungs- oder gar der Rückgangs-Phase.

Direkte Teilelastizitäten der Nachfrage-Elastizität sind: die Einkommenselastizität – besonders wirksam bei Produktionsgütern, die in keinem starren Verhältnis zur Erzeugung stehen, sondern unter dem Einfluß des Gesetzes vom abnehmenden Ertragszuwachs –, die Preiselastizität (hier gilt das gleiche wie bei der Einkommens-Elastizität), die Qualitäts-Elastizität – bei Produktionsgütern eine Frage der Austauschbarkeit von Qualitäten, die Verkaufsintensitäts-(Distributions-)Elastizität (Frage der Impulsbeschaffung) und die Werbe-Elastizität.

Da die Nachfrage von Produktionsgütern weitgehend rationalverhaltensbestimmt ist, kommt neben den für die Beschaffung verfügbaren Beträgen, Motivationen und Informationen vor allem den Wertmaßstäben eines Angebots als Ansatzpunkt für Manipulierungen der Elastizitätswerte entsprechend den Zielen der Unternehmenspolitik große Bedeutung zu.

1.3.1.2 Die Kreuzpreiselastizität

Die Kreuzpreiselastizität ist hauptsächlich eine Folge der Bildung homogener Märkte alternder essentieller Güter. Sie sind das klassische Feld der Preiskämpfe. Werden kreuzpreiselastizitätsgefährdete Güter (Angebote) der Konkurrenz erkannt, deren Absatz durch preispolitische Maßnahmen bei eigenen Angeboten gestört werden kann, wird die Kreuzpreiselastizität zum Einflußfaktor der eigenen Preisbildung.

Ansonsten ist eines der Hauptziele der Entwicklung des Marketing-Systems im PG-GH, den Wert der Kreuzpreiselastizität der eigenen Angebote möglichst gegen Null tendieren zu lassen.

1.4 Verkauf der Angebote des Produktionsgüter-Großhandels

Der Verkauf vollendet die Entwicklung des Marketing-Systems, die mit der Marktforschung beginnt und über Entwicklung, Preisbildung und Werbung zum Verkauf führt. Der Verkauf schiebt die Ware zum Kunden, die die Werbung ihn (be)ziehen läßt. Aufgabe des Verkaufs, der fünften Hauptfunktion im Marketing-System, ist es also, die aufgrund der Marktforschung entwickelten und schließlich dargebotenen Angebote an den Käufer heranzubringen.

Die einzelnen Marketing-Funktionen haben von Branche zu Branche und besonders von Produktionsstufe zu Produktionsstufe unterschiedliches Gewicht. Während die Ur-Produktion bislang die eigentliche Produktion als Hauptfunktion ansah und erst unter dem Zwang der Marktverhältnisse weitere Marketing-Funktionen „entdeckt", spielen bei der Investitions- und der Gebrauchsgüter-Industrie Marktforschung und Entwicklung die Hauptrollen. Das wechselnde Gewicht der einzelnen Hauptfunktionen des Marketing-Systems kommt z. B. auch im Überwiegen der Werbung im Marketing-Mix für nicht lebensnotwendige homogene Konsumgüter (z. B. Zigaretten) zum Ausdruck. Im Handelsbereich, ganz besonders beim Großhandel, kommt dem Verkauf das größte Gewicht bei der Entwicklung des Marketing-Systems zu. Der Verkauf wird sich aber auch außerhalb des Handelsbereichs zum beherrschenden Faktor der Wirtschaft von morgen entwickeln, denn die Konzentration in Handel und Industrie wird die Verkaufsfunktion erschweren und ihre Bedeutung damit erhöhen.

Sache des Verkaufs sind u. a. Distribution, Wahl der Vertriebswege und optimale Präsentation der Angebote am p-o-s (point of sale). Im PG-GH hat die Vertriebsfunktion durch Merchandising zu erfolgen, d. h. hier Marktbearbeitung durch Verkauf, anwendungstechnische Beratung und (technischen) Kundendienst. Das PG-

GH-Merchandising reicht m. E. sogar so weit, daß es gilt, dem Wiederverkäufer beim Weiterverkauf der bezogenen Produktionsgüter zu helfen, evtl. sogar den Verwender beim Absatz seiner Erzeugnisse zu unterstützen.

1.4.0 Werkabsatz uninteressant machen

Im PG-GH ist es eine wesentliche Aufgabe des Verkaufs, den direkten Werkabsatz uninteressant zu machen. Es liegt wesentlich auch mit am Verkauf, dem PG-GH einen größeren Markteinfluß zu verschaffen. Einem freien und unabhängigen PG-GH gelingt dies von der Absatzseite her gesehen am leichtesten durch die objektive Beratung seiner Kunden und von der Einkaufsseite her durch eine ausreichende Marktmacht.

Wenn Kunden für eine ausreichende Beschaffungskonzentration beim PG-GH zu gewinnen sind, sollte dies durch günstige Preise, die häufig unter den normalen Werksabgabepreisen liegen können, honoriert werden.

1.4.1 Die Wahl der Absatzwege und -formen

Moderne Absatzmethoden verlangen eine sorgfältige Auswahl der Absatzwege und -formen durch den PG-GH. Bei der Wahl der Absatzwege und -formen kommt es nicht so sehr auf kurzfristige Umsatzerfolge, sondern mehr auf langfristige Absatzsicherung und -expansion an.

1.4.1.0 Analyse der Absatzwege

Die Analyse der Absatzwege hat bestimmte Fragen zu stellen und unter Mithilfe verschiedener Daten eine Entscheidungsfindung zu ermöglichen. Sie hat zu fragen, welche Bedeutung Absatzwege und -formen heute haben und morgen haben werden, welche Veränderungen der Absatzstruktur eingetreten oder zu erwarten sind, welche direkten und indirekten Vertriebskosten entstehen, welche Erlöse die einzelnen Absatzwege ermöglichen, wie die Zusammenarbeit mit Absatzmittlern heute ist und zukünftig sein wird. Die erforderlichen Daten sind statistisch-quantitative und qualitativ-kategorisierende sowohl für die Absatzwege wie auch für die einzelnen Absatzmittler sowie deren Funktionen und Arbeitsmethoden.

Entscheidungen über die Wahl der Absatzwege werden dann aus den genannten Daten unter Berücksichtigung der Einkaufsgewohnheiten, Vorstellungen und Einstellungen der Absatzmittler sowie ihrer geographischen und sozial-demographischen Bedeutung getroffen.

1.4.1.1 Die Absatzwege des Produktionsgüter-Großhandels

Der Großhandel ist die erste (oder zweite) Stufe auf dem indirekten Absatzweg vom Hersteller zum Verwender oder Verbraucher. Damit ist der Großhandel aber keineswegs für seine eigenen Vertriebswege — direkt oder indirekt — gebunden, sondern wird seine Wahl der Absatzwege nach der vorangegangenen sorgfältigen Analyse treffen. Es gibt nun vollkommen einzelhandelstreue Großhändler, vor allem wohl Absatzgroßhändler im Konsumgüterbereich, die allein den indirekten Vertriebsweg über den Einzelhandel verfolgen. Diese dürften aber bereits heute in der Minderzahl oder auf einzelne Branchen beschränkt sein. Daneben gibt es die zweigleisig verfahrenden Großhändler mit indirektem und direktem Vertriebsweg, die im Produktionsgüterbereich die Regel sein dürften, soweit dieser Bereich nicht allein im direkten Vertriebsweg bedient wird. Als typische Absatzwege des PG-GH sehe ich den indirekten Vertrieb über Wiederverkäufer – die im Produktionsgüter-Bereich ebenfalls als Großhändler bezeichnet werden und hauptsächlich (kleinere) Verwender bzw. auch Verbraucher beliefern – und den direkten Vertrieb an den (größeren) gewerblichen Verwender und öffentliche bzw. private Großverbraucher. Als klassische Absatzformen des PG-GH sind Makler-, Kommissionärs-, Vertreter- und Reisenden-Vertrieb anzusehen, in einzelnen Branchen sind neu hinzugetreten der Telefon-Vertrieb, der Versand (mail-order), cash and carry, Discounter, der Automaten-Vertrieb, Großhandels-Warenhäuser und Großhandels-Center.

1.4.1.2 Kombinierter Vertrieb als Absatzweg des Produktionsgüter-Großhandels

Steigende Investitionskosten wegen der Automation einerseits, Kapitalknappheit andererseits und die allgemeine Tendenz zur Ausweitung der Märkte (u. a. auch rein geographisch durch das Zusammenwachsen der EWG zum (teil-) kontinentalen Binnenmarkt hervorgerufen) fördern trotz aller Vermehrung der Arbeitsteilung die Tendenz zur Konzentration und zur Verkürzung der Absatzwege, die Bildung von Vertriebswegen aus einem Guß. Vertriebskombinationen und Vertriebsbindungen zielen vom PG-GH aus in zwei Richtungen, nämlich einmal in Richtung Produzenten-Bindung, Alleinvertriebsrechte und evtl. Handelsmarken, zum anderen in Richtung Abnehmerbindung nach dem Vertragshändler-(Franchise-)System oder der vertraglichen Bindung gewerblicher Verwender sowie durch Service-Verträge als Vertriebs- oder Marketing-Verbund.

Kombinierte Vertriebswege fördern auch im PG-GH die Integrations-Tendenzen. Diese können sowohl vertikal als auch horizontal gerichtet sein. Immer häufiger verschwinden kleine PG-GH, große schließen sich zusammen (horizontale Integration) und gliedern sich Lagerei-, Schiffahrts- und/oder Speditions-Unternehmen an. Die Zunahme von Werkhandelsgesellschaften, die Vereinigung der Produktions-, Groß- und Einzelhandelsfunktionen bei Kettenbildungen, die Angliederung anwendungstechnischer Dienstleistungsbetriebe auf dem Weg zum full-service-system oder die Angliederung gewerblicher Verwenderbetriebe sind Beispiele vertikaler Integrationstendenzen des PG-GH.

1.4.2 Entwicklung der Reisenden zu Verkaufsberatern

Sowohl die Entwicklung und Durchsetzung des Marketing-Systems im PG-GH als auch die Veränderung der Abnehmerstrukturen ändern die Funktionen der Reisenden. Sie entwickeln sich von (reinen Provisions-) Verkäufern zu Verkaufsberatern, zu anwendungstechnischen Beratern, zu Verkaufsförderern, zu Kontaktern.

Da die Distributionsdichte wichtiger ist als augenblickliche Umsätze, wird die Kundenberatung über augenblicklich günstige Einkaufs-, Verkaufs-, Verwendungs- und Verbrauchschancen zur Hauptarbeit der Reisenden.

1.4.2.0 Vom Verkäufer zum Kontakter

Die Konzentration in der Abnehmerstruktur, die Integrationstendenzen der Absatzstufen, die bei steigenden Personalkosten relative Verbilligung und Beschleunigung der optischen und akustischen Kommunikationsmöglichkeiten wandeln den Verkäufer zum Kontakter, und zwar zum Kontakter sowohl zum Kunden hin als auch zu den Werksreisenden der Hersteller. Auf diese Weise lassen sich auch die Marketing-Operations des PG-GH mit denen der Produzenten und denen der Wiederverkäufer und gewerblichen Verwender halbwegs nahtlos koordinieren und integrieren.

1.4.2.1 Distributionsdichte wichtiger als Umsatz

Die Veränderung der Position des Reisenden kommt auch dadurch zustande, daß – mit Ausnahme ausschließlich selektiv oder exklusiv vertriebener gehobener oder luxuriöser Ge- und Verbrauchsgüter, von denen hier sowieso nicht die Rede ist – die erzielte Distributionsdichte in einem Reisendenbezirk wichtiger ist als die Höhe des beim einzelnen Kunden erzielten Umsatzes.

1.4.2.2 Überweisungsaufträge richtig nutzen

Der Überweisungsauftrag alten Stils als reiner Berechnungsauftrag ist sicherlich überholt. Für den PG-GH bin ich jedoch der Meinung, daß der Kontakter als Reisender neuen Stils die Arbeit des Hersteller-Außendienstes (soweit vorhanden) für sich und seinen Arbeitgeber nutzen sollte. Wenn es dem PG-GH-Reisenden gelingt, daß Mitarbeiter der Werks-Außendienste – evtl. mit den Kundenlisten und nach den Vorstellungen des PG-GH – Aufträge mit nur geringen Streuverlusten für das PG-GH-Unternehmen einholen oder anbahnen, werden Überweisungsaufträge sowohl hinsichtlich des Umsatzes als auch hinsichtlich der erstrebten Distributionsdichte interessant.

1.4.3 Aufgaben des Verkaufstrainings

General-Aufgaben des Verkaufstrainings sind: informieren, motivieren, aktivieren, begeistern. Im PG-GH tritt neben die allgemeine noch die anwendungstechnische Information aller in der Funktion Verkauf Arbeitenden.

Neben der Schulung der eigenen Verkaufskräfte sehe ich als Aufgabe des PG-GH-Verkaufstrainings – quasi als Kundendienst – die Schulung des Verkaufs der Kunden an.

Für die Schulung hochqualifizierter aufgeschlossener Verkaufsmitarbeiter des PG-GH aus Innen- und Außendienst sehe ich keine Schwierigkeiten. Dagegen wird es für das Verkaufstraining der Kunden und ihrer Verkaufsmitarbeiter einigen psychologischen Geschicks bedürfen, um einerseits nur solche Kunden dafür auszuwählen, die nicht nur vom Bezugsvolumen, sondern auch von der Lieferantentreue her eine solche Leistung lohnen, andererseits diese Kunden vom Wert der angebotenen Verkaufstrainings-Leistung zu überzeugen.

1.4.4 Verkaufsförderung

Die Verkaufsförderung umfaßt die gesamte verkaufsgerichtete personelle, organisatorische und sachliche Unterstützung der Abnehmer. Im PG-GH reicht sie von der anwendungstechnischen Beratung über die Beschaffung amtlicher Verwendungs- und Vertriebszulassungen, Vorführungen und Durchführung von Werbemaßnahmen für den Kunden, Zurverfügungstellung von Verkaufshilfen usw. bis zur Bereitstellung der beim Kunden nur fallweise benötigten anwendungstechnischen Großgeräte.

Besonders wirksame und umfangreiche Verkaufsförderungsmaßnahmen erfordern die Cash- und Carry-Spezialitäten, automatisierte Verkaufsläger, Verkaufsautomaten, Großhandels-Selbstbedienungs-Warenhäuser und Discounter.

1.4.5 Kundendienst

Der Kundendienst arbeitet nicht unmittelbar auf die Erzielung von Aufträgen hin, sondern mittelbar, im technischen Bereich z. B. durch Unterweisung, Überwachung, Reparatur und Ersatzteildienst.

Im PG-GH ist oder wird die sachliche, objektive Information der Kunden wichtigste Kundendienstleistung werden. Wenn in USA bereits Ende der 70er Jahre fast die Hälfte des Bruttosozialprodukts auf den „knowledge-sector" entfallen soll, so läßt dies erkennen, daß die Information als gleichberechtigtes Gut neben materielle Güter und klassische Dienstleistungen treten wird. Information als Kundendienst des PG-GH wird hauptsächlich die Sortimentsgestaltung, Sonderangebotsempfehlungen, Werbemaßnahmen, Standortanalysen usw. der Kunden betreffen.

Als Streitfall könnte angesehen werden, ob die Übernahme der Buchhaltungsarbeiten von Kunden durch den PG-GH als eine Kundendienstleistung anzusehen ist oder künftig zum allgemeinen Dienstleistungsangebot gehören wird.

Zum Kundendienst nach dem Verkauf gehört auch im PG-GH die Reklamationsbearbeitung, die Beschleunigung von Garantie-Ansprüchen und die damit zusammenhängende Korrespondenz.

1.4.6 Aufbau der Verkaufsorganisation des PG-GH

So wie der Hauptfunktion Verkauf bei der Entwicklung eines PG-GH-Marketing-Systems das größte Gewicht zukommt, hat auch der Aufbau der Verkaufsorganisation des PG-GH entsprechende Bedeutung. Die Verkaufsorganisation ist (vorweg) abhängig von der Wahl eines oder mehrerer der beschriebenen Absatzwege, danach wird ihr Aufbau festgelegt nach Anzahl, Einsatzart und Niveau der Verkäufer. Die Planung der Verkaufsorganisation und die Technik des Verkäufereinsatzes müssen den Erfordernissen dynamischer Märkte unter Berücksichtigung vertretbarer Kosten entsprechen. Es muß sichergestellt sein, daß die richtigen Angebote in richtiger Qualität zum richtigen Zeitpunkt in der richtigen Menge dem Wiederverkäufer, dem gewerblichen Verwender und dem Großverbraucher zugänglich gemacht werden. Eine optimale Unternehmensgröße erlaubt durch einen optimalen Umfang der Verkaufsorganisation die Nutzung von Leistungsreserven der Verkaufskräfte durch Spezialisierung. Die Verkaufsorganisation wird also aus verschiedenen Verkäuferarten aufgebaut werden: Verkaufskorrespondenten und Telefonverkäufer (hierfür auch weibliche Kräfte gut geeignet), Lieferwagen-Reisende zum Besuch von gewerblichen Verwendern, Großverbrauchern und bestimmten Wiederverkäufern, Pkw-Reisende als Komplex-Reisende, Verkaufsberater zum Besuch der Filialen von Kunden, Spezialreisende zum Besuch bestimmter Kundengruppen und dann noch Verkaufs- oder Gruppenleiter bzw. Oberreisende zur Steuerung und Überwachung des Reisenden-Einsatzes, Einführung neuer Reisender sowie gelegentliche oder (mit dem Reisenden) gemeinsame Besuche bei Großkunden.

Die zahlenmäßige Aufteilung der einzelnen Verkäufergruppen richtet sich nach der Zahl der selektierten (potentiellen) Kunden und dem notwendigen Besuchsturnus bei den einzelnen Kundengruppen im Verkaufsgebiet.

Der Aufbau der Verkaufsorganisation ist weiterhin abhängig von der Art der Angebote des PG-GH, dem Marktentwicklungsgrad, der Länge der Vertriebssaison und dem möglichen Saisonausgleich, Marktgeltung, notwendiger Distributionsdichte, Abnehmerstruktur und Kundenselektion.

1.4.6.0 Art des Angebots

Problemlose Angebote lassen sich von weniger qualifizierten Verkaufskräften vertreiben als erklärungsbedürftige.

Von der Art des Angebots hängen auch die (branchen-) üblichen Kommunikationswege des Verkaufs ab. Das eine Angebot verlangt persönliche Besuche bei den Kunden, ein anderes erlaubt den Telefonhandel, den Telexverkauf oder schriftliches Anbieten. Entsprechend unterschiedlich sind dann die Verkaufsorganisationen nach Art und Umfang.

1.4.6.1 Marktentwicklungsgrad

Die Bearbeitung eines voll entwickelten (Teil-) Marktes und der Verkauf voll eingeführter Angebote in der Durchsetzungs- und Stabilisierungsphase kann mit weniger Verkäufern oder geringer qualifizierten Verkäufern geschehen als die von entwicklungsfähigen oder -bedürftigen bzw. schrumpfungsgefährdeten (Teil-) Märkten und von einzuführenden bzw. stabilisierungsbedürftigen Angeboten.

Voll entwickelte Märkte und eingeführte Angebote können stärker innendienstmäßig bearbeitet werden. Erschließungsbedürftige oder -fähige Märkte, Angebotseinführungen und -stabilisierungen erfordern eine stärkere außendienstliche Bearbeitung.

1.4.6.2 Vertriebssaison

Art und Umfang des Aufbaus der Verkaufsorganisation im PG-GH hängen auch von der Vertriebsaison der einzelnen Angebote ab. Kurze Vertriebszeiten von Angeboten ohne Anschlußmöglichkeiten von Angeboten, die vom gleichen Verkäuferstamm vertrieben werden können, erfordern den Einsatz freiberuflicher Handelsvertreter, von Kommissionären oder Maklern in ausreichender Zahl, um den Teilmarkt für die kurze Vertriebssaison ausreichend abzudecken. Eine ganzjährige oder langzeitige Vertriebssaison eines Angebots bzw. der Saisonausgleich durch Anschlußangebote ermöglichen einerseits die relative Verringerung der Zahl der Verkäufer, andererseits ständige Beschäftigung festangestellter Verkäufer.

1.4.6.3 Marktgeltung

Die Marktgeltung der Angebote, des Anbieters, der Nachfrage und der Nachfrager verlangen Berücksichtigung beim Aufbau der Verkaufsorganisation, und zwar hauptsächlich in der Qualifikation der Verkäufer.

Hochwertige Angebote, renommierte Anbieter, hohe Qualität der Nachfrage und Millionen-Kunden verbieten den Einsatz verkrachter Existenzen.

1.4.6.4 Distributionsdichte

Mit der Notwendigkeit dichterer Distribution steigt die Zahl der erforderlichen Verkäufer.

Impulsgüter sowie zeit- und entfernungsempfindliche Angebote verlangen eine höhere Distributionsdichte als Überlegungsgüter sowie zeit- und entfernungsunempfindliche Angebote.

Das Niveau der Verkäufer von Impulsgütern und bei höherer Distributionsdichte kann sicherlich niedriger liegen als bei Überlegungsgütern und niedrigerer erforderlicher Distributionsdichte. Ob die Verkäuferzahl für den Verkauf von Überlegungsgütern in geringerer Distributionsdichte wesentlich geringer sein darf, hängt allerdings auch vom notwendigen Besuchsturnus und der ∅ notwendigen Dauer des Verkaufsgesprächs ab. Bei 22 täglich möglichen Verkaufsgesprächen und einem Besuchsturnus von 3 Wochen lassen sich 330 Kunden je Verkäufer bearbeiten, bei acht täglich möglichen Besuchen und einem Besuchsrhythmus von sechs Wochen nur 240.

1.4.6.5 Abnehmerstruktur

Die Abnehmerstruktur beeinflußt den Aufbau der Verkaufsorganisation wieder hauptsächlich vom Niveau der Verkäufer her. Der Verkäufer, der Dieselkraftstoff an kleinbäuerliche Kunden verkauft, wird vom Niveau her ein anderer sein als der, der Jahresabschlüsse in Diesel mit den 200 größten Spediteuren einer großen Region aushandelt.

1.4.6.6 Kundenselektion

Schließlich entscheidet die Kundenselektion nach Bonität, Bedarfsbedeutung, gebietlicher, zeitlicher (Saison-), sachlicher (Programm-) und evtl. integrativer (Kooperations- oder Angliederungserwartungs-) Bedeutung eine Rolle für Art und Umfang der Verkaufsorganisation.

Umgekehrt kann allerdings auch die Wirtschaftlichkeit Art und Umfang der Verkaufsorganisation bestimmen und zur Kundenselektion führen. Einerseits zwingen die Vertriebskosten zur Selektion des potentiellen Kundenkreises, andererseits verlangt ein selektierter Kundenkreis gezielte Bearbeitung.

Ebenso wie Sortimentierung und Kundenselektion (auch nach Bonität) ständige Prozesse darstellen, sind auch Aufbau und Anpassung der Verkaufsorganisation nach Art und Umfang permanentes Geschehen.

1.4.7 Leitung und Durchführung des Verkaufs

Auch die Verkaufsfunktion im Marketing-System des PG-GH erfordert Leitung/Führung und Durchführung/Ausführung. Während der Leitung die Aufstellung von Verkaufsplänen, Kontakte zu Großkunden, die organisatorische Verantwortung für Tourenplanung, Reisenden-Einsatz, Lagerhaltung, Verkaufspersonal, Verbindung zur Zentrale, die Verantwortung für die Durchsetzung verkaufspolitischer Ziele im geographischen und/oder sachlichen Bereich, also Zielsetzung, Planung, Organisation, Koordination, Kontrolle, Mitarbeiterführung und Geisteskapitalinvestitionen usw. obliegen, ist der ausführende Verkäufer für die Auftragseinholung, die Abnehmerbevorratung, für die Firmen-Image-Gestaltung beim Kunden, die Durchführung von Aktionen (promotions), Einführung neuer Produkte sowie Berichterstattung und Beratung in Detailfragen zuständig.

2. Durchsetzung des Systems des Marketing im Produktionsgüter-Großhandel

Die Ausrichtung von Unternehmen auf die Zukunft, der Zwang zum Unternehmenswachstum und Unternehmensführung vom Markt her verlangen die Durchsetzung des Systems des Marketing im PG-GH. Diese Durchsetzung als „programmierte Prophylaxe gegen Absatzstörungen" setzt die Integration der Funktionen des Marketing voraus, erfordert Planung, Timing, Koordination und Beachtung der Interdependenzen der Funktionen im Marketing-Mix als Aufgabe der Unternehmensleitung. Für die Durchsetzung des Systems genügt also nicht die Kenntnis der einzelnen Funktionen, sondern es ist auch die Kenntnis und Beachtung ihrer Interdependenzen notwendig.

Grundsätzliche Voraussetzung für die Durchsetzung des Marketing-Systems ist — neben der Integration der betrieblichen Haupt- und Hilfsfunktionen Beschaffung, Produktion, Absatz, Organisation und Verwaltung — der laufende Austausch geprüfter sachdienlicher Informationen zwischen den Bereichen Marktforschung, Entwicklung, Werbung/PR, Rechnungswesen/Preis-Gestaltung, Vertrieb/Verkaufsförderung/Kundendienst. Für viele Details bietet erst die Marketing-Konzeption die konkreten Ansatzpunkte.

2.0 Durchsetzung des Systems des Marketing bei neuen Angeboten

„Seele" des Marketing für neue Angebote ist die Idee für neue Angebote. Die planmäßige Durchsetzung des Marketing-Systems für neue Angebote basiert auf den Ideen für neue Angebote und verläuft in den Phasen Vorbereitung und Einführung. Am Anfang der Vorbereitungsphase steht die Planung der Entwicklung und der Einführung eines neuen Angebots. Ziel der Vorbereitungsphase ist das vertriebsreife Angebot, Ziel der Einführungsphase die Erreichung der gewünschten Distributionsdichte.

2.0.0 Warum neue Angebote?

Jedes Angebot macht vier Altersstufen durch: Vorbereitung, Einführung, Stabilisierung und Rückgang. Die Lebensdauer der einzelnen Angebote verkürzt sich (im

Trend) allgemein und ist um so kürzer, je mehr sie sich dem Konsumbereich nähern.

Seit sich die Innovation als neue Wettbewerbsform auch im PG-GH immer mehr durchsetzt, hängen Bestehen und Wachstum der Unternehmen davon ab, ob es gelingt, für die im Umsatz zurückgehenden Angebote erfolgreiche neue auf den Markt zu bringen. Das Entstehen immer neuer Käufermärkte auf vielen Gebieten, die Wettbewerbswirtschaft also solche, die Dynamik des technischen Fortschritts und die zunehmende Substitutionskonkurrenz sind sowohl Ursache wie auch Folge der ständigen Entwicklung neuer Angebote. Da im ∅ nur eine von 40 Angebotsideen ein Erfolg wird und die Entwicklung Zeit braucht und viel Geld kostet, muß der Nachschub neuer Angebote im Rahmen der Durchsetzung des Marketing-Systems im PG-GH systematisiert und organisiert werden.

2.0.1 Ansatzpunkte für neue Angebote (Angebotsstrategien)

Das System des Marketing läßt sich erst dann durchsetzen, wird erst dann aktionsfähig, wenn Ansatzpunkte für Marketing-Strategien gefunden sind. Strategien für neue Angebote (Angebotsstrategien) können sowohl vom Unternehmen als auch vom Wiederverkäufer oder Verwender ausgehen, sie können sowohl das Sortiment oder die Dienstleistung wie auch beide zusammen betreffen.

2.0.1.0 Ansatzpunkte für Angebotsstrategien vom Unternehmen her gesehen

Ansatzpunkte für Angebotsstrategien ergeben sich vom Unternehmen her in Form der Programmerneuerung, der Programmvertiefung und der Programmverbreiterung (Diversifikation), die ihrerseits wieder als horizontale, vertikale oder laterale Diversifikation durchgeführt werden kann.

Auf der Großhandelsstufe schließen die Ansatzpunkte für Angebotsstrategien immer die Möglichkeiten des Einkaufs (evtl. des Imports) ein. Von den Angebotsstrategien aus der Sicht des Unternehmens ist die Diversifikation die interessanteste, bietet sie doch die Möglichkeit des Risikoausgleichs und Verbesserung der Umsatzstabilität.

2.0.1.1 Ansatzpunkte für Angebotsstrategien vom Verwender her gesehen

Ansatzpunkte für Angebotsstrategien vom Wiederverkäufer oder Verwender her gesehen können zwar in der herkömmlichen Befriedigung von Bedürfnissen liegen, finden sich aber meist in dem weiten Feld der verbesserten Befriedigung von Bedürfnissen.

2.0.1.2 Die sechs (sechsunddreißig) möglichen Kombinationen

Aus den Faktoren der drei Ansatzpunkte für neue Angebote vom Unternehmen her gesehen und den beiden Ansatzpunkten vom Verwender her gesehen ergeben sich sechs mögliche Kombinationen (siehe Abb. 2 im Anhang, oben und rechts). Trennt man die Ansatzpunkte für neue Angebote noch in solche für den Sortiments- und solche für den Dienstleistungsteil der Angebote, so ergeben sich sogar 36 mögliche Kombinationen von Angebotsstrategien (siehe Expansitätsgruppen I und II im Schema der Abb. 2).

2.0.2 Interdependenz der Funktionen und der Phasen bei der Durchsetzung des Marketing-Systems für neue Angebote des PG-GH

Die Interdependenz der Marketing-Funktionen im Marketing-Mix und der Phasen der Durchsetzung des Marketing-Systems kommt besonders deutlich bei der Schaffung neuer Angebote zum Ausdruck. Eine Check-Liste der Stufen der Angebotsschaffung könnte sie deutlich aufzeigen.

Die ausgewählte Angebotsidee wird von der Marktforschung aufgegriffen. Sie lotet die notwendige Marktlücke nach allen Seiten aus. Aufgabe dieser Basis-Marktforschung sind auch die verschiedenen Tests, vom Angebots-Konzept-Test bis zum Werbe-Konzept-Test.

Die nachfolgende Angebotsentwicklung schließt die technische Entwicklung, evtl. die Verpackungs-Entwicklung und die Entwicklung der Werbekonzeption ein. Alle Entwicklungsteilgebiete und die Gesamtentwicklung erlauben erste Marktberührungen durch Tests.

Die Bestimmung des erzielbaren Preises – gleichfalls noch zur Vorbereitungsphase gehörend, geschieht durch Vergleiche der verschiedensten Preise in unterschiedlichster Art. Die Bandbreite der Faktoren der Preisermittlung reicht von der einfachen Marktanalyse bis zum mit der Angebotsverwendung verbundenen Bewertungstest.

Das Ergebnis der Vorbereitungsphase ist das „marktreife" Angebot. Die Einführung neuer Angebote geschieht in zwei Abschnitten, zunächst im Rahmen des Testmarketing und schließlich endgültig auf dem vorgesehenen Gesamtmarkt. Das Test-Marketing ist also die Brücke zwischen Vorbereitungs- und Einführungsphase. Ziel des Test-Marketing ist die Kontrolle der Vertriebswege und die Überprüfung der gesamten Angebotsentwicklung unter Marktbedingungen.

Dem Test-Marketing folgt als Schlußpunkt der Einführungsphase die endgültige Einführung in den vorgesehenen Gesamtmarkt. Das Ende der Einführungsphase, die vor allem vom Verkauf bestritten wird, liegt auch auf der Produktionsgüterstufe bei der Erreichung der angestrebten Distribution. Mit dem Abschluß der Einführung wird das neue zum „alten" Angebot.

2.1 Durchsetzung des Systems des Marketing bei alten Angeboten

Die Durchsetzung des Systems des Marketing bei alten Angeboten erfolgt auf ähnliche Weise, wenn auch nach anderen Strategien, nämlich den Stabilisierungsstrategien, und in anderen Phasen gegenüber neuen Angeboten.

2.1.0 Warum Stabilisierungsstrategien?

Nach der Einführung macht jedes Angebot die Altersstufen der Durchsetzung, der Stabilisierung und des Rückganges durch. Ziel der Stabilisierungsstrategien ist es nun, die Rückgangsphase möglichst weit hinauszuschieben, um das Angebot auch nach Einbringung der Entwicklungs- und Einführungskosten noch möglichst lange wirtschaftlich nutzen zu können. Es gilt also, die Marktposition zu festigen und den Umsatzrückgang hinauszuzögern.

2.1.1 Ansatzpunkte für Stabilisierungsstrategien

Wie bei den Angebotsstrategien können auch bei den Stabilisierungsstrategien die Ansatzpunkte sowohl vom Unternehmen wie auch von den Verwendern her gesehen werden.

2.1.1.0 Ansatzpunkte für Stabilisierungsstrategien vom Unternehmen her gesehen

Aus der Sicht des Unternehmens ergeben sich vier Ansatzpunkte für Stabilisierungsstrategien: 1. Angebotsänderungen, die aber bei einem gewissen Umfang schnell in den Bereich der Angebotserneuerungen kommen, 2. Änderungen der Aufmachung und/oder Werbung, 3. Preispolitik und 4. Maßnahmen des Verkaufs. Während die ersten drei Ansatzpunkte nach einer besseren Bedienung mancher Markt-Segmente durch Differenzierung des Angebots, der Verpackung, der Werbung oder des Preises suchen, zielen die Maßnahmen des Verkaufs auf die Nutzung neuer Vertriebswege oder die Durchführung von Promotions. Durch zusätzliche Verkaufsanstrengungen und Verkäufer lassen sich mit ziemlicher Sicherheit beim PG-GH Umsatzausweitungen erreichen, es sei denn, daß der Marktanteil des Unternehmens bereits extrem hoch liegt. Allerdings ergibt sich nicht nur für die zusätzlichen Verkaufsanstrengungen, sondern auch für die übrigen Stabilisierungsstrategien die Frage der Wirtschaftlichkeit.

2.1.1.1 Ansatzpunkte für Stabilisierungsstrategien vom Verwender her gesehen

Ansatzpunkte für Stabilisierungsstrategien vom Wiederverkäufer oder Verwender her gesehen können auf Verwender gerichtet sein, die kaufen (defensive Strategien zur Erhaltung alter Kunden), oder auf Verwender, die (noch) nicht (oder nicht mehr) kaufen (offensive Strategien zur Gewinnung neuer Kunden).

2.1.1.2 Die acht (vierundsechzig) möglichen Kombinationen

Aus den Faktoren der vier Ansatzpunkte für Stabilisierungsstrategien vom Unternehmen her gesehen und den beiden Ansatzpunkten vom Verwender her gesehen ergeben sich acht mögliche Kombinationen (siehe Abb. 2 im Anhang, unten bis Mitte und links bis Mitte). Trennt man die Ansatzpunkte für Stabilisierungsstrategien noch in solche für den Sortiments- und solche für den Dienstleistungsteil der Angebote, so ergeben sich sogar 64 mögliche Kombinationen von Stabilisierungsstrategien (siehe Expansitätsgruppen IV und V im Schema der Abb. 2).

2.1.2 Interdependenz der Funktionen und der Phasen bei der Durchsetzung des Marketing-Systems für Stabilisierungsstrategien des PG-GH

Umsatzstagnation bei stagnierendem Markt (absolute Stagnation) oder Umsatzwachstum proportional zum Marktwachstum (relative Stagnation) sind die Signale zur Einleitung von Stabilisierungsmaßnahmen. Sie sind auch das Zeichen dafür, daß sich das Angebot auf dem Wege von der Stabilisierungs- zur Rückgangsphase befindet.

Nach der Einführungsphase muß die Marktforschung den Markt beobachten, die eigenen Konkurrenz-Marktanteile, die Wiederverkäufer- und Verwenderkreise, die Kundentreue, die Entwicklung des Gesamtmarktes, den Bekanntheitsgrad des Angebots (die Werbewirksamkeit), den Grad der Distributionsdichte und das Image des Angebots und des Unternehmens. Sache der Marktforschung ist jetzt also die Beobachtung der quantitativen und qualitativen Marktstellung des Angebots und Hinweise für Zeit- und Ansatzpunkte für Stabilisierungsstrategien.

Die Entwicklungsfunktion im Marketing-System arbeitet nach der Einführung des Angebots an seiner Fortentwicklung, Jungerhaltung und Modernisierung.

Werbung und sales-promotion bemühen sich um die Erhaltung und Schaffung möglichst günstiger Absatzbedingungen für das eingeführte Angebot und stellen ebenso wie die Preisbildung (Preispolitik) einen direkten Ansatzpunkt für Stabilisierungsstrategien dar.

Sache des Verkaufs in der Durchsetzungs- wie auch in der beginnenden Rückgangsphase alter Angebote ist das Bemühen um Aufrechterhaltung der erreichten Distributionsdichte.

2.2 Die Kombination von Dienstleistungs-, Sortiments- und Stabilisierungsstrategien

Angebote des PG-GH bestehen aus einem Produkt-(Sortiments-) und einem Dienstleistungsteil. Beide Teile können jeweils für sich oder gemeinsam durch Strategien für Neues oder durch Stabilisierungsstrategien gefördert werden, auch über Kreuz von beiden Strategie-Arten. Aus diesen Möglichkeiten lassen sich 196 kombinierte Angebots-, Angebotsstabilisierungs- und Stabilisierungs-Strategien zur Förderung der Angebote des PG-GH ableiten.

Dargestellt im 1. Quadranten eines Koordinatenkreuzes (siehe Abb. 2 im Anhang), reicht die Umsatz-Expansität dieser 196 Strategien von $x = 1/y = 1$ bis $x = 14/y = 14$.

Aus diesen 196 Strategien lassen sich (siehe grüne römische Zahlen im Strategienschema der Abb. 2 im Anhang) fünf Expansitätsgruppen bilden, die von I = höchstexpansiv über II = hochexpansiv, III = expansiv, IV = schwach expansiv bis zu V = inexpansiv reichen.

2.3 Aussondern von Angeboten (Dienstleistungen oder Produkten)

Alle Strategien können eines Tages die Rückgangsphase von Angeboten nicht mehr aufhalten. Die Möglichkeiten für ein expansives Marketing sind dann erschöpft oder nur gering. Es bleiben die Erhaltungsversuche durch weitere Preissenkungen oder das Ausmelken des Angebots durch Preiserhöhung oder Einschränkung der Werbung. Wichtig ist es, Angebote so rechtzeitig sterben zu lassen, daß sie dem Image des Unternehmens keinen Schaden zufügen oder Marketing-Aktivitäten unproduktiv binden.

Im Handelsbereich stellt das Aussondern von Angeboten einen permanenten und wenig dramatischen Prozeß dar. Nach Überlegung der finanziellen, imaginären, sozialen und organisatorischen Konsequenz der Zurückziehung eines Programmteils sollte der Sterbezeitpunkt eines Angebots beschlossen werden. Das rechtzeitige „Begräbnis“ eines alten Angebots ist ebenso wichtig und gehört ebenso zur Durchsetzung des Marketing-Systems im PG-GH wie die rechtzeitige „Geburt“ eines neuen Angebots.

2.4 Die Notwendigkeit des Übergangs von der kurzfristigen Absatzplanung zur langfristigen Unternehmensplanung zur Durchsetzung des Marketing-Systems

Wer seinen Absatz national oder gar kontinental planen will, muß lernen, in Jahrzehnten denken zu können. Selbstverständlich wird die Umsatz-Feinplanung auch weiterhin kurzfristig gestaltet sein, sie hat aber verhältnismäßig wenig mit der Durchsetzung des Marketing-Systems im PG-GH zu tun. Erst die mittelfristige Grob- oder die langfristige Rahmenplanung des Umsatzes, besonders aber die langfristige Unternehmenspolitik, also das Denken in Lebenszyklen von Angeboten, erlaubt die Durchsetzung des Marketing-Systems.

Die kurz- und mittelfristige Absatzplanung umfaßt eben nur die laufende Umsatzplanung und die einmalige (angebotsbezogene) Stabilisierungsplanung. Die langfristige Absatzplanung und Unternehmenspolitik dagegen ist ein System von Arbeiten an einem Absatzprogramm, dessen Bestandteile teils schon eingeführt, teils noch in Vorbereitung sind. Entscheidend für die unternehmensexpandierende und -erhaltende Durchsetzung des Marketing-Systems ist die langfristige Programmgestaltung, allerdings weniger ihr Umfang als die permanente Dynamik der Anpassung (Flexibilität).

2.4.0 Kreatives Denken und Wendigkeit als Voraussetzung der Durchsetzung des Marketing-Systems im Produktionsgüter-Großhandel

Für die Durchsetzung des Marketing-Systems muß neben die Systematik der Entwicklung des Gefüges das analytische und kombinatorische, das kreative Vorausdenken treten. Nur wer „in der Zukunft lebt", kann Gegenwartsaufgaben lösen. Die Durchsetzung des Marketing-Systems ist also primär eine Frage des Denkens und erst sekundär eine Frage der Organisation. Hier gilt es, Probleme systematisch zu durchdenken und dabei Entscheidungen und konstruktive Lösungen zu finden.

Als Phasen kreativen Denkens sind hier die Ideen-Findung, die Analyse der Idee an Erfahrungen der Vergangenheit und die Synthese als Projektion auf die Zukunft zu verstehen. Analytisches Denken, Beobachtungsgabe, Erfindungsreichtum, Erfahrung, Logik und synthetisches (kombinatorisches) Denken ergeben also das kreative Denken.

Zwar schließt kreatives Denken an sich schon die Wendigkeit und Zukunftsbezogenheit des Denkenden ein („wer nicht einmal täglich spinnt, wird die Zukunftsaufgaben nicht bewältigen"), doch soll noch besonders betont werden, daß sich mit Sturheit, Starrheit, Engstirnigkeit und Gestrigkeit das System des Marketing weder entwickeln noch durchsetzen läßt.

2.4.1 Marketing-bezogene Unternehmensführung und -organisation

Das gesamte Marketing-System läßt sich als Kooperationsgefüge auffassen. Es setzt daher zum Funktionieren auch einen kooperativen Führungsstil mit Teamwork und Verantwortungsdelegation voraus, da bei reinen Entscheidungsgehilfen jegliche Kreativität abgetötet wird. An die Stelle fallweiser Entscheidungen haben programmierbare Entscheidungshilfen, an die Stelle intuitiver Steuerung und Improvisation die Steuerung durch Schaffung von Regelkreisen, mit Hilfe von Simulationsmodellen und unter Verwendung von OR-Modellen, an die Stelle des Denkens in Abteilungsverantwortlichkeiten das Denken in gesamtbetrieblichen Zusammenhängen zu treten. Marketing-bezogene Unternehmensführung verlangt die Integration vieler Techniken. Dabei hat der Unternehmer (auch der angestellte) die Unternehmensziele zu setzen, zu planen, zu organisieren, zu koordinieren, zu kontrollieren, Mitarbeiter zu führen und sein Geisteskapital zu investieren.

Wenn früher überlegt wurde, wie das Marketing in die Unternehmensorganisation einzugliedern sei, so ist heute m. E. zu überlegen, wie die Unternehmensorganisation auf das Marketing auszurichten ist. Die Notwendigkeit einer anhaltenden Umsatzexpansion und dauerhaften Rentabilität verlangt auch von den Handelsunternehmen eine ständige Anpassung ihrer Organisation an die sich ändernden Marktverhältnisse. Systematisches Marketing bedeutet zwar auch institutionalisiertes Marketing mit besonderen Abteilungen und Stäben, die den ständigen Kontakt zum Markt herstellen, bedeutet aber gleichzeitig die allumfassende Ausrichtung aller Aktivitäten auf den Markt. Marketing-bezogene Unternehmensorganisation verlangt mehrdimensionale Dokumentations- und Informationssysteme zur Sicherung des interdisziplinären Zusammenwirkens des Systemdenkens mit anderen in sich geschlossenen Vorschaugebieten, verlangt optimale Koordination und Kooperation zwischen den verschiedenen Abteilungen und den Ebenen gleicher Entscheidungsbefugnis, sie verlangt neue organisatorische Lösungen und sukzessive Aufweichung der reinen Stab-Linien-Organisation zugunsten von Angebots-(oder Projekt)-Management oder Matrix-Organisation.

In einem PG-GH-Betrieb, der dem Verwender ja sowieso schon eine Stufe näher ist als ein Produktionsbetrieb, könnte ich mir eine Organisation vorstellen, wie ich sie auf der Skizze in Abb. 3 (Anhang) dargestellt habe.

2.5 Hilfsmittel zur Durchsetzung des Marketing-Systems

Neben der Entscheidungsfindung im Marketing mit Hilfe konventioneller Techniken, gewinnen moderne Hilfsmittel, -techniken und -wissenschaften so an Gewicht, daß die Durchsetzung des Systems des Marketing ohne sie heute kaum mehr vorstellbar ist.

2.5.0 Die Netzplantechnik (NPT)

Die NPT ist das neueste und z. Z. wirksamste Instrument, um aus dem vielschichtigen Marketing das gewünschte Ganze zu machen. Sie ist das Instrument der Marketing-Planung und des Timing für die angebotsbezogene Entwicklung des Systems. Die NPT vereinfacht Terminplanung und -überwachung. Sie ist heute fast als Voraussetzung der Angebots-Planung und Entwicklungskontrolle sowie als Grundlage der Fortschrittsbesprechungen anzusehen.

2.5.1 Die elektronische Datenverarbeitung (EDV)

Die EDV ist ein schnelles, präzises und – soweit überhaupt vorhanden – in ihren Möglichkeiten noch nicht ausgeschöpftes Hilfsmittel zur Entwicklung und Durchsetzung des Marketing-Systems.

Abbildung 1: Marktformenschema mit Preisstufen

Form, Position und Verhalten des Angebots Form, Position und Verhalten der Nachfrage	*Angebotsform:* Konkurrenz *Angebotsposition:* sehr schwach *Angebotsverhalten:* preisbestimmt	*Angebotsform:* Teiloligopol *Angebotsposition:* schwach *Angebotsverhalten:* Datum des Nachfrageverhaltens, Reaktion der großen (starken) Mitanbieter und Mengenpolitik der kleinen (schwachen) Mitanbieter
Nachfrageform: Konkurrenz *Nachfrageposition:* sehr schwach *Nachfrageverhalten:* preisbestimmt	*Marktform:* bilaterale Konkurrenz *Preisstufe V,* Gleichgewichtspreis	*Marktform:* Angebots-Teiloligopol *Preisstufe IV,* höher als Gleichgewichtspreis
Nachfrageform: Teiloligopol *Nachfrageposition:* schwach *Nachfrageverhalten:* Datum des Angebotsverhaltens, Reaktion der großen (starken) Mitnachfrager und Mengenpolitik der kleinen (schwachen) Mitnachfrager	*Marktform:* Nachfrage-Teiloligopol *Preisstufe VI,* niedriger als Gleichgewichtspreis	*Marktform:* bilaterales Teiloligopol *Preisstufe V,* Gleichgewichtspreis
Nachfrageform: Oligopol *Nachfrageposition:* relativ stark/schwach *Nachfrageverhalten:* Datum des Angebotsverhaltens, Reaktion der Mitnachfrager	*Marktform:* Nachfrage-Oligopol *Preisstufe VII,* niedriger Preis	*Marktform:* beschränktes Nachfrage-Oligopol *Preisstufe VI,* niedriger als Gleichgewichtspreis
Nachfrageform: Teilmonopol *Nachfrageposition:* stark *Nachfrageverhalten:* Datum des Angebotsverhaltens, Mengenpolitik der kleinen (schwachen) Nachfrager, die den Preis als Datum übernehmen	*Marktform:* Nachfrage-Teilmonopol *Preisstufe VIII,* Niedrigpreis	*Marktform:* leicht beschränktes Nachfrage-Teilmonopol *Preisstufe VII,* niedriger Preis
Nachfrageform: Monopol *Nachfrageposition:* sehr stark *Nachfrageverhalten:* Datum des Angebotsverhaltens (Lage der Angebotskurve)	*Marktform:* Nachfrage-Monopol *Preisstufe IX,* Niedrigstpreis	*Marktform:* leicht beschränktes Nachfrage-Monopol *Preisstufe VIII,* Niedrigpreis

Angebotsform: Oligopol *Angebotsposition:* relativ stark/schwach *Angebotsverhalten:* Datum des Nachfrage-verhaltens, Reaktion der Mitanbieter	*Angebotsform:* Teilmonopol *Angebotsposition:* stark *Angebotsverhalten:* Datum des Nachfrage-verhaltens, Mengenpolitik der kleinen (schwachen) Mitanbieter, die den Preis als Datum übernehmen	*Angebotsform:* Monopol *Angebotsposition:* sehr stark *Angebotsverhalten:* Datum des Nachfrage-verhaltens (Lage der Nachfragekurve)
Marktform: Angebots-Oligopol *Preisstufe III,* hoher Preis	*Marktform:* Angebots-Teilmonopol *Preisstufe II,* Hochpreis	*Marktform:* Angebots-Monopol *Preisstufe I,* Höchstpreis
Marktform: beschränktes Angebots-Oligopol *Preisstufe IV,* höher als Gleich-gewichtspreis	*Marktform:* leicht beschränktes Angebots-Teilmonopol *Preisstufe III,* hoher Preis	*Marktform:* leicht beschränktes Angebots-Monopol *Preisstufe II,* Hochpreis
Marktform: bilaterales Oligopol *Preisstufe V,* Gleichgewichtspreis	*Marktform:* beschränktes Angebots-Teilmonopol *Preisstufe IV,* höher als Gleich-gewichtspreis	*Marktform:* beschränktes Angebots-Monopol *Preisstufe III,* hoher Preis
Marktform: beschränktes Nachfrage-Teilmonopol *Preisstufe VI,* niedriger als Gleich-gewichtspreis	*Marktform:* bilaterales Teilmonopol *Preisstufe V,* Gleichgewichtspreis	*Marktform:* stark beschränktes Angebots-Monopol *Preisstufe IV,* höher als Gleich-gewichtspreis
Marktform: beschränktes Nachfrage-Monopol *Preisstufe VII,* niedriger Preis	*Marktform:* stark beschränktes Nachfrage-Monopol *Preisstufe VI,* niedriger als Gleich-gewichtspreis	*Marktform:* bilaterales Monopol *Preisstufe V,* Gleichgewichtspreis

Abbildung 2: Strategienschema

y = Sortiment														
Sortimentsverbreiterung zur verbesserten Befriedigung von Bedürfnissen	1/14	2/14	3/14	4/14	5/14	6/14	7/14	8/14	9/14	10/14	11/14	12/14	13/14	14/14
Sortimentsvertiefung zur verbesserten Befriedigung von Bedürfnissen	1/13	2/13	3/13	4/13	5/13	6/13	7/13	8/13	9/13	10/13	11/13	12/13	13/13	14/13
Sortimentserneuerung zur verbesserten Befriedigung von Bedürfnissen	1/12	2/12	3/12	4/12	5/12	6/12	7/12	8/12	9/12	10/12	11/12	12/12	13/12	14/12
Sortimentsverbreiterung zur herkömmlichen Befriedigung von Bedürfnissen	1/11	2/11	3/11	4/11	5/11	6/11	7/11	8/11	9/11	10/11	11/11	12/11	13/11	14/11
Sortimentsvertiefung zur herkömmlichen Befriedigung von Bedürfnissen	1/10	2/10	3/10	4/10	5/10	6/10	7/10	8/10	9/10	10/10	11/10	12/10	13/10	14/10
Sortimentserneuerung zur herkömmlichen Befriedigung von Bedürfnissen	1/ 9	2/ 9	3/ 9	4/ 9	5/ 9	6/ 9	7/ 9	8/ 9	9/ 9	10/ 9	11/ 9	12/ 9	13/ 9	14/ 9
Sortimentsänderung zur Gewinnung neuer Verwenderschichten	1/ 8	2/ 8	3/ 8	4/ 8	5/ 8	6/ 8	7/ 8	8/ 8	9/ 8	10/ 8	11/ 8	12/ 8	13/ 8	14/ 8
Änderung von Aufmachung und Werbung zur Gewinnung neuer Verwenderschichten	1/ 7	2/ 7	3/ 7	4/ 7	5/ 7	6/ 7	7/ 7	8/ 7	9/ 7	10/ 7	11/ 7	12/ 7	13/ 7	14/ 7

	Maßnahmen der Preispolitik zur Erhaltung alter Verwenderschichten	Maßnahmen des Verkaufs zur Erhaltung alter Verwenderschichten	Änderung von „Aufmachung" und Werbung zur Erhaltung alter Verwenderschichten	Programmänderung zur Erhaltung alter Verwenderschichten	Maßnahmen der Preispolitik zur Gewinnung neuer Verwenderschichten	Maßnahmen des Verkaufs zur Gewinnung neuer Verwenderschichten	Änderung von „Aufmachung" und Werbung zur Gewinnung neuer Verwenderschichten	Programmänderung zur Gewinnung neuer Verwenderschichten	Programmerneuerung zur herkömmlichen Befriedigung von Bedürfnissen	Programmvertiefung zur herkömmlichen Befriedigung von Bedürfnissen	Programmverbreiterung zur herkömmlichen Befriedigung von Bedürfnissen	Programmerneuerung zur verbesserten Befriedigung von Bedürfnissen	Programmvertiefung zur verbesserten Befriedigung von Bedürfnissen	Programmverbreiterung zur verbesserten Befriedigung von Bedürfnissen
Maßnahmen des Verkaufs zur Gewinnung neuer Verwenderschichten	1/ 6	2/ 6	3/ 6	4/ 6	5/ 6	6/ 6	7/ 6	8/ 6	9/ 6	10/ 6	11/ 6	12/ 6	13/ 6	14/ 6
Maßnahmen der Preispolitik zur Gewinnung neuer Verwenderschichten	1/ 5	2/ 5	3/ 5	4/ 5	5/ 5	6/ 5	7/ 5	8/ 5	9/ 5	10/ 5	11/ 5	12/ 5	13/ 5	14/ 5
Sortimentsänderung zur Erhaltung alter Verwenderschichten	1/ 4	2/ 4	3/ 4	4/ 4	5/ 4	6/ 4	7/ 4	8/ 4	9/ 4	10/ 4	11/ 4	12/ 4	13/ 4	14/ 4
Änderung von Aufmachung und Werbung zur Erhaltung alter Verwenderschichten	1/ 3	2/ 3	3/ 3	4/ 3	5/ 3	6/ 3	7/ 3	8/ 3	9/ 3	10/ 3	11/ 3	12/ 3	13/ 3	14/ 3
Maßnahmen des Verkaufs zur Erhaltung alter Verwenderschichten	1/ 2	2/ 2	3/ 2	4/ 2	5/ 2	6/ 2	7/ 2	8/ 2	9/ 2	10/ 2	11/ 2	12/ 2	13/ 2	14/ 2
Maßnahmen der Preispolitik zur Erhaltung alter Verwenderschichten	1/ 1	2/ 1	3/ 1	4/ 1	5/ 1	6/ 1	7/ 1	8/ 1	9/ 1	10/ 1	11/ 1	12/ 1	13/ 1	14/ 1

x = Dienstleistung

I bis V = expansive Gruppen

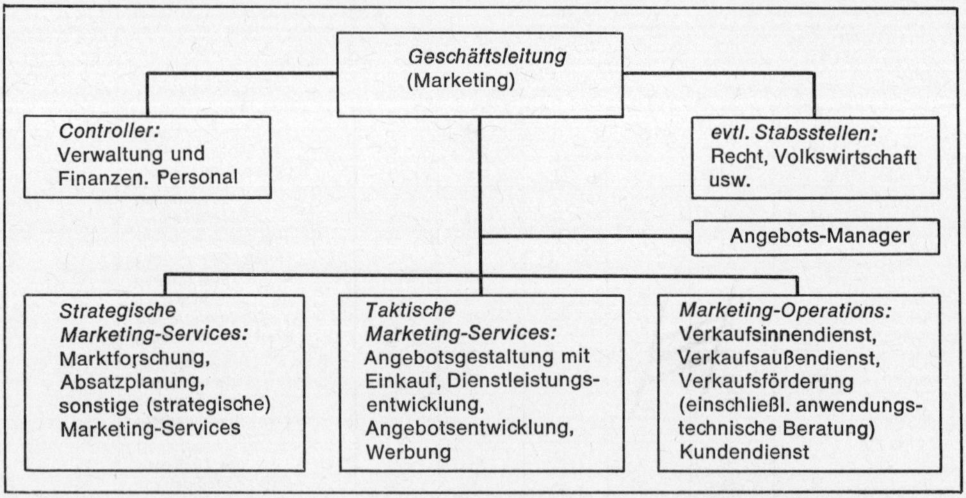

Abb. 3

Viele Daten, die für optimale Entscheidungen benötigt werden, sind ohne EDV-Anlagen gar nicht zu ermitteln und zu speichern.

Über den Aufbau von Magnetspeicher-Dateien und sogenannte Management-Informationssysteme mit entsprechenden Datenendstellen (Terminals) erlaubt die EDV die Verbindung des Informationsangebots mit Verfahren der Entscheidungstheorie, insbesondere der Simulationstechnik. Die Simulation geplanter Abläufe, das Durchspielen von Alternativen, Hochrechnungen, Kreuzauswertungen usw. sind ohne die EDV nicht wirtschaftlich durchführbar.

Die Aktualisierung aller Zahlenwerte, die automatische Erstellung von Schwergängigkeitslisten und Terminen für Stabilisierungsmaßnahmen sowie die Optimierung von Mediaplänen sind nur einige der weiteren Möglichkeiten der EDV als Hilfsmittel zur Entwicklung und Durchsetzung des Marketing-Systems im PG-GH.

2.5.2 Die Kybernetik

Als Wissenschaft von den möglichen Verhaltensweisen möglicher Strukturen und ihren system-, regelungs-, informations-, spiel- und algorithmentheoretischen Teilgebieten wird die Kybernetik Hilfswissenschaft des Marketing unter der Voraussetzung der Nutzungsmöglichkeit der EDV mit Digital- und Analogrechnern.

Wichtig für das Marketing sind u. a. die Algorithmentheorien, die sich mit den Instrumenten zur Ausschaltung von Störgrößen (Algorithmen) befassen, und von den kybernetisch-mathematischen Informations- und Spieltheorien die Prognostik.

3. Zusammenfassung

Abschließend und zusammenfassend kann man feststellen, daß sich das System des Marketing auch für den PG-GH entwickeln und durchsetzen läßt. Es wird auch hier zunehmend Anwendung finden, denn die nationale oder gar kontinentale Entwicklung der Produktionsgütermärkte zwingt jeden, der keinen Monopolmarkt zu verwalten hat, sich stets etwas Neues einfallen zu lassen, wenn er im Wettbewerbskampf bestehen will.

Da nicht zu erwarten ist, daß die Wettbewerbswirtschaft in absehbarer Zeit von weniger strapaziösen Wirtschaftssystemen abgelöst wird, werden die Schläfrigen in Kürze aus dem Wirtschaftskreislauf ausgeschieden sein und der Kampf zwischen den Wachen immer härter werden. Ohne Entwicklung und Durchsetzung des Systems des Marketing werden Unternehmen des PG-GH diesen Kampf nicht überleben.

4. Fall-Studie

Kundenkreditbank
Kommanditgesellschaft auf Aktien

Inhaltsverzeichnis

1. Problemstellung und Einführung in die Marketing-Situation der KKB

1.1 Wirtschafts- und sozialgeschichtliche Bemerkungen

Im Jahre 1948 kam man zu der für die Zukunft so bedeutungsvollen Erkenntnis, daß es ein neues Leben in Deutschland nur dann geben könne, wenn mit der Rückgewinnung einer währungspolitischen Ordnung und der gleichzeitigen Konstituierung einer freien und sozialen Marktwirtschaft dem „verderblichen Spuk der Plan- und Zwangswirtschaft" ein Ende bereitet würde. Entgegen der praktischen Erfahrung vergangener Jahre, daß in einer modernen Industriegesellschaft der wirtschaftliche Prozeß bei der Produktion einsetze und deshalb der Erzeugung sowohl funktional als auch zeitlich ein Vorrang zukäme, kam man zu der Überzeugung, daß ein konsumentwöhntes Volk Zweck, Wert und Sinn der Arbeit sozusagen erst wieder an seinem eigenen Leibe erfahren müßte. Aus dieser Situation heraus hat man Konsumentenwünschen und Konsum wieder eine zentrale Stellung in der Wirtschaft eingeräumt. Dies um so mehr, als damit zu rechnen war, daß der erwartete Erfolg der neuen Wirtschafts- und Währungspolitik dann auch rückstrahlend die Produktionsgüterindustrie in den Aufschwung einbeziehen würde. Diese „Rechnung" ging auf, auch wenn sie hier nicht in Zahlen und Prozenten nachgewiesen ist. Die soziale Wettbewerbswirtschaft setzt produktive Kräfte frei, ermöglicht den Menschen und Haushaltungen die Selbstgestaltung des eigenen Lebensbereiches und ist gleichzeitig gehalten, den sozial Schwachen zu schützen und Mißbrauch wirtschaftlicher Macht zu verhindern. Freie Konsum- und Berufswahl, eine weitgehend freie Preis- und Lohnbildung sowie der Leistungswettbewerb der Wirtschaft sind die unerläßlichen und heute selbstverständlichen Voraussetzungen für das Funktionieren der Marktwirtschaft.

1.2 Die Rolle des Konsumenten in der „Sozialen Marktwirtschaft"

In der Sozialen Marktwirtschaft spielt der Verbraucher die entscheidende Rolle. Er übt durch die Art und den Umfang der Verwendung seiner Kaufkraft in freier Konsumwahl eine entscheidende und unverzichtbare Lenkungsfunktion aus; solange eben die Freiheit gewahrt bleibt.

Die manchmal gehörte These, daß die Marktwirtschaft wohl für glückliche Tage brauchbar wäre, in Notzeiten aber geplant werden müsse, läßt sich mit mehr Berechtigung umkehren. Eine starke und gesunde Volkswirtschaft kann sich den Luxus von falschen Prognosen und Fehlplanungen vielleicht noch leisten, während eine bedrängte Wirtschaft auf die volle Entfaltung individueller menschlicher Kraft angewiesen ist.

Am Anfang der Sozialen Marktwirtschaft stand die Überzeugung, daß es angesichts des technischen Fortschritts und immer neuer Erkenntnisse der Naturwissenschaften nicht zu verantworten wäre, die Welt von morgen nach dem Bild von gestern zu formen.

Daß es auch nicht ausreiche, den vergangenen Lebensstandard nach Höhe und sozialer Schichtung zurückzugewinnen. Die Soziale Marktwirtschaft müßte vielmehr Konsumenten „produzieren", um – entsprechend der steigenden Ergiebigkeit der

Volkswirtschaft – das ständig und rasch anwachsende Sozialprodukt auch absetzen zu können. Es ging nicht um die Zerschlagung einer alten Ordnung, sondern um deren Überführung in neue gesellschaftliche Formen und Vorstellungen. Daß hierbei die Soziale Marktwirtschaft den rechten Weg beschritten hat, fand seinen Niederschlag nicht nur in einer sozialeren Einkommensverteilung, sondern in der Entwicklung einer modernen Sozialpolitik überhaupt, die von dem Gedanken der Vorsorge und sozialen Sicherheit getragen ist. Die Soziale Marktwirtschaft hat die Preisbildung und die Einkommensfindung dem behördlichen Eingriff entzogen und der „ausgleichenden Kraft des Marktes" selbst überlassen. Hiermit sollte der Verbraucher zur Leistung angespornt werden sowie den Sinn und den Wert an seinem eigenen Schicksal erfahren, das – wenn erforderlich – durch soziale Einkommensumverteilung auch gemildert wird.

1.3 Der Wettbewerb des Kreditwesens um die Gunst des Verbrauchers

Der Konsument hat sich inzwischen längst daran gewöhnt, Mittelpunkt eines harten und kostspieligen Konkurrenzkampfes im deutschen Kreditwesen zu sein. Das Gros der Arbeiter, kleinen und mittleren Angestellten – jahrzehntelang von Deutschlands Banken unbeachtet geblieben und allein von den Teilzahlungsbanken als Geschäftspartner akzeptiert – ist plötzlich zum Gegenstand eines lebhaften Interesses geworden. Und was noch vor wenigen Jahren undenkbar schien, ist heute Realität: in einer Gesellschaft des Massenkonsums müssen auch die Banken für jedermann da sein, insbesondere für den unselbständig Beschäftigten.

Der Konsument ist in den vergangenen zehn Jahren „bankreif" geworden.

Heute gilt die Bank nicht mehr ausschließlich als Unternehmen, das Geld „entgegennimmt" und Kredit „gewährt". Kreditinstitute müssen stärker denn je danach trachten, ihre Kunden – Privatpersonen noch mehr als Wirtschaftsunternehmen – an sich zu binden.

Die Ursachen dafür waren:

a) die Freigabe der Zinssätze,
b) die verstärkte (und erfolgreiche) Tätigkeit ausländischer Finanzierungsinstintute und
c) die zunehmende Bedeutung des Dienstleistungssektors.

Mit dieser Entwicklung kam es zum Marktwandel im Kredit- und Anlagegeschäft: Aus dem Verkäufermarkt wurde ein Käufermarkt. Wollten die deutschen Kreditinstitute im Wettbewerb nicht noch mehr Terrain verlieren, so durften sie nicht nur reagieren, sondern sie mußten auch aggressiv agieren.

Dabei entstand die Notwendigkeit, das wirtschaftliche Verhalten ganz besonders des privaten Haushaltes und der Familie genauer zu analysieren, einfach deswegen, weil dieser Kundenkreis über nicht unerheblich steigende Einkommen verfügt.

Bei der Aufgabenstellung steht also der private Haushalt im Blickpunkt der Untersuchungen. Es soll herausgefunden werden, wie dieser Markt eingekreist und segmentiert wird. Es ist festzustellen, welche Bedürfnisse vorhanden sind, geweckt oder konstruiert werden können und welche Möglichkeiten bestehen, den Markt zu durchleuchten, zu interpretieren, um letzten Endes eine aktive „Absatzpolitik" im Bankgewerbe zu betreiben.

1.4 Zur Entwicklung der Teilzahlungsbanken

Die Entwicklung des Konsumenten als vollwertiger Geschäftspartner des Kreditwesens vollzog sich in 4 Phasen: Während der ersten Epoche war die Lebensordnung festgefügt und jedem einzelnen sein Platz innerhalb der Gesellschaft zugewiesen. Die Lebensweise des Individuums entwickelte sich in vorgezeichneten Bahnen. Verstöße gegen diese Normen in Gestalt eines sozialen Aufwärtsstrebens waren undenkbar. Etwas zu kaufen, das einem nicht zukam, galt als Hochstapelei und Schulden waren Ausdruck liederlicher Lebensführung und ungeordneter häuslicher Verhältnisse.

Erst mit der Gründung der Sparkassen kam es zur ersten Berührung zwischen Kreditwesen und Konsumenten zu Beginn des vorigen Jahrhunderts. Zwar hatte sich die Kreditversorgung in den Gründerjahren keineswegs verbessert, denn die Einstellung des Kreditwesens zum Konsumenten als Kreditnehmer mußte erst noch aufgebaut werden.

Doch die Industrialisierung Mitte des vorigen Jahrhunderts leitete die 2. Phase ein, die man als die „Emanzipation des Konsumenten" bezeichnen kann. Die fortschreitende technische Entwicklung ermöglichte in zunehmendem Maße Massenproduktion, die Massenabsatz erfordert. Die neuen Massenbedarfsartikel mit hohen Preisen konnten aus dem laufenden Einkommen der Käufer unmöglich bezahlt werden, so daß es sich immer deutlicher zeigte, daß Massenabsatz mit Massenfinanzierung untrennbar verbunden ist. Es ist nur allzu verständlich, daß die Arbeitnehmer diese Chance des wirtschaftlichen und sozialen Aufstiegs nicht ungenutzt ließen. Im Verlauf dieses Wandels gewann der Konsumentenkredit allmählich eine doppelte Funktion:

> Einmal wurde er zum wichtigen absatzpolitischen Instrument, das den Absatz großer Gütermengen an eine Vielzahl von neu geworbenen Arbeitnehmern ermöglichte, zum anderen sahen die Arbeitnehmer in ihm eine Hilfe bei der Bildung eigenen Vermögens im Haushalt und der Verbesserung ihrer Lebenslage.

Der Lebensstil des Konsumenten wird immer mehr von der industriellen Produktion selbst her bestimmt, die in ihrer ständigen Steigerung und Normierung neuer Lebensbedürfnisse die breiten Schichten der Arbeiter- und Angestelltenschaft als wesentlichen Kundenkreis für die Gebrauchsgüter der Massenproduktion entdeckt. Bei diesen Absatzbemühungen mußte aber zwangsläufig die Kreditierung des Kaufpreises an den Käufer als ein notwendiges Übel in Kauf genommen werden. Mit dieser Absatzfinanzierung taten Handel und Industrie im Grunde nichts anderes, als die am Markt wirksame Kaufkraft zu erhöhen.

Gleichzeitig wurde aber auch offenbar, daß der Handel als traditioneller Kreditgeber des Konsumenten angesichts des stark gestiegenen Kapitalbedarfs allein nicht mehr in der Lage war, die Kreditverkäufe in eigener Regie durchzuführen. Da das Kreditwesen dem Konsumentenkredit ablehnend gegenüberstand, wurden eine Reihe von Firmen des Handels und der Industrie veranlaßt, die Funktion der Kreditgewährung aus dem Betriebsablauf auszugliedern und sie aus Rationalisierungsgründen eigenen, selbständigen Finanzierungsinstituten zu übertragen (1925). Bei diesen Gründungen stand die Ausweitung des Absatzes im Vordergrund: der Kreditnehmer war im Grunde nicht der Konsument, sondern der Produzent oder Einzelhändler, da seine Bonität und Mithaftung für die Refinanzierung durch die Geschäftsbanken ausschlaggebend war. Die Unterschrift des Konsumenten unter einem Darlehensvertrag galt nicht als Sicherheit im banküblichen Sinne. In der 2. Phase hatte also die „Industrie den Konsumenten entdeckt, nicht aber das Kreditwesen".

Die 3. Phase wurde eingeleitet, als es darum ging, die Absatzschwierigkeiten des lokalen Einzelhandels zu beseitigen. Im Jahre 1926 gründete Dr. Walter Kaminsky die „Kunden-Kredit GmbH" in Königsberg. Der Grundgedanke war, „ein Kreditinstitut zu schaffen, das nicht unmittelbar den Absatz des Handels finanzieren, sondern seinerseits unmittelbar Kredite an Konsumenten zum Zwecke der Anschaffung von Gebrauchsgütern geben sollte". Im Vordergrund des Geschäfts der Kunden-Kredit GmbH stand der Konsument, dessen Bonität und wirtschaftliche Verhältnisse für die Kreditgewährung ausschlaggebend waren. Die von Dr. Walter Kaminsky entwickelte Konstruktion wurde damals vom Kreditwesen als revolutionär und utopisch zugleich eingeschätzt. Eine Reihe anderer Gründungsobjekte scheiterte an der Weigerung der Kreditbanken, die notwendigen Refinanzierungsmittel zur Verfügung zu stellen. So mußte zum Beispiel für die Auszahlung der an die Kunden gewährten Kredite eine besondere Form entwickelt werden, die der Tatsache Rechnung trug, daß der Gesellschafterkreis des Unternehmens sich ausschließlich aus Einzelhandelsfirmen zusammensetzte und die Beschaffung der notwendigen Mittel überhaupt nur durch Bürgschaftsleistungen seitens der angeschlossenen Firmen möglich war. In diesem Stadium war es allerdings reichlich verfrüht, von „Teilzahlungsbanken" zu sprechen, da sich diese neuen Gesellschaften weder als Banken fühlten, noch vom Kreditwesen als solche akzeptiert wurden; sie wurden genauso wenig für voll genommen, wie der Konsument.

In diese Aufbauphase hinein fiel der Zusammenbruch der Konjunktur in der Weltwirtschaftskrise und die lawinenartig um sich greifende Arbeitslosigkeit. Konsument und Konsumentenkredit sahen sich ihrer ersten großen Belastungsprobe ausgesetzt. Beide haben diese Periode der Bewährung glänzend überstanden: Entgegen allen Weissagungen der Bankfachleute zeigte es sich, daß der private Konsument, also in erster Linie der Arbeiter und Angestellte, ein ebenso guter und zuverlässiger Kreditnehmer ist, wie der gewerbliche Unternehmer.

Der entscheidende Durchbruch zur allgemeinen Anerkennung – der sich in jenen Jahren angebahnt hat – blieb sowohl dem Konsumenten als auch dem Konsumentenkredit durch den Machtantritt der NSDAP, die fortschreitende Aufrüstung und schließlich den Ausbruch des zweiten Weltkrieges versagt.

Nach dem Zusammenbruch und der Währungsreform setzte die vierte und letzte Phase ein, die dem Konsumenten sehr schnell wieder seine Rolle als bedeutender

Wirtschaftsfaktor zuwies, an dem auch das Kreditwesen nicht mehr achtlos vorbeigehen konnte. Die Entbehrungen und die Vermögensverluste während der Kriegsjahre hatten beim Konsumenten einen gewaltigen Nachholbedarf angestaut, der mit der Einführung der neuen Währung an den Markt drängte und aus eigenen Mitteln des Konsumenten nicht zu befriedigen war. In dieser Zeit wurde der Teilzahlungskredit zum Notstandskredit für breiteste Bevölkerungsschichten, die mit seiner Hilfe Elementarbedürfnisse wie Nahrung, Bekleidung und Grundausstattung ihrer Wohnung finanzierten.

Allmählich begannen die positiven Erfahrungen mit der Kreditwürdigkeit des Konsumenten den Bann zu brechen; nahezu alle größeren Institute des deutschen Kreditwesens engagierten sich im Konsumentenkreditgeschäft über Beteiligung an Teilzahlungsbanken.

Der allgemeine Wirtschaftsaufschwung und die damit verbundene Steigerung des Masseneinkommens leitete eine Entwicklung ein, in deren Verlauf der Konsument immer stärker zu einem Faktor wurde, von dem weite Kreise des Wirtschaftslebens direkt abhängig wurden und in Zukunft auch sein werden.

1.5 Zusammenhang zwischen wirtschaftlicher Entwicklung und Entwicklung des Konsumentenkredites

Die Expansion des TZ-Kreditvolumens führte von Anfang an zu mannigfachen heftigen und bösartigen Angriffen, denen häufig reine Konkurrenzmotive zugrunde lagen. Auch führende Sparkassenfachleute vertraten in den Anfangsjahren den Standpunkt, daß das TZ-Geschäft dem Spargedanken widerspreche und die „unbürgerliche Auffassung", daß die Lebenshaltung auf Borgen aufgebaut werden werden könne, unterstütze.

Inzwischen sind die vielfach mit Leidenschaft geführten Diskussionen verstummt und einer prinzipiell positiven Beurteilung des TZ-Kredites durch die öffentliche Meinung, maßgebende Wirtschaftspolitiker und auch durch die Sparkassen, gewichen. Eine sachliche Beurteilung hat nunmehr zu der allgemeinen Erkenntnis geführt, daß der bankmäßige TZ-Kredit für den Verbraucher von gleich entscheidender Bedeutung war und ist, wie für den Handel und die Industrie. Der TZ-Kredit hilft dem Verbraucher, seinen Bedarf zu befriedigen, hilft dem Handel und der Industrie, den Absatz zu finanzieren und verhilft damit zur Umsatzsteigerung und Produktionsausweitung. Eine Massenproduktion, durch die erst eine rationale und preiswerte Erzeugung möglich ist, hat den Massenabsatz zur Voraussetzung. Massenabsatz aber verlangt heute auch eine Massenfinanzierung.

Die Bedeutung, die der private Haushalt als potentieller Bankkunde für das wirtschaftliche Geschehen in den letzten 20 Jahren gewonnen hat, illustriert die Tatsache, daß sich die Brutto-Einkünfte aus unselbständiger Arbeit von 1950 bis 1970 um mehr als 55% auf 286 Mrd. DM steigerten; damit betrug der Anteil der Einkommen aus unselbständiger Arbeit am gesamten Volkseinkommen ca. 67%.

Der Entwicklungstrend ging von zunächst lebensnotwendigen Gebrauchsgütern (Textilien und Einrichtungsgegenständen) zu immer höherwertigen Wirtschaftsgütern. Mit steigendem Einkommen wird nicht nur die Bezahlung kleiner und mittlerer Anschaffungen aus eigenen Mitteln möglich – gleichzeitig steigen auch die Ansprüche und immer mehr Objekte, die noch bis vor kurzem als Luxusgüter galten, rücken in die Rangskala der Besitzwünsche. Diese parallel zur Einkommensentwicklung sich vollziehende Verschiebung in der Ausgabenstruktur der privaten Haushalte dürfte zu einem langfristigen Anstieg des Konsumentenkreditvolumens führen. Verstärkt wird dieser Trend noch dadurch, daß mit zunehmenden Einkommen der Kreditspielraum der privaten Haushalte immer größer wird, so daß über den Einkommenszuwachs hinaus Ratenkredite aufgenommen werden können, ohne daß deren Rückzahlung gefährdet wäre.

Gerade für die Wohlstandsgesellschaft ist das zunehmende Gewicht sozialer Determinanten der Nachfrage typisch. Die immer stärkere Angleichung der gesellschaftlichen Schichten belebt den dem Menschen anhaftenden Willen nach sozialer Differenzierung. Deshalb wird eine Vielzahl von Gütern und Dienstleistungen heute nicht mehr zu Befriedigung „natürlicher" Bedürfnisse nachgefragt, sondern wegen des Prestiges, das durch ihren Besitz erworben werden kann. Aus diesem Geltungsbedürfnis resultiert als weiteres Phänomen der sozial-psychologische Konsum, den der Duesenberry-Effekt zum Ausdruck bringt: der eigene Lebensstandard wird ständig mit demjenigen der sozialen Bezugsgruppen verglichen. Die Erkenntnis, daß der eigene „living-standard" nicht mit demjenigen der Bezugspersonen Schritt hält, läßt ein Gefühl tiefer Unzufriedenheit entstehen. Die Werbung tut hier ein Übriges, sie hat den Konsumwandel zum Ziel, denn wenn die Produktion steigen soll, müssen die Bedürfnisse regelrecht konstruiert werden. Der Konsumentenkredit stellt das einzige Bindeglied zwischen den ständig steigenden Verbraucherwünschen und den zur Erfüllung dieser Wünsche verfügbaren Einkommensteilen dar: damit aber wird er zum Träger des Geltungskonsums und gewinnt eine ganz neue Bedeutung, nicht nur für den Konsumenten, sondern auch für Handel und Industrie.

2. Das Marketing im Bankbetrieb

2.1 Banken und Marketing

Banken sind als Institute definiert, die Kreditvermittlung und damit in Zusammenhang stehende Geschäfte wie zum Beispiel den gewerbsmäßigen Handel mit Geldkapital und Kapitalrechten (Wertpapiere) betreiben. Die Banken bieten also weniger ein Produkt an als vielmehr eine umfassende Dienstleistung. In der modernen Marketingsterminologie ausgedrückt sind Banken damit Systemanbieter, deren unternehmenspolitisches Ziel die Problemlösung in allen Geldangelegenheiten ist. Die Produktpolitik – so ist daraus zu schließen – stimmt also ebenso wie die Absatzmethode (Ausbau des Filialnetzes), die Werbung (breitgestreute Publikumswerbung) und die Preispolitik (Staffelung der Zinssätze). Folgerung: Banken treiben Marketing par excellence. Sind Banken die geborenen marketingorientierten Unternehmensführer?

Nach genauerer Betrachtung werden 10 provozierende Thesen zur Diskussion gestellt:

Der Privatkunde erwartet von seiner Bank eine bessere Dienstleistung als sie ihm heute geboten wird.

Die Banken verfügen gegenwärtig über rd. 200 Mrd. DM Spargelder und betätigen sich mehr als Geldsammler denn als Profit-Center des Kunden.

Das Wissen der breiten Öffentlichkeit um die Probleme des Geld- und Kapitalverkehrs ist von den Banken nur unzulänglich erweitert worden.

Die Umwandlung des Bankbeamten alten Stils in einen modernen Verkäufer von Bankdienstleistungen wurde noch nicht vorgenommen.

Die Kundenberatung im Wertpapiergeschäft ist mangelhaft. Von einer aktiven Vermögensberatung kann nicht die Rede sein.

Die Bank sieht nicht ihre Kunden, sondern erwartet sie hinter dem Schalter.
Aus der Sicht des Privatkunden ist das Banken-Marketing noch ausgesprochen unterentwickelt.

Versucht man, diese Gegenüberstellung auf einen Nenner zu bringen, dann wird die Diskrepanz zwischen Einsatz der Marketingmittel bei den Banken und ihrem Denkstil deutlich. Wird Marketing lediglich als Instrument und Funktion definiert, dann sind Werbung, Produktpolitik und Vertriebssystem ein unwiderlegbares Alibi für die Existenz eines Banken-Marketing. Sieht man jedoch im Marketing primär eine normative, unternehmerische Haltung, dann ist es noch traurig um das Banken-Marketing bestellt.

Marketing läßt sich sehr anschaulich als die „Führung des Unternehmens von den Möglichkeiten des Marktes her" definieren. Diese Definition zeigt, wie schwer der Begriff Marketing konkret zu fassen ist, wie weit er sich vom reinen Absatz gelöst und dem allgemeinen Management genähert hat.

In der Industrie spricht man seit Jahrzehnten von der Notwendigkeit, daß sich ein Unternehmen an seinen Märkten orientieren und gegebenenfalls gestalten müsse. Marketing als „Orientierung des Unternehmens am Markt" gibt es zwar schon lange, neu ist jedoch die große Aufmerksamkeit, die der Marketing-Management-Konzeption, insbesondere in bezug auf die Planung und Organisation, geschenkt wird. Es geht heute um die betrieblichen Voraussetzungen, die geschaffen werden müssen, um das Marketing im Unternehmen zu verwirklichen. Genau diese Problematik ist zum zentralen Inhalt der vorliegenden Arbeit geworden.

Die Banken beginnen erst zögernd zu erkennen, daß es nicht darum geht, beim Kunden um Verständnis zu werben, sondern den Kundenkreis vollständig zu erfassen und seine Wünsche zu aktivieren. Es sei hier gesagt, daß es genauso schwierig ist – wenn nicht sogar noch viel schwieriger! – einen neuen Markenartikel in den Handel hineinzuboxen, wie den „kleinen Mann" am Wertpapiergeschäft zu interessieren. Wortreiche Erklärungen dafür, warum etwas so ist, sind ebenso Beweis für eine akute Unfähigkeit, Marketing zu machen.

Da die Banken diesen Zusammenhang in seiner vollen Bedeutung und Wirkung nicht sehen, gibt es überhaupt noch kein Banken-Marketing, sondern lediglich erste Ansätze, das absatzpolitische Instrumentarium zu benutzen. Noch vor Jahresfrist wurde viel über die ausländischen Investmentgesellschaften gesprochen und ihr Vertrieb von den Banken als „Hausierhandel" disqualifiziert. Durch diese Polemik haben sie sich selbst nicht als marketingorientiert qualifiziert, denn die Investmentvertreter sind bereits Vermögensberater, und ihr Angebot entsprach und entspricht den „Vorstellungen des Kunden von Profitabilität". Und seltsamerweise verstehen diese Kunden auch die Sprache des Investmentvertreters. Ob das daran liegt, daß er kein „Bankbeamter" ist?

Die Banken haben es nicht gelernt, zu verkaufen, da sie es bisher nicht mußten – und ich glaube, daß hier der Schlüssel zur Fragestellung liegt. Im Oligopol ließ es sich bisher gut leben. Die Investmentgesellschaften haben diese Ruhe gestört – und zwar im Interesse des Kunden, der zur Honorierung bereit ist. Gegen diese Entwicklung hilft tatsächlich nur ein Bank-Marketing.

2.2 Psychische Distanz zwischen Bank und Kunde

Voraussetzung für das Erstellen einer Marketing-Konzeption ist die Kenntnis des Marktes. Nun besteht aber der Markt der Banken aus drei wohl unterscheidbaren Segmenten:

Unternehmungen und Gewerbetreibende,
private Haushalte mit höherem Einkommen
und Haushalte der „normalen" Gehalts- und Lohnempfänger.

Solange die „Normalen" gerade genug zum Leben hatten, beschränkte sich der Kundenstamm der Banken weitgehend auf die ersten beiden Zielgruppen. Diese Märkte waren Realität, und die Marketingbemühungen, wenn man überhaupt davon sprechen kann, erschöpften sich dort.

Die Bank muß, wenn sie sich neue Märkte erschließen will, neue Dienstleistungen schaffen, dem Kunden bekanntmachen und anbieten, da der „Normale" nicht von sich aus die Lösung eines bestimmten Problems nachfragt. Welches Angebot in diesen Kreisen überhaupt zur Marktreife gedeihen kann, läßt sich erst bestimmen, wenn der fragliche Markt einigermaßen durchschaubar ist. (Selbst dann scheitert jedoch bedauerlicherweise in der Bank der dynamische Marketingmann – sofern überhaupt einer vorhanden ist, der diesen Titel verdient – mit seinen Ideen und Vorschlägen mitunter an seinem Vorstand.)

Vordringliche Aufgabe des Bank-Marketing ist: Verringerung der „psychischen Distanz" zwischen Bank und Bevölkerung von beiden Seiten. Den Bekanntheitsgrad des eigenen Namens zu vergrößern und ein typisches positives Image aufzubauen, sind letzten Endes Zielsetzungen, die sich nur erreichen lassen, wenn die besagte „„psychische Distanz" weiter abgebaut wird. Hier liegt auch die interessanteste und schwierigste Aufgabe für die Marktforschung. Beide Marktparteien verfügten zunächst über keinerlei nachprüfbare Informationen hinsichtlich der anderen. Der potentielle Kunde wollte gar nicht Kunde werden, weil in seiner Vorstellung die Bank nur für Leute mit viel Geld da war. Die Bankleute ihrerseits wollten die Chance des Mengengeschäfts nicht wahrhaben, weil beim kleinen Mann unkontrolliertes Geldverhalten und Planlosigkeit vermutet wurden. Zudem sprachen die Banken eine ganz andere Sprache als die Bevölkerung.

Man redet aneinander vorbei, weil in der Bevölkerung der Mangel an Kenntnis immer noch beträchtlich und bei den Bankangestellten der Hang zum Fachchinesisch immer noch „umgekehrt proportional der Fähigkeit ist, etwas allgemeinverständlich zu erklären".

Hier wird deutlich, wie eng Kundenaufklärung, Marktforschung und Bank-Marketing verzahnt sind. Eins kann ohne das andere auf die Dauer überhaupt nicht auskommen. Die Marktforschung bringt brauchbare Ergebnisse nur, wenn die Banken sich ihren Kunden zuvor verständlich gemacht haben, sonst verstehen weite Teile der Bevölkerung schon die Fragen nicht. Der Bank wiederum ist es nicht gegeben, marktgerechte Angebote den richtigen Kreisen in verständlicher Form vorzustellen, solange sie die Sprache dieser Menschen nicht kennt und ihre Einstellung begreift. Der Marktforschung kommt eine in diesem Sektor besonders ausgeprägte Aufgabe zu: Sie stellt zum großen Teil nicht fest, wo bestimmte Probleme liegen, sondern ermöglicht erst, Probleme zu formulieren.

2.3 Marketing und das absatz- und marktpolitische Instrumentarium

Für den Bankensektor erweist sich die bereits gegebene Definition als zu eng: Passiv- und Aktivgeschäft, d. h. Beschaffungs- und Absatzbereich stehen sich hier in der Bedeutung völlig gleichwertig gegenüber. Man kann sogar das Einlagengeschäft als „Absatz von Anlagemöglichkeiten" ansehen. Dieser Auffassung widerspricht jedoch der Umstand, daß das Einlagengeschäft den Banken nicht etwa einen Ertrag bringt, sondern sogar den Hauptkostenfaktor darstellt. Es wird betrieben, um für andere Leistungen die Voraussetzungen zu schaffen. Typisch für den Banksektor ist jedoch, daß der Absatzmarkt keine vorrangige Stellung vor dem Beschaffungsmarkt einnimmt, sondern beide in ihrer Bedeutung für die Kreditinstitute gleichwertig sind; folglich könnte man Marketing auch als „Steuerung des Betriebes vom Markt her" bezeichnen.

Die Marketing-Konzeption eines Industriebetriebes äußert sich in einer ganz bestimmten Kombination der absatzpolitischen Instrumente. Gemäß vorstehender Marketing-Definition wollen wir jedoch von **markt**politischen, nicht von **absatz**politischen Instrumenten sprechen. Zu dem von Gutenberg (Grundlagen der BWL) entwickelten Instrumentarium: Absatzmethode, Produktgestaltung, Werbung und Preispolitik, sollten Standort, Sortimentszusammensetzung, Kundendienst und Garantieleistung als eigenständige Instrumente einbezogen werden. Dabei sollte entsprechend der gegebenen Marketing-Definition „Absatzmethode" auf „Beschaffungs- und Absatzmethode" erweitert werden. Für „Produktgestaltung" sollte der Begriff „Variation des Leistungsinhaltes"; für „Preispolitik" sollte man „Konditionenpolitik" verwenden. Den Ausdruck „Preis" wollen wir als Oberbegriff für die recht unterschiedlichen Leistungsentgelte im Bankwesen festhalten. „Rabattpolitik" und „Lieferungs- und Zahlungsbedingungen" kann man im Bankbetrieb nicht unbedingt als eigenständige marktpolitische Instrumente auffassen, sie sind integrierte Bestandteile der Preispolitik, dabei lassen sich im Bankbetrieb die Instrumente nicht immer gegenseitig abgrenzen und die Einordnung einzelner marktpolitischen Maßnahmen nicht immer eindeutig vornehmen, weil häufig wettbewerbspolitische Aktionen unter verschiedenen Gesichtspunkten betrachtet werden können.

3. Das spezifische Marketing-Konzept der KKB

3.1 Marketing der KKB

Wir haben Marketing als „Steuerung des Betriebes vom Markte her" definiert. Das erfordert aber eine enge Verbindungen zwischen Markt und Unternehmung. Voraussetzungen hierfür sind neben der allgemeinen Orientierung am Markt auch die Integrierung aller geschäftlichen und betrieblichen Aktivitäten auf die Leistungen für den Markt, die Übernahme dieser Koordinierungsaufgabe in der Unternehmensleitung sowie Marktforschung. Die Notwendigkeit des Marketing ergibt sich für die KKB neben der Wettbewerbssituation auch aus den kulturellen und ökonomischen Veränderungen, die der steigende Lebensstandard mit sich bringt. Weit schneller noch als das Masseneinkommen steigt das frei verfügbare Einkommen, das nicht zur Befriedigung unabweisbarer Bedürfnisse eingesetzt werden muß. Andererseits wird die Produktion aufgrund steigenden Kapitalbedarfs unelastischer und erfordert daher zuverlässige Absatzmethoden und -prognosen. Die entscheidende unternehmerische Aufgabe besteht darin, Angebot und Nachfrage auf rationale Weise zusammenzubringen. Wichtiger als die Produktion von Gütern und Leistungen für einen unbekannten Markt zu organisieren ist, Nachfrage zu entdecken, zu wecken, ja sogar zu produzieren. Marketing wird betrieben, um die Ware oder Leistung zur rechten Zeit, am rechten Ort und für den richtigen Zweck anzubieten. Die Funktion Marktforschung hilft hier, um auf rationale Weise ein Höchstmaß von Nachfrage zu produzieren.

Es wurde festgestellt, daß Marktforschung, wenn sie nicht von allen, sondern nur von einem Teil der Kreditinstitute durchgeführt wird, den marktforschenden Instituten einen Wettbewerbsvorteil gegenüber den nicht marktforschenden verschafft. Durch besser gezielte marktorientierte Verhaltensweisen können sie eine überdurchschnittliche Wachstumsrate erreichen.

Wenn obige Schlußfolgerung richtig ist und weiter davon ausgegangen werden kann, daß im wesentlichen nur größere Institute in der Lage sind, Marktforschung zu betreiben, so kann der Marktforschung eine konzentrationsfördernde Wirkung zugeschrieben werden. Um dieser Tendenz entgegenzuwirken, bleibt den kleineren Instituten nur die Möglichkeit, im geschlossenen Verband Marktforschung zu betreiben (z. B. Wirtschaftsverband der Teilzahlungsbanken). Nur dadurch werden sie in die Lage versetzt, ihre Verhaltensweisen im Wettbewerb mit größeren Instituten mit Hilfe von Marktforschungsergebnissen wirkungsvoller zu gestalten.

Durch die systematische Bearbeitung der Märkte für private Haushaltungen hat es die KKB verstanden, den Absatz von Bankleistungen und die Gewinnung von Einlagen bei bisherigen Kunden zu erhöhen. Die aus den Marktforschungsergebnissen folgenden Verhaltensweisen haben somit eine Breitenwirkung (neue Kundenkreise) und eine Tiefenwirkung (erhöhte Inanspruchnahme durch bisherige Kunden).

3.2 Marktforschung der KKB

Marktforschung für Kreditinstitute sollte man als die systematische und methodisch gesicherte Erforschung der Märkte von Kreditinstituten bezeichnen. Sie hat die Aufgabe, der Unternehmensführung Daten und Informationen über für Kreditinstitute interessante Teilmärkte zu liefern, die die Konzipierung einer Marktstrategie ermöglichen. Sie beschafft die Unterlagen über den Markt, die Konkurrenz und die von den Kunden gewünschten Leistungen. Die Einführung oder der Ausbau alter Dienstleistungen, der Einsatz der Werbung, die Neugründung von Zweigstellen, das richtige Antworten auf Maßnahmen der Konkurrenz, überhaupt jede Art langfristiger geschäftspolitischer Planung können nicht mehr allein auf unsystematisch und mehr oder weniger zufällig und willkürlich zustandegekommenen praktischen Erfahrungen gegründet werden, sondern müssen auf exakten Daten basieren. Die KKB begnügt sich nicht damit, die bereits vorhandenen sekundärstatistischen Unterlagen nach neuen Gesichtspunkten auszuwerten; quantitative und qualitative Primärerhebungen treten ergänzend hinzu. Dabei verschafft sich die Bank zunächst einen Überblick über die vorhandenen quantitativ erfaßbaren Merkmale des Marktes. Hierunter fallen die Abgrenzung des örtlichen Bankennetzes, die Analyse der eigenen Kunden mit dem potentiellen Kundenkreis, die Analyse und Beobachtung der Konkurrenz und die Errechnung von Marktanteilen. Als Ergänzung der systematisch gewonnenen quantitativen Daten des Marktes versucht die KKB, die qualitativen Merkmale des Marktes zu erfassen. Der Nachteil, daß psychologische Forschung nicht quantifizierbar ist, und daher die Ergebnisse anders nicht gewichtet werden können, wird dadurch ausgeglichen, daß aus solchen Studien brauchbare Arbeitshypothesen gewonnen werden können.

Durch die Ergebnisse entsprechender Repräsentativbefragungen kann sich die Bank sowohl ein genaues Bild über die Kenntnisse bzw. Unkenntnisse in ihrem Einzugsbereich in einer bestimmten Ausgangssituation machen, als auch durch Wiederholungsbefragungen laufend die Entwicklungstrends kontrollieren. Wie weit sind zum Beispiel die Bezeichnungen der verschiedenen Kontoarten bekannt und mit richtigen Vorstellungen verbunden (Giro- bzw. Kontokorrentkonto)? Welche Zins- und Ertragsvorstellungen sind mit den einzelnen Konten bzw. Sparformen verbunden? Was weiß man über die Möglichkeiten für Kredite und Finanzierungen? Ist man über die Höhe der Kleinkredite und Dispositionskredite, die dem Lohn- und Gehaltsempfänger heute zur Verfügung stehen, ausreichend informiert? und schließlich: wie weit ist man über Wertpapiere unterrichtet, über die Verschiedenheit der Kapitalpapiere und welche Zins- bzw. Ertragsvorstellungen verbindet man hiermit?

Bei der Geld-, Kreditmarktforschung geht es nicht nur darum, einzelne nebeneinanderstehende Fragestellungen zu konzipieren, sondern stets sinnvoll zusammenhängende Befragungsmodelle aufzubauen, deren einzelne Frageelemente sich gegenseitig kontrollieren und ergänzen und oft erst in der Kreuzauswertung oder in der Kumulation statistischen Auswertung zu dem eigentlichen Ergebnis führen.

Man ermittelt damit im wesentlichen Kunden-Strukturen, man ermittelt das Verhalten der Konsumenten im Markt, die Einstellungen gegenüber Erzeugnissen und Angeboten und nicht zuletzt gegenüber den Anbietern selbst unter den unterschiedlichsten Beurteilungskriterien. Die Befragung im Rahmen der Marktforschung ist geeignet, Aspekte zu erfassen, die nicht rational bewußt sind, die nicht freiwillig geäußert werden, die aber absatz-, marktpolitisch und werblich von Belang sind.

Die KKB gestaltet ihre marktpolitischen Verhaltensweisen so, daß sie von Konkurrenten nur schwer und keinesfalls kurzfristig imitiert werden können. Preispolitische Maßnahmen sind hierfür ungeeignet. Die marktpolitischen Maßnahmen konzentrieren sich folglich auf Werbung, auf die Variation der Leistungsgestaltung und auf die Zweigstellenpolitik, wodurch die Tendenz zum Werbe- und Qualitätswettbewerb um den Markt der privaten Haushaltungen verstärkt wird.

3.3 Die Auffächerung des Dienstleistungsangebotes

Die Marktforschungsergebnisse, auch die der KKB, zeigten, daß die gesamte freiwillige Ersparnis auf Konten und in Wertpapierform wächst, daß ferner die Inanspruchnahme von Girokonten zunimmt und die Konsumenten-Kreditaufnahme noch stärker popularisiert wird. Diese Erkenntnisse aus der Marktforschung hat sich die KKB zunutze gemacht: Bereits im Geschäftsbericht 1967 kündigte die KKB an, daß sie ihr Angebot, das speziell auf den Bedarf des Konsumenten an Beratung und Versorgung mit Finanzierungs- und Anlageleistungen zugeschnitten ist, erweitern wolle. Dabei betrachtet sie den Konsumenten nach wie vor nicht nur als Verbraucher, sondern sehen ihn als Träger des privaten Haushalts. Ursprünglich stellte die KKB dieser „elementaren Wirkungseinheit unseres Wirtschaftssystems" nur Kreditfazilitäten (banktechnischer Ausdruck für die Gesamtheit eines Kreditverhältnisses zwischen Bank und Kunde) zur Verfügung. 1964 trat dann das Angebot zur Vermittlung von Versicherungs- und Bausparverträgen hinzu. 3 Jahre später begann die KKB folgerichtig mit der Ausgabe von KKB-Namensschuldverschreibungen, deren Konditionen auf die Bedürfnisse des privaten Anlegers ausgerichtet waren. Schon im Dezember 1968 wurde der Anlagebetrag von 100 Millionen DM überschritten. Sie verteilten sich auf rd. 20000 Einzelanlagen. Dieser Aufbau eines neuen Kundenstamms im Passivgeschäft war und ist auch heute noch eine wertvolle Ergänzung ihrer vielfältigen Kundschaftsbeziehungen im Kreditgeschäft und beweist die Richtigkeit des von der KKB eingeschlagenen Weges. Auch die folgenden Maßnahmen müssen als Weiterentwicklung der KKB zu einer „Spezialbank für den privaten Haushalt" gesehen werden. Das galt ebenso für die Einführung des KKB-Sparbuches mit dem 1. Januar 1969 wie für die Vorbereitung des Kontokorrentgeschäftes für Lohn- und Gehaltsempfänger, das die KKB Ende 1969 schrittweise einführte. Bei der Gestaltung der Konditionen ging man von der Überlegung aus, daß viele private Haushalte ihr Lohn- und Gehaltskonto gern zur Deckung kurzfristigen Geldbedarfs benutzen. Ebenso häufig suchen sie aber auch eine bequeme und vor allem zinsbringende Anlagemöglichkeit für vorübergehend nicht benötigte Gelder. Daher vergütet die KKB den Inhabern von Haushaltskonten 3% p. a. Zinsen auf Habensalden in laufender Rechnung. (Die normalen Geschäftsbanken, wie Deutsche Bank, Commerzbank, Volks- und Raiffeisenbanken gewähren lediglich 0,50% p. a. Zinsen auf Habensalden in laufender Rechnung.) Dies gibt dem KKB-Kunden die Möglichkeit, seine Beziehungen zur Deutschen Haushaltsbank unter dem Gesichtspunkt größtmöglichen Ertrags nach Belieben zu gestalten. Das KKB-Haushaltskonto bietet also nicht nur die Möglichkeit vorübergehender „Kreditnahme", sondern auch des kurzfristigen und formlosen „Sparens".

Im Zusammenhang mit der Einführung von KKB-Haushaltskonten wird die Aufnahme des prämienbegünstigten Sparens und des Sortengeschäfts erwogen. Die organisatorischen Voraussetzungen sind bereits geschaffen, so daß bei größerer Nachfrage das Geschäft in diesen beiden Sparten aufgenommen werden kann.

Wenn bei der KKB gerade die Sortimentspolitik in der letzten Zeit als marktpolitisches Instrument besonders in den Vordergrund getreten ist, so hat das zwei Gründe: Einerseits ist das Leistungsspektrum keineswegs geschlossen, sondern wird entsprechend dem Bedarf und der sich wandelnden Zusammensetzung der Kundschaft, der Änderung der Zahlungs- und Finanzierungsgewohnheiten usw. laufend durch neue Variationen erweitert. Andererseits erweist sich die Bündelung verschiedener Einzelleistungen, nach dem spezifischen Bedarf der Kundschaft aussortiert, als geeignet, Nachfrage zu wecken.

3.4 Preis-, Konditionenpolitik

Der nachfolgende Bericht kann nur allgemeine Überlegungen zur allgemeinen Geschäftspolitik in der Teilzahlungswirtschaft enthalten, da mir detaillierte Angaben seitens der KKB aus verständlichen Gründen nicht genannt wurden. Ich konnte allerdings die Gewißheit erlangen, daß man in Kürze dazu übergehen wird, diese Probleme durch eine schärfere kalkulatorische Trennung von Geld- und Bearbeitungskosten in allen Sparten zu bewältigen, um somit dem Kunden Gelegenheit zu geben, entsprechende Preisvergleiche anzustellen.

Es ist unbestritten, daß in den letzten Jahren Sparkassen und Banken die Markt- und Preisführerschaft auf dem Ratenkreditsektor übernommen haben. Das bedeutet auch für die Spezial-Kreditinstitute auf kürzere oder längere Sicht gesehen den Zwang, die Kreditgebühren – also den Preis für ihre Leistungen – anzupassen. Es will mir scheinen, daß der Kunde heute schon oftmals zinsunempfindlich ist; die Annahme aber, daß er es auch bleiben wird, ist reines Wunschdenken. Die massive – sogenannte aufklärende – Werbung der Konkurrenz führt zu einer immer größeren Markttransparenz und schafft die Möglichkeit des Preisvergleichs. Eine weitere Frage ist die Frage nach der „optisch" günstigen Preisgestaltung. Ganz sicher ist die Konditionsgestaltung für Kleinkredite und Anschaffungsdarlehen hierfür kein gutes Beispiel. Wer ist denn in der Lage, den effektiven Zinssatz auszurechnen, wenn z. B. der TZ-Vertrag Kreditgebühren in Höhe von 0,7% pro Monat ausweist? (Nach der Überschlagsformel: $p = \text{Monatzinssatz} \times 24 = 16{,}8\%$).

Zur Preisgestaltung gehört zweifellos auch die Berechnung der Kreditgebühren-Rückvergütung bei vorzeitiger Kredit-Tilgung. Seit Aufhebung der Zinsverordnung (1. 4. 1967) häufen sich beim Wirtschaftsverband Teilzahlungsbanken, bei anderen Bankenverbänden und bei der Bankenaufsichtsbehörde die Beschwerden von Kunden, die sich übervorteilt fühlen und es auch wohl sind. Zum Teil werden überhaupt keine Gebührenrückvergütungen bei vorzeitigem Ausgleich gewährt, teilweise nur 5 bzw. 3% p. a. auf die vorzeitig zur Tilgung kommende Kreditsumme zurückvergütet. Das ergibt dann für die in Anspruch genommene relativ kurze Laufzeit bei Zugrundelegung einer Kreditgebühr von 0,8% p. M. eine Jahresverzinsung, die über 50% p. a. ausmachen kann. Es ist wohl nicht zu bezweifeln, daß hier die Grenzen der Legalität überschritten werden. Gewinnmaximierung ist ein legitimes Recht jeder unternehmerischen Tätigkeit. Wer aber nach dem Wahlspruch „non olet" handelt, schadet auf die Dauer nicht nur sich selbst, sondern auch dem Image des gesamten Berufsstandes.

Es darf hier erwähnt werden, daß die KKB ihre Konditionen auf die Bedürfnisse des Konsumenten ausgerichtet hat, indem sie nicht verbrauchte Kreditgebühren voll erstattet (pro rata temporis).

3.5 Beschaffungs- und Absatzmethode — Standortwahl

Ein marktpolitisches Instrument, welches in besonderem Maße der verbreitenden Erforschung des Marktes bedarf, ist die Zweigstellenpolitik, da die in ihrem Rahmen zu fällenden Entscheidungen mit größeren Investitionen verbunden und nur unter erheblichen Verlusten zu korrigieren sind.

Da die KKB als Dienstleistungsunternehmen verbraucherorientiert ist, ist für die Wahl die Struktur des Kundenkreises ausschlaggebend. Als Spezialbank des privaten Haushalts ist sie prädestiniert, die breiten Bevölkerungsschichten zu erfassen. Die Kunden erwarten weniger universelle Dienstleistung als vielmehr eine individuelle Betreuung und sorgfältige Beratung in allen Finanzangelegenheiten. Wenngleich das Einzugsgebiet trotz der zahlreich vorhandenen Konkurrenz verhältnismäßig groß ist, wirkt sich die räumliche Nähe eines Institutes sowohl auf den Grad der Abnahme von Bankleistungen überhaupt als auch auf die Wettbewerbslage der Kreditinstitute untereinander aus.

Die Konsequenz daraus ist die Bildung und Ausdehnung des Zweigstellennetzes. Dabei legt die KKB als Spezialbank des privaten Haushaltes z. Z. mehr Gewicht darauf, erst einmal an allen wichtigen Plätzen im ganzen Bundesgebiet vertreten zu sein, als ein lokales Zweigstellennetz innerhalb eines bestimmten Einzugsbereiches zu errichten. Trotz der breitgefächerten Diversifikation bleibt die KKB eine Spezialbank, die fast an jedem Platz einmal erreichbar ist, dem Kunden allerdings z. Z. noch zumutet, für die angebotenen Vorzüge einen etwas längeren Weg zur KKB in Kauf zu nehmen.

Für die Errichtung eines Bankbetriebes kam früher ausschließlich das Zentrum der Großstädte in Frage, weil dort die Gebäude an besonders repräsentativer Stelle im Blickpunkt der Öffentlichkeit standen und damit einen stark werbenden Charakter besaßen. Heute besitzen diese herkömmlichen Standorte der Banken nicht mehr die alte Bedeutung.

Die KKB verfügt heute über 200 Zweigstellen im gesamten Bundesgebiet, aber nur über höchstens 5 Zweigstellen in den größten Millionenstädten. Das Einzugsgebiet ist dementsprechend sehr groß, so daß es sich die KKB leisten kann, ihre Niederlassungen nicht unbedingt im „Bankviertel" zu placieren. Das wichtigste ist, daß sie verkehrsgünstig, nach Möglichkeit an der Peripherie der City mit guten Parkmöglichkeiten zu finden ist.

Eine Auffächerung der Erhöhung der Zahl der Kreditausgabestellen erbringt die Kooperation mit Außendienstorganisationen der Versicherungsgesellschaften, der Bausparkassen sowie mit Hypotheken-, Immobilien- und etablierten Finanzmaklern. Es ist wohl selbstverständlich, daß alle Repräsentanten und für die Übernahme einer Agentur nur ausgesuchte, charakterlich einwandfreie, fachkundige und in wirtschaftlich geordneten Verhältnissen lebende Persönlichkeiten ausgewählt werden. Dabei bleibt es die Aufgabe der Bank, das Geschäftsgebaren dieser Partner sorgfältig zu überprüfen und zu überwachen, um zu verhindern, daß die Kunden z. B. mit nicht vertretbaren Provisionen und Nebenkosten belastet werden.

Um zum Kunden den gewünschten persönlichen Kontakt herzustellen, genügt allerdings noch nicht die Lösung der räumlichen Probleme; Hand in Hand damit muß eine Delegation der Kompetenzen einhergehen. Der Kunde darf nach Möglichkeit nicht das Gefühl bekommen, er verhandle in Wirklichkeit mit einer für ihn nicht erreichbaren und seinen persönlichen Wünschen und Verhältnissen gegenüber gleichgültigen Instanz. Eine gewisse Entscheidungsfreiheit des Bankangestellten hilft nicht nur, schwierige Verhandlungen leichter abzuschließen, sondern vermittelt dem Kunden darüber hinaus das Gefühl, die Bank widme seinen Problemen wirklich ihr volles Interesse.

Bislang ist es üblich gewesen, daß im Kreditwesen grundsätzlich der Kunde die Initiative ergreift. Heute lehnt die KKB diese selbstauferlegte, vornehme Zurückhaltung als ein zu großes Hindernis für die Ausweitung ihrer Geschäftstätigkeit ab. Über sogenannte Kontakter und Repräsentanten wendet sie sich direkt an potentielle Abnehmer ihrer Leistungen. Grundlage für eine derartige Kontaktpflege ist eine systematische Kundenanalyse. Anhand der ermittelten Ergebnisse werden Schwerpunktprogramme entwickelt, um dann bestimmte Bevölkerungskreise anzusprechen.

3.6 Kundendienst der KKB

Zu den marktpolitischen Instrumenten im Bankbetrieb gehört ebenfalls der Kundendienst, eine an sich unrentable Leistungsvariation, die erbracht wird, um gegenüber ein und demselben Kunden oder Kundenkreis andere rentable Leistungen besser verkaufen zu können. Hierbei haben die Beratungen und letztlich auch der Rat der Banken besonderen Wert, weil die Institute aufgrund ihres vielseitigen Geschäftes umfangreiche Erfahrungen und Sachkunde besitzen. Ist der Kunde mit der Finanz- und Investitionsberatung zufrieden, dann erwächst daraus ein Vertrauensverhältnis, das oft lange Jahre andauert. Vor allem darf nie der Verdacht aufkommen, der Vorteil der Bank, d. h. die unmittelbare Erzielung von Aufträgen stehe im Hintergrund der Überlegungen. Allein der Vorteil des Kunden muß ausschlaggebend sein.

Hauptziel aller Überlegungen sollte die Verbesserung und die Vertiefung der Beziehungen zwischen der KKB und der privaten Haushaltungen sein in der Gestalt, daß die Bankleistungen noch stärker nach den Bedürfnissen des Haushaltes ausgestaltet werden. Diese Aufgabe ist nicht nur über den Weg der Diversifikation zu lösen, sondern fordert unentgeltlich oder zu sehr geringen Preisen eine universelle Beratung und Bedienung des Kunden. Zu den allgemeinen Haushaltsberatungen sollten in nächster Zeit gehören:

Steuerfragen (hier beschränkt auf Lohnsteuerfragen),
Fragen der Wohnraumbeschaffung und -finanzierung,
Wohngeldberechnungen,
Förderung der Eigentumsbildung,
Aufstellen von Vermögensaufbauplänen,
Risikoberatungen – auch hinsichtlich der möglichen Versicherungen –
und Fragen der Altersversorgung.

In diesem Zusammenhang sollte die Erleichterung für die Kunden im Verkehr mit ihrer Bank angesprochen werden. Man sollte den Kunden hinreichend Gelegenheit geben, ihre Bankgeschäfte in Ruhe abzuwickeln. Insbesondere für Angestellte und Arbeiter als Hauptkundenkreis der KKB stellen die schon lange änderungsbedürftigen Schalterstunden ein großes Hindernis dar. Der Kredit-suchende Arbeitnehmer kann z. B. seinen Kreditvertrag nur während seiner Arbeitszeit unterschreiben. Den Verdienstausfall und andere Unannehmlichkeiten muß er in Kauf nehmen. Angestellte Versuche haben bewiesen, daß eine verlängerte Öffnungszeit der Kreditabteilung ganz erheblich zur Steigerung des Umsatzes beiträgt. Die verlängerten Schalterstunden am Freitag zeigen zwar einen ersten Ansatz, reichen aber bei weitem noch nicht aus. Um den Interessenten auch außerhalb der üblichen Kassenstunden zur Verfügung zu stehen, könnten z. B. montags bis freitags von 17.00 Uhr bis 20.00 Uhr und samstags von 8.00 Uhr bis 14.00 Uhr Kreditwünsche für private Anschaffungen bis zum Betrage von etwa DM 5000,– telefonisch entgegengenommen werden. Dabei sollten die Zusagen nach Möglichkeit sofort oder spätestens am nächsten Morgen erteilt werden.

3.7 Gezielte Personalschulung

Nachdem die Anforderungen der Kunden an ihre Bank immer höher werden, wird auch die Auswahl und die Ausbildung möglichst hoch qualifizierter Mitarbeiter zu einem entscheidenden Problem, wobei der „beratende Verkäufer" als Ausbildungsziel im Vordergrund steht. Daneben gewinnt das Berufsbild des technischen Bankkaufmannes – der Grundkenntnisse des bankkaufmännischen Geschäftsbereiches mit Kenntnissen der technisch-organisatorischen Gestaltungsmöglichkeit kombiniert – erheblich an Bedeutung. Gute Mitarbeiter beider Kategorien wird man aber nur gewinnen und halten können, wenn man auf dem Arbeitsmarkt als Anbieter von Arbeitsplätzen konkurrenzfähig bleibt, d. h. das eigene Gehaltsniveau und die freiwilligen sozialen Zusatzleistungen mindestens dem Angebot der Mitbewerber um den Faktor Arbeit entsprechen und es gelingt, die Sicherheit des Arbeitsplatzes zu gewährleisten. Angesichts der wachsenden Bedeutung des privaten Haushalts in allen gesellschaftlichen und wirtschaftlichen Bereichen erscheint es sinnvoll und nützlich, daß sich Spezialbanken für den privaten Haushalt weiter entwickeln, die nicht unter dem Zwang stehen, aus industriellen oder internationalen Gründen Größenordnungen anzustreben, bei denen zielgerechte Führung immer schwieriger wird.

Die KKB hat speziell für Personalschulung einen Generalbevollmächtigten ernannt, der die Personalpolitik umfassend gestaltet und das Aus- und Fortbildungswesen mit modernsten pädagogischen Methoden und Techniken aufgebaut hat. Eine nicht unbedeutende Funktion des Marketing im Bereich der Beratung, der Akquisition und des Kundendienstes.

3.8 Werbung der KKB

Fast über 100 Jahre benötigte die Werbung, um ihren Einzug ins Bankgeschäft zu halten. Hierfür gab es vielerlei Gründe; vor allem war es das ausgeprägte Standesbewußtsein, das sich durch einen hohen Grad an Gemeinschaftssinn, Reserve und Seriosität auszeichnete und der Werbung skeptisch gegenüberstand. Die Rücksichtnahme auf das persönliche Vertrauensverhältnis zwischen Kunde und Bank ließ die Kreditinstitute, wenn sie überhaupt Werbung betrieben, ausgesprochen vorsichtig vorgehen, um nicht in den Ruf der Marktschreierei oder den Verdacht, man habe es nötig, zu geraten. Erst der laufend sich verschärfende Wettbewerb, der Übergang zu stärker marktbezogenem Denken und ganz besonders nach der ersatzlosen Aufhebung des Wettbewerbsabkommens zum 1. Dezember 1967 verlangten die Emanzipation der Bankenwerbung.

Die Abgrenzung gegenüber dem Kundendienst oder anderen marktpolitischen Instrumenten ist bei der Werbung nicht ganz leicht; denn alle diese Instrumente haben als gemeinsame Aufgabe, den (auch den potentiellen) Nachfrager zur Inanspruchnahme der angebotenen Leistungen zu veranlassen.
Werbung, sofern sie als Aktion geplant und durchgeführt wird, also „Bestandteil der generellen Unternehmensstrategie und spezifische Maßnahme zur Zielerreichung“ sein soll, muß ergebnislos bleiben, wenn sie nicht exakt und minuziös vorbereitet ist. Neben die Vorbereitung muß zugleich eine Aufteilung der Werbung in verschiedene Ziele und Stoßrichtungen und eine Werbeerfolgskontrolle treten. Das Ergebnis wird zeigen, ob eine Neuorientierung oder Erweiterung der Informationsbasis notwendig ist. Es versteht sich von selbst, daß während der laufenden Kampagne Marktbeobachtungen erfolgen müssen, denn sich ändernde Umweltskonstellationen können, sofern nicht eine Anpassung erfolgt, den Erfolg der Werbung und weite Teile der auf ihr aufbauenden unternehmerischen Ziele zunichte machen. Hier wird die kontinuierliche Informations- und Kommunikationskette in ihrer Bedeutung für die Optimierung des Betriebserfolges deutlich. So erscheint es gar nicht übertrieben, wenn man behauptet, die unternehmerischen Entscheidun-

gen beschäftigen sich im Prinzip eigentlich nur mit der Überwindung des Faktors Unsicherheit.

Informationen vor und nach der geplanten Aktion beziehen sich auf die Konkurrenzlage, Marktanteile, anzusprechende Markt-(Bevölkerungs-)Bereiche, Reaktion des Wettbewerbs und der Kundschaft auf die Werbeaktion und ihre einzelnen Bestandteile. Umfang, Ort, Zeitpunkt und Zeitdauer sowie Streuung der Aktion sind genau festzulegen und auf Erfolg und evtl. Datenänderungen zu kontrollieren. Die zu erreichende Kundenschicht, d. h. die Tiefe, Breite und Struktur des Marktes, sind genau zu spezifizieren und die Aktionen evtl. differenziert nach Ort, Zeit und Zielbasis danach auszurichten. Die Ausgestaltung, auch der optischen Werbung in Wort und Grafik, ist ohne diese Informationen gar nicht denkbar. Die Werbung selbst unterscheidet sich nach folgenden Grobzielen:

1. Informativwerbung,
2. Erinnerungswerbung,
3. Suggestivwerbung,
4. reaktive Werbung als Antwort auf Konkurrenzaktionen.

Für die moderne Werbekonzeption der KKB sollten die drei ersten Formen in der gegebenen Reihenfolge im Vordergrund stehen. Neues, Aggressives sollte es sein. Angriff und Initiative als beste Verteidigung, konsequente Konzentration der Kräfte empfiehlt auch der Fonds für zentrale Aufklärung und Werbung. Wie in allen Entscheidungsbereichen, wird der wachsende Konkurrenzdruck die KKB zwingen, nicht mit einem als normal empfundenen Wirkungsgrad zufrieden zu sein, sondern immer den maximalen Wirkungsgrad anzustreben. Schon wegen der geographischen Streuung der Hauptkonkurrenten wird ein Ausweichen auf überregionale Ebenen unvermeidbar sein. Hier bietet sich die Kooperation zwischen den einzelnen Zweigstellen der KKB geradezu an, wenn nicht ohnehin die Aktionen zentral gesteuert werden; eine Ergänzung, die die zwangsläufig nicht unbeträchtlichen Informations- und Werbekosten senken hilft. Es würde die Raum- und Zeitmöglichkeiten erneut übersteigen, hier noch in das an sich notwendige Detail zu gehen und die konkrete Ausgestaltung des Werbeplanes und der Werbekontrolle darzulegen oder gar darüber hinaus eine Konzeption moderner Werbung zu entwickeln, die der Bildung eines KKB-„Image" dient. In aller Kürze sollen daher die für die KKB wichtigen Werbemittel und ihre jeweilige Bedeutung aufgezeigt werden.

Das Plakat spielt in der Bankenwerbung nur dann eine Rolle, wenn es im Schalterraum, in der Vitrine oder im Schaufenster aufgestellt wird. Seinem Wesen nach zielt es auf Massenwerbung ab, diesen Eindruck sollte die Bank jedoch bei ihren Kunden vermeiden, da sie auf das Gegenteil, die Pflege möglichst persönlicher Beziehungen Wert legt.

Das Inserat nimmt unter den Werbemitteln den ersten Rang ein. Sein Ausgabenanteil schwankt zwischen 50 und 80%. Bislang handelte es sich jedoch auch in Zeitschriften fast ausschließlich um Schwarz-Weiß-Drucke. Die Vorteile der Farbe könnten aber gerade auch bei den Kreditinstituten im allgemeinen helfen, das angestrebte Ziel zu erreichen, die „Bank in einem angenehmeren, wärmeren Lichte“ zu zeigen. Es ist für solche Anzeigen charakteristisch, daß sie gewöhnlich in Serien erscheinen. Von der Kontinuität ihrer Veröffentlichung und der Nachhaltigkeit, mit der sie den Namen des Instituts vor die Öffentlichkeit bringen, erhofft man sich eine stärkere Wirkung. Wegen der überregionalen Publikumswerbung sind Fachzeitschriften, Wochen- und Monatszeitungen sowie Illustrierte überaus sinnvoll — aber kostspielig; für den regionalen Bereich werden Werbedrucksachen bevorzugt. Wegen ihrer großen Aussagewerte werden hier auch Prospekte und Broschüren verwandt.

Zu den Werbedrucksachen gehören auch die Informationsblätter und Kundenzeitschriften. Dieses Werbemittel stellt ein nicht zu unterschätzendes Bindeglied zwidem Kunden und der Bank dar. Die Fernsehwerbung der Banken hat sich allgemein aus Kostengründen noch nicht durchsetzen können. Die KKB benutzt diesen Träger immer dann, wenn neue Programme konzipiert und den Haushaltungen vorgestellt werden sollen, wie z. B. Verkauf der KKB-Schuldverschreibungen, Einführung des KKB-Sparbuches usw.

3.9 Public Relations der KKB

Geht man davon aus, daß die Stärke des gegenseitigen Vertrauens zwischen der Unternehmung und allen Bereichen ihrer Umwelt ihren wirtschaftlichen Erfolg wesentlich beeinflußt, dann kann kein Zweifel darüber bestehen, daß eine systematische Meinungspflege als ein vollwertiges Marketing-Instrument anzusehen ist. In weiterem Sinne sind Public Relations Bemühungen um öffentliches Vertrauen seitens einer Unternehmung. In engerem Sinne gelten Public Relations als die Maßnahme, die zur Erzielung und Pflege solchen Vertrauens veranstaltet werden, die „Werbung um öffentliches Vertrauen“. „Seine Arbeit gut tun und es andere auch wissen lassen, ist die Devise“, schreibt Dr. H. Slevogt, Mitinhaber der KKB.

Die Gewinnung von Vertrauen ist ein Prozeß, der sich über Jahre erstreckt. Im Gegensatz zur Werbung, die unmittelbar bestimmte Reaktionen herbeiführen soll, dienen die Public Relations nicht der Erreichung spezieller kurzfristiger Ziele; vielmehr sollen sie eine kontinuierlich günstige Stimmung herbeiführen.

Es liegt im ureigenen Interesse der Bank, dieses Instrument weitgehends in Anspruch zu nehmen, zumal der private Haushalt und die Öffentlichkeit eine „gewisse Indentität“ aufweisen.

3.10 Die Kombination der marktpolitischen Instrumente zum Marketing-Mix

Die vorstehenden Ausführungen betrafen bislang den Einsatz der Marketing-Instrumente im einzelnen. Dabei habe ich die gegenseitigen Wechselwirkungen zwischen den Instrumenten jedoch völlig außer acht gelassen. Es ergibt sich nun das Problem, die Instrumente so aufeinander abzustimmen, daß der optimale Wirkungsgrad im Hinblick auf die Möglichkeiten und Ziele des Unternehmens erreicht wird. Diese Kombination verlangt in jedem Einzelfall das schöpferische Denken, das als Hauptwesenszug des Marketing bezeichnet werden muß, weil bis zu einem gewissen Grad Substitutionsmöglichkeiten beim Einsatz der Instrumente bestehen. Bei einer gezielten Abstimmung der marktpolitischen Instrumente wird ihre Wirkung nicht nur summiert, sondern unter günstigen Voraussetzungen sogar in gewissem Sinne multipliziert oder gar potenziert.

4. Resultat

4.1 Bank-Marketing als Problem

Gestern war Marketing ein verwirrender Begriff, der bei uns zunächst nur von wenigen Praktikern aufgegriffen und von der Wissenschaft nur zögernd übernommen wurde. Im Vertrieb wurde weitgehend mit Erfahrung und Intuition gearbeitet. Das produktionsorientierte Denken bestimmte die Unternehmenszielsetzung und formte die Organisationsstruktur. Das Informationsbedürfnis war geringer, und nur vereinzelt zwang der sich verschärfende Wettbewerb, nach neuen Vertriebswegen zu suchen, nach besserer Marktkenntnis zu streben, die Instrumente des Marketing voll einzusetzen und zu integrieren und im Vertrieb die Verantwortung straffer zu gliedern und wesentlich zu erweitern. Gestern hatte Marketing nur die Bedeutung von „alles verkaufen, was das Unternehmen produzieren kann". Heute ist Marketing die „bündige Formulierung eines zeitgemäßen unternehmerischen Führungstiles":

Marketing bestimmt die Unternehmenskonzeption und zwingt alle Bereiche eines Unternehmens – und das in allen Branchen – unter einheitliche, vom Markt bestimmte, nachfrageorientierte Grundsätze. Jede Entscheidung, ob im Produktions-, Finanz- und Vertriebsbereich oder wo auch immer, ist mit dem vollen Bewußtsein und Wissen der Auswirkung auf den Käufer oder Konsumenten zu treffen. Die Marketingorganisationen haben sich gewandelt,

a) weil sich die Hauptaufgaben der Unternehmensleitungen von der Leistungserzeugung und vom reinen Verkauf stärker in Richtung Technologie und Marketing verlagert haben,

b) weil die industrielle Revolution, die Massenprodukte und Massenmärkte ermöglichte, entscheidende Veränderungen und Entwicklungen auf den Gebieten der Kommunikation, des Transportes und der Distribution brachte, und

c) weil mit der Wissenexplosion wissenschaftliche Methodik mit stark unterdisziplinärem Charakter Eingang in die Planung, Entscheidungsfindung, Realisierung und Kontrolle fand.

Heute ist Information, die Basis des inner- und außerbetrieblichen Geschehens, noch teuer, oft unzuverlässig und kommt häufig zu spät. Hinzu kommt, daß die absatzwirtschaftliche Führungskraft zwar in Unterlagen erstickt, aber dennoch vielfach uninformiert ist.

Das Bild vervollständigt sich, wenn erinnert wird, daß man heute schon von einer Marketing-Philosophie spricht, und damit die Art und Weise meint, mit der das Handeln der Führungskräfte in Nichtmarketing-Bereichen beeinflußt wird durch eine Integration von reziproken Beziehungen zwischen technologischer Forschung und Marketing.

Morgen wird Marketing weiter verwissenschaftlichen. Man wird sich noch stärker auf analytische und kreative Techniken stützen. Zum Beispiel wird die zuweilen noch umstrittene Anwendung von Modellen bei der Definition und Lösung von Problemen weiterentwickelt werden. Damit ist der Zwang verbunden, Probleme zu beschreiben, womit Modelle allein deshalb schon zu wertvollen Entscheidungshilfen werden.

Neue Möglichkeiten erschließt auch die wachsende Bedeutung der Computer. Die Verbilligung der benötigten Informationen eröffnet ungeheure Perspektiven der Datensammlung und -verarbeitung. Aber das Ungleichgewicht zwischen der Fähigkeit, Informationen zu verarbeiten und zu speichern und der Fähigkeit, sie zu nutzen, wird sich vergrößern, wenn wir nicht lernen, den Computer so zu programmieren, daß er uns nur die Informationen liefert, die wir brauchen. Nur so können in Zukunft Marktchancen erfolgreich wahrgenommen und auf Veränderungen im Markt schnell reagiert werden. Morgen wird der Markt noch stärker als bisher durch seine Heterogenität und durch den hohen Grad der Substituierbarkeit seiner Elemente bestimmt werden. Das heißt, die Verhaltensforschung wird in zunehmendem Maße bedeutungsvoller bei der Entwicklung von Kommunikationsprogrammen. Man wird sich noch mehr als bisher auf Untersuchungen über die psychologischen Gründe, die dem Verbraucherverhalten zugrunde liegen, stützen müssen.

4.2 Zusammenfassung

Eingangs wurden die verschiedenen Teilbereiche der Marketing-Situation der KKB in ihren einzelnen Entwicklungsphasen geschildert. Im 2. Teil wurde dann darauf eingegangen, wie es zu den ersten Berührungen zwischen Marketing und Bankbetrieb gekommen ist und aufgezeigt, welche Instrumente im Bank-Marketing angewandt werden können.

Der Hauptteil konzentrierte sich auf das spezifische Marketing-Konzept der KKB. Es galt herauszufinden, welche Möglichkeiten der KKB gegeben sind, eine „unternehmerische Führung vom Markt her“ zu konzipieren. Anhand einer Reihe von Beispielen konnte nachgewiesen werden, daß die Idee des Marketings, das Unternehmen vom Markte her zu führen, mit vollem Erfolg praktiziert wird. Für die weitere Entwicklung der Bank wird es von entscheidender Bedeutung sein, in welchem Maße die Geschäftsleitung sich die Marketing-Möglichkeiten zu eigen macht. Nur die ständige Bereitschaft, sich mit den neuesten Erkenntnissen und Methoden auseinanderzusetzen, bietet die absatzwirtschaftliche Sicherung der Unternehmensentwicklung.

4.3 Kritische Würdigung

Bei der Abhandlung des gestellten Themas „Die Marketing-Konzeption der KKB“ konnte man durchweg den Eindruck gewinnen, daß die einzelnen Funktionen des Marketing zwar mit unterschiedlicher Gewichtung, aber in der Regel voll eingesetzt werden. Die Informationen, die die Marktforschung der KKB über das Wissen oder das Unwissen der Bevölkerung im Hinblick auf Dienstleistungsmöglichkeiten bieten kann, sind natürlich als Dispositionsunterlagen des Marketing nicht nur in dem

Bereich des Abbaues der physischen Distanz zwischen Anbietern und Bedarfsträgern bedeutungsvoll. Noch viel mehr und in einer noch differenzierteren Weise sollten sie im Hauptbereich des Marketing benötigt werden: für Maßnahmen, die der Bekanntmachung der spezifischen Dienstleistungen der KKB dienen. So sollte der bislang irreführenderweise als „Konsumentenkredit“ bezeichnete Ratenkredit als Haushaltsinvestitionskredit seinen festen Platz im Denken auch der Bankleute bekommen. In gleicher Richtung darf die Aufnahme der werblichen Bezeichnung „Deutsche Haushaltsbank“ verstanden werden. Sie umreißt noch klarer die Zielsetzung der Geschäftstätigkeit und fördert somit das Image des ehemaligen Teilzahlungskreditinstitutes und jetzigen Spezialbank des privaten Haushalts. Die Bedeutung gerade des „Image“ der Bank kann gar nicht hoch genug eingeschätzt werden, da die Entscheidungen häufig nicht von den sachlichen Gegebenheiten, sondern von den Vorstellungen bestimmt werden, die Kunden von den Eigenschaften des betreffenden Instituts haben. Gerade subjektive Motivationen, die auf irrationale und emotionale Faktoren, aber auch auf soziales Milieu, Tradition und Erziehung zurückzuführen sind, bestimmen häufig Entscheidungen für oder gegen ein bestimmtes Institut in erheblichem Maße. Neben den psychologischen Problemen sollte man noch stärker als bisher dem Bereich der Möglichkeiten der finanziellen Dispositionen Aufmerksamkeit schenken. Die Konditionen der Teilzahlungsbanken, als auch die der KKB, liegen in den höheren Kreditgrößenklassen zu hoch, bei den Sparkassen und Geschäftsbanken in den unteren Größenklassen eher zu niedrig. Zur Lösung dieses Problems wird eine schärfere kalkulatorische Abgrenzung von Geld- und Bearbeitungskosten förderlich sein.

Die Hauptfunktion des Marketing, die Marktforschung, ist ein zielgerichtetes Mittel der Entscheidungsvorbereitung, die eigentliche unternehmerische Entscheidung kann sie jedoch nicht abnehmen. Die Vorzüge, die Stärken der Bank sollten ebenso Gegenstand der Marktforschung sein wie ihre möglichen Schwächen.

Durch die Anwendung der Marktforschung verbessert sich für die KKB die Markttransparenz, wodurch gleichzeitig ihre Fähigkeit erhöht wird, Veränderungen der Nachfragestruktur in ihren Verhaltensweisen zu berücksichtigen. Ihre Aktions- und Reaktionsfähigkeit und -geschwindigkeit erhöht sich, so daß dadurch die Intensität des Wettbewerbs zwischen den konkurrierenden marktforschenden Kreditinstituten zu Gunsten des privaten Haushalts zunimmt.

4.4 Ausblick

Die revolutionäre Idee des bankorganisierten Teilzahlungskredites, konzipiert von Walter Kaminsky, die auch den kleinen Mann zum kreditwürdigen Wirtschaftsbürger machte, stand am Beginn der Entwicklung der Teilzahlungsbank. Der Revolutionär von einst wandelt sich — nachdem seine Ideen sich durchgesetzt haben — zu einem hoch achtbaren Mitglied des Establishment, die Revolution selbst mündet in eine Evolution. Evolution aber heißt: Weiterentwicklung und Anpassung.

Wenn Sie mich nach der Zukunft des Ratenkredites fragen, so kann ich hierauf nur positiv antworten. Jedenfalls glaube ich nicht, daß mit fortschreitender Marktsättigung und fortschreitendem Wohlstand eine Stagnation oder sogar ein Rückgang der Inanspruchnahme von Krediten zu erwarten ist. Das ständige Anwachsen des Kreditvolumens im Ratenkreditgeschäft – besonders im Konsumentenkreditgeschäft – ist als Beweis dafür anzusehen, daß eine Steigerung des Einkommens eine überproportionelle Nachfrage nach Konsum- und Gebrauchsgütern weckt. In der konsumorientierten Wirtschaft gibt es für den modernen Verbraucher keine unentbehrlichen Güter mehr, wovon ihn Produktion und Handel durch eine ständige, intensive Werbung überzeugen werden, erst recht dann, wenn er einmal verbrauchsmüde geworden sein sollte.

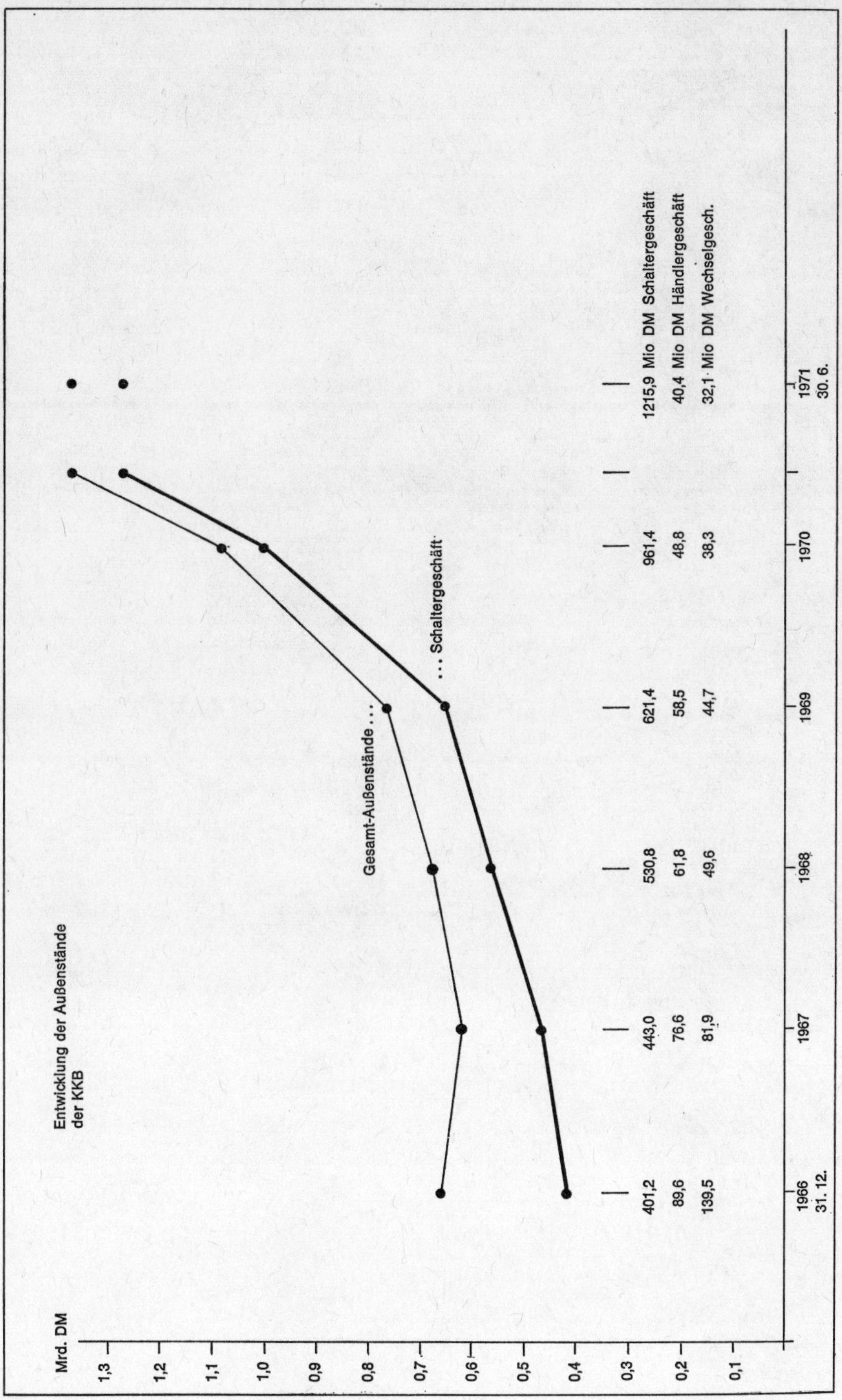

Entwicklung der Außenstände
der KKB
Mrd. DM
1,3
1,2
1,1
1,0
0,9
0,8
0,7
0,6
0,5
0,4
0,3
0,2
0,1
Gesamt-Außenstände ...
... Schaltergeschäft
401,2
89,6
139,5
443,0
76,6
81,9
530,8
61,8
49,6
621,4
58,5
44,7
961,4
48,8
38,3
1215,9 Mio DM Schaltergeschäft
40,4 Mio DM Händlergeschäft
32,1 Mio DM Wechselgesch.
1966
31. 12.
1967
1968
1969
1970
1971
30. 6.

Anhang

Produktplan

Unternehmen X
Jahr Y
Produkt Z

Inhaltsübersicht

I. Markt-Daten

1. Absatzdaten

	1967	1968	1969	1970	1971	1972
Gesamtmarktentwicklung in 1000 kg						
Absatzentwicklung des Unternehmens X in 1000 kg						
Marktanteilsentwicklung in %						

Kommentar:

2. Wettbewerbsdaten

Wettbewerbsprodukte	Packungsgrößen	Marktanteil oder Rangfolge	Einführungsjahr	Verkaufspreis pro kg	Maximale Gesamthandelsspanne	Werbeausgaben der letzten 12 Monate	Verkaufsförderungsausgaben der letzten 12 Monate

Kommentar:

3. Produktvergleich	Produkt Z	Unternehmen X										
	1	2	1	2	1	2	1	2	1	2	1	2	1	2
Qualität der Werbung	B	A												
Qualität der Verkaufsförderung	G	S												
Qualität der Verkaufsorganisation	A	S												
Distribution	A	S												
Kundendienst	A	S												
Technische Produktqualität	G	S												
Werbliche Produktqualität	B	A												
Preisliche Wettbewerbsfähigkeit	B	R												
weitere Vergleichsebenen														

1. Zeile: A = ausgezeichnet; G = gut; B = befriedigend; S = schlecht
2. Zeile: A = ansteigend; S = statisch; R = rückläufig

Kommentar:

4. Distribution

		1968			1969			1970		
Geschäftstypen	Gesamt zahl	Anzahl führender Geschäfte	% der Gesamtzahl	Absatz in 1000 kg	Anzahl führender Geschäfte	% der Gesamtzahl	Absatz in 1000 kg	Anzahl führender Geschäfte	% der Gesamtzahl	Absatz in 1000 kg
Warenhäuser										
Filialisten										
freiwillige Ketten										
Genossenschaften										
unabh. Einzelhändler										
Drogerien										

Kommentar:

5. Analyse der Handelsspannen

Produkte	Packungsgröße	Großhandelspreis	Großhandelsspanne	in % des Großhandelspreises			Einzelhandelspreis	Einzelhandelsspanne in %	Verbraucherpreis
				Mengenrabatt	Barrabatt	Jahresbonus			

Kommentar:

6. Ausgabenanalyse

					Vorausschätzung		
	1968		1969		1970		
	DM	%	DM	%	DM	%	
Nettoerlös		100		100		100	
Produktionskosten							
Verkaufskosten							
Werbekosten							
Verkaufsförderungskosten							
Administrationskosten							
Deckungsbeitrag							

Kommentar:

Wichtige Trends

(Es sollen hier wichtige Trends aufgeführt und erläutert werden — Veränderungen der Handelsstruktur, Konjunkturschwankungen, Steueränderungen, Wettbewerbsänderungen usw. — die die Umsätze des kommenden Geschäftsjahres direkt beeinflussen)

II. Probleme und Möglichkeiten

1. Kurzübersicht

(Die Probleme einerseits und die daraus resultierenden Möglichkeiten sollen auf dieser einen Seite kurz skizziert und eine Rangfolge ihrer Bedeutung festgelegt werden)

Rangfolge

Technische Aspekte des Produktes:

Werbliche Aspekte des Produktes:

Preissituation:

Werbesituation:

Verkaufsförderungssituation:

Distribution:

Verkaufsorganisation:

Verbraucherbeziehungen:

Handelsbeziehungen:

Wettbewerbssituation:

Gewinnsituation:

Neue Produkte:

2. Allgemeine Übersicht

(Die Probleme und Möglichkeiten der Kurzübersicht sollen hier gemäß ihrer Rangfolge ausführlich dargelegt werden)

III. Marketing-Ziele

Status und Marketing-Ziele für Produkt Z	Ist 1969	Ziele 1970	Veränderung in %
Nettoerlös in 1000 DM			
Absatz in 1000 kg			
Marktanteil Basis DM			
Marktanteil Basis kg			
Deckungsbeitrag in 1000 DM			
Deckungsbeitrag in % v. Nettoerlös			
Administrationskosten in % vom Nettoerlös			
Verkaufsförderungskosten in % vom Nettoerlös			
Werbekosten in % vom Nettoerlös			
Verkaufskosten in % vom Nettoerlös			
Produktionskosten in % vom Nettoerlös			
Anzahl führende Warenhäuser			
Anzahl führende Filialisten			
Anzahl führende freiwillige Ketten			
Anzahl führende Genossenschaften			
Anzahl führende unabh. Einzelhändler			
Anzahl führende Drogerien			
Anzahl führende			
Anzahl führende			
Anzahl führende			
Anzahl führende			

Kommentar:

IV. Marketing-Aktivitäten

1. Technische Aspekte des Produktes

(Die Marketing-Aktivitäten zur Verbesserung der technischen Aspekte des Produktes einschließlich der speziellen Zielsetzungen, Kosten, Zeitübersicht, Beurteilungs- und Berichtsmethode sollen hier aufgeführt werden.)

2. Werbliche Aspekte des Produktes

(Die Marketing-Aktivitäten zur Verbesserung der werblichen Aspekte des Produktes . . .

)

3. Preissituation

(Die Marketing-Aktivitäten zur Verbesserung der Preissituation . . .
)

4. Werbesituation

(Die Marketing-Aktivitäten zur Verbesserung der Werbesituation . . .
)

5. Verkaufsförderungssituation

(Die Marketing-Aktivitäten zur Verbesserung der Verkaufsförderungssituation . . .

)

6. Distribution

(Die Marketing-Aktivitäten zur Verbesserung der Distribution . . .
)

7. Verkaufsorganisation

(Die Marketing-Aktivitäten zur Verbesserung der Verkaufsorganisation . . .
)

8. Verbraucherbeziehungen

(Die Marketing-Aktivitäten zur Verbesserung der Verbraucherbeziehungen . . .
)

9. Handelsbeziehungen

(Die Marketing-Aktivitäten zur Verbesserung der Handelsbeziehungen . . .
)

10. Wettbewerbssituation

(Die Marketing-Aktivitäten zur Verbesserung der Wettbewerbsfähigkeit . . .
)

11. Gewinnsituation

(Die Marketing-Aktivitäten zur Verbesserung der Gewinnsituation . . .
)

12. Allgemeine Übersicht

(Die einzelnen Marketing-Aktivitäten einschließlich der speziellen Zielsetzungen, Kosten, Zeitübersicht, Bearbeitungs- und Berichtsmethode sollen hier noch einmal in zusammengefaßter Form entsprechend der Rangfolge ihrer Bedeutung aufgezeigt werden.)

V. Produkt-Budget

1. Ausführliches Produkt-Budget für das kommende Geschäftsjahr

(Hier sollen die Posten der Ausgabenanalyse I/6 in einzelne Marketing-Aktivitäten unterteilt und die vorgeschlagenen Ausgabensummen für diese Aktivitäten angeführt werden.)

	1970	
	DM	%
Nettoerlös		100
Produktionskosten		
Verkaufskosten		
Werbekosten		
Verkaufsförderungskosten		
Administrationskosten		
Deckungsbeitrag		

Kommentar:

2. Zusammengefaßte Vorausschätzung für das übernächste Geschäftsjahr

	1971	
	DM	%
Nettoerlös		
Produktionskosten		
Verkaufskosten		
Werbekosten		
Verkaufsförderungskosten		
Administrationskosten		
Deckungsbeitrag		

Kommentar

3. Fünf-Jahres-Planung

Jahr	Gesamtmarkt in 1000 DM	Umsatz in 1000 DM	Marktanteil in %	Deckungs-beitrag in 1000 DM	Personalzahl
1970					
1971					
1972					
1973					
1974					

Kommentar: